U0663446

# 建设法规与工程合同管理

俞洪良　毛义华　宋坚达　编著

ZHEJIANG UNIVERSITY PRESS
浙江大学出版社

**图书在版编目（CIP）数据**

建设法规与工程合同管理 / 俞洪良等编著. —杭州：
浙江大学出版社，2017.8（2018.12 重印）
ISBN 978-7-308-16989-9

Ⅰ．①建… Ⅱ．①俞… Ⅲ．①建设法－中国②建筑工
程－经济合同－管理 Ⅳ．①D922.297②TU723.1

中国版本图书馆 CIP 数据核字（2017）第 132343 号

## 建设法规与工程合同管理

俞洪良　毛义华　宋坚达　编著

| | | |
|---|---|---|
| 责任编辑 | 杜希武 | |
| 责任校对 | 陈静毅　丁佳雯 | |
| 封面设计 | 刘依群 | |
| 出版发行 | 浙江大学出版社 | |
| | （杭州市天目山路 148 号　邮政编码 310007） | |
| | （网址：http://www.zjupress.com） | |
| 排　　版 | 杭州好友排版工作室 | |
| 印　　刷 | 浙江省邮电印刷股份有限公司 | |
| 开　　本 | 710mm×1000mm　1/16 | |
| 印　　张 | 31.5 | |
| 字　　数 | 635 千 | |
| 版 印 次 | 2017 年 8 月第 1 版　2018 年 12 月第 2 次印刷 | |
| 书　　号 | ISBN 978-7-308-16989-9 | |
| 定　　价 | 69.00 元 | |

**版权所有　翻印必究　印装差错　负责调换**

浙江大学出版社市场运营中心联系方式：(0571) 88925591；http://zjdxcbs.tmall.com

# 摘　要

    本书系统介绍了建设法规与工程合同管理的基本理论和实务,主要内容由两部分组成:一是建设法规,主要介绍了基本建设程序法律制度、建筑法律制度、城乡规划法律制度、招标投标法律制度及合同法基本原理等内容;二是工程合同管理,主要介绍了工程招标投标管理、工程监理合同管理、工程勘察设计合同管理、工程施工合同管理、工程总承包合同管理、工程材料设备采购合同管理、工程变更与索赔管理及 FIDIC 合同管理等内容。本书在各章案例的选取上,通过分析各章的难点、重点,有针对性地改编了中国裁判文书网上公布的相关案例,整理了工程领域专业律师经办的案件,形成各章案例,试图通过一个个真实案例的分析,激发学生的学习热情,并强化学生对相关知识的理解。本书在知识点上注重与国家各类执业资格考试相关内容的衔接,是一本内容丰富、体系完整、有较强理论性与实用性的建设法规与工程合同管理方面的教材。

    本书可作为高等院校土木工程专业及工程管理专业专科生、本科生、工程管理硕士研究生的教学用书,也可作为政府管理部门、建设单位、勘察设计单位、施工单位、工程管理单位等有关人员学习建设法规与工程合同管理相关知识的参考用书。

# 前　言

随着我国工程建设的快速发展,建设工程相关的法律、法规和规范已经深入到工程建设的各个领域。建设法规具有规范指导建设行为、保护合法建设行为、处罚违法建设行为的作用。工程合同确定了项目的成本、工期和质量等项目目标,规定和明确了当事人各方的权利、义务和责任。工程合同管理是工程项目管理的核心,在项目管理过程中发挥着重要作用。

近年来,我国法制化建设不断推进,在建设领域国家及地方政府也加大了立法的力度,先后颁布或修改完善了一系列建设法律、法规和规范、标准。因此,在《建设法规与工程合同管理》的课程教学过程中及时反映这些变化是十分必要的。

浙江大学土木工程管理研究所面向土木工程专业本科生、工程管理硕士研究生开设建设法规、工程合同管理等课程已有 20 多年的时间,期间积累了较丰富的教学经验和教学资源。另外,本书编者还参与了大量的建设法律法规研讨、工程合同管理及合同纠纷处理等实践工作,积累了丰富的实践经验。这些是我们编著这一教材的良好基础。

浙江大学建筑工程学院十分重视教学工作,鼓励教师在教学、科研和实践的基础上,总结教学及实践经验,吸收最新科研成果,编写各类适用教材。每年通过学院教学委员会评审,批准立项若干重点建设教材,给予经费等方面的支持。《建设法规与工程合同管理》就是这些重点建设教材之一,学院的大力支持是我们编著这一教材的有力保障。

在编著本教材之前,我们分析了大量的已出版的建设法规和工程合同管理等方面教材的主要内容、知识体系及框架结构,根据有关《建设法规与工程合同管理》课程教学的要求,经过编者反复讨论和研究,确定了本教材的编写大纲、内容和要求。本书内容包括两部分:一是建设法规,主要介绍基本建设程序法律制度、建筑法律制度、城乡规划法律制度、招标投标法律制度及合同法基本原理等内容;二是工程合同管理,主要介绍工程招标投标管理、工程监理合同管理、工程勘察设计合同管理、工程施工合同管理、工程总承包合同管理、工程材料设备采购合同管理、工程变更与索赔管理及 FIDIC 合同管理等内容。本书在各章案例的选取上,通过分析各章的难点、重点,有针对性地改编了中国裁判文书网上公布的相关案例,整理了工程领域专业律师经办的案件,形成各章案例,试图通过一个个真实案例的分析,激发学生的学习热情,并强化学生对相关知识的理解。本书在知识点上注重与国家各类执业资格考试相关内容的衔接,是一本内容丰富、体系完整、有较强理论性与实用性的建设法规与工程合同管理方面的教材。

本书第一、三、四、五、七、八、十一章由俞洪良编写,第二、十三章由毛义华编写,第六章由俞洪良、宋坚达、刘亚冰编写,第九章由毛义华、宋坚达、汤晗青编写,第十章由毛义华、汤晗青、章瑶瑶编写,第十二、十四章由俞洪良、刘亚冰编写,第十五章由俞洪良、刘亚冰、汤晗青编写,全书由俞洪良统一审阅、定稿。本书的编著过程中,宋坚达提供了大量的案例素材,刘亚冰、汤晗青、章瑶瑶、方海英等在文字录入、图表制作、文字校核等方面做了大量工作,浙江大学出版社的杜希武老师对教材的排版、篇幅控制等方面提出了很多有益的建议。在此,对所有关心和帮助本书出版的同志表示衷心的感谢。另外,本书的编著是在参阅了大量文献资料的基础上进行的,对这些文献资料的作者我们表示最诚挚的谢意。由于编者水平有限,错误与疏漏之处在所难免,敬请读者批评指正。

编　者

2017 年 5 月于求是园

# 目 录
## CONTENTS

# 第一章　建设法规概论

## 第一节　概　述

### 一、建设法规的概念和调整对象

#### (一) 建设法规的概念

建设法规是指国家立法机关或其授权的行政机关制定的旨在调整国家及其有关机构、企事业单位、社会团体、公民之间在建设活动中或建设行政管理活动中发生的各种社会关系的法律、法规的统称。它包含了全国人民代表大会及其常务委员会所颁布的法律、国务院颁布的调整工程建设活动的行政法规、地方人民代表大会及其常务委员会颁发的地方性法规、国务院部委颁发的部门规章、有法规制定权的地方人民政府颁发的地方规章等。它纵向涵盖了工程建设的主要阶段，横向涉及了各个主要建设阶段的主要环节。

#### (二) 建设法规的调整对象

建设法规的调整对象是在建设活动中所发生的各种社会关系。它包括：

1. 建设活动中的行政管理关系

建设活动中的行政管理关系是国家及其建设行政主管部门同建设单位、设计单位、施工单位及有关单位(如中介服务机构)之间发生的相应的管理与被管理关系。它包括两个相互关联的方面：一方面是规划、指导、协调与服务；另一方面是检查、监督、控制与调节。这其中不但要明确各种建设行政管理部门相互间及内部各方面的责权利关系，而且还要科学地建立建设行政管理部门同各类建设活动主体及中介服务机构之间规范的管理关系，这些都必须纳入法律调整范围，由有关的建设工程法规来承担。如《建设工程质量管理条例》就规定了建设单位、勘察设计单位、施工单位以及监理单位的质量责任和义务，并规定由国务院建设行政主管部门和县级以上地方人民政府对上述单位的建设工程质量行为进行监督和管理。

2. 建设活动中的经济协作关系

在各项建设活动中，各种经济主体为了自身的生产和生活需要，或为了实现一定的经济利益或目的，必须寻求协作伙伴，随即发生相互间的建设经济协作关系。

建设活动中的经济协作关系是一种平等自愿、互利互助的横向协作关系,一般应当以建设合同的形式确定。建设合同关系大多具有较强的格式性,这是由建设活动的建设关系自身特点所决定的。在建设活动中,各个经济活动主体为自身的经济利益,在建设工程法规允许的范围内建立建设经济协作关系,如勘察设计单位与建设单位的勘察、设计合同关系,建筑安装企业与建设单位的工程施工合同关系等。

3. 建设活动中的民事关系

建设活动中的民事关系是指因从事建设活动而产生的国家、法人、公民之间的民事权利与民事义务关系。主要包括:在建设活动中发生的有关自然人的损害、侵权、赔偿关系,建设领域从业人员的人身和经济权利保护关系,房地产交易中买卖、租赁等产权关系,土地征用、房屋拆迁导致的拆迁安置关系,等等。建设活动中的民事关系既涉及国家社会利益,又关系着个人的权益,因此必须按照《民法通则》和建设工程法规中的民事法律规范予以调整。

## 二、建设法规的基本原则

工程建设活动通常具有周期长、涉及面广、人员流动性大、技术要求高等特点,因此在建设活动的整个过程中,必须贯彻以下基本原则,才能保证建设活动的顺利进行。工程建设法规的基本原则有以下几点:

1. 工程建设活动应确保工程建设质量与安全原则

工程建设质量与安全是整个工程建设活动的核心,是关系到人民生命、财产安全的重大问题。工程建设质量是指国家规定和合同约定的对工程建设的适用、安全、经济、美观等一系列指标的要求。工程建设活动确保工程建设质量就是确保工程建设符合有关适用、安全、经济、美观等各项指标的要求。工程建设的安全是指工程建设对人身的安全和财产的安全。确保工程建设的安全就是确保工程建设不能引起人身伤亡和财产损失。

2. 工程建设活动应当符合国家的工程建设安全标准原则

国家的工程建设安全标准是指国家标准和行业标准。国家标准是指由国务院行政主管部门指定的在全国范围内适用的统一的技术要求。行业标准是指由国务院有关行政主管部门制定并报国务院标准化行政主管部门备案的,而又需要在全国范围内适用的统一技术要求。工程建设安全标准是对工程建设的设计、施工方法和安全所做的统一要求。工程建设活动符合工程建设安全标准对保证技术进步,提高工程建设质量与安全性,发挥社会效益与经济效益,维护国家利益和人民利益具有重要作用。

3. 从事工程建设活动应当遵守法律、法规原则

社会主义市场经济是法制经济,工程建设活动应当依法行事。法律是全国人

大及其常务委员会审议通过并发布,在全国有效的规范性文件;行政法规是国务院制定与发布,在全国有效的规范性文件。作为工程建设活动的参与者,从事工程建设勘察、设计的单位、个人,从事工程建设监理的单位、个人,从事工程建设施工的单位、个人,从事建设活动监督和管理的单位、个人,以及建设单位等,都必须遵守法律、法规的强制性规定。

4. 不得损害社会公共利益和他人的合法权益原则

社会公共利益是全体社会成员的整体利益,保护社会公共利益是法律的基本出发点,从事工程建设活动不得损害社会公共利益也是维护建设市场秩序的保障。

5. 合法权利受法律保护原则

宪法和法律保护每一个市场主体的合法权益不受侵犯,任何单位和个人都不得妨碍和阻挠依法进行的建设活动,这也是维护建设市场秩序的必然要求。

## 三、建设法规的特征与作用

### (一) 建设法规的特征

1. 行政隶属性

这是建设法规的主要特征,也是区别于其他法律的主要特征。这一特征决定其以行政指令为主的方法调整建设法律关系,如授权、命令、禁止、许可、免除、确认、计划、撤销等。建设主管部门使用行政手段对建设活动进行有效控制和管理。

2. 经济性

建设法规是经济法规的重要组成部分,因此,经济性是建设法规的又一重要特征。建设活动直接为社会创造财富,实现经济效益,是国家经济增长的一个重要产业,调整工程建设活动是建设法规经济性特征的体现。

3. 政策性

建设法规体现着国家的工程建设政策。它一方面是实现国家工程建设政策的工具,另一方面也把国家工程建设政策规范化。

4. 技术性

建设法规的技术性体现在它为各行各业提供了最基本的物质环境,完善合理的建设法规体系可以规范工程建设活动,使建筑市场有序运转,建筑业良性健康发展。

### (二) 建设法规的作用

建设法规的作用就是保护、巩固和发展社会主义的经济基础,最大限度地满足人们日益增长的物质和文化生活的需要。具体来讲,建设法规的作用主要有:规范指导建设行为;保护合法建设行为;处罚违法建设行为。

1. 规范指导建设行为

建设行为只有在建设法规规定的范围内进行，才能得到国家的承认和保护。规范指导建设行为表现为：

（1）有些建设行为必须做。如《建筑法》第五十八条规定的"建筑施工企业必须按照工程设计图纸和施工技术标准施工"，即为义务性的建设行为规定。

（2）有些建设行为禁止做。如《招标投标法》第三十二条规定的"投标人不得相互串通投标报价，不得排挤其他投标人的公平竞争，损害招标人或者其他投标人的合法权益。投标人不得与招标人串通投标，损害国家利益、社会公共利益或者他人的合法权益。禁止投标人以向招标人或者评标委员会成员行贿的手段谋取中标"等，即为禁止性的建设行为规定。

（3）授权某些建设行为。授权某些建设行为即指赋予当事人一种权利，它既不禁止人们做出某种建设行为，也不要求人们必须做出这种建设行为，而是赋予了一个权利，做与不做都不违反法律，一切由当事人自己决定。如《建筑法》第二十四条规定的"建筑工程的发包单位可以将建筑工程的勘察、设计、施工、设备采购一并发包给一个工程总承包单位，也可以将建筑工程的勘察、设计、施工、设备采购的一项或者多项发包给一个工程总承包单位"，就属于授权性的建设行为。

正是由于有了上述法律的规定，建设行为主体才明确了自己可以为、不得为和必须为的建设行为，并以此指导制约自己的行为，体现出建设法规对具体建设行为的规范和指导作用。

2. 保护合法建设行为

建设法规的作用不仅在于对建设主体的行为加以规范和指导，还应对一切符合法规的建设行为给予确认和保护。这种确认和保护一般是通过建设法规的原则规定反映的，如《建筑法》第四条规定的"国家扶持建筑业的发展，支持建筑科学技术研究，提高房屋建筑设计水平，鼓励节约能源和保护环境，提倡采用先进技术、先进设备、先进工艺、新型建筑材料和现代管理方式"，即属于保护合法建设行为的规定。

3. 处罚违法建设行为

建设法规要实现对建设行为的规范和指导作用，必须对违法建设行为给予应有的处罚。否则，建设法规所确定的法律制度由于得不到实施过程中强制手段的法律保障，就会变成无实际意义的规范。因此，建设法规都有对违法建设行为的处罚规定。如《建筑法》第七十二条规定的"建设单位违反本法规定，要求建筑设计单位或者建筑施工企业违反建筑工程质量、安全标准，降低工程质量的，责令改正，可以处以罚款；构成犯罪的，依法追究刑事责任"。

### 四、建设法规的法律地位

法律地位,是指建设法规在整个法律体系中所处的位置,建设法规应属于哪一个部门法及其所处的层次。

建设法规调整的三种社会关系中,对于建设活动中的行政管理关系,主要用行政手段加以调整;对于建设活动中的经济协作关系,则采用行政、经济、民事各种手段相结合的方式加以调整;对于建设活动中的民事关系,则主要采用民事手段来加以调整。这表明,建设法规调整的社会关系是多方面的,而其运用的调整手段也是综合的,很难将其明确划归某一法律部门。但就其主要法律规范的性质来看,它主要还是属于行政法和经济法的范畴。

## 第二节　建设法律关系

### 一、建设法律关系的概念

法律关系是指由法律规范所确定和调整的人与人或人与社会之间的权利、义务关系。这里的"人",从法律意义上讲,包括两种含义:一是指自然人,二是指法人。

自然人是指基于出生而成为民事法律关系主体的有生命的人,包括公民、外国人和无国籍的人。自然人作为民事法律关系的主体应当具有相应的民事权利能力和民事行为能力。民事权利能力是指法律规定民事主体享有民事权利和承担民事义务的资格,自然人的民事权利能力始于出生,终于死亡,是国家法律直接赋予的。而民事行为能力是指民事主体以自己的行为参与民事法律关系,从而取得享受民事权利和承担民事义务的资格。法律行为主体只有取得了相应的民事权利能力和行为能力以后做出的民事行为法律才能认可。

法人是指具有民事权利能力和民事行为能力,依法独立享有民事权利和承担民事义务的组织。法人应当具备四个条件:一是依法成立;二是有必要的财产和经费;三是有自己的名称、组织和场所;四是能够独立承担民事责任。法人的民事权利能力是法律赋予法人参加民事法律关系,取得民事权利、承担民事义务的资格。法人的民事行为能力是法律赋予法人独立进行民事活动的能力,但其行为能力总是有限的,由其成立的宗旨和业务范围所决定,《民法通则》第三十六条第二款规定,法人的民事权利能力和民事行为能力,从法人成立时产生,到法人终止时消灭。

建设法律关系则是由建设法规所确认和调整的,在建筑业管理和建筑活动过程中所产生的具有相关权利、义务内容的社会关系。它是建设法规与建设领域中各种活动发生联系的途径,建设法规通过建设法律关系来实现其调整相关社会关系的目的。

## 二、建设法律关系的三要素

建设法律关系是由建设法律关系主体、建设法律关系客体、建设法律关系内容三要素构成的。

### (一) 建设法律关系主体

建设法律关系主体是指参与建筑业活动,受建设法律规范调整,在法律上享有权利和承担义务的当事人。主要有自然人、法人和其他组织,它包括政府相关部门、业主方、承包方、中介组织以及公民个人等。

### (二) 建设法律关系客体

建设法律关系客体是指建设法律关系主体享有的权利和义务所共同指向的事物,一般是财、物、行为、智力成果。它凝聚着承包方的劳动,业主方则以资金的方式来取得它的使用价值。

建设法律关系客体的表现形式可分为以下几类:

1. 表现为财的客体

表现为财的客体一般指资金及各种有价证券。

2. 表现为物的客体

表现为物的客体主要是建筑材料,例如钢材、木材、水泥以及由各种建筑材料构成的建筑物等。此外,还有各种机械设备等。

3. 表现为行为的客体

例如勘察、设计、施工、检查、验收等活动均属于表现为行为的客体。

4. 表现为智力成果的客体

法律意义上的非物质财富是指人们脑力劳动的成果或智力方面的创作。例如设计单位提供的设计图纸。

### (三) 建设法律关系内容

建设法律关系内容是指建设法律关系主体对他方享有的权利和承担的义务,这种内容要由相关的法律或合同来确定,它是连接主体的纽带。例如开发权、所有权、经营权以及保证工程质量的经济义务和法律责任等都是建设法律关系的内容。

## 三、建设法律关系的产生、变更和终止

### (一) 建设法律关系的产生

建设法律关系的产生是指建设法律关系的主体之间形成了一定的权利和义务关系。例如某建设单位与施工单位签订了建筑工程承包合同,双方产生了相应的

权利和义务,此时,受建设法规调整的建设法律关系即宣告产生。

### (二)建设法律关系的变更

一般建设法律关系三要素发生变化即会导致建设法律关系的变更。

1. 主体变更

主体变更主要有以下两种情况:

1)主体数目发生变化

表现为主体数目的增加或减少。例如总承包方将所承揽的工程进行了分包,会导致主体数目的增加。

2)主体的变化

例如由另一个新的主体代替原主体享有权利,承担义务。

2. 客体变更

客体变更是指建设法律关系中权利、义务所指向的事物发生变化。客体变更可以是范围变更,也可以是性质变更。

1)客体范围的变更

主要表现为客体的规模、数量发生了变化。例如由于设计变更,增、减某些工程量引起的客体规模或数量发生变化。

2)客体性质的变更

主要表现为原有客体已经不复存在,而由新的客体代替原来的客体。例如由于设计变更,将原来合同中的桥梁变为涵洞。

3. 内容变更

建设法律关系主体与客体的变更,必然会导致相应的权利和义务的变更,即内容发生变更,内容变更主要表现为权利增加和权利减少两种形式。例如建设单位与施工单位之间经过协商修改了原合同,由施工单位提供工程师的办公场所,即建设单位权利增加,施工单位的义务也会随之增加。

### (三)建设法律关系的终止

建设法律关系的终止是指某类建设法律关系主体之间的权利、义务不复存在,彼此丧失了约束力。建设法律关系的终止可分为自然终止、协议终止和违约终止三种。

1. 自然终止

建设法律关系的自然终止是指某类建设法律关系所规范的权利、义务顺利得到履行,取得了各自的利益,从而使该法律关系达到完结。例如施工单位按时竣工,建设单位也依照合同约定支付了工程价款,则其法律关系自然终止。

2. 协议终止

建设法律关系的协议终止是指建设法律关系主体之间协商解除某类建设法律

关系权利或义务,致使该法律关系归于消灭。协议终止有两种表现形式:

1)即时协商

即时协商是指当事人双方就终止法律关系事宜即时协商,达成一致意见后终止其法律关系。

2)约定终止条件

约定终止条件是指当事人在签订合同时就约定了终止条件,当具备该条件时,不需要与另一方当事人协商,一方当事人即可终止其法律关系。

3. 违约终止

建设法律关系的违约终止是指建设关系主体一方违约,或发生不可抗力,致使某类建设法律关系规定的权利不能实现。

# 第三节　建设法规体系

## 一、建设法规体系的概念

建设法规体系,是指全部建设法律规范构成的一个相互联系、相互协调的完整统一体系。通常从两个角度来认识法律体系,一是根据法律规范调整的不同社会关系来划分;二是根据规范性法律条文的不同制定机关来划分。在法理上,前者通常被称为法律体系,后者通常被称为立法体系。

## 二、建设法规体系的构成

所谓法规体系的构成,就是指法规体系采取的结构形式。建设法规体系是由很多不同层次的法规组成的,它的结构形式一般有宝塔型和梯型两种。我国建设法规体系采用的是梯型结构。按照法律规范的效力等级,我国建设法规的渊源分为宪法、法律、行政法规、地方性法规和行政规章五个层次,从而构成完整的建设法规效力体系。

1. 宪法

宪法由全国人民代表大会制定和修改,在法律体系中居于核心地位,一切法律、行政法规、地方性法规均不得与宪法相抵触。宪法是建设法规的重要渊源,如《宪法》第十条规定,"城市的土地属于国家所有""农村和城市郊区的土地,除由法律规定属于国家所有的以外,属于集体所有;宅基地和自留地、自留山,也属于集体所有""国家为了公共利益的需要,可以依照法律规定对土地实行征收或者征用并给予补偿"。

2. 法律

法律由全国人民代表大会和全国人民代表大会常务委员会制定并颁布实施,其效力等级仅次于宪法,是建设法规的核心,既包括专门的工程建设法律,如《建筑法》《城乡规划法》《土地管理法》《房地产管理法》和《招标投标法》等,也包括与工程建设相关的法律,如《民法通则》《合同法》《安全生产法》《仲裁法》和《环境保护法》等。

除此之外,还有一类特殊的法律,叫国际公约,如《建筑业安全卫生公约》等。

3. 行政法规

由国务院根据宪法和法律的规定,以及全国人大的授权制定并颁布实施,在全国范围内有效,其效率等级低于宪法和法律,如《建设工程质量管理条例》《建设工程勘察设计管理条例》《建设工程安全生产管理条例》《安全生产许可证条例》《建设项目环境保护管理条例》等。

4. 地方性法规

地方性法规指由省、自治区、直辖市、省会、经济特区和经国务院批准的较大的市的人民代表大会及其常务委员会制定的规范性法律文件,仅在本辖区范围内有效,其效力等级低于宪法、法律和行政法规,如《浙江省城乡规划管理条例》《北京市招标投标条例》等。

5. 行政规章

行政规章是由国家行政机关制定的规范性法律文件,包括部门规章和地方政府规章。

部门规章由国务院有关部委制定,其效力低于宪法、法律和行政法规,仅在本部门范围内有效,如《工程建设项目施工招标投标办法》《建筑业企业资质管理规定》《评标委员会和评标办法暂行规定》等。

地方政府规章由省、自治区、直辖市、省会和首府城市、经济特区和经国务院批准的较大的市的人民政府制定,如《北京市建筑工程施工许可办法》(北京市人民政府 2003 年 139 号令)等。其效力低于宪法、法律、行政法规、同级或上级地方性法规,仅在本行政区域内有效。

另外,工程建设标准也是建设法规体系的重要组成部分。

# 第四节　建设法规的实施

建设法规的实施,指国家机关及其公务员、社会团体、公民实践建设法律规范的活动,包括建设法规的执法、司法和守法三个方面。

## 一、建设法规的执法

建设法规的执法是指建设行政主管部门和被授权或被委托的单位,依法对各项建设活动和建设行为进行检查监督,并对违法行为执行行政处罚的行为,具体包括以下几种:

1. 建设行政决定

建设行政决定是指执法者依法对相对人的权利和义务作出单方面的处理,包括行政许可、行政命令和行政奖励。

2. 建设行政检查

建设行政检查是指建设行政执法者依法对相对人是否守法地实施进行单方面的强制性了解,主要包括实地检查和书面检查两种。

3. 建设行政处罚

建设行政处罚是指建设行政主管部门或其他权力机关对相对人实行惩戒或制裁的行为,主要包括财产处罚、行为处罚和申诫处罚三种。

4. 建设行政强制执行

建设行政强制执行是指在相对人不履行行政机关所规定的义务时,特定的行政机关依法对其采取强制手段,迫使其履行义务。

## 二、建设法规的司法

建设法规的司法又包括建设行政司法和专门司法机关司法两方面。

### (一) 建设行政司法

建设行政司法是指建设行政机关依据法定的权限和法定的程序进行行政调解、行政复议和行政仲裁,以解决相互争议的行政行为。建设行政司法包括以下几个方面:

1. 行政调解

行政调解是指在行政机关的主持下,以法律为依据,通过说服、教育等方法,促使双方当事人通过协商达成协议。

2. 行政复议

行政复议是指在相对人不服行政执法决定时,依法向指定的部门提出重新处理申请。

3. 行政仲裁

行政仲裁是指国家行政机关以第三者身份对特定的民事、经济的争议居中调解,并作出判断和裁决。

**（二）专门司法机关司法**

专门司法机关是指国家司法机关，该机关的司法主要指人民法院依照诉讼程序对建设活动中的争议与违法行为作出的审理判决活动。

## 三、建设法规的守法

建设法规的守法是指从事建设活动的所有单位和个人都必须注意及时学习建设法规，正确理解法规条文，按照法规的要求规范建设行为，不得违反。

## 思考题

1. 简述建设法规的概念和调整对象。
2. 简述建设法规的特征及作用。
3. 建设法规的基本原则是什么？
4. 什么是建设法律关系？建设法律关系三要素是什么？
5. 简述建设活动中民事关系的主要内容。
6. 简述建设法规体系的构成。

# 第二章　基本建设程序法律制度

## 第一节　概　述

### 一、工程建设的概念

工程建设是指土木建筑工程、线路管道和设备安装工程、建筑装修装饰工程等工程项目的新建、扩建和改建，是形成固定资产的基本生产过程及与之相关的其他建设工作的总称。

土木建筑工程，包括矿山、铁路、公路、道路、隧道、桥梁、堤坝、电站、码头、飞机场、运动场、房屋（如厂房、剧院、旅馆、商店、学校和住宅）等工程。

线路管道和设备安装工程，包括电力、通信线路、石油、燃气、给水、排水、供热等管道系统和各类机械设备、装置的安装过程。

其他工程建设工作，包括建设单位及其主管部门的投资决策活动以及征用土地、工程勘察设计、工程监理等。

### 二、工程建设程序的概念

工程建设程序是在认识工程建设客观规律基础上总结提出的、工程建设全过程中各项工作都必须遵守的先后次序。它也是工程建设各个环节相互衔接的顺序。

工程建设具有产品体积庞大、建造场所固定、建设周期长、占用资源多等特点。在建设过程中，存在工作量大、牵涉面广、内外协作关系复杂、活动空间有限及后续工作无法提前进行等矛盾。因此，工程建设就必然存在着一个分阶段、按步骤，各项工作按序进行的客观规律。这种规律是不可违反的，如人为将工程建设的顺序颠倒，就会造成严重的资源浪费和经济损失。我国已制定颁布了不少有关工程建设程序方面的法规。

### 三、我国工程建设程序的立法现状

当前，我国工程建设程序方面的法规多是部门规章和规范性文件，主要有：

1978年4月22日国家计划委员会等三部门发布《关于基本建设程序的若干规定》；

1982年9月22日国家计划委员会发布《关于编制建设前期工作计划的通知》，又于1983年发布了《关于编制建设前期工作计划的补充通知》；

1983年10月4日国家计划委员会发布《基本建设设计工作管理暂行办法》《基本建设勘察工作管理暂行办法》；

1983年4月26日国家计划委员会发布《关于颁发建设项目进行可行性研究的试行管理办法的通知》；

1984年8月18日国家计划委员会发布《关于简化基本建设项目审批手续的通知》；

1988年1月14日国家计划委员会发布《关于大型和限额以上固定资产投资项目建议书审批问题的通知》；

1994年8月13日建设部颁布《工程建设项目报建管理办法》；

1995年7月29日建设部颁布《工程建设项目实施阶段程序管理暂行规定》；

2004年7月16日国务院发布《国务院关于投资体制改革的决定》；

2006年7月3日国家发展和改革委员会、建设部发布《关于建设项目经济评价工作的若干规定》；

2006年7月3日国家发展和改革委员会、建设部发布《建设项目经济评价方法与参数》；

2011年1月19日国务院第141次常务会议通过《国有土地上房屋征收与补偿条例》（国务院令第590号）；

2013年12月2日住房和城乡建设部印发《房屋建筑和市政基础设施工程竣工验收规定》；

2015年6月12日国务院公布《国务院关于修改〈建设工程勘察设计管理条例〉的决定》；

另外，在《土地管理法》《城乡规划法》《建筑法》等法律中，也有关于工程建设程序的一些规定。

其中，《土地管理法》关于工程建设程序的规定有：

《土地管理法》第四十三条规定，任何单位和个人进行建设，需要使用土地的，必须依法申请使用国有土地；但是，兴办乡镇企业和村民建设住宅经依法批准使用本集体经济组织农民集体所有的土地的，或者乡（镇）村公共设施和公益事业建设经依法批准使用农民集体所有的土地的除外。前款所称依法申请使用的国有土地包括国家所有的土地和国家征收的原属于农民集体所有的土地。

《土地管理法》第四十四条规定，建设占用土地，涉及农用地转为建设用地的，应当办理农用地转用审批手续。省、自治区、直辖市人民政府批准的道路、管线工程和大型基础设施建设项目、国务院批准的建设项目占用土地,涉及农用地转为建设用地的,由国务院批准。在土地利用总体规划确定的城市和村庄、集镇建设用地规模范围内,为实施该规划而将农用地转为建设用地的,按土地利用年度计划分批次由原批准土地利用总体规划的机关批准。在已批准的农用地转用范围内,具体建设项目用地可以由市、县人民政府批准。本条第二款、第三款规定以外的建设项目占用土地,涉及农用地转为建设用地的,由省、自治区、直辖市人民政府批准。

《土地管理法》第五十二条规定,建设项目可行性研究论证时,土地行政主管部门可以根据土地利用总体规划、土地利用年度计划和建设用地标准,对建设用地有关事项进行审查,并提出意见。

《土地管理法》第五十三条规定,经批准的建设项目需要使用国有建设用地的,建设单位应当持法律、行政法规规定的有关文件,向有批准权的县级以上人民政府土地行政主管部门提出建设用地申请,经土地行政主管部门审查,报本级人民政府批准。

《土地管理法》第五十六条规定,建设单位使用国有土地的,应当按照土地使用权出让等有偿使用合同的约定或者土地使用权划拨批准文件的规定使用土地;确需改变该幅土地建设用途的,应当经有关人民政府土地行政主管部门同意,报原批准用地的人民政府批准。其中,在城市规划区内改变土地用途的,在报批前,应当先经有关城市规划行政主管部门同意。

《土地管理法》第五十七条规定,建设项目施工和地质勘查需要临时使用国有土地或者农民集体所有的土地的,由县级以上人民政府土地行政主管部门批准。其中,在城市规划区内的临时用地,在报批前,应当先经有关城市规划行政主管部门同意。土地使用者应当根据土地权属,与有关土地行政主管部门或者农村集体经济组织、村民委员会签订临时使用土地合同,并按照合同的约定支付临时使用土地补偿费。临时使用土地的使用者应当按照临时使用土地合同约定的用途使用土地,并不得修建永久性建筑物,且临时使用土地期限一般不超过两年。

《建筑法》《城乡规划法》有关工程建设程序的规定详见本书第三章和第四章。

# 第二节　我国工程建设程序

## 一、工程建设程序阶段的划分

根据我国现行工程建设程序法规的规定,我国工程建设程序如表 2-1 所示。

表 2-1 我国工程建设程序划分

| 工程建设程序的阶段划分 | 各阶段的环节划分 |
|---|---|
| (1)工程建设前期阶段(决策分析阶段) | ①投资意向 |
| | ②投资机会分析 |
| | ③项目建议书 |
| | ④可行性研究 |
| | ⑤审批立项 |
| (2)工程建设准备阶段 | ①规划 |
| | ②获取土地使用权 |
| | ③拆迁 |
| | ④报建 |
| | ⑤工程发包与承包 |
| (3)工程建设实施阶段 | ①工程勘察设计 |
| | ②施工准备 |
| | ③工程施工 |
| | ④生产准备 |
| (4)工程竣工验收与保修阶段 | ①工程竣工验收 |
| | ②工程保修 |
| (5)工程终结阶段 | ①生产运营 |
| | ②投资后评价 |

从表 2-1 中可知,我国工程建设程序共分五个阶段,每个阶段又各包含若干环节。各阶段、各环节的工作应按规定顺序进行。

## 二、工程建设程序各阶段的内容

### (一)工程建设前期阶段的内容

工程建设前期阶段即决策分析阶段,这一阶段主要是对工程项目投资的合理性进行考察和对工程项目进行选择。这个阶段包含投资意向、投资机会分析、项目建议书、可行性研究、审批立项几个环节。

1. 投资意向

投资意向是指投资主体发现社会存在合适的投资机会所产生的投资愿望。它是工程建设活动的起点,也是工程建设得以进行的必要条件。

2. 投资机会分析

投资机会分析是指投资主体对投资机会所进行的初步考察和分析,在认为机会合适、有良好的预期效益时,则可进行进一步的行动。

3. 项目建议书

项目建议书是投资机会分析结果文字化后所形成的书面文件,以方便投资决策者分析、抉择。项目建议书是投资者对准备建设项目提出的大体轮廓性设想和建议,主要确定拟建项目的必要性和是否具备建设条件及拟建规模等,为进一步研究论证工作提供依据。一份完整的项目建议书应包括以下内容:

1)建设项目提出的必要性和依据;

2)产品方案、拟建规模和建设地点的初步设想;

3)资源情况、建设条件、协作关系等的初步分析;

4)投资估算和资金筹措设想;

5)经济效益和社会效益初步估计。

4. 可行性研究

可行性研究是指项目建议书被批准后,对拟建项目在技术上是否可行、经济上是否合理等内容所进行的分析论证。广义上的可行性研究还包括投资机会分析。

可行性研究应对项目所涉及的社会、经济、技术问题进行深入的调查研究,对各种各样的建设方案和技术方案进行发掘并加以比较、优化。对项目建成后的经济效益、社会效益进行科学的预测及评价,提出该项目建设是否可行的结论性意见。对可行性研究的具体内容和所达到的深度,有关法规都有明确的规定。可行性研究报告必须经有资格的咨询机构评估确认后,才能作为投资决策的依据。

被批准后的可行性研究报告不得随意修改变更,如果在建设规模、产品方案、建设地区、主要协作关系等方面有变动以及突破投资控制时,应经过原批准机关同意。

5. 审批立项

审批立项是有关部门对可行性研究报告的审查批准程序,审查通过后即予以立项,正式进入工程项目的建设准备阶段。

**(二) 工程建设准备阶段的内容**

工程建设准备是为勘察、设计、施工创造条件所做的建设现场、建设队伍、建设设备等方面的准备工作。这一阶段包括规划、获取土地使用权、拆迁、报建、工程发包与承包等主要环节。

1. 规划

在规划区内建设的工程,必须符合城市规划或村庄、集镇规划的要求,其工程选址和布局,必须取得城市规划行政主管部门或村、镇规划主管部门的同意、批准。在城市规划区内建设,要依法先后取得城市规划行政主管部门核发的"选址意见书""建设用地规划许可证""建设工程规划许可证"方能进行征地、设计、施工等相关建设活动。

2. 获取土地使用权

土地使用权是指国家机关、企事业单位、农民集体和公民个人,以及三资企业,凡具备法定条件者,依照法定程序或依约定对国有土地或农民集体土地所享有的占有、利用、收益和有限处分的权利。《土地管理法》第八条规定,城市市区的土地属于国家所有。农村和城市郊区的土地,除由法律规定属于国家所有的以外,属于农民集体所有;宅基地和自留地、自留山,属于农民集体所有。第九条规定,国有土地和农民集体所有的土地,可以依法确定给单位或者个人使用。使用土地的单位和个人,有保护、管理和合理利用土地的义务。

建设工程用地都必须通过国家对土地使用权的出让或划拨取得,需在农民集体所有的土地上进行工程建设的,也必须先由国家征用农民土地,然后再将土地使用权出让或划拨给建设单位或个人。

通过国家出让而取得土地使用权的,应向国家支付土地出让金,并与市县人民政府土地管理部门签订书面出让合同。然后按合同规定的年限与要求进行工程建设。

《土地管理法》第四十五条规定,征收下列土地的,由国务院批准:

(1)基本农田;

(2)基本农田以外的耕地超过三十五公顷的;

(3)其他土地超过七十公顷的。

征收前款规定以外的土地的,由省、自治区、直辖市人民政府批准,并报国务院备案。征收农用地的,应当依照本法第四十四条的规定先行办理农用地转用审批。其中,经国务院批准农用地转用的,同时办理征地审批手续,不再另行办理征地审批;经省、自治区、直辖市人民政府在征地批准权限内批准农用地转用的,同时办理征地审批手续,不再另行办理征地审批,超过征地批准权限的,应当依照本条第一款的规定另行办理征地审批。

3. 拆迁

拆迁是指取得拆迁许可的单位,根据城市建设规划要求和政府所批准的用地文件,依法拆除建设用地范围内的房屋和附属物,将该范围内的单位和居民重新安置,并对其所受损失予以补偿的法律行为。随着人们法律意识、维权意识的提高,市场化程度的提高,以及城市化进程的加快,有关强权拆迁、拆迁补偿等方面的问题、矛盾,各地都积极研究并制定了许多新的法规政策。

4. 报建

建设项目被批准立项后,建设单位或其代理机构必须持工程项目立项批准文件、银行出具的资信证明、建设用地的批准文件,向当地建设行政主管部门或其授权机构进行报建。凡未报建的工程项目,不得办理招标手续和发放施工许可证,设计、施工单位不得承接该项目的设计、施工任务。

5. 工程发包与承包

建筑工程发包与承包是指建设单位(或总承包单位)委托具有从事建筑活动的

法定从业资格的单位为其完成某一建筑工程的全部或部分的交易行为。建设单位或其代理机构在上述准备工作完成后,须对拟建工程进行发包,以择优选定工程勘察设计单位、施工单位或总承包单位。

### (三)工程建设实施阶段的内容

#### 1. 工程勘察设计

工程勘察服务于工程建设的全过程,在工程选址、可行性研究、工程施工等阶段,也必须进行必要的勘察。

工程设计是工程项目建设的重要环节,设计文件是制订建设计划、组织工程施工和控制建设投资的依据,对实现投资者的意愿起关键作用。可行性研究报告批准后,建设单位可委托设计单位,按可行性研究报告中的有关要求,编制设计文件。

设计与勘察是密不可分的,设计必须在进行工程勘察,取得足够的地质、水文等基础资料之后才能进行。

#### 2. 施工准备

施工准备包括施工单位在技术、物资方面的准备和建设单位取得开工许可两方面的内容。

1)施工单位技术、物资方面的准备

包括熟悉、审查图纸,编制施工组织设计,向下属单位进行计划、技术、质量、安全、经济责任的交底,下达施工任务书,准备工程施工所需的设备、材料等活动。

2)取得开工许可

建设单位具备以下条件,方可按国家有关规定向工程所在地县级以上人民政府建设行政主管部门申领施工许可证:

(1)已经办好该工程用地批准手续;

(2)在城市规划区的工程,已取得规划许可证;

(3)需要拆迁的,拆迁进度满足施工要求;

(4)施工企业已确定;

(5)有满足施工需要的施工图纸和技术资料;

(6)有保证工程质量和安全的具体措施;

(7)建设资金已落实并满足有关法律、法规规定的其他条件。

未取得施工许可证的建设单位不得擅自组织开工。已取得施工许可证的,应自批准之日起三个月内组织开工,因故不能按期开工的,可向发证机关申请延期,延期以两次为限,每次不超过三个月。既不按期开工,又不申请延期或超过延期时限的,已批准的施工许可证自行作废。

#### 3. 工程施工

工程施工是施工队伍具体配置各种施工要素,将工程设计物化为建筑产品的过程,也是投入劳动量最大,所费时间较长的工作。其管理水平的高低、工作质量的好坏对建设项目的质量和所产生的效益起着十分重要的作用。

工程施工管理具体包括施工调度、施工安全、文明施工、环境保护等几方面的内容。

施工调度是进行施工管理,掌握施工情况,及时处理施工中存在的问题,严格控制工程的施工质量、进度和成本的重要环节。施工单位的各级管理机构均应配备专职调度人员,建立和健全各级调度机构。

施工安全是指施工活动中,对职工的身体健康与安全、机械设备使用的安全及物资的安全等应有的保障制度和所采取的措施。

文明施工是指施工单位应推行现代管理方法,科学组织施工,保证施工活动整洁、有序、合理地进行。具体内容有:按施工总平面布置图设置各项临时设施,施工现场设置明显标牌,主要管理人员要佩戴身份标志,机械操作人员要持证上岗,施工现场的用电线路、有电设施的安装使用和现场水源、道路的设置要符合规范要求等。

环境保护是指施工单位必须遵守国家有关环境保护的法律、法规,采取措施控制各种粉尘、废气、噪声等对环境的污染和危害。

4. 生产准备

生产准备是指工程施工临近结束时,为保证建设项目能及时投产使用所进行的准备活动。如招收和培训必要的生产人员,组织人员参加设备安装调试和工程验收,组建生产管理机构,制定规章制度,收集生产技术资料和样品,落实原材料、外协产品、燃料、水、电的来源及其他配合条件等。

(四) 工程竣工验收与保修阶段的内容

1. 工程竣工验收

工程项目按设计文件规定的内容和标准全部建成,并按规定将工程内外全部清理完毕后称为竣工。根据《建筑法》及国务院《建设工程质量管理条例》等相关法律规定,交付竣工验收的工程,必须具备下列条件:

1)完成建设工程设计和合同约定的各项内容;

2)有完整的技术档案和施工管理资料;

3)有工程使用的主要建筑材料、建筑构配件和设备的进场试验报告;

4)有勘察、设计、施工、工程监理等单位分别签署的质量合格文件;

5)有施工单位签署的工程保修书。

工程验收合格后,方可交付使用。此时承发包双方应尽快办理固定资产移交手续和工程结算,将所有工程款项结算清楚。

2. 工程保修

根据《建筑法》及《建设工程质量管理条例》等相关法规的规定,工程竣工验收交付使用后,在保修期限内,承包单位要对工程中出现的质量缺陷承担保修与赔偿责任。

### (五)工程终结阶段的内容

工程终结阶段的内容主要是建设项目投资后评价。

建设项目投资后评价是工程竣工投产、生产运营一段时间后,对项目的立项决策、设计施工、竣工投产、生产运营等全过程进行系统评价的一种技术经济活动。它是工程建设管理的一项重要内容,也是工程建设程序的最后一个环节。目前我国的投资后评价一般分建设单位的自我评价、项目所属行业(地区)主管部门的评价及各级计划部门(或主要投资方)的评价这三个层次进行。

#### 1. 建设单位的自我评价

建设单位的自我评价由建设单位负责,又称自评。所有建设项目竣工投产(使用、运营)一段时间以后,都应进行自我评价。项目后评价是一项复杂细致的系统工作,在开展后评价工作之前,一定要做好各项准备工作,包括组织准备、思想准备和资料准备。

#### 2. 项目所属行业(地区)主管部门的评价

项目所属行业(地区)主管部门必须配备专人主管项目后评价工作。当收到所属项目单位上报的自我评价报告后,首先要进行审查,审查资料是否齐全,自我评价是否实事求是、如实反映。同时,要根据工作需要从行业角度选择一些项目进行评价。在进行行业评价时,应组织一些专家学者和熟悉情况的人士认真阅读项目单位的自我评价报告,针对问题深入现场调查研究,写出评价报告。

#### 3. 各级计划部门(或主要投资方)的评价

各级计划部门(或主要投资方)是建设项目后评价工作的组织者、领导者和方法及制度的制定者。当收到项目单位和行业(或地区)业务主管部门上报的评价报告后,应根据工作需要选择一些项目列入年度计划,开展后评价复审工作,也可委托有资格的咨询公司代为组织实施。

# 案例分析

## 案例 2-1

### 一、背景

某建设单位(以下简称 A 公司)与某施工单位(以下简称 B 公司)就某工程签订了施工合同后,B 公司即进场施工。由于 A 公司工程开工前未办理建设工程施工许可证,该工程在施工过程中被行政主管部门勒令停工。停工四个月后,A公司补办建设工程施工许可证,该工程得以恢复施工。

该工程竣工验收后,A、B两公司就工程款结算发生纠纷。B公司将A公司诉至法院,要求按合同约定支付工程款;A公司则以B公司工期延误105天为由提起反诉,要求B公司承担相应违约责任。

**二、问题**

1. 请说明行政主管部门勒令该工程停工的法律依据。

2. A公司的反诉请求能否得到法院的支持?

**三、分析**

1. 根据《建筑法》第七条的规定,建筑工程开工前,建设单位应当按照国家有关规定向工程所在地县级以上人民政府建设行政主管部门申请领取施工许可证。本案中,A公司未取得建设工程施工许可证,就组织施工单位进行施工的行为违反了基本建设程序中有关施工许可的规定。

2. A公司的反诉请求得不到法院的支持。

由于申领施工许可证是A公司的法定义务,该工程因未取得建设工程施工许可证而被行政主管部门勒令停工,属于非施工单位原因造成的停工,所以工期应相应顺延四个月。

# 思考题

1. 简述工程建设程序的概念。

2. 根据《建筑法》,施工许可证申领的条件有哪些?

3. 交付竣工验收的工程,必须具备哪些条件?

4. 简述工程建设实施阶段的主要内容。

5. 工程建设程序主要划分为哪几个阶段,每个阶段主要包括哪些环节?

# 第三章　建筑法律制度

## 第一节　概　述

### 一、建筑法的概念

广义的建筑法,是指调整建筑活动的法律规范的总称。狭义的建筑法是 1997 年 11 月 1 日第八届全国人民代表大会常务委员会第二十八次会议通过的《中华人民共和国建筑法》(以下简称《建筑法》),于 1998 年 3 月 1 日起实施。2011 年 4 月 22 日第十一届全国人民代表大会常务委员会第二十次会议决定对《建筑法》作出修改,并于 2011 年 7 月 1 日起施行。

《建筑法》是我国工程建设和建筑业的一部大法,是建筑活动的基本法。它的公布,确立了我国建筑活动的基本法律制度,标志着我国建筑活动开始纳入依法管理的轨道。它的施行,对加强建筑活动的监督管理,维护建筑市场秩序,保障建筑工程的质量和安全,促进建筑业的健康发展,保护建筑活动当事人的合法权益,具有重要的意义。

### 二、建筑法的立法目的

1. 加强对建筑活动的监督管理

《建筑法》的首要目的,就是为了加强对建筑活动的监督管理。对建筑活动的监督包括两个方面的内容:宏观的监督管理,即从宏观的产业政策、行业标准上对建筑活动进行的组织、协调、控制、监督和惩治等措施。微观的监督管理,即有关部门对建筑项目的施工许可管理、从业者资质与资格认定管理、建设工程承包管理以及建筑安全生产管理和建设工程质量管理。

2. 维护建筑市场秩序

建立起一个统一的、开放的、竞争的、有序的建筑市场是建筑业发展的客观要求。在我国建筑市场的形成和发展过程中,一些扰乱市场秩序、违反市场规则的行为时有发生,表现在以下几个方面:

一是发包方的行为不规范,主要是一部分建设单位不遵守建设程序,不报建、

不招标,搞私下交易,任意肢解工程,强行要求垫资承包,强行指定购买质次价高的材料设备,不合理压价和拖欠工程款等;

二是承包方的行为不规范,主要是一些设计、施工单位无证或者越级承包设计、施工任务、层层转包,以及在施工中偷工减料;

三是中介方的行为不规范,主要包括一些中介机构专业人员缺乏、服务水平低、机构功能不健全、内部管理混乱等。

因此,制定《建筑法》,就要从根本上解决建筑市场的混乱状况,确立与社会主义市场经济相适应的建筑市场管理制度,以维护建筑市场的秩序。

3. 保证建筑工程质量和安全

由于建筑生产的特殊性和复杂性,建筑产品使用的长期性和固定性,建筑工程质量和安全对公众安全、社会财富、国民经济发展的影响极为巨大。近年来,建筑工程质量事故和安全生产事故频繁发生。因此,制定《建筑法》的一个重要目的,就是保证建筑工程质量和安全,促进建筑业的健康发展。

《建筑法》以切实保证建筑工程质量和安全为主要目的之一,作出了以下重要规定:

一是要求建筑活动应当确保建筑工程的质量和安全,符合国家的建筑工程安全标准,严格遵守《建设工程质量管理条例》,严格遵守《工程建设标准强制性条文》和建设工程技术法规;

二是要求建筑工程的质量和安全应当贯穿建筑活动的全过程,进行全过程的监督管理;

三是要求建筑活动的各个阶段、各个环节,如设计、施工、监理、竣工验收等阶段,都要保证质量和安全;

四是要求明确建筑活动各有关方面在保证建筑工程质量和安全中的法律责任等。

4. 促进建筑业健康发展

建筑业是国民经济的重要物质生产部门,是国家重要支柱产业之一。为了保障建筑业在国民经济和社会发展中的地位和作用,同时也是为了解决建筑业发展中存在的问题,迫切需要制定《建筑法》,以促进建筑业健康发展。

## 三、建筑法的调整对象和适用范围

### (一)调整对象

《建筑法》第二条规定,在中华人民共和国境内从事建筑活动,实施对建筑活动的监督管理,应当遵守本法。本法所称建筑活动,是指各类房屋建筑及其附属设施的建造和与其配套的线路、管道、设备的安装活动。

## （二）适用范围

《建筑法》的适用范围包含三层意思：

一是调整的地域范围为中华人民共和国境内，但不包括香港、澳门、台湾地区；

二是调整的主体是建设单位、勘察设计单位、施工企业、监理单位、建筑行政管理机关，同时也包括从事建筑活动的个人，如注册建筑师、注册结构师、注册建造师、注册监理师、注册造价师等；

三是调整的行为是各类房屋建筑及其设施的新建、改建、扩建、维修、拆除、装饰装修活动，以及线路、管道、设备的安装活动。

此外，《建筑法》第八十一条规定，本法关于施工许可，建筑施工企业资质审查和建筑工程发包、承包、禁止转包，以及建筑工程监理、建筑工程安全和质量管理的规定，适用于其他专业建筑工程的建筑活动，具体办法由国务院规定。

由此可见，《建筑法》不仅调整各类房屋建筑的建筑活动，也调整其他专业建筑工程（如铁路工程、民航工程、交通运输工程、水利工程等）的建筑活动。

还需要注意的是，《建筑法》适用范围的例外规定。《建筑法》第八十三条规定，省、自治区、直辖市人民政府确定的小型房屋建筑工程的建筑活动，参照本法执行。依法核定作为文物保护的纪念建筑物和古建筑等的修缮，依照《文物保护法》的有关规定执行。抢险救灾及其他临时性房屋建筑和农民自建低层住宅的建筑活动，不适用本法。《建筑法》第八十四条规定，军用房屋建筑工程建筑活动的具体管理办法，由国务院、中央军事委员会依据本法制定。

也就是说，有些工程不可能完全按照《建筑法》规定的要求去进行，如省、自治区、直辖市人民政府确定的小型房屋建筑工程；有些工程需要依照有关法律执行，如古建筑等的修缮；有些工程根本不适用《建筑法》的规定，如抢险救灾等工程；有些工程需要另行制定管理办法，如军用房屋建筑工程等。

## 四、建筑法的基本原则

《建筑法》的基本原则，即《建筑法》的主旨和基本准则，是制定和实施《建筑法》的出发点。《建筑法》的基本原则贯穿于整个《建筑法》的条文中，主要有以下三点：

1. 建筑活动应当确保工程质量和安全，符合国家的建筑工程安全标准

确保工程质量和安全是《建筑法》立法的主题之一。《建筑法》第三条规定，建筑活动应当确保建筑工程质量和安全，符合国家的建筑工程安全标准。这里所说的国家的建筑工程安全标准，包括有关涉及建筑工程安全的国家标准、行业标准。

《标准化法》第六条规定，对需要在全国范围内统一的技术要求，应当制定国家标准。国家标准由国务院标准化行政主管部门制定。对没有国家标准而又需要在全国某个行业范围统一的技术要求，可以制定行业标准。行业标准由国务院有关行业主管部门制定，并报国务院标准化行政主管部门备案，在公布国家标准后，该

行业标准即行废止。第七条规定,国家标准、行业标准分为强制性标准和推荐性标准。保障人体健康及人身、财产安全的标准和法律、行政法规规定强制执行的标准是强制性标准。第十四条规定,强制性标准,必须执行。

依照《建筑法》和《标准化法》的规定,凡是依法制定的有关建筑工程安全的国家标准和行业标准,包括列入国家标准或行业标准的有关建筑工程安全的勘察、设计、施工、验收的技术规范、技术要求和方法,都属于强制性标准,必须严格按照执行。建设单位不得以任何理由,要求设计单位或者施工企业在工程设计或施工作业中,违反有关建筑工程安全的国家标准和行业标准的规定,降低工程质量;建筑工程的勘察、设计单位和施工企业,必须按照国家或行业有关建筑工程安全标准的要求进行勘察、设计和施工;建筑工程监理单位也必须按照安全标准进行工程监理。当然,有关建筑工程安全的国家或行业标准,是保障建筑工程安全的基本要求,建筑工程的发包方和承包方可以在合同中约定严于国家标准或行业标准的工程质量要求,但不得以合同约定低于国家或行业安全标准的质量要求。

2. 国家扶持建筑业的发展,支持建筑科学技术研究

国家扶持建筑业的发展,支持建筑科学技术研究,提高房屋建筑设计水平,鼓励节约能源和保护环境,提倡采用先进技术、先进设备、先进工艺、新型建筑材料和现代管理方式。

3. 从事建筑活动应当遵守法律、法规,不得损害社会公共利益和他人的合法权益

建筑活动涉及多方面的关系,除了要遵守专门适用于建筑活动的特别法即《建筑法》的规定外,还要遵守其他有关的法律、法规。例如,在建设用地方面,应当遵守《土地管理法》和《城市房地产管理法》及相关行政法规的规定;在城市规划区内进行建筑活动的,要遵守《城乡规划法》及相关法规的规定;在环境保护方面,要遵守《环境保护法》《大气污染防治法》《水污染防治法》《固体废物污染环境防治法》和《环境噪声污染防治法》等法律、法规的规定;在建筑活动中,发现古文物、古墓葬等应当予以保护的文物,要遵守《文物保护法》的规定;在建筑工程承发包中,进行招标投标活动要遵守《招标投标法》《反不正当竞争法》等法律、法规的规定,订立承发包合同,还要遵守《合同法》及相关法规的规定;在建筑企业与职工的劳动关系方面,要遵守《劳动法》及相关法规的规定等。

## 五、建筑法律制度的立法现状

目前,有关建筑的法律、行政法规、部门规章主要有:

1988 年 12 月 29 日第七届全国人民代表大会常务委员会第五次会议通过的《标准化法》;

1991 年 3 月 26 日建设部发布的《建设部质量奖评审管理办法》;

1992 年 12 月 29 日建设部第 28 次常务会议通过的《工程建设国家标准管理办法》《工程建设行业标准管理办法》；

1993 年 2 月 22 日第七届全国人民代表大会常务委员会第 30 次会议通过、2000 年 7 月 8 日第九届全国人民代表大会常务委员会第 16 次会议修正的《产品质量法》；

1997 年 11 月 1 日第八届全国人民代表大会常务委员会第 28 次会议通过、2011 年 4 月 22 日第十一届全国人民代表大会常务委员会第 20 次会议修正的《建筑法》；

1999 年 8 月 30 日第九届全国人民代表大会常务委员会第 11 次会议通过的《招标投标法》；

1999 年 10 月 14 日建设部第 16 次常务会议通过、2014 年 6 月 25 日建设部第 13 次常务会议审议通过修正的《建筑工程施工许可管理办法》；

2000 年 1 月 10 日国务院第 25 次常务会议通过的《建设工程质量管理条例》；

2000 年 2 月 17 日建设部发布的《建筑工程施工图设计文件审查暂行办法》；

2000 年 4 月 4 日建设部第 22 次常务会议通过、2009 年 10 月 19 日修正的《房屋建筑工程和市政基础设施工程竣工验收备案管理暂行办法》；

2000 年 6 月 26 日建设部第 24 次常务会议讨论通过的《房屋建筑工程质量保修办法》；

2000 年 8 月 21 日建设部第 27 次常务会议通过的《实施工程建设强制性标准监督规定》；

2000 年 9 月 20 日国务院第 31 次常务会议通过、2015 年 6 月 12 日修订的《建设工程勘察设计管理条例》；

2000 年 12 月 29 日建设部第 36 次常务会议讨论通过的《建设工程监理范围和规模标准规定》；

2001 年 11 月 2 日建设部第 50 次常务会议审议通过发布的《建设领域推广应用新技术管理规定》；

2001 年 11 月 5 日建设部发布的《建筑工程施工发包与承包计价管理办法》；

2002 年 6 月 29 日第九届全国人民代表大会常务委员会第 28 次会议通过、2014 年 8 月 31 日第十二届全国人民代表大会常务委员会第 10 次会议修正的《安全生产法》；

2003 年 2 月 19 日国务院第 68 次常务会议通过、2009 年 1 月 24 日修正的《特种设备安全监察条例》；

2003 年 11 月 8 日建设部第 21 次常务会议讨论通过的《房屋建筑和市政基础设施工程施工分包管理办法》；

2003 年 11 月 12 日国务院第 28 次常务会议通过发布的《建设工程安全生产

管理条例》；

2004 年 1 月 7 日国务院第 34 次常务会议通过、2014 年 7 月 29 日国务院第 54 次常务会议修订的《安全生产许可证条例》；

2005 年 1 月 12 日建设部、财政部发布的《建设工程质量保证金管理暂行办法》；

2006 年 12 月 11 日建设部第 112 次常务会议讨论通过的《工程监理企业资质管理规定》；

2007 年 3 月 28 日国务院第 172 次常务会议通过的《生产安全事故报告和调查处理条例》；

2013 年 12 月 2 日建设部发布的《房屋建筑和市政基础设施工程竣工验收规定》；

2014 年 8 月 4 日建设部发布的《建筑工程施工转包违法分包等违法行为认定查处管理办法（试行）》等。

# 第二节　建筑许可

建筑许可，是指建设行政主管部门或者其他有关行政主管部门准许、变更和终止公民、法人和其他组织从事建筑活动的具体行政行为。建筑许可的表现形式为施工许可证、批准证件（开工报告）、资质证书、执业资格证书等。《建筑法》规定的建筑许可包括建筑工程施工许可与从业资格两种。

## 一、建筑工程施工许可

建筑工程施工许可制度，是建设行政主管部门根据建设单位的申请，依法对建筑工程是否具备施工条件进行审查，符合条件者，准许该建筑工程开始施工并颁发建筑许可证的一种制度。

施工许可证是指建筑工程开始施工前建设单位向建筑行政主管部门申请的可以施工的证明。

### （一）实施施工许可的范围

1. 需要办理施工许可证的建筑工程

《建筑法》第七条规定，建筑工程开工前，建设单位应当按照国家有关规定向工程所在地县级以上人民政府建设行政主管部门申请领取施工许可证。

2014 年 6 月住房和城乡建设部经修改后发布的《建筑工程施工许可管理办法》进一步规定，在中华人民共和国境内从事各类房屋建筑及其附属设施的建造、装修装饰和与其配备的线路、管道、设备的安装，以及城镇市政基础设施工程的施工,建设单位在开工前应当依照本办法的规定,向工程所在地的县级以上人民政府建设行政主管部门申请领取施工许可证。

2. 不需要办理施工许可证的建筑工程

1)限额以下的小型工程

《建筑法》第七条规定,国务院建设行政主管部门确定的限额以下的小型工程,可以不申请办理施工许可证。

《建筑工程施工许可管理办法》第二条规定,工程投资额在30万元以下或者建筑面积在300平方米以下的建筑工程,可以不申请办理施工许可证。

2)抢险救灾等特殊工程

《建筑法》第八十三条规定,抢险救灾及其他临时性房屋建筑和农民自建低层住宅的建筑活动,不适用本法。

这几类工程各有特殊性,所以,从实际出发,不适用施工许可制度,不需要办理施工许可证。

3. 不重复办理施工许可证的建筑工程

《建筑法》第七条规定,按照国务院规定的权限和程序批准开工报告的建筑工程,不再领取施工许可证。这有两层含义:一是实行开工报告批准制度的建设工程,必须符合国务院的规定,其他任何部门的规定无效;二是开工报告与施工许可证不得重复办理,避免同一建筑工程的开工由不同行政主管部门重复审批的现象。

4. 另行规定的建筑工程

《建筑法》第八十四条规定,军用房屋建筑工程建筑活动的具体管理办法,由国务院、中央军事委员会依据本法制定。据此,军事房屋建筑工程施工许可的管理,按国务院、中央军事委员会制定的办法执行。

**(二) 申请领取施工许可证的条件**

《建筑法》第八条规定,申请领取施工许可证,应当具备下列条件:

(1)已经办理该建筑工程用地批准手续;

(2)在城市规划区的建筑工程,已经取得规划许可证;

(3)需要拆迁的,其拆迁进度符合施工要求;

(4)已经确定建筑施工企业;

(5)有满足施工需要的施工图纸及技术资料;

(6)有保证工程质量和安全的具体措施;

(7)建设资金已经落实;

(8)符合法律、行政法规规定的其他条件。

上述八个条件,是建设单位申领施工许可证所必须同时具备的条件,缺一不可。

《建筑工程施工许可管理办法》对施工许可条件作出了进一步细化,《建筑工程施工许可管理办法》第四条规定,建设单位申请领取施工许可证,应当具备以下条件:

(1)已经办理该建筑工程用地批准手续;

(2)在城市规划区的建筑工程,已经取得建设工程规划许可证;

(3)施工场地已经基本具备施工条件,需要拆迁的,其拆迁进度符合施工要求;

(4)已经确定施工企业;

(5)具备满足施工需要的施工图纸及技术资料,且施工图设计文件已按规定审查合格;

(6)有保证工程质量和安全的具体措施;

(7)按照规定应该委托监理的工程已委托监理;

(8)建设资金已经落实;

(9)符合法律、行政法规规定的其他条件。

**(三) 施工许可证的颁发程序及其管理规定**

1. 施工许可证的颁发程序

根据《建筑法》的规定,施工许可证的颁发程序如下:

(1)建设单位必须向有权颁发施工许可证的建设行政主管部门提出书面申请;

(2)提出申请的时间是在建筑工程开工前;

(3)有权颁发施工许可证的建设行政部门是工程所在地县级以上人民政府建设行政主管部门;

(4)建设行政主管部门应当自收到申请之日起 15 日内,作出是否颁发施工许可证的决定,对符合条件的申请颁发施工许可证。

2. 施工许可证的效力期限

《建筑法》第九条规定,建设单位应当自领取施工许可证之日起 3 个月内开工。因故不能按期开工的,应当向发证机关申请延期;延期以两次为限,每次不超过 3 个月。既不开工又不申请延期或者超过延期时限的,施工许可证自行废止。

也就是说,施工许可证的有效期最长可达 9 个月,如果超过 9 个月开工,施工许可证就失去了法律效力。

3. 中止施工与恢复施工

中止施工,是指建筑工程开工后,在施工过程中因特殊情况的发生而中途停止施工的一种行为。中止施工的原因很复杂,如地震、洪水等不可抗力,以及宏观调控压缩基建规模、停建缓建建筑工程等。

恢复施工,是指建筑工程中止施工后,造成中断施工的情况消除,继续进行施工的一种行为。

《建筑法》第十条规定,在建的建筑工程因故中止施工的,建设单位应当自中止施工之日起 1 个月内,向发证机关报告,并按照规定做好建筑工程的维护管理工作。建筑工程恢复施工时,应当向发证机关报告;中止施工满 1 年的工程恢复施工前,建设单位应当报发证机关核验施工许可证。

此外,对于实行开工报告制度的建筑工程,《建筑法》第十一条规定,按照国务院有关规定批准开工报告的建筑工程,因故不能按期开工或者中止施工的,应当及时向批准机关报告情况。因故不能按期开工超过 6 个月的,应当重新办理开工报告的批准手续。

## 二、从业资格

从业资格包括三个方面的内容:一是建筑施工企业、勘察单位、设计单位和工程监理单位从事建筑活动应具备的条件;二是建筑施工企业、勘察单位、设计单位和工程监理单位应在资质等级许可范围内从事建筑活动;三是专业技术人员从事建筑活动,应依法取得执业资格证书。

### (一) 从业单位的基本条件

建筑活动不同于一般的经济活动,从业单位条件的高低直接影响建筑工程质量和建筑安全生产。因此,从事建筑活动的单位必须符合严格的资格条件。《建筑法》第十二条规定,从事建筑活动的建筑施工企业、勘察单位、设计单位和工程监理单位,应当具备下列条件:

(1)有符合国家规定的注册资本;

(2)有与其从事的建筑活动相适应的具有法定执业资格的专业技术人员;

(3)有从事相关建筑活动所应有的技术装备;

(4)法律、行政法规规定的其他条件。

### (二) 从业单位在资质等级许可范围内从事建筑活动

《建筑法》第十三条规定,从事建筑活动的建筑施工企业、勘察单位、设计单位和工程监理单位,按照其拥有的注册资本、专业技术人员、技术装备和已完成的建筑工程业绩等资质条件,划分为不同的资质等级,经资质审查合格,取得相应等级的资质证书后,方可在其资质等级许可的范围内从事建筑活动。

资质审查,是指从事建筑活动的建筑施工企业、勘察单位、设计单位和工程监理单位,均须经过建设行政主管部门对其拥有的注册资本、专业技术人员、技术装备和已完成的建筑工程业绩、管理水平等进行审查,以确定其承担任务的范围,发给相应的资质证书,并须在其资质等级许可的范围内从事建筑活动。

资质审查制度是根据建筑活动的特点确立的一项重要的从业资格许可制度。《建筑法》对在实践中行之有效的资质审查制度作出明确规定,对规范建筑市场秩序、保证建筑工程质量和建筑安全生产具有非常重要的意义。

**（三）从业人员执业资格制度**

从业人员执业资格制度，是指具备一定专业学历、资历的从事建筑活动的专业技术人员，通过考试和注册确定其执业的技术资格，获得相应建筑工程文件签字权的一种制度。

《建筑法》第十四条规定，从事建筑活动的专业技术人员，应当依法取得相应的执业资格证书，并在执业资格证书许可的范围内从事建筑活动。

对从事建筑活动的专业技术人员实行执业资格制度非常必要。一是推进深化我国建筑工程管理体制改革的需要；二是促进我国工程建设规范与国际惯例接轨，适应对外开放的需要；三是加速人才培养，提高专业技术人员业务水平和队伍素质的需要。

目前，我国对从事建筑活动的专业技术人员已建立起多种执业资格制度，如注册建筑师、注册城市规划师、注册结构工程师、注册土木工程师（岩土）、注册建造师、注册监理工程师和注册造价工程师等。

# 第三节　建筑工程发包与承包

## 一、发承包概述

**（一）发包与承包**

建筑工程发包，是指建设单位通过招标方式或直接发包方式将建筑工程的全部或部分交付给具有从事相应建筑活动法定从业资格的单位完成，并按合同约定支付相应费用的行为。

建筑工程承包，是指具有从事相应建筑活动法定从业资格的单位通过招标方式或直接发包方式承揽全部或部分建筑工程任务，按合同约定完成并取得相应费用的行为。

**（二）发包单位与承包单位**

发包单位，也称建设单位或业主，是指投资建设该项建筑工程的主体。

承包单位，是指通过投标或协议等途径签订建设工程合同，实施建设项目，承办工程建设、建设物资采购等相关活动的单位。

**（三）发承包活动的原则**

《建筑法》第十六条规定，建筑工程发包与承包的招标投标活动，应当遵循公开、公正、平等竞争的原则，择优选择承包单位。建筑工程的招标投标，本法没有规定的，适用有关招标投标法律的规定。

**（四）发包与承包的计价**

《建筑法》第十八条规定，建筑工程造价应当按照国家有关规定，由发包单位与承包单位在合同中约定。公开招标发包的，其造价的约定，须遵守招标投标法律的规定。发包单位应当按照合同的约定，及时拨付工程款项。

建筑工程造价，是指由建筑工程的双方当事人依法约定的建筑工程所需要的总价款。

## 二、建筑工程发包

### （一）发包方式

《建筑法》第十九条规定，建筑工程依法实行招标发包，对不适于招标发包的可以直接发包。

建筑工程实行招标发包的，发包单位应当将建筑工程发包给依法中标的承包单位。建筑工程实行直接发包的，发包单位应当将建筑工程发包给具有相应资质条件的承包单位。一般说来，建筑工程采取招标发包的方式更有利于建设单位，直接发包主要适用于特殊工程，如保密工程、特殊专业工程或施工条件特殊的工程。

### （二）发包的禁止性规定

《建筑法》及相关法规对建筑工程的发包活动作了以下禁止性规定。

1. 禁止发包人受贿索贿

《建筑法》第十七条规定，发包单位及其工作人员在建筑工程发包中不得收受贿赂、回扣或者索取其他好处。

2. 禁止肢解发包建筑工程

《建筑法》第二十四条规定，提倡对建筑工程实行总承包，禁止将建筑工程肢解发包。建筑工程的发包单位可以将建筑工程的勘察、设计、施工、设备采购一并发包给一个工程总承包单位，也可以将建筑工程的勘察、设计、施工、设备采购的一项或者多项发包给一个工程总承包单位；但是，不得将应当由一个承包单位完成的建筑工程肢解成若干部分发包给几个承包单位。

肢解发包，即建设单位将应当由一个承包单位完成的建筑工程分解成若干部分发包给不同承包单位的行为。肢解发包容易导致以下弊端的产生：

（1）可能导致发包人变相规避招标；

（2）不利于投资和进度目标的控制；

（3）增加发包的成本；

（4）增加发包人管理的成本。

3. 禁止发包人非法干涉承包人的建材设备采购权

在工程建设过程中，建筑材料、建筑配件和设备的采购权一般由发包人行使，这是国际上的通行做法。《建筑法》第二十五条规定,按照合同约定,建筑材料、建筑构配件和设备由工程承包单位采购的,发包单位不得指定承包单位购入用于工程的建筑材料、建筑构配件和设备或者指定生产厂、供应商。

4. 禁止发包人不合理的干预降低工程质量

《建筑法》第五十四条规定,建设单位不得以任何理由,要求建筑设计单位或者建筑施工企业在工程设计或者施工作业中,违反法律、行政法规和建筑工程质量、安全标准,降低工程质量。

《建设工程质量管理条例》第十条规定,建设工程发包单位不得迫使承包方以低于成本的价格竞标,不得任意压缩合理工期。建设单位不得明示或者暗示设计单位或者施工单位违反工程建设强制性标准,降低工程质量。

## 三、建筑工程承包

### (一) 承包方式

建筑工程的承包方式包括总承包、联合共同承包、专业承包与分包等。

1. 总承包

总承包通常分为工程总承包和施工总承包两大类。

工程总承包,是指从事工程总承包的企业受建设单位委托,按照合同约定对工程项目的可行性研究、勘察、设计、采购、施工、试运行(竣工验收)等实行全过程或若干阶段的承包。工程总承包主要有设计—采购—施工总承包(EPC)、设计—施工总承包(D-B)、设计—采购总承包(E-P)、采购—施工总承包(P-C)等方式。

施工总承包,是指建筑工程发包人将全部施工任务发包给具有相应资质条件的施工总承包企业,由施工总承包企业按照合同约定向建设单位负责,承包完成施工任务。

2. 联合共同承包

联合共同承包,是指两个以上具有承包资质的单位共同组成非法人的联合体,以该联合体的名义共同承包某项建筑工程的承包形式。

《建筑法》第二十七条规定,大型建筑工程或者结构复杂的建筑工程,可以由两个以上的承包单位联合共同承包。大型的建筑工程或结构复杂的建筑工程,一般投资额大、技术要求复杂、建设周期长、潜在风险较大,如果采取联合共同承包的方式,有利于更好发挥各承包单位在资金、技术、管理等方面的优势,增强抗风险能力,保证工程质量和工期,提高投资效益。至于中小型或结构不复杂的工程,则无须采用联合共同承包方式,完全可由一家承包单位独立完成。

同时,《建筑法》第二十七条还规定,共同承包的各方对承包合同的履行承担连带责任。两个以上不同资质等级的单位实行联合共同承包的,应当按照资质等级低的单位的业务许可范围承揽工程。也就是说,共同承包各方本身都必须具有与其所承包的工程相符合的资质条件,任何一方不能超越资质等级的规定去联合承包,以此避免了在实践中以联合共同承包为名进行"资质挂靠"的不规范行为。

3. 专业承包

专业承包指建筑工程发包人将工程中的专业工程发包给具有相应资质的企业完成的活动。专业承包的范围包括地基与基础工程、土石方工程、建筑装修装饰工程、建筑幕墙工程、钢结构工程、空调安装工程、建筑防水工程、金属门窗工程、设备安装工程、建筑智能化工程,等等。

4. 分包

分包,是指工程承包单位将所承包工程中的部分专业工程或劳务作业分包给其他工程承包单位完成的活动。工程施工分包可以分为专业工程分包与劳务作业分包。

《建筑法》第二十九条规定,建筑工程总承包单位可以将承包工程中的部分工程发包给具有相应资质条件的分包单位;但是,除总承包合同中约定的分包外,必须经建设单位认可。施工总承包的,建筑工程主体结构的施工必须由总承包单位自行完成。《招标投标法》也规定,中标人按照合同约定或者经招标人同意,可以将中标项目的部分非主体、非关键性工作分包给他人完成。

建筑工程总承包单位按照总承包合同的约定对建设单位负责;分包单位按照分包合同的约定对总承包单位负责。总承包单位和分包单位就分包工程对建设单位承担连带责任。

2014年8月住房和城乡建设部经修改后发布的《房屋建筑和市政基础设施工程施工分包管理办法》第十二条规定,分包工程发包人可以就分包合同的履行,要求分包工程承包人提供分包工程履约担保;分包工程承包人在提供担保后,要求分包工程发包人同时提供分包工程付款担保的,分包工程发包人应当提供。

**(二) 承包的禁止性规定**

《建筑法》及相关法规对建筑工程的承包活动作了以下禁止性规定。

1. 禁止承包人行贿

《建筑法》第十七条规定,承包单位及其工作人员不得利用向发包单位及其工作人员行贿、提供回扣或者给予其他好处等不正当手段承揽工程。

2. 禁止承包人非法承揽工程

《建筑法》第二十六条规定,承包建筑工程的单位应当持有依法取得的资质证书,并在其资质等级许可的业务范围内承揽工程。禁止建筑施工企业超越本企业资质等级许可的业务范围或者以任何形式用其他建筑施工企业的名义承揽工程。禁止建筑施工企业以任何形式允许其他单位或者个人使用本企业的资质证书、营业执照,以本企业的名义承揽工程。

《房屋建筑和市政基础设施工程施工分包管理办法》第十五条规定,禁止转让、出借企业资质证书或者以其他方式允许他人以本企业名义承揽工程。分包工程发包人没有将其承包的工程进行分包,在施工现场所设项目管理机构的项目经理、技术负责人、项目核算负责人、质量管理人员、安全管理人员不是工程承包人本单位人员的,视同允许他人以本企业名义承揽工程。

3. 禁止承包人转包

转包,是指承包单位承包建筑工程后,不履行合同的责任和义务,将其承包的全部建筑工程转给他人或将其承包的全部建筑工程肢解以后以分包的名义分别转给其他单位承包的行为。

《建筑法》第二十八条规定,禁止承包单位将其承包的全部建筑工程转包给他人,禁止承包单位将其承包的全部建筑工程肢解以后以分包的名义分别转包给他人。

2014 年 8 月住房和城乡建设部发布的《建筑工程施工转包违法分包等违法行为认定查处管理办法(试行)》第七条规定,存在下列情形之一的,属于转包:

(1)施工单位将其承包的全部工程转给其他单位或个人施工的;

(2)施工总承包单位或专业承包单位将其承包的全部工程肢解以后,以分包的名义分别转给其他单位或个人施工的;

(3)施工总承包单位或专业承包单位未在施工现场设立项目管理机构或未派驻项目负责人、技术负责人、质量管理负责人、安全管理负责人等主要管理人员,不履行管理义务,未对该工程的施工活动进行组织管理的;

(4)施工总承包单位或专业承包单位不履行管理义务,只向实际施工单位收取费用,主要建筑材料、构配件及工程设备的采购由其他单位或个人实施的;

(5)劳务分包单位承包的范围是施工总承包单位或专业承包单位承包的全部工程,劳务分包单位计取的是除上缴给施工总承包单位或专业承包单位"管理费"之外的全部工程价款的;

(6)施工总承包单位或专业承包单位通过采取合作、联营、个人承包等形式或名义,直接或变相地将其承包的全部工程转给其他单位或个人施工的;

(7)法律法规规定的其他转包行为。

为了进一步界定转包行为,《房屋建筑和市政基础设施工程施工分包管理办法》第十三条规定,分包工程发包人将工程分包后,未在施工现场设立项目管理机构和派驻相应人员,并未对该工程的施工活动进行组织管理的,视同转包行为。

4. 禁止承包人违法分包

按照我国法律规定,工程分包是允许的,但必须依法进行,违法分包同样是法律禁止的行为。

《建设工程质量管理条例》第七十八条规定,本条例所称违法分包是指下列行为:

(1)总承包单位将工程分包给不具备相应资质条件的单位;

(2)施工总承包合同中未有约定,又未经建设单位认可,承包单位将其承包的部分建设工程交由其他单位完成;

(3)施工总承包单位将建设工程主体结构的施工分包给其他单位的;

(4)分包单位将其承包的工程再分包。

为此,《房屋建筑和市政基础设施工程施工分包管理办法》规定,除专业承包企业可以将其承包工程中的劳务作业发包给劳务分包企业外,专业分包工程承包人和劳务作业承包人都必须自行完成所承包的任务。

# 第四节　建筑工程监理

## 一、建筑工程监理的概念

建筑工程监理,是指按照一定条件,经过政府主管部门的批准,取得资格证书的工程建筑咨询、监理单位,受建设单位的委托,依照国家法律、行政法规、规范标准和合同条款,对建筑工程项目进行可行性研究、协助招标、评标、监督勘察、设计和施工的一种有偿服务。

《建筑法》第三十条规定,国家推行建筑工程监理制度。

### (一)依法承担工程监理任务

《建筑法》第三十四条规定,工程监理单位应当在其资质等级许可的监理范围内,承担工程监理业务。工程监理单位不得转让工程监理业务。

《建设工程质量管理条例》第三十四条规定,禁止工程监理单位超越本单位资质等级许可的范围或者以其他工程监理单位的名义承担监理业务。禁止工程监理单位允许其他工程监理单位或者个人以本单位的名义承担监理业务。

《工程监理企业资质管理规定》规定,工程监理企业应当按照其拥有的注册资本、专业技术人员和工程监理业绩等资质条件申请资质,经审查合格,取得相应等级的资质证书后,方可在其资质等级许可的范围内从事工程监理活动。

工程监理单位按照资质等级承担监理业务,是保证监理工作质量的前提。越级监理、允许其他单位或者个人以本单位的名义承担监理业务等,将使工程监理变得有名无实,最终会对工程质量造成伤害。监理单位转让工程监理业务,与施工单位转包工程有着同样的危害性。

**（二）建设单位与工程监理单位的委托关系**

《建筑法》第三十一条规定,实行监理的建筑工程,由建设单位委托具有相应资质条件的工程监理单位监理。建设单位与其委托的工程监理单位应当订立书面委托监理合同。

建设单位与监理单位是一种委托与被委托的关系,建设单位与其委托的工程监理单位应当订立书面委托监理合同。实施建筑工程监理前,建设单位应当将委托工程监理单位、监理的内容及监理权限,书面通知被监理的建筑施工企业。

**（三）工程监理单位对有隶属关系或其他利害关系的回避**

《建筑法》第三十四条规定,工程监理单位应当根据建设单位的委托,客观、公正地执行监理任务。工程监理单位与被监理工程的承包单位及建筑材料、建筑构配件和设备供应单位不得有隶属关系或者其他利害关系。这是工程监理公正性的体现。

## 二、建筑工程监理的依据

《建筑法》第三十二条规定,建筑工程监理应当依照法律、行政法规及有关的技术标准、设计文件和建筑工程承包合同,对承包单位在施工质量、建设工期和建设资金使用等方面,代表建设单位实施监督。

工程监理的依据包括：

（1）国家法律、行政法规,如《建筑法》《合同法》《建设工程质量管理条例》等;

（2）国家现行的技术规范、技术标准,如《工程建设标准强制性条文》以及建筑工程承包合同中确认采用的推荐性标准等;

（3）设计文件,如施工图设计等设计文件既是施工的依据,也是监理的依据;

（4）建筑工程承包合同,监理单位据此监督施工单位是否全面履行合同约定的义务。

## 三、建筑工程监理的范围

《建筑法》第三十条规定,国务院可以规定实行强制监理的建筑工程的范围。

《建设工程监理范围和规模标准规定》进一步明确了强制监理的范围和标准。下列五类建设工程必须实行监理：

**（一）国家重点建设工程**

国家重点建设工程,是指依据《国家重点建设项目管理办法》所确定的对国民经济和社会发展有重大影响的骨干项目。

**（二）大中型公用事业工程**

大中型公用事业工程,是指项目总投资额在3000万元以上的下列工程项目：

1. 供水、供电、供气、供热等市政工程项目;

2. 科技、教育、文化等项目；

3. 体育、旅游、商业等项目；

4. 卫生、社会福利等项目；

5. 其他公用事业项目。

### （三）成片开发建设的住宅小区工程

成片开发建设的住宅小区工程,建筑面积在 5 万平方米以上的住宅建设工程必须实行监理;5 万平方米以下的住宅建设工程,可以实行监理,具体范围和规模标准,由省、自治区、直辖市人民政府建设行政主管部门规定。为了保证住宅质量,对高层住宅及地基、结构复杂的多层住宅应当实行监理。

### （四）利用外国政府或者国际组织贷款、援助资金的工程

利用外国政府或者国际组织贷款、援助资金的工程范围包括：

1. 使用世界银行、亚洲开发银行等国际组织贷款资金的项目；

2. 使用国外政府及其机构贷款资金的项目；

3. 使用国际组织或者国外政府援助资金的项目。

### （五）国家规定必须实行监理的其他工程

国家规定必须实行监理的其他工程是指：

1. 项目总投资额在 3000 万元以上,关系社会公共利益、公众安全的下列基础设施项目：

(1)煤炭、石油、化工、天然气、电力、新能源等项目；

(2)铁路、公路、管道、水运、民航以及其他交通运输业等项目；

(3)邮政、电信枢纽、通信、信息网络等项目；

(4)防洪、灌溉、排涝、发电、引(供)水、滩涂治理、水资源保护、水土保持等水利建设项目；

(5)道路、桥梁、地铁和轻轨交通、污水排放及处理、垃圾处理、地下管道、公共停车场等城市基础设施项目；

(6)生态环境保护项目；

(7)其他基础设施项目。

2. 学校、影剧院、体育场馆项目。

## 四、工程监理单位质量管理的主要权利和义务

### （一）工程监理单位质量管理的主要权利

工程监理实行总监理工程师负责制。总监理工程师享有合同赋予监理单位的全部权利,全面负责受委托的监理工作。

《建筑法》第三十二条规定,工程监理人员认为工程施工不符合工程设计要求、施工技术标准和合同约定的,有权要求建筑施工企业改正。工程监理人员发现工

程设计不符合建筑工程质量标准或者合同约定的质量要求,应当报告建设单位要求设计单位改正。

《建设工程质量管理条例》第三十七条规定,工程监理单位应当选派具备相应资格的总监理工程师和监理工程师进驻施工现场。未经监理工程师签字的建筑材料、建筑构配件和设备不得在工程上使用或者安装,施工单位不得进行下一道工序的施工。未经总监理工程师签字,建设单位不拨付工程款,不进行竣工验收。

旁站监理人员实施旁站监理时,发现施工企业有违反工程建设强制性标准行为的,有权责令施工企业立即整改;发现其施工活动已经或者可能危及工程质量的,应当及时向监理工程师或者总监理工程师报告,总监理工程师可下达局部暂停施工指令或者采取其他应急措施。凡旁站监理人员和施工企业现场质检人员未在旁站监理记录上签字的,不得进行下一道工序施工。

### (二) 工程监理单位质量管理的主要义务

工程监理单位应根据所承担的监理任务,组建驻工地监理机构。监理机构一般由总监理工程师、监理工程师和其他监理人员组成。《建设工程质量管理条例》第三十八条规定,监理工程师应当按照工程监理范围的要求,采取旁站、巡视和平行检查等形式,对建设工程实施监理。

房屋建筑工程施工旁站,是指监理人员在房屋建筑工程施工阶段监理中,对关键部位、关键工序的施工质量实施全过程现场跟班的监督活动。房屋建筑工程的关键部位、关键工序,在基础工程方面包括土方回填,混凝土灌注桩浇筑,地下连续墙、土钉墙、后浇带及其他结构的混凝土及防水混凝土浇筑,卷材防水层细部构造处理,钢结构安装等;在主体结构工程方面包括梁柱节点钢筋隐蔽过程、混凝土浇筑、预应力张拉、装配式结构安装、钢结构安装、网架结构安装、索膜安装等。

旁站监理在总监理工程师的指导下,由现场监理人员负责具体实施。旁站监理人员的主要职责如下:

(1)检查施工企业现场质检人员到岗、特殊工种人员持证上岗及施工机械、建筑材料准备情况;

(2)在现场跟班监督关键部位、关键工序的施工、执行施工方案及工程建设强制性标准情况;

(3)核查进场建筑材料、建筑构配件、设备和商品混凝土的质量检验报告等,并可在现场监督施工企业进行检验或者委托具有资格的第三方进行复验;

(4)做好旁站监理记录和监理日记,保存旁站监理原始资料。凡没有实施旁站监理或者没有旁站监理记录的,监理工程师或者总监理工程师不得在相应文件上签字。

巡视,是指监理人员对正在施工的部位或工序在现场进行的定期或不定期的监督活动,是监理工作的日常程序。

平行检查,是指监理人员利用一定的检查或检测手段,在施工单位自检的基础上,按照一定的比例独立进行的工程质量检测活动。平行检查体现了工程监理的独立性、工作的科学性,也是管理专业化的要求。

### 五、建筑工程监理的民事责任

《建筑法》第三十五条第一款规定,工程监理单位不按照委托监理合同的约定履行监理义务,对应当监督检查的项目不检查或者不按照规定检查,给建设单位造成损失的,应当承担相应的赔偿责任。

《建筑法》第三十五条第二款规定,工程监理单位与承包单位串通,为承包单位谋取非法利益,给建设单位造成损失的,应当与承包单位承担连带赔偿责任。

《建筑法》第三十二条规定,建筑工程监理应当依照法律、行政法规及有关的技术标准、设计文件和建筑工程承包合同,对承包单位在施工质量、建设工期和建设资金使用等方面,代表建设单位实施监督,并对施工质量承担监理责任。

# 第五节　建筑安全生产管理

## 一、建筑工程安全生产管理概述

### (一) 建筑工程安全生产管理的概念

建筑安全生产管理,是指为保证建筑生产安全所进行的计划、组织、指挥、协调和控制等一系列管理活动,目的在于保护职工在生产过程的安全与健康,保证国家和人民的财产不受到损失,保证建筑生产任务的顺利完成。

建筑安全生产管理包括:建设行政主管部门对建筑活动过程中安全生产的行业管理;劳动行政主管部门对建筑活动过程中安全生产的综合性监督管理;从事建筑活动的主体(包括建筑施工企业、建筑勘察单位、设计单位和工程监理单位)为保证建筑生产活动的安全生产所进行的自我管理。建筑生产活动多为露天、高处作业,不安全因素较多,有些工作危险性较大,是事故多发的行业,每年因工死亡人数仅次于矿山,居全国各行业的第二位。因此,必须依法加强建筑安全生产管理,预防和减少建筑业事故的发生,保障建筑行业职工及他人的人身安全和财产安全。

《安全生产法》第二条规定,在中华人民共和国领域内从事生产经营活动的单位的安全生产,适用本法;有关法律、行政法规对消防安全和道路交通安全、铁路交通安全、水上交通安全、民用航空安全另有规定的除外。所以,建筑工程安全生产管理属于《安全生产法》调整范围。

**(二) 建筑工程安全生产管理的方针**

《安全生产法》第三条规定,安全生产工作应当以人为本,坚持安全发展,坚持安全第一、预防为主、综合治理的方针,强化和落实生产经营单位的主体责任,建立生产经营单位负责、职工参与、政府监管、行业自律和社会监督的机制。同时,《建筑法》第三十六条也规定,建筑工程安全生产管理必须坚持安全第一、预防为主的方针,建立健全安全生产的责任制度和群防群治制度。

所谓坚持"安全第一、预防为主"的方针,是指将建筑工程安全管理放到第一位,采取有效措施控制不安全因素的发展与扩大,把可能发生的事故消灭在萌芽状态。

**(三) 建筑工程安全生产管理的基本制度**

1. 安全生产责任制度

安全生产责任制度,是指将各项保障生产安全的责任具体落实到各有关管理人员和不同岗位人员身上的制度。这一制度是最基本的安全生产管理制度。

2. 群防群治制度

群防群治制度,是指由广大职工群众共同参与的预防安全事故的发生、治理各种安全事故隐患的制度。这一制度是群众路线在安全工作中的具体体现,是企业进行民主管理的重要内容。

3. 安全生产教育培训制度

安全生产教育培训制度是对广大建筑企业职工进行安全教育培训,提高安全意识,增加安全知识和技能的制度。安全生产,人人有责。只有通过对广大职工进行安全教育、培训,才能使广大职工真正认识到安全生产的重要性、必要性,才能使广大职工掌握更多更有效的安全生产的科学技术知识,牢固树立安全第一的思想,自觉遵守各项安全生产和规章制度。分析许多建筑安全事故,发现事故发生一个重要的原因就是有关人员安全意识不强、安全技能不够,这些都是没有搞好安全教育培训工作的后果。

4. 安全生产检查制度

安全生产检查制度是上级管理部门或企业自身对安全生产状况进行定期或不定期检查的制度。通过检查可以发现问题,查出隐患,从而采取有效措施,堵塞漏洞,把事故消灭在发生之前,做到防患于未然,是"预防为主"的具体体现。通过检查,还可总结出好的经验加以推广,为进一步搞好安全工作打下基础。安全生产检查制度是安全生产的保障。

5. 伤亡事故处理报告制度

伤亡事故处理报告制度是施工中发生事故时,建筑企业应当采取紧急措施减少人员伤亡和事故损失,并按照国家有关规定及时向有关部门报告的制度。事故处理必须遵循一定的程序,做到三不放过(事故原因不清不放过、事故责任者和群众没有受到教育不放过、没有防范措施不放过)。通过对事故的严格处理,可以总结出教训,为制定规程、规章提供第一手素材,做到亡羊补牢。

6. 安全责任追究制度

《建筑法》第七章法律责任中规定,建设单位、设计单位、施工单位、监理单位,由于没有履行职责造成人员伤亡和事故损失的,视情节给予相应处理。情节严重的,责令停业整顿,降低资质等级或吊销资质证书;构成犯罪的,依法追究刑事责任。

## 二、建筑工程安全生产责任

《建设工程安全生产管理条例》对建设工程参与各方及相关方的安全责任作了明确规定。政府是安全生产的监管主体,企业是安全生产的责任主体。安全生产工作必须建立、落实政府行政首长负责制和企业法人代表负责制。两个主体、两个负责制相辅相成,共同构成我国安全生产工作基本责任制度。

**(一) 建设单位的安全责任**

(1)建设单位应当向施工单位提供有关资料;

(2)不得向有关单位提出影响安全生产的违法要求;

(3)建设单位应当保证安全生产投入,在编制工程概算时,应当确定建筑工程安全费用;

(4)不得明示或暗示施工单位购买、租赁和使用不符合安全施工要求的用具设备;

(5)办理施工许可证或开工报告时应当报送安全施工措施的资料;

(6)应当将拆除工程发包给具有相应资质的施工单位。

**(二) 勘察、设计单位的安全责任**

1. 勘察单位的安全责任

根据《建设工程安全生产管理条例》第十二条的规定,勘察单位的安全责任包括:

(1)勘察单位应当按照法律、法规和工程建设强制性标准进行勘察,提供的勘察文件应当真实、准确,满足建设工程安全生产的需要;

(2)勘察单位在勘察作业时,应当严格按照操作规程,采取措施保证各类管线、设施和周边建筑物、构筑物的安全。

2. 设计单位的安全责任

建筑工程设计是工程建设的重要环节,工程设计质量的优劣直接影响建设活动和建筑产品的安全。《建筑法》第三十七条对设计单位的安全责任有明确规定,建筑工程设计应符合按照国家规定制定的建筑安全规程和技术规范,保证工程的安全性能。

所谓保证工程的安全性能,是指设计单位应当按照建筑工程安全标准进行设计,保证其符合按照国家规定制定的建筑安全规程和技术规范。建筑工程的安全性能,包括两层含义:(1)在建造过程中的安全,主要指建造者的安全;(2)建成后的使用安全,主要指建筑物的安全。所谓建筑安全规程,是指在建筑活动中为了消除导致人身伤亡或者造成设备、财产破坏及危害环境而由有关部门制定的具体技术要求和实施程序的统一规定。所谓建筑技术规范,是指由有关部门制定的对设计、施工等技术事项所作的统一规定,技术规范是标准的一种形式。所谓按照国家规定制定,是指制定建筑安全规程和技术规范时必须符合国家规定的原则,不得同国家规定相抵触,抵触的无效。这里国家规定包括全国人民代表大会及其常务委员会通过的法律、国务院制定的行政法规、行业部门制度的行政规章等。

根据《建设工程安全生产管理条例》第十三条的规定,设计单位的安全责任包括:

(1)设计单位应当按照法律、法规和工程建设强制性标准进行设计,防止因设计不合理导致安全生产事故的发生;

(2)设计单位应当考虑施工安全操作和防护的需要,对涉及施工安全的重点部位和环节在设计文件中注明,并对防范安全生产事故提出指导意见;

(3)采用新结构、新材料、新工艺的建设工程和特殊结构的建设工程,设计单位应当在设计中提出保障施工作业人员安全和预防生产安全事故的措施建议;

(4)设计单位和注册建筑师等注册执业人员应当对其设计负责。

**(三)工程监理、检验检测单位的安全责任**

1. 工程监理单位的安全责任

根据《建设工程安全生产管理条例》第十四条的规定,工程监理单位的安全责任包括:

(1)安全技术措施及专项施工方案审查义务。工程监理单位应当审查施工组织设计中的安全技术措施或者专项施工方案是否符合工程建设强制性标准。

(2)安全生产事故隐患报告义务。工程监理单位在实施监理过程中,发现存在安全事故隐患的,应当要求施工单位整改;情况严重的,应当要求施工单位暂时停止施工,并及时报告建设单位。施工单位拒不整改或者不停止施工的,工程监理单位应当及时向有关主管部门报告。

(3)应当承担监理责任。工程监理单位和监理工程师应当按照法律、法规和工程建设强制性标准实施监理,并对建设工程安全生产承担监理责任。

2. 设备检验检测单位的安全责任

《建设工程安全生产管理条例》第十五条规定,检验检测机构对检测合格的施工起重机械和整体提升脚手架、模板等自升式架设设施,应当出具安全合格证明文件,并对检测结果负责。

《特种设备安全监察条例》第四十三条规定,特种设备的监督检验、定期检验、型式检验和无损检测应当由经核准的特种设备检验检测机构进行。

**(四) 施工单位的安全责任**

1. 施工安全生产许可证制度

2014年7月经修改后发布的《安全生产许可证条例》第二条规定,国家对矿山企业,建筑施工企业和危险化学品、烟花爆竹、民用爆破器材生产企业(以下统称企业)实行安全生产许可制度。企业未取得安全生产许可证的,不得从事生产活动。

2015年1月住房和城乡建设部经修改后重新发布的《建筑施工企业安全生产许可证管理规定》中规定,本规定所称建筑施工企业,是指从事土木工程、建筑工程、线路管道和设备安装工程及装修工程的新建、扩建、改建和拆除等有关活动的企业。

(1)安全生产许可证的申请

《安全生产许可证条例》第七条规定,企业进行生产前,应当依照本条例规定向安全生产许可证颁发管理机关提交相关材料,申请领取安全生产许可证。安全生产许可证颁发管理机关应当自收到申请之日起45日内审查完毕,经审查符合安全生产条件的,颁发安全生产许可证。

《建筑施工企业安全生产许可证管理规定》进一步明确,建筑施工企业从事建筑施工活动前,应当依照本规定向企业注册所在地省、自治区、直辖市人民政府住房城乡建设主管部门申请领取安全生产许可证。

建筑施工企业申请安全生产许可证时,应当向住房城乡建设主管部门提供下列材料:①建筑施工企业安全生产许可证申请表;②企业法人营业执照;③与申请安全生产许可证应当具备的安全生产条件相关的文件、材料。

建筑施工企业申请安全生产许可证,应当对申请材料实质内容的真实性负责,不得隐瞒有关情况或者提供虚假材料。

(2)安全生产许可证的有效期

按照《安全生产许可证条例》的规定,安全生产许可证的有效期为3年。安全生产许可证有效期满需要延期的,企业应当于期满前3个月向原安全生产许可证颁发管理机关办理延期手续。企业在安全生产许可证有效期内,严格遵守有关安全生产的法律法规,未发生死亡事故的,安全生产许可证有效期届满时,经原安全生产许可证颁发管理机关同意,不再审查,安全生产许可证有效期延期3年。

但是,建筑施工企业变更名称、地址、法定代表人等,应当在变更后10日内,到原安全生产许可证颁发管理机关办理安全生产许可证变更手续。建筑施工企业破产、倒闭、撤销的,应当将安全生产许可证交回原安全生产许可证颁发管理机关予以注销。建筑施工企业遗失安全生产许可证，应当立即向原安全生产许可证颁发管理机关报告，并在公众媒体上声明作废后，方可申请补办。

2. 施工安全生产责任制度

《建筑法》第四十四条规定，建筑施工企业必须依法加强对建筑安全生产的管理，执行安全生产责任制度，采取有效措施，防止伤亡和其他安全生产事故的发生。

安全生产责任制度是施工单位最基本的安全管理制度，是安全生产的核心和中心环节。

(1)施工单位应当具备安全生产资质条件

《建设工程安全生产管理条例》第二十条规定，施工单位从事建设工程的新建、扩建和拆除等活动，应当具备国家规定的注册资本、专业技术人员、技术装备和安全生产等条件，依法取得相应等级的资质证书，并在其资质等级许可的范围内承揽工程。

(2)施工单位安全生产费用应当专款专用

《建设工程安全生产管理条例》第二十二条规定，施工单位对列入建设工程概算的安全作业环境及安全施工措施所需费用，应当用于施工安全防护用具及设施的采购和更新、安全施工措施的落实、安全生产条件的改善，不得挪作他用。

(3)施工单位主要负责人的安全生产责任

《建筑法》第四十四条规定，建筑施工企业的法定代表人对本企业的安全生产负责。

《建设工程安全生产管理条例》第二十一条规定，施工单位主要负责人依法对本单位的安全生产工作全面负责。施工单位应当建立健全安全生产责任制度和安全生产教育培训制度，制定安全生产规章制度和操作规程，保证本单位安全生产条件所需要资金的投入，对所承担建设工程进行定期和专项安全检查，并做好安全检查记录。

施工单位主要负责人，通常是指对施工单位全面负责，有生产经营决策权的人。具体说，可以是董事长、总经理或总裁等。

(4)施工单位项目负责人的安全生产责任

《建设工程安全生产管理条例》第二十一条规定，施工单位的项目负责人应当由取得相应执业资格的人员担任，对建设工程项目的安全施工负责，落实安全生产责任制度、安全生产规章制度和操作规程，确保安全生产费用的有效使用，并根据工程的特点组织制定安全施工措施，消除安全事故隐患，及时、如实报告生产安全事故。

(5)施工单位安全生产管理机构和专职安全生产管理人员的责任

安全生产管理机构，是指施工单位设置的负责安全生产管理工作的独立职能部门。专职安全生产管理人员，是指经建设主管部门或者其他有关部门安全生考核合格取得安全生产考核合格证书,并在施工单位及其项目从事安全生产管理工作的专职人员。

《安全生产法》第二十一条规定,矿山、金属冶炼、建筑施工、道路运输单位和危险物品的生产、经营、储存单位,应当设置安全生产管理机构或者配备专职安全生产管理人员。

《建设工程安全生产管理条例》第二十三条规定,施工单位应当设立安全生产管理机构,配备专职安全生产管理人员。专职安全生产管理人员负责对安全生产进行现场监督检查。发现安全事故隐患,应当及时向项目负责人和安全生产管理机构报告;对违章指挥、违章操作的,应当立即制止。

2008年5月住房和城乡建设部经修改后发布的《建筑施工企业安全生产管理机构设置及专职安全生产管理人员配备办法》规定,建筑施工企业安全生产管理机构具有以下职责:

①宣传和贯彻国家有关安全生产法律法规和标准;

②编制并适时更新安全生产管理制度并监督实施;

③组织或参与企业生产安全事故应急救援预案的编制及演练;

④组织开展安全教育培训与交流;

⑤协调配备项目专职安全生产管理人员;

⑥制订企业安全生产检查计划并组织实施;

⑦监督在建项目安全生产费用的使用;

⑧参与危险性较大工程安全专项施工方案专家论证会;

⑨通报在建项目违规违章查处情况;

⑩组织开展安全生产评优评先表彰工作;

⑪建立企业在建项目安全生产管理档案;

⑫考核评价分包企业安全生产业绩及项目安全生产管理情况;

⑬参加生产安全事故的调查和处理工作;

⑭企业明确的其他安全生产管理职责。

建筑施工企业安全生产管理机构专职安全生产管理人员在施工现场检查过程中具有以下职责:

①查阅在建项目安全生产有关资料、核实有关情况;

②检查危险性较大工程安全专项施工方案落实情况;

③监督项目专职安全生产管理人员履责情况;

④监督作业人员安全防护用品的配备及使用情况;

⑤对发现的安全生产违章违规行为或安全隐患,有权当场予以纠正或作出处理决定;

⑥对不符合安全生产条件的设施、设备、器材,有权当场作出查封的处理决定;

⑦对施工现场存在的重大安全隐患有权越级报告或直接向建设主管部门报告；

⑧企业明确的其他安全生产管理职责。

专职安全生产管理人员的配备应满足下列要求，并应根据企业经营规模、设备管理和生产需要予以增加：

①建筑施工总承包资质序列企业：特级资质不少于6人，一级资质不少于4人，二级和二级以下资质不少于3人；

②建筑施工专业承包资质序列企业：一级资质不少于3人，二级和二级以下资质不少于2人；

③建筑施工劳务分包资质序列企业：不少于2人；

④建筑施工企业的分公司、区域公司等较大的分支机构（以下简称分支机构）应依据实际生产情况配备不少于2人的专职安全生产管理人员。

（6）施工总承包和分包单位的安全生产责任

《建筑法》第四十五条规定，施工现场安全由建筑施工企业负责。实行施工总承包的，由总承包单位负责。分包单位向总承包单位负责，服从总承包单位对施工现场的安全生产管理。

《建设工程安全生产管理条例》第二十四条规定，建设工程实行施工总承包的，由总承包单位对施工现场的安全生产负总责。总承包单位应当自行完成建设工程主体结构的施工。总承包单位依法将建设工程分包给其他单位的，分包合同中应当明确各自的安全生产方面的权利、义务。总承包单位和分包单位对分包工程的安全生产承担连带责任。分包单位应当接受总承包单位的安全生产管理，分包单位不服从管理导致生产安全事故的，由分包单位承担主要责任。

（7）施工作业人员安全生产的权利和义务

施工作业人员应当依法享受安全生产的权利，也应当依法履行安全生产的义务。

根据《建筑法》《安全生产法》《建设工程安全生产管理条例》等法律法规的规定，施工作业人员主要享有以下安全生产权利：①施工安全生产的知情权和建议权；②施工安全防护用品的获得权；③批评、检举、控告权及拒绝违章指挥权；④紧急避险权；⑤获得意外伤害保险赔偿的权利；⑥请求民事赔偿权；⑦依靠工会维权和被派遣劳动者的权利。

同时，施工作业人员主要应当履行以下安全生产义务：①守法遵章和正确使用安全防护用具等的义务；②接受安全生产教育培训的义务；③施工安全事故隐患报告的义务；④被派遣劳动者的义务。

3. 施工安全生产教育培训制度

《建筑法》第四十六条规定，建筑施工企业应当建立健全劳动安全生产教育培训制度,加强对职工安全生产的教育培训;未经安全生产教育培训的人员,不得上岗作业。

(1)特种作业人员安全培训和持证上岗

《建设工程安全生产管理条例》第二十五条规定,垂直运输机械作业人员、安装拆卸工、爆破作业人员、起重信号工、登高架设作业人员等特种作业人员,必须按照国家有关规定经过专门的安全作业培训,并取得特种作业操作资格证书后,方可上岗作业。

2008 年 4 月住房和城乡建设部发布的《建筑施工特种作业人员管理规定》第三条规定,建筑施工特种作业包括:①建筑电工;②建筑架子工;③建筑起重信号司索工;④建筑起重机械司机;⑤建筑起重机械安装拆卸工;⑥高处作业吊篮安装拆卸工;⑦经省级以上人民政府建设主管部门认定的其他特种作业。

(2)安全管理人员和作业人员的安全教育培训和考核

《建设工程安全生产管理条例》第三十六条规定,施工单位的主要负责人、项目负责人、专职安全生产管理人员应当经建设行政主管部门或者其他有关部门考核合格后方可任职。施工单位应当对管理人员和作业人员每年至少进行一次安全生产教育培训,其教育培训情况记入个人工作档案。安全生产教育培训考核不合格的人员,不得上岗。

(3)作业人员进入新岗位、新工地或采用新技术时的上岗教育培训

《建设工程安全生产管理条例》第三十七条规定,作业人员进入新的岗位或者新的施工现场前,应当接受安全生产教育培训。未经教育培训或者教育培训考核不合格的人员,不得上岗作业。施工单位在采用新技术、新工艺、新设备、新材料时,应当对作业人员进行相应的安全生产教育培训。

4. 施工现场安全防护制度

(1)编制安全技术措施及专项施工方案

《建筑法》第三十八条规定,建筑施工企业在编制施工组织设计时,应当根据建筑工程的特点制定相应的安全技术措施;对专业性较强的工程项目,应当编制专项安全施工组织设计,并采取安全技术措施。

《建设工程安全生产管理条例》第二十六条规定,施工单位应当在施工组织设计中编制安全技术措施和施工现场临时用电方案,对下列达到一定规模的危险性较大的分部分项工程编制专项施工方案,并附具安全验算结果,经施工单位技术负责人、总监理工程师签字后实施,由专职安全生产管理人员进行现场监督:

①基坑支护与降水工程;

②土方开挖工程;

③模板工程;

④起重吊装工程;

⑤脚手架工程；

⑥拆除、爆破工程；

⑦国务院建设行政主管部门或者其他有关部门规定的其他危险性较大的工程。

对上述工程中涉及深基坑、地下暗挖工程、高大模板工程的专项施工方案，施工单位还应当组织专家进行论证、审查。

（2）不同施工阶段和暂停施工采取相应安全施工措施

《建设工程安全生产管理条例》第二十六条规定，施工单位应当根据施工阶段和周围环境及季节、气候的变化，在施工现场采取相应的安全施工措施。施工现场暂时停止施工的，施工单位应当做好现场防护，所需费用由责任方承担，或按照合同约定执行。

例如，夏季要防暑降温，在特别高温的天气下，要调整施工时间，改变施工方式等；冬季要防寒防冻，防止煤气中毒，冬季施工还应专门制定保证工程质量和施工安全的安全技术措施；夜间施工应有足够的照明，在深坑、陡坡等危险地段应增设红灯标志，以防发生伤亡事故；雨季和冬季施工时应对运输道路采取防滑措施，如加铺炉渣、砂子等，如有可能应避免在雨季、冬季和夜间施工；傍山沿河地区应制定防滑坡、防泥石流、防汛措施；大风、大雨期间应暂停施工等。

（3）对安全施工技术要求的交底

《建设工程安全生产管理条例》第二十七条规定，建设工程施工前，施工单位负责项目管理的技术人员应当对有关安全施工的技术要求向施工作业班组、作业人员作出详细说明，并由双方签字确认。

施工前对有关安全施工的技术要求作出详细说明，就是通常说的安全技术交底。安全技术交底有助于作业班组和作业人员尽快了解工程概况、施工方法、安全技术措施等具体情况，掌握操作方法和注意事项，保护作业人员的人身安全，减少因安全事故导致的经济损失。

（4）危险部位安全警示标志的设置

《建设工程安全生产管理条例》第二十八条第一款规定，施工单位应当在施工现场入口处、施工起重机械、临时用电设施、脚手架、出入通道口、楼梯口、电梯井口、孔洞口、桥梁口、隧道口、基坑边沿、爆破物及有害危险气体和液体存放处等危险部位，设置明显的安全警示标志。安全警示标志必须符合国家标准。

安全警示标志，是指提醒人们注意的各种标牌、文字符号以及灯光等，一般由安全色、几何图形和图形符号构成。如在孔洞口、桥梁口、隧道口、基坑边沿等处，设立红灯警示；在施工起重机械、临时用电设施等处，设置警戒标志，并保证充足的照明等。各种安全警示标志设置后，未经施工单位负责人批准，不得擅自移动或者拆除。

(5)对施工现场生活区、作业环境的要求

《建设工程安全生产管理条例》第二十九条规定,施工单位应当将施工现场的办公、生活区与作业区分开设置,并保持安全距离;办公、生活区的选址应当符合安全性要求。职工的膳食、饮水、休息场所等应当符合卫生标准。施工单位不得在尚未竣工的建筑物内设置员工集体宿舍。施工现场临时搭建的建筑物应当符合安全使用要求。施工现场使用的装配式活动房屋应当具有产品合格证。

施工现场的办公、生活区应当与作业区分开设置并保持安全距离,是因为办公和日常生活区域人员较多且复杂,安全意识和防范措施也相对较弱,如果将其与作业区混设一处,势必造成施工现场的管理混乱,极易发生生产安全事故。

(6)环境污染防护措施

《建设工程安全生产管理条例》第三十条规定,施工单位对因建设工程施工可能造成损害的毗邻建筑物、构筑物和地下管线等,应当采取专项保护措施。施工单位应当遵守有关环境保护法律、法规的规定,在施工现场采取措施,防止或减少粉尘、废气、废水、固体废物、噪声、振动和施工照明对人和环境的危害和污染。在城市市区内的建设工程,施工单位应当对施工现场实行封闭围挡。

(7)消防安全保障措施

《建设工程安全生产管理条例》第三十一条规定,施工单位应当在施工现场建立消防安全责任制度,确定消防安全责任人,制定用火、用电、使用易燃易爆材料等各项消防安全管理制度和操作规程,设置消防通道、消防水源,配备消防设施和灭火器材,并在施工现场入口处设置明显标志。

(8)劳动安全管理规定

《建设工程安全生产管理条例》第三十二条规定,施工单位应当向作业人员提供安全防护用具和安全防护服装,并书面告知危险岗位的操作规程和违章操作的危害。

《建设工程安全生产管理条例》第三十三条规定,作业人员应当遵守安全施工的强制性标准、规章制度和操作规程,正确使用安全防护用具、机械设备等。

《建设工程安全生产管理条例》第三十八条规定,施工单位应当为施工现场从事危险作业的人员办理意外伤害保险。

(9)安全防护用具及机械设备、施工机具的安全管理

《建设工程安全生产管理条例》第三十四条规定,施工单位采购、租赁的安全防护用具、机械设备、施工机具及配件,应当具有生产(制造)许可证、产品合格证,并在进入施工现场前进行查验。施工现场的安全防护用具、机械设备、施工机具及配件必须由专人管理,定期进行检查、维修和保养,建立相应的资料档案,并按照国家有关规定及时报废。

《建设工程安全生产管理条例》第三十五条规定,施工单位在使用施工起重机

械和整体提升脚手架、模板等自升式架设设施前,应当组织有关单位进行验收,也可以委托具有相应资质的检验检测机构进行验收;使用承租的机械设备和施工机具及配件的,由施工总承包单位、分包单位、出租单位和安装单位共同进行验收,验收合格的方可使用。

**(五)物资供应单位的安全责任**

1. 机械设备和配件供应单位的安全责任

《建设工程安全生产管理条例》第十五条规定,为建设工程提供机械设备和配件的单位,应当按照安全施工的要求配备齐全有效的保险、限位等安全设施和装置。

2. 机械设备、施工机具和配件出租单位的安全责任

《建设工程安全生产管理条例》第十六条规定,出租的机械设备和施工工具及配件,应当具有生产(制造)许可证、产品合格证。出租单位应当对出租的机械设备和施工工具及配件的安全性能进行检测,在签订租赁协议时,应当出具检测合格证明。禁止出租检测不合格的机械设备和施工工具及配件。

3. 施工起重机械和自升式架设设施安装、拆卸单位的安全责任

施工起重机械,是指施工中用于垂直升降或者垂直升降并水平移动重物的机械设备,如塔式起重机、施工外用电梯、物料提升机等。自升式架设设施,是指通过自有装置可将自身升高的架设设施,如整体提升脚手架、模板等。

根据《建设工程安全生产管理条例》的规定,施工起重机械和自升式架设设施安装、拆卸单位的安全责任包括:

①在施工现场安装、拆卸施工起重机械和整体提升脚手架、模板等自升式架设设施,必须由具有相应资质的单位承担。

②安装、拆卸施工起重机械和整体提升脚手架、模板等自升式架设设施,应当编制拆装方案、制定安全施工措施,并由专业技术人员现场监督。

③施工起重机械和整体提升脚手架、模板等自升式架设设施安装完毕后,安装单位应当自检,出具自检合格证明,并向施工单位进行安全使用说明,办理验收手续并签字。

④施工起重机械和整体提升脚手架、模板等自升式架设设施的使用达到国家规定的检验检测期限的,必须经具有专业资质的检验检测机构检测。经检测不合格的,不得继续使用。

## 三、建筑工程安全生产的行政监督管理

建筑工程安全生产的行政监督管理,是指各级人民政府建设行政主管部门及其授权的建筑工程安全生产监督机构,对建筑工程安全生产所实施的行政监督

管理。

**（一）建筑工程安全生产的行政监督管理的分级管理**

我国现行对建筑工程安全生产的行政监督管理是分级进行的，建设行政主管部门因级别不同具有的管理职责也不完全相同。

《建设工程安全生产管理条例》第三十九条规定，国务院负责安全生产监督管理的部门依照《安全生产法》的规定，对全国建设工程安全生产工作实施综合监督管理。县级以上地方人民政府负责安全生产监督管理的部门依照《安全生产法》的规定，对本行政区域内建设工程安全生产工作实施综合监督管理。

《建设工程安全生产管理条例》第四十条规定，国务院建设行政主管部门负责全国建设工程安全生产的监督管理，并依法接受国家安全生产综合管理部门的指导和监督。国务院铁道、交通、水利等有关部门按照国务院规定职责分工，负责有关专业建设工程安全生产的监督管理。

县级以上地方人民政府建设行政主管部门负责本行政区域内的建设工程安全生产管理。县级以上地方人民政府交通、水利等有关部门在各自的职责范围内，负责本行政区域内的专业建设工程安全生产的监督管理；县级以上地方人民政府建设行政主管部门和地方人民政府交通、水利等有关部门应当设立建设工程安全监督机构，负责建设工程安全生产的日常监督管理工作。

**（二）建设行政主管部门的监督管理职责**

1. 国务院建设行政主管部门的监督管理职责

国务院建设行政主管部门主管全国建设工程安全生产的行业监督管理工作。其主要职责如下：

（1）贯彻执行国家有关安全生产的法规和方针、政策，起草或者制定建筑安全生产管理的法规和标准；

（2）统一监督管理全国工程建设方面的安全生产工作，完善建筑安全生产的组织保证体系；

（3）制定建筑安全生产管理的中、长期规划和近期目标，组织建筑安全生产技术的开发与推广应用；

（4）指导和监督检查省、自治区、直辖市人民政府建设行政主管部门开展建筑安全生产的行业监督管理工作；

（5）统计全国建筑职工因工伤亡人数，掌握并发布全国建筑安全生产动态；

（6）负责对申报资质等级一级企业和国家二级企业以及国家和部级先进建筑企业进行安全资格审查或者审批，行使安全生产否决权；

（7）组织全国建筑安全生产检查，总结交流建筑安全生产管理经验，并表彰先进；

（8）检查和监督工程建设重大事故的调查处理，组织或者参与工程建设特别重大事故的调查。

2. 县级以上地方人民政府建设行政主管部门的监督管理职责

县级以上地方人民政府建设行政主管部门负责本区域建筑安全生产的行业监督管理工作。其主要职责如下：

(1)贯彻执行国家和地方有关安全生产的法规、标准和方针、政策,起草或者制定本行政区域建筑安全生产管理的实施细则或者实施办法;

(2)制定本行政区域建筑安全生产管理的中、长期规划和近期目标,组织建筑安全生产技术的开发与推广应用;

(3)建立健全安全生产的监督管理体系,制定本行政区域建筑安全生产监督管理工作制度,组织落实各级领导分工负责的建筑安全生产责任制;

(4)负责本行政区域建筑职工因工伤亡的统计和上报工作,掌握并发布本行政区域建筑安全生产动态;

(5)负责对申报晋升企业资质等级、企业升级和报评先进企业的安全资格进行审查或者审批,行使安全生产否决权;

(6)组织或者参与本行政区域工程建设中人身伤亡事故的调查处理工作,并依照有关规定上报重大伤亡事故;

(7)组织开展本行政区域建筑安全生产检查,总结交流建筑安全生产管理经验,并表彰先进;

(8)监督检查施工现场、购配件生产车间等安全管理和防护措施,纠正违章指挥和违章作业;

(9)组织开展本行政区域建筑企业安全生产管理人员、作业人员的安全生产教育、培训、考核及发证工作,监督检查建筑企业对安全技术措施费的提取和使用;

(10)领导和管理建筑安全生产监督机构的工作。

**(三) 安全生产的监督方式**

1. 工会民主监督

工会有权对建设项目的安全设施与主体工程同时设计、同时施工、同时投入生产和使用的情况进行监督,提出意见。

2. 社会舆论监督

新闻、出版、广播、电影、电视等单位有对违反安全生产法律、法规的行为进行舆论监督的权利。

3. 公众举报监督

任何单位或者个人对事故隐患或者安全生产违法行为,均有权向负有安全生产监督管理职责的部门报告或者举报。

4. 社区报告监督

居民委员会、村民委员会发现其所在区域内的生产经营单位存在事故隐患或者安全生产违法行为时,有权向当地人民政府或者有关部门报告。

**（四）安全监督检查人员的职权与义务**

1. 安全监督检查人员的职权

(1)现场调查取证权

安全生产监督检查人员可以进入生产经营单位进行现场调查,单位不得拒绝;有权向被检查单位调阅资料,向有关人员(负责人、管理人员、技术人员)了解情况。

(2)现场处理权

对安全生产违法作业当场纠正权;对现场检查出的隐患,责令限期改正、停产停业或停止使用的职权;责令紧急避险权和依法行政处罚权。

(3)查封、扣押行政强制措施权

其对象是安全设施、设备、器材、仪表等;依据是不符合国家或行业安全标准;条件是必须按程序办事、有足够证据、经部门负责人批准、通知被查单位负责人到场、登记记录等,并必须在 15 日内作出决定。

2. 安全监督检查人员的义务

(1)审查、验收禁止收取费用;

(2)禁止要求被审查、验收的单位购买指定产品;

(3)必须遵循忠于职守、坚持原则、秉公执法的执法原则;

(4)监督检查时须出示有效的监督执法证件;

(5)对检查单位的技术秘密、业务秘密尽到保密之义务。

**（五）建筑安全生产监督机构的职责**

建筑安全生产监督机构根据同级人民政府建设行政主管部门的授权,依据有关的法规、标准,对本行政区域内建筑安全生产实施监督管理。其职责如下:

(1)贯彻执行党和国家的安全生产方针、政策和决议。

(2)监察各工地对国家、建设部、省、市政府公布的安全法规、标准、规章制度、办法和安全技术措施的执行情况。

(3)总结、推广建筑施工安全科学管理、先进安全装置、措施等经验,并及时给以奖励。

(4)制止违章指挥和违章作业行为,对情节严重者按处罚条例给以经济处罚;对隐患严重的现场或机械、电气设备等,及时签发停工指令,并提出改进措施。

(5)参加建筑行业伤亡事故的调查处理,对造成死亡 1 人、重伤 3 人、直接经济损失 5 万元以上的事故主要负责者,有权向检察院、法院提出控诉,追究刑事责任。

(6)对建筑施工队伍负责人、安全检查员、特种作业人员,进行安全教育培训、考核发证工作。

(7)参加建筑施工企业新建、扩建、改建和挖潜、革新、改造工程项目和竣工验收工作,负责安全卫生设施"三同时"(安全卫生设施同时设计、同时验收、同时使用)的审查工作。

(8)及时召开安全施工或重大伤亡事故现场会议。

## 四、建筑工程安全事故的处理

### (一)建筑工程安全事故的等级划分

《安全生产法》第一百一十三条规定,本法规定的生产安全一般事故、较大事故、重大事故、特别重大事故的划分标准由国务院规定。

《生产安全事故报告和调查处理条例》第三条规定,根据生产安全事故(以下简称事故)造成的人员伤亡或者直接经济损失,事故一般分为以下等级:

(1)特别重大事故,是指造成30人以上死亡,或者100人以上重伤(包括急性工业中毒,下同),或者1亿元以上直接经济损失的事故;

(2)重大事故,是指造成10人以上30人以下死亡,或者50人以上100人以下重伤,或者5000万元以上1亿元以下直接经济损失的事故;

(3)较大事故,是指造成3人以上10人以下死亡,或者10人以上50人以下重伤,或者1000万元以上5000万元以下直接经济损失的事故;

(4)一般事故,是指造成3人以下死亡,或者10人以下重伤,或者1000万元以下直接经济损失的事故。所称的"以上"包括本数,所称的"以下"不包括本数。

《生产安全事故报告和调查处理条例》第四十四条规定,没有造成人员伤亡,但是社会影响恶劣的事故,国务院或者有关地方人民政府认为需要调查处理的,依照本条例的有关规定执行。

据此,安全事故等级划分包括三个要素:一是人身要素,即人员伤亡的数量;二是经济要素,即直接经济损失的数额;三是社会要素,即造成恶劣的社会影响。这三个要素依法可以单独适用。

### (二)建筑工程安全事故报告

《建筑法》第五十一条规定,施工中发生事故时,建筑施工企业应当采取紧急措施减少人员伤亡和事故损失,并按照国家有关规定及时向有关部门报告。

《建设工程安全生产管理条例》第五十条规定,施工单位发生生产安全事故,应当按照国家有关伤亡事故报告和调查处理的规定,及时、如实地向负责安全生产监督管理的部门、建设行政主管部门或者其他有关部门报告;特种设备发生事故的,还应当同时向特种设备安全监督管理部门报告。接到报告的部门应当按照国家有关规定,如实上报。

1. 事故报告的基本要求

《生产安全事故报告和调查处理条例》第四条规定,事故报告应当及时、准确、完整,任何单位和个人对事故不得迟报、漏报、谎报或者瞒报。

同时,还规定了事故报告的具体要求:

（1）时间要求。事故发生后，事故现场有关人员应当立即向本单位负责人报告；单位负责人接到报告后，应当于1小时内向事故发生地县级以上人民政府安全生产监督管理部门和负有安全生产监督管理职责的有关部门报告。情况紧急时，事故现场有关人员可以直接向事故发生地县级以上人民政府安全生产监督管理部门和负有安全生产监督管理职责的有关部门报告。

（2）内容要求。报告事故应当包括下列内容：①事故发生单位概况；②事故发生的时间、地点及事故现场情况；③事故的简要经过；④事故已经造成或者可能造成的伤亡人数（包括下落不明的人数）和初步估计的直接经济损失；⑤已经采取的措施；⑥其他应当报告的情况。

（3）补报要求。事故报告后出现新情况的，应当及时补报。自事故发生之日起30日内，事故造成的伤亡人数发生变化的，应当及时补报。道路交通事故、火灾事故自发生之日起7日内，事故造成的伤亡人数发生变化的，应当及时补报。

2. 事故逐级上报的规定

《生产安全事故报告和调查处理条例》第十条规定，安全生产监督管理部门和负有安全生产监督管理职责的有关部门接到事故报告后，应当依照下列规定上报事故情况，并通知公安机关、劳动保障行政部门、工会和人民检察院：

（1）特别重大事故、重大事故逐级上报至国务院安全生产监督管理部门和负有安全生产监督管理职责的有关部门；

（2）较大事故逐级上报至省、自治区、直辖市人民政府安全生产监督管理部门和负有安全生产监督管理职责的有关部门；

（3）一般事故上报至设区的市级人民政府安全生产监督管理部门和负有安全生产监督管理职责的有关部门。

安全生产监督管理部门和负有安全生产监督管理职责的有关部门依照以上规定上报事故情况，应当同时报告本级人民政府。国务院安全生产监督管理部门和负有安全生产监督管理职责的有关部门及省级人民政府接到发生特别重大事故、重大事故的报告后，应当立即报告国务院。必要时，安全生产监督管理部门和负有安全生产监督管理职责的有关部门可以越级上报事故情况。

《生产安全事故报告和调查处理条例》第十一条规定，安全生产监督管理部门和负有安全生产监督管理职责的有关部门逐级上报事故情况，每级上报的时间不得超过2小时。

3. 发生事故后应采取的措施

《建设工程安全生产管理条例》第五十一条规定，发生生产安全事故后，施工单位应当采取措施防止事故扩大，保护事故现场。需要移动现场物品时，应当做出标记和书面记录，妥善保管有关证物。

根据《生产安全事故报告和调查处理条例》的规定，发生事故应采取以下措施：

(1)组织应急抢救工作。事故发生单位负责人接到事故报告后,应当立即启动事故相应应急预案,或者采取有效措施,组织抢救,防止事故扩大,减少人员伤亡和财产损失。事故发生地有关地方人民政府、安全生产监督管理部门和负有安全生产监督管理职责的有关部门接到事故报告后,其负责人应当立即赶赴事故现场,组织事故救援。

(2)妥善保护事故现场。事故发生后,有关单位和人员应当妥善保护事故现场及相关证据,任何单位和个人不得破坏事故现场、毁灭相关证据。因抢救人员、防止事故扩大及疏通交通等原因,需要移动事故现场物件的,应当做出标志,绘制现场简图并做出书面记录,妥善保存现场重要痕迹、物证。

(3)有关部门的相关职责。事故发生地公安机关根据事故的情况,对涉嫌犯罪的,应当依法立案侦查,采取强制措施和侦查措施。犯罪嫌疑人逃匿的,公安机关应当迅速追捕归案。安全生产监督管理部门和负有安全生产监督管理职责的有关部门应当建立值班制度,并向社会公布值班电话,受理事故报告和举报。

**（三）建筑工程安全事故调查**

《安全生产法》第八十三条规定,事故调查处理应当按照科学严谨、依法依规、实事求是、注重实效的原则,及时、准确地查清事故原因,查明事故性质和责任,总结事故教训,提出整改措施,并对事故责任者提出处理意见。事故调查报告应当依法及时向社会公布。《生产安全事故报告和调查处理条例》对事故调查作出以下具体规定。

1. 事故调查的管辖

特别重大事故由国务院或者国务院授权有关部门组织事故调查组进行调查。

重大事故、较大事故、一般事故分别由事故发生地省级人民政府、设区的市级人民政府、县级人民政府负责调查。省级人民政府、设区的市级人民政府、县级人民政府可以直接组织事故调查组进行调查,也可以授权或者委托有关部门组织事故调查组进行调查。

未造成人员伤亡的一般事故,县级人民政府也可以委托事故发生单位组织事故调查组进行调查。

上级人民政府认为必要时,可以调查由下级人民政府负责调查的事故。

自事故发生之日起 30 日内(道路交通事故、火灾事故自发生之日起 7 日内),因事故伤亡人数变化导致事故等级发生变化,依照规定应当由上级人民政府负责调查的,上级人民政府可以另行组织事故调查组进行调查。

特别重大事故以下等级事故,事故发生地与事故发生单位不在同一个县级以上行政区域的,由事故发生地人民政府负责调查,事故发生单位所在地人民政府应当派人参加。

2. 事故调查组的组成

事故调查组的组成应当遵循精简、效能的原则。根据事故的具体情况,事故调查组由有关人民政府、安全生产监督管理部门、负有安全生产监督管理职责的有关部门、监察机关、公安机关以及工会派人组成,并应当邀请人民检察院派人参加。事故调查组可以聘请有关专家参与调查。

事故调查组成员应当具有事故调查所需要的知识和专长,并与所调查的事故没有直接利害关系。事故调查组组长由负责事故调查的人民政府指定。事故调查组组长主持事故调查组的工作。

3. 事故调查组的职责

事故调查组履行下列职责:

(1)查明事故发生的经过、原因、人员伤亡情况及直接经济损失;

(2)认定事故的性质和事故责任;

(3)提出对事故责任者的处理建议;

(4)总结事故教训,提出防范和整改措施;

(5)提交事故调查报告。

4. 事故调查组的权利与纪律

事故调查组有权向有关单位和个人了解与事故有关的情况,并要求其提供相关文件、资料,有关单位和个人不得拒绝。事故发生单位的负责人和有关人员在事故调查期间不得擅离职守,并应当随时接受事故调查组的询问,如实提供有关情况。事故调查中发现涉嫌犯罪的,事故调查组应当及时将有关材料或者其复印件移交司法机关处理。

事故调查中需要进行技术鉴定的,事故调查组应当委托具有国家规定资质的单位进行技术鉴定。必要时,事故调查组可以直接组织专家进行技术鉴定。技术鉴定所需时间不计入事故调查期限。

事故调查组成员在事故调查工作中应当诚信公正、恪尽职守,遵守事故调查组的纪律,保守事故调查的秘密。未经事故调查组组长允许,事故调查组成员不得擅自发布有关事故的信息。

5. 事故调查报告的期限与内容

事故调查组应当自事故发生之日起 60 日内提交事故调查报告;特殊情况下,经负责事故调查的人民政府批准,提交事故调查报告的期限可以适当延长,但延长的期限最长不超过 60 日。

事故调查报告应当包括下列内容:

(1)事故发生单位概况;

(2)事故发生的经过和事故救援情况;

(3)事故造成的人员伤亡和直接经济损失;

(4)事故发生的原因和事故性质;

(5)事故责任的认定及对事故责任者的处理建议;

(6)事故防范和整改措施。

事故调查报告应当附具有关证据材料。事故调查组成员应当在事故调查报告上签名。事故调查报告报送负责事故调查的人民政府后,事故调查工作即告结束。事故调查的有关资料应当归案保存。

**(四)建筑工程安全事故处理**

《生产安全事故报告和调查处理条例》对事故处理作出以下规定:

1. 事故处理的时限

对于重大事故、较大事故、一般事故,负责事故调查的人民政府应当自收到事故调查报告之日起 15 日内做出批复;特别重大事故,30 日内做出批复,特殊情况下,批复时间可以适当延长,但延长的时间最长不超过 30 日。

2. 事故调查批复的落实

有关机关应当按照人民政府的批复,依照法律、行政法规规定的权限和程序,对事故发生单位和有关人员进行行政处罚,对负有事故责任的国家工作人员进行处分。事故发生单位应当按照负责事故调查的人民政府的批复,对本单位负有事故责任的人员进行处理。

负有事故责任的人员涉嫌犯罪的,依法追究刑事责任。

3. 事故发生单位的防范整改措施

事故发生单位应当认真吸取事故教训,落实防范和整改措施,防止事故再次发生。防范和整改措施的落实情况应当接受工会和职工的监督。

安全生产监督管理部门和负有安全生产监督管理职责的有关部门应当对事故发生单位落实防范和整改措施的情况进行监督检查。

4. 事故处理结果的公布

事故处理的情况由负责事故调查的人民政府或者其授权的有关部门、机构向社会公布,依法应当保密的除外。

# 第六节　建筑工程质量管理

## 一、建筑工程质量管理概述

质量的概念应包括产品质量、工序质量、工作质量三个方面的含义。产品质量即产品的使用价值,是指产品能够满足国家建设和人民需要所具备的自然属性,一般包括产品的适用性、可靠性、安全性、经济性和使用寿命等。工序质量指的是生产过程能稳定地生产合格产品的能力。工作质量是指企业为达到工程(产品)质量标准所做的管理工作、组织工作和技术工作的效率和水平,它包括经营决策工作质量和现场执行工作质量。

产品质量、工序质量和工作质量三者之间的关系是:产品质量是企业生产的最终成果,它取决于工序质量和工作质量;工作质量则是工序质量、产品质量和经济效果的保证和基础。

建筑工程质量是指在国家现行的有关法律、法规、技术标准、设计文件和合同中,对工程的安全、适用、经济、美观等特性的综合要求。

## 二、建筑工程质量的标准化制度

《建筑法》第五十二条规定,建筑工程勘察、设计、施工的质量必须符合国家有关建筑工程安全标准的要求,具体管理办法由国务院规定。

《标准化法》规定,我国的标准分为国家标准、行业标准、地方标准和企业标准。国家标准、行业标准分为强制性标准和推荐性标准。保障人体健康,人身、财产安全的标准和法律、行政法规规定强制执行的标准是强制性标准,其他标准是推荐性标准。

2015年3月国务院印发的《深化标准化工作改革方案》中规定,通过改革,把政府单一供给的现行标准体系,转变为由政府主导制定的标准和市场自主制定的标准共同构成的新型标准体系。政府主导制定的标准由六类整合精简为四类,分别是强制性国家标准和推荐性国家标准、推荐性行业标准、推荐性地方标准;市场自主制定的标准分为团体标准和企业标准。环境保护、工程建设、医药卫生强制性国家标准、强制性行业标准和强制性地方标准,按现有模式管理。

### (一)国家标准

《标准化法》规定,对需要在全国范围内统一的技术要求,应当制定国家标准。国家标准由国务院标准化行政主管部门制定。

1992年12月建设部发布的《工程建设国家标准管理办法》规定,对需要在全国范围内统一的下列技术要求,应当制定国家标准:

(1)工程建设勘察、规划、设计、施工(包括安装)及验收等通用的质量要求;

(2)工程建设通用的有关安全、卫生和环境保护的技术要求;

(3)工程建设通用的术语、符号、代号、量与单位、建筑模数和制图方法;

(4)工程建设通用的试验、检验和评定等方法;

(5)工程建设通用的信息技术要求;

(6)国家需要控制的其他工程建设通用的技术要求。

国家标准分为强制性标准和推荐性标准。下列标准属于强制性标准：

（1）工程建设勘察、规划、设计、施工（包括安装）及验收等通用的综合标准和重要的通用的质量标准；

（2）工程建设通用的有关安全、卫生和环境保护的标准；

（3）工程建设重要的通用的术语、符号、代号、量与单位、建筑模数和制图方法标准；

（4）工程建设重要的通用的试验、检验和评定方法等标准；

（5）工程建设重要的通用的信息技术标准；

（6）国家需要控制的其他工程建设通用的标准。

强制性标准以外的标准是推荐性标准。推荐性标准，国家鼓励企业自愿采用。

**（二）行业标准**

《标准化法》规定，对没有国家标准而又需要在全国某个行业范围内统一的技术要求，可以制定行业标准。在公布国家标准之后，该项行业标准即行废止。

《工程建设行业标准管理办法》规定，对没有国家标准而需要在全国某个行业范围内统一的下列技术要求，可以制定行业标准：

（1）工程建设勘察、规划、设计、施工（包括安装）及验收等行业专用的质量要求；

（2）工程建设行业专用的有关安全、卫生和环境保护的技术要求；

（3）工程建设行业专用的术语、符号、代号、量与单位和制图方法；

（4）工程建设行业专用的试验、检验和评定等方法；

（5）工程建设行业专用的信息技术要求；

（6）其他工程建设行业专用的技术要求。

行业标准也分为强制性标准和推荐性标准。下列标准属于强制性标准：

（1）工程建设勘察、规划、设计、施工（包括安装）及验收等行业专用的综合性标准和重要的行业专用的质量标准；

（2）工程建设行业专用的有关安全、卫生和环境保护的标准；

（3）工程建设重要的行业专用的术语、符号、代号、量与单位和制图方法标准；

（4）工程建设重要的行业专用的试验、检验和评定方法等标准；

（5）工程建设重要的行业专用的信息技术标准；

（6）行业需要控制的其他工程建设标准。

强制性标准以外的标准是推荐性标准。

行业标准不得与国家标准相抵触。行业标准的某些规定与国家标准不一致时，必须有充分的科学依据和理由，并经国家标准的审批部门批准。行业标准在相应的国家标准实施后，应当及时修订或废止。

### （三）地方标准

《标准化法》规定，对没有国家标准和行业标准而又需要在省、自治区、直辖市范围内统一的工业产品的安全、卫生要求，可以制定地方标准。在公布国家标准或者行业标准之后，该项地方标准即行废止。

2004年2月建设部发布的《工程建设地方标准化工作管理规定》中规定，工程建设地方标准项目的确定，应当从本行政区域工程建设的需要出发，并应体现本行政区域的气候、地理、技术等特点。对没有国家标准、行业标准或国家标准、行业标准规定不具体，且需要在本行政区域内作出统一规定的工程建设技术要求，可制定相应的工程建设地方标准。

我国幅员辽阔，各地的自然环境差异较大，而工程建设在许多方面要受到自然环境的影响。例如，我国的黄土地区、冻土地区以及膨胀土地区，对建筑技术的要求有很大区别。因此，工程建设标准除国家标准、行业标准外，还需要有相应的地方标准。但是，工程建设地方标准不得与国家标准和行业标准相抵触。与国家标准或行业标准相抵触的工程建设地方标准的规定，应当自行废止。工程建设地方标准应报国务院建设行政主管部门备案。未经备案的工程建设地方标准，不得在建设活动中使用。

工程建设地方标准中，对直接涉及人民生命财产安全、人体健康、环境保护和公共利益的条文，经国务院建设行政主管部门确定后，可作为强制性条文。在不违反国家标准和行业标准的前提下，工程建设地方标准可以独立实施。

### （四）企业标准

《标准化法》规定，企业生产的产品没有国家标准和行业标准的，应当制定企业标准，作为组织生产的依据。企业的产品标准须报当地政府标准化行政主管部门和有关行政主管部门备案。已有国家标准或者行业标准的，国家鼓励企业制定严于国家标准或者行业标准的企业标准，在企业内部适用。

国务院《深化标准化工作改革方案》中规定，放开搞活企业标准。企业根据需要自主制定、实施企业标准。鼓励企业制定高于国家标准、行业标准、地方标准，具有竞争力的企业标准。建立企业产品和服务标准自我声明公开和监督制度，逐步取消政府对企业产品标准的备案管理，落实企业标准化主体责任。鼓励标准化专业机构对企业公开的标准开展比对和评价，强化社会监督。

需要说明的是，标准、规范、规程都是标准的一种表现形式，习惯上统称为标准，只有针对具体对象才加以区别。当针对产品、方法、符号、概念等基础标准时，一般采用"标准"，如《土工试验方法标准》《生活饮用水卫生标准》《道路工程标准》《建筑抗震鉴定标准》等；当针对工程勘察、规划、设计、施工等通用的技术事项做出规定时，一般采用"规范"，如《混凝土设计规范》《建筑设计防火规范》《住宅建筑设计规范》《砌体工程施工及验收规范》《屋面工程技术规范》等；当针对操作、工艺、管理等专用技术要求时,一般采用"规程",如《钢筋气压焊接规程》《建筑安装工程工艺及操作规程》《建筑机械使用安全操作规程》等。

### 三、建筑工程的质量责任

《建设工程质量管理条例》第三条规定,建设单位、勘察单位、设计单位、施工单位、工程监理单位依法对建设工程质量负责。

#### (一) 建设单位的质量责任

**1. 依法发包工程**

建设单位应当将工程发包给具有相应资质等级的单位。建设单位不得将建设工程肢解发包。建设单位应当依法对工程建设项目的勘察,设计,施工,监理及与工程建设有关的重要设备、材料等采购进行招标。

**2. 依法提供原始资料**

建设单位必须向有关的勘察、设计、施工、工程监理等单位提供与建设工程有关的原始资料,原始资料必须真实、准确、齐全。

**3. 限制不合理干预行为**

建设工程发包单位不得迫使承包方以低于成本的价格竞标,不得任意压缩合理工期。建设单位不得明示或者暗示设计单位或者施工单位违反工程建设强制性标准,降低建设工程质量。

**4. 依法报审施工图设计文件**

建设单位应当将施工图设计文件报县级以上人民政府建设行政主管部门或者其他有关部门审查,施工图设计文件未经审查批准的,不得使用。

**5. 依法实行工程监理**

实行监理的建设工程,建设单位应当委托具有相应资质等级的工程监理单位进行监理,也可以委托具有工程监理相应资质等级并与被监理工程的施工承包单位没有隶属关系或者其他利害关系的该工程的设计单位进行监理。

**6. 依法办理工程质量监督手续**

建设单位在领取施工许可证或者开工报告前,应当按照国家有关规定办理工程质量监督手续。

**7. 依法保证建筑材料等符合要求**

按照合同约定,由建设单位采购建筑材料、建筑构配件和设备的,建设单位应当保证建筑材料、建筑构配件和设备符合设计文件和合同要求。建设单位不得明示或者暗示施工单位使用不合格的建筑材料、建筑构配件和设备。建设单位按照工程承包合同中规定供应的设备等产品的质量,必须符合国家现行的有关法律、法规和技术标准的要求。

8. 依法进行装修工程

涉及建筑主体和承重结构变动的装修工程,建设单位应当在施工前委托原设计单位或者具有相应资质等级的设计单位提出设计方案,没有设计方案的,不得施工。房屋建筑使用者在装修过程中,不得擅自变动房屋建筑主体和承重结构。

9. 依法组织竣工验收

建设单位收到建设工程竣工报告后,应当组织设计、施工、工程监理等有关单位进行竣工验收。

10. 依法建立、移交建设项目档案

建设单位应当严格按照国家有关档案管理的规定,及时收集、整理建设项目各环节的文件资料。建立健全建设项目档案,并在建设工程竣工验收后,及时向建设行政主管部门或者其他有关部门移交建设项目档案。

**(二) 勘察、设计单位的质量责任**

1. 依法承揽工程勘察、设计业务

从事建设工程勘察、设计的单位应当依法取得相应等级的资质证书,并在其资质等级许可的范围内承揽工程。禁止勘察、设计单位超越其资质等级许可的范围或者以其他勘察、设计单位的名义承揽工程;禁止勘察、设计单位允许其他单位或者个人以本单位的名义承揽工程;勘察、设计单位不得转包或者违法分包承揽的工程。

2. 勘察、设计必须执行强制性标准

勘察、设计单位必须按照工程强制性标准进行勘察、设计,并对其勘察、设计的质量负责。注册建筑师、注册结构工程师等注册执业人员应当在设计文件上签字,对设计文件负责。

3. 勘察成果必须真实、准确

勘察单位提供的地质、测量、水文等勘察成果必须真实、准确。

4. 设计依据和设计深度应符合规定

设计单位应当根据勘察成果文件进行建设工程设计。设计文件应当符合国家规定的设计深度要求,注明工程合理使用年限。

5. 依法规范设计对建筑材料的使用

设计单位在设计文件中选用的建筑材料、建筑构配件和设备,应当注明规格、型号、性能等技术指标,其质量要求必须符合国家规定的标准。除有特殊要求的建筑材料、专业设备、工艺生产线等外,设计单位不得指定生产厂、供应商。

6. 依法对设计文件进行技术交底

设计单位应当就审查合格的施工图设计文件向施工单位作出详细说明。

7. 设计单位依法参与建设工程质量事故分析

设计单位应当参与建设工程质量事故分析,并对因设计造成的质量事故提出相应的技术处理方案。

### (三)施工单位的质量责任

《建设工程质量管理条例》第二十六条规定,建筑施工企业对工程的施工质量负责。施工单位应当建立质量责任制,确定工程项目的项目经理、技术负责人和施工管理负责人。

1. 施工单位的质量责任

(1)依法承揽工程

施工单位应当依法取得相应等级的资质证书,并在其资质等级许可的范围内承揽工程。禁止施工单位允许其他单位或者个人以本单位的名义承揽工程。施工单位不得转包或者违法分包工程。

(2)确保施工质量

建筑物在合理使用寿命内,必须确保地基基础工程和主体结构的质量。建筑工程竣工时,屋顶、墙面不得留有渗漏、开裂等质量缺陷。

(3)遵守标准,按图施工

建筑施工企业必须按照国家工程安全标准、工程设计图纸和施工技术标准施工,不得偷工减料。工程设计的修改由原设计单位负责,建筑施工企业不得擅自修改工程设计。施工单位在施工过程中发现设计文件和图纸有差错的,应当及时提出意见和建议。

(4)建立健全施工质量检验制度

施工单位必须建立健全施工质量的检验制度,严格工序管理,做好隐蔽工程的质量检查和记录。隐蔽工程在隐蔽前,施工单位应当通知建设单位、监理单位和建设工程质量监督机构。

(5)建立健全教育培训制度

施工单位应当建立健全教育培训制度,加强对职工的教育培训,未经教育培训或者考核不合格的人员,不得上岗作业。

(6)使用合格建筑材料

建筑施工企业必须按照工程设计要求、施工技术标准和合同的约定,对建筑材料、建筑构配件、设备和商品混凝土进行检验,检验应当书面记录并由专人签字,未经检验或检验不合格的,不得使用。

(7)施工检测的见证取样和送检

施工人员对涉及结构安全的试块、试件及有关材料,应当在建设单位或者工程监理单位监督下现场取样,并送具有相应资质等级的质量检测单位进行检测。

（8）无偿返修

施工单位对施工中出现质量问题的建设工程或竣工验收不合格的建设工程，应当负责返修。建筑工程竣工时，屋顶、墙面不得留有渗漏、开裂等质量缺陷，对已发现的质量缺陷，建筑施工企业应当修复。建筑工程竣工验收合格后，方可交付使用，未经验收或者验收不合格的，不得交付使用。施工单位对施工中出现质量问题的建设工程或竣工验收不合格的建设工程，都应当负责返修。

2. 施工总分包单位的质量责任

《建设工程质量管理条例》第二十六条规定，建筑工程实行总承包的，总承包单位应当对全部工程质量负责；建设工程勘察、设计、施工、设备采购的其中一项或者多项实行总承包的，总承包单位应当对其承包的建设工程或者采购的设备质量负责。第二十七条规定，总承包单位依法将建筑工程分包给其他单位的，分包单位应当按照分包合同的约定对其分包工程质量向总承包单位负责，总承包单位应当对分包工程的质量与分包单位承担连带责任。

**（四）工程监理单位的质量责任**

1. 依法承担工程监理业务

工程监理单位应当依法取得相应等级的资质证书，并在其资质等级许可的范围内承担工程监理业务。禁止工程监理单位超越本单位资质等级许可的范围或者以其他工程监理单位的名义承担工程监理业务。禁止工程监理单位允许其他单位或者个人以本单位的名义承担工程监理业务。工程监理单位不得转让工程监理业务。

2. 对有隶属关系或其他利害关系的回避

工程监理单位与被监理工程的施工承包单位以及建筑材料、建筑构配件和设备供应单位有隶属关系或者其他利害关系的，不得承担该项建设工程的监理业务。

3. 依法实施监理并承担监理责任

工程监理单位应当依照法律、法规以及有关技术标准、设计文件和建设工程承包合同，代表建设单位对施工质量实施监理，并对施工质量承担监理责任。

4. 组建驻工地监理机构

工程监理单位应当选派具备相应资格的总监理工程师和监理工程师进驻施工现场。未经监理工程师签字，建筑材料、建筑构配件和设备不得在工程上使用或者安装，施工单位不得进行下一道工序的施工。未经总监理工程师签字，建设单位不拨付工程款，不进行竣工验收。

## 四、建筑工程的质量监督管理制度

**（一）建筑工程质量监督概述**

根据建设部《建设工程质量监督管理规定》，建设工程质量监督是指由政府授权的专门机构对建设工程质量实施的监督。其主要依据是国家颁发的有关法律、法规、技术标准及设计文件。

建筑工程质量监督的主要内容包括以下方面：

**(1)对责任主体和有关机构履行质量责任的行为的监督检查。**责任主体，是指参与工程项目建设的建设单位、勘察单位、设计单位、施工单位和监理单位；有关机构是指工程质量检测机构。

监督机构对责任主体和有关机构质量行为进行监督的一般原则：

①抽查责任主体和有关机构执行有关法律、法规及工程技术标准的情况；

②抽查责任主体和有关机构质量管理体系的建立和实施情况；

③发现存在违法、违规行为的，按建设行政主管部门委托的权限对违法、违规事实进行调查取证，对责任单位、责任人提出处罚建议或按委托权限实施行政处罚。

监督机构应对建设单位的下列行为进行抽查：

①施工前办理质量监督注册、施工图设计文件审查、施工许可(开工报告)手续情况；

②按规定委托监理情况；

③组织图纸会审、设计交底、设计变更工作情况；

④组织工程质量验收情况；

⑤原设计有重大修改、变动的施工图设计文件重新报审情况；

⑥及时办理工程竣工验收备案手续情况。

监督机构应对勘察、设计单位的下列行为进行抽查：

①参加地基验槽、基础、主体结构及有关主要部位工程质量验收和工程竣工验收情况；

②签发设计修改变更、技术洽商通知情况；

③参加有关工程质量问题的处理情况。

监督机构应对施工单位的下列行为进行抽查：

①施工单位资质，项目经理部管理人员的资格、配备及到位情况，主要专业工种操作上岗资格、配备及到位情况；

②分包单位资质与对分包单位的管理情况；

③施工组织设计或施工方案审批及执行情况；

④施工现场施工操作技术规程及国家有关规范、标准的配置情况；

⑤工程技术标准及经审查批准的施工图设计文件的实施情况；

⑥检验批、分项、分部(子分部)、单位(子单位)工程质量的检验评定情况；

⑦质量问题的整改和质量事故的处理情况；

⑧技术资料的收集、整理情况。

监督机构应对监理单位的下列行为进行抽查：

①监理单位资质，项目监理机构的人员资格、配备及到位情况；

②监理规划、监理实施细则（关键部位和工序的确定及措施）的编制审批内容的执行情况；

③对材料、构配件、设备投入使用或安装前进行审查的情况；

④对分包单位的资质进行核查的情况；

⑤见证取样制度的实施情况；

⑥对重点部位、关键工序实施旁站监理情况；

⑦质量问题通知单签发及质量问题整改结果的复查情况；

⑧组织检验批、分项、分部（子分部）工程的质量验收、参与单位（子单位）工程质量的验收情况；

⑨监理资料的收集整理情况。

监督机构应对工程质量检测单位的下列行为进行抽查：

①是否超越核准的类别、业务范围承接任务；

②检测业务基本管理制度情况；

③检测内容和方法的规范程度；

④检测报告形成程序、数据及结论的符合程度。

**(2)对工程实体质量的监督检查**。监督机构可对涉及结构安全、使用功能、关键部位的实体质量或材料进行监督检测，检测记录应列入质量监督报告。监督检测的项目和数量应根据工程的规模、结构形式、施工质量等因素确定。

监督机构对工程实体质量监督的一般原则：

①对工程实体质量的监督采取抽查施工作业面的施工质量与对关键部位重点监督相结合的方式；

②重点检查结构质量、环境质量和重要使用功能，其中重点监督工程地基基础、主体结构和其他涉及结构安全的关键部位；

③抽查涉及结构安全和使用功能的主要材料、构配件和设备的出厂合格证、试验报告、见证取样送检资料及结构实体检测报告；

④抽查结构混凝土及承重砌体施工过程的质量控制情况；

⑤实体质量检查要辅以必要的监督检测，由监督人员根据结构部位的重要程度及施工现场质量情况进行随机抽验。

监督机构应对地基基础工程的验收进行监督，并对下列内容进行重点抽查：

①桩基、地基处理的施工质量及检测报告、验收记录、验槽记录；

②防水工程的材料和施工质量；

③地基基础子分部、分部工程的质量验收情况。

监督机构应对主体结构工程的验收进行监督，并对下列内容进行重点抽查：

①对混凝土预制构件及预拌混凝土质量的监督检查；

②钢结构、混凝土结构等重要部位及有特殊要求部位的质量及隐蔽验收；

③混凝土、钢筋及砌体等工程关键部位，必要时进行现场监督检测；

④主体结构子分部、分部工程的质量验收资料。

监督机构应根据实际情况对有关装饰装修、安装工程的下列部分内容进行抽查：

①幕墙工程、外墙粘（挂）饰面工程、大型灯具等涉及安全和使用功能的重点部位施工质量的监督抽查；

②安装工程使用功能的检测及试运行记录；

③工程的观感质量；

④分部（子分部）工程的施工质量验收资料。

监督机构应根据实际情况对有关工程使用功能和室内环境质量的下列部分内容进行抽查：

①有环保要求材料的检测资料；

②室内环境质量检测报告；

③绝缘电阻、防雷接地及工作接地电阻的检测资料，必要时可进行现场测试；

④屋面、外墙和厕所、浴室等有防水要求的房间及卫生器具防渗漏试验的记录，必要时可进行现场抽查；

⑤各种承压管道系统水压试验的检测资料。

监督机构可对涉及结构安全、使用功能、关键部位的实体质量或材料进行监督检测，检测记录应列入质量监督报告。监督检测的项目和数量应根据工程的规模、结构形式、施工质量等因素确定。

监督检测的项目宜包括：

①承重结构混凝土强度；

②受力钢筋数量、位置及混凝土保护层厚度；

③现浇楼板厚度；

④砌体结构承重墙柱的砌筑砂浆强度；

⑤安装工程中涉及安全及功能的重要项目；

⑥钢结构的重要连接部位；

⑦其他需要检测的项目。

**(3)对工程竣工验收的监督检查。** 监督机构应对验收组成员组成及竣工验收方案进行监督，对工程实体质量进行抽测，对观感质量进行检查，对工程竣工验收文件进行审查。

工程竣工验收文件审查的内容有：

①施工单位出具的工程竣工报告，包括结构安全、室内环境质量和使用功能抽

样检测资料等合格证明文件及施工过程中发现的质量问题整改报告等；

②勘查、设计单位出具的工程质量检查报告；

③监理单位出具的工程质量评估报告。

监督机构应在工程竣工验收合格后 7 个工作日内,向备案机关提交工程质量监督报告。

工程质量监督报告应包括以下内容：

①工程概况和监督工作概况；

②对责任主体和有关机构质量行为及执行工程建设强制性标准的检查情况；

③工程实体质量监督抽查(包括监督检测)情况；

④工程质量技术档案和施工管理资料抽查情况；

⑤工程质量问题的整改和质量事故处理情况；

⑥各方质量责任主体及相关有资格的人员的不良记录内容；

⑦工程质量竣工验收监督记录；

⑧对工程竣工验收备案的建议。

**（二）建筑工程质量监督管理体制**

《建设工程质量管理条例》第四十三条规定,国家实行建筑工程的质量监督管理制度。国务院建设行政主管部门对全国的建设工程质量实施统一监督管理。国务院铁路、交通、水利等有关部门按照国务院规定的职责分工,负责对全国有关专业建设工程质量的监督管理。县级以上地方人民政府建设行政主管部门对本行政区域的建设工程质量实施监督管理,县级以上地方人民政府交通、水利等有关部门在各自的职责范围内,负责对本行政区域内的专业建设工程质量的监督管理。

国务院建设行政主管部门和国务院铁路、交通、水利等有关部门应当加强对有关建设工程质量的法律、法规和强制性标准执行情况的监督检查。

国务院发展计划部门按照国务院规定的职责,组织稽查特派员,对国家出资的重大建设项目实施监督检查。国务院经济贸易主管部门按照国务院规定的职责,对国家重大技术改造项目实施监督检查。

**（三）建筑工程质量监督管理机构**

《建设工程质量管理条例》第四十六条规定,建设工程质量监督管理,可以由建设行政主管部门或者其他有关部门委托的建设工程质量监督机构具体实施。从事房屋建筑工程和市政基础设施工程质量监督的机构,必须按照国家有关规定经国务院建设行政主管部门或者省、自治区、直辖市人民政府建设行政主管部门考核,经考核合格后,方可实施质量监督。

建筑工程质量监督工作由各级建设主管部门委托的建筑工程质量监督站进行具体实施。建设工程质量监督机构是经省级以上建设主管部门或有关专业部门考核认定的独立法人,建设工程质量监督机构接受县级以上地方人民政府建设主管部门或有关专业部门的委托,依法对建设工程质量进行强制性监督,并对委托部门负责。

## 五、建筑工程竣工验收制度

### (一)建筑工程竣工验收条件

建筑工程竣工验收应由建设单位组织。《建设工程质量管理条例》第十六条规定,建设单位收到建设工程竣工报告后,应当组织设计、施工、工程监理等有关单位进行竣工验收。

《建筑法》第六十一条规定,交付竣工验收的建筑工程,必须符合规定的建筑工程质量标准,有完整的工程技术经济资料和经签署的工程保修书,并具备国家规定的其他竣工条件。

《建设工程质量管理条例》第十六条规定,建设工程竣工验收应当具备下列条件:

(1)完成建设工程设计和合同约定的各项内容;

(2)有完整的技术档案和施工管理资料;

(3)有工程使用的主要建筑材料、建筑构配件和设备的进场试验报告;

(4)有勘察、设计、施工、工程监理等单位分别签署的质量合格文件;

(5)有施工单位签署的工程保修书。

建设工程经验收合格的,方可交付使用。

《房屋建筑和市政基础设施工程竣工验收规定》对建筑工程竣工验收条件又作出了详细规定。工程符合下列要求方可进行竣工验收:

(1)完成工程设计和合同约定的各项内容。

(2)施工单位在工程完工后对工程质量进行了检查,确认工程质量符合有关法律、法规和工程建设强制性标准,符合设计文件及合同要求,并提出工程竣工报告。工程竣工报告应经项目经理和施工单位有关负责人审核签字。

(3)对于委托监理的工程项目,监理单位对工程进行了质量评估,具有完整的监理资料,并提出工程质量评估报告。工程质量评估报告应经总监理工程师和监理单位有关负责人审核签字。

(4)勘察、设计单位对勘察、设计文件及施工过程中由设计单位签署的设计变更通知书进行了检查,并提出质量检查报告。质量检查报告应经该项目勘察、设计负责人和勘察、设计单位有关负责人审核签字。

(5)有完整的技术档案和施工管理资料。

(6)有工程使用的主要建筑材料、建筑构配件和设备的进场试验报告。

(7)建设单位已按合同约定支付工程款。

(8)有施工单位签署的工程质量保修书。

(9)对于住宅工程,进行分户验收并验收合格,建设单位按户出具《住宅工程质量分户验收表》。

(10)建设主管部门及工程质量监督机构责令整改的问题全部整改完毕。

(11)法律、法规规定的其他条件。

**(二)工程竣工验收的程序**

根据《房屋建筑和市政基础设施工程竣工验收规定》,工程竣工验收应当按以下程序进行:

(1)工程完工后,施工单位向建设单位提交工程竣工报告,申请工程竣工验收。实行监理的工程,工程竣工报告须经总监理工程师签署意见。

(2)建设单位收到工程竣工报告后,对符合竣工验收要求的工程,组织勘察、设计、施工、监理等单位和其他有关方面的专家组成验收组,制定验收方案。

(3)建设单位应当在工程竣工验收7个工作日前将验收的时间、地点及验收组名单书面通知负责监督该工程质量的监督机构。

(4)建设单位组织工程竣工验收,具体包括以下内容:①建设、勘察、设计、施工、监理单位分别汇报工程合同履约情况和工程建设各个环节执行法律、法规和工程建设强制性标准的情况;②审阅建设、勘察、设计、施工、监理单位的工程档案资料;③实地查验工程质量;④对工程勘察、设计、施工、设备安装质量和各管理环节等方面作出全面评价,形成经验收组人员签署的工程竣工验收意见。

参与工程竣工验收的建设、勘察、设计、施工、监理等各方不能形成一致意见时,应当协商提出解决的方法,待意见一致后,重新组织工程竣工验收。

工程竣工验收合格后,建设单位应当及时提出工程竣工验收报告。工程竣工验收报告主要包括:①工程概况;②建设单位执行基本建设程序情况;③对工程勘察、设计、施工、监理等方面的评价;④工程竣工验收时间、程序、内容和组织形式;⑤工程竣工验收意见。

**(三)工程竣工验收备案管理制度**

国家实施工程竣工验收备案制度。《建设工程质量管理条例》第四十九条规定,建设单位应当自建设工程竣工验收合格之日起15日内,将建设工程竣工验收报告和规划、公安消防、环保等部门出具的认可文件或者准许使用文件报建设行政主管部门或者其他有关部门备案。

《房屋建筑和市政基础设施工程竣工验收备案管理办法》规定,建设单位应当自工程竣工验收合格之日起15日内依照本办法规定,向工程所在地的县级以上地方人民政府建设主管部门(以下简称备案机关)备案。

建设单位办理工程竣工验收备案应当提交下列文件:

(1)工程竣工验收备案表;

(2)工程竣工验收报告,应当包括工程报建日期,施工许可证号,施工图设计文件审查意见,勘察、设计、施工、工程监理等单位分别签署的质量合格文件及验收人员签署的竣工验收原始文件,市政基础设施的有关质量检测和功能性试验资料及备案机关认为需要提供的有关资料;

(3)法律、行政法规规定应当由规划、公安消防、环保等部门出具的认可文件或者准许使用文件;

(4)施工单位签署的工程质量保修书;

(5)法规、规章规定必须提供的文件。

住宅工程还应当提交《住宅质量保证书》和《住宅使用说明书》。

备案机关收到建设单位报送的竣工验收备案文件,验证文件齐全后,应当在工程竣工验收备案表上签署文件收讫。工程质量监督机构应当在工程竣工验收之日起 5 日内,向备案机关提交工程质量监督报告。备案机关发现建设单位在竣工验收过程中有违反国家有关建设工程质量管理规定行为的,应当在收讫竣工验收备案文件 15 日内,责令停止使用,重新组织竣工验收。

## 六、建筑工程质量保修制度

根据《房屋建筑工程质量保修办法》,房屋建筑工程质量保修,是指对房屋建筑工程竣工验收后在保修期限内出现的质量缺陷,予以修复。质量缺陷是指房屋建筑工程的质量不符合工程建设强制性标准及合同的约定。

《建筑法》《建设工程质量管理条例》都规定,建筑工程实行质量保修制度。

建筑工程质量保修制度,是指建筑工程竣工经验收后,在规定的保修期限内,因勘察、设计、施工、材料等原因造成的质量缺陷,应当由施工承包单位负责维修、返工或更换,由责任单位负责赔偿损失的法律制度。

### (一)建筑工程质量保修的范围和期限

1. 建筑工程质量保修的范围

《建筑法》第六十二条规定,建筑工程的保修范围应当包括地基基础工程、主体结构工程、屋面防水工程和其他土建工程,以及电气管线、上下水管线的安装工程,供热、供冷系统工程等项目。

2. 建筑工程质量保修的期限

《建筑法》第六十二条规定,保修的期限应当按照保证建筑物合理寿命年限内正常使用,维护使用者合法权益的原则确定。

《建设工程质量管理条例》四十条规定,建设工程的保修期,自竣工验收合格之日起计算。在正常使用条件下,建设工程的最低保修期限为:

(1)基础设施工程、房屋建筑的地基基础工程和主体结构工程,为设计文件规定的该工程的合理使用年限;

(2)屋面防水工程、有防水要求的卫生间、房间和外墙面的防渗漏,为 5 年;

（3）供热与供冷系统，为 2 个采暖期、供冷期；

（4）电气管线、给排水管道、设备安装和装修工程，为 2 年。

其他项目的保修期限由发包方与承包方约定。

**（二）建筑工程质量保修责任和损失赔偿责任**

1. 施工单位履行保修义务

《建设工程质量管理条例》第四十一条规定，建设工程在保修范围和保修期限内出现质量问题的，施工单位应当履行保修义务，并对造成的损失承担赔偿责任。

《房屋建筑工程质量保修办法》第九至十二条规定，房屋建筑工程在保修期限内出现质量缺陷，建设单位或者房屋建筑所有人应当向施工单位发出保修通知。施工单位接到保修通知后，应当到现场核查情况，在保修书约定的时间内予以保修。发生涉及结构安全或者严重影响使用功能的紧急抢修事故，施工单位接到保修通知后，应当立即到达现场抢修。发生涉及结构安全的质量缺陷，建设单位或者房屋建筑所有人应当立即向当地建设行政主管部门报告，采取安全防范措施，由原设计单位或者具有相应资质等级的设计单位提出保修方案，由施工单位实施保修，原工程质量监督机构负责监督，保修完成后，由建设单位或者房屋建筑所有人组织验收，涉及结构安全的，应当报当地建设行政主管部门备案。施工单位不按工程质量保修书约定保修的，建设单位可以另行委托其他单位保修，由原施工单位承担相应责任。

《最高人民法院关于审理建设工程施工合同纠纷案件适用法律问题的解释》规定，因保修人未及时履行保修义务，导致建筑物损毁或者造成人身、财产损害的，保修人应当承担赔偿责任。保修人与建筑物所有人或者发包人对建筑物毁损均有过错的，各自承担相应的责任。

2. 责任方承担保修费用

《房屋建筑工程质量保修办法》第十三条规定，保修费用由质量缺陷的责任方承担。

对于保修期间的质量责任划分和损失承担原则根据以下情形确定：

（1）因施工单位未按国家有关规范、标准和设计要求施工而造成的质量缺陷，由施工单位负责返修并承担经济责任。

（2）因勘查、设计原因造成的质量缺陷，先由施工单位负责维修，其经济责任由建设单位承担，建设单位可按有关规定向勘查、设计单位索赔。

（3）因建筑材料、构配件和设备质量不合格引起的质量缺陷，先由施工单位负责维修，属于施工单位采购的或经其验收同意的，由施工单位承担经济责任；属于建设单位采购的，由建设单位承担经济责任。

（4）因建设单位（或监理单位）管理不当造成的质量缺陷，先由施工单位负责维修，其经济责任由建设单位承担；如属监理单位责任，建设单位可向监理单位索赔。

（5）因使用单位使用不当造成的质量问题，先由施工单位负责维修，其经济责任由使用单位自行负责。

（6）因地震、洪水、台风等不可抗力造成的质量问题，先由施工单位负责维修，其经济责任由建设参与各方根据国家具体政策分担。

**（三）建筑工程质量保证金**

2005年1月建设部、财政部发布的《建设工程质量保证金管理暂行办法》第二条规定，建设工程质量保证金（保修金）（以下简称保证金）是指发包人与承包人在建设工程承包合同中约定，从应付的工程款中预留，用以保证承包人在缺陷责任期内对建设工程出现的缺陷进行维修的资金。

1. 缺陷责任期的确定

所谓缺陷，是指建筑工程质量不符合工程建设强制性标准、设计文件，以及承包合同的约定。缺陷责任期一般为6个月、12个月或24个月，具体可由发承包双方在合同中约定。

缺陷责任期从工程通过竣（交）工验收之日起计。由于承包人原因导致工程无法按规定期限进行竣（交）工验收的，缺陷责任期从实际通过竣（交）工验收之日起计。由于发包人原因导致工程无法按规定期限进行竣（交）工验收的，在承包人提交竣（交）工验收报告90天后，工程自动进入缺陷责任期。

2. 预留保证金的比例

全部或者部分使用政府投资的建设项目，按工程价款结算总额5％左右的比例预留保证金。社会投资项目采用预留保证金方式的，预留保证金的比例可参照执行。

缺陷责任期内，由承包人原因造成的缺陷，承包人应负责维修，并承担鉴定及维修费用。如承包人不维修也不承担费用，发包人可按合同约定扣除保证金，并由承包人承担违约责任。承包人维修并承担相应费用后，不免除对工程的一般损失赔偿责任。由他人原因造成的缺陷，发包人负责组织维修，承包人不承担费用，且发包人不得从保证金中扣除费用。

3. 质量保证金的返还

缺陷责任期内，承包人认真履行合同约定的责任，到期后，承包人向发包人申请返还保证金。

发包人在接到承包人返还保证金申请后，应于14日内会同承包人按照合同约定的内容进行核实。如无异议，发包人应当在核实后14日内将保证金返还给承包人，逾期支付的，从逾期之日起，按照同期银行贷款利率计付利息，并承担违约责任。发包人在接到承包人返还保证金申请后14日内不予答复，经催告后14日内仍不予答复，视同认可承包人的返还保证金申请。

发包人和承包人对保证金预留、返还以及工程维修质量、费用有争议,按承包合同约定的争议和纠纷解决程序处理。

# 第七节　建筑法律责任

## 一、建筑法律责任概述

法律责任,是指当事人由于违反法律规定的义务而应承担的法律后果。建筑法律责任,是指违反《建筑法》而承担的法律后果,包括民事责任、行政责任和刑事责任。

### (一)民事责任

民事责任,是指民事违法行为人没有按照法律规定履行自己的义务所应承担的法律后果。民事责任可分为违约责任和侵权责任两类。违约责任是指合同当事人违反法律规定或合同约定的义务而应承担的责任。侵权责任是指行为人因过错侵害他人财产、人身而依法应当承担的责任,以及虽没有过错,但在造成损害以后,依法应当承担的责任。

建筑工程民事责任的承担方式主要有以下几种:

1. 返还财产

当施工合同无效、被撤销后,应当返还财产。执行返还财产的方式是折价返还,即承包人已经施工完成的工程,发包人按照"折价返还"的规则支付工程价款。主要是两种方式:一是参照无效合同中的约定价款;二是按当地市场价、定额量据实结算。

2. 修理

施工合同的承包人对施工中出现质量问题的建筑工程或者竣工验收不合格的建筑工程,应当进行返修。

3. 赔偿损失

赔偿损失,是指合同当事人由于不履行合同义务或者履行合同义务不符合约定,给对方造成财产上的损失时,由违约方依法或依照合同约定应承担的损害赔偿责任。

4. 支付违约金

违约金是指按照当事人的约定或者法律规定,一方当事人违约的,应向另一方支付的金钱。

《建筑法》共有九条规定了依法承担民事责任的内容,主要体现在:第六十六条规定转让、出借资质证书的民事责任;第六十七条规定转包、非法分包的民事责任;第六十九条规定降低工程质量标准的民事责任;第七十条规定擅自改变建筑主体或者承重结构的民事责任;第七十三条规定建筑设计单位不按照建筑工程质量、安全标准进行设计的民事责任;第七十四条规定施工企业质量事故的民事责任;第七十五条规定施工企业不履行保修义务的民事责任;第七十九条规定有关主管部门滥用职权或玩忽职守、徇私舞弊的民事责任;第八十条规定建筑质量责任的赔偿责任。

**（二）行政责任**

行政责任,是指当事人因为实施法律、法规、规章所禁止的行为而引起的行政上必须承担的法律后果,包括行政处罚和行政处分。

1. 行政处罚

1996 年 3 月公布的《行政处罚法》规定,行政处罚的种类:(1)警告;(2)罚款;(3)没收违法所得,没收非法财物;(4)责令停产停业;(5)暂扣或者吊销许可证,暂扣或者吊销执照;(6)行政拘留;(7)法律、行政法规规定的其他行政处罚。

在建筑工程领域,法律、行政法规所设定的行政处罚主要有警告、罚款、没收违法所得、责令限期改正、责令停业整顿、取消一定期限内参加依法必须进行招标的项目的投标资格、责令停止施工、降低资质等级、吊销资质证书(同时吊销营业执照)、责令停止执业、吊销执业资格证书或其他许可证等。

2. 行政处分

行政处分是指国家机关、企事业单位对所属的国家工作人员违法失职行为尚不构成犯罪,依据法律、法规所规定的权限而给予的一种惩戒。行政处分种类有警告、记过、记大过、降级、撤职、开除。如《建设工程质量管理条例》第七十六条规定,国家机关工作人员在建设工程质量监督管理工作中玩忽职守、滥用职权、徇私舞弊,构成犯罪的,依法追究刑事责任;尚不构成犯罪的,依法给予行政处分。

《建筑法》共有三条规定了依法承担行政责任的内容,主要体现在:第六十八条规定索贿、受贿、行贿构成犯罪的行政责任;第七十七条规定有关主管部门人员滥用职权或玩忽职守、徇私舞弊颁发资质等级证书的行政责任;第七十九条规定有关主管部门人员滥用职权或玩忽职守、徇私舞弊颁发施工许可证或违法竣工验收的行政责任。

**（三）刑事责任**

刑事责任,是指因实施犯罪行为而应承担的国家司法机关依照刑事法律对其犯罪行为及其本人所作的否定性评价和谴责。

《刑法》规定,刑罚分为主刑和附加刑。主刑包括:(1)管制;(2)拘役;(3)有期徒刑;(4)无期徒刑;(5)死刑。附加刑包括:(1)罚金;(2)剥夺政治权利;(3)没收财产;(4)驱逐出境。

在建筑工程领域,常见的刑事法律责任有以下几种:(1)工程重大安全事故罪;(2)重大责任事故罪;(3)重大劳动安全事故罪;(4)串通投标罪。

《建筑法》共有十一条规定了依法追究刑事责任的内容,主要体现在:第六十五条规定欺骗手段取得资质证书的刑事责任;第六十八条规定索贿、受贿、行贿的刑事责任;第六十九条规定降低工程质量标准的刑事责任;第七十条规定涉及建筑主体或者承重结构变动的装修工程擅自施工的刑事责任;第七十一条规定安全事故的刑事责任;第七十二条规定建设单位违反建筑工程质量、安全标准,降低工程质量的刑事责任;第七十三条规定建筑设计单位质量事故的刑事责任;第七十四条规定施工企业质量事故的刑事责任;第七十七条和第七十九条规定有关主管部门滥用职权或玩忽职守、徇私舞弊的刑事责任;第七十八条规定政府及有关主管部门限定招标单位的刑事责任。

## 二、建设单位的法律责任

### 1. 建设单位违反建筑许可制度的法律责任

《建筑法》第六十四条规定,违反本法规定,未取得施工许可证或者开工报告未经批准擅自施工的,责令改正,对不符合开工条件的责令停止施工,可以处以罚款。

《建设工程质量管理条例》第五十七条规定,违反本条例规定,建设单位未取得施工许可证或者开工报告未经批准,擅自施工的,责令停止施工,限期改正,处工程合同价款1%以上2%以下的罚款。

### 2. 建设单位违反建筑发包制度的法律责任

《建筑法》第六十五条规定,发包单位将工程发包给不具有相应资质条件的承包单位的,或者违反本法规定将建筑工程肢解发包的,责令改正,处以罚款。

《建设工程质量管理条例》第五十四条规定,违反本条例规定,建设单位将建设工程发包给不具有相应资质等级的勘察、设计、施工单位或者委托给不具有相应资质等级的工程监理单位的,责令改正,处50万元以上100万元以下的罚款。

《建设工程质量管理条例》第五十五条规定,违反本条例规定,建设单位将建设工程肢解发包的,责令改正,处工程合同价款0.5%以上1%以下的罚款;对全部或者部分使用国有资金的项目,并可以暂停项目执行或者暂停资金拨付。

《建筑法》第六十八条规定,在工程发包与承包中索贿、受贿、行贿,构成犯罪的,依法追究刑事责任;不构成犯罪的,分别处以罚款,没收贿赂的财物,对直接负责的主管人员和其他直接责任人员给予处分。

### 3. 建设单位违反安全生产、质量管理制度的法律责任

《建筑法》第七十二条规定,建设单位违反本法规定,要求建筑设计单位或者建筑施工企业违反建筑工程质量、安全标准,降低工程质量的,责令改正,可以处以罚

款;构成犯罪的,依法追究刑事责任。

《建筑法》第七十条规定,违反本法规定,涉及建筑主体或者承重结构变动的装修工程擅自施工的,责令改正,可以处以罚款;造成损失的,承担赔偿责任;构成犯罪的,依法追究刑事责任。

《建设工程质量管理条例》第六十九条规定,违反本条例规定,涉及建筑主体或者承重结构变动的装修工程,没有设计方案擅自施工的,责令改正,处50万元以上100万元以下的罚款;房屋建筑使用者在装修过程中擅自变动房屋建筑主体或者承重结构的,责令改正,处5万元以上10万元以下的罚款;造成损失的,依法承担赔偿责任。

《建设工程质量管理条例》第五十六条规定,违反本条例规定,建设单位有下列行为之一的,责令改正,处20万元以上50万元以下的罚款:

(1)迫使承包方以低于成本的价格竞标的;

(2)任意压缩合理工期的;

(3)明示或者暗示设计单位或者施工单位违反工程建设强制性标准,降低工程质量的;

(4)施工图设计文件未经审查或者审查不合格,擅自施工的;

(5)建设项目必须实行工程监理而未实行工程监理的;

(6)未按照国家规定办理工程质量监督手续的;

(7)明示或者暗示施工单位使用不合格的建筑材料、建筑构配件和设备的;

(8)未按照国家规定将竣工验收报告、有关认可文件或者准许使用文件报送备案的。

《建设工程质量管理条例》第五十八条规定,建设单位有下列行为之一的,责令改正,处工程合同价款2%以上4%以下的罚款;造成损失的,依法承担赔偿责任:

(1)未组织竣工验收,擅自交付使用的;

(2)验收不合格,擅自交付使用的;

(3)对不合格的建设工程按照合格工程验收的。

《建设工程质量管理条例》第五十九条规定,违反本条例规定,建设工程竣工验收后,建设单位未向建设行政主管部门或者其他有关部门移交建设项目档案的,责令改正,处1万元以上10万元以下的罚款。

《建设工程安全生产管理条例》第五十四条规定,违反本条例的规定,建设单位未提供建设工程安全生产作业环境及安全施工措施所需费用的,责令限期改正;逾期未改正的,责令该建设工程停止施工。建设单位未将保证安全施工的措施或者拆除工程的有关资料报送有关部门备案的,责令限期改正,给予警告。

《建设工程安全生产管理条例》第五十五条规定,违反本条例的规定,建设单位有下列行为之一的,责令限期改正,处20万元以上50万元以下的罚款;造成重大

安全事故,构成犯罪的,对直接责任人员,依照刑法有关规定追究刑事责任;造成损失的,依法承担赔偿责任:

(1)对勘察、设计、施工、工程监理等单位提出不符合安全生产法律、法规和强制性标准规定的要求的;

(2)要求施工单位压缩合同约定的工期的;

(3)将拆除工程发包给不具有相应资质等级的施工单位的。

### 三、勘察、设计单位的法律责任

1. 勘察、设计单位违反资质管理制度的法律责任

《建筑法》第六十五条规定,超越本单位资质等级承揽工程的,责令停止违法行为,处以罚款,可以责令停业整顿,降低资质等级;情节严重的,吊销资质证书;有违法所得的,予以没收。

未取得资质证书承揽工程的,予以取缔,并处罚款;有违法所得的,予以没收。

以欺骗手段取得资质证书的,吊销资质证书,处以罚款;构成犯罪的,依法追究刑事责任。

《建设工程质量管理条例》第六十条规定,违反本条例规定,勘察、设计单位超越本单位资质等级承揽工程的,责令停止违法行为,对勘察、设计单位处合同约定的勘察费、设计费1倍以上2倍以下的罚款;情节严重的,吊销资质证书;有违法所得的,予以没收。

未取得资质证书承揽工程的,予以取缔,依照本条规定处以罚款;有违法所得的,予以没收。

以欺骗手段取得资质证书承揽工程的,吊销资质证书,依照本条规定处以罚款;有违法所得的,予以没收。

勘察、设计单位允许其他单位或者个人以本单位名义承揽工程的,责令改正,没收违法所得,对勘察、设计单位处以合同约定的勘察费、设计费1倍以上2倍以下的罚款,可以责令停业整顿,降低资质等级;情节严重的,吊销资质证书。

2. 勘察、设计单位违法转包、分包的法律责任

《建设工程质量管理条例》第六十二条规定,违反本条例规定,承包单位将承包的工程转包或者违法分包的,责令改正,没收违法所得,对勘察、设计单位处合同约定的勘察费、设计费25%以上50%以下的罚款,可以责令停业整顿,降低资质等级;情节严重的,吊销资质证书。

3. 勘察、设计单位违反安全生产、质量管理制度的法律责任

《建筑法》第七十三条规定,建筑设计单位不按照建筑工程质量、安全标准进行设计的,责令改正,处以罚款;造成工程质量事故的,责令停业整顿,降低资质等级

或者吊销资质证书,没收违法所得,并处罚款;造成损失的,承担赔偿责任;构成犯罪的,依法追究刑事责任。

《建设工程质量管理条例》第六十三条规定,有下列行为之一的,责令改正,处10万元以上30万元以下的罚款:

(1)勘察单位未按照工程建设强制性标准进行勘察的;

(2)设计单位未根据勘察成果文件进行工程设计的;

(3)设计单位指定建筑材料、建筑构配件的生产厂、供应单位的;

(4)设计单位未按照工程建设强制性标准进行设计的。

造成工程质量事故的,责令停业整顿,降低资质等级;情节严重的,吊销资质证书;造成损失的,承担赔偿责任。

《建设工程安全生产管理条例》第五十六条规定,违反本条例的规定,勘察单位、设计单位有下列行为之一的,责令限期改正,处10万元以上30万元以下的罚款;情节严重的,责令停业整顿,降低资质等级,直至吊销资质证书;造成重大安全事故,构成犯罪的,对直接责任人员依照刑法有关规定追究刑事责任;造成损失的,依法承担赔偿责任:

(1)未按照法律、法规和工程建设强制性标准进行勘察、设计的;

(2)采用新结构、新材料、新工艺的建设工程和特殊结构的建设工程,设计单位未在设计中提出保障施工作业人员安全和预防生产安全事故的措施建议的。

### 四、施工单位的法律责任

1. 施工单位违反资质管理制度的法律责任

《建筑法》第六十五条规定,超越本单位资质等级承揽工程的,责令停止违法行为,处以罚款,可以责令停业整顿,降低资质等级;情节严重的,吊销资质证书;有违法所得的,予以没收。

未取得资质证书承揽工程的,予以取缔,并处罚款;有违法所得的,予以没收。

以欺骗手段取得资质证书的,吊销资质证书,处以罚款;构成犯罪的,依法追究刑事责任。

《建设工程质量管理条例》第六十条规定,违反本条例规定,施工单位超越本单位资质等级承揽工程的,责令停止违法行为,对施工单位处工程合同价款2%以上4%以下的罚款,可以责令停业整顿,降低资质等级;情节严重的,吊销资质证书;有违法所得的,予以没收。

未取得资质证书承揽工程的,予以取缔,依照本条规定处以罚款;有违法所得的,予以没收。

以欺骗手段取得资质证书承揽工程的,吊销资质证书,依照本条规定处以罚款;有违法所得的,予以没收。

《建筑法》第六十六条规定,建筑施工企业转让、出借资质证书或者以其他方式允许他人以本企业的名义承揽工程的,责令改正,没收违法所得,并处罚款,可以责令停业整顿,降低资质等级;情节严重的,吊销资质证书。

对因该项承揽工程不符合规定的质量标准造成的损失,建筑施工企业与使用本企业名义的单位或者个人承担连带赔偿责任。

《建设工程质量管理条例》第六十一条规定,违反本条例规定,施工单位允许其他单位或者个人以本单位名义承揽工程的,责令改正,没收违法所得,对施工单位处工程合同价款的2%以上4%以下的罚款,可以责令停业整顿,降低资质等级;情节严重的,吊销资质证书。

2. 施工单位违法转包、分包的法律责任

《建筑法》第六十七条规定,承包单位将承包的工程转包的,或者违反本法规定进行分包的,责令改正,没收违法所得,并处罚款,可以责令停业整顿,降低资质等级;情节严重的,吊销资质证书。

承包单位违反有关规定,对因转包工程或者违法分包的工程不符合规定的质量标准造成的损失,与接受转包或者分包的单位承担连带赔偿责任。

《建设工程质量管理条例》第六十二条规定,违反本条例规定,承包单位将承包的工程转包或者违法分包的,责令改正,没收违法所得,对施工单位处工程合同价款0.5%以上1%以下的罚款,可以责令停业整顿,降低资质等级;情节严重的,吊销资质证书。

3. 施工单位违反安全生产、质量管理制度的法律责任

《建筑法》第七十四条规定,建筑施工企业在施工中偷工减料的,使用不合格的建筑材料、建筑构配件和设备的,或者有其他不按照工程设计图纸或者施工技术标准施工的行为的,责令改正,处以罚款;情节严重的,责令停业整顿,降低资质等级或者吊销资质证书;造成建筑工程质量不符合规定质量标准的,负责返工、修理,并赔偿因此造成的损失;构成犯罪的,依法追究刑事责任。

《建设工程质量管理条例》第六十四条规定,违反本条例规定,施工单位在施工中偷工减料的,使用不合格的建筑材料、建筑构配件和设备的,或者有不按照工程设计图纸或者施工技术标准施工的其他行为的,责令改正,处工程合同价款的2%以上4%以下的罚款;造成建设工程质量不符合规定质量标准的,负责返工、修理,并赔偿因此造成的损失;情节严重的,责令停业整顿,降低资质等级或者吊销资质证书。

施工单位未对建筑材料、建筑构配件、设备和商品混凝土进行检验,或者未对涉及结构安全的试块、试件及有关材料取样检测的,责令改正,处10万元以上20万元以下的罚款;情节严重的,责令停业整顿,降低资质等级或者吊销资质证书;造成损失的,依法承担赔偿责任。

《建筑法》第七十一条规定,建筑施工企业违反本法规定,对建筑安全事故隐患不采取措施予以消除的,责令改正,可以处以罚款;情节严重的,责令停业整顿,降低资质等级或者吊销资质证书;构成犯罪的,依法追究刑事责任。建筑施工企业的管理人员违章指挥、强令职工冒险作业,因而发生重大伤亡事故或者造成其他严重后果的,依法追究刑事责任。

《建设工程质量管理条例》第七十条规定,发生重大工程质量事故隐瞒不报、谎报或者拖延报告期限的,对直接负责责任人员依法给予行政处分。

《建筑法》第六十九条规定,施工单位与监理单位或建设单位串通、弄虚作假、降低工程质量的,责令改正,处以罚款,降低资质等级或者吊销资质证书;有违法所得的,予以没收;造成损失的,承担连带赔偿责任;构成犯罪的,依法追究刑事责任。

《建筑法》第七十五条规定,建筑施工企业违反本法规定,不履行保修义务或者拖延履行保修义务的,责令改正,可以处以罚款,并对在保修期内因屋顶、墙面渗漏、开裂等质量缺陷造成的损失,承担赔偿责任。

《建设工程质量管理条例》第六十六条规定,违反本条例规定,施工单位不履行保修义务或者拖延履行保修义务的,责令改正,处 10 万元以上 20 万元以下的罚款,并对在保修期内因质量缺陷造成的损失承担赔偿责任。

《建设工程安全生产管理条例》第六十二条规定,违反本条例的规定,施工单位有下列行为之一的,责令限期改正;逾期未改正的,责令停业整顿,依照《安全生产法》的有关规定处以罚款;造成重大安全事故,构成犯罪的,对直接责任人员依照刑法有关规定追究刑事责任:

（1）未设立安全生产管理机构、配备专职安全生产管理人员或者分部分项工程施工时无专职安全生产管理人员现场监督的;

（2）施工单位的主要负责人、项目负责人、专职安全生产管理人员、作业人员或者特种作业人员,未经安全教育培训或者经考核不合格即从事相关工作的;

（3）未在施工现场的危险部位设置明显的安全警示标志,或者未按照国家有关规定在施工现场设置消防通道、消防水源,配备消防设施和灭火器材的;

（4）未向作业人员提供安全防护用具和安全防护服装的;

（5）未按照规定在施工起重机械和整体提升脚手架、模板等自升式架设设施验收合格后登记的;

（6）使用国家明令淘汰、禁止使用的危及施工安全的工艺、设备、材料的。

《建设工程安全生产管理条例》第六十三条规定,违反本条例的规定,施工单位挪用列入建设工程概算的安全生产作业环境及安全施工措施所需费用的,责令限期改正,处以挪用费用 20% 以上 50% 以下的罚款,造成损失的,依法承担赔偿责任。

《建设工程安全生产管理条例》第六十四条规定,违反本条例的规定,施工单位有下列行为之一的,责令限期改正;逾期未改正的,责令停业整顿,并处 5 万元以上 10 万元以下的罚款;造成重大安全事故,构成犯罪的,对直接责任人员依照刑法有关规定追究刑事责任:

(1)施工前未对有关安全施工的技术要求作出详细说明的;

(2)未根据不同施工阶段和周围环境及季节、气候的变化,在施工现场采取相应的安全施工措施,或者在城市市区内建设工程的施工现场未实行封闭围挡的;

(3)在尚未竣工的建筑物内设置员工集体宿舍的;

(4)施工现场临时搭建的建筑物不符合安全使用要求的;

(5)未对因建设工程施工可能造成损害的毗邻建筑物、构筑物和地下管线等采取专项防护措施的。

施工单位有以上规定的(4)(5)两项行为,造成损失的,依法承担赔偿责任。

《建设工程安全生产管理条例》第六十五条规定,违反本条例的规定,施工单位有下列行为之一的,责令限期改正;逾期未改正的,责令停业整顿,并处 10 万元以上 30 万元以下的罚款;情节严重的,降低资质等级,直至吊销资质证书;造成重大安全事故,构成犯罪的,对直接责任人员依照刑法有关规定追究刑事责任;造成损失的,依法承担赔偿责任:

(1)安全防护用具、机械设备、施工机具及配件在进入施工现场前未经查验或者查验不合格即投入使用的;

(2)使用未经验收或者验收不合格的施工起重机械和整体提升脚手架、模板等自升式架设设施的;

(3)委托不具有相应资质的单位承担施工现场安装、拆卸施工起重机械和整体提升脚手架、模板等自升式架设设施的;

(4)在施工组织设计中未编制安全技术措施、施工现场临时用电方案或者专项施工方案的。

《建设工程安全生产管理条例》第六十六条规定,违反本条例的规定,施工单位的主要负责人、项目负责人未履行安全生产管理职责的,责令限期改正;逾期未改正的,责令施工单位停业整顿;造成重大安全事故、重大伤亡事故或者其他严重后果,构成犯罪的,依照刑法有关规定追究刑事责任。作业人员不服管理、违反规章制度和操作规程冒险作业造成重大伤亡事故或者其他严重后果,构成犯罪的,依照刑法有关规定追究刑事责任。施工单位的主要负责人、项目负责人有前款违法行为,尚不够刑事处罚的,处 2 万元以上 20 万元以下的罚款或者按照管理权限给予撤职处分;自刑罚执行完毕或者受处分之日起,5 年内不得担任任何施工单位的主要负责人、项目负责人。

《建设工程安全生产管理条例》第六十七条规定,施工单位取得资质证书后,降低安全生产条件的,责令限期改正;经整改仍未达到与其资质等级相适应的安全生产条件的,责令停业整顿,降低其资质等级直至吊销资质证书。

《建设工程安全生产管理条例》第五十九条规定,违反本条例的规定,为建设工程提供机械设备和配件的单位,未按照安全施工的要求配备齐全有效的保险、限位等安全设施和装置的,责令限期改正,处合同价款 1 倍以上 3 倍以下的罚款;造成损失的,依法承担赔偿责任。

《建设工程安全生产管理条例》第六十条规定,违反本条例的规定,出租单位出租未经安全性能检测或者经检测不合格的机械设备和施工机具及配件的,责令停业整顿,并处 5 万元以上 10 万元以下的罚款;造成损失的,依法承担赔偿责任。

《建设工程安全生产管理条例》第六十一条规定,违反本条例的规定,施工起重机械和整体提升脚手架、模板等自升式架设设施安装、拆卸单位有下列行为之一的,责令限期改正,处 5 万元以上 10 万元以下的罚款;情节严重的,责令停业整顿,降低资质等级,直至吊销资质证书;造成损失的,依法承担赔偿责任:

(1)未编制拆装方案、制定安全施工措施的;

(2)未由专业技术人员现场监督的;

(3)未出具自检合格证明或者出具虚假证明的;

(4)未向施工单位进行安全使用说明,办理移交手续的。

施工起重机械和整体提升脚手架、模板等自升式架设设施安装、拆卸单位有以上规定的(1)(3)两项行为,经有关部门或者单位职工提出后,对事故隐患仍不采取措施,因而发生重大伤亡事故或者造成其他严重后果,构成犯罪的,对直接责任人员依照刑法有关规定追究刑事责任。

## 五、监理单位的法律责任

### 1. 监理单位违反资质管理制度的法律责任

《建筑法》第六十五条规定,超越本单位资质等级承揽工程的,责令停止违法行为,处以罚款,可以责令停业整顿,降低资质等级;情节严重的,吊销资质证书;有违法所得的,予以没收。

未取得资质证书承揽工程的,予以取缔,并处罚款;有违法所得的,予以没收。

以欺骗手段取得资质证书的,吊销资质证书,处以罚款;构成犯罪的,依法追究刑事责任。

《建设工程质量管理条例》第六十条规定,违反本条例规定,工程监理单位超越本单位资质等级承揽工程的,责令停止违法行为,对工程监理单位处合同约定的监理酬金 1 倍以上 2 倍以下的罚款,可以责令停业整顿,降低资质等级;情节严重的,吊销资质证书;有违法所得的,予以没收。

未取得资质证书承揽工程的,予以取缔,依照本条规定处以罚款;有违法所得的,予以没收。

以欺骗手段取得资质证书承揽工程的,吊销资质证书,依照本条规定处以罚款;有违法所得的,予以没收。

工程监理单位允许其他单位或者个人以本单位名义承揽工程的,责令改正,没收违法所得,对工程监理单位处合同约定的监理酬金1倍以上2倍以下的罚款,可以责令停业整顿,降低资质等级;情节严重的,吊销资质证书。

2. 监理单位违法转包、分包的法律责任

《建筑法》第六十九条规定,工程监理单位转让监理业务的,责令改正,没收违法所得,可以责令停业整顿,降低资质等级;情节严重的,吊销资质证书。

《建设工程质量管理条例》第六十二条规定,违反本条例规定,工程监理单位转让工程监理业务的,责令改正,没收违法所得,处合同约定的监理酬金25%以上50%以下的罚款,可以责令停业整顿,降低资质等级;情节严重的,吊销资质证书。

3. 监理单位违反安全生产、质量管理制度的法律责任

《建筑法》第六十九条规定,工程监理单位与建设单位或者建筑施工企业串通,弄虚作假、降低工程质量的,责令改正,处以罚款,降低资质等级或者吊销资质证书;有违法所得的,予以没收;造成损失的,承担连带赔偿责任;构成犯罪的,依法追究刑事责任。

《建设工程质量管理条例》第六十七条规定,工程监理单位有下列行为之一的,责令改正,处50万元以上100万元以下的罚款,降低资质等级或者吊销资质证书;有违法所得的,予以没收;造成损失的,承担连带赔偿责任:

(1)与建设单位或者施工单位串通、弄虚作假、降低工程质量的;

(2)将不合格的建设工程、建筑材料、建筑构配件和设备按照合格签字的。

《建设工程质量管理条例》第六十八条规定,违反本条例规定,工程监理单位与被监理工程的施工承包单位及建筑材料、建筑构配件和设备供应单位有隶属关系或者其他利害关系承担该项建设工程的监理业务的,责令改正,处5万元以上10万元以下的罚款,降低资质等级或者吊销资质证书;有违法所得的,予以没收。

《建设工程安全生产管理条例》第五十七条规定,违反本条例的规定,工程监理单位有下列行为之一的,责令限期改正;逾期未改正的,责令停业整顿,并处10万元以上30万元以下的罚款;情节严重的,降低资质等级,直至吊销资质证书;造成重大安全事故,构成犯罪的,对直接责任人员,依照刑法有关规定追究刑事责任;造成损失的,依法承担赔偿责任:

(1)未对施工组织设计中的安全技术措施或者专项施工方案进行审查的;

(2)发现安全事故隐患未及时要求施工单位整改或者暂时停止施工的;

(3)施工单位拒不整改或者不停止施工,未及时向有关主管部门报告的;

(4)未依照法律、法规和工程建设强制性标准实施监理的。

### 六、建设行政主管部门的法律责任

《建筑法》第七十七条规定,对不具备相应资质等级条件的单位颁发该等级资质证书的,由其上级机关责令收回所发的资质证书,对直接负责的主管人员和其他直接责任人员给予行政处分;构成犯罪的,依法追究刑事责任。

《建筑法》第七十八条规定,政府及其所属部门的工作人员违反本法规定,限定发包单位将招标发包的工程发包给指定的承包单位的,由上级机关责令改正;构成犯罪的,依法追究刑事责任。

《建筑法》第七十九条规定,负责颁发建筑工程施工许可证的部门及其工作人员对不符合施工条件的建筑工程颁发施工许可证的,负责工程质量监督检查或者竣工验收的部门及其工作人员对不合格的建筑工程出具质量合格文件或者按合格工程验收的,由上级机关责令改正,对责任人员给予行政处分;构成犯罪的,依法追究刑事责任;造成损失的,由该部门承担相应的赔偿责任。

《建设工程质量管理条例》第五十一条规定,违反本条例规定,供水、供电、供气、公安消防等部门或者单位明示或者暗示建设单位或者施工单位购买其指定的生产供应单位生产的建筑材料、建筑构配件和设备的,责令改正。

《建设工程安全生产管理条例》第五十三条规定,违反本条例规定,县级以上人民政府建设行政主管部门或者其他有关行政管理部门的工作人员,有下列行为之一的,给予降级或者撤职的行政处分;构成犯罪的,依照刑法有关规定追究刑事责任:

(1)对不具备安全生产条件的施工单位颁发资质证书的;

(2)对没有安全施工措施的建设工程颁发施工许可证的;

(3)发现违法行为不予查处的;

(4)不依法履行监督管理职责的其他行为。

### 七、其他建筑法律责任

《建筑法》第八十条规定,在建筑物的合理使用寿命内,因建筑工程质量不合格受到损害的,有权向责任者要求赔偿。

《建设工程质量管理条例》第七十二条规定,违反本条例规定,注册建筑师、注册结构工程师、注册监理工程师等注册执业人员因过错造成质量事故的,责令停止执业1年;造成重大质量事故的,吊销执业资格证书,5年以内不予注册;情节特别恶劣的,终身不予注册。

《建设工程质量管理条例》第七十七条规定,建设、勘察、设计、施工、工程监理单位的工作人员因调动工作、退休等原因离开该单位后,被发现在该单位工作期间违反国家有关建设工程质量管理规定,造成重大工程质量事故的,仍应当依法追究法律责任。

《建设工程质量管理条例》第七十三条规定,依照本条例规定,给予单位罚款处罚的,对单位直接负责的主管人员和其他直接责任人员处以单位罚款数额 5% 以上 10% 以下的罚款。

《建筑法》第六十八条规定,在工程发包与承包中索贿、受贿、行贿,构成犯罪的,依法追究刑事责任;不构成犯罪的,分别处以罚款,没收行贿的财物,对直接负责的主管人员和其他直接责任人员给予处分。对在工程承包中行贿的承包单位,除依照前款规定处罚外,可以责令停业,降低资质等级或者吊销资质证书。

《建设工程安全生产管理条例》第五十八条规定,注册执业人员未执行法律、法规和工程建设强制性标准的,责令停止执业 3 个月以上 1 年以下;情节严重的,吊销执业资格证书,5 年以内不予注册;造成重大安全事故的,终身不予注册;构成犯罪的,依照刑法有关规定追究刑事责任。

# 案例分析

## 案例 3-1

### 一、背景

2006 年 8 月,某房地产公司(以下简称 A 公司)将商品住宅项目交由某建筑公司(以下简称 B 公司)承建。2008 年 11 月,A 公司将属于 B 公司总包范围的地下车库开挖工程分包给不具备资质的某分包商(以下简称 C 公司)承建,并由 A 公司项目负责人直接指令安排 C 公司组织施工、违规开挖堆土。C 公司向没有土方开挖资质的公司借用机械、人员,将开挖出的土方堆放在工地 7 号楼北侧等多处。2009 年 6 月,A 公司明知 0 号地下车库尚处于基坑围护期内,也未进行天然地基承载力计算,为赶工程进度而指令 C 公司对 0 号地下车库进行开挖,并将开挖出的土方继续向 7 号楼北侧等处堆放。由于 7 号楼(13 层)北侧堆土过高,而 0 号地下车库还在开挖,7 号楼两侧的压力差使土体产生水平位移,过大的水平力超过了桩基的抗侧能力,结果导致房屋倾倒的安全事故,并有一名工人被压身亡。在 C 公司进场挖土、堆土过程中,B 公司未对 A 公司的分包、指挥施工提出异议,而某监理公司(以下简称 D 公司)虽曾多次向 A 公司提出将堆土运出工地,却没有被 A 公司采纳。事故调查对勘察、设计结果的认定是:原勘测报告经现场补充勘测和复核,符合规范要求,原结构设计经复核符合规范要求。大楼所用 PHC 管柱经检测质量符合规范要求。

二、问题

试分析本案中各建筑活动参与方有哪些违反建筑法律制度的行为。

三、分析

1. A公司的违法行为

(1)将工程发包给不具有相应资质的承包单位

根据我国《建筑法》第二十二条规定:"建筑工程实行招标发包的,发包单位应当将建筑工程发包给依法中标的承包单位。建筑工程实行直接发包的,发包单位应当将建筑工程发包给具有相应资质条件的承包单位。"这条规定明确了发包单位无论是采用招标方式发包工程还是采用直接发包方式发包工程,都必须把工程发包给具有相应资质的承包单位。

在本案中,C公司不具备与其承包范围相应的资质,而A公司将地下车库开挖工程直接发包给C公司,属于违法发包行为。

(2)将工程肢解发包

《建筑法》第二十四条第一款规定:"提倡对建筑工程实行总承包,禁止将建筑工程肢解发包。"由于考虑到国际通行的"平行发包"方式存在一定的合理性,因此在本条规定中,还明确规定了关于不得肢解发包工程的最小范围,即"不得将应当由一个承包单位完成的建筑工程肢解成若干部分发包给几个承包单位"。关于"应当由一个承包单位完成的建筑工程"指多大范围,在《建筑法》及《建设工程质量管理条例》中未进一步明确,由各地方相关政府部门对发包行为做出具体的管理规定。如地方性法规《上海市建筑市场管理条例》第二十三条规定:"建设单位或者总承包单位发包施工项目的,以建设工程中的单项工程为最小标的"。制定类似地方性法规的还有湖南、辽宁、黑龙江、贵阳、深圳、沈阳、哈尔滨等省市,但2004年修订的《云南省建筑市场管理条例》第十八条与上述规定不同,规定"发包方或其代理人,可以将一个建设工程发包给一个总承包单位,也可以将其中的单位工程分别发包,但不得将一个单位工程肢解发包"。可以看出,我国大多数省市都认为"应当由一个承包单位完成的建筑工程"为单位工程。

本案A公司起先将商品住宅项目交B公司承建,符合法律、法规规定,但合同签订后,将挖土工程直接发包给C公司,挖土工程属于一个分项工程,并非单位工程。因此,A公司的行为应属于违法肢解发包。同时,A公司未经B公司同意,擅自变更合同范围,属于严重违约行为,违反了我国《合同法》规定。

(3)违反建筑安全生产管理法律规定

《建筑法》第五十四条第一款规定:"建设单位不得以任何理由,要求建筑设计单位或者建筑施工企业在工程设计或者施工作业中,违反法律、行政法规和建筑工程质量、安全标准,降低工程质量。"

本案 A 公司项目负责人为赶工程进度,不顾建筑工程正常施工次序,直接指令 C 公司违章作业,导致重大事故发生。根据法律规定,应对建设单位进行罚款,并对建设单位直接责任人依照刑法有关规定追究刑事责任。

2. B 公司的违法行为

《建筑法》第五十四条第二款规定:"建筑设计单位和建筑施工企业对建设单位违反前款规定提出的降低工程质量的要求,应当予以拒绝。"

本案中,B 公司未对建设单位的违法发包行为和直接指挥施工违章作业提出异议和拒绝,应负法律责任。

此外,虽然是 C 公司违章作业,但作为总包单位,B 公司应当对工程的质量、安全与分包单位承担连带责任。

3. C 公司的违法行为

(1)违反建筑许可

《建筑法》第十二条规定:"从事建筑活动的建筑施工企业、勘察单位、设计单位和工程监理单位,应当具备下列条件:(一)有符合国家规定的注册资本;(二)有与其从事的建筑活动相适应的具有法定执业资格的专业技术人员;(三)有从事相关建筑活动所应有的技术装备;(四)法律、行政法规规定的其他条件。"此外,为加强建筑市场管理,我国还实施资质审查制度,我国《建筑法》第十三条规定:"从事建筑活动的建筑施工企业、勘察单位、设计单位和工程监理单位,按照其拥有的注册资本、专业技术人员、技术装备和已完成的建筑工程业绩等资质条件,划分为不同的资质等级,经资质审查合格,取得相应等级的资质证书后,方可在其资质等级许可的范围内从事建筑活动。"

本案中,C 公司不仅没有相关资质,而且向没有土方开挖资质的其他公司借用机械和人员,显然不具备从事建筑施工的条件。因此,C 公司违反了《建筑法》规定,应受到法律制裁。

(2)违反建筑安全生产管理法律规定

《建筑法》第四十七条规定:"建筑施工企业和作业人员在施工过程中,应当遵守有关安全生产的法律、法规和建筑行业安全规章、规程,不得违章指挥或者违章作业。"

本案中,C 公司违反工程质量、安全法律规定,违章作业,导致重大事故发生,不仅负责人依照刑法有关规定追究刑事责任,而且具体违章指挥操作的人员也应依照刑法有关规定追究刑事责任。

4. D公司的违法行为

本案D公司违反建筑安全生产管理法律规定。

《建设工程安全生产管理条例》第十四条第二款规定："工程监理单位在实施监理过程中，发现存在安全事故隐患的，应当要求施工单位整改；情况严重的，应当要求施工单位暂时停止施工，并及时报告建设单位。施工单位拒不整改或者不停止施工的，工程监理单位应当及时向有关主管部门报告。"

本案D公司对C公司施工人员资质怠于审查，虽对违规挖土、堆土提出过安全异议，却没有被A公司采纳，也未依监理职责进行有效制止。因此，D公司违反了建筑安全生产管理法律规定，其公司及总监理工程师应依照刑法有关规定追究刑事责任。

### 四、本案实际司法判决结果

根据地方人民法院判决，A公司、B公司、C公司及D公司相关负责人均以重大责任事故罪判处。其中，A公司项目负责人被判有期徒刑5年，B公司主要负责人被判有期徒刑4年，B公司现场负责人被判有期徒刑4年，B公司标段项目负责人被判有期徒刑3年，C公司主要负责人被判有期徒刑4年，D公司总监理工程师被判有期徒刑3年。

## 案例3-2

### 一、背景

张三为承建长富商贸广场工程项目与长富广场公司进行了多次洽谈，在张三支付长富广场公司50万元投标保证金（后转为履约保证金）后，长富广场公司同意张三承建该项目，同时要求张三必须以具有二级资质的施工企业的名义进行投标和签订合同。随后，张三与东深建筑公司签订了《长富商贸广场工程合作协议》，确立了双方在长富商贸广场工程项目上的挂靠承包关系。之后，张三以东深建筑公司的名义投标，并与长富广场公司签订《长富广场工程施工合同》。

施工过程中，案涉工程部分材料涨价，张三与长富广场公司多次协商，要求给予相应补偿，均未获得长富广场公司同意。张三为逼长富广场公司就范，不惜以停工相威胁。长富广场公司则将张三和东深建筑公司投诉至当地住建局，并请求住建局协调处理。

### 二、问题

1. 试分析案涉合同的法律效力。

2. 长富广场公司、东深建筑公司有何违法行为？依法应当作何处理？

### 三、分析

1. 我国《建筑法》第二十六条规定,承包建筑工程的单位应当持有依法取得的资质证书,并在其资质等级许可的业务范围内承揽工程。禁止建筑施工企业超越本企业资质等级许可的业务范围或者以任何形式,用其他建筑施工企业的名义承揽工程。禁止建筑施工企业以任何形式允许其他单位或者个人使用本企业的资质证书、营业执照,以本企业的名义承揽工程。根据该规定,张三作为自然人,不具有承包建筑工程的资质,张三挂靠有资质的建筑施工企业东深建筑公司承包工程,违反了上述法律的强制性规定。所以,张三与东深建筑公司签订的《长富商贸广场工程合作协议》依法应认定为无效。

《最高人民法院关于审理建设工程施工合同纠纷案件适用法律问题的解释》第一条规定,建设工程施工合同具有下列情形之一的,应当根据《合同法》五十二条第(五)项的规定,认定无效:……(二)没有资质的实际施工人借用有资质的建筑施工企业名义的。所以,东深建筑公司与长富广场公司签订的《长富广场工程施工合同》依法应认定为无效。

2. 长富广场公司的主要违法行为是将工程发包给没有施工资质的个人。根据《建设工程质量管理条例》的规定,应责令其改正,并处50万元以上100万元以下的罚款。

东深建筑公司的主要违法行为是允许无资质的个人以本单位名义承揽工程。根据《建设工程质量管理条例》的规定,应责令其改正,并对其处工程合同价款2%以上4%以下的罚款;可以责令停业整顿,降低资质等级;情节严重的,吊销资质证书。

# 思考题

1. 简述《建筑法》的立法目的和基本原则。

2. 简述《建筑法》的调整对象和适用范围。

3. 根据《建筑法》,请分别阐述发包和承包的禁止性规定。

4. 根据《建设工程监理范围和规模标准规定》,必须实行监理的建设工程有哪几类?

5. 根据《建筑法》,建筑工程安全生产管理的基本制度有哪些?

6. 简述工程监理单位的安全责任。

7. 简述建设单位的质量责任。

8. 简述施工单位的质量责任。

9. 简述建筑工程质量监督的主要内容。

# 第四章 城乡规划法律制度

## 第一节 概 述

### 一、城乡规划法概念

#### （一）城乡的概念

城市是指一定区域内政治、经济、文化的中心，包括国家按行政建制设立的直辖市、市、建制镇。

集镇是指乡、民族乡人民政府所在地和经县级人民政府确认由集市发展而形成的作为农村一定区域经济文化和生活服务中心的非建制镇。

村庄是指农村村民居住和从事各种生产的聚居点。

#### （二）城乡规划的概念

城乡规划是指为了促进城乡经济社会全面协调可持续发展，改善人居环境，确定城市、镇、村庄的发展规模、发展方向、步骤和建设标准，合理利用城乡土地，协调城乡空间布局和各项建设的综合部署与具体安排。城乡规划包括城镇体系规划、城市规划、镇规划、乡规划和村庄规划。

#### （三）城乡规划法的概念

广义的城乡规划法是指调整城市、镇及村庄规划制订、实施和管理过程中各种社会关系的法律规范的总称。

狭义的城乡规划法是指 2007 年 10 月 28 日通过的《中华人民共和国城乡规划法》(以下简称《城乡规划法》)，该法律自 2008 年 1 月 1 日起施行，包括总则、城乡规划的制订、城乡规划的实施、城乡规划的修改、监督检查、法律责任、附则共七章70 条。2015 年 4 月 24 日第十二届全国人民代表大会常务委员会第十四次会议通过对《城乡规划法》的修改。本次修改内容只涉及第二十四条。

### 二、城乡规划法律制度的立法现状

城乡规划法规体系是一个由多部法规组成的复杂而又具有相互联系的法规体系，它是以《城乡规划法》为核心，由配套规章、技术标准和技术规范构成的专门法规体系。

《城乡规划法》是仅次于宪法处于第二位阶的法律,是城乡规划与建设领域的核心法律,也是其他配套章程的前提。与《城乡规划法》配套的法规章程有:

1991 年 8 月 23 日建设部、国家计划委员会发布《建设项目选址规划管理办法》(建规〔1991〕583 号);

1993 年 5 月 7 日国务院第 3 次常务会议通过《村庄和集镇规划建设管理条例》,自 1993 年 11 月 1 日起施行;

2003 年 7 月 1 日建设部第 11 次部常务会议讨论通过《城市抗震防灾规划管理规定》,自 2003 年 11 月 1 日起施行;

2005 年 10 月 28 日建设部第 76 次部常务会议讨论通过《城市规划编制办法》,自 2006 年 4 月 1 日起施行;

2010 年 4 月 25 日住房和城乡建设部第 55 次部常务会议审议通过《省域城镇体系规划编制审批办法》,自 2010 年 7 月 1 日起施行;

2010 年 12 月 31 日住房和城乡建设部第 68 次部常务会议审议通过《建制镇规划建设管理办法》,自发布之日起施行;

1992 年 12 月 4 日建设部令第 22 号发布《城市国有土地使用权出让转让规划管理办法》,后根据 2011 年 1 月 26 日住房和城乡建设部令第 9 号公布的《住房和城乡建设部关于废止和修改部分规章的决定》修正;

1997 年 10 月 27 日建设部令第 58 号发布《城市地下空间开发利用管理规定》,后根据 2001 年 11 月 20 日建设部令第 108 号公布的《建设部关于修改〈城市地下空间开发利用管理规定〉的决定》第一次修正,又根据 2011 年 1 月 26 日住房和城乡建设部令第 9 号公布的《住房和城乡建设部关于废止和修改部分规章的决定》第二次修正;

2012 年 7 月 2 日住房和城乡建设部令第 12 号发布《城乡规划编制单位资质管理规定》,自 2012 年 9 月 1 日起施行;

2012 年 12 月 3 日监察部、人力资源和社会保障部、住房和城乡建设部令第 29 号公布《城乡规划违法违纪行为处分办法》,自 2013 年 1 月 1 日起施行;2016 年 1 月 18 日,《关于修改〈城乡规划违法违纪行为处分办法〉的决定》经 2015 年 12 月 25 日监察部第 25 次部长办公会议、2015 年 9 月 6 日人力资源社会保障部第 72 次部务会议、2015 年 12 月 7 日住房和城乡建设部第 25 次部常务会议、2015 年 8 月 27 日国家公务员局第 59 次局务会议审议通过并进行修改公布。

### 三、城乡规划法的适用范围

《城乡规划法》第二条规定,制订和实施城乡规划,在规划区内进行建设活动,必须遵守本法。

城乡规划法的规划区是指城市、镇和村庄的建成区以及因城乡建设和发展需要，必须实行规划控制的区域。规划区的具体范围由有关人民政府在组织编制的城市总体规划、镇总体规划、乡规划和村庄规划中，根据城乡经济社会发展水平和统筹城乡发展的需要划定。

《城乡规划法》第三条规定，城市和镇应当依照本法制订城市规划和镇规划。城市、镇规划区内的建设活动应当符合规划要求。县级以上地方人民政府根据本地农村经济社会发展水平，按照因地制宜、切实可行的原则，确定应当制订乡规划、村庄规划的区域。在确定区域内的乡、村庄，应当依照本法制订规划，规划区内的乡、村庄建设应当符合规划要求。县级以上地方人民政府鼓励、指导前款规定以外的区域的乡、村庄制订和实施乡规划、村庄规划。

城乡规划法适用范围包括两个方面：

(1)城市和镇应当依据《城乡规划法》制订城市规划和镇规划。这里的城市规划和镇规划既包括了总体规划，也包括了详细规划。城市和镇需要依据《城乡规划法》的规定编制符合地方特色的规划，并且城市、镇规划区内的建设活动应当符合规划要求，不能任意作出改变或撤销。

(2)某些确定区域内的乡、村庄，应当依照城乡规划法制订规划，并且规划区内的乡、村庄建设应当符合规划要求。

# 第二节　城乡规划的制订

## 一、城乡规划的方针和基本原则

### (一) 城乡规划的方针

1. 城乡规划的制订和实施，应改善生态环境，促进资源、能源节约和综合利用，保护耕地等自然资源和历史文化遗产，保持地方特色、民族特色和传统风貌，防止污染和其他公害，符合区域人口发展、国防建设、防灾减灾和公共卫生、公共安全的需要。

2. 城乡规划必须从经济社会发展的实际出发，合理确定城市、镇的发展规模、步骤和建设标准。

### (二) 城乡规划的基本原则

1. 城乡统筹的原则：城乡规划的制订和实施，应统筹城乡，促进经济社会全面协调发展。

2. 合理布局的原则：城乡规划对城市、镇、乡和村庄的土地要合理布置，达到协调城乡空间布局，改善人民居住环境的目的。

3. 节约土地的原则：土地是一种稀缺性自然资源，城乡规划的制订和实施必须珍惜、节约、合理利用每一寸土地。

4. 集约发展的原则：城乡规划应改变以往粗放型的发展模式，向集约型方向发展。

5. 先规划后建设的原则：城乡建设中的无序建设、重复建设容易造成资源大量浪费，在城乡规划的制订和实施中，应坚持先规划后建设的原则。

## 二、城乡规划的分类及编制内容

城乡规划包括城镇体系规划、城市规划、镇规划、乡规划和村庄规划。城市规划、镇规划分为总体规划和详细规划。详细规划分为控制性详细规划和修建性详细规划。

### （一）城镇体系规划编制内容

城镇体系规划是指在全国或一定地区内，确定城镇的数量、性质、规模和布局的综合部署，是社会经济发展的空间表现形式，是政府对全国或者一定地区经济社会发展实行宏观调控和引导的重要手段。

城镇体系规划分为全国城镇体系规划和省域城镇体系规划。

1. 全国城镇体系规划

全国城镇体系规划用于指导省域城镇规划体系、城市总体规划的编制。

2. 省域城镇体系规划

省域城镇体系规划内容包括：

(1)做好城镇空间布局和规模控制；

(2)确定重大基础设施的布局；

(3)划分保护生态环境、资源等需要严格控制的区域。

### （二）城市规划、镇规划编制内容

城市、镇总体规划是综合研究和确定城市、镇的发展规模和空间发展形态，统筹安排城市、镇各项建设用地；合理配置城市、镇各项基础设施和公共服务设施；保护好环境和自然与历史文化遗产，指导城市、镇合理发展。

1. 城市、镇的总体规划

1)城市、镇总体规划的内容应当包括：

(1)确定城市、镇的发展布局、功能分区、用地布局、综合交通体系；

(2)确定禁止、限制和适宜建设的地域范围；

(3)制订各类专项规划等。

2)城市、镇总体规划的强制性内容包括：

(1)规划区范围；

(2)规划区内建设用地规模；

(3)基础设施和公共服务设施用地；

(4)水源地和水系；

(5)基本农田和绿化用地；

(6)环境保护；

(7)自然与历史文化遗产保护以及防灾减灾等内容。

3)城市、镇总体规划的规划期限一般为二十年。城市总体规划还应当对城市更长远的发展作出预测性安排。

2. 城市、镇的详细规划

城市、镇的详细规划分为控制性详细规划和修建性详细规划。

1)控制性详细规划

城市的控制性详细规划是指以城市总体规划或分区规划为依据，确定建设地区的土地使用性质和使用强度的控制指标、道路和工程管线控制性位置以及空间环境控制的规划。

镇的控制性详细规划是指在镇的总体规划的基础上，依据镇总体规划所确定的原则，对需要进行开发建设地区的土地使用性质、开发强度、绿化建设、基础设施建设、历史文化保护等作出具体规划。

2)修建性详细规划

修建性详细规划是指以城市总体规划或分区规划、控制性详细规划为依据，制订用以指导各项建筑、工程设施的设计和施工的规划设计。它的编制内容具体包括：

(1)在建设条件分析和综合技术经济论证的基础上，对用地功能加以空间组织和分区；

(2)建筑空间布局、景观环境设计；

(3)绿地和公共活动场地的规划设计；

(4)交通、道路和停车场系统的规划设计；

(5)市民活动的组织；

(6)环境指标的规定；

(7)其他工作。

除了上述各项工作以外，修建性详细规划工作还包括工程管线规划设计、数据规划设计，以及估算工程量、拆迁量和造价，分析投资效益。

（三）乡规划、村庄规划编制内容

乡规划、村庄规划是乡、村庄在一定时期内的发展计划，是政府为实现乡、村庄的经济和社会发展目标，确定乡、村庄的性质、规模和发展方向，协调乡、村庄的布局和各项建设而制定的综合部署和具体安排，是乡村建设与管理的依据。

乡规划、村庄规划的内容应当包括：

（1）规划区范围；

（2）住宅、道路、供水、排水、供电、垃圾收集、畜禽养殖场所等农村生产、生活服务设施、公益事业等各项建设的用地布局、建设要求；

（3）对耕地等自然资源和历史文化遗产保护、防灾减灾等的具体安排；

乡规划还应当包括本行政区域内的村庄发展布局。

### 三、城乡规划的编制与审批权限

**（一）城乡规划编制权限**

城乡规划的编制，需要收集勘察、测绘、气象、地震、水文、环境等多方面的基础资料，需要进行多方面的发展预测，协调多方面的关系。因此，城乡规划是一个职能部门不能胜任的，需交由多个部门编制。

*1. 城镇体系规划的编制权限*

全国城镇体系规划由国务院城乡规划主管部门会同国务院有关部门组织编制，省域城镇体系规划由省、自治区人民政府组织编制。

*2. 城市、镇总体规划及控制性详细规划的编制权限*

城市总体规划由城市人民政府组织编制。县人民政府所在地镇的总体规划由县人民政府组织编制，其他镇的总体规划由镇人民政府组织编制。

城市人民政府城乡规划主管部门根据城市总体规划的要求，组织编制城市的控制性详细规划。镇人民政府根据镇总体规划的要求，组织编制镇的控制性详细规划。县人民政府所在地镇的控制性详细规划，由县人民政府城乡规划主管部门根据镇总体规划的要求组织编制。城市、县人民政府城乡规划主管部门和镇人民政府可以组织编制重要地块的修建性详细规划。

*3. 乡、村庄规划的编制权限*

乡规划、村庄规划由乡、镇人民政府组织编制。

**（二）城乡规划审批权限**

城乡规划审批权限分为以下几部分：

（1）报国务院审批的城乡规划。城镇体系规划，包括：全国城镇体系规划和省域城镇体系规划；直辖市的城市总体规划；省、自治区人民政府所在地的城市及国务院确定的城市的总体规划，由省、自治区人民政府审查同意后，报国务院审批。

（2）报省、自治区人民政府审批的城乡规划。除省、自治区人民政府所在地的城市以及国务院确定的城市之外，其他城市的总体规划报省、自治区人民政府审批。

（3）报市、县级人民政府审批的城乡规划。县人民政府所在地镇的总体规划报市人民政府审批，其他镇的总体规划报县人民政府审批；乡、镇人民政府编制的乡规划、村庄规划，报县人民政府审批；城市人民政府城乡规划主管部门组织编制的城市控制性详细规划，经本级人民政府批准后，报本级人民代表大会常务委员会和上一级人民政府备案；县人民政府所在地镇的控制性详细规划，经县人民政府批准后，报本级人民代表大会常务委员会和上一级人民政府备案；镇的控制性详细规划，报县人民政府审批。

# 第三节　城乡规划的实施

## 一、城乡规划实施的原则

城乡规划的实施，是经过法律程序批准的城乡规划设计方案的实施过程，在实施过程中应遵循以下原则。

### （一）根据当地经济社会发展水平量力而行的原则

城乡规划实施的速度必须和经济、社会发展的速度相适应，与城乡政府能够提供的人力、财力、物力相适应。因此，城乡规划的实施必须尊重并符合社会经济发展的客观规律。城乡规划确定的城乡建设项目以及规划方案，应当按照国家规定的程序纳入国民经济和社会发展计划，否则无法达到城乡规划的立项状态，甚至造成诸如资源的浪费和环境的破坏等难以挽回的后果。

### （二）尊重群众意愿的原则

城乡规划实施是一个综合性的概念，既是政府的职能，也涉及公民、法人和社会团体的行为。从根本上说，城乡规划的实施最终是为了给广大城乡群众的居住、劳动、学习、交通、休息以及各种社会活动营造良好的条件和环境。因此，群众有权参与到城乡规划的实施过程中来，群众的意愿必须在规划的实施过程中得以体现。

### （三）有计划分步骤地组织实施的原则

城乡的布局和形态是长期的历史发展形成的，通过城乡规划来建设并改造城乡的布局形态并非一朝一夕能够完成的事情，而是需要相当长的时间，换句话说，城乡规划的实施具有一定的阶段性和长期性，必须有计划分步骤地进行，才能达到城乡规划实施的最理想状态。

## 二、城乡规划公布制度

城乡规划公布制度是指在规划报批前和批准后，采用适当的方式向全社会公布。

《城乡规划法》第二十六条规定，城乡规划报送审批前，组织编制机关应当依法将城乡规划草案予以公告,并采取论证会、听证会或者其他方式征求专家和公众的意见。公告的时间不得少于三十日。组织编制机关应当充分考虑专家和公众的意见,并在报送审批的材料中附具意见采纳情况及理由。

城乡规划批准后,组织编制机关应及时公布城乡规划,法律、行政法规规定不得公开的内容除外。

公布城乡规划有以下几个方面的作用:

1. 有利于公众了解并参与城乡规划

公众可以通过向组织编制机关提交对草案的意见的方式参与到城乡规划的制订工作中。对公众的意见,组织编制机关应充分考虑,并将意见采纳情况及理由附在报审材料中。

城乡规划在批准后,组织编制机关应及时公布城乡规划,使公众了解城乡的性质、发展规模和发展方向、各项用地的布局、各项建设的具体安排等,调动公众参与城乡规划实施的积极性和主动性,并促使他们自觉遵守城乡规划,服从规划的管理。

2. 有利于公众监督城乡规划的实施

《城乡规划法》第九条规定,任何单位和个人都应当遵守经依法批准并公布的城乡规划,服从规划管理,并有权就涉及其利害关系的建设活动是否符合规划的要求向城乡规划主管部门查询。任何单位和个人有权向城乡规划主管部门或者其他有关部门举报或者控告违反城乡规划的行为。城乡规划主管部门或者其他有关部门对举报或者控告,应当及时受理并组织核查、处理。

城乡规划的公布,增大了城乡规划实施过程的透明度,公众就可以对城乡规划区内的建设活动进行监督,发现问题及时举报,以便城乡规划行政主管部门能够及时制止和处理各种违法占地和违法建设行为。

## 三、建设工程选址意见书

### (一) 选址意见书概述

建设项目的用地选址是城乡规划得以实施的非常重要的一环,关系到城乡建设的性质、规模、布局,也关系到建设项目是否能够进行和建设用地是否合理。

所谓选址意见书是指建设工程在立项过程中,上报的设计任务书必须附有由城乡规划主管部门提出的关于建设项目选在哪个方位的意见。

《城乡规划法》第三十六条规定,按照国家规定需要有关部门批准或者核准的建设项目,以划拨方式提供国有土地使用权的,建设单位在报送有关部门批准或者核准前,应当向城乡规划主管部门申请核发选址意见书。前款规定以外的建设项目不需要申请选址意见书。

**（二）建设项目选址意见书的内容**

1. 建设项目的基本情况，主要是指建设项目的名称、性质、用地与建设规模，供水与能源的需求量，采取的运输方式与运输量，以及废水、废气、废渣的排放方式和排放量。

2. 建设项目规划选址的主要依据：经批准的项目建议书；建设项目与城市规划布局是否协调；建设项目与城市交通、通信、能源、市政、防灾规划是否衔接与协调；建设项目配套的生活设施与城市生活居住及公共设施规划是否衔接与协调；建设项目对城市环境可能造成的污染影响，以及与城市环境保护规划和风景名胜、文物古迹保护规划是否协调。

3. 建设项目选址、用地范围和具体规划要求。

**（三）建设项目选址意见书的核发程序**

选址意见书按建设项目审批部门的不同，分别由各级规划行政主管部门核发。建设项目选址意见书的核发程序分为以下几个步骤：

1. 选址申请

建设单位在编制建设项目设计任务时，应向建设项目所在地的县、市、直辖市人民政府规划行政主管部门提出建设项目选址申请。

2. 参加选址

城乡规划行政主管部门与发展和改革部门、建设单位等有关部门一同进行建设项目的选址工作，包括现场勘查，共同商讨，对不同的拟建地址进行比较分析，听取有关部门、单位的意见。

3. 选址审查

城乡规划行政主管部门经过调查研究，分析和采用多方案比较论证，根据城乡规划要求对该建设项目选址进行审查。必要时应组织专家论证会或听证会进行慎重研究或者听取公众意见。

4. 核发选址意见书

城乡规划主管部门经过选址审查后，核发选址意见书；核发选址意见书实行分级管理规划。

## 四、建设用地规划许可证制度

建设用地规划许可证是建设单位和个人提出建设用地申请，城乡规划主管部门根据规划和建设项目的用地需要，确定建设用地位置、面积、界线的法定凭证。它是申请工程开工的必备证件。

**（一）划拨地的建设用地规划许可证**

《城乡规划法》第三十七条规定，在城市、镇规划区内以划拨方式提供国有土地使用权的建设项目,经有关部门批准、核准、备案后,建设单位应当向城市、县人民政府城乡规划主管部门提出建设用地规划许可申请,由城市、县人民政府城乡规划主管部门依据控制性详细规划核定建设用地的位置、面积、允许建设的范围,核发建设用地规划许可证。建设单位在取得建设用地规划许可证后,方可向县级以上地方人民政府土地主管部门申请用地,经县级以上人民政府审批后,由土地主管部门划拨土地。

划拨地的建设用地审批程序分为以下几个步骤:

1. 建设用地规划许可申请

建设单位在建设项目经有关部门批准、核准和备案后,向城市、县人民政府城乡规划主管部门提出建设用地规划申请。

2. 现场踏勘

城乡规划行政主管部门受理了建设单位的建设用地申请后,应当与建设单位会同有关部门到选址地点进行现场调查和探勘,同时向其他相关部门(如环境保护、消防安全、文物保护、土地管理等方面的主管部门)征求意见。

3. 审查总平面,核定用地面积

根据建设单位上报的总平面和相关设计,城市、县规划行政主管部门根据控制性详细规划和用地实际情况,依据合理用地、节约用地的原则,核定建设用地的位置、面积、允许建设的范围。

4. 核发建设用地规划许可证

经上述审查合格后,城市、县规划行政主管部门向建设单位颁发建设用地规划许可证。

**(二) 出让地的建设用地规划许可证**

《城乡规划法》第三十八条规定,在城市、镇规划区内以出让方式提供国有土地使用权的,在国有土地使用权出让前,城市、县人民政府城乡规划主管部门应当依据控制性详细规划,提出出让地块的位置、使用性质、开发强度等规划条件,作为国有土地使用权出让合同的组成部分。未确定规划条件的地块,不得出让国有土地使用权。以出让方式取得国有土地使用权的建设项目,在签订国有土地使用权出让合同后,建设单位应当持建设项目的批准、核准、备案文件和国有土地使用权出让合同,向城市、县人民政府城乡规划主管部门领取建设用地规划许可证。

出让地的建设用地审批程序分为以下几个步骤:

1. 建设用地规划许可申请

2. 审查出让的国有土地

城市、县人民政府城乡规划主管部门依据控制性详细规划,审核出让的国有土地,提出出让地块的位置、使用性质、开发强度等规划条件。未确定规划条件的地块,不得出让国有土地使用权。

3. 签订国有土地使用权出让合同

建设单位应签订国有土地使用权出让合同,合同内容应包括出让地块的位置、使用性质、开发强度等规划条件。

4. 领取建设用地规划许可证

建设单位持建设项目的批准、核准、备案文件和国有土地使用权出让合同,向城市、县人民政府城乡规划主管部门领取建设用地规划许可证。

### 五、建设工程规划许可证制度

#### (一) 建设工程规划许可证概述

建设工程规划许可证是对城市、镇规划区域内的建设项目,城乡规划主管部门向建设单位或个人核发的确认其建设工程符合城乡规划要求的证件。它也是申请工程开工的必备证件。

《城乡规划法》第四十条规定,在城市、镇规划区内进行建筑物、构筑物、道路、管线和其他工程建设的,建设单位或者个人应当向城市、县人民政府城乡规划主管部门或者省、自治区、直辖市人民政府确定的镇人民政府申请办理建设工程规划许可证。

#### (二) 建设工程规划许可证的核发程序

1. 申请单位或个人需提交必要材料

申请办理建设工程规划许可证,应当提交使用土地的有关证明文件、建设工程设计方案等材料。需要建设单位编制修建性详细规划的建设项目,还应当提交修建性详细规划。

2. 审批机关的审查

对符合控制性详细规划和规划条件的,由城市、县人民政府城乡规划主管部门或者省、自治区、直辖市人民政府确定的镇人民政府核发建设工程规划许可证。

3. 修建性详细规划和建设工程设计方案的总平面图的公布

城市、县人民政府城乡规划主管部门或者省、自治区、直辖市人民政府确定的镇人民政府应当依法将经审定的修建性详细规划、建设工程设计方案的总平面图予以公布。

### 六、乡村建设规划许可证制度

#### (一) 乡村建设规划许可证概述

乡村建设规划许可证是对乡、村庄规划区域内的建设项目,城乡规划主管部门向建设单位或个人核发的确认其建设工程符合城乡规划要求的证件。

《城乡规划法》第四十一条规定,在乡、村庄规划区内进行乡镇企业、乡村公共设施和公益事业建设的,建设单位或者个人应当向乡、镇人民政府提出申请,由乡、镇人民政府报城市、县人民政府城乡规划主管部门核发乡村建设规划许可证。在乡、村庄规划区内使用原有宅基地进行农村村民住宅建设的规划管理办法,由省、自治区、直辖市制定。在乡、村庄规划区内进行乡镇企业、乡村公共设施和公益事业建设以及农村村民住宅建设,不得占用农用地;确需占用农用地的,应当依照《土地管理法》有关规定办理农用地转用审批手续后,由城市、县人民政府城乡规划主管部门核发乡村建设规划许可证。建设单位或者个人在取得乡村建设规划许可证后,方可办理用地审批手续。

**(二)农用地转用**

农用地转用指的是按照土地利用总体规划和国家规定的批准权限获得批准后,将农用地转为建设用地。建设占用土地涉及农用地的,应当办理农用地转用审批手续。用于非农建设有以下情形之一者,应当办理农用地转用审批手续:

(1)征用农村集体经济组织农用地的;

(2)农村集体经济组织使用本集体农用地的;

(3)需要办理农用地转用的其他土地。

因此,在乡、村庄规划区内进行乡镇企业、乡村公共设施和公益事业建设以及农村村民住宅建设的,不得占用农用地;如果确实需要占用农用地的,应当依照《土地管理法》的有关规定办理农用地转用审批手续后,由城市、县人民政府城乡规划主管部门核发乡村建设规划许可证。

**(三)乡村建设规划许可证的核发程序**

1. 提出申请

建设单位或个人向乡、镇人民政府提出申请。

2. 市、县规划部门审核

乡、镇人民政府在受理申请后,报市、县人民政府城乡规划主管部门审核。

3. 核发乡村建设规划许可证

审核通过后,由市、县规划主管部门核发乡村建设规划许可证。

## 七、城乡规划编制单位资格管理制度

2015年经过修订的《城乡规划法》对编制单位资格管理作出了如下修改:

将第二十四条第二款第二项修改为"(二)有规定数量的经相关行业协会注册的规划师",并删去第三款。

修改后的《城乡规划法》第二十四条规定,城乡规划组织编制机关应当委托具有相应资质等级的单位承担城乡规划的具体编制工作。

从事城乡规划编制工作应当具备下列条件,并经国务院城乡规划主管部门或者省、自治区、直辖市人民政府城乡规划主管部门依法审查合格,取得相应等级的资质证书后,方可在资质等级许可的范围内从事城乡规划编制工作:

(1)有法人资格;

(2)有规定数量的经相关行业协会注册的规划师;

(3)有相应的技术装备;

(4)有健全的技术、质量、财务管理制度。

规划师执业资格管理办法,由国务院城乡规划主管部门会同国务院人事行政部门制定。

编制城乡规划必须遵守国家有关标准。

# 第四节　城乡规划的修改

## 一、城乡规划实施的定期评估制度

城乡规划一经批准,即具有法律效力,必须严格遵守和执行。一方面,在城乡规划实施期间,需要结合当地经济社会发展的情况,定期对规划目标实现的情况进行跟踪评估,及时监督规划的执行情况,及时调整规划实施的保障措施,提高规划实施的严肃性。另一方面,对城乡规划进行全面、科学的评估,有利于及时研究规划实施中出现的新问题,及时总结和发现城乡规划的优点和不足。

### (一) 评估的主体

《城乡规划法》第四十六条规定,省域城镇体系规划、城市总体规划、镇总体规划的组织编制机关,应当组织有关部门和专家定期对规划实施情况进行评估。其中,省域城镇体系规划的编制机关为省、自治区人民政府,所有省域城镇体系规划实施情况的评估,由省、自治区人民政府组织实施。城市总体规划的编制和评估由城市人民政府组织。镇总体规划分为两种,一种是县人民政府所在地城镇的总体规划,由县人民政府组织编制和评估;另一种是其他镇的总体规划,由镇人民政府组织编制和评估。

### (二) 评估的时间

《城乡规划法》规定评估的时间为"定期",因此,对于具体的评估时间,国务院可以在制定本法配套法规时予以进一步明确规定。

### (三) 评估的参与

根据《城乡规划法》的规定,评估的参与者是规划的组织编制机关组织的"有关部门和专家",参与的方式为论证会、听证会或者其他方式。其中,有关部门和专家应当具有相当的广泛性、专业性和代表性,具体范围和人数可以由国务院授权有关部门作出具体规定或在制定配套法规时作出具体规定。评估时必须要征求公众意见,参与的方式除了论证会、听证会之外,还可以采取问卷调查、抽样调查、个别访谈等其他方式。

**(四) 评估报告的提交**

城乡规划的编制机关对规划实施情况进行评估后,应当向本级人民代表大会常务委员会、镇人民代表大会和原审批机关提出评估报告并附具体征求意见情况。评估中要全面总结现行城市、镇总体规划各项内容的执行情况,包括城市和镇的发展方向和空间布局、人口与建设用地规模、综合交通、绿地、生态环境保护、自然与历史文化遗产保护、重要基础设施和公共服务设施等规划目标的落实情况以及强制性内容的执行情况,结合城市、镇经济社会发展的实际,通过对照、检查和分析,总结成功经验,查找规划实施过程中存在的主要问题,深入分析问题的成因,研究提出改进规划制订和实施管理的具体对策、措施、建议,以指导和改进城市、镇总体规划的实施工作。

## 二、城乡规划的修改制度

### (一) 城镇体系规划、城市总体规划、镇总体规划的修改

依照《城乡规划法》的规定,对于依法批准的省域城镇体系规划、城市总体规划、镇总体规划,不得随意进行调整与修改。同时,在维护规划实施严肃性的前提下,《城乡规划法》考虑到规划实施的动态过程以及实施的复杂性,对规划修改的条件作出了规定,有下列情形之一的,组织编制机关方可按照规定的权限和程序修改省域城镇体系规划、城市总体规划、镇总体规划:

1. 上级人民政府制订的城乡规划发生变更,提出修改规划要求的

这是因为城乡规划的制订必须以上级人民政府依法制订的城乡规划为依据,必须在规划中落实上级人民政府在上位规划中提出的控制要求。而当上级人民政府指定的规划发生变更时,就应当根据情况及时调整或修改相应的下位规划。

2. 行政区划调整确需修改规划的

行政区划是国家的结构体制安排,是国家根据政权建设、经济建设、行政管理的需要,遵循有关的法律规定,充分考虑政治、经济、历史、地理、人口、民族、文化、风俗等客观因素,按照一定的原则,将全国领土划分成若干层次和大小不同的行政区域,并在各级行政区域设置相关的地方机关,实施行政管理。城乡规划的编制和实施,与行政区划及城乡建制有着密切的关系。依据《城乡规划法》的规定,地方城乡规划主管部门只能在政府行政管辖区域内依法行使城乡规划的实施管理职能。因此,行政区划的调整会影响城乡规划的实施。从保障城乡规划依法实施的角度出发,应该在行政区划调整后,及时根据情况作出规划修改。

3. 因国务院批准重大建设工程确需修改规划的

国务院批准的重大建设工程项目对国家的发展具有举足轻重的作用,同时会对项目所在地的区域发展产生重要影响。从城乡规划的角度而言,要认真研究重大建设工程对城镇发展、用地布局以及基础设施的影响问题,做好协调工作。例如,大型工业企业选址就涉及城镇的交通运输、能源供应、污染物排放与处理、生活居住等设施的衔接,其布点对城镇的发展产生深远的影响。因此,对国务院批准的重大建设工程,应根据情况作出相应的规划修改。

4. 经评估确需修改规划的

地方人民政府在实施省域城镇体系规划、城市总体规划、镇总体规划的过程中,如果发现规划规定的某些基本目标和要求已经不能适应城市经济建设和社会发展的需要,如由于产业结构的重大调整或者经济社会发展方面的重大变化,造成城市发展目标和空间布局等的重大变更,就要通过认真的规划评估来确定是否有必要对规划进行修改,如果规划评估认为确有必要对原规划作出相应修改的,要依法进行修改。

5. 城乡规划的审批机关认为应当修改规划的其他情形

在规划的实施过程中,根据时间和社会发展的需要,及时对规划的实施情况作出评估,并根据评估结果进行相应修改。

修改省域城镇体系规划、城市总体规划、镇总体规划前,组织编制机关应当对原规划的实施情况进行总结,并向原审批机关报告;修改涉及城市总体规划、镇总体规划强制性内容的,应当先向原审批机关提出专题报告,经同意后,方可编制修改方案。

修改后的省域城镇体系规划、城市总体规划、镇总体规划,应当依照《城乡规划法》第十三条、第十四条、第十五条和第十六条规定的审批程序报批。

**(二)控制性详细规划的修改**

《城乡规划法》第四十八条规定,修改控制性详细规划的,组织编制机关应当对修改的必要性进行论证,征求规划地段内利害关系人的意见,并向原审批机关提出专题报告,经原审批机关同意后,方可编制修改方案。修改后的控制性详细规划,应当依照本法第十九条、第二十条规定的审批程序报批。控制性详细规划修改涉及城市总体规划、镇总体规划的强制性内容的,应当先修改总体规划。

**(三)乡村规划的修改**

《城乡规划法》第四十八条规定,修改乡规划、村庄规划的,应当依照本法第二十二条规定的审批程序报批。

**(四)近期建设规划的修改**

《城乡规划法》第四十九条规定,城市、县、镇人民政府修改近期建设规划的,应当将修改后的近期建设规划报总体规划审批机关备案。

**（五）修建性详细规划和建设工程设计方案总平面图的修改**

《城乡规划法》第五十条第二款规定，经依法审定的修建性详细规划、建设工程设计方案的总平面图不得随意修改；确需修改的，城乡规划主管部门应当采取听证会等形式，听取利害关系人的意见；因修改给利害关系人合法权益造成损失的，应当依法给予补偿。

**（六）规划利益保护**

《城乡规划法》第五十条第一款规定，在选址意见书、建设用地规划许可证、建设工程规划许可证或者乡村建设规划许可证发放后，因依法修改城乡规划给被许可人合法权益造成损失的，应当依法给予补偿。

# 第五节　城乡规划的监督检查

## 一、城乡规划的行政监督

### （一）政府层级的监督检查

政府层级的监督检查是指县级以上人民政府及其城乡规划主管部门对下级政府及其城乡规划主管部门执行城乡规划编制、审批、实施、修改情况的监督检查。

### （二）对管理相对人的监督检查

对管理相对人的监督检查是指县级以上地方人民政府城乡规划主管部门对城乡规划实施情况进行的监督检查。具体包括：严格验证有关土地使用和建设申请的申报条件是否符合法定要求，有无弄虚作假；复验有关用地的坐标、面积等与建设用地规划许可证规定是否相符；对已领取建设工程规划许可证并放线的建设工程，履行验线手续，检查其坐标、标高、平面布局等是否与建设工程规划许可证相符；建设工程竣工验收前，检查核实有关建设工程是否符合规划设计条件等；各地普遍开展的查处违法建设的行动等。

《城乡规划法》第五十三条规定，县级以上人民政府城乡规划主管部门对城乡规划的实施情况进行监督检查，有权采取以下措施：

（1）要求有关单位和人员提供与监督事项有关的文件、资料，并进行复制；

（2）要求有关单位和人员就监督事项涉及的问题作出解释和说明，并根据需要进入现场进行勘测；

（3）责令有关单位和人员停止违反有关城乡规划的法律、法规的行为。

城乡规划主管部门的工作人员履行前款规定的监督检查职责，应当出示执法证件。被监督检查的单位和人员应当予以配合，不得妨碍和阻挠依法进行的监督检查活动。

## 二、城乡规划的立法监督

立法监督是指国家的立法机关对行政实行的监督。在我国,立法监督是指各级人民代表大会及其常务委员会对国家行政机关及其工作人员的行政管理活动实施的监督。

对政府实施城乡规划的情况进行监督也是人民代表大会监督职能的一项重要内容。《城乡规划法》第五十二条规定,地方各级人民政府应当向本级人民代表大会常务委员会或者乡、镇人民代表大会报告城乡规划的实施情况,并接受监督。可以根据实际需要进行主动报告,也可以根据人大及其常务委员会的要求进行报告,以充分运用听取和审议政府专项工作报告这一基本形式,接受人民代表大会及其常务委员会的检查和监督。

## 三、城乡规划的公众监督

城乡规划的严肃性体现在对已经批准的城乡规划必须遵守和执行,公众监督是保证城乡规划严肃性的重要途径之一。《城乡规划法》规定,县级以上人民政府及其城乡规划主管部门的监督检查,县级以上地方各级人民代表大会常务委员会或者乡、镇人民代表大会对城乡规划工作的监督检查,其基本情况和处理结果都应当依法公开,供公众查阅和监督。

一般情况下,有关城乡规划编制、审批、实施、修改的监督检查情况和处理结果,都应当依法公开。但同时《城乡规划法》也规定,遇有按照相关法律规定不得公开的情形,则不能公开,这种情况包括以下两个方面:

1. 涉及国家秘密的

由于国家秘密涉及国家的安全和国家利益,因此《城乡规划法》规定的监督检查情况和处理结果涉及国家秘密的,根据《保守国家秘密法》的规定不能公开。

2. 涉及商业秘密的

商业秘密是指不为公众所知悉,能为权利人带来经济利益、具有实用性并经权利人采取保密措施的技术信息和经营信息。我国《行政许可法》明确规定,行政许可的实施和结果,涉及商业秘密的,不能公开。因此,《城乡规划法》规定的监督检查情况和处理结果如果涉及商业秘密的,依法不能公开。

## 第六节　城乡规划的法律责任

### 一、依法应当编制城乡规划而未组织编制的法律责任

《城乡规划法》第五十八条规定,对依法应当编制城乡规划而未组织编制,或者未按法定程序编制、审批、修改城乡规划的,由上级人民政府责令改正,通报批评;对有关人民政府负责人和其他直接责任人员依法给予处分。

### 二、委托不具有相应资质等级的单位编制城乡规划的法律责任

《城乡规划法》第五十九条规定,城乡规划组织编制机关委托不具有相应资质等级的单位编制城乡规划的,由上级人民政府责令改正,通报批评;对有关人民政府负责人和其他直接责任人员依法给予处分。

### 三、镇人民政府或者县级以上人民政府城乡规划主管部门的法律责任

《城乡规划法》第六十条规定,镇人民政府或者县级以上人民政府城乡规划主管部门有下列行为之一的,由本级人民政府、上级人民政府城乡规划主管部门或者监察机关依据职权责令改正,通报批评;对直接负责的主管人员和其他直接责任人员依法给予处分:

(1)未依法组织编制城市的控制性详细规划、县人民政府所在地镇的控制性详细规划的;

(2)超越职权或者对不符合法定条件的申请人核发选址意见书、建设用地规划许可证、建设工程规划许可证、乡村建设规划许可证的;

(3)对符合法定条件的申请人未在法定期限内核发选址意见书、建设用地规划许可证、建设工程规划许可证、乡村建设规划许可证的;

(4)未依法对经审定的修建性详细规划、建设工程设计方案的总平面图予以公布的;

(5)同意修改修建性详细规划、建设工程设计方案的总平面图前未采取听证会等形式听取利害关系人的意见的;

(6)发现未依法取得规划许可或者违反规划许可的规定在规划区内进行建设的行为,而不予查处或者接到举报后不依法处理的。

### 四、县级以上人民政府有关部门的法律责任

《城乡规划法》第六十一条规定,县级以上人民政府有关部门有下列行为之一

的,由本级人民政府或者上级人民政府有关部门责令改正,通报批评;对直接负责的主管人员和其他直接责任人员依法给予处分:

(1)对未依法取得选址意见书的建设项目核发建设项目批准文件的;

(2)未依法在国有土地使用权出让合同中确定规划条件或者改变国有土地使用权出让合同中依法确定的规划条件的;

(3)对未依法取得建设用地规划许可证的建设单位划拨国有土地使用权的。

### 五、城乡规划编制单位的法律责任

《城乡规划法》第六十二条规定,城乡规划编制单位有下列行为之一的,由所在地城市、县人民政府城乡规划主管部门责令限期改正,处合同约定的规划编制费一倍以上二倍以下的罚款;情节严重的,责令停业整顿,由原发证机关降低资质等级或者吊销资质证书;造成损失的,依法承担赔偿责任:

(1)超越资质等级许可的范围承揽城乡规划编制工作的;

(2)违反国家有关标准编制城乡规划的。

未依法取得资质证书承揽城乡规划编制工作的,由县级以上地方人民政府城乡规划主管部门责令停止违法行为,依照前款规定处以罚款;造成损失的,依法承担赔偿责任。

以欺骗手段取得资质证书承揽城乡规划编制工作的,由原发证机关吊销资质证书,依照本条第一款规定处以罚款;造成损失的,依法承担赔偿责任。

《城乡规划法》第六十三条规定,城乡规划编制单位取得资质证书后,不再符合相应的资质条件的,由原发证机关责令限期改正;逾期不改正的,降低资质等级或者吊销资质证书。

### 六、未取得建设工程规划许可证的法律责任

《城乡规划法》第六十四条规定,未取得建设工程规划许可证或者未按照建设工程规划许可证的规定进行建设的,由县级以上地方人民政府城乡规划主管部门责令停止建设;尚可采取改正措施消除对规划实施的影响的,限期改正,处建设工程造价百分之五以上百分之十以下的罚款;无法采取改正措施消除影响的,限期拆除,不能拆除的,没收实物或者违法收入,可以并处建设工程造价百分之十以下的罚款。

《城乡规划法》第六十五条规定,在乡、村庄规划区内未依法取得乡村建设规划许可证或者未按照乡村建设规划许可证的规定进行建设的,由乡、镇人民政府责令停止建设、限期改正;逾期不改正的,可以拆除。

《城乡规划法》第六十八条规定,城乡规划主管部门作出责令停止建设或者限期拆除的决定后,当事人不停止建设或者逾期不拆除的,建设工程所在地县级以上

地方人民政府可以责成有关部门采取查封施工现场、强制拆除等措施。

## 七、有关临时建设的法律责任

《城乡规划法》第六十六条规定,建设单位或者个人有下列行为之一的,由所在地城市、县人民政府城乡规划主管部门责令限期拆除,可以并处临时建设工程造价一倍以下的罚款:

(1)未经批准进行临时建设的;

(2)未按照批准内容进行临时建设的;

(3)临时建筑物、构筑物超过批准期限不拆除的。

## 八、未按规定向城乡规划主管部门报送有关竣工验收资料的法律责任

《城乡规划法》第六十七条规定,建设单位未在建设工程竣工验收后六个月内向城乡规划主管部门报送有关竣工验收资料的,由所在地城市、县人民政府城乡规划主管部门责令限期补报;逾期不补报的,处一万元以上五万元以下的罚款。

## 九、刑事责任

《城乡规划法》第六十九条规定,违反本法规定,构成犯罪的,依法追究刑事责任。

# 案例分析

### 案例 4-1

#### 一、背景

某市一房地产开发公司经市规划局批准,在该市建设一栋公寓大厦。该大厦规划批准的层数为18层,建设规模为2万平方米。在建设过程中,该房地产公司自主加层,将18层增加至22层,建筑面积增加约为4500平方米。公寓大厦层数增加以后,影响了周边建筑的采光和通风,给周边居民的生活造成较大影响。周边的居民认为该公寓大厦违章加层,影响了他们的正常生活,侵犯了他们的合法权益,并多次与房地产开发商交涉,但双方未能达成一致。于是,周边的居民向法院提出诉讼。

#### 二、问题
本案中,房地产开发商有哪些违法行为?

#### 三、分析
《城乡规划法》第四十三条第一款规定:"建设单位应当按照规划条件

进行建设;确需变更的,必须向城市、县人民政府城乡规划主管部门提出申请。变更内容不符合控制性详细规划的,城乡规划主管部门不得批准。城市、县人民政府城乡规划主管部门应当及时将依法变更后的规划条件通报同级土地主管部门并公示。"本案中,房地产开发商违法行为表现在以下两个方面:

1. 房地产开发商未按照规划条件进行建设

在城市、镇规划区内进行建筑物、构筑物等工程建设时,建设单位或个人必须依照程序向城乡规划主管部门申请办理建设工程规划许可证。在申请办理建设工程规划许可证时,建设单位或个人应提交建设工程设计方案、建筑用地规划许可证等文件。经过审批机关审查,对符合规划要求的建设项目核发建设工程规划许可证。建设单位应按批准的规划条件进行建设。该项目报规划局批准时,房屋的层数为18层,建设规模为2万平方米。在建设过程中,房地产开发商未按照规划局审批的工程图纸进行建设,擅自将房屋的层数由18层增加至22层,存在违法增层的现象。

2. 建设项目发生变更,房地产开发商未按照合法程序进行报审

按照规划审批程序规定,已取得审定设计方案通知书的建设单位或者个人,由于自身的原因,再次申报设计方案要求改变建筑高度、建筑密度、建筑布局等事项时,应持函件(详细说明改变的具体理由)和有关图纸报城乡规划主管部门。城市、县人民政府城乡规划主管部门应根据控制性详细规划对变更内容进行审核,对不符合规划条件的,城乡规划主管部门不得批准。城市、县人民政府城乡规划主管部门应当及时将依法变更后的规划条件通报同级土地主管部门并公示。建设单位需将依法变更后的规划条件报有关人民政府土地主管部门备案。本案件中房屋加层、增加建筑面积是房地产开发商自主行为,未按法定程序报城乡规划主管部门审核,属于违章行为。

对房地产开发商的违法行为,依据《城乡规划法》第六十四条规定:"未取得建设工程规划许可证或者未按照建设工程规划许可证的规定进行建设的,由县级以上地方人民政府城乡规划主管部门责令停止建设;尚可采取改正措施消除对规划实施的影响的,限期改正,处建设工程造价5%以上10%以下的罚款;无法采取改正措施消除影响的,限期拆除,不能拆除的,没收实物或者违法收入,可以并处建设工程造价10%以下的罚款。"

**案例 4-2**

### 一、背景

原告:江苏省某公司;被告:江苏省某市规划局。

2008 年 2 月,原告未经有关部门的批准在其公司院内利用空心砖搭建高度为 2.6m 左右的遮雨棚两座,当月 21 日被被告强制拆除。原告遂诉至法院,请求法院判决被告强制拆除其雨棚的行为违法并赔偿经济损失 50000 元。

庭审中,原告认为:是在本公司院内搭建遮雨棚,用于储藏机械设备,被告未确认我公司的遮雨棚是违章建筑,也未通知我公司自行拆除,即采取强制措施将遮雨棚拆除,并造成建筑材料损坏,被告的行为侵害了自己的财产权,理应赔偿;被告认为,原告所建遮雨棚是违章建筑,不受法律保护,请求驳回原告的诉讼请求。

法院经审理,判决被告强制拆除原告遮雨棚的具体行政行为违法,并赔偿原告直接的建筑材料损失 8090 元。

宣判后,双方当事人均未提起上诉。

### 二、问题

法院的判决依据是什么?

### 三、分析

本案中被告实施行政强制措施的原因和依据在于认定原告的遮雨棚为违章建筑,而根据《城乡规划法》第六十四条规定,未取得建设工程规划许可证或者未按照建设工程规划许可证的规定进行建设的,由县级以上地方人民政府城乡规划主管部门责令停止建设;尚可采取改正措施消除对规划实施的影响的,限期改正,处建设工程造价百分之五以上百分之十以下的罚款;无法采取改正措施消除影响的,限期拆除,不能拆除的,没收实物或者违法收入,可以并处建设工程造价百分之十以下的罚款。

本案中被告的过错主要在于未对原告作出责令限期改正或限期拆除的决定,而是立即实行强制拆除,因而这一行政行为是不当的。

# 思考题

1. 简述城乡规划的基本原则。
2. 简述《城乡规划法》的适用范围。
3. 简述城乡规划实施的原则。

4. 简述城乡规划的分类及城市、镇总体规划的强制性内容。

5. 需要报国务院审批的城乡规划主要有哪些？

6. 简述建设项目选址意见书的概念及主要内容。

7. 简述建设用地规划许可证、建设工程规划许可证的概念及核发程序。

8. 简述省域城镇体系规划、城市和镇总体规划可以修改的几种情形。

9. 城乡规划主管部门在对城乡规划的实施情况进行监督检查时可以采取哪些措施？

# 第五章　招标投标法律制度

## 第一节　概　述

### 一、招投标的概念

招标,是指招标人依法提出招标项目及其相应的要求和条件,通过发布招标公告或发出投标邀请书吸引潜在投标人参加投标的行为。

投标,是指投标人响应招标文件的要求,提出实施方案及报价,参加投标竞争的行为。

### 二、招投标活动的原则

根据 1999 年 8 月 30 日第九届全国人民代表大会常务委员会第十一次会议通过,2000 年 1 月 1 日施行的《中华人民共和国招标投标法》(以下简称《招标投标法》)第五条规定,招标投标活动应当遵循公开、公平、公正和诚实信用的原则。

1. 公开原则

要求招标活动信息公开、开标活动公开、评标标准公开及中标结果公开等。

2. 公平原则

要求招标人严格按照规定的条件和程序,给所有投标人平等的竞争机会。包括给所有投标人同等的信息量、同等的投标资格要求;不设倾向性的评标条件;不得违法限制或者排斥本地区、本系统以外的法人或者其他组织参加投标;不能以某一投标人的产品技术指标作为标的要求等。

3. 公正原则

要求招标人在执行开标、评标及定标程序时,以及评标委员会在执行评标标准时都要严格照章办事,以统一的标准衡量每一个投标人,尤其是在处理迟到标,否决投标以及质疑过程中更要体现公正。

4. 诚实信用原则

要求招标投标的双方都要诚实守信,不得有欺骗、背信的行为。在招标过程中,招标人不得发布虚假的招标信息,不得擅自终止招标。在投标过程中,投标人不得以他人名义投标,不得与招标人或其他投标人串通投标。中标通知书发出后,招标人不得擅自改变中标结果,中标人不得擅自放弃中标项目。

### 三、招标方式

《招标投标法》第十条规定,招标分为公开招标和邀请招标。

**(一) 公开招标**

公开招标,是指招标人以招标公告的方式邀请不特定的法人或者其他组织投标。依法必须进行招标的项目的招标公告,应当通过国家指定的报刊、信息网络或者其他媒介发布。

《招标投标法实施条例》第八条规定,国有资金占控股或者主导地位的依法必须进行招标的项目,应当公开招标。

公开招标的最大特点是一切有资格的潜在的投标人均可报名参加投标竞争,都有同等的机会。公开招标的优点是招标人有较大的选择范围,可在众多的投标人中选到报价较低、工期较短、技术可靠、资信良好的中标人。但是公开招标中的投标资格审查及评标的工作量大、耗时长、费用高,且有可能因资格审查不严,导致鱼目混珠的现象发生,这是需要特别警惕的。

**(二) 邀请招标**

邀请招标,是指招标人以投标邀请书的方式邀请特定的法人或者其他组织投标。招标人采用邀请招标方式的,应当向 3 个以上具备承担招标项目的能力、资信良好的特定的法人或者其他组织发出投标邀请书。

《招标投标法》第十一条规定,国务院发展计划部门确定的国家重点项目和省、自治区、直辖市人民政府确定的地方重点项目不适宜公开招标的,经国务院发展计划部门或者省、自治区、直辖市人民政府批准,可以进行邀请招标。

《招标投标法实施条例》第八条规定,有下列情形之一的,可以邀请招标:

(1)技术复杂、有特殊要求或者受自然环境限制,只有少量潜在投标人可供选择;

(2)采用公开招标方式的费用占项目合同金额的比例过大。

邀请招标的优点在于其工作量小、耗时较短,且花费较省,目标集中,被邀请的投标单位中标率高。但是邀请招标投标单位的数量少,竞争性较差;招标单位在选择邀请人时不可避免地存在一定的局限性,可能会忽略更具有竞争力的企业,不利于获得最优报价,取得最佳投资效益。

### 四、工程招标投标的立法现状

1992 年 11 月 6 日建设部第 17 次部常务会议通过,1992 年 12 月 30 日建设部

令第 23 号发布的《工程建设施工招标投标管理办法》;

1999 年 8 月 30 日第九届全国人民代表大会常务委员会第 11 次会议通过,2000 年 1 月 1 日施行的《招标投标法》;

2000 年 10 月 8 日建设部第 31 次部常务会议通过,2000 年 10 月 18 日发布并施行的《建筑工程设计招标投标管理办法》;

2000 年 4 月 4 日国务院批准国家发展计划委发布的《工程建设项目招标范围和规模标准规定》;

2000 年 5 月 3 日国务院办公厅印发的《国务院办公厅印发国务院有关部门实施招标投标活动行政监督的职责分工意见的通知》;

2000 年 7 月 1 日国家发展计划委员会 4 号令发布《招标公告发布暂行办法》,后根据 2013 年 3 月 11 日《关于废止和修改部分招标投标规章和规范性文件的决定》(九部委 2013 年第 23 号令)修正;

2000 年 7 月 1 日国家发展计划委员会 5 号令发布《工程建设项目自行招标试行办法》,后根据 2013 年 3 月 11 日《关于废止和修改部分招标投标规章和规范性文件的决定》(九部委 2013 年第 23 号令)修正;

2000 年 7 月 31 日国务院批准国家发展计划委发布的《国家重大建设项目稽察办法》;

2001 年 5 月 31 日建设部第 43 次部常务会议讨论通过,2001 年 6 月 1 日发布并施行的《房屋建筑和市政基础设施工程施工招标投标管理办法》;

2001 年 6 月 18 日国家发展计划委员会 9 号令发布施行《工程建设项目可行性研究报告增加招标内容和核准招标事项暂行规定》;

2001 年 7 月 5 日国家发展计划委员会等七部委 12 号令发布《评标委员会和评标办法暂行规定》,后根据 2013 年 3 月 11 日《关于废止和修改部分招标投标规章和规范性文件的决定》(九部委 2013 年第 23 号令)修正;

2002 年 1 月 10 日国家发展计划委员会 18 号令发布《国家重大建设项目招标投标监督暂行办法》,后根据 2013 年 3 月 11 日《关于废止和修改部分招标投标规章和规范性文件的决定》(九部委 2013 年第 23 号令)修正;

2002 年 6 月 29 日全国人民代表大会常务委员会发布,2003 年 1 月 1 日施行的《政府采购法》;

2002 年 10 月 15 日国家发展计划委员会发布的《招标代理服务收费管理暂行办法》(计价格〔2002〕1980 号),2003 年和 2011 年国家发展改革委员会分别以《国家发展改革委办公厅关于招标代理服务收费有关问题的通知》(发改办价格〔2003〕857 号)和《国家发展改革委关于降低部分建设项目收费标准规范收费行为等有关问题的通知》(发改价格〔2011〕534 号)两个文件对该办法进行了补充和修改;

2003 年 2 月 22 日国家发展计划委员会 29 号令发布《评标专家和评标专家库

管理暂行办法》,后根据 2013 年 3 月 11 日《关于废止和修改部分招标投标规章和规范性文件的决定》(九部委 2013 年第 23 号令)修正;

2003 年 3 月 8 日国家发展计划委员会等七部委 30 号令发布《工程建设项目施工招标投标办法》,后根据 2013 年 3 月 11 日《关于废止和修改部分招标投标规章和规范性文件的决定》(九部委 2013 年第 23 号令)修正;

2003 年 6 月 12 日国家发展和改革委员会等八部委 2 号令发布《工程建设项目勘察设计招标投标办法》,后根据 2013 年 3 月 11 日《关于废止和修改部分招标投标规章和规范性文件的决定》(九部委 2013 年第 23 号令)修正;

2003 年 11 月 17 日财政部和监察部发布的《政府采购评审专家管理办法》;

2004 年 8 月 11 日财政部发布,2004 年 9 月 11 日施行的《政府采购货物和服务招标投标管理办法》;

2004 年 7 月 6 日国家发展和改革委员会等七部委 11 号令发布《工程建设项目招标投标活动投诉处理办法》,后根据 2013 年 3 月 11 日《关于废止和修改部分招标投标规章和规范性文件的决定》(九部委 2013 年第 23 号令)修正;

2004 年 7 月 12 日国务院办公厅发布的《国务院办公厅关于进一步规范招投标活动的若干意见》;

2005 年 1 月 18 日国家发展和改革委员会等七部委 27 号令发布《工程建设项目货物招标投标办法》,后根据 2013 年 3 月 11 日《关于废止和修改部分招标投标规章和规范性文件的决定》(九部委 2013 年第 23 号令)修正;

2006 年 12 月 30 日经建设部第 114 次常务会议讨论通过,2007 年 3 月 1 日起施行的《工程建设项目招标代理机构资格认定办法》;

2007 年 11 月 1 日国家发展和改革委员会等九部委 56 号令发布《〈标准施工招标资格预审文件〉和〈标准施工招标文件〉试行规定》,后根据 2013 年 3 月 11 日《关于废止和修改部分招标投标规章和规范性文件的决定》(九部委 2013 年第 23 号令)修正;

2011 年 11 月 30 日国务院第 183 次常务会议通过,2012 年 2 月 1 日施行《招标投标法实施条例》;

2013 年 3 月 11 日国家发展和改革委员会等九部委发布,2013 年 5 月 1 日施行的《关于废止和修改部分招标投标规章和规范性文件的决定》;

2013 年 12 月 11 日住房和城乡建设部第 9 次部常务会议审议通过,2014 年 2 月 1 日施行的《建筑工程施工发包与承包计价管理办法》。

# 第二节  招投标的基本程序

招投标的基本程序主要包括:履行项目审批手续、组织招标机构、编制招标文件及标底、发布招标公告或投标邀请书、资格审查、发售招标文件、组织踏勘项目现场、投标、开标、评标、中标和签订合同,以及终止招标等。

## 一、招标

### (一)履行项目审批手续

《招标投标法》第九条规定,招标项目按照国家有关规定需要履行项目审批手续的,应当先履行审批手续,取得批准。招标人应当有进行招标项目的相应资金或者资金来源已经落实,并应当在招标文件中如实载明。

《招标投标法实施条例》第七条规定,按照国家有关规定需要履行项目审批、核准手续的依法必须进行招标的项目,其招标范围、招标方式、招标组织形式应当报项目审批、核准部门审批、核准。项目审批、核准部门应当及时将审批、核准确定的招标范围、招标方式、招标组织形式通报有关行政监督部门。

### (二)组织招标机构

招标活动可由招标人自行办理或者委托招标代理机构办理。

1. 自行办理

根据《招标投标法》《招标投标法实施条例》的规定,招标人具有编制招标文件和组织评标能力的,即招标人具有与招标项目规模和复杂程度相适应的技术、经济等方面的专业人员的,可以自行办理招标事宜。

任何单位和个人不得强制其委托招标代理机构办理招标事宜。

依法必须进行招标的项目,招标人自行办理招标事宜的,应当向有关行政监督部门备案。

2. 委托招标代理机构办理

招标代理机构是依法设立、从事招标代理业务并提供相关服务的社会中介组织。其资格由国务院或者省、自治区、直辖市人民政府的建设行政主管部门认定。

《招标投标法》第十二条规定,招标人有权自行选择招标代理机构,委托其办理招标事宜。第十三条规定,招标代理机构应当具备下列条件:

(1)有从事招标代理业务的营业场所和相应资金;

(2)有能够编制招标文件和组织评标的相应专业力量;

(3)有符合该法定条件、可以作为评标委员会成员人选的技术、经济等方面的专家库。

《招标投标法实施条例》第十三条规定,招标代理机构在其资格许可和招标人委托的范围内开展招标代理业务,任何单位和个人不得非法干涉。

**(三) 编制招标文件及标底**

招标文件是招标所用的核心文件。《招标投标法》第十九条规定,招标人应当根据招标项目的特点和需要编制招标文件。

1. 招标文件的编制

《招标投标法》第十九条规定,招标文件应当包括招标项目的技术要求、对投标人资格审查的标准、投标报价要求和评标标准等所有实质性要求和条件以及拟签订合同的主要条款。国家对招标项目的技术、标准有规定的,招标人应当按照其规定在招标文件中提出相应要求。第二十条规定,招标文件不得要求或者标明特定的生产供应者以及含有倾向或者排斥潜在投标人的其他内容。

《招标投标法实施条例》第二十三条规定,招标人编制招标文件的内容违反法律、行政法规的强制性规定,违反公开、公平、公正和诚实信用原则,影响潜在投标人投标的,依法必须进行招标的项目的招标人应当在修改招标文件后重新招标。

《招标投标法》第二十四条规定,招标人应当确定投标人编制投标文件所需要的合理时间;但是,依法必须进行招标的项目,自招标文件开始发出之日起至投标人提交投标文件截止之日止,最短不得少于 20 日。

2. 标底的编制

标底是由招标单位自行编制或委托具有编制标底资格和能力的咨询机构代为编制,并按规定程序审定的招标工程预期价格。

标底是衡量投标单位报价是否合理的尺度。根据《招标投标法实施条例》第二十七条规定,招标人可以自行决定是否编制标底。一个招标项目只能有一个标底。标底必须保密。接受委托编制标底的中介机构不得参加受托编制标底项目的投标,也不得为该项目的投标人编制投标文件或者提供咨询。第五十条规定,招标项目设有标底的,标底应当在开标时公布。标底只能作为评标的参考,不得以投标报价是否接近标底作为中标条件,也不得以投标报价超过标底上下浮动范围作为否决投标的条件。

3. 最高投标限价的编制

最高投标限价,也称招标控制价或拦标价,是指招标人在招标文件中明确的工程项目报价的最高限制标准。投标价高于该价格的投标文件将被否决。最高投标限价能够有效防止投标人串标,提高报价。

《招标投标法实施条例》第二十七条规定,招标人设有最高投标限价的,应当在招标文件中明确最高投标限价或者最高投标限价的计算方法。招标人不得规定最低投标限价。

**（四）发布招标公告或投标邀请书**

根据《招标投标法》第十六条规定,招标人采用公开招标方式的,应当发布招标公告,依法必须进行招标的项目的招标公告,应当通过国家指定的报刊、信息网络或者其他媒介发布。招标公告应当载明招标人的名称和地址、招标项目的性质、数量、实施地点和时间以及获取招标文件的办法等事项。第十七条规定,招标人采用邀请招标方式的,应当向三个以上具备承担招标项目的能力、资信良好的特定的法人或者其他组织发出投标邀请书。

在邀请招标的情况下,被邀请人是通过投标邀请书了解招标项目的,所以投标邀请书对项目的描述要详细、准确,保证有必要的信息量,以利于被邀请人决定是否购买招标文件、参加投标竞争。投标人收到投标邀请书后要以书面形式回复是否参加投标。

招标公告或者投标邀请书都应当至少载明下列内容:

(1)招标人的名称和地址;

(2)招标项目的内容、规模、资金来源;

(3)招标项目的实施地点和工期;

(4)获取招标文件或者资格预审文件的地点和时间;

(5)对招标文件或者资格预审文件收取的费用;

(6)对招标人的资质等级的要求。

招标人可以根据招标项目本身的要求,在招标公告或者投标邀请书中,要求潜在投标人提供有关资质证明文件和业绩情况,并对潜在投标人进行资格审查。如果要进行资格预审的,公告中应载明资格预审的条件、标准以及申请资格预审的方法。

**（五）资格审查**

资格审查分为资格预审和资格后审。资格预审,是指在投标前对潜在投标人进行的资格审查。资格后审,是指在开标后对投标人进行的资格审查。进行资格预审的,一般不再进行资格后审,但招标文件另有规定的除外。

公开招标一般要经过资格预审,预审合格后发出投标邀请书(资格预审合格通知书)。而邀请招标无须进行资格预审,直接发出投标邀请书。

1. 资格预审

招标人可以自行组织力量对投标申请人进行资格预审,也可以委托工程招标代理机构对投标申请人进行资格预审。

1)资格预审的内容

资格预审的主要内容包括投标人签约资格和履约能力。

(1)签约资格。签约资格是指投标人按国家有关规定承接招标项目必须具备的相应条件。如:投标人是否是合法的企业或其他组织;有无与招标内容相适应的资质；是否正处于被责令停业或财产被接管、冻结或暂停参加投标的处罚期；最近三年内有无骗取中标、严重违约或重大工程质量问题等。

（2）履约能力。履约能力是指投标人完成招标项目任务的能力。如：投标人的财务状况、商业信誉、业绩表现、技术资格和能力、管理水平、人员与设备条件、完成类似工程项目的经验、履行中的合同数量等。

2）资格预审程序

（1）发布资格预审公告、编制资格预审文件

《招标投标法实施条例》规定，招标人采用资格预审办法对潜在投标人进行资格审查的，应当发布资格预审公告、编制资格预审文件。招标人编制资格预审文件的内容违反法律、行政法规的强制性规定，违反公开、公平、公正和诚实信用原则，影响资格预审结果的，依法必须进行招标的项目的招标人应当在修改资格预审文件后重新招标。

资格预审公告应在国务院发展改革部门依法指定的媒介发布，所选的媒介要有足够大的传播面，确保能让招标人所希望的潜在投标人获得此信息。一般情况下，资格预审公告是在公开招标中作为招标公告中的一项内容发布的。

编制资格预审文件应包括：①资格预审通知；②资格预审须知；③资格预审表；④资格预审评分表；⑤资格预审合格通知书；⑥致谢信。

（2）发售资格预审文件

资格预审文件一般应当包括资格预审申请书格式、申请人须知以及需要投标申请人提供的企业资质、业绩、技术装备、财务状况和拟派出的项目经理与主要技术人员的简历、业绩等证明材料。

《招标投标法实施条例》第十六条规定，资格预审文件的发售期不得少于 5 日。招标人发售资格预审文件收取的费用应当限于补偿印刷、邮寄的成本支出，不得以营利为目的。

资格预审文件的发放可以是有偿的，也可以是无偿的，还可以是先收取押金，待申请人提交全套的资格预审申请文件后退还押金。无论收费还是收押金都是一个目的：要求申请人事先认真考虑，以免出现索取资格预审文件的申请人很多，提交正式资格预审申请文件者很少的现象。

《招标投标法实施条例》第二十一条规定，招标人可以对已发出的资格预审文件进行必要的澄清或者修改。澄清或者修改的内容可能影响资格预审申请文件的，招标人应当在提交资格预审申请文件截止时间至少 3 日前，以书面形式通知所有获取资格预审文件的潜在投标人；不足 3 日的，招标人应当顺延提交资格预审申请文件的截止时间。

（3）提交资格预审申请文件

《招标投标法实施条例》第十七条规定，招标人应当合理确定提交资格预审申

请文件的时间。依法必须进行招标的项目提交资格预审申请文件的时间,自资格预审文件停止发售之日起不得少于 5 日。

《招标投标法实施条例》第二十二条规定,潜在投标人或者其他利害关系人对资格预审文件有异议的,应当在提交资格预审申请文件截止时间 2 日前提出。招标人应当自收到异议之日起 3 日内作出答复;作出答复前,应当暂停招标投标活动。

申请人获得资格预审文件后应组织力量实事求是地填写并认真地准备好预审表附件。对预审文件有疑问的,可以向招标人质询。无论是申请人质疑还是招标人的回答或对预审文件的修改、补充,都应以书面形式进行。

申请人完成资格预审表的填写和相关文件、资料的准备后,要写一个致招标人的函件。在致招标人的函中应郑重声明对提交的资格预审表和相关文件资料的真实性负责,并要求招标人对其进行审查,希望给予参加投标竞争的机会,同时表示将尊重招标人的选择,不要求招标人就其作出的选择做任何解释。函件落款由申请人的法定代表人或其代理人签字并加盖公章。

(4)审查资格预审申请文件

《招标投标法实施条例》第十八条规定,资格预审应当按照资格预审文件载明的标准和方法进行。国有资金占控股或者主导地位的依法必须进行招标的项目,招标人应当组建资格审查委员会审查资格预审申请文件。资格审查委员会及其成员应当遵守《招标投标法》和本条例有关评标委员会及其成员的规定。

投标资格评审工作由招标委员会负责,可以邀请专家及有关方面的代表组成投标资格评审委员会来完成。资格预审的内容主要包括投标人签约资格和履约能力。可以采用简单多数法或评分法来确定投标人。考虑到入选的潜在投标人不一定都来投标这一因素,在采用有限数量制时一般不宜少于 5 家,但也不宜太多。

(5)通知资格预审结果

招标人通知资格预审结果包括:向获得投标资格者,发出资格预审合格通知书或投标邀请书;向未能获得投标资格者,发出致谢信。

《招标投标法实施条例》第十九条规定,资格预审结束后,招标人应当及时向资格预审申请人发出资格预审结果通知书。未通过资格预审的申请人不具有投标资格。通过资格预审的申请人少于 3 个的,应当重新招标。

2. 资格后审

不进行资格预审的公开招标,一般进行资格后审。《招标投标法实施条例》规定,招标人采用资格后审办法对投标人进行资格审查的,应当在开标后由评标委员会按照招标文件规定的标准和方法对投标人的资格进行审查。

(六)发售招标文件

招标文件应当包括投标须知、招标项目的技术要求、对投标人资格审查的标准

（适用于资格后审的情况）、投标报价要求和评标标准等所有实质性要求和条件以及拟签订合同的主要条款。

《招标投标法实施条例》第十六条规定，招标文件的发售期不得少于 5 日。招标人发售招标文件收取的费用应当限于补偿印刷、邮寄的成本支出，不得以营利为目的。

招标文件的发售有两种形式：一种是卖给有资格的潜在投标人，酌收工本费；另一种是无偿发给有资格的潜在投标人，但收取一定的招标文件押金，待招标活动结束收回招标文件或其中的设计文件时退还。

《招标投标法实施条例》第二十一条规定，招标人可以对已发出的招标文件进行必要的澄清或者修改。澄清或者修改的内容可能影响投标文件编制的，招标人应当在投标截止时间至少 15 日前，以书面形式通知所有获取招标文件的潜在投标人；不足 15 日的，招标人应当顺延提交投标文件的截止时间。该澄清或者修改的内容为招标文件的组成部分。

《招标投标法实施条例》第二十二条规定，潜在投标人或者其他利害关系人对招标文件有异议的，应当在投标截止时间 10 日前提出。招标人应当自收到异议之日起 3 日内作出答复；作出答复前，应当暂停招标投标活动。

### （七）组织踏勘项目现场

《招标投标法》第二十一条规定，招标人根据招标项目的具体情况，可以组织潜在投标人踏勘项目现场。《招标投标法实施条例》第二十八条规定，招标人不得组织单个或者部分潜在投标人踏勘项目现场。

潜在投标人通过对招标项目现场的踏勘，可以了解场地及其周围环境的情况，获取其认为有用的信息；核对招标文件中的有关资料和数据并加深对招标文件的理解，以便对招标项目做出正确的判断，选择正确的投标策略，确定正确的投标报价。踏勘人员一般可由投标决策人员、拟派到项目的负责人以及投标报价人员组成。现场考察的主要内容包括交通运输条件、自然环境与社会环境条件、当地的市场行情等。

投标人研究招标文件和现场考察后总会有一些问题需要解答，应以书面形式提出质疑，招标人应及时给予书面解答，且同时发给每一个获得招标文件的潜在投标人，以保证招标的公平和公正。

### （八）终止招标

《招标投标法实施条例》第三十一条规定，招标人终止招标的，应当及时发布公告，或者以书面形式通知被邀请的或者已经获取资格预审文件、招标文件的潜在投标人。已经发售资格预审文件、招标文件或者已经收取投标保证金的，招标人应当及时退还所收取的资格预审文件、招标文件的费用，以及所收取的投标保证金及银行同期存款利息。

### （九）招标人的禁止性规定

1. 禁止招标人利用划分标段规避招标

《招标投标法》第四条规定,任何单位和个人不得将依法必须进行招标的项目化整为零或者以其他任何方式规避招标。第十九条规定,招标项目需要划分标段、确定工期的,招标人应当合理划分标段、确定工期,并在招标文件中载明。

《招标投标法实施条例》第二十四条规定,招标人对招标项目划分标段的,应当遵守招标投标法的有关规定,不得利用划分标段限制或者排斥潜在投标人。依法必须进行招标的项目的招标人不得利用划分标段规避招标。

2. 禁止招标人限制排斥投标人

《招标投标法》第六条规定,依法必须进行招标的项目,其招标投标活动不受地区或者部门的限制。任何单位和个人不得违法限制或者排斥本地区、本系统以外的法人或者其他组织参加投标,不得以任何方式非法干涉招标投标活动。第十八条规定,招标人不得以不合理的条件限制或者排斥潜在投标人,不得对潜在投标人实行歧视待遇。

《招标投标法实施条例》第三十二条规定,招标人不得以不合理的条件限制、排斥潜在投标人或者投标人。招标人有下列行为之一的,属于以不合理条件限制、排斥潜在投标人或者投标人:

（1）就同一招标项目向潜在投标人或者投标人提供有差别的项目信息;

（2）设定的资格、技术、商务条件与招标项目的具体特点和实际需要不相适应或者与合同履行无关;

（3）依法必须进行招标的项目以特定行政区域或者特定行业的业绩、奖项作为加分条件或者中标条件;

（4）对潜在投标人或者投标人采取不同的资格审查或者评标标准;

（5）限定或者指定特定的专利、商标、品牌、原产地或者供应商;

（6）依法必须进行招标的项目非法限定潜在投标人或者投标人的所有制形式或者组织形式;

（7）以其他不合理条件限制、排斥潜在投标人或者投标人。

招标人不得向他人透露已获取招标文件的潜在投标人的名称、数量以及可能影响公平竞争的有关招标投标的其他情况。

## 二、投标

### （一）投标人

1. 投标人依法参加投标

《招标投标法》第二十五条规定,投标人是响应招标、参加投标竞争的法人或者其他组织。第二十六条规定，投标人应当具备承担招标项目的能力；国家有关规定对投标人资格条件或者招标文件对投标人资格条件有规定的，投标人应当具备规定的资格条件。

《招标投标法实施条例》第三十三条规定，投标人参加依法必须进行招标的项目的投标，不受地区或者部门的限制，任何单位和个人不得非法干涉。

2. 投标人影响公正性的投标无效

《招标投标法实施条例》第三十四条规定，与招标人存在利害关系可能影响招标公正性的法人、其他组织或者个人，不得参加投标。单位负责人为同一人或者存在控股、管理关系的不同单位，不得参加同一标段投标或者未划分标段的同一招标项目投标。违反上述规定的，相关投标均无效。

3. 投标人发生重大变化

《招标投标法实施条例》第三十八条规定，投标人发生合并、分立、破产等重大变化的，应当及时书面告知招标人。投标人不再具备资格预审文件、招标文件规定的资格条件或者其投标影响招标公正性的，其投标无效。

4. 投标人数目

《招标投标法》第二十八条规定，投标人少于三个的，招标人应当依法重新招标。

**（二）投标文件**

1. 投标文件的内容要求

《招标投标法》第二十七条规定，投标人应当按照招标文件的要求编制投标文件。投标文件应当对招标文件提出的实质性要求和条件作出响应。

响应招标文件的实质性要求是投标的基本前提。凡是不能满足招标文件中的任何一项实质性要求和条件的投标文件，都将被拒绝。实质性要求和条件，主要是指招标文件中有关招标项目的价格、期限、技术规范、合同的主要条款等内容。

2. 投标文件的补充、修改与撤回

《招标投标法》第二十九条规定，投标人在招标文件要求提交投标文件的截止时间前，可以补充、修改或者撤回已提交的投标文件，并书面通知招标人。补充、修改的内容为投标文件的组成部分。

《招标投标法实施条例》第三十五条规定，投标人撤回已提交的投标文件，应当在投标截止时间前书面通知招标人。招标人已收取投标保证金的，应当自收到投标人书面撤回通知之日起5日内退还。投标截止后投标人撤销投标文件的，招标人可以不退还投标保证金。

3. 投标文件的送达与签收

《招标投标法》第二十八条规定，投标人应当在招标文件要求提交投标文件的截止时间前,将投标文件送达招标文件规定的投标地点。招标人收到投标文件后,应当签收保存,不得开启。

《招标投标法实施条例》第三十六条规定,招标人应当如实记载投标文件的送达时间和密封情况,并存档备查。

投标文件有下列情形之一的,招标人应当拒收:

(1)未通过资格预审的申请人提交的投标文件;

(2)逾期送达的投标文件;

(3)不按照招标文件要求密封的投标文件。

**(三)投标有效期**

投标有效期,是为保证招标人有足够的时间完成评标和与中标人签订合同,而要求投标人提交的投标文件在一定时间内保持有效的期限,也是招标人对投标人做出承诺的期限。

《招标投标法实施条例》第二十五条规定,招标人应当在招标文件中载明投标有效期。投标有效期从提交投标文件的截止之日起算。

**(四)投标保证金**

投标保证金,是指投标人按照招标文件的要求向招标人出具的,以一定金额表示的投标责任担保。其实质是为了避免因投标人在投标有效期内随意撤回、撤销投标或中标后不能提交履约保证金和签署合同等行为而给招标人造成损失。

1. 投标保证金的形式、金额与有效期

投标保证金除现金外,可以是银行出具的银行保函、保兑支票、银行汇票或现金支票。

《招标投标法实施条例》第二十六条规定,招标人在招标文件中要求投标人提交投标保证金的,投标保证金不得超过招标项目估算价的 2%。投标保证金有效期应当与投标有效期一致。依法必须进行招标的项目的境内投标单位,以现金或者支票形式提交的投标保证金应当从其基本账户转出。招标人不得挪用投标保证金。

实行两阶段招标的,招标人要求投标人提交投标保证金的,应当在第二阶段提出。

2. 投标保证金的退还

《招标投标法实施条例》第五十七条规定,招标人最迟应当在书面合同签订后5日内向中标人和未中标的投标人退还投标保证金及银行同期存款利息。

招标人终止招标,已经收取投标保证金的,招标人应当及时退还所收取的投标保证金及银行同期存款利息。

投标人撤回已提交的投标文件,招标人已收取投标保证金的,应当自收到投标人书面撤回通知之日起5日内退还。投标截止后投标人撤销投标文件的,招标人可以不退还投标保证金。

### （五）投标人分包工程的规定

《招标投标法》第三十条规定,投标人根据招标文件载明的项目实际情况,拟在中标后将中标项目的部分非主体、非关键性工作进行分包的,应当在投标文件中载明。

这与《建筑法》所规定的"承包商可以将其所承包工程中的部分工程发包给具有相应资质条件的分包单位,但属于施工总承包的,建筑工程主体结构的施工必须由总包单位自己完成"相对应。

### （六）联合体投标的规定

联合体投标是一种特殊的投标人组织形式,一般适用于大型的或结构复杂的建设项目。

《招标投标法》第三十一条规定,两个以上法人或者其他组织可以组成一个联合体,以一个投标人的身份共同投标。

1. 联合体的资质条件

《招标投标法》第三十一条规定,联合体各方均应具备承担招标项目的相应能力;国家有关规定或者招标文件对投标人资格条件有规定的,联合体各方均应当具备规定的相应资格条件。由同一专业的单位组成的联合体,按照资质等级较低的单位确定资质等级。

联合体的资质等级采取"就低不就高"的原则,是为了促使高资质、高素质的投标人实现强强联合,优化资源配置,并防止出现"挂靠"现象,以保证招标质量和建设工程的顺利实施。

2. 联合体协议

《招标投标法》第三十一条规定,联合体各方应当签订共同投标协议,明确约定各方拟承担的工作和责任,并将共同投标协议连同投标文件一并提交招标人。联合体中标的,联合体各方应当共同与招标人签订合同,就中标项目向招标人承担连带责任。招标人不得强制投标人组成联合体共同投标,不得限制投标人之间的竞争。

《招标投标法实施条例》第三十七条规定,招标人应当在资格预审公告、招标公告或者投标邀请书中载明是否接受联合体投标。招标人接受联合体投标并进行资格预审的,联合体应当在提交资格预审申请文件前组成。资格预审后联合体增减、更换成员的,其投标无效。联合体各方在同一招标项目中以自己名义单独投标或者参加其他联合体投标的,相关投标均无效。

### （七）投标人的禁止性规定

在工程招标投标活动中,投标人的不正当竞争行为主要是:投标人相互串通投标、招标人与投标人串通投标、投标人以行贿手段谋取中标、投标人以低于成本的报价竞标、投标人以他人名义投标或者以其他方式弄虚作假骗取中标。

1. 禁止投标人相互串通投标

《招标投标法》第三十二条规定,投标人不得相互串通投标报价,不得排挤其他投标人公平竞争,损害招标人或者其他投标人的合法权益。

《招标投标法实施条例》第三十九条规定,禁止投标人相互串通投标。有下列情形之一的,属于投标人相互串通投标:

(1)投标人之间协商投标报价等投标文件的实质性内容;

(2)投标人之间约定中标人;

(3)投标人之间约定部分投标人放弃投标或者中标;

(4)属于同一集团、协会、商会等组织成员的投标人按照该组织要求协同投标;

(5)投标人之间为谋取中标或者排斥特定投标人而采取的其他联合行动。

《招标投标法实施条例》第四十条规定,有下列情形之一的,视为投标人相互串通投标:

(1)不同投标人的投标文件由同一单位或者个人编制;

(2)不同投标人委托同一单位或者个人办理投标事宜;

(3)不同投标人的投标文件载明的项目管理成员为同一人;

(4)不同投标人的投标文件异常一致或者投标报价呈规律性差异;

(5)不同投标人的投标文件相互混装;

(6)不同投标人的投标保证金从同一单位或者个人的账户转出。

2. 禁止投标人与招标人串通投标

《招标投标法》第三十二条规定,投标人不得与招标人串通投标,损害国家利益、社会公共利益或者他人的合法权益。

《招标投标法实施条例》第四十一条规定,禁止招标人与投标人串通投标。有下列情形之一的,属于招标人与投标人串通投标:

(1)招标人在开标前开启投标文件并将有关信息泄露给其他投标人;

(2)招标人直接或者间接向投标人泄露标底、评标委员会成员等信息;

(3)招标人明示或者暗示投标人压低或者抬高投标报价;

(4)招标人授意投标人撤换、修改投标文件;

(5)招标人明示或者暗示投标人为特定投标人中标提供方便;

(6)招标人与投标人为谋求特定投标人中标而采取的其他串通行为。

3. 禁止投标人以行贿的手段谋取中标

《招标投标法》第三十二条规定,禁止投标人以向招标人或者评标委员会成员行贿的手段谋取中标。

投标人以行贿手段谋取中标是一种严重的违法行为,其法律后果是中标无效,有关责任人和单位要承担相应的行政责任或刑事责任,给他人造成损失的还应承担民事赔偿责任。

4. 禁止投标人以低于成本的报价竞标

《招标投标法》第三十三条规定,投标人不得以低于成本的报价竞标。第四十一条规定,中标人的投标应当符合下列条件之一,……但是投标价格低于成本的除外。

低于成本的报价竞标不仅属于不正当竞争行为,还易导致中标后的偷工减料,影响建设工程质量。

5. 禁止投标人以他人名义投标或者以其他方式弄虚作假欺骗中标

《招标投标法》第三十三条规定,投标人不得以他人名义投标或者以其他方式弄虚作假,骗取中标。

《招标投标法实施条例》第四十二条规定,使用通过受让或者租借等方式获取的资格、资质证书投标的,属于以他人名义投标。

投标人有下列情形之一的,属于以其他方式弄虚作假的行为:

(1)使用伪造、变造的许可证件;

(2)提供虚假的财务状况或者业绩;

(3)提供虚假的项目负责人或者主要技术人员简历、劳动关系证明;

(4)提供虚假的信用状况;

(5)其他弄虚作假的行为。

## 三、开标、评标与中标

### (一) 开标

开标是同时公开各投标人报送的投标文件的过程。开标使投标人知道其他竞争对手的要约情况,也限定了招标人员只能在这个开标结果的基础上评标、定标。

《招标投标法》第三十四条规定,开标应当在招标文件确定的提交投标文件截止时间的同一时间公开进行;开标地点应当为招标文件中预先确定的地点。第三十五条规定,开标由招标人主持,邀请所有投标人参加。

《招标投标法》第三十六条规定,开标时,由投标人或者其推选的代表检查投标文件的密封情况,也可以由招标人委托的公证机构检查并公证;经确认无误后,由工作人员当众拆封,宣读投标人名称、投标价格和投标文件的其他主要内容。招标人在招标文件要求提交投标文件的截止时间前收到的所有投标文件,开标时都应当当众予以拆封、宣读。若有标底,也应在开标时公布。开标过程应当记录,并存档备查。

《招标投标法实施条例》第四十四条规定,投标人少于3个的,不得开标;招标人应当重新招标。投标人对开标有异议的,应当在开标现场提出,招标人应当当场作出答复,并制作记录。

开标后,任何投标人都不允许更改投标书的内容和报价,也不允许再增加优惠条件。

《招标投标法实施条例》第五十条规定,招标项目设有标底的,招标人应当在开标时公布。

**(二)评标**

1. 评标委员会

1)评标委员会的组成

《招标投标法》第三十七条规定,评标由招标人依法组建的评标委员会负责。依法必须进行招标的项目,其评标委员会由招标人的代表和有关技术、经济等方面的专家组成,人数为 5 人以上单数,其中技术、经济等方面的专家不得少于成员总数的 2/3。上述专家应当从事相关领域工作满 8 年并具有高级职称或者具有同等专业水平,由招标人从国务院有关部门或者省、自治区、直辖市人民政府有关部门提供的专家名册或者招标代理机构的专家库内的相关专业的专家名单中确定;一般招标项目可以采取随机抽取方式,特殊招标项目可以由招标人直接确定。

根据《评标委员会和评标办法暂行规定》,评标专家应符合下列条件:

(1)从事相关专业领域工作满 8 年并具有高级职称或者同等专业水平;

(2)熟悉有关招标投标的法律法规,并具有与招标项目相关的实践经验;

(3)能够认真、公正、诚实、廉洁地履行职责。

此外,评标委员会设负责人的,评标委员会负责人与评标委员会的其他成员有同等的表决权。评标委员会负责人由评标委员会成员推举产生或者由招标人确定。一般,评标委员会负责人由招标人代表担任。

2)评标委员会的禁止性规定

《招标投标法》第三十七条规定,与投标人有利害关系的人不得进入相关项目的评标委员会;已经进入的应当更换。评标委员会成员的名单在中标结果确定前应当保密。

《招标投标法实施条例》第四十六条规定,任何单位和个人不得以明示、暗示等任何方式指定或者变相指定参加评标委员会的专家成员。

《评标委员会和评标办法暂行规定》第十二条规定,有下列情形之一的,不得担任评标委员会成员:

(1)投标人或者投标人主要负责人的近亲属;

(2)项目主管部门或者行政监督部门的人员;

(3)与投标人有其他社会关系或者经济利益关系,可能影响对投标公正评审的;

(4)曾因在招标、评标以及其他与招标投标有关活动中从事违法行为而受过行政处罚或刑事处罚的。

评标委员会成员有上述情形之一的,应当主动提出回避。

《评标委员会和评标办法暂行规定》第十三条规定,评标委员会成员不得与任何投标人或者与招标结果有利害关系的人进行私下接触,不得收受投标人、其他利害关系人的财物或者其他好处。

《评标委员会和评标办法暂行规定》第十四条规定,评标委员会成员和参与评标的有关工作人员不得透露对投标文件的评审和比较、中标候选人的推荐情况以及与评标有关的其他情况。上述参与评标的有关工作人员,是指评标委员会成员以外的因参与评标监督工作或者事务性工作而知悉有关评标情况的所有人员。

2.评标程序

评标一般包括评标准备、初步评审、详细评审以及推荐中标候选人等四个阶段。

1)评标准备

评标准备包括组织评标委员学习招标文件,了解招标项目和招标目标,熟悉评标标准和方法,必要时还要对一些特别的问题进行讨论,以统一评标尺度,使评标更公正、更科学。

2)初步评审

初步评审的重点在投标书的符合性审查,即审查每一投标文件是否对招标文件提出的所有实质性要求和条件作出响应。审查内容包括投标文件的签署情况、投标文件的完整性、与招标文件有无显著的差异和保留、投标资格是否符合要求等。

(1)否决投标的规定

《招标投标法》第四十二条规定,评标委员会经评审,认为所有投标都不符合招标文件要求的,可以否决所有投标。依法必须进行招标的项目的所有投标被否决的,招标人应当依法重新招标。

《招标投标法实施条例》第五十一条规定,有下列情形之一的,评标委员会应当否决其投标:

①投标文件未经投标单位盖章和单位负责人签字;

②投标联合体没有提交共同投标协议;

③投标人不符合国家或者招标文件规定的资格条件;

④同一投标人提交两个以上不同的投标文件或者投标报价,但招标文件要求提交备选投标的除外;

⑤投标报价低于成本或者高于招标文件设定的最高投标限价;

⑥投标文件没有对招标文件的实质性要求和条件作出响应;

⑦投标人有串通投标、弄虚作假、行贿等违法行为。

《评标委员会和评标办法暂行规定》第二十七条规定,评标委员会否决不合格投标后,因有效投标不足三个使得投标明显缺乏竞争的,评标委员会可以否决全部投标。

《招标投标法实施条例》第五十条规定,招标项目设有标底的,标底只能作为评标的参考,不得以投标报价是否接近标底作为中标条件,也不得以投标报价超过标底上下浮动范围作为否决投标的条件。

(2)投标偏差的规定

《评标委员会和评标办法暂行规定》第二十四条规定,评标委员会应当根据招标文件,审查并逐项列出投标文件的全部投标偏差。投标偏差分为重大偏差和细微偏差。

《评标委员会和评标办法暂行规定》第二十五条规定,下列情况属于重大偏差:

①没有按照招标文件要求提供投标担保或者所提供的投标担保有瑕疵;

②没有按照招标文件要求由投标人授权代表签字并加盖公章;

③投标文件载明的招标项目完成期限超过招标文件规定的完成期限;

④明显不符合技术规格、技术标准的要求;

⑤投标文件载明的货物包装方式、检验标准和方法等不符合招标文件的要求;

⑥投标文件附有招标人不能接受的条件;

⑦不符合招标文件中规定的其他实质性要求。

投标文件有上述情形之一的,为未能对招标文件作出实质性响应,作否决投标处理。招标文件对重大偏差另有规定的,从其规定。

《评标委员会和评标办法暂行规定》第二十六条规定,细微偏差是指投标文件基本上符合招标文件要求,但在个别地方存在漏项或者提供了不完整的技术信息和数据等情况,并且补正这些遗漏或者不完整不会对其他投标人造成不公平的结果。细微偏差不影响投标文件的有效性。

例如,投标文件中的大写金额和小写金额不一致的,以大写金额为准;总价金额与单价金额不一致的,以单价金额为准,但单价金额小数点有明显错误的除外。评标委员会应当要求存在细微偏差的投标人在评标结束前予以补正。拒不补正的,在详细评审时可以对细微偏差作不利于该投标人的量化,量化标准应当在招标文件中规定。

(3)投标文件澄清、说明或者补正的规定

《招标投标法实施条例》《评标委员会和评标办法暂行规定》等均规定,评标委员会可以书面方式要求投标人对投标文件中含义不明确、对同类问题表述不一致或者有明显文字和计算错误的内容作必要的澄清、说明或者补正。投标人的澄清、说明或者补正应当采用书面形式,并不得超出投标文件的范围或者改变投标文件的实质性内容。投标人不合格,或者拒不按照要求对投标文件进行澄清、说明或者补正的,评标委员会可以否决其投标。评标委员会不得向投标人提出带有暗示性或诱导性的问题,或向其明确投标文件中的遗漏和错误,不得接受投标人主动提出的澄清、说明。

3)详细评审

《评标委员会和评标办法暂行规定》第二十八条规定,经初步评审合格的投标文件,评标委员会应当根据招标文件确定的评标标准和方法,对其技术部分和商务部分作进一步评审、比较。第二十九条规定,评标方法包括经评审的最低投标价法和综合评估法或者法律与行政法规允许的其他评标方法。

(1)经评审的最低投标价法

经评审的最低投标价法一般适用于具有通用技术性能标准或者招标人对技术、性能没有特殊要求的招标项目。采用经评审的最低投标价法的,评标委员会应当根据招标文件中规定的评标价格调整方法,对投标报价以及投标文件的商务部分作必要的价格调整。中标人的投标应当符合招标文件规定的技术要求和标准,但评标委员会无需对投标文件的技术部分进行价格折算。根据经评审的最低投标价法,能够满足招标文件的实质性要求,并且经评审的最低投标价的投标,应当推荐为中标候选人;但是投标价格低于成本的除外。经评审的最低投标价是指经过对投标文件商务部分中的细微偏差、遗漏进行修正和调整后的投标价格。

(2)综合评估法

不宜采用经评审的最低投标价法的招标项目,一般应采用综合评估法进行评审。综合评估法不仅要评价商务标,而且要评价技术标。根据综合评估法,最大限度地满足招标文件中规定的各项综合评价标准的投标,应当推荐为中标候选人。

衡量投标文件是否最大限度地满足招标文件中规定的各项评价标准,可以采取折算为货币的方法或者打分的方法予以量化。需量化的因素及其权重应当在招标文件中明确规定。评标委员会对各个评审因素进行量化时,应当对投标文件作必要的调整,将量化指标建立在同一基础或者同一标准上,使各投标文件具有可比性。对技术部分和商务部分进行量化后,评标委员会应当对这两部分的量化结果进行加权平均,计算出每一投标的综合评估价或者综合评估分。

4)推荐中标候选人

《招标投标法实施条例》第五十三条规定,评标完成后,评标委员会应当向招标人提交书面评标报告和中标候选人名单。中标候选人应当不超过 3 个,并标明排序。评标报告应当由评标委员会全体成员签字。对评标结果有不同意见的评标委员会成员应当以书面形式说明其不同意见和理由,评标报告应当注明该不同意见。评标委员会成员拒绝在评标报告上签字又不书面说明其不同意见和理由的,视为同意评标结果。

根据《评标委员会和评标办法暂行规定》,采用经评审的最低投标价法的,评标委员会应当拟定一份"标价比较表",连同书面评标报告提交招标人。"标价比较表"应当载明投标人的投标报价、对商务偏差的价格调整和说明以及经评审的最终投标价。采用综合评估法的,评标委员会应当拟定一份"综合评估比较表",连同书面评标报告提交招标人。"综合评估比较表"应当载明投标人的投标报价、所作的任何修正、对商务偏差的调整、对技术偏差的调整、对各评审因素的评估以及对每一投标的最终评审结果。

根据招标文件的规定,允许投标人投备选标的,评标委员会可以对符合中标条件的投标人所投的备选标进行评审,以决定是否采纳备选标。不符合中标条件的投标人的备选标不予考虑。

### (三) 定标

定标是招标人享有的选择中标人的最终决定权、决策权。

**1. 公示中标候选人**

《招标投标法实施条例》第五十四条规定,依法必须进行招标的项目,招标人应当自收到评标报告之日起 3 日内公示中标候选人,公示期不得少于 3 日。

投标人或者其他利害关系人对依法必须进行招标的项目的评标结果有异议的,应当在中标候选人公示期间提出。招标人应当自收到异议之日起 3 日内作出答复;作出答复前,应当暂停招标投标活动。

**2. 确定中标人**

《招标投标法》第四十条规定,招标人根据评标委员会提出的书面评标报告和推荐的中标候选人确定中标人。招标人也可以授权评标委员会直接确定中标人。第四十一条规定,中标人的投标应当符合下列条件之一:(1)能够最大限度地满足招标文件中规定的各项综合评价标准;(2)能够满足招标文件的实质性要求,并且经评审的投标价格最低;但是投标价格低于成本的除外。

第四十三条规定,在确定中标人前,招标人不得与投标人就投标价格、投标方案等实质性内容进行谈判。

**3. 签发中标通知书**

《招标投标法》第四十五条规定,中标人确定后,招标人应当向中标人发出中标通知书,并同时将中标结果通知所有未中标的投标人。中标通知书对招标人和中标人具有法律效力。中标通知书发出后,招标人改变中标结果的,或者中标人放弃中标项目的,应当依法承担法律责任。中标通知书的主要内容有中标人名称、中标价、商签合同时间与地点、提交履约保证的方式和时间等。

**4. 报告招标投标情况**

《招标投标法》第四十七条规定,依法必须进行招标的项目,招标人应当自确定中标人之日起 15 日内,向有关行政监督部门提交招标投标情况的书面报告。

5. 提交履约担保,订立书面合同

1)提交履约担保

《招标投标法》第四十六条规定,招标文件要求中标人提交履约保证金的,中标人应当提交。《招标投标法实施条例》第五十八条规定,履约保证金不得超过中标合同金额的 10%。

招标文件要求中标人提交履约保证的,中标人应当在合同签字前或合同生效前提交。

2)订立书面合同

《招标投标法》第四十六条规定,招标人和中标人应当自中标通知书发出之日起 30 日内,按照招标文件和中标人的投标文件订立书面合同。招标人和中标人不得再行订立背离合同实质性内容的其他协议。《招标投标法实施条例》第五十七条规定,招标人和中标人应当依照招标投标法和本条例的规定签订书面合同,合同的标的、价款、质量、履行期限等主要条款应当与招标文件和中标人的投标文件的内容一致。

# 第三节　招投标的法律责任

在工程招投标过程中,招标人、投标人及相关参与人违反了法定义务,应承担相应的法律责任。《招标投标法》与《招标投标法实施条例》中有关法律责任的规定如下。

## 一、招标人的法律责任

《招标投标法》第四十九条规定,违反本法规定,必须进行招标的项目而不招标的,将必须进行招标的项目化整为零或者以其他任何方式规避招标的,责令限期改正,可以处项目合同金额千分之五以上千分之十以下的罚款;对全部或者部分使用国有资金的项目,可以暂停项目执行或者暂停资金拨付;对单位直接负责的主管人员和其他直接责任人员依法给予处分。

《招标投标法》第五十一条规定,招标人以不合理的条件限制或者排斥潜在投标人的,对潜在投标人实行歧视待遇的,强制要求投标人组成联合体共同投标的,或者限制投标人之间竞争的,责令改正,可以处 1 万元以上 5 万元以下的罚款。

《招标投标法实施条例》第六十三条规定,招标人有下列限制或者排斥潜在投标人行为之一的,由有关行政监督部门依照招标投标法第五十一条的规定处罚:(1)依法应当公开招标的项目不按照规定在指定媒介发布资格预审公告或者招标公告;(2)在不同媒介发布的同一招标项目的资格预审公告或者招标公告的内容不一致,影响潜在投标人申请资格预审或者投标。依法必须进行招标的项目的招标人不按照规定发布资格预审公告或者招标公告,构成规避招标的,依照招标投标法第四十九条的规定处罚。

《招标投标法》第五十二条规定,依法必须进行招标的项目的招标人向他人透露已获取招标文件的潜在投标人名称、数量或者可能影响公平竞争的有关招标投标的其他情况的,或者泄露标底的,给予警告,可以并处 1 万元以上 10 万元以下的罚款;对单位直接负责的主管人员和其他直接责任人员依法给予处分;构成犯罪的,依法追究刑事责任。前款所列行为影响中标结果的,中标无效。

《招标投标法实施条例》第六十四条规定,招标人有下列情形之一的,由有关行政监督部门责令改正,可以处 10 万元以下的罚款:(1)依法应当公开招标而采用邀请招标;(2)招标文件、资格预审文件的发售、澄清、修改的时限,或者确定的提交资格预审申请文件、投标文件的时限不符合招标投标法和本条例规定;(3)接受未通过资格预审的单位或者个人参加投标;(4)接受应当拒收的投标文件。招标人有上述(1)(3)(4)所列行为之一的,对单位直接负责的主管人员和其他直接责任人员依法给予处分。

《招标投标法》第五十五条规定,依法必须进行招标的项目,招标人违反本法规定,与投标人就投标价格、投标方案等实质性内容进行谈判的,给予警告,对单位直接负责的主管人员和其他直接责任人员依法给予处分。前款所列行为影响中标结果的,中标无效。《招标投标法》第五十七条规定,招标人在评标委员会依法推荐的中标候选人以外确定中标人的,依法必须进行招标的项目在所有投标被评标委员会否决后自行确定中标人的,中标无效,责令改正,可以处中标项目金额千分之五以上千分之十以下的罚款;对单位直接负责的主管人员和其他直接责任人员依法给予处分。

《招标投标法实施条例》第六十六条规定,招标人超过本条例规定的比例收取投标保证金、履约保证金或者不按照规定退还投标保证金及银行同期存款利息的,由有关行政监督部门责令改正,可以处 5 万元以下的罚款;给他人造成损失的,依法承担赔偿责任。

《招标投标法实施条例》第七十条规定,依法必须进行招标的项目的招标人不按照规定组建评标委员会,或者确定、更换评标委员会成员违反《招标投标法》和本条例规定的,由有关行政监督部门责令改正,可以处 10 万元以下的罚款,对单位直接负责的主管人员和其他直接责任人员依法给予处分;违法确定或者更换的评标委员会成员作出的评审结论无效,依法重新进行评审。

《招标投标法实施条例》第七十七条规定,招标人不按照规定对异议作出答复,继续进行招标投标活动的,由有关行政监督部门责令改正,拒不改正或者不能改正并影响中标结果的,依照本条例第八十二条的规定处理。

《招标投标法实施条例》第八十三条规定,招标人与中标人不按照招标文件和中标人的投标文件订立合同的,合同的主要条款与招标文件、中标人的投标文件的内容不一致,或者招标人、中标人订立背离合同实质性内容的协议的,或者招标人擅自提高履约保证金或强制要求中标人垫付中标项目建设资金的,有关行政监督部门责令改正;可以处中标项目金额千分之五以上千分之十以下的罚款。

## 二、投标人的法律责任

《招标投标法》第五十三条规定,投标人相互串通投标或者与招标人串通投标的,投标人以向招标人或者评标委员会行贿的手段谋取中标的,中标无效,处中标项目金额千分之五以上千分之十以下的罚款,对单位直接负责的主管人员和其他直接责任人员处单位罚款数额百分之五以上百分之十以下的罚款;有违法所得的,并处没收违法所得;情节严重的取消其1年至2年内参加依法必须进行招标的项目的投标资格并予以公告,直至由工商行政管理机关吊销营业执照;构成犯罪的,依法追究刑事责任;给他人造成损失的,依法承担赔偿责任。

《招标投标法实施条例》第六十七条规定,投标人相互串通投标或者与招标人串通投标的,投标人向招标人或者评标委员会成员行贿谋取中标的,中标无效;构成犯罪的,依法追究刑事责任;尚不构成犯罪的,依照招标投标法第五十三条的规定处罚。投标人未中标的,对单位的罚款金额按照招标项目合同金额依照招标投标法规定的比例计算。

投标人有下列行为之一的,属于招标投标法第五十三条规定的情节严重行为,由有关行政监督部门取消其1年至2年内参加依法必须进行招标的项目的投标资格:(1)以行贿谋取中标;(2)3年内2次以上串通投标;(3)串通投标行为损害招标人、其他投标人或者国家、集体、公民的合法利益,造成直接经济损失30万元以上;(4)其他串通投标情节严重的行为。投标人自上述规定的处罚执行期限届满之日起3年内又有该款所列违法行为之一的,或者串通投标、以行贿谋取中标且情节特别严重的,由工商行政管理机关吊销营业执照。法律、行政法规对串通投标报价行为的处罚另有规定的,从其规定。

《招标投标法》第五十四条规定,投标人以他人名义投标或者其他方式弄虚作假、骗取中标的,中标无效,给招标人造成损失的,依法承担赔偿责任;构成犯罪的,依法追究刑事责任。依法必须进行招标的项目的投标人有前款所列行为尚未构成犯罪的,处中标项目金额千分之五以上千分之十以下的罚款,对单位直接负责的主管人员和其他直接责任人员处单位罚款数额百分之五以上百分之十以下的罚款;有违法所得的,并处没收违法所得;情节严重的,取消其1年至3年内参加依法必须进行招标的项目的投标资格并予以公告,直至由工商行政管理机关吊销营业执照。

《招标投标法实施条例》第六十八条规定,投标人以他人名义投标或者以其他方式弄虚作假骗取中标的,中标无效;构成犯罪的,依法追究刑事责任;尚不构成犯罪的,依照《招标投标法》第五十四条的规定处罚。依法必须进行招标的项目的投标人未中标的,对单位的罚款金额按照招标项目合同金额依照《招标投标法》规定的比例计算。

投标人有下列行为之一的,属于《招标投标法》第五十四条规定的情节严重行为,由有关行政监督部门取消其1年至3年内参加依法必须进行招标的项目的投标资格:(1)伪造、变造资格、资质证书或者其他许可证件骗取中标;(2)3年内2次以上使用他人名义投标;(3)弄虚作假骗取中标给招标人造成直接经济损失30万元以上;(4)其他弄虚作假骗取中标情节严重的行为。投标人自上述规定的处罚执行期限届满之日起3年内又有该款所列违法行为之一的,或者弄虚作假骗取中标情节特别严重的,由工商行政管理机关吊销营业执照。

《招标投标法实施条例》第六十九条规定,出让或者出租资格、资质证书供他人投标的,依照法律、行政法规的规定给予行政处罚;构成犯罪的,依法追究刑事责任。

《招标投标法实施条例》第七十七条规定,投标人或者其他利害关系人捏造事实、伪造材料或者以非法手段取得证明材料进行投诉,给他人造成损失的,依法承担赔偿责任。

## 三、其他相关人的法律责任

### (一) 招标代理机构的法律责任

《招标投标法》第五十条规定,招标代理机构违反本法规定,泄露应当保密的与招标投标活动有关的情况和资料的,或者与招标人、投标人串通损害国家利益、社会公共利益或者他人合法权益的,处5万元以上25万元以下的罚款,对单位直接负责的主管人员和其他直接责任人员处单位罚款数额百分之五以上百分之十以下的罚款;有违法所得的,并处没收违法所得;情节严重的,暂停直至取消招标代理资格;构成犯罪的,依法追究刑事责任;给他人造成损失的,依法承担赔偿责任。前款所列行为影响中标结果的,中标无效。

《招标投标法实施条例》第六十五条规定,招标代理机构在所代理的招标项目中投标、代理投标或者向该项目投标人提供咨询的,接受委托编制标底的中介机构参加受托编制标底项目的投标或者为该项目的投标人编制投标文件、提供咨询的,依照《招标投标法》第五十条的规定追究法律责任。

### (二) 评标委员会成员的法律责任

《招标投标法》第五十六条规定,评标委员会成员收受投标人的财物或者其他好处的,评标委员会或者参加评标的有关工作人员向他人透露对投标文件的评审和比较、中标候选人的推荐情况以及与评标有关的其他情况的，给予警告，没收收受的财物，可以并处 3000 元以上 5 万元以下的罚款，对有所列违法行为的评标委员会成员取消担任评标委员会成员的资格，不得再参加任何依法必须进行招标的项目的评标；构成犯罪的，依法追究刑事责任。

《招标投标法实施条例》第七十一条规定，评标委员会成员有下列行为之一的，由有关行政监督部门责令改正；情节严重的，禁止其在一定期限内参加依法必须进行招标的项目的评标；情节特别严重的，取消其担任评标委员会成员的资格：(1)应当回避而不回避；(2)擅离职守；(3)不按照招标文件规定的评标标准和方法评标；(4)私下接触投标人；(5)向招标人征询确定中标人的意向或者接受任何单位或者个人明示或者暗示提出的倾向或者排斥特定投标人的要求；(6)对依法应当否决的投标不提出否决意见；(7)暗示或者诱导投标人作出澄清、说明或者接受投标人主动提出的澄清、说明；(8)其他不客观、不公正履行职务的行为。

《招标投标法实施条例》第七十二条规定，评标委员会成员收受投标人的财物或者其他好处的，没收收受的财物，处 3000 元以上 5 万元以下的罚款，取消担任评标委员会成员的资格，不得再参加依法必须进行招标的项目的评标；构成犯罪的，依法追究刑事责任。

### （三）中标人的法律责任

《招标投标法》第五十八条、《招标投标法实施条例》第七十六条规定，中标人将中标项目转让给他人的，将中标项目肢解后分别转让给他人的，违反《招标投标法》和《招标投标法实施条例》规定将中标项目的部分主体、关键性工作分包给他人的，或者分包人再次分包的，转让、分包无效，处转让、分包项目金额千分之五以上千分之十以下的罚款；有违法所得的，并处没收违法所得；可以责令停业整顿；情节严重的，由工商行政管理机关吊销营业执照。

《招标投标法》第五十九条规定，招标人与中标人不按照招标文件和中标人的投标文件订立合同的，或者招标人、中标人订立背离合同实质性内容的协议的，责令改正；可以处中标项目金额千分之五以上千分之十以下的罚款。

《招标投标法实施条例》第七十五条规定，招标人和中标人不按照招标文件和中标人的投标文件订立合同，合同的主要条款与招标文件、中标人的投标文件的内容不一致，或者招标人、中标人订立背离合同实质性内容的协议的，由有关行政监督部门责令改正，可以处中标项目金额 5‰以上 10‰以下的罚款。

《招标投标法》第六十条规定，中标人不履行与招标人订立的合同的，履约保证金不予退还，给招标人造成的损失超过履约保证金数额的，还应当对超过部分予以赔偿；没有提交履约保证金的，应当对招标人的损失承担赔偿责任。中标人不按照与招标人订立的合同履行义务的，情节严重的，取消其 2 年至 5 年内参加依法必须进行招标的项目的投标资格并予以公告，直至由工商行政管理机关吊销营业执照。

因不可抗力不能履行合同的,不适用前两款规定。

《招标投标法实施条例》第七十四条规定,中标人无正当理由不与招标人订立合同,在签订合同时向招标人提出附加条件,或者不按照招标文件要求提交履约保证金的,取消其中标资格,投标保证金不予退还。对依法必须进行招标的项目的中标人,由有关行政监督部门责令改正,可以处中标项目金额10‰以下的罚款。

**(四) 有关行政监督部门的法律责任**

《招标投标法》第六十三条规定,对招标投标活动依法负有行政监督职责的国家机关工作人员徇私舞弊、滥用职权或者玩忽职守,构成犯罪的,依法追究刑事责任;不构成犯罪的,依法给予行政处分。

《招标投标法实施条例》第八十条规定,项目审批、核准部门不依法审批、核准项目招标范围、招标方式、招标组织形式的,对单位直接负责的主管人员和其他直接责任人员依法给予处分。有关行政监督部门不依法履行职责,对违反《招标投标法》和本条例规定的行为不依法查处,或者不按照规定处理投诉、不依法公告对招标投标当事人违法行为的行政处理决定的,对直接负责的主管人员和其他直接责任人员依法给予处分。项目审批、核准部门和有关行政监督部门的工作人员徇私舞弊、滥用职权、玩忽职守,构成犯罪的,依法追究刑事责任。

《招标投标法实施条例》第七十九条规定,国家建立招标投标信用制度。有关行政监督部门应当依法公告对招标人、招标代理机构、投标人、评标委员会成员等当事人违法行为的行政处理决定。

**(五) 国家工作人员的法律责任**

《招标投标法实施条例》第七十条规定,国家工作人员以任何方式非法干涉选取评标委员会成员的,依照本条例第八十一条的规定追究法律责任。

《招标投标法实施条例》第八十一条规定,国家工作人员利用职务便利,以直接或者间接、明示或者暗示等任何方式非法干涉招标投标活动,有下列情形之一的,依法给予记过或者记大过处分;情节严重的,依法给予降级或者撤职处分;情节特别严重的,依法给予开除处分;构成犯罪的,依法追究刑事责任:

(1)要求对依法必须进行招标的项目不招标,或者要求对依法应当公开招标的项目不公开招标;

(2)要求评标委员会成员或者招标人以其指定的投标人作为中标候选人或者中标人,或者以其他方式非法干涉评标活动,影响中标结果;

(3)以其他方式非法干涉招标投标活动。

**(六) 其他相关的法律责任**

《招标投标法》第六十二条规定,任何单位违反本法规定,限制或者排斥本地区、本系统以外的法人或者其他组织参加投标的,为招标人指定招标代理机构的,强制招标人委托招标代理机构办理招标事宜的,或者以其他方式干涉招标投标活动的,责令改正;对单位直接负责的主管人员和其他直接责任人员依法给予警告、记过、记大过的处分;情节较重的,依法给予降级、撤职、开除的处分。个人利用职权进行前款违法行为的,依照前款规定追究责任。

《招标投标法实施条例》第七十八条规定,取得招标职业资格的专业人员违反国家有关规定办理招标业务的,责令改正,给予警告;情节严重的,暂停一定期限内从事招标业务;情节特别严重的,取消招标职业资格。

# 案例分析

## 案例 5-1

### 一、背景

某房产公司(以下简称 A 公司)拟开发某住宅项目,在招投标前,与某施工企业(以下简称 B 公司)签订了《建设工程施工合同》。合同签订后,A 公司又委托某招标代理机构对该工程的施工进行招标,B 公司参与了投标,并从 A 公司获得了有关投标报价的信息。最终 B 公司被确定为中标人,于是,A 公司与 B 公司按中标结果又签订了一份《建设工程施工合同》,并按规定办理了备案手续。

施工过程中,A 公司进度款支付迟延,B 公司存在工期延误、质量缺陷等问题,双方协商无果,遂成诉。

诉讼中,双方对适用哪一份合同各执一词。A 公司坚持应适用第一份合同,认为该合同体现双方的真实意思表示,B 公司在该合同中的让利也不违反法律、现行法规的强制性规定;B 公司坚持适用第二份合同,认为该合同签订在后,又经过了招投标程序,且进行了备案。

法院查明,该项目总投资 3.5 亿元,未使用国有资金,属于商业住宅项目。

### 二、问题

1. 上述招投标行为是否符合招标投标的有关规定?

2. 上述两份合同的效力如何?

3. A、B 公司可能面临什么样的处罚?

### 三、分析

1. A、B 公司存在串通投标的行为

根据《招标投标法实施条例》第四十一条规定,禁止招标人与投标人串通投标。有下列情形之一的,属于招标人与投标人串通投标:

(1)招标人在开标前开启投标文件并将有关信息泄露给其他投标人;

(2)招标人直接或者间接向投标人泄露标底、评标委员会成员等信息；

(3)招标人明示或者暗示投标人压低或者抬高投标报价；

(4)招标人授意投标人撤换、修改投标文件；

(5)招标人明示或者暗示投标人为特定投标人中标提供方便；

(6)招标人与投标人为谋求特定投标人中标而采取的其他串通行为。

2. 两份合同均无效

首先,该项目为商品住宅,总投资 3.5 亿元,按照《工程建设项目招标范围和规模标准规定》规定,属于"必须招标的项目"。根据《最高人民法院关于审理建设工程施工合同纠纷案件适用法律问题的解释》(以下简称《司法解释》)第一条第三项的规定,建设工程必须进行招标而未招标的,所签订的施工合同无效。所以,本案中招标前签订的合同无效。

其次,由于招标人与中标人存在串通投标的行为,根据《招标投标法》第五十三条的规定,投标人与招标人串通投标的,应确认"中标无效"。根据《司法解释》第一条第三项的规定,必须进行招标的建设工程中标无效的,所签订的施工合同无效。所以,本案中经招标投标后签订的合同也无效。

3. 根据《招标投标法》第五十三条的规定,除"中标无效"外,A、B 公司还将被处中标项目金额千分之五以上千分之十以下的罚款,单位直接负责的主管人员和其他直接责任人员将被处单位罚款数额百分之五以上百分之十以下的罚款;有违法所得的,并处没收违法所得;情节严重的,取消其一年至二年内参加依法必须进行招标的项目的投标资格并予以公告,直至由工商行政管理机关吊销营业执照;构成犯罪的,依法追究刑事责任;给他人造成损失的,依法承担赔偿责任。

## 案例 5-2

### 一、背景

某财政资金投资建设的奥体中心被确定为省重点工程,拟公开招标选择总承包商,有 5 家单位通过了资格审查,取得了投标资格。由招标人主持开标,并在开标会议上公布了最新的评标标准和方法,作为招标文件附件发送给各投标人。

开标后发现:A 提交的投标函中的投标报价高于招标文件设定的最高投标限价。经评审,评标委员会推荐 C、D、E 分别为第一、第二和第三中标候选人。招标人看重 D 的技术方案和丰富的施工经验将其确定为中标人,但是 D 的报价略高于 C,遂要求 D 以 C 的报价承包该项目,D 同意了招标人的要求,最后双方在发出中标通知书后第35天签订了正式的工程承包合同。

## 二、问题

1. 在开标会上公布最新的评标标准和方法是否合法?为什么?

2. 评标委员会对A提交的投标文件应如何处理?为什么?

3. 招标人确定D为中标人是否合法?为什么?

4. 招标人在与D签订合同的过程中有无不妥之处?若有,请指出并说明理由。

## 三、分析

1.《招标投标法》第四十条规定,应当按照招标文件确定的评标标准和方法对投标文件进行评审和比较。《评标委员会和评标办法暂行规定》第十七条规定,应当根据招标文件规定的评标标准和方法,对投标文件进行系统评审和比较。招标文件中没有规定的标准和方法不得作为评标的依据。因此,本案中招标人在开标会议上公布最新的评标标准和方法,并将其作为评标依据的做法不合法。

2. 根据《招标投标法实施条例》第五十一条规定,投标报价低于成本或者高于招标文件设定的最高投标限价的,评标委员会应当否决其投标。本案中,A的投标报价高于招标文件设定的最高投标限价,故评标委员会应当否决A提交的投标文件。

3. 招标人有权从评标委员会推荐的中标候选人中确定中标人,但是,《评标委员会和评标方法暂行规定》第四十八条规定,对于使用国有资金的项目,招标人应当确定排名第一的中标候选人为中标人。本案中,奥体中心为使用国有资金的项目,根据规定应以排名第一的C为中标人,招标人在C未放弃中标的情况下以排名第二的D为中标人不合法。

4.《招标投标法》第四十六条规定,招标人和中标人应当自中标通知书发出之日起30日内,按照招标文件和中标人的投标文件订立书面合同。本案中,招标人在发出中标通知书后第35天并在中标人D同意降低造价的情况下与其签订正式合同,应认定为不合法。

# 思考题

1. 简述工程招标与投标的概念。

2. 简述招标投标的原则及我国《招标投标法》规定的招标方式。

3. 工程招标投标的内容可分为哪几类?

4. 简述招投标的基本程序。

5. 简述标底和最高投标限价的区别。

6. 投标资格预审内容有哪些?

7. 招标文件有哪些主要内容?

8. 根据《招标投标法实施条例》的规定,招标人的哪些行为属于以不合理条件限制、排斥潜在投标人或者投标人?

9. 根据《招标投标法实施条例》的规定,投标人的哪些行为属于相互串通投标,哪些行为视为相互串通投标?

10. 根据《招标投标法实施条例》的规定,属于招标人与投标人串通投标的情形有哪些?

11. 简述评标委员会的组成。

12. 根据《招标投标法实施条例》的规定,评标委员会应当否决投标的情形有哪些?

# 第六章 合同法基本原理

## 第一节 概 述

### 一、合同概述

#### （一）合同的概念

合同是指平等主体的自然人、法人、其他组织之间设立、变更、终止民事权利义务关系的协议。

广义上的合同是指以确定权利、义务为内容的协议，除了包括民事合同外，还包括行政合同、劳动合同等。民法中的合同即民事合同，是指确立、变更、终止民事权利义务关系的协议，它包括债权合同、身份合同等。

债权合同是指确立、变更、终止债权债务关系的合同。法律上的债是指特定当事人之间请求对方作特定行为的法律关系，从权利方面来看，为债权关系；从义务方面来看，为债务关系。

身份合同是指以设立、变更、终止身份关系为目的，不包含财产内容或者不以财产内容为主要调整对象的合同，如结婚、离婚、收养、监护等协议。身份合同为我国《民法通则》及《婚姻法》等法律中相关内容所规范；行政合同、劳动合同分别为《行政法》《劳动法》所规范。除了身份合同以外的所有民事合同均为《合同法》调整的对象。

#### （二）合同的法律特征

合同具有如下法律特征：

1. 合同是一种民事法律行为

民事法律行为是指民事主体实施的能够设立、变更、终止民事权利义务关系的合法行为。民事法律行为以意思表示为核心，并且按照意思表示的内容产生法律后果。作为民事法律行为，合同应当是合法的，即只有在合同当事人所作出的意思表示符合法律要求时，才能产生法律约束力，受到法律的保护。如果当事人的意思表示违法，即使双方已经达成协议，也不能产生当事人预期的法律效果。

**2. 合同是两个以上当事人意思表示一致的协议**

合同的成立必须有两个以上的当事人相互之间作出意思表示，并达成共识。因此，只有当事人在平等自愿的基础上意思表示完全一致时，合同才能成立。

**3. 合同以设立、变更、终止民事权利义务关系为目的**

当事人订立合同都有一定的目的，即设立、变更、终止民事权利义务关系。无论当事人订立合同是为了什么目的，只有当事人达成的协议生效以后，才能对当事人产生法律上的约束力。

**（三）合同的分类**

在市场经济活动中，交易的形式千差万别，合同的种类也各不相同。

**1. 按照合同的表现形式，合同可以分为书面合同、口头合同及默示合同**

书面合同是指当事人以书面文字有形地表现内容的合同。我国《合同法》第十一条规定，书面形式是指合同书、信件和数据电文（包括电报、电传、传真、电子数据交换和电子邮件）等可以有形地表现所载内容的形式。我们国家的法律规定，某些合同必须采用书面形式订立，如《合同法》第二百七十条规定，建设工程合同应当采用书面形式。书面合同的特点：一是有凭有据。在当事人履行合同时，便于检查、管理和监督，有利于当事人按约履行；在当事人因履行合同发生纠纷时，有利于各方举证，明确案件事实。二是可以使合同内容更加详细、周密。当事人在将其意思表示通过文字表现出来时，往往会更加审慎，对合同内容的约定也更加全面、具体。

口头合同是指当事人以口头语言的方式（如当面对话、电话联系等）达成协议而订立的合同。口头合同的特点是简便易行、迅速及时，但缺乏证据，当纠纷发生时，举证困难。因此，口头合同一般只适用于即时结清的情况。

默示合同是指当事人并不直接用口头或者书面形式进行意思表示，而是通过实施某种行为或者以不作为的沉默方式进行意思表示而达成的合同。当事人以这种默示方式进行意思表示达成合同的，受到法律的严格控制，仅在两种情形下才能使用：其一，法律有明文规定的。如《合同法》第一百七十一条规定，试用买卖中，试用期间届满，买受人对是否购买标的物未作表示的，视为购买。其二，当事人事先有约定的。这种使用范围上的严格控制，是默示合同的最大特点。

**2. 按照给付内容和性质的不同，合同可以分为转移财产合同、完成工作合同和提供服务合同**

转移财产合同是指以转移财产权利，包括所有权、使用权和收益权为内容的合同。此合同标的为物质。《合同法》规定的买卖合同，供电、水、气、热合同，赠与合同，借款合同，租赁合同和部分技术合同等均属于转移财产合同。

完成工作合同是指当事人一方按照约定完成一定的工作并将工作成果交付给对方，另一方接受成果并给付报酬的合同。《合同法》规定的承揽合同、建设工程合同均属于此类合同。

提供服务合同是指依照约定,当事人一方提供一定方式的服务,另一方给付报酬的合同。《合同法》中规定的运输合同、行纪合同、居间合同和部分技术合同均属于此类合同。

3. 按照当事人是否相互负有义务,合同可以分为双务合同和单务合同

双务合同是指当事人双方互负对待给付义务的合同。双方的义务具有对等关系,一方的义务即另一方的权利,一方承担义务的目的是为了获取对应的权利。双务合同为合同常态,《合同法》中规定的绝大多数合同,如买卖合同、承揽合同、建设工程合同等均属于此类合同。

单务合同是指当事人中仅有一方负担义务,而另一方只享有合同权利的合同。例如,在赠与合同中,受赠人享有接受赠与物的权利,但不负担任何义务。

分类的意义:

(1)履行抗辩权仅发生于双务合同中。

(2)在合同被解除、确认无效或者撤销时,双务合同存在双方互为返还给付问题,而单务合同不存在对待给付及返还问题。

4. 按照当事人之间的权利义务关系是否存在着对价关系,合同可以分为有偿合同和无偿合同

有偿合同是指当事人一方享有合同约定的权利必须向对方当事人支付相应对价的合同。如买卖合同、保险合同等。

无偿合同是指当事人一方享有合同约定的权利无需向对方当事人支付相应对价的合同。最典型的无偿合同是赠与合同。

分类的意义:

(1)当事人的注意义务不同。例如,根据《合同法》第三百七十四条、四百〇六条规定,保管合同、委托合同如果为无偿合同,保管人、受托人的注意义务较低,仅对故意或者重大过失造成的损害承担责任;相反,如果保管合同、委托合同为有偿合同,则保管人、受托人对自己的一般过失给对方造成的损害亦须承担责任。

(2)对缔约当事人行为能力的要求不同。订立有偿合同的当事人原则上应具有完全民事行为能力,限制行为能力人非经其法定代理人同意,不能订立超出其行为能力范围的有偿合同;但限制民事行为能力人、无民事行为能力人可以独立订立使自己纯获利益的无偿合同。

(3)善意取得的构成要件以第三人与无权处分人之间是有偿交易为要件。

5. 按照合同的成立是否以交付标的物为必要条件,合同可分为诺成合同和实践合同

诺成合同,又称不要物合同,指只要行为人意思表示一致即告成立的合同,它不以标的物的交付为成立的要件。我国《合同法》中规定的绝大多数合同都属于诺

成合同。

实践合同,又称要物合同,指除当事人意思表示一致以外,还需要以标的物的交付为成立要件的合同。如承揽合同中的来料加工合同,在双方达成协议后,还需要由供料方交付原材料或半成品,合同才能成立。

分类的意义:

(1)判断合同是否成立。

(2)当事人义务的性质不同。在诺成合同中,交付标的物或完成其他给付是当事人的合同义务,违反该义务便产生"违约责任"。而在实践合同中,交付标的物或完成其他给付不是当事人的合同义务,只是先合同义务,违反该义务不产生违约责任,可能构成"缔约过失责任"。

(3)对作为实践合同的定金合同而言,定金的交付不仅是合同成立的前提,而且实际交付定金数额多于或者少于约定数额的,视为变更定金合同。

**6. 按照相互之间的从属关系,合同可以分为主合同和从合同**

主合同是指两个相互依存的合同中,不以其他合同的存在为前提而能独立存在的合同,如买卖合同、借贷合同等。

从合同又称附属合同,是指两个相互依存的合同中,以其他合同的存在为前提,自身不能独立存在的合同。如在借贷合同和担保合同中,借贷合同属于主合同,因为它能够单独存在,并不因为担保合同不存在而失去法律效力;而担保合同则属于从合同,它仅仅是为了担保借贷合同的正常履行而存在的,如果借贷合同因为借贷双方履行完合同义务而宣告合同效力解除,担保合同就因为失去存在条件而失去法律效力。主合同和从合同的关系为:主合同和从合同并存时,两者发生互补作用;主合同无效或者被撤销时,从合同也将失去法律效力;而从合同无效或被撤销时,一般不影响主合同的法律效力。

分类的意义:

主、从合同之间具有成立、存续、消灭上的从属关系,所以,主合同变更或消灭,从合同原则上随之变更或消灭。

**7. 按照法律对合同形式是否有特别要求,合同可分为要式合同和不要式合同**

要式合同是指法律要求必须具备一定形式的合同。《合同法》第二百七十条规定,建设工程合同应当采用书面形式。可见,建设工程合同属于要式合同。

不要式合同是指法律不要求具备一定形式的合同。合同采用何种形式,完全由合同双方当事人自己决定,可以采用口头形式,也可以采用书面形式、默示形式。

分类的意义:

法律对合同形式的要求可能成为影响合同成立或者生效的因素。不过,为了贯彻鼓励交易的原则,《合同法》第三十六条规定,法律、行政法规规定或者当事人约定采用书面形式订立合同,当事人未采用书面形式但一方已经履行主要义务,对方接受的,该合同成立。该法第三十七条规定,采用合同书形式订立合同,在签字或者盖章之前,当事人一方已经履行主要义务,对方接受的,该合同成立。可见,要式合同的要式性对合同的成立与生效仅具有相对意义。

8.按照法律是否为某种合同确定了一个特定的名称,合同可分为有名合同和无名合同

有名合同,又称典型合同,是指《合同法》或其他法律已经确定了名称及规则的合同,如《合同法》分则规定的买卖合同等 15 类合同、《保险法》规定的保险合同等均属于有名合同。建设工程合同亦属于有名合同。

无名合同,又称非典型合同,是指法律上尚未确定一定名称与规则的合同。

分类的意义:

无名合同的法律适用规则为:(1)适用《合同法》总则的规定;(2)参照适用《合同法》分则、其他法律最相类似的规定。

## 二、《合同法》简介

### (一)《合同法》的概念和特点

1.概念

合同法有两层含义:广义上的合同法是指根据法律的实质内容,调整合同关系的所有的法律法规的总称;另外一种是基于法律的表现形式,即由立法机关制定的,以"合同法"命名的法律,在我国,即 1999 年 3 月 15 日第九届全国人民代表大会第二次会议通过的《中华人民共和国合同法》。本书所提及的《合同法》,特指《中华人民共和国合同法》。

2.特点

(1)统一性。《合同法》的颁布和施行,结束了我国过去《经济合同法》《涉外经济合同法》和《技术合同法》三足鼎立的多元合同立法的模式,克服了三个合同法各自规范不同的关系和领域而引起的不一致和不协调的缺陷,形成了统一的合同法律规则。

(2)任意性。合同的本质就是当事人通过自由协商,决定其相互之间的权利义务关系,并根据其意志调整他们之间的关系。《合同法》以调整市场交易关系为其主要内容,而交易习惯则需要尊重当事人的自由选择,因此,《合同法》规范多为任意性规范,即允许当事人对其内容予以变更的法律规范。如当事人可以自由决定是否订立合同,与谁订立合同,订立什么样的合同,合同的内容包括哪些,合同是否需要变更或者解除等。

(3)强制性。为了维护社会主义市场经济秩序,必须对当事人各方的行为进行规范。对于某些严重影响到国家、社会、市场秩序和当事人利益的内容,《合同法》则采用强制性规范或者禁止性规范。如《合同法》中规定,当事人订立、履行合同,

应当遵守法律、行政法规，尊重社会道德，不得扰乱社会经济秩序，损害社会公共利益。

### (二)《合同法》结构

《合同法》分为两大部分共 428 条内容。其中总则分别阐述了包括一般规定、合同的订立、合同的效力、合同的履行、合同的变更和转让、合同的权利义务终止、违约责任和其他规定等共计 8 章 129 条规定，主要叙述了《合同法》的基本原理和基本原则。分则部分则对各种不同类型的合同作出专门的规定，分别阐述了买卖合同、供用电水气热力合同、赠与合同、借款合同、租赁合同、融资租赁合同、承揽合同、建设工程合同、运输合同、技术合同、保管合同、仓储合同、委托合同、行纪合同、居间合同等 15 种包括经济、技术和其他民事等有名合同共计 15 章 298 条规定。

### (三)《合同法》的基本原则

合同法的基本原则为下列 7 项：

1. 平等原则

在合同法律关系中，当事人之间的法律地位平等，任何一方都有权独立作出决定，一方不得将自己的意愿强加给另一方。

2. 合同自由原则

合同自由原则即只有在双方当事人经过协商，意思表示完全一致，合同才能成立。合同自由包括缔结合同自由、选择合同相对人自由、确定合同内容自由、选择合同形式自由、变更和解除合同自由。

3. 公平原则

公平原则即在合同的订立和履行过程中，公平、合理地调整合同当事人之间的权利义务关系。

4. 诚实信用原则

诚实信用原则是指在合同的订立和履行过程中，合同当事人应当诚实守信，以善意的方式履行其义务，不得滥用权力及规避法律或合同规定的义务。同时，还应当维护当事人之间的利益及当事人利益与社会利益之间的平衡。

5. 遵守法律、尊重社会公德原则

遵守法律、尊重社会公德原则即当事人订立、履行合同应当遵守法律、行政法规及尊重社会公认的道德规范。

6. 合同严守原则

合同严守原则即依法成立的合同在当事人之间具有相当于法律的效力，当事人必须严格遵守，不得擅自变更和解除合同，不得随意违反合同规定。

7. 鼓励交易原则

鼓励交易原则即鼓励合法正当的交易。如果当事人之间的合同订立和履行符合法律及行政法规的规定,则当事人各方的行为应当受到鼓励和法律的保护。

### 三、合同法律关系

法律关系是指人与人之间的社会关系为法律规范调整时所形成的权利和义务关系,即法律上的社会关系。

合同法律关系又称为合同关系,指当事人相互之间在合同中形成的权利义务关系。

合同法律关系由主体、内容和客体三个基本要素构成,主体是客体的占有者、支配者和行为的实施者,客体是主体合同债权和合同债务指向的目标,内容是主体和客体之间的连接纽带,三者缺一不可,共同构成合同法律关系。

#### (一)合同法律关系的主体

合同法律关系的主体又称合同当事人,是指在合同关系中享有权利或者承担义务的人,包括债权人和债务人。在合同关系中,债权人有权要求债务人根据法律规定和合同的约定履行义务,而债务人则负有实施一定行为的义务。在实践中,债权人和债务人的地位往往是相对的,因为大多数合同都是双务合同,当事人双方互相享有权利、承担义务,因此,双方互为债权人和债务人。

合同法律关系主体主要有自然人、法人和其他组织。

1. 自然人

自然人是指基于出生而成为民事法律关系主体的人。自然人包括具有中华人民共和国国籍的自然人、具有其他国家国籍的自然人和无国籍自然人。但是,作为合同主体,自然人必须具备相应的民事权利能力和民事行为能力。民事权利能力是指法律赋予民事法律关系主体享有民事权利和承担民事义务的资格。它是民事主体取得具体的民事权利和承担具体民事义务的前提条件,只有具有民事权利能力,才能成为独立的民事主体,参加民事活动。根据我国《宪法和民法通则》的规定,公民的民事权利能力一律平等,民事权利能力始于出生,终于死亡。

民事行为能力是指民事法律关系主体能够以自己的行为取得民事权利和承担民事义务的能力或资格。它既包括合法的民事行为能力,也包括民事主体对其行为应承担责任的能力,如民事主体因侵权行为而应承担损失赔偿责任等。

民事行为能力是民事权利能力得以实现的保证,民事权利能力必须依赖具有民事行为能力的行为,才能得以实现。公民具有民事行为能力,必须具备两个条件:第一,必须达到法定年龄;第二,必须智力正常,可以理智地辨认自己的行为。我国《民法通则》规定,年满18周岁的公民为完全民事行为能力人;16周岁以上不满18周岁的公民,以自己的劳动收入为主要生活来源的,视为具有完全民事行为能力;10周岁以上的未成年人或不能完全辨认自己行为的精神病人是限制民事行为能力人;不满10周岁的未成年人或不能辨认自己行为的精神病人为无民事行为能力人。

2．法人

法人是指具有民事权利能力和民事行为能力，依法独立享有民事权利和承担民事义务的组织。我国的法人可分为：

①企业法人，指以营利为目的，独立从事商品生产和经营活动的法人。

②机关法人，指国家机关，包括立法机关、行政机关、审判机关和检察机关。这些法人不以营利为目的。

③事业单位和社会团体法人。一般不以营利为目的，但按照企业法人登记法规登记后可从事营利活动。

作为法人，应具备以下四个法定条件：

①依法成立。法人必须按照法定程序，向国家主管机关提出申请，经审查合格后才能取得法人资格。

②有必要的财产和经费。法人必须具有独立的财产或独立经营管理的财产和活动经费。

③有自己的名称、组织机构和场所。

④能够独立承担民事责任。

3．其他组织

其他组织是指具有有限的民事权利能力和民事行为能力，在一定程度上能够享有民事权利和承担民事义务，但不能独立承担民事责任的不具备法人资格的组织。主要包括以下几种类型：

①企业法人的分支机构，即由企业法人进行登记并领取营业执照的组织分公司、企业派出机构等。

②依法登记并领取营业执照的私营独资企业、合伙企业。

③依法登记并领取营业执照的合伙型联营企业。

④依法登记并领取营业执照但无法人资格的中外合作经营企业、外商独资企业。

⑤经核准登记并领取营业执照的乡镇、街道、村办企业。

⑥符合上述非法人组织特征的其他经济组织。

**（二）合同法律关系的客体**

合同法律关系的客体又称为合同的标的，指在合同法律关系中，合同法律关系的主体的权利义务关系所指向的对象。在合同交往过程中，由于当事人的交易目的和合同内容千差万别，合同客体也各不相同。

合同法律关系的客体的种类有：

（1）物，是指民事权利主体能够支配的具有一定经济价值的物质财富，包括自然物和劳动创造物以及充当一般等价物的货币和有价证券等。物是应用最为广泛的合同法律关系客体。

（2）行为，是指合同法律关系主体为达到一定的目的而进行的活动，如完成一定的工作或者提供一定劳务的行为，如工程监理等。

（3）智力成果，也称无形财产，指脑力劳动的成果，它可以适用于生产，转化为生产力，主要包括商标权、专利权、著作权等。

**（三）合同法律关系的内容**

合同法律关系的内容是指债权人的权利和债务人的义务，即合同债权和合同债务。

1. 合同债权

合同债权又称为合同权利，是债权人依据法律规定和合同约定而享有的要求债务人为一定给付的权利。合同债权具有以下特点：

（1）合同债权是请求权，即债权人请求对方为一定行为的权利。在债务人给付前，债权人不能直接支配标的，更不允许直接支配债务人的人身，只能通过请求债务人为给付行为，以达到自己的目的。

（2）合同债权是给付受领权，即有效地接受债务人的给付并予以保护。

（3）合同债权是相对权。因为合同只在债权人和债务人之间产生法律约束力，除了在由第三者履行的合同中，合同债权人可有权要求第三人履行合同义务外，债权人只能向合同债务人请求给付，无权向其他人提出要求。

2. 合同债务

合同债务又称为合同义务，是指债务人依据法律规定和合同约定向债权人履行给付及与给付相关的其他行为的义务。

# 第二节　合同的主要条款

《合同法》遵循合同自由原则，仅仅列出合同的主要条款，具体合同的内容由当事人约定。主要条款一般包括以下内容：

1. 当事人的名称（或姓名）和场所。合同中记载的当事人的姓名或者名称是确定合同当事人的标志，而住所则在确定合同债务履行地、法院对案件的管辖等方面具有重要的法律意义。

2. 标的。标的即合同法律关系的客体，是指当事人权利义务指向的对象。合同中的标的条款应当标明标的的名称，以使其特定化，并能够确定权利义务的范围。合同的标的因合同类型的不同而变化，总体来说，合同标的包括有形财物、行为和智力成果。

3. 数量。合同标的的数量是衡量合同当事人权利义务大小的尺度。因此，合同标的的数量一定要确切,应当采用国家标准或行业标准中确定的或者当事人共同接受的计量方法和计量单位。

4. 质量。合同标的质量是指检验标的内在素质和外观形态优劣的标准。它和标的数量一样是确定合同标的的具体条件,是这一标的区别于同类另一标的的具体特征。因此,在确定合同标的的质量标准时,应当采用国家标准或者行业标准。如果当事人对合同标的的质量有特别约定时,在不违反国家标准和行业标准的前提下,可双方约定标的的质量要求。合同中的质量条款包括标的的规格、性能、物理和化学成分、款式和质感等。

5. 价款和报酬。价款和报酬是指以物、行为和智力成果为标的的有偿合同中,取得利益一方当事人作为取得利益的代价而应向对方支付的金钱。价款是取得有形标的物应支付的代价;报酬是获得服务应支付的代价。

6. 履行的期限、地点和方式。履行的期限是指合同当事人履行合同和接受履行的时间。它直接关系到合同义务的完成时间,涉及当事人的期限利益,也是确定违约与否的因素之一。履行地点是指合同当事人履行合同和接受履行的地点。履行地点是确定交付与验收标的地点的依据,有时是确定风险由谁承担的依据以及标的物所有权是否转移的依据。履行方式是合同当事人履行合同和接受履行的方式,包括交货方式、实施行为方式、验收方式、付款方式、结算方式、运输方式等。

7. 违约责任。违约责任是指当事人不履行合同义务或者履行合同义务不符合约定时应当承担的民事责任。违约责任是促使合同当事人履行债务,使守约方免受或者少受损失的法律救济手段,对合同当事人的利益关系重大,合同对此应予明确。

8. 解决争议的方法。解决争议的方法有协商、调解、仲裁或诉讼。

# 第三节　合同的订立

## 一、合同的订立和成立

合同的订立是指缔约人作出意思表示并达成合意的行为和过程。

合同成立是指合同订立过程的完成,即合同当事人经过平等协商对合同基本内容达成一致意见,合同订立阶段宣告结束,它是合同当事人合意的结果。

合同作为当事人从建立到终止权利义务关系的一个动态过程,始于合同的订立,终结于适当履行或者承担责任。任何一个合同的签订都需要当事人双方进行一次或者多次的协商,最终达成一致意见,而签订合同则意味着合同的成立。

合同成立是合同订立的重要组成部分。合同的成立必须具备以下条件:

### （一）订约主体存在双方或者多方当事人

所谓订约主体即缔约人，是指参与合同谈判并且订立合同的人。作为缔约人，他必须具有相应的民事权利能力和民事行为能力，包括下列几种情况：

1. 自然人的缔约能力。自然人能否成为缔约人，要根据其民事行为能力来确定。具有完全行为能力的自然人可以订立一切法律允许自然人作为合同当事人的合同。限制行为能力的自然人只能订立一些与自己的年龄、智力、精神状态相适应的合同，其他合同只能由其法定代理人代为订立或者经法定代理人同意后订立。无行为能力的自然人，通常不能成为合同当事人，如果要订立合同，一般只能由其法定代理人代为订立。

2. 法人和其他组织的缔约能力。法人和其他组织一般都具有行为能力，但是他们的行为能力是有限制的，因为法律往往对法人和其他组织规定了各自的经营和活动范围。因此，法人和其他组织在订立合同时，要考虑到自身的行为能力。超越经营或者活动范围订立的合同，有可能不产生法律效力。

3. 代理人的缔约能力。当事人除了订立合同外，还可以委托他人代订合同。在委托他人代理时，应当向代理人进行委托授权，即出具授权委托书。在委托书中注明代理人的姓名（或名称）、代理事项、代理的权限范围、代理权的有效期限、被代理人的签名盖章等内容。如果代理人超越代理权限或者无权代理，则所订立的合同可能不能产生法律效力。

### （二）对主要条款达成合意

合同成立的根本标志在于合同当事人的意思表示一致。但是在实际交易活动中常常因为相距遥远、时间紧迫，不可能就合同的每一项具体条款进行仔细磋商；或者因为当事人缺乏合同知识而造成合同规定的某些条款不明确或者缺少某些具体条款。《合同法》规定，当事人就合同的标的、数量、质量等主要条款协商一致，合同就可以成立。

## 二、要约

### （一）要约的概念

要约也称为发价、发盘、出盘、报价等，是希望和他人订立合同的意思表示，即一方当事人以缔结合同为目的，向对方当事人提出合同条件，希望对方当事人接受的意思表示。构成要约必须具备以下条件：

1. 要约必须是特定人所为的意思表示。要约是要约人向相对人（受约人）所作出的含有合同条件的意思表示，旨在得到对方的承诺并订立合同。只有要约人是具备民事权利能力和民事行为能力的特定的人，受约人才能对他作出承诺。

2. 要约必须向相对人发出。要约必须经过受约人的承诺，合同才能成立，因此，要约必须是要约人向受约人发出的意思表示。受约人一般为特定人，但是，在特殊情况下,对不确定的人做出无碍要约时,受约人可以为不特定人。

3. 要约的内容应当具体确定。要约的内容必须明确,而不应该含糊不清,否则,受约人便不能了解要约的真实含义,难以承诺。同时,要约的内容必须完整,必须具备合同的主要条件或者全部条件,受约人一旦承诺后,合同就能成立。

4. 要约必须具有缔约目的。要约人发出要约的目的是为了订立合同,即在受约人承诺时,要约人即受该意思表示的约束。凡是不是以缔结合同为目的而进行的行为,尽管表达了当事人的真实意愿,但不是要约。是否以缔结合同为目的,是区别要约与要约邀请的主要标志。

**(二)要约的法律效力**

要约的法律效力是指要约的生效及对要约人、受约人的拘束力。它包括:

1. 对要约人的拘束力,即指要约一经生效,要约人即受到要约的拘束,不得随意撤回、撤销,或者对要约加以限制、变更和扩张,从而保护受约人的合法权益,维护交易安全。不过,为了适应市场交易的实际需要,法律允许要约人在一定条件下,即在受约人承诺前,有限度地撤回、撤销要约,或者变更要约的内容。

2. 对受约人的拘束力,是指受约人在要约生效时即取得承诺的权利,取得依其承诺而成立合同的法律地位,正是因为这种权利,所以受约人可以承诺,也可以不予承诺。这种权利只能由受约人行使,不能随意转让,否则承诺对要约人不产生法律效力。如果要约人在要约中明确规定受约人可以将承诺的资格转让,或者受约人的转让得到要约人的许可,那么这种转让是有效的。

3. 要约的生效时间,即要约产生法律约束力的时间。《合同法》规定,要约的生效时间为要约到达受约人时开始。

4. 要约的存续期间。是指要约发生法律效力的期限,也即受约人得以承诺的期间。一般而言,要约的存续期间由要约人确定,受约人必须在此期间内作出承诺,要约才能对要约人产生拘束力。如果要约人没有确定,则根据要约的具体情况,考虑受约人能够收到要约所必需的时间、受约人做出承诺所必需的时间和承诺到达要约人所必需的时间而确定一个合理的期间。

**(三)要约邀请**

1. 要约邀请的概念

要约邀请又称为要约引诱,是指希望他人向自己发出要约的意思表示,其目的在于邀请对方向自己发出要约。如寄送的价目表、拍卖公告、招标公告、商业广告等为要约邀请。在工程建设中,招标公告即要约邀请,投标报价属于要约,中标函则是承诺。要约邀请是当事人订立合同的预备行为,它既不能因相对人的承诺而成立合同,也不能因自己做出某种承诺而约束要约人。

2. 要约与要约邀请的区别

(1)要约是当事人自己主动愿意订立合同的意思表示;而要约邀请则是当事人

希望对方向自己提出订立合同的意思表示。

（2）要约中含有当事人表示愿意接受要约约束的意旨,要约人将自己置于一旦对方承诺,合同即宣告成立的无可选择的地位;而要约邀请则不含有当事人表示愿意承担约束的意旨,要约邀请人希望将自己置于一种可以选择是否接受对方要约的地位。

### （四）要约的撤回与撤销

#### 1. 要约的撤回

要约的撤回是指在要约发生法律效力之前,要约人取消要约的行为。要约的撤回有两个要求:(1)发出撤回的通知;(2)撤回的通知先于要约或者与要约同时到达相对人。

#### 2. 要约的撤销

要约的撤销是指在要约生效后,要约人取消要约,使其丧失法律效力的行为。要约的撤销有三个要求:

（1）发出撤销的通知。

（2）撤销的通知须于相对人发出承诺的通知之前到达相对人。

（3）要约属于可撤销的要约。须注意,三种要约属于不可撤销的要约:要约人确定了承诺期限;明示要约不可撤销;受要约人有理由认为要约是不可撤销的,并已经为履行合同作了准备工作。

### （五）要约的消灭

#### 1. 要约消灭的概念

要约的消灭又称为要约失效,即要约丧失了法律拘束力,不再对要约人和受要约人产生约束。要约消灭后,受要约人也丧失了承诺的效力,即使向要约人发出承诺,合同也不能成立。

#### 2. 要约消灭的条件

《合同法》规定,有下列情况之一的,要约失效:

（1）受要约人拒绝要约;

（2）要约人撤回或者撤销要约;

（3）承诺期限届满,承诺人未作出承诺;

（4）承诺对要约的内容作出实质性变更。

## 三、承诺

### （一）承诺的概念

承诺是指受要约人同意接受要约的全部条件的意思表示。承诺的法律效力在于要约一经受约人承诺并送达要约人,合同便宣告成立。承诺必须具备以下条件,才能产生法律效力：

1. 承诺必须由受约人发出。根据要约所具有的法律效力，只有受约人才能取得承诺的资格，因此，承诺只能由受约人发出。如果要约是向一个或者数个特定人发出的，则该特定人具有承诺的资格。受约人以外的任何人向要约人发出的都不是承诺，而只能视为要约。如果要约是向不特定人发出时，则该不特定人中的任何人都具有承诺的资格。

2. 承诺必须向要约人发出。承诺是指受约人向要约人表示同意接受要约的全部条件的意思表示，在合同成立后，要约人是合同当事人之一，因此，承诺必须是向特定人即要约人发出的，这样才能达到订立合同的目的。

3. 承诺应当在确定的或者合理的期限内到达要约人。如果要约规定了承诺的期限，则承诺应当在规定的期限内作出；如果要约中没有规定期限，则承诺应当在合理的期限内作出。如果承诺人超过了规定的期限作出承诺，则视为承诺迟到，或者称为逾期承诺。一般来说，逾期承诺被视为新的要约，而不是承诺。

4. 承诺的内容应当与要约的内容一致。因为承诺是受约人愿意按照要约的全部内容与要约人订立合同的意思表示，即承诺是对要约的同意，其同意内容必须与要约内容完全一致，合同才能成立。

5. 承诺必须表明受约人的缔约意图。同要约一样，承诺必须明确表明与要约人订立合同，此时合同才能成立。这就要求受约人作出的承诺必须清楚明确，不能含糊。

6. 承诺的传递方式应当符合要约的要求。如果要约要求承诺采取某种方式作出，则不能采取其他方式。如果要约未对此作出规定，承诺应当以合理的方式作出。

### （二）承诺的方式

承诺的方式是指受约人通过何种形式将承诺的意思送达给要约人。如果要约中明确规定承诺必须采取何种形式作出，则承诺人必须按照规定发出承诺。如果要约没有对承诺方式作出特别规定，受约人可以采用以下方式作出承诺：

1. 通知。在一般情况下，承诺应当以通知的方式作出，即以口头或者书面的形式将承诺明确告知要约人。要约中有明确规定的，则按照要约的规定作出承诺；如果要约没有作出明确规定，通常采用与要约相同的方式作出承诺。

2. 行为。如果根据交易习惯或者要约明确规定，可以通过行为作出承诺的，则可以通过行为进行承诺，即以默示方式作出承诺，包括作为与不作为两种方式。

### （三）承诺的生效时间

承诺的生效时间是指承诺何时产生法律效力。根据《合同法》规定，承诺在承诺通知到达要约人时生效。但是，承诺必须在承诺期限内作出。分为以下几种情况：

1. 承诺必须在要约确定的期限内作出。

2. 如果要约没有确定承诺期限,承诺应当按照下列规定到达:

(1)要约以对话方式作出的,应当及时作出承诺的意思表示;

(2)要约以非对话方式作出的,承诺应当在合理期限内到达要约人。

**(四) 对要约内容变更的承诺的处理**

按照承诺成立的条件,承诺的内容必须与要约的内容保持一致,即承诺必须是无条件的承诺,不得限制、扩张或者变更要约的内容。如果对要约内容进行变更,就有可能不能成为承诺。

变更分为以下两种情况:

1. 承诺如果对要约的内容进行实质性变更,此时,不能构成承诺而应该视为新的要约。有关合同的标的数量、质量、价款和酬金、履行期限、履行地点和方式、违约责任和争议解决方法的变更,是对要约内容的实质性变更。因为这些条款是未来合同内容所必须具备的条款,如果缺少这些条款,未来的合同便不能成立。因此,当这些变更后的承诺到达要约人时,合同并不能成立,必须等到原要约人无条件同意这些经变更后形成的新要约,再向新要约人发出承诺时,合同方可成立。

2. 承诺对要约的内容作出非实质性变更时,承诺一般有效。《合同法》规定,如果承诺对要约的内容作出非实质性变更的,除了要约人及时表示反对或者要约明确表示承诺不得对要约的内容作出任何变更的以外,该承诺有效,合同的内容以承诺的内容为准。对要约内容的非实质性更改包括:

(1)对非主要条款作出了改变。

(2)承诺人对要约的主要条款未表示异议,然而在对这些主要条款承诺后,又添加了一些建议或者表达了一些愿望。如果在这些建议和意见中并没有提出新的合同成立条件,则认为承诺有效。

(3)如果承诺中添加了法律规定的义务,承诺仍然有效。

## 四、缔约过失责任

### (一) 概念

缔约过失责任是一种合同前的责任,指在合同订立过程中,一方当事人违反诚实信用原则的要求,因自己的过失而引起合同不成立、无效或者被撤销而给对方造成损失时所应当承担的损害赔偿责任。

### (二) 特点

缔约过失责任具有以下特点:

1. 缔约过失责任是发生在订立合同过程中的法律责任

缔约过失责任与违约责任最重要的区别在于发生的时间不同。违约责任是发生在合同成立以后,合同履行过程中的法律责任;而缔约过失责任则是发生在缔约过程中当事人一方因其过失行为而应承担的法律责任。只有在合同还未成立,或者虽然成立,但不能产生法律效力而被确定无效或者被撤销时,有过错的一方才能承担缔约过失责任。

2. 承担缔约过失责任的基础是违背了诚实信用原则

诚实信用原则是《合同法》的基本原则之一。根据诚实信用原则的要求,在合同订立过程中,应当承担先合同义务,包括使用方法的告知义务、瑕疵告知义务、重要事实告知义务、协作与照顾义务等。我国《合同法》规定,假借订立合同,恶意进行磋商,故意隐瞒与订立合同有关的重要事实或者提供虚假情况,都属于违背诚实信用原则的行为,应承担缔约过失责任。

3. 责任人的过失导致他人信赖利益的损害

缔约过失行为直接破坏了与他人的缔约关系,损害的是他人因为信赖合同的成立和有效,但实际上合同是不成立和无效的而遭受的损失。

**(三) 缔约过失责任的类型**

缔约过失责任的类型包括:

1. 擅自撤回要约时的缔约过失责任;

2. 缔约之际未尽通知等义务给对方造成损失时的缔约过失责任;

3. 缔约之际未尽保护义务侵害对方权利时的缔约过失责任;

4. 合同不成立时的缔约过失责任;

5. 合同无效时的缔约过失责任;

6. 合同被变更或者撤销时的缔约过失责任;

7. 无权代理情况下的缔约过失责任。

# 第四节　合同效力

## 一、合同生效

### (一) 合同生效的概念

合同的成立只是意味着当事人之间已经就合同的内容达成了意思表示一致,但是合同能否产生法律效力还要看它是否符合法律规定。

合同的生效是指已经成立的合同因符合法律规定而受到法律保护,并能够产生当事人所预想的法律后果。《合同法》规定,依法成立的合同,自成立时生效。如果合同违反法律规定,哪怕合同已经成立,甚至可能当事人之间还进行了合同的履行,该合同及当事人的履行行为也不会受到法律的保护,甚至还可能受到法律的制裁。

**（二）合同成立与合同生效的区别**

合同成立与合同生效是两个完全不同的概念。合同成立制度主要表现了当事人的意志，体现了合同自由的原则；而合同生效制度则体现了国家对合同关系的认可与否，它反映了国家对合同关系的干预。两者区别如下：

1. 合同不具备成立或生效要件承担的责任不同。在合同订立过程中，一方当事人违反诚实信用原则的要求，因自己的过失给对方造成损失时所应当承担的损害赔偿责任，其后果仅仅表现为当事人之间的民事赔偿责任；而合同不具备生效要件而产生合同无效的法律后果，除了要承担民事赔偿责任外，往往还要承担行政责任和刑事责任。

2. 合同成立与合同生效在合同形式方面的要求不同。在法律、行政法规或者当事人约定采用书面形式订立合同而没有采用，而且也没有出现当事人一方已经履行主要义务，对方接受的情况，则合同不能成立；但是，如果法律、行政法规规定合同只有在办理批准、登记等手续才能生效，当事人未办理相关手续则会导致合同不能生效，但并不影响合同的成立。

3. 国家对合同成立与合同生效的干预不同。合同不成立仅仅涉及当事人内部的合意问题，国家往往不能直接干预，而应当由当事人自己解决；有些合同往往由于其具有非法性，违反了国家的强制性规定或者社会公共利益而成为无效合同，此时，即使当事人不主张合同无效，国家也有权干预。

**（三）合同的生效时间**

根据《合同法》规定，依法成立的合同，自成立时起生效，即依法成立的合同，其生效时间一般与合同的成立时间相同。如果法律、行政法规规定应当办理批准、登记等手续生效的，则在当事人办理了相关手续后合同生效。如果当事人约定应当办理公证、鉴证或者登记手续生效的，当事人未办理的，并不影响合同的生效，合同仍然自成立时起生效。

## 二、无效合同

**（一）无效合同的概念和特征**

无效合同是指合同虽然已经成立，但因违反法律、行政法规的强制性规定或者损害社会公共利益，自始不能产生法律约束力的合同。

无效合同具有以下法律特征：

1. 合同已经成立，这是无效合同产生的前提；

2. 合同不能产生法律约束力，即当事人不受合同条款的约束；

3. 合同自始无效。

**（二）无效合同的类型**

按照《合同法》规定，以下几种情况，合同无效：

1. 一方以欺诈、胁迫的手段订立合同,损害国家利益

欺诈是指一方当事人故意告知对方虚假情况,或者故意隐瞒真实情况,诱使对方当事人作出错误的意思表示的行为。欺诈行为具有以下构成要件:

(1)欺诈方有欺诈的故意;

(2)欺诈方有实施欺诈的行为;

(3)相对人因受到欺诈而作出错误的意思表示。

胁迫是指以将来发生的损害或以直接加以损害相威胁,使对方产生恐惧并因此而订立合同。胁迫行为具有以下构成要件:

(1)胁迫人具有胁迫的故意;

(2)胁迫人实施了胁迫行为;

(3)受胁迫人产生了恐惧而作出了不真实的意思表示。

2. 恶意串通,损害国家、集体或者第三人利益

恶意串通的合同是指明知合同违反了法律规定,或者会损害国家、集体或者他人利益,合同当事人还是非法串通在一起,共同订立某种合同,造成国家、集体或者第三者利益的损害。

3. 以合法的形式掩盖非法的目的

以合法形式掩盖非法目的是指当事人实施的行为在形式上是合法的,但在内容上和目的上是非法的,这种行为又称为隐匿行为。如签订赠予合同以转移非法财产等。这种现象必然导致市场经济秩序混乱,因此是无效合同。

4. 损害社会公共利益

《合同法》规定,当事人订立的合同,不得损害社会公共利益,因此,当事人订立的合同首先必须符合社会公共利益。否则只能是无效合同。

5. 违反法律、行政法规的强制性规定

所谓法律的强制性规定,是指规范义务性要求十分明确,而且行为人必须履行,不允许以任何方式加以变更或者违反的法律规定。此处所说的法律是指全国人大及其常务委员会制定的法律,行政法规是指由国务院制定的法规。

**(三)《司法解释》关于合同无效的规定**

最高人民法院于 2004 年 10 月 25 日出台了《最高人民法院关于审理建设工程施工合同纠纷案件适用法律问题的解释》(以下简称《司法解释》),并于 2005 年 1 月 1 日起正式施行。《司法解释》对建设工程施工合同的效力、合同的解除以及工程质量的责任等法律问题作出了详细的规定。

1.《司法解释》第一条规定,建设工程施工合同具有下列情形之一的,应当根据《合同法》第五十二条第(五)项的规定,认定无效:(1)承包人未取得建筑施工企业资质或者超越资质等级的;(2)没有资质的实际施工人借用有资质的建筑施工企

业名义的;(3)建设工程必须进行招标而未招标或者中标无效的。

2.《司法解释》第四条规定,承包人非法转包、违法分包建设工程或者没有资质的实际施工人借用有资质的建筑施工企业名义与他人签订建设工程施工合同的行为无效。人民法院可以根据《民法通则》第一百三十四条规定,收缴当事人已经取得的非法所得。

3.《司法解释》第五条规定,承包人超越资质等级许可的业务范围签订建设工程施工合同,在建设工程竣工前取得相应资质等级,当事人请求按照无效合同处理的,不予支持。

4.《司法解释》第七条规定,具有劳务作业法定资质的承包人与总承包人、分包人签订的劳务分包合同,当事人以转包建设工程违反法律规定为由请求确认无效的,不予支持。该条旨在保护劳务分包人的合法权益。

### (四) 免责条款无效的法律规定

免责条款是指合同当事人在合同中预先约定的,旨在限制或免除其未来责任的条款。

《合同法》规定,合同中下列免责条款无效:

(1)造成对方人身伤害的;

(2)因故意或者重大过失造成对方财产损失的。

法律之所以规定以上两种情况的免责条款无效,是因为:一是这两种行为都具有一定的社会危害性和法律的谴责性;二是这两种行为都可以构成侵权行为责任,即使当事人之间没有合同关系,当事人也可以追究对方当事人的侵权行为责任,如果当事人约定这种侵权行为免责的话,等于以合同的方式剥夺了当事人合同以外的法定权利,违反了民法的公平原则。

### (五) 无效合同的法律后果

无效合同一经确认,即可决定合同的处置方式,但并不说明合同当事人的权利义务关系全部结束。其处置原则为:

1. 制裁有过错方,即对合同无效负有责任的一方或者双方应当承担相应的法律责任。过错方所应当承担的损失赔偿责任必须符合以下条件:被损害人有损害事实;赔偿义务人有过错;接受损失赔偿的一方当事人必须无故意违法而使合同无效的情况;损失与过错之间有因果关系。

2. 无效合同自始没有法律效力。无论确认合同无效的时间是在合同履行前还是履行过程中,或者是在履行完毕,该合同一律从合同成立之时,就不具备法律效力,当事人即使进行了履行行为,也不能取得履行结果。

3. 合同部分无效并不影响其他部分效力,其他部分仍然有效。合同部分无效时,会产生两种不同的法律后果:①因无效部分具有独立性,没有影响其他部分的法律效力,此时,其他部分仍然有效;②无效部分内容在合同中处于至关重要的地位,从而导致整个合同无效。

4. 合同无效并不影响合同中解决争议条款的法律效力。

5. 以返还财产为原则,折价补偿为例外。无效合同自始就没有法律效力,因此,当事人根据合同取得的财产就应当返还给对方;如果所取得的财产不能返还或者没有必要返还的,则应当折价补偿。

6. 对无效合同,有过错的当事人除了要承担民事责任以外,还可能承担行政责任甚至刑事责任。

### (六)《司法解释》对无效合同的处理

《司法解释》第三条规定,建设工程施工合同无效,且建设工程经竣工验收不合格的,按照以下情形分别处理:修复后的建设工程经竣工验收合格,发包人请求承包人承担修复费用的,应予支持;修复后的建设工程经竣工验收不合格,承包人请求支付工程价款的,不予支持。因建设工程不合格造成的损失,发包人有过错的,也应承担相应的民事责任。

为了防止业主、转包人、违法分包人以合同无效为由拖欠实际施工人工程款,《司法解释》第二条规定,建设工程施工合同无效,但建设工程经竣工验收合格,承包人请求参照合同约定支付工程价款的,应予支持。第二十六条规定,实际施工人以转包人、违法分包人为被告起诉的,人民法院应当依法受理。实际施工人以发包人为被告主张权利的,人民法院可以追加转包人或者违法分包人为本案当事人。发包人只在欠付工程价款范围内对实际施工人承担责任。可以看出,《司法解释》还是依据合同法的立法原意,认定价格条款有效,并不会与合同无效发生矛盾。业主、转包人或违法分包人与实际施工人订立合同的初衷即由实际施工人代为建造一个合格的工程,工程经竣工验收合格即意味其合同目的已经实现,拒付工程款无法律依据而构成不当得利。

## 三、可撤销合同

### (一)可撤销合同的概念和特征

可撤销合同是指因当事人在订立合同的过程中意思表示不真实,经过撤销人请求,由人民法院或者仲裁机构变更合同的内容,或者撤销合同,从而使合同自始消灭的合同。

可撤销合同具有以下特点:

(1)可撤销合同是当事人意思表示不真实的合同;

(2)可撤销合同在未被撤销之前,仍然是有效合同;

(3)对可撤销合同的撤销,必须由撤销人请求人民法院或者仲裁机构作出。

(4)当事人可以撤销合同,也可以变更合同内容,甚至可以维持原合同保持不变。

**（二）可撤销合同的法律规定**

《合同法》规定，下列合同，当事人一方有权请求人民法院或者仲裁机构变更或者撤销：

(1)因重大误解订立的；

(2)在订立合同时显失公平的；

(3)一方以欺诈、胁迫的手段或者乘人之危，使对方在违背真实意思的情况下订立的合同，受损害方有权请求人民法院或者仲裁机构变更或者撤销。当事人请求变更的，人民法院或者仲裁机构不得撤销。

**（三）可撤销合同与无效合同的区别**

可撤销合同与无效合同的相同之处在于合同都会因被确认无效或者被撤销后而使合同自始不具备法律效力。可撤销合同与无效合同的区别在于：

1. 合同内容的不法性程度不同

可撤销合同是由于当事人意思表示不真实造成的，法律将处置合同的主动权交给受损害方，由受损害方行使撤销权；而无效合同的内容明显违法，不能由合同当事人决定合同的效力，而应当由法院或者仲裁机构作出，即使合同当事人未主张合同无效，法院也可以主动干预，认定合同无效。

2. 当事人权限不同

可撤销合同在合同未被撤销之前仍然有效，撤销权人享有撤销权和变更权，当事人可以向法院或者仲裁机构申请行使撤销权和变更权，也可以放弃该权利。法律把处置这些合同的权利给了当事人。而无效合同始终不能产生法律效力，合同当事人无权选择处置合同的方式。

3. 期限不同

对于可撤销合同，撤销权人必须在法定期限内行使撤销权，超过法定期限未行使撤销权的合同为有效合同，当事人不得再主张撤销合同。无效合同属于法定无效，不会因为超过期限而使合同变为有效合同。

**（四）撤销权消灭**

《合同法》规定，有下列情况之一的，撤销权消灭：

(1)具有撤销权的当事人自知道或者应当知道撤销事由之日起一年内未行使撤销权；

(2)具有撤销权的当事人知道撤销事由后明确表示或者以自己的行为放弃撤销权。

## 四、效力待定合同

**（一）效力待定合同的概念**

效力待定合同是指合同虽然已经成立，但因其不完全符合合同的生效要件，因此其效力能否发生还不能确定,一般须经权利人追认才能生效的合同。

**(二) 效力待定合同的类型**

效力待定合同有下列五种类型。

**1. 限制民事行为能力人订立的合同**

根据《民法通则》规定,限制民事行为能力人只能实施某些与其年龄、智力、精神健康状况相适应的民事行为,其他民事活动应当由其法定代理人代理或者在征得其法定代理人同意后实施。《合同法》将其订立的合同分为两种类型:

(1)纯获利合同或者与其年龄、智力、精神健康状况相适应的合同,如获得报酬、奖励、赠与等,这些合同不必经法定代理人同意。

(2)未经法定代理人同意而订立的其他合同。这些合同只能是效力待定合同,必须经过法定代理人的追认,合同才能产生法律效力。

**2. 无民事行为能力人订立的合同**

一般来讲,无民事行为能力人只能由其法定代理人代理签订合同,他们不能自己订立合同,否则合同无效。如果他们订立合同,该合同必须经过其法定代理人的追认,合同才能产生法律效力。

**3. 无权代理人订立的合同**

无权代理分为狭义无权代理、表见代理两种情况。

1)狭义无权代理,是指行为人没有代理权或超越代理权限,而以他人的名义进行民事、经济活动。其表现形式为:

(1)无合法授权的代理行为。代理权是代理人进行代理活动的法律依据,未经当事人的授权而以他人的名义进行的代理活动是无权代理最主要的表现形式。

(2)代理人超越代理权限而为的代理行为。在代理关系形成过程中,关于代理人代理权的范围均有所界定,特别是在委托代理中,代理权的权限范围必须明确规定,代理人应依据代理权限进行代理活动,超越此权限的活动即越权代理,这也属于无权代理。

(3)代理权终止后的代理行为。代理权终止后,代理人的身份随之消灭,从而无权再以被代理人的名义进行代理活动。

《合同法》明确规定,行为人没有代理权、超越代理权或者代理权终止后,以被代理人名义订立的合同,未经被代理人追认,对被代理人不发生效力,由行为人承担。由此可见,无权代理将产生下列法律后果:

(1)被代理人的追认权。根据《合同法》规定,无权代理一般对被代理人不发生法律效力,但是,在无权代理行为发生后,如果被代理人认为无权代理行为对自己有利,或者出于某种考虑而同意这种行为,则有权做出追认的意思表示。无权代理行为一经被代理人追认,则对被代理人发生法律效力。

（2）被代理人的拒绝权。在无权代理行为发生后,被代理人为了维护自身的合法权益,对此行为及由此而产生的法律后果享有拒绝的权利。被代理人没有进行追认或者拒绝追认的义务。但是,如果被代理人知道他人以自己的名义实施代理行为而不作出否认表示的,则视为同意。

（3）相对人的催告权。在无权代理行为发生后,相对人有权催告被代理人在合理的期限内对行为人的无权代理行为予以追认。被代理人在规定期限内未作出追认的,视为拒绝追认。

（4）善意相对人的撤销权。善意相对人是指不知道或者不应当知道无权代理人没有代理权的相对人。善意相对人在无权代理人的代理行为被代理人追认前,享有撤销的权利。

2）表见代理,是指善意相对人有理由相信无权代理人具有代理权,且据此而与无权代理人订立合同。对于表见代理,《合同法》规定,该代理行为有效,即合同订立后,应由被代理人对善意相对人承担合同责任。如果是因为无权代理给被代理人造成损失的,可以向行为人追偿。构成表见代理的情形包括:

（1）被代理人知道他人以自己的名义订立合同,而不作否认表示;

（2）本人以直接或者间接的意思表示声明授予他人代理权,但事实上并未授权;

（3）将具有代理权证明意义的文件或者印鉴交给他人,或者允许他人作为自己的分支机构以其代理人名义活动;

（4）代理权授权不明,相对人有理由相信行为人有代理权;

（5）代理权虽然已经消灭,但未告知相对人;

（6）行为人与被代理人之间存在某种特定关系。

**4. 法定代表人、负责人超越权限订立的合同**

《合同法》规定,法人或者其他组织的法定代表人、负责人超越权限订立的合同,除了相对人知道或者应当知道其超越权限的以外,该代表行为有效。

**5. 无权处分财产人订立的合同**

所谓无权处分财产人订立的合同,是指不享有处分财产权利的人处分他人财产权利而订立的合同。因无权处分行为而订立的合同,如果经权利人追认或者无权处分人在订立合同后取得处分权,则合同有效;否则该合同无效。如果合同相对人善意且有偿取得财产,则合同相对人能够享有财产所有权,原财产所有权人的损失,由擅自处分人承担赔偿责任。在实践中,无权处分财产的情形主要包括:

（1）因其他合同关系占有财产的人擅自处分他人财产;

（2）某一共有人未经其他共有人同意擅自处分共有财产;

（3）将通过非法手段获得的他人财产进行处分;

（4）采用欺诈手段处分他人财产。

# 第五节　合同的履行

## 一、合同的履行原则

合同订立并生效后，合同便成为约束和规范当事人行为的法律依据。合同的履行是指合同债务人按照合同的约定或法律的规定，全面地、正确地履行自己所承担的债务。合同当事人必须按照合同约定的条款全面、适当地完成合同义务，如交付标的物、提供服务、支付报酬或者价款、完成工作等。合同的履行是合同当事人订立合同的根本目的，也是实现合同目的的最重要和最关键的环节，直接关系到合同当事人的利益，而履行问题往往最容易出现争议和纠纷。因此，合同的履行成为《合同法》中的核心内容。

### （一）合同履行的基本原则

为了保证合同当事人依约履行合同义务，必须规定一些基本原则，以指导当事人具体地去履行合同，处理合同履行过程中发生的各种情况。合同履行的基本原则构成了履行合同过程中总的和基本的行为准则，成为合同当事人是否履行合同以及履行是否符合约定的基本判断标准。《合同法》中规定，在合同履行过程中必须遵循两项基本原则：

#### 1. 全面履行原则

全面履行是指合同当事人应当按照合同的约定全面履行自己的义务，不能以单方面的意思改变合同义务或者解除合同。全面履行原则，要求当事人保质、保量、按期履行合同义务，否则即应承担相应的责任。根据全面履行原则可以确定当事人在履行合同中是否有违约行为及违约的程度，对合同当事人应当履行的合同义务予以全面制约，充分保护合同当事人的合法权益。

#### 2. 诚实信用原则

诚实信用原则是指在合同履行过程中，合同当事人讲究信用，恪守信用，以善意的方式履行其合同义务，不得滥用权力及规避法律或者合同规定的义务。合同的履行应当严格遵循诚实信用原则。一方面，要求当事人除了应履行法律和合同规定的义务外，还应当履行依据诚实信用原则所产生的各种附随义务，包括相互协助和照顾义务、瑕疵的告知义务、使用方法的告知义务、重要形式的告知义务、忠实的义务等。另一方面，在法律和合同规定的内容不明确或者欠缺规定的情况下，当事人应当依据诚实信用原则履行义务。

### （二）与合同履行有关的其他原则

与合同履行有关的其他原则有下列三项：

1. 协作履行原则

协作履行原则是指合同双方当事人不仅应履行自己的债务,还应当协助对方履行债务。当事人是有协作履行原则,不仅有利于全面、实际地履行合同,也有利于增强当事人之间彼此相互信赖、相互协作的关系。

2. 效益履行原则

效益履行原则是指履行合同时应当讲求经济效益,尽量以最小的成本,获得最大的效益,以及合同当事人为了谋求更大的效益,或者为了避免不必要的损失,变更或解除合同。

3. 情势变更原则

情势变更原则是指在合同订立后,如果发生了订立合同时,当事人不能预见并且不能克服的情况,改变了订立合同时的基础,使合同的履行失去意义或者履行合同将使当事人之间的利益发生重大失衡,应当允许当事人变更或者解除合同。

## 二、合同履行中的义务

### (一) 通知义务

通知义务是指合同当事人负有将与合同有关事项通知给对方当事人的义务。包括有关履行标的物到达对方的时间、地点、交货方式的通知,合同提存的有关事项的通知,后履行抗辩权行使时要求对方提供充分担保的通知,情势变更的通知,不可抗力的通知等。

### (二) 协助义务

协助义务是指合同当事人在履行合同过程中应当相互给予对方必要的和能够的协助和帮助的义务。

### (三) 保密义务

保密义务是指合同当事人负有为对方的秘密进行保守,使其不为外人知道的义务。如果因为未能为对方保守秘密,使外人知道对方的秘密,给对方造成损害的,应当对此承担责任。

## 三、合同履行中约定不明情况的处置

1. 合同生效后,合同的主要内容包括质量、价款或者报酬、履行地点等没有约定或者约定不明确的,当事人可以通过协商确定合同的内容。不能达成补充协议的,按照合同有关条款或者交易习惯确定。

2. 如果合同当事人双方不能达成一致意见,又不能按照合同的有关条款或者交易习惯确定,可以适用下列规定:

(1)质量要求不明确的,按照国家标准、行业标准履行;没有国家标准、行业标准的,按照通常标准或者符合合同目的的特定标准履行。所谓的通常标准是指在同类的交易中,产品应当达到的质量标准;符合合同目的的特定标准是指根据合同的目的、产品的性能、产品的用途等因素确定质量标准。

(2)价款或者报酬不明确的,按照订立合同时履行地市场价格履行;依法执行政府定价或者政府指导价的,按照规定执行。此处,所指的市场价格是指市场中的同类交易的平均价格。对于一些特殊的物品,由国家确定价格的,应当按照国家的定价来确定合同的价款或者报酬。

(3)履行地点不明确,给付货币的,在接受货币一方所在地履行;交付不动产的,在不动产所在地履行;其他标的,在履行义务一方所在地履行。

(4)履行期限不明确,债务人可以随时履行,债权人也可以随时要求履行,但应当给对方必要的准备时间。

(5)履行方式不明确的,按照有利于实现合同目的的方式履行。

(6)履行费用的负担不明确的,由履行义务一方负担。

## 四、合同中执行政府定价或者指导价的法律规定

《合同法》规定,执行政府定价或者政府指导价的,在合同约定的交付期限内政府价格调整时,按照交付时的价格计价。逾期交付标的物的,遇价格上涨时,按照原价格执行;价格下降时,按照新价格执行。逾期提取标的物或者逾期付款的,遇价格上涨时,按照新价格执行;价格下降时,按照原来的价格执行。

由此可见,在原价格和新价格中,执行对违约方不利的那种价格,这是对不按期履行合同的一方从价格结算上给予的一种惩罚。需要注意的是,这种价格制裁只适用于当事人因主观过错而违约,不适用于因不可抗力所造成违约的情况。

## 五、《司法解释》关于垫资的规定

垫资承包是指建设单位未全额支付工程预付款或未按工程进度按月支付工程款(不含合同约定的质量保证金),由建筑业企业垫款施工。2006年1月4日联合发出《关于严禁政府投资项目使用带资承包方式进行建设的通知》(建市〔2006〕6号),通知规定,政府投资项目一律不得以建筑业企业带资承包的方式进行建设,不得将建筑业企业带资承包作为招投标条件;严禁将此类内容写入工程承包合同及补充条款,同时要对政府投资项目实行告知性合同备案制度。

对于非政府投资工程,《司法解释》第六条规定,当事人对垫资和垫资利息有约定,承包人请求按照约定返还垫资及其利息的,应予支持,但是约定的利息计算标准高于中国人民银行发布的同期同类贷款利率的部分除外。当事人对垫资没有约定的,按照工程欠款处理。当事人对垫资利息没有约定,承包人请求支付利息的,不予支持。

## 六、合同履行规则

### （一）向第三人履行债务的规则

合同履行过程中，由于客观情况变化，有可能会引起合同中债权人和债务人之间债权债务履行的变更。法律规定债权人和债务人可以变更债务履行，这并不会影响当事人的合法权益。从一定意义上来讲，债权人与债务人依法约定变更债务履行，有利于债权人实现其债权以及债务人履行其债务。

《合同法》规定，当事人约定由债务人向第三人履行债务的，债务人未向第三人履行债务或履行债务不符合约定，应当向债权人承担违约责任。从《合同法》中可以看出三方的权利义务关系如下：

1. 债权人。合同的债权人有权按照合同约定要求债务人向第三人履行合同，如果债务人未履行或者未正确履行合同义务，债权人有权追究债务人的违约责任，包括债权人和第三人的损失。

2. 债务人。债务人应当按照约定向第三人履行合同义务。如果合同本身已经因为某种原因无效或者被撤销，债务人可以依此解除自己的义务。如果债务人未经第三人同意或者违反合同约定，直接向债权人履行债务，并不能解除自己的义务。需要说明的是，一般来说，向第三人履行债务原则上不能增加履行的难度及履行费用。

3. 第三人。第三人是合同的受益人，他有以自己的名义直接要求债务人履行合同的权利。但是，如果债务人不履行义务或者履行义务不符合约定，第三人不能请求损害赔偿或者申请法院强制执行，因为债务人只对债权人承担责任。此外，合同的撤销权或解除权只能由合同当事人行使。

### （二）由第三人履行债务的规则

《合同法》规定，当事人约定由第三人向债权人履行债务的，第三人不履行债务或者履行债务不符合约定，债务人应当向债权人承担违约责任。从中可以看出三者的权利义务关系如下：

1. 第三人。合同约定由第三人代为履行债务，除了必须经债权人同意外，还必须事先征得第三人的同意。同时，在没有事先征得债务人同意的情况下，第三人一般也不能代为履行合同义务，否则，债务人对其行为将不负责任。

2. 债务人。第三人向债权人履行债务，并不等于债务人解除了合同的义务，而只是免除了债务人亲自履行的义务。如果第三人不履行债务或履行债务不符合约定，债务人应当向债权人承担违约责任。

3. 债权人。当合同约定由第三人履行债务后，债权人应当接受第三人的履行，而无权要求债务人自己履行。但是，如果第三人不履行债务或履行债务不符合约定，债权人有权向债务人主张自己的权利。

### （三）提前履行规则

《合同法》规定，债权人可以拒绝债务人提前履行债务，但提前履行不损害债权人利益的除外。债务人提前履行债务给债权人增加的费用，由债务人负担。

### （四）部分履行规则

《合同法》规定，债权人可以拒绝债务人部分履行债务，但部分履行不损害债权人利益的除外。债务人部分履行债务给债权人增加的费用，由债务人负担。部分履行规则是针对可分标的的履行而言，如果部分履行并不损害债权人的利益，债权人有义务接受债务人部分履行。债务人部分履行必须遵循诚实信用原则，不能增加债权人的负担，如果因部分履行而增加了债权人的费用，应当由债务人承担。

### （五）中止履行规则

《合同法》规定，债权人分立、合并或者变更住所没有通知债务人，致使履行发生困难的，债务人可以中止履行或者将标的物提存。本条规定指明了债权人情况不明时的履行规则。债权人因自身的情况发生变化，可能对债务履行产生影响的，债权人应负有通知债务人的附随义务。如果债权人分立、合并或者变更住所时没有履行该义务，债务人可以采取中止履行的措施，当阻碍履行的原因消灭以后再继续履行。

### （六）债务人同一性规则

《合同法》规定，合同生效后，当事人不得因姓名、名称的变更或者法定代表人、负责人、承办人的变动而不履行合同义务。合同生效后，债务人的情况往往会发生变化，有的债务人以某一变动为理由拒绝履行合同，这是错误的。因为这些变化仅仅是合同的外在表现形式的变更而非履行主体的变更，债务人与名称变动前相比具有同一性，不构成合同变更和解除的理由，新的代表人应当代表原债务人履行合同义务，拒绝履行的，应承担违约责任。

## 七、合同履行中的抗辩权

### （一）抗辩权的概念和特点

《合同法》中的抗辩权是指在合同履行过程中，债务人对债权人的履行请求权加以拒绝或者反驳的权利。抗辩权是为了维护合同当事人双方在合同履行过程中的利益平衡而设立的一项权利。作为对债务人的一种有效的保护手段，合同履行中的抗辩权要求对方承担及时履行和提供担保等义务，可以避免自己在履行合同义务后得不到对方履行的风险，从而维护了债务人的合法权益。抗辩权具有以下特点：

#### 1. 抗辩权的被动性

抗辩权是合同债务人针对债权人根据合同约定提出的要求债务人履行合同的请求而作出拒绝或者反驳的权利，如果这种权利经过法律认可，抗辩权便宣告成立。由此可见,抗辩权属于一种被动防护的权利,如果没有请求权,便没有抗辩权。

2. 抗辩权仅仅产生于双务合同中

双务合同双方的权利义务是对等的,双方当事人既是债权人又是债务人,既享有债权又承担债务,享有债权是以承担债务为条件的,为了实现债权不得不履行各自的债务。造成合同履行的关联性,即要求合同当事人双方履行债务。一方不履行债务或者对方有证据证明他将不能履行债务,另一方原则上也可以停止履行。一方当事人在请求对方履行债务时,如果自己未履行债务或者将不能履行债务,则对方享有抗辩权。

### (二) 同时履行抗辩权

1. 同时履行抗辩权的概念

同时履行抗辩权即指双务合同的当事人一方在对方未为对待给付之前,有权拒绝对方请求自己履行合同要求的权利。如果双方当事人的债务关系没有先后顺序,双方当事人应当同时履行合同义务。一方当事人在请求对方履行合同债务时,如果自己没有履行合同义务,则对方享有暂时不履行自己的债务的抗辩权。

《合同法》规定,当事人互有债务,没有先后履行顺序的,应当同时履行。一方在对方履行之前有权拒绝其履行要求。一方在对方履行债务不符合约定时,有权拒绝其相应的履行要求。

2. 同时履行抗辩权的构成要件

(1)双方当事人互负对待给付。同时履行抗辩权只适用于双务合同,而且必须是双方当事人基于同一双务合同互负债务,承担对待给付的义务。如果双方的债务是因为两个或者两个以上的合同产生的,则不能适用同时履行抗辩权。

(2)双方当事人负有的对待债务没有约定履行顺序。如果合同中明确约定了当事人的履行顺序,就必须按照约定履行,应当先履行债务的一方不能对后履行方行使同时履行抗辩权。只有在合同中未对双方当事人的履行顺序进行约定的情况下,才发生合同的履行顺序问题。正是由于当事人对合同的履行顺序产生了歧义,所以才应按照一定的方式来确定当事人谁先履行谁后履行,以维护双方当事人的合法权益。

(3)须对方未履行债务或未完全履行债务。这是一方能行使其同时履行抗辩权的关键条件之一。其适用的前提就是双方当事人均没有履行各自的到期债务,其中一方已经履行其债务的,则不再出现同时履行抗辩权适用的情况,另一方也应当及时对其债务作出履行,对方向其请求履行债务时,不得拒绝。

(4)双方当事人的债务已届清偿期。合同的履行以合同履行期已经届满为前提,如果合同的履行还未到期,则不会产生履行合同义务问题,自然就不会涉及同时履行抗辩权适用问题。

3. 同时履行抗辩权的效力

同时履行抗辩权具有以下效力：

（1）阻却违法的效力。阻却违法是指因其存在，使本不属于合法的行为失去其违法的根据，而变为一种合理的为法律所肯定的行为。同时履行抗辩权是法律赋予双务合同的当事人同时履行合同债务时，保护自己利益的权利。如果因对方未履行或者未完全履行债务而拒绝向对方履行债务，该行为不构成违约，而是一种正当行为。

（2）对抗效力。同时履行抗辩权是一种延期的抗辩权，可以对抗对方的履行请求，而不必为自己的拒绝履行承担法律责任。因此，它不具有消灭对方请求权的效力，在被拒绝后，不影响对方再次提出履行请求。同时，同时履行抗辩权的目的不在于完全消除或者改变自己的债务，只是延期履行自己的债务。

### （三）后履行抗辩权

#### 1. 后履行抗辩权的概念

后履行抗辩权是指按照合同约定或者法律规定负有先履行债务的一方当事人，届期未履行债务或履行债务严重不符合约定条件时，相对人为保护自己的到期利益或为保证自己履行债务的条件而中止履行合同的权利。《合同法》规定，当事人互负债务，有先后履行顺序的，先履行一方未履行的，后履行一方有权拒绝其履行要求，先履行一方履行债务不符合约定的，后履行一方有权拒绝其相应的履行要求。

后履行抗辩权属于负有后履行债务一方享有的抗辩权，它的本质是对先期违约的对抗，因此，后履行抗辩权可以称为违约救济权。如果先履行债务方是出于属于免责条款范围内（如发生了不可抗力）的原因而无法履行债务的，该行为不属于先期违约，因此，后履行债务方不能行使后履行抗辩权。

#### 2. 后履行抗辩权的构成要件

后履行抗辩权的适用范围与同时履行抗辩权相似，只是在履行顺序上有所不同，具体有：

（1）由同一双务合同互负债务，互负的债务之间具有相关性。

（2）债务的履行有先后顺序。当事人可以约定履行顺序，也可以由合同的性质或交易习惯决定。

（3）先履行一方不履行或者不完全履行债务。

### （四）不安抗辩权

#### 1. 不安抗辩权的概念

不安抗辩权，又称为保证履约抗辩权，是指按照合同约定或者法律规定负有先履行债务的一方当事人，在合同订立之后，履行债务之前或者履行过程中，有充分的证据证明后履行一方将不会履行债务或者不能履行债务时,先履行债务方可以暂时中止履行,通知对方当事人在合理的期限内提供适当担保,如果对方当事人在合理的期限内提供担保,中止方应当恢复履行;如果对方当事人未能在合理期限内提供适当的担保,中止方可以解除合同。

《合同法》规定,应当先履行债务的当事人有确切证据证明对方有下列情况之一的,可以中止履行:经营状况严重恶化;转移财产,抽逃资金以逃避债务;丧失商业信誉;有丧失或者可能丧失履行债务能力的其他情形。

2. 不安抗辩权的适用要件

(1)由同一双务合同互负债务并具有先后履行顺序。不安抗辩权同样也产生于双务合同中,与双务合同履行上的关联性有关。互负债务并具有先后履行顺序是不安抗辩权的前提条件。

(2)后履行一方有不履行债务或者可能丧失履行债务能力的情形。不安抗辩权设立的目的就是在于保证先履行的一方当事人在履行其债务后,不会因为对方不履行或者不能履行合同债务而受到损失。《合同法》中规定了四种情形,可概括为不履行或者丧失履行能力的情形。如果这些情形出现,就可能危及先履行一方的债权。

(3)先履行一方有确切的证据。作为享有的权利,先履行一方在主张不安抗辩权时,必须有充分的证据证明对方当事人确实存在不履行或者不能履行其债务的情形。这主要是防止先履行一方滥用不安抗辩权。如果先履行一方无法举出充分证据来证明对方丧失履行能力,则不能行使不安抗辩权,其拒绝履行合同义务的行为即为违约行为,应当承担违约责任。

3. 不安抗辩权的效力

(1)中止履行。不安抗辩权能够适用的原因在于可归责于对方当事人的事由,可能给先履行一方造成不能得到对待给付的危险,先履行债务一方最可能的就是暂时不向对方履行债务。所以,中止履行是权利人首先能够采用的手段,这种行为是一种正当行为,不构成违约。

(2)要求对方提供适当的担保。不安抗辩权的适用并不消灭先履行一方的债务,只是因特定的情况,暂时中止履行其债务,双方当事人的债权债务关系并未解除。因此,先履行一方可要求对方在合理的期限内提供担保,来消除可能给先履行债务一方造成损失的威胁,并以此决定是继续维持,还是终止债权债务关系。

(3)恢复履行或者解除合同。中止履行只是暂时性的保护措施,并不能彻底保护先履行债务一方的利益。所以,为及早解除双方当事人之间的不确定的法律状态,有两种处理结果:如果对方在合理期限内提供担保,则中止履行一方继续履行其债务;否则可以解除合同关系。

4．不安抗辩权的附随义务

（1）通知义务。先履行债务一方主张不安抗辩权时，应当及时通知对方当事人，以避免对方因此而遭受损失，同时也便于对方获知后及时提供充分保证来消灭抗辩权。

（2）举证义务。先履行债务一方主张不安抗辩时，负有举证义务，即必须能够提出充分证据来证明对方将不履行或者丧失履行债务能力的事实。如果提供不出证据或者证据不充分而中止履行的，则构成违约，应当承担违约责任。如果后履行一方本可以履行债务，而因对方未举证或者证据错误而导致合同被解除，由此造成的损失由先履行债务一方承担。

## 八、合同的保全制度

### （一）代位权

1．代位权的概念

债权人的代位权是指因债务人怠于行使其到期债权，对债权人造成损害的，债权人可以向人民法院请求以自己的名义代为行使债务人债权的权利。代位权的核心是以自己的名义行使债务人对第三人的债权。

2．代位权的成立条件

1）债务人对次债务人的债权不具有专属性。下列金钱债权具有专属性：

（1）基于人身伤害产生的损害赔偿请求权。

（2）基于身份关系产生的债权，如基于抚养关系、赡养关系。

（3）基于劳动关系产生的债权，如劳动报酬、退休金。

（4）人寿保险合同的保险金请求权。

2）债务人怠于行使其到期债权。怠于行使债权是指债务人在债权可能行使并且应该行使的情况下消极地不行使。债务人消极地不行使权利，就可能产生债权因时效届满而丧失诉讼权等不利后果，会给债权人的债权造成损害，所以，才有行使代位权的必要。

3）债务人不行使债权，有造成债权消灭或者丧失的危险。债务人如果暂时消极地不行使债权，对其债权存在的法律效力没有任何影响的，因而没有构成对债务人的债权消灭或者丧失的危险，就没有由债权人行使债权的必要，债权人的代位权也就没有适用的余地。

4）债务人的行为对债权人造成损害。债务人怠于行使债权的行为，已经对债权人的债权造成现实的损害，是指因为债务人不行使其债权，造成债务人应当增加的财产没有增加，导致债权人的债权到期时，会因此而不能全部清偿。

3．代位权的效力

代位权的效力包括对债权人、债务人和第三人三方的效力。

（1）债权人。债权人行使代位权胜诉时，可以代位受领债务人的债权，因而可以抵销自己对债务人的债权，让自己的债权受偿。

（2）债务人。代位权的行使结果由债务人自己承担，债权人行使代位权的费用应当由债务人承担。

（3）第三人。对第三人来说，无论是债务人亲自行使其债权，还是债权人代位行使债务人的债权，均不影响其利益。如果由于债权人行使代位权而造成第三人履行费用增加的，第三人有权要求债务人承担增加的费用。

**（二）撤销权**

**1. 撤销权的概念**

撤销权是相对于债权人而言的，它是指债权人在债务人实施减少其财产而危及债权人的债权实现时，请求法院予以撤销的权利。

**2. 撤销权的成立条件**

（1）债务人实施了处分财产的法定行为。包括放弃到期债权、无偿转让财产的行为，或者以明显不合理的低价转让财产的行为。这些会对债权人的债权产生不利的影响，因此，债权人可以行使撤销权，以保护自己的债权。如果债务人没有上述行为，对债权人的债权未造成不利影响，债权人无权行使撤销权。

（2）债务人的行为已经产生法律效力。对于没有产生法律效力的行为，因为在法律上不产生任何意义，对债权人的债权不产生现实影响，所以债权人不能对此行使撤销权。

（3）债务人的行为是法律行为，具有可撤销性。债务人的行为必须是可以撤销的，否则，如果财产的消灭是不可以回转的，债权人行使撤销权也于事无补，此时就没有必要行使撤销权。

（4）债务人的行为已经或将要严重危害到债权人的债权。只有在债务人的行为对债权人的债权的实现产生现实的危害时，债权人才能行使撤销权，以消除因债务人的行为带来的危害。

**3. 撤销权的法律效力**

撤销权的法律效力包括对债权人、债务人和第三人三方的效力。

（1）债权人。债权人有权代债务人要求第三人向债务人履行或者返还财产，并在符合条件的情况下将受领的履行或财产与对债务人的债权作抵销。如果不符合抵销条件，则应当将收取的利益也加入债务人的责任财产，作为全体债权的一般担保。

（2）债务人。债务人的行为被撤销后，行为将自始无效，不发生行为的效果，意图免除的债务或转移的财产仍为债务人的责任财产，应当以此清偿债权。同时，应当承担债权人行使撤销权的必要费用和向第三人返还因有偿行为获得的利益。

(3)第三人。如果第三人对债务人负有债务,则免除债务的行为不产生法律效力,第三人应当继续履行。如果第三人已经受领了债务人转让的财产,应当返还财产。原物不能返还的,应折价赔偿。但第三人有权要求债务人偿还因有偿行为而得到的利益。

4．撤销权的行使期限

《合同法》规定,自债权人知道撤销事由之日起 1 年内或者债务人的行为发生之日起 5 年内没有行使撤销权的,该撤销权消灭。债权人在知道有撤销事由时起,应当在 1 年内行使撤销权,否则,撤销权消灭。如果在 5 年内,撤销权人未行使其撤销权,5 年期满后,撤销权消灭。此处的 5 年期限起始点是从撤销事由产生之日起开始计算,无论撤销权人是否知道,其撤销权都将在 5 年后消灭。

# 第六节　合同的变更、转让和终止

## 一、合同的变更

### (一) 合同变更的概念

合同变更有两层含义,广义的合同变更包括合同三个构成要素的变更:合同主体的变更、合同客体的变更以及合同内容的变更。但是,考虑到合同的连贯性,合同的主体不能与合同的客体及内容同时变更,否则,变化前后的合同就没有联系的基础,就不能称之为合同的变更,而是一个旧合同的消灭与一个新合同的订立。

根据《合同法》规定,合同当事人的变化为合同的转让。因此,狭义的合同变更专指合同成立以后履行之前或者在合同履行开始之后尚未履行完之前,当事人不变而合同的内容、客体发生变化的情形。合同的变更通常分为协议变更和法定变更两种。协议变更又称为合意变更,是指合同双方当事人以协议的方式对合同进行变更。我国《合同法》中所指的合同变更,即指协议变更合同。

### (二) 合同变更的条件

1．当事人之间已经存在合同关系

合同的变更是新合同对旧合同的替代,所以必然在变更前就存在合同关系。如果没有这一作为变更基础的现存合同,就不存在合同变更,只是单纯订立了新合同,发生新的债务。另外,原合同必须是有效合同,如果原合同无效或者被撤销,则合同自始就没有法律效力,不发生变更问题。

2．合同变更必须有当事人的变更协议

当事人达成了变更合同的协议也是一种民事合同,因此也应符合《合同法》有关合同的订立与生效的一般规定。合同变更应当是双方当事人的自愿与真实的意思表示。

**3. 原合同内容发生变化**

合同变更按照《合同法》的规定仅为合同内容的变更,所以合同的变更应当能起到使合同的内容发生改变的效果,否则不能认为是合同的变更。合同的变更包括合同性质的变更、合同标的物的变更、履行条款的变更、合同担保的变更、合同所附条件的变更等。

**4. 合同变更必须按照法定的方式**

合同当事人协议变更合同,应当遵循自愿互利原则,给合同当事人以充分的合同自由。国家对合同当事人协议变更合同应当加以保护,但也必须从法律上实行有条件的约束,以保证当事人对合同的变更不至于危及他人、国家和社会利益。

**(三)合同变更的效力**

双方当事人应当按照变更后的合同履行。合同变更后有下列效力:

1. 变更后的合同部分,原有的合同失去效力,当事人应当按照变更后的合同履行。合同的变更就是在保持原合同的统一性的前提下,使合同有所变化。合同变更的实质是以变更后的合同取代原有的合同关系。

2. 合同的变更只对合同未履行部分有效,不对合同中已经履行部分产生效力,除了当事人约定以外,已经履行部分不因合同的变更而失去法律依据。即合同的变更不产生追溯力,合同当事人不得以合同发生变更而要求已经履行的部分归于无效。

3. 合同的变更不影响当事人请求损害赔偿的权利。合同变更以前,一方因可归责于自己的原因而给对方造成损害的,另一方有权要求责任方承担赔偿责任,并不因合同变更而受到影响。但是合同的变更协议已经对受害人的损害给予处理的除外。合同的变更本身给一方当事人造成伤害的,另一方当事人也应当对此承担赔偿责任,不得以合同的变更是双方当事人协商一致的结果为由而不承担赔偿责任。

**(四)合同变更内容约定不明的法律规定**

合同变更内容约定不明是指当事人对合同变更的内容约定含义不清,令人难以判断约定的新内容与原合同的内容的本质区别。《合同法》规定,当事人对合同变更的内容约定不明确的,推定为未变更。有效的合同变更,必须有明确的合同内容的变更,即在保持原合同的基础上,通过对原合同作出明显的改变,而成为一个与原合同有明显区别的合同。否则,就不能认为原合同进行了变更。

## 二、合同的转让

### (一) 合同转让的概念

合同转让是指合同成立后,当事人依法可以将合同中的全部或部分权利(或者义务)转让或者转移给第三人的法律行为。也就是说合同的主体发生了变化,由新的合同当事人代替了原合同当事人,而合同的内容没有改变。合同转让有两种基本形式:债权让与和债务承担。

### (二) 债权让与

#### 1. 债权让与的概念及法律特征

债权让与即合同权利转让,是指合同的债权人通过协议将其债权全部或者部分转移给第三人的行为。债权的转让是合同主体变更的一种形式,它是在不改变合同内容的情况下,合同债权人的变更。其法律特征有:

(1)合同权利的转让是在不改变合同权利内容的基础上,由原合同的债权人将合同权利转移给第三人;

(2)合同债权的转让只能是合同权利,不应包括合同义务;

(3)合同债权的转让可以是全部转让也可以是部分转让;

(4)转让的合同债权必须是依法可以转让的债权,否则不得进行转让,转让不得进行转让的合同,债权协议无效。

#### 2. 债权让与的构成条件

根据《合同法》规定,债权让与的成立与生效的条件包括:

(1)让与人与受让人达成协议。债权让与实际上就是让与人与受让人之间订立了一个合同,让与人按照约定将债权转让给受让人。合同当事人包括债权人与第三人,不包括债务人。该合同的成立、履行及法律效力必须符合法律规定,否则不能产生法律效力,转让合同无效。合同一旦生效,债权即转移给受让人,债务人对债权让与同意与否,并不影响债权让与的成立与生效。

(2)原债权有效存在。转让的债权必须具有法律上的效力,任何人都不能将不存在的权利让与他人。所以,转让的债权应当是为法律所认可的具有法律约束力的债权。对于不存在或者无效的合同,债权的转让协议是无效的,如果因此而造成受让人利益损失,让与人应当承担赔偿责任。

(3)让与的债权具有可转让性。并非所有的债权都可以转让,必须根据合同的性质,遵循诚实信用原则以及具体情况判断是否可以转让。其标准为是否改变了合同的性质,是否改变了合同的内容,增加了债务人的负担等。

(4)履行必需的程序。《合同法》规定,法律、行政法规规定转让权利或者转移义务应当办理批准、登记等手续的,依照其规定办理。

3. 债权让与的限制

不得进行转让的合同债权主要包括：

(1)根据合同性质不得转让的合同债权。主要有：合同的标的与当事人的人身关系相关的合同债权；不作为的合同债权；与第三人利益有关的合同债权。

(2)按照当事人的约定不得转让的债权，即债权人与债务人对债权的转让作出了禁止性约定，只要不违反法律的强制性规定或者公共利益，这种约定都是有效的，债权人不得将债权进行转让。

(3)依照法律规定不得转让的债权，是指法律明文规定不得让与或者必须经合同债务人同意才能让与的债权。如《担保法》中规定，最高额抵押的主合同债权不得转让。

4. 债权让与的效力

(1)债权让与的内部效力。合同债权转让协议一旦达成，债权就发生了转移。如果合同债权进行了全部转让，则受让人取代了让与人成为新的债权人；如果是部分转让，则受让人加入了债的关系，按照债的份额或者连带的与让与人共同享有债权。同时，受让人还享有与债权有关的从权利。所谓合同的从权利是指与合同的主债权相联系，但自身并不能独立存在的合同权利。大部分是由主合同的从合同所规定的，也有本身就是主合同内容的一部分。如被担保的权利就是主权利，担保权则为从权利。常见的从权利除了保证债权、抵押权、质押权、留置权、定金债权等外，还有违约金债权、损害赔偿请求权、合同解除权、债权人的撤销权以及代位权等属于主合同的规定或者依照法律规定所产生的债权人的从权利。《合同法》规定，债权人转让债权的，受让人取得债权有关的从权利，但该从权利专属于债权人自身的除外。

(2)债权让与的外部效力。债权让与通知债务人后即对债务人产生效力，包括让与人与债务人之间以及受让人与债务人之间的效力。对让与人与债务人来说，就债权转让部分，债务人不再对让与人负有任何债务，如果债务人向让与人履行债务，债务人并不能因债权清偿而解除对受让人的债务；让与人也无权要求债务人向自己履行债务，如果让与人接受了债务人的债务履行应负返还义务。对受让人与债务人来说，就债权转让部分，债务人应当承担让与人转让给受让人的债务，如果债务人不履行其债务，应当承担违约责任。

5. 债权让与时让与人的义务

让与人必须对受让人承担下列义务：

(1)将债权证明文件交付受让人。让与人对债权凭证保有利益的，由受让人自付费用取得与原债权证明文件有同等证据上效力的副本。

(2)将占有的质物交付受让人。

(3)告知受让人行使债权的一切必要情况。

(4)应受让人的请求做成让与证书,其费用由受让人承担。

(5)承担因债权让与而增加的债务人履行费用。

(6)提供其他为受让人行使债权所必要的合作。

同时,让与人应当将债权让与情况及时通知债务人,从而使债权让与对债务人产生法律效力。如果让与人未将其转让行为通知债务人,该转让对债务人不发生法律效力。债权让与的通知应当以到达债务人时产生法律效力,产生法律效力后,让与人不得再行撤销,只有在受让人同意撤销转让以后,债权让与的协议才失去效力。

6. 债权抵销

债权抵销是指当双方互负债务时,各以其债权充当债务的清偿,而使其债务与对方的债务在相同数额内相互消灭,不再履行。《合同法》规定,债务人接到债权转让通知时,债务人对让与人享有债权,并且债务人的债权先于转让的债权到期或者同时到期的,债务人可以向受让人主张抵销。由此可见,债务人对受让人主张抵销必须符合以下条件:

(1)债务人在接到债权让与通知之前对让与人享有债权;

(2)该债权已经到期;

(3)接到了债权让与通知;

(4)符合债权抵销的其他条件。

**(三) 债务承担**

1. 债务承担的概念

合同义务的转移又称债务承担,是指基于债权人、债务人与第三人之间达成的协议将债务移转给第三人承担。债务的转移可分为全部转移和部分转移。债务的全部转移,是指由新的债务人取代原债务人,即合同的主体发生变化,而合同内容保持不变;债务的部分转移则是指债务人将合同义务的一部分转交给第三人,由第三人对债权人承担一部分债务,原债务人并没有退出合同关系,而是又加入一个债务人,该债务人就其接受转让的债务部分承担责任。

《合同法》第二百七十二条规定,工程建设中,总承包人或者勘察、设计、施工承包人经发包人同意,可以将自己承包的部分工作交由第三人完成。同时规定,承包人不得将其承包的全部建设工程转包给第三人或者将其承包的全部建设工程肢解以后以分包的名义分别转包给第三人。由此可见,在建设工程中,法律明确规定,承包商的债务转移只能是部分转移。

2. 债务承担的构成条件

债务承担生效与成立的条件包括:

(1)承担人与债务人订立债务承担合同；

(2)存在有效债务；

(3)拟转移的债务具有可转移性，即性质上不能进行转让，或者法律、行政法规禁止转让的债务，不得进行转让；

(4)合同债务的转移必须取得债权人的同意。

其中，转移必须经债权人同意既是债务承担生效条件，也是债务承担与债权让与最大的不同。因为债务承担直接影响到债权人的利益。债务人的信用、资历是债权人利益得以实现的保障，如果债务人不经债权人同意而将债务转移，则债权人的利益将难以确定，有可能会因为第三人履行债务能力差而使债权人的利益受损。所以，为了保护债权人的利益，债务承担必须事先征得债权人的同意。

3. 债务承担的效力

债务承担的效力主要表现在以下几方面：

(1)承担人代替了原债务人承担债务，原债务人免除债务。由于实行了债务转让，转移后的债务应当由第三人承担，债权人只能要求承担人履行债务且不得拒绝承担人的履行。同时，承担人以自己的名义向债权人履行债务并承担未履行或者不适当履行债务的违约责任，原债务人对承担人的履行不承担任何责任。需要说明的是，此处所说的债务是指经债权人同意后转让的债务，否则不能产生法律效力；同时，该债务仅仅限于转让部分，对部分转让的，原债务人不能免除未转移部分的债务。

(2)承担人可以主张原债务人对债权人的抗辩。既然承担人经过债务转让而处于债务人的地位，所有与所承担的债务有关的抗辩，都应当同时转让给承担人并由其向债权人提出。承担人拥有的抗辩权包括法定的抗辩事由，如不可抗力以及在实际订立合同以后发生的债务人可以加以对抗债权人的一切事由。但这种抗辩必须符合两方面条件：一是该行为必须有效；二是承担人履行的时间应当在转让债务得到债权人的同意之后，如果抗辩事由发生在债务转移之前，则为债务人自己对债权人的抗辩。

(3)承担人同时负担从债务。对于附属于主债务的从债务，在原债务人转移债务后，无论在转让协议中是否约定，承担人应当一并对从债务进行承担。但是，从债务专属于原债务人，承担人不予承担，仍然由原债务人负担，债权人无权要求承担人履行这些债务。

**(四) 债权债务的概括转移**

1. 债权债务的概括转移的概念

债权债务的概括转移是指由原合同的当事人一方将其债权债务一并转移给第三人，由第三人概括地继受这些权利和义务。债权债务的概括转移一般由合同当事人一方与合同以外的第三人通过签订转让协议，约定由第三人取代合同转让人的地位,享有合同中转让人的一切权利并承担转让人在合同中的一切义务。

2. 债权债务的概括转移的成立条件

(1)转让人与承受人达成合同转让协议。这是债权债务的概括转移的关键。

(2)原合同必须有效。原合同无效的不能产生法律效力,更不能转让。

(3)原合同为双务合同。只有双务合同才可能将债权债务一并转移,否则只能为债权让与或者是债务承担。

(4)必须经原合同对方当事人的同意。

3. 债权债务因合并和分立而发生的概括转移

(1)债权债务因合并而发生概括转移。当事人的合并是指合同当事人与其他的民事主体合成一个民事主体。合并有两种形式:一是新设合并,即由原来的两个以上的民事主体合并成为一个新的民事主体;二是吸收合并,即两个以上的民事主体,由其中的一个加入到另一个中去。《合同法》规定,合同当事人与其他民事主体发生合并的,合并后的民事主体承担原合同中的债务,同时享有原合同当事人的权利。

(2)债权债务因分立而发生概括转移。当事人的分立是指当事人由一个民事主体分为两个或者两个以上的民事主体。分立也分为两种情况:一是由原来的主体分出另外一个或多个民事主体,而原主体并不消灭;二是消灭原主体而形成两个或多个新的民事主体。《合同法》规定,当事人订立合同后分立的,除了债权人与债务人另有约定的以外,由分立的法人或者其他组织对合同的权利义务享有连带债权,承担连带债务。

## 三、合同终止

### (一) 合同终止的基本内容

1. 合同终止的概念

合同终止,又称为合同的消灭,是指合同关系不再存在,合同当事人之间的债权债务终止,当事人不再受合同关系的约束。合同的终止也就是合同效力的完全终结。

2. 合同终止的条件

根据《合同法》规定,有下列情形之一的,合同终止:

(1)债务已经按照约定履行;

(2)合同被解除;

(3)债务相互抵销;

(4)债务人依法将标的物提存;

(5)债权人免除债务;

(6)债权债务归于一人;

(7)法律规定或者当事人约定终止的其他情形。

3.合同终止的效力

合同终止因终止原因的不同而发生不同的效力。根据《合同法》规定,除上述的第(2)项和第(7)项终止条件以外,在消灭因合同而产生的债权债务的同时,也产生了下列效力:

(1)消灭从权利。债权的担保及其他从属的权利,随合同终止而同时消灭,如为担保债权而设定的保证、抵押权或者质权,事先在合同中约定的利息或者违约金因此而消灭。

(2)返还负债字据。负债字据又称为债权证书,是债务人负债的书面凭证。合同终止后,债权人应当将负债字据返还给债务人。如果因遗失毁损的原因不能返还的,债权人应当向债务人出具债务消灭的字据,以证明债务的了结。

根据《合同法》规定,因上述的第(2)(7)项规定的情形合同终止的,将消灭当事人之间的合同关系及合同规定的权利义务,但并不完全消灭相互间的债务关系,对此,将适用下列条款:

(1)结算与清理。《合同法》第九十八条规定,合同的权利义务终止,不影响合同中结算与清理条款的效力。由此可见,合同终止后,尽管消灭了合同,如果当事人在事前对合同中所涉及的金钱或者其他财产约定了清理或者结算的方法,则应当以此方法作为合同终止后的处理依据,以彻底解决当事人之间的债务关系。

(2)争议的解决。《合同法》第五十七条规定,合同无效、被撤销或者终止的,不影响合同中独立存在的有关解决争议方法的条款的效力。这表明了争议条款的相对独立性,即使合同的其他条款因无效、被撤销或者终止而失去法律效力,但是争议条款的效力仍然存在。这充分尊重了当事人在争议解决问题上的自主权,有利于争议的解决。

4.合同终止后的义务

后合同义务又称后契约义务,是指在合同关系因一定的事由终止以后,出于对当事人利益保护的需要,合同双方当事人依据诚实信用原则所负有的通知、协助、保密等义务。后合同义务产生于合同关系终止以后,它与合同履行中所规定的附随义务一样,也是一种附随义务。

**(二) 合同解除**

1.合同解除的概念

合同解除,指合同成立以后,未履行或未完全履行前,经当事人协议或者当具备合同解除的条件时,由解除权人行使解除权使合同关系自始或向将来消灭的一种行为。合同的解除是合同终止的一种特殊的方式。

合同解除包括三类：协议解除、约定解除、法定解除。

2. 合同解除的要件

(1)存在有效合同并且尚未完全履行。合同解除是合同终止的一种异常情况，在合同有效成立以后，履行完毕之前的期间内发生了异常情况，或者因一方当事人违约，以及发生了影响合同履行的客观情况，致使合同当事人可以提前终止合同。

(2)具备了合同解除的条件。合同有效成立后，如果出现了符合法律规定或者合同当事人之间约定的解除条件的事由，则当事人可以行使解除权而解除合同。

(3)有解除合同的行为。解除合同需要一方当事人行使解除权，合同才能解除。

(4)解除产生消灭合同关系的效果。合同解除将使合同效力消灭。如果合同并不消灭，则不是合同解除，而是合同变更或者合同中止。

3. 协议解除

指合同成立后，未履行或未完全履行前，当事人协议解除合同，使合同效力消灭的合同解除方式。不是单方行使解除权，而是双方都同意解除合同。

4. 约定解除

指当事人在合同中约定解除权成立的条件，在合同履行完毕之前约定解除权条件成就的，由解除权人通过行使解除权使合同消灭的一种合同解除方式。

5. 法定解除

指在合同成立之后，没有履行或履行完毕以前，当事人一方通过行使法定的解除权而使合同效力消灭的行为。法定解除就是直接根据法律规定的解除权解除合同，它是合同解除制度中最核心、最重要的问题。《合同法》第九十四条规定，有下列情形之一的，当事人可以解除合同：

(1)因不可抗力致使不能实现合同目的；

(2)在履行期限届满之前，当事人一方明确表示或者以自己的行为表明不履行主要债务；

(3)当事人一方迟延履行主要债务，经催告后在合理期限内仍未履行；

(4)当事人一方迟延履行债务或者有其他违约行为致使不能实现合同目的；

(5)法律规定的其他情况。

由此可见，法定解除可以分为三种情况：

(1)不可抗力解除权。不可抗力，是指不能预见、不可避免并不能克服的客观情况。发生不可抗力，就可能造成合同不能履行。这可以分为三种情况：一是不可抗力造成全部义务不能履行，发生解除权；二是如果造成部分义务不能履行，且部分义务履行对债权人毫无意义的，发生解除权；三是如果造成履行迟延，且迟延履行对债权人无意义的，发生解除权。对不可抗力造成全部义务不能履行的，合同双方当事人均具有解除权;其他情况,只有相对人拥有解除权。

(2)违约解除权。当一方当事人违约,相对人在自己的债权得不到履行的情况下,依照《合同法》第九十四条规定,可以行使解除权而单方解除合同,同时对因对方当事人未履行其债务而给自身造成的损失由违约方承担违约责任。所以,解除合同常常作为违约的一种救济方法。

(3)其他解除权。其他解除权是指除上述情形外,法律规定的其他解除权。如在合同履行时,一方当事人行使不安抗辩权,而对方未在合理期限内提供保证的,抗辩方可以行使解除权,而将合同归于无效。在《合同法》分则中,就具体合同对合同解除也作出了特别规定。对于有特别规定的解除权,应当适用特别规定,而不适用上述规定。

6. 解除权的行使

(1)解除权行使的方式

解除合同原则上只要符合合同解除条件,一方当事人只需向对方当事人发出解除合同的通知,通知到达对方时即发生解除合同的效力。如果法律、行政法规规定解除合同,应当办理批准、登记手续的,还必须按照规定办理。如果使用通知的方式解除合同而对方有异议的,应当通过法院或者仲裁机构确认解除的效力。

(2)解除权行使的期限

《合同法》规定,法律规定或者当事人约定解除权行使期限,期限届满当事人不行使的,该权利消灭;法律没有规定或者当事人没有约定解除权行使期限,经对方催告后在合理期限内不行使的,该权利消灭。这条规定主要是为了维护债务人的合法权益。解除权人迟迟不行使解除权对债务人十分不利,因为债务人的义务此时处于不确定的状态,如果继续履行,一旦对方解除合同,就会给自己造成损失;如果不履行,可是合同有没有解除,他此时仍然有履行的义务。所以,解除权要尽快行使,尽量缩短合同的不确定状态。

7. 合同解除后的法律后果

合同解除后,将产生终止合同的权利义务、消灭合同的效力。效力消灭分为以下三种情况:

(1)合同尚未履行的,中止履行。尚未履行合同的状态与合同订立前的状态基本相同,因而解除合同仅仅只是终止了合同的权利义务。但是,除非合同解除是因不可归责于双方当事人的事由或者不可抗力所造成的,否则,对合同解除有过错的一方,应当对另一方承担相应的损害赔偿责任。

(2)合同已经履行的,要求恢复原状。恢复原状是指恢复到订立合同前的状态,它是合同解除具有溯及力的标志和后果。恢复原状一般包括如下内容:返还原物;受领的标的物为现金的,应当同时返还自受领时起的利息;受领的标的物生有孳息的,应当一并返还;就应当返还之物支出了必要的或者有益的费用,可以在对方得到返还时和所得利益限度内请求返还;应当返还之物因毁损、灭失或者其他原因不能返还的,应当按照该物的价值以金钱返还。

(3)合同已经履行的,采取其他补救措施。这种情形的发生,可能有三方面原因:合同的性质决定了不可能恢复原状、合同的履行情况不适合恢复原状(如建筑工程合同)以及当事人对清理问题经协商达成协议。这里所说的补救措施主要是指要求对方付款、减少价款的支付或者请求返还不当得利等。

8. 合同解除后的损失赔偿

如果合同解除是由于一方当事人违反规定或者构成违约而造成的,对方在解除合同的同时,可以要求损害赔偿,赔偿范围包括:

1)债务不履行的损害赔偿。包括履行利益和信赖利益。

2)因合同解除而产生的损害赔偿。包括:

(1)债权人订立合同所支出的必要的费用。

(2)债权人因相信合同能够履行而作准备所支出的必要费用。

(3)债权人因失去同他人订立合同的机会所造成的损失。

(4)债权人已经履行合同义务,债务人因拒不履行返还给付物的义务而给债权人造成的损失。

(5)债权人已经受领债务人的给付物时,因返还该物而支出的必要的费用。

9.《司法解释》关于合同解除的规定

(1)《司法解释》第八条规定,承包人具有下列情形之一,发包人请求解除建设工程施工合同的,应予支持:明确表示或者以行为表明不履行合同主要义务的;合同约定的期限内没有完工,且在发包人催告的合理期限内仍未完工的;已经完成的建设工程质量不合格,并拒绝修复的;将承包的建设工程非法转包、违法分包的。

(2)《司法解释》第九条规定,发包人具有下列情形之一,致使承包人无法施工,且在催告的合理期限内仍未履行相应义务,承包人请求解除建设工程施工合同的,应予支持:未按约定支付工程价款的;提供的主要建筑材料、建筑构配件和设备不符合强制性标准的;不履行合同约定的协助义务的。

(3)《司法解释》第十条规定,建设工程施工合同解除后,已经完成的建设工程质量合格的,发包人应当按照约定支付相应的工程价款;已经完成的建设工程质量不合格的,参照本解释第三条规定处理。因一方违约导致合同解除的,违约方应当赔偿因此而给对方造成的损失。

**(三) 抵销**

抵销可以分为法定抵销和约定抵销。

1. 法定抵销

1)法定抵销的概念

法定抵销是指当事人双方互相负有给付债务,将两项债务相互冲抵,使其相互在对等数额内消灭。

2)法定抵销的要件

(1)双方当事人互享债权互负债务。这是抵销的首要条件。

(2)互负的债权的种类要相同,即合同的给付在性质上即品质上,是相同的。

(3)互负的债权必须为到期债权,即双方当事人的各自的债权均已经到了清偿期,只有这样,双方才负有清偿债务的义务。

(4)不属于不能抵销的债权。

不能抵销的债权包括:

(1)按照法律规定不得抵销。又分为禁止强制执行的债务,因故意侵权行为所发生的债务,约定应当向第三人给付的债务,为第三人利益的债务。

(2)依合同的性质不得抵销。

(3)当事人特别约定不得抵销的。

3)法定抵销的行使与效力

《合同法》规定,当事人主张抵销的,应当通知对方,通知自到达对方时生效。抵销不得附条件或者附期限。

2.约定抵销

约定抵销是指通过双方当事人之间达成协议,将相互享有的债权进行抵销而使合同终止。

约定抵销的条件为:

(1)双方相互负有债权债务;

(2)双方当事人就债务抵销达成协议;

(3)不得有禁止抵销的规定。

3.合意抵销

合意抵销是通过合同形式进行的,此合同通常称为抵销合同。合意抵销的效力体现在两个方面:一方面,合意抵销与法定抵销具有相同的效力,即消灭当事人之间同等数额的债权债务关系。在合意抵销中,双方的债务于抵销合同成立前,就处于得为抵销的状态,则抵销合同具有溯及力,自抵销适状时发生效力;在抵销合同订立前,双方的债务不符合抵销适状时,则抵销合同不发生溯及力。此时,当事人特别约定溯及力于某时发生效力的,始发生溯及力。另一方面,合意抵销可以改变法定抵销的条件,即当事人可以约定减轻或加重法定抵销的条件。

(四)提存

1.提存的概念

提存是指债务人于债务已届履行期时,将无法给付的标的物提交给提存机关,

191

以消灭合同债务的行为。

2. 提存的条件

(1)提存人具有行为能力,意思表示真实。

(2)提存的债务真实、合法。

(3)存在提存的原因。包括债权人无正当理由拒绝受领,债权人下落不明,债权人失踪或死亡未确定继承人或者丧失民事行为能力未确定监护人,以及法律规定的其他情形。

(4)存在适宜提存的标的物。

(5)提存的标的物与债的标的物相符。

3. 提存的方法与效力

提存人应当首先向提存机关申请提存,提存机关收到申请以后,需要按照法定条件对申请进行审查,符合条件的,提存机关应当接受提存标的物并采取必要的措施加以保管。标的物提存后,除了债权人下落不明外,债务人应当及时通知债权人或者债权人的继承人、监护人。无论债权人是否受领提存物,提存都将消灭债务,解除担保人的责任,债权人只能向提存机关收取提存物,不能再向债务人请求清偿。在提存期间,发生的一切提存物的毁损、灭失的风险由债权人承担。同时,提存的费用也由债权人承担。

### (五)债权人债务免除

1. 债务免除的概念

债务免除是指债权人免除债务人的债务而使合同权利义务部分或全部终止的意思表示。

2. 债务免除的条件

(1)免除人应当对免除的债权拥有处分权并且不损害第三人的利益;

(2)免除应当由债权人向债务人作出抛弃债权的意思表示;

(3)免除应当是无偿的。

3. 债务免除的效力

免除债务发生后,债权债务关系消灭。免除部分债务的,部分债务消灭;免除全部债务的,全部债务消灭,与债务相对应的债权也消灭。因债务消灭的结果,债务的从债务也同时归于消灭。

### (六)债权债务混同

1. 债权债务混同的概念

债权债务混同是指因债权债务同归于一人而引起合同终止的法律行为。

2. 混同的效力

混同是债的主体变为同一人而使合同全部终止,消灭因合同而产生的债的关系。但是,在法律另有规定或者合同的标的涉及第三人的利益时,混同不发生债权债务消灭的效力。

# 第七节　违反合同的责任

## 一、合同违约责任的特点

违约责任是指合同当事人因违反合同约定而不履行债务所应当承担的责任。违约责任和其他民事责任相比较,有以下一些特点:

**(一)违约责任是一种单纯的民事责任**

民事责任分为侵权责任和违约责任两种。尽管违约行为可能导致当事人必须承担一定的行政责任或者刑事责任,但违约责任仅仅限于民事责任。违约责任的后果承担形式有继续履行、采取补救措施、赔偿损失、支付违约金、定金罚则等。

**(二)违约责任是当事人违反合同义务所产生的责任**

违约责任是合同当事人不履行合同义务或者履行合同义务不符合约定而产生的法律责任,它以合同的存在为基础。这就要求合同本身必须有效,这样合同的权利义务才能受到法律的保护。对合同不成立、无效合同、被撤销合同都不能产生违约责任。

**(三)违约责任具有相对性**

违约责任的相对性体现在:

1. 违约责任仅仅产生于合同当事人之间,一方违约的,由违约方向另一方承担违约责任;双方都违约,各自就违约部分向对方承担违约责任。违约方不得将责任推卸给他人。

2. 在因第三人的原因造成债务人不能履行合同义务或者履行合同义务不符合约定的情况下,债务人仍然应当向债权人承担违约责任,而不是由第三人直接承担违约责任。

3. 违约责任不涉及合同以外的第三人,违约方只向债权人承担违约责任,而不向国家或者第三人承担责任。

**(四)违约责任具有法定性和任意性双重特征**

违约责任的任意性体现在合同当事人可以在法律规定的范围内,通过协议对双方当事人的违约责任进行规定,其他人对此不得进行干预。

违约责任的法定性表现在:

1. 在合同当事人事先没有在合同中约定违约责任条款的情况下,在合同履行过程中,如果当事人不履行或者履行不符合约定时,违约方并不能因合同中没有违约责任条款而免除责任。《合同法》规定,当事人一方不履行合同义务或者履行合同义务不符合约定的,应当承担继续履行、采取补救措施或者赔偿损失等违约责任。

2. 当事人约定的违约责任条款作为合同内容的一部分,也必须符合法律关于合同的成立与生效要件的规定,如果事先约定的违约责任条款不符合法律规定,则这些条款将被认定为无效或者被撤销。

**(五) 违约责任具有补偿性和惩罚性双重属性**

违约责任的补偿性是指违约责任的主要目的在于弥补或者补偿非违约方因对方违约行为而遭受的损失,违约方通过承担损失的赔偿责任,弥补违约行为给对方当事人造成的损害后果。

违约责任的惩罚性体现在如果合同中约定了违约金或者法律直接规定了违约金的,当合同当事人一方违约时,即使并没有给相对方造成实际损失,或者造成的损失没有超过违约金的,违约方也应当按照约定或者法律规定支付违约金,这完全体现了违约金的惩罚性;如果造成的损失超过违约金的,违约方还应当对超过的部分进行补偿,这体现了补偿性。

## 二、违约责任的构成要件

违约责任的构成要件是确定合同当事人是否应当承担违约责任、承担何种违约责任的依据,这对于保护合同双方当事人的合法权益有着重要意义。违约责任的构成要件包括:

**1. 违约责任的一般构成要件**

合同当事人必须有违约行为。违约责任实行严格责任制,违约行为是违约责任的首要条件,只要合同当事人有不履行合同义务或者履行合同义务不符合约定的事实存在,除了发生符合法定的免责条件的情形外,无论他主观是否有过错,都应当承担违约责任。

**2. 违约责任的特殊构成要件**

除了一般构成要件以外,对于不同的违约责任形式还必须具备一定的特定条件。违约责任的特殊构成要件因违约责任形式的不同而不同。

1)损害赔偿责任的特殊构成要件

(1)有因违约行为而导致损害的事实。一方面,损害必须是实际发生的损害,对于尚未发生的损害,不能赔偿;另一方面,损害是可以确定的,受损方可以通过举证加以确定。

(2)违约行为与损害事实之间必须有因果关系。违约方在实施违约行为时必然会引起某些事实结果发生,如果这些结果中包括对方当事人因违约方的违约行为而遭受损失,则违约方必须对此承担损失赔偿责任以补偿对方的损失。如果违约行为与损害事实之间并没有因果关系,则违约方不需要对该损失承担赔偿责任。

2)违约金责任形式的特殊构成要件

(1)当事人在合同中事先约定了违约金,或者法律对违约金作出了规定;

(2)当事人对违约金的约定符合法律约定,违约金是有效的。

3)强制实际履行的特殊构成要件

(1)非违约方在合理的期限内要求违约方继续履行合同义务。非违约方必须在合理的期限内通知对方,要求对方继续履行,否则超过了期限规定,违约方不能以继续履行来承担违约责任。

(2)违约方有继续履行的能力。如果违约方因客观原因而失去了继续履行能力,非违约方也不得强迫违约方实际履行。

(3)合同债务可以继续履行。《合同法》规定,如果法律上或者事实上不能继续履行的,或者债务的标的不适于强制履行或者履行费用过高的,违约方可以不以继续履行来承担违约责任。

## 三、违约行为的种类

违约行为是违约责任产生的根本原因,没有违约行为,合同当事人一方就不应当承担违约责任。而不同的违约行为所产生的后果又各不相同,从而导致违约责任的形式也有所不同。

违约行为可分为预期违约和实际违约两种形式。预期违约又可分为明示毁约和默示毁约;实际违约可分为不履行合同义务和履行合同义务不符合约定。

1. 预期违约

1)预期违约的概念

预期违约又称为先期违约,是指在合同履行期限届满之前,一方当事人无正当理由而明确地向对方表示,或者以自己的行为表明将来不履行合同义务的行为。预期违约可分为明示毁约和默示毁约两种形式,明确地向对方表示不履行的为明示毁约,以自己的行为表明不履行的为默示毁约。

2)预期违约的构成要件

(1)在合同履行期限届满之前有将不履行合同义务的行为。在明示毁约的情况下,违约方必须明确作出将不履行合同义务的意思表示。在默示毁约情况下,违约方的行为必须能够使对方当事人预料到在合同履行期限届满时违约方将不履行合同义务。

(2)毁约行为必须发生在合同生效后履行期限届满之前。预期违约是针对违约方在合同履行期限届满之前的毁约行为,如果在合同有效成立之前发生,则合同不会成立;如果是在合同履行期限届满之后发生,则为实际违约。

(3)毁约必须是对合同中实质性义务的违反。如果当事人预期违约的行为仅仅是不履行合同中的非实质性义务,则该行为不会造成合同的根本目的不能实现,而仅仅是实现的目的出现了偏差,这样的行为不属于预期违约。

(4)违约方不履行合同义务无正当理由。如果债务人有正当理由拒绝履行合同义务的,如诉讼时效届满、发生不可抗力等,则他的行为不属于预期违约。

3)预期违约的法律后果

(1)解除合同。当合同一方当事人以明示或者默示的方式表明他将在合同的履行期限届满时不履行或者不能履行合同义务,另一方当事人有法定的解除权,他可以单方面解除合同,同时要求对方承担违约责任。但是,解除合同的意思表示必须以明示的方式作出,在该意思表示到达违约方时即产生合同解除的效力。

(2)债权人有权在合同的履行期限届满之前,要求预期违约责任方承担违约责任。在预期违约情况下,为了使自己尽快从已经不能履行的合同中解脱出来,债权人有权要求违约方承担违约责任。《合同法》规定,当事人一方明确表示或者以自己的行为表明不履行合同义务的,对方可以在履行期限届满之前要求其承担违约责任。

(3)履行期限届满后要求对方承担违约责任。预期违约是在合同履行期限届满之前的行为,这并不代表违约方在履行期限届满时就一定不会履行合同义务,他仍然有履行合同义务的可能性。所以,债权人也可以出于某种考虑,等到履行期限届满后,对方的预期违约行为变成实际违约时,再要求违约方承担违约责任。

**2. 不履行合同义务**

不履行合同义务是指在合同生效后,当事人根本不按照约定履行合同义务。可分为两种情况:

1)履行不能。履行不能是指合同当事人一方出于某些特定的事由而不履行或者不能履行合同义务。这些事由分为客观事由与主观事由。如果不履行或者不能履行是由于不可归责于债务人的事由产生的,则可以就履行不能的范围免除债务人的违约责任。

2)拒绝履行。拒绝履行是指在履行期限届满后,债务人能够履行却在无抗辩事由的情形下拒不履行合同义务的行为。

(1)拒绝履行的构成要件

①存在合法有效的债权债务关系;

②债务人向债权人拒不履行合同义务;

③拒绝履行合同义务无正当理由;

④拒绝履行是在履行期限届满后作出。

(2)拒绝履行的法律后果

①实际履行。如果违约方不履行合同义务,无论他是否已经承担损害赔偿责任或者违约金责任,都必须根据相对方的要求,并在能够履行的情况下,按照约定

继续履行合同义务。

②解除合同。违约方拒绝履行合同义务,表明了他不愿意继续受合同的约束,此时,相对方也有权选择解除合同的方式,同时可以向违约方主张要求其承担损失赔偿责任或者违约金责任。

③赔偿损失或者支付违约金、按定金罚则承担责任。违约方拒绝履行合同义务,相对方根据实际情况可以选择强制实际履行或者解除合同后,相对人仍然有因违约方违约而遭受损害时,相对人有权要求违约方继续履行损失赔偿责任,也可以根据约定要求违约方按照约定,向相对人支付违约金或者按定金罚则承担责任。

3. 履行合同义务不符合约定

履行合同义务不符合约定又称不适当履行或者不完全履行,是指虽然当事人一方有履行合同义务的行为,但是其履行违反了合同约定或者法律规定。按照其特点,不适当履行又分为以下几种:

(1)迟延履行,即违约方在履行期限届满之后才作出的履行行为,或者履行未能在约定的履行期限内完成。

迟延履行,包括:①迟延给付,又称债务人迟延,指债务人在履行期限到来后,能够履行债务而没有按期履行债务;②迟延受领,指债权人应当对债务人的履行及时受领而没有受领。

(2)瑕疵给付,指债务人没有完全按照合同的约定履行合同义务。

(3)提前履行,指债务人在约定的履行期限尚未届满时就履行完合同义务。

对于以上这些不适当履行,债务人都应当承担违约责任,但对提前履行,法律另有规定或者当事人另有约定的除外。

## 四、违约责任的承担方式

1. 继续履行

1)继续履行的概念

又称强制继续履行,即如果违约方出现违约行为,非违约方可以借助于国家的强制力使其继续按照约定履行合同义务。要求违约方继续履行是《合同法》赋予债权人的一种权利,其目的主要是为了维护债权人的合法权益,保证债权人在违约方违约的情况下,还可以实现订立合同的目的。

2)继续履行的构成要件

(1)违约方在履行合同义务过程中有违约行为。

(2)非违约方在合理期限内要求违约方继续履行合同义务。

(3)违约方能够继续履行合同义务,一方面违约方有履行合同义务的能力;另一方面合同义务是可以继续履行的。

3）继续履行的例外

由于合同的性质等原因，有些债务主要是非金钱债务，当违约方出现违约行为后，该债务不适合继续履行。对此，《合同法》作出了专门的规定，包括：

（1）法律上或者事实上不能履行；

（2）债务的标的不适于强制履行或者履行费用过高；

（3）债权人未在合理期限内要求违约方继续履行合同义务。

2. 采取补救措施

1）采取补救措施的含义

补救措施是指在发生违约行为后，为防止损失的发生或者进一步扩大，违约方按照法律规定或者约定以及双方当事人的协商，采取修理、更换、重作、退货、减少价款或者报酬、补充数量、物资处置等手段，弥补或者减少非违约方的损失的一种违约责任形式。

采取补救措施有两层含义：一是违约方通过对已经作出的履行予以补救，如修理、更换、维修标的物等使履行符合约定；二是采取措施避免或者减少债权人的违约损失。

2）采取补救措施的条件

（1）违约方已经完成履行行为但履行质量不符合约定；

（2）采取补救措施必须具有可能性；

（3）补救对于债权人来讲是可以的，即采取补救措施并不影响债权人订立合同的根本目的；

（4）补救行为必须符合法律规定、约定或者经债权人同意。

3. 赔偿损失

1）赔偿损失的含义

赔偿损失是指违约方不履行合同义务或者履行合同义务不符合约定而给对方造成损失时，按照法律规定或者合同约定，违约方应当承担受损害方的违约损失的一种违约责任形式。

2）损失赔偿的适用条件

（1）违约方在履行合同义务过程中发生违约行为；

（2）债权人有损害的事实；

（3）违约行为与损害事实之间必须有因果关系。

3）损害赔偿的基本原则

（1）完全赔偿原则。完全赔偿原则是指违约方应当对其违约行为所造成的全部损失承担赔偿责任。设置完全赔偿原则的目的是补偿债权人因债务人违约所造成的损失，所以，损害的赔偿范围除了包括该违约行为给债权人所造成的直接损害外，还包括该违约行为给债权人的可得利益的损害。

（2）合理限制原则。完全赔偿原则是为了保护债权人免于遭受违约损失，因此是完全站在债权人的立场上，根据公平合理原则，债权人也不能擅自夸大损害事实而给违约方造成额外损失。对此，《合同法》也对债权人要求赔偿的范围进行了限制性规定，包括：

①应当预见规则。《合同法》规定，当事人一方不履行合同义务或者履行合同义务不符合约定给对方造成损失的，损失赔偿额应当相当于因违约造成的损失，包括合同履行后可以获得的利益，但不得超过违反合同一方订立合同时预见到或者应当预见到的因违反合同可能造成的损失。

②减轻损害规则。《合同法》规定，当事人一方违约后，对方应当采取适当措施防止损失的扩大；没有采取适当措施致使损失扩大的，不得就扩大的部分要求赔偿。当事人因防止扩大而支出的合理费用，由违约方承担。

③损益相抵规则。损益相抵规则是指受违约损失方基于违约行为而发生违约损失的同时，又由于违约行为而获得一定的利益或者减少了一定的支出，受损方应当在其应得的损害赔偿中，扣除其所得的利益部分。

4）损害赔偿的计算

（1）法定损害赔偿，即法律直接规定违约方应当向受损方赔偿损失时损害赔偿额的计算方法。如上文中所说的应当预见规则、减轻损害规则以及损益相抵规则都属于《合同法》对于损害赔偿的直接规定。

（2）约定损害赔偿，即合同当事人双方在订立合同时预先约定违约金或者损害赔偿金额的计算方法。《合同法》规定，当事人可以约定一方违约时应当根据违约情况向对方支付一定数额的违约金，也可以约定因违约产生的损失赔偿额的计算方法。

4. 违约金

1）违约金的概念

违约金是指当事人在合同中或订立合同后约定的，或者法律直接规定的，违约方发生违约行为时向另一方当事人支付一定数额的货币。

2）违约金的特点

（1）违约金具有约定性。对于约定违约金来说，是双方当事人协商一致的结果，是否约定违约金、违约金的具体数额都是由当事人双方协商确定的。对于法定违约金来说，法律仅仅规定了违约金的支付条件及违约金的大小范围，至于违约金的具体数额还是由双方当事人另行确定。

（2）违约金具有预定性。约定违约金的数额是合同当事人预先在订立合同时确定的，法定违约金也是由法律直接规定了违约金的上下浮动的范围。一方面，由于当事人知道违约金的情况，这样在合同履行过程中，违约金可以对当事人起督促作用；另一方面，一旦违约行为发生，双方对违约责任的处理明确简单。

（3）违约金是独立于履行行为以外的给付。违约金是违约方不履行合同义务或者履行合同义务不符合预定时向债权人支付的一定数额的货币，它并不是主债务，而是一种独立于合同义务以外的从债务。如果违约行为发生后，债权人仍然要求违约方履行合同义务而且违约方具有继续履行的可能性，违约方不得以支付违约金为由而免除继续履行合同义务的责任。

（4）违约金具有补偿性和担保性双重作用。违约金可以分为赔偿性违约金和惩罚性违约金。赔偿性违约金的目的是为了补偿债权人因债务人违约而造成的损失，这表现了违约金的补偿性；惩罚性违约金的目的是为了对违约行为进行惩罚和制裁，与违约造成的实际损失没有必然联系，违约金的支付是以当事人有违约行为为前提，而不必证明债权人的实际损失究竟有多大，这体现了违约金具有明显的惩罚性。这是违约金不同于一般的损失赔偿金的最显著的地方，也正是违约金担保作用的具体体现。

3）约定违约金的构成要件

（1）违约方存在违约行为；

（2）有违约金的约定；

（3）约定的违约金条款或者补充协议必须有效；

（4）约定违约金的数额不得与违约造成的实际损失有着悬殊的差别。

《合同法》规定，约定的违约金低于造成的损失的，当事人可以请求人民法院或者仲裁机构予以增加；约定的违约金过分地高于造成的损失的，当事人可以请求人民法院或者仲裁机构予以适当减少。

5．定金

1）定金的概念

定金是指合同双方当事人约定的，为担保合同的顺利履行，在订立合同时，或者订立后履行前，按照合同标的的一定比例，由一方当事人向对方给付一定数额的货币或者其他替代物。

2）定金的特点

（1）定金属于金钱担保；

（2）定金的标的物为金钱或其他替代物；

（3）定金是预先交付的；

（4）定金同时也是违约责任的一种形式。

3）定金与工程预付款的区别

定金与预付款都是当事人双方约定的，在合同履行期限届满之前由一方当事人向对方给付的一定数额的金钱，合同履行结束后可以抵作合同价款。两者的本质区别为：

（1）定金的作用是担保；而预付款的主要作用是为对方顺利履行义务在资金上

提供帮助。

(2)交付定金的合同是从合同;而预付款的协议是合同内容的组成部分。

(3)定金合同只有在交付定金时才能成立;预付款条款只要在合同中约定且合同生效时即可成立。

(4)定金合同的双方当事人在不履行合同义务时适用定金罚则;预付款交付后,不履行合同不会发生被没收或者双倍返还的效力。

(5)定金适用于以金钱或者其他替代物履行义务的合同;预付款只适用于以金钱履行义务的合同。

(6)定金一般为一次性给付;预付款可以分期支付。

(7)定金有最高限额,《担保法》规定,定金不得超过主合同标的额的20%;而预付款除了不得超过合同标的总额以外,没有最高限额的规定。

4)定金的种类

(1)立约定金,即当事人为保证以后订立合同而专门设立的定金,如工程招标中的投标保证金。

(2)成约定金,即以定金的交付作为主合同成立要件的定金。

(3)证约定金,即以定金作为订立合同的证据,证明当事人之间存在合同关系而设立的定金。

(4)违约定金,即定金交付后,当事人一方不履行主合同义务时按照定金罚则承担违约责任。

(5)解约定金,即当事人为保留单方面解除合同的权利而交付的定金。

5)定金罚则的构成要件

(1)相应的主合同及定金合同有效存在。定金合同是担保合同,其目的在于保证主合同能够实现。所以定金合同是一种从合同,是以主合同的存在为存在的前提,并随着主合同的消灭而消灭。同时,定金必须是当事人双方完全一致的意思表示,并且定金合同必须采用书面形式。

(2)有定金的支付。定金具有先行支付性,定金的支付一定早于合同的履行期限,这是定金能够具备担保作用的前提条件。

(3)一方当事人有违约行为。当违约方的违约行为构成拒绝履行或者预期违约的,适用定金罚则。对于履行不符合约定的,只有在违约行为构成根本违约的情况下,才能适用定金罚则。

(4)不履行合同一方不存在不可归责的事由。如果不履行合同义务是由于不可抗力或者其他法定的免责事由而造成的,不履行一方不承担定金责任。

(5)定金数额不得超过规定。《担保法》中规定,定金的数额不得超过主合同标的的20%。

6)定金的效力

(1)所有权的转移。定金一旦给付,即发生所有权的转移。收受定金一方取得定金的所有权是定金给付的首要效力,也是定金具备预付款性质的前提。

(2)抵作权。在合同完全履行以后,定金可以抵作价款或者收回。

(3)没收权。如果支付定金一方因发生可归责于其的事由而不履行合同义务时,则适用定金罚则,收受定金一方不再负返还义务。

(4)双倍返还权。如果收受定金一方应发生可归责于其的事由而不履行合同义务时,则适用定金罚则,收受定金一方必须承担双倍返还定金的义务。

6. 价格制裁

价格制裁是指执行政府定价或者政府指导价的合同当事人,由于逾期履行合同义务而遇到价格调整时,在原价格和新价格中执行对违约方不利的价格。《合同法》规定,逾期交付标的物的,遇价格上涨时,按照原价格执行;价格下降时,按照新价格执行。逾期提取标的物或者逾期付款的,遇价格上涨时,按照新价格执行;遇价格下降时,按照原价格执行。由此可见,价格制裁对违约方来说,是一种惩罚,对债权人来说,是一种补偿其因违约所遭受损失的措施。

7. 违约责任承担方式相互之间的适用情况

(1)继续履行与采取补救措施

继续履行与采取补救措施是两种相互独立的违约责任承担方式,但实际操作中,一般不被同时适用。强制继续履行是以最终保证合同的全部权利得到实现、全部义务得到履行为目的的,适用于债务人不履行合同义务的情形。

采取补救措施主要是通过补救措施,使已履行而不符合约定的合同义务能够完全得到或者基本得到履行。采取补救措施主要适用于债务人履行合同义务不符合约定的情形,尤其是质量达不到约定的情况。

(2)继续履行、采取补救措施与解除合同

无论是继续履行,还是采取补救措施,其目的都是要使合同的权利义务最终得到实现,它们都属于积极的承担违约责任的形式。而解除合同是属于一种消极的违约责任承担方式,一般适用于违约方的违约行为导致合同的权利义务已经不可能实现或者实现合同目的已经没有实际意义的情况。因此,继续履行及采取补救措施与解除合同之间属于两种相矛盾的违约责任形式,两者不能被同时适用。

(3)继续履行(或采取补救措施)与赔偿损失(违约金或定金)

违约金的基本特征与赔偿损失一样,体现它的补偿性,主要适用于当违约方的违约行为给非违约方造成损害时的情形,它提供的是一种救济手段,这与继续履行(或采取补救措施)并不矛盾。所以,在承担违约责任时,赔偿损失(违约金或定金)可以与继续履行(或采取补救措施)同时采用。

违约金在特殊情况下与定金一样,体现在它的惩罚性,这是对违约方违约行为的一种制裁手段。但无论是继续履行还是采取补救措施都不具备这一功能,而且两者之间并不矛盾。所以,在承担违约责任时,定金(或违约金)可以与继续履行(或采取补救措施)同时采用。

需要说明的是,如果违约金是可以替代履行的,即当违约方按照约定交付违约金后即可以免除违约方的合同履行责任,则违约金与继续履行或者采取补救措施不能同时并存;同样,如果定金是解约定金,则定金同样与继续履行或者采取补救措施不能同时并存。

(4)赔偿损失与违约金

在违约金的性质体现赔偿性的情况下,违约金被视为是损害赔偿额的预定标准,其目的在于补偿债权人因债务人的违约行为所造成的损失。因此,违约金可以替代损失赔偿金,当债务人支付违约金以后,债权人不得要求债务人再承担支付损失赔偿金的责任。所以,违约金与损害赔偿不能同时并用。

(5)定金与违约金

当定金属于违约金时,其性质与违约金相同,因此,两者不能同时并用。当定金属于解约定金时,其目的是解除合同,而违约金不具备此功能。因此,解约定金与违约金可以同时使用。当定金属于证约定金或成约定金时,与违约金的目的、性质和功能皆不相同,所以两者可以同时使用。

(6)定金与损害赔偿

定金可以与损害赔偿同时使用,并可以独立计算。但在实际操作中可能会出现定金与损害赔偿的并用超过合同总价的情况,因此必须对定金的数额进行适当的限制。

## 五、《合同法》及《司法解释》关于工程承发包违约行为的责任承担

### (一)《合同法》关于工程承发包违约行为的责任承担

1.《合同法》第二百八十条规定,勘察、设计的质量不符合要求或者未按照期限提交勘察、设计文件拖延工期,造成发包人损失的,勘察人、设计人应当继续完善勘察、设计,减收或者免收勘察、设计费并赔偿损失。

2.《合同法》第二百八十一条规定,因施工人的原因致使建设工程质量不符合约定的,发包人有权要求施工人在合理期限内无偿修理或者返工、改建。经过修理或者返工、改建后,造成逾期交付的,施工人应当承担违约责任。

3.《合同法》第二百八十二条规定,因承包人的原因致使建设工程在合理使用期限内造成人身和财产损害的,承包人应当承担损害赔偿责任。

4.《合同法》第二百八十三条规定,发包人未按照约定的时间和要求提供原材料、设备、场地、资金、技术资料的,承包人可以顺延工程日期,并有权要求赔偿停工、窝工等损失。

5.《合同法》第二百八十四条规定,因发包人的原因致使工程中途停建、缓建的,发包人应当采取措施弥补或者减少损失,赔偿承包人因此造成的停工、窝工、倒运、机械设备调迁、材料和构件积压等损失和实际费用。

6.《合同法》第二百八十五条规定,因发包人变更计划,提供的资料不准确,或者未按照期限提供必需的勘察、设计工作条件而造成勘察、设计的返工、停工或者修改设计,发包人应当按照勘察人、设计人实际消耗的工作量增付费用。

7.《合同法》第二百八十六条规定,发包人未按照约定支付价款的,承包人可以催告发包人在合理期限内支付价款。发包人逾期不支付的,除按照建设工程的性质不宜折价、拍卖的以外,承包人可以与发包人协议将该工程折价或者拍卖的价款优先受偿。

**（二）《司法解释》关于工程承发包违约行为的责任承担**

1.《司法解释》第十一条规定,因承包人的过错造成建设工程质量不符合约定,承包人拒绝修理、返工或者改建,发包人请求减少支付工程价款的,应予支持。

2.《司法解释》第十二条规定,发包人具有下列情形之一,造成建设工程质量缺陷,应当承担过错责任:提供的设计有缺陷;提供或者指定购买的建筑材料、建筑构配件、设备不符合强制性标准;直接指定分包人分包专业工程。承包人有过错的,也应当承担相应的过错责任。

3.《司法解释》第二十七条规定,因保修人未及时履行保修义务,导致建筑物毁损或者造成人身、财产损失的,保修人应当承担赔偿责任。保修人与建筑物所有人或者发包人对建筑物毁损均有过错的,各自承担相应的责任。

4. 对《合同法》第二百八十六条的规定,最高人民法院于2002年6月作出《最高人民法院关于建设工程价款优先受偿权问题的批复》,认定建设工程承包人的优先受偿权优于抵押权和其他债权。但是,对于商品房,如果消费者交付购买商品房的全部或者大部分款项后,承包人就该商品房享有的工程价款优先受偿权不得对抗买受人。同时,建设工程承包人行使优先权的期限为6个月,自建设工程竣工之日或者建设工程合同约定的竣工之日起计算。

5.《合同法》及《司法解释》对建设工程竣工验收及交付使用也作出相应的规定。《合同法》第二百七十九条规定,建设工程竣工后,发包人应当根据施工图纸及说明书、国家颁发的施工验收规范和质量检验标准及时进行验收。验收合格的,发包人应当按照约定支付价款,并接收该建设工程。建设工程竣工经验收合格后,方可交付使用;未经验收或者验收不合格的,不得交付使用。《司法解释》第十三条规定,建设工程未经竣工验收,发包人擅自使用后,又以使用部分质量不符合约定为由主张权利的,不予支持;但是承包人应当在建设工程的合理使用寿命内对地基基础工程和主体结构质量承担民事责任。

# 第八节　合同纠纷的解决

## 一、当事人对合同文件的解释

合同应当是合同当事人双方完全一致的意思表示。但是,在实际操作中,由于各方面的原因,如当事人的经验不足,素质不高,出于疏忽或是故意,对合同应当包括的条款未作明确规定,或者对有关条款用词不够准确,从而导致合同内容表达不清楚。表现在:合同中出现错误、矛盾以及两义性解释;合同中未作出明确解释,但在合同履行过程中发生了事先未考虑到的事件;合同履行过程中出现超出合同范围的事件,使得合同全部或者部分归于无效等。

一旦在合同履行过程中产生上述问题,合同当事人双方往往就可能会对合同文件的理解出现偏差,从而导致合同争议。因此,如何对内容表达不清楚的合同进行正确的解释就显得尤为重要。

《合同法》第一百二十五条规定,当事人对合同条款的理解有争议的,应当按照合同所使用的词句、合同的有关条款、合同的目的、交易习惯以及诚实信用原则,确定该条款的真实意思。合同文本采用两种以上文字订立并约定具有同等效力的,对各文本使用的词句推定具有相同含义。各文本使用的词句不一致的,应当根据合同的目的予以解释。由此可见,合同的解释方法主要有:

### (一) 词句解释

这种解释原则是首先应当确定当事人双方的共同意图,据此确定合同所使用的词句和合同有关条款的含义。如果仍然不能作出明确解释,就应当根据与当事人具有同等地位的人处于相同情况下可能作出的理解来进行解释。其规则有:

1. 排他规则。如果合同中明确提及属于某一特定事项的某些部分而未提及该事项的其他部分,则可以推定为其他部分已经被排除在外。例如,某承包商与业主就某酒楼的装修工程达成协议。该酒楼包括 2 个大厅、20 个包厢和 1 个歌舞厅。在签订的合同中没有对该酒楼是全部装修还是部分装修作出具体规定,在招标文件的工程量表中仅仅开列了包括大厅和包厢在内的工程的装修要求,对歌舞厅未作要求。在工程实施过程中双方产生争议。根据上述规则,应当认为该装修合同中未包含歌舞厅的装修在内。

2. 对合同条款起草人不利规则。虽然合同是经过双方当事人平等协商而作出的一致的意思表示,但是在实际操作过程中,合同往往是由当事人一方提供的,提供方可以根据自己的意愿对合同作出要求。这样,他对合同条款的理解应该更为全面。如果因合同词义而产生争议,则起草人应当承担由于选用词句的含义不清而带来的风险。

3. 主张合同有效的解释优先规则。双方当事人订立合同的根本目的就是为了正确完整地享有合同权利,履行合同义务,即希望合同最终能够得以实现。如果在合同履行过程中,双方产生争议,其中有一种解释可以从中推断出若按照此解释合同仍然可以继续履行,而从其他各种合同的解释中,可以推断出合同将归于无效而不能履行,此时,应当按照主张合同仍然有效的方法来对合同进行解释。

**（二）整体解释**

这种解释原则是指,当双方当事人对合同产生争议后,应当从合同整体出发,联系合同条款上下文,从总体上对合同条款进行解释,而不能断章取义,割裂合同条款之间的联系来进行片面解释。整体解释原则包括:

1. 同类相容规则,即如果有两项以上的条款都包含同样的语句,而前面的条款又对此赋予特定的含义,则可以推断其他条款所表达的含义和前面一样。

2. 非格式条款优先于格式条款规则,即当格式合同与非格式合同并存时,如果格式合同中的某些条款与非格式合同相互矛盾时,应当按照非格式条款的规定执行。

**（三）合同目的解释**

这种解释原则的要义是肯定符合合同目的的解释,排除不符合合同目的的解释。例如,在某装修工程合同中,没有对材料的防火阻燃等要求进行事先约定,在施工过程中,承包商采用了易燃材料,业主对此产生异议。在此案例中,虽然业主未对材料的防火性能作出明确规定,但是根据合同目的,装修好的工程必须符合我国《消防法》规定。所以,承包商应当采用防火阻燃材料进行装修。

**（四）交易习惯解释**

这种解释原则是按照该国家、该地区、该行业所采用的惯例进行解释。

**（五）诚实信用原则解释**

诚实信用原则是合同订立和合同履行的最根本的原则,因此,无论对合同的争议采用何种方法进行解释,都不能违反诚实信用原则。

## 二、《司法解释》关于合同争议的规定

(1)《司法解释》第十四条规定,当事人对建设工程实际竣工日期有争议的,按照以下情形分别处理:建设工程经竣工验收合格的,以竣工验收合格之日为竣工日期;承包人已经提交竣工验收报告,发包人拖延验收的,以承包人提交验收报告之日为竣工日期;建设工程未经竣工验收,发包人擅自使用的,以转移占有建设工程之日为竣工日期。

(2)《司法解释》第十五条规定,建设工程竣工前,当事人对工程质量发生争议,工程质量经鉴定合格的,鉴定期间为顺延工期期间。

（3）《司法解释》第十六条规定，当事人对建设工程的计价标准或者计价方法有约定的，按照约定结算工程价款。因设计变更导致建设工程的工程量或者质量标准发生变化，当事人对该部分工程价款不能协商一致的，可以参照签订建设工程施工合同时当地建设行政主管部门发布的计价方式或者计价标准结算工程价款。建设工程施工合同有效，但建设工程经竣工验收不合格的，工程价款结算参照本解释第三条规定处理。

（4）《司法解释》第十七条规定，当事人对欠付工程价款利息计付标准有约定的，按照约定处理；没有约定的，按照中国人民银行发布的同期同类贷款利率计息。

（5）《司法解释》第十八条规定，利息从应付工程价款之日计付。当事人对付款时间没有约定或者约定不明的，下列时间视为应付款时间：建设工程已实际交付的，为交付之日；建设工程没有交付的，为提交竣工结算文件之日；建设工程未交付，工程价款也未结算的，为当事人起诉之日。

（6）《司法解释》第十九条规定，当事人对工程量有争议的，按照施工过程中形成的签证等书面文件确认。承包人能够证明发包人同意其施工，但未能提供签证文件证明工程量发生的，可以按照当事人提供的其他证据确认实际发生的工程量。

（7）《司法解释》第二十条规定，当事人约定，发包人收到竣工结算文件后，在约定期限内不予答复，视为认可竣工结算文件的，按照约定处理。承包人请求按照竣工结算文件结算工程价款的，应予支持。

（8）《司法解释》第二十一条规定，当事人就同一建设工程另行订立的建设工程施工合同与经过备案的中标合同实质性内容不一致的，应当以备案的中标合同作为结算工程价款的根据。

（9）《司法解释》第二十二条规定，当事人约定按照固定价结算工程价款，一方当事人请求对建设工程造价进行鉴定的，不予支持。

### 三、合同争议的解决方法

当双方当事人在合同履行过程中发生争执后，首先应当按照公平合理和诚实信用原则由双方当事人依据上述合同的解释方法自愿协商解决争端，或者通过调解解决争端。如果仍然不能解决争端的，则可以寻求司法途径解决。

司法途径可分为仲裁和诉讼两种方式。当事人如果采用仲裁方式解决争端，应当是双方协商一致，达成仲裁协议。没有仲裁协议，一方提出申请仲裁，仲裁机关不予受理。

合同争端产生后，如果双方有仲裁协议，不应当向法院起诉，而应当通过仲裁方式解决，即使向法院起诉，法院也不应当受理。当事人没有仲裁协议或仲裁协议无效的情况下，当事人的任何一方都可以向法院起诉。

《司法解释》第二十四条规定，建设工程施工合同纠纷以施工行为地为合同履行地。2015 年 2 月 4 日起施行的《最高人民法院关于适用〈中华人民共和国民事诉讼法〉的解释》第二十八条第二款规定,农村土地承包经营合同纠纷、房屋租赁合同纠纷、建设工程施工合同纠纷、政策性房屋买卖合同纠纷,按照不动产纠纷确定管辖。所以,建设工程施工合同纠纷应由项目所在地人民法院管辖。

《司法解释》第二十五条规定,因建设工程质量发生争议的,发包人可以以总承包人、分包人和实际施工人为共同被告提起诉讼。

《司法解释》第二十六条规定,实际施工人以转包人、违法分包人为被告起诉的,人民法院应当依法受理。实际施工人以发包人为被告主张权利的,人民法院可以追加转包人或者违法分包人为本案当事人。发包人只在欠付工程价款范围内对实际施工人承担责任。

# 案例分析

### 案例 6-1

#### 一、背景

建设单位(以下简称 A 公司)将某工程以施工总承包的形式发包给了某施工单位(以下简称 B 公司)。施工过程中,B 公司又将其中的玻璃幕墙工程分包给另一施工单位(以下简称 C 公司)。C 公司不具备幕墙施工资质。该工程竣工验收后,按合同约定,B 公司应向 C 公司支付工程款120 万元,但 B 公司以无力支付为由拒绝支付。

C 公司了解到,一年前 B 公司与其他三家公司结成"互保"联盟,向银行贷款。现其中一家公司破产,B 公司因此需要承担 8000 万元的连带责任,陷入破产边缘。另外,A 公司尚拖欠 B 公司工程款 200 余万元。

于是,C 公司向 A 公司催讨 120 万元工程欠款,但 A 公司拒付。理由:(1)C 公司是分包单位,分包合同是与 B 公司签订的,A 公司不是分包合同的一方当事人,对分包单位无合同义务。(2)A 公司对 B 公司或有的欠付行为必须基于总包合同来评价。C 公司不是 A、B 间总包合同的一方当事人,无权基于总包合同向 A 公司主张工程款。

C 公司陷入了两难的境地……

#### 二、问题

1. A 公司拒付的理由是否成立?
2. C 公司可以采取哪些方式维护自己的权益?
3. 试分析 C 公司采取不同维权方式的利弊。

### 三、分析

1. A公司拒付的理由不成立。

2. C公司可以采取的维权方式有:

方法一:C公司可以行使代位权,直接起诉A公司。

根据《合同法》第七十三条的规定,因债务人怠于行使其到期债权,对债权人造成损害的,债权人可以向人民法院请求以自己的名义代位行使债务人的债权,但该债权专属于债务人自身的除外。

方法二:C公司以实际施工人的名义起诉A公司,要求其在欠付B公司工程价款范围内承担责任。

由于C公司不具备幕墙施工资质,根据《司法解释》第一条第一项的规定,C公司与B公司签订的玻璃幕墙分包合同无效。C公司在无合同义务的前提下完成了玻璃幕墙的施工,且工程通过了竣工验收,所以C公司是实际施工人。根据《司法解释》第二十六条第二款的规定,实际施工人以发包人为被告主张权利的,人民法院可以追加转包人或者违法分包人为本案当事人。发包人只在欠付工程价款范围内对实际施工人承担责任。

3. 选择不同的维权方式,利弊分析如下:

(1)C公司应承担的举证责任不同。选择方法一,C公司需证明B公司对A公司有200万元的债权;选择方法二,C公司无需证明A公司尚拖欠B公司200万元的事实。

(2)C公司权利实现程度不同。选择方法一,C公司从A公司获得的工程款将有可能被列入B公司的破产财产,C公司只能按债权比例获得清偿;选择方法二,C公司可以实现全部债权。

### 案例 6-2

#### 一、背景

某民营企业(以下简称A公司)拟新建办公大楼,工程估算价3500万元。2014年3月25日,A公司组织了该工程的施工招投标,某施工企业(以下简称B公司)中标。4月1日,A公司与B公司按中标结果签订了施工合同,并办理了备案登记手续。8月1日,B公司在A公司的要求下,同意将合同价在中标价的基础上再优惠10%,并签订了新的施工合同。

2016年4月30日,B公司按合同约定完成了施工任务,但因资金紧张,A公司迟迟未组织竣工验收。直至2016年9月1日,A公司正式使用该办公大楼时,该工程仍未经过竣工验收,双方也未办理竣工结算。9

月 18 日,B 公司要求 A 公司按合同约定支付工程款,但 A 公司以工程质量问题为由拒绝支付。

**二、问题**

1. 该工程价款结算应以哪份合同为依据?

2. A 公司能否以工程质量问题为由拒绝支付工程款?

**三、分析**

1. 根据《司法解释》第二十一条的规定,当事人就同一建设工程另行订立的建设工程施工合同与经过备案的中标合同实质性内容不一致的,应当以备案的中标合同作为结算工程价款的根据。所以,该工程的价款结算应以第一份合同为依据。

2. 根据《司法解释》第十三条的规定,建设工程未经竣工验收,发包人擅自使用后,又以使用部分质量不符合约定为由主张权利的,不予支持。所以,A 公司理由不成立,B 公司有权向 A 公司主张工程款。

**案例 6-3**

**一、背景**

张三系某工贸公司(以下简称 A 公司)销售人员,负责该公司小型工程设备的销售。某建筑公司(以下简称 B 公司)多次通过张三向 A 公司购买施工设备。2017 年 3 月 15 日,B 公司查看张三的员工证明后,在张三准备的 A 公司专用购销合同上签字,向 A 公司购买一批施工设备,价值 100 万元,款到发货。B 公司支付货款后,A 公司迟迟不发货。B 公司发函 A 公司要求履行合同,A 公司则回函称张三已于 2017 年 2 月辞职,此项交易与己无涉。双方协商无果,遂成诉。

**二、问题**

A 公司是否需要履行合同?

**三、分析**

《合同法》第四十九条规定,行为人没有代理权、超越代理权或者代理权终止后以被代理人名义订立合同,相对人有理由相信行为人有代理权的,该代理行为有效。

本案中,张三已从 A 公司辞职,实际上无权代理 A 公司与 B 公司签订合同。但是张三辞职后,A 公司并未发函 B 公司告知实情,也未收回张三的员工证以及空白购销合同。与此同时,B 公司已经尽到相应审查义务,如查看员工证明、购销合同,可以认为 B 公司有理由相信张三具有代理权。因此,张三的代理行为构成表见代理,该代理行为有效,A 公司不得拒绝继续履行合同。

# 思考题

1. 《合同法》的基本原则有哪些？

2. 订立合同可以采用哪些形式？合同有哪些主要条款？

3. 什么是要约和承诺？其构成要件有哪些？

4. 试用合同的要约—承诺理论分析建设工程招标投标过程。

5. 什么是效力待定合同、无效合同和可撤销合同？相互之间有哪些区别？

6. 试述无效合同的种类和法律后果。

7. 合同的履行原则有哪些？

8. 合同履行中有哪些抗辩权？其他的要件分别有哪些？

9. 合同内容约定不明时应当如何处理？

10. 当事人变更合同应当注意哪些问题？

11. 合同转让有哪些形式？其构成要件及效力有哪些？

12. 合同终止和解除的条件与法律后果如何？

13. 代位权、撤销权成立的条件和法律效力有哪些？

14. 违约行为的种类有哪些？违约责任承担形式有哪些？

15. 违约责任与缔约过失责任有哪些区别？

16. 试述定金与预付款的异同。

17. 合同争议条款的解释原则有哪些？

18. 发生了合同争议应通过哪些途径加以解决？

# 第七章 工程合同管理概论

在工程项目全寿命周期中，为了完成项目总目标，众多的项目参与方（如建设单位、勘察设计单位、施工单位、监理单位、材料设备供应单位等）之间，形成了大量的合同法律关系。工程合同确定了项目的成本、工期和质量等目标，规定和明确了当事人各方的权利、义务和责任。因此合同管理是项目管理的核心，合同管理贯穿于工程实施的全过程。

## 第一节 工程合同体系

《合同法》第二百六十九条规定，建设工程合同是承包人进行工程建设，发包人支付价款的合同。建设工程合同的主体是发包人和承包人。发包人，一般为建设工程的建设单位，即投资建设该工程的单位，通常也称作"业主"，包括业主委托的管理机构。承包人，是实施建设工程的勘察、设计、施工等业务的单位。这里的建设工程是指土木工程、建筑工程、线路管道和设备安装工程以及装修工程。

任何一个建设工程都有复杂的合同关系，形成了自己的合同体系，合同管理首先要面对这个合同体系。下面就从工程合同的特征、种类及合同关系等方面来介绍工程合同体系。

### 一、工程合同的特征

工程合同具有以下五个特征：

1. 合同主体的严格性

工程合同主体一般是法人。发包人一般是经过批准进行工程项目建设的法人，必须有国家批准的建设项目、落实的投资计划，并且应当具备相应的协调能力。承包人则必须具备法人资格，而且应当具备相应的从事勘察设计、施工、监理等的资质。无营业执照或无承包资质的单位不能作为工程合同的主体，资质等级低的单位不能超越资质等级承包建设工程。

2. 合同标的的特殊性

工程合同的标的是各类建筑产品。建筑产品是不动产，其基础部分与大地相连，不能移动。这就决定了每个工程合同的标的都是特殊的，相互间具有不可替代性。这还决定了承包人工作的流动性。建筑物所在地就是勘察、设计、施工生产的场地,施工队伍、施工机械必须围绕建筑产品不断移动。另外,建筑产品的类别庞杂,其外观、结构、使用目的、使用人都各不相同,这就要求每一个建筑产品都需单独设计和施工(即使可重复利用标准设计或重复使用图纸,也应采取必要的修改设计才能施工),即建筑产品是单体性生产,这也决定了工程合同标的的特殊性。

3. 合同履行期限的长期性

由于建设工程结构复杂、体积大、建筑材料类型多、工作量大,与一般工业产品的生产相比,工程合同履行期限都比较长。工程合同的订立和履行一般都需要较长的准备期。在合同的履行过程中,还可能因为不可抗力、工程变更、材料供应不及时等原因而导致合同期限顺延。所有这些情况,决定了工程合同的履行期限具有长期性。

4. 合同订立程序的严格性

由于工程建设对国家的经济发展、国民的工作和生活都有重大的影响,国家对建设工程的计划和程序都有严格的管理制度。订立工程合同必须以国家批准的投资计划为前提,即使是国家投资以外的,以其他方式筹集的投资也要受到当年的贷款规模和批准限额的限制,纳入当年投资规模的控制,并经过严格的审批程序。工程合同的订立和履行还必须遵守国家关于工程建设程序的规定,如依法必须招标的项目必须经过招标投标程序。

5. 合同形式的特殊要求

我国《合同法》对合同形式确立了以不要式为主的原则,即在一般情况下对合同形式采用书面形式还是口头形式没有限制。但是,考虑到建设工程的重要性和复杂性,在建设过程中经常会发生影响合同履行的纠纷,因此,《合同法》要求工程合同应当采用书面形式,即采用要式合同。

## 二、工程合同的种类

### (一) 按照工程建设阶段分类

工程项目的建设,须经过勘察、设计、施工等若干个过程才能最终完成,而且这个过程具有一定的顺序性,前一个过程是后一个过程的基础和前提,后一个过程是前一个过程的目的和结果,各个阶段不可或缺。这两个阶段的建设任务虽然有着十分紧密的联系,但仍然有明显的区别,可以单独地存在并分别订立合同。因此,《合同法》第二百六十九条将工程项目合同分为勘察合同、设计合同和施工合同。

1. 工程勘察合同

工程勘察合同是指根据建设工程的要求,查明、分析、评价建设场地的地质地理环境特征和岩土工程条件,编制建设工程勘察文件订立的协议,其主要内容包括工程测量、水文地质勘察和工程地质勘察等,其任务是为建设项目的选址、工程设计和施工提供科学、可靠的依据。

2. 工程设计合同

工程设计合同是指根据建设工程的要求,对建设工程所需的技术、经济、资源、环境等条件进行综合分析、论证,编制建设工程设计文件的协议。根据我国现行法律规定,一般建设项目按初步设计和施工图设计两个阶段进行设计;技术复杂又缺乏经验的项目,需增加技术设计阶段;对一些大型联合企业、矿区和水利枢纽工程,在初步设计之前还需要进行总体规划和总体设计。

3. 工程施工合同

工程施工合同是指承包人按照发包人的要求,依据勘察、设计的有关资料、要求进行建设、安装的合同。工程施工合同可分为施工合同和安装合同两种,《合同法》将它们合并称为工程施工合同。

**(二) 按照承包工程计价方式分类**

按照承包工程计价方式分类有总价合同、单价合同和成本加酬金合同。

1. 总价合同

总价合同是指业主付给承包商的款额在合同中是一个规定的金额(即总价)的合同,又称闭口合同、包干合同。根据工程合同总价变化的可能性,可进一步分为固定总价合同、调值总价合同和固定工程量总价合同这三种形式,另外还有管理费总价合同。

1)固定总价合同

固定总价合同是指合同双方以事先确定的工程图纸和工程量及工程实施说明为依据,承包人完成合同规定内容,获得相应的固定总价报酬的合同。承包人获得的总价报酬就是合同价。在合同履行过程中,如果合同内容没有变化或者变化幅度属于事先约定的误差范围,则不论承包人的实际施工成本是多少,均应按合同总价获得报酬和工程价款。

2)调值总价合同

调值总价合同与固定总价合同基本相同,但合同期较长(如一年以上),在固定总价合同的基础上,增加合同履行过程中因市场价格浮动对结算价格调整的条款。

由于合同期较长,不可能让承包人在报价时就合理地预见较长时间后市场价格的变动影响,因此,应在合同内明确约定合同价款的调整原则、方法和依据。

3)固定工程量总价合同

固定工程量总价合同是指当合同工程量不变时,承包人完成合同原定工作内容后,业主按合同总价支付给承包人报酬的合同。如果在合同履行过程中,合同内容发生变化和调整,则可以根据合同条款计算调整后的工程量,对合同总价进行相应的调整。

4）管理费总价合同

管理费总价合同是业主雇用某承包公司（或服务公司）的管理专家对发包工程项目的施工进行管理和协调，并向承包公司支付一笔总的管理费用的合同。采用这种合同的重要环节是明确具体的管理工作范围，只有做到这一点才适合采用这种合同形式。

2．单价合同

单价合同是指以实际完成工程量乘以事先确定的单价计算工程合同结算价款的合同。单价合同的工程量一般为估计工程量。在合同履行过程中，工程实际完成工程量可以改变，但是单价一般不变。单价合同的工程结算价格可能变化，属于一种开口合同。单价合同有估计工程量单价合同、纯单价合同和单价与包干混合式合同三种形式。

1）估计工程量单价合同

估计工程量单价合同是以工程量表为基础、以工程单价表为依据来计算合同价格的合同。业主在准备此类合同的招标文件时，委托咨询单位按分部分项工程列出工程量表并填入估算的工程量，承包商投标时在工程量表中填入各项的单价，据之计算出总价作为投标报价之用。但在每月结账时，以实际完成的工程量结算。在工程全部完成后以竣工图最终结算工程的总价格。

2）纯单价合同

在设计商还来不及提供施工详图，或虽有施工图但由于某些原因不能准确地计算工程量时，可采用纯单价合同。招标文件只向投标人给出各分项工程内的工作项目一览表、工程范围及必要的说明，而不提供工程量。承包商只要给出表中各项目的单价即可，将来施工时按实际工程量计算。

3）单价与包干混合式合同

以单价合同为基础，但对其中某些不易计算工程量的分项合同（如开办项目）采用包干办法。对于能计算工程量的项目，均要求填报单价，业主将来按实际完成的工程量及合同中的单价支付价款。

3．成本加酬金合同

成本加酬金合同也称成本补偿合同，是以实际成本加上双方商定的酬金来确定合同总价，即业主向承包商支付实际工程成本中的直接费，按事先协议好的某一种方式支付管理费及利润的一种合同形式。这种合同形式与总价合同截然相反，在签订合同时合同价格不能确定，必须等到工程实施完成后，由实际的工程成本来决定。

（三）与工程项目有关的其他合同

严格地讲，与工程项目有关的其他合同并不属于工程项目合同的范畴。但是

215

这些合同所规定的权利和义务等内容,与工程项目活动密切相关,甚至可以说工程项目合同从订立到履行的全过程离开了这些合同就不可能顺利进行。与工程项目有关的其他合同主要有:

1. 工程监理合同

工程监理合同是指委托人(建设单位)与监理人(工程监理单位)就委托的建设工程监理与相关服务内容签订的明确双方义务和责任的协议。

工程监理合同不仅要确定双方的权利与义务,而且要对工程监理服务内容、服务期限、工程类别、规模、技术复杂程度、工程环境等进行严谨而详细的描述,是监理人开展监理工作,获取监理报酬的依据,也是监理委托人衡量监理服务水平,支付监理费用的依据。业主和监理的关系是通过监理合同来建立和维系的。

2. 国有土地使用权出让或转让合同、城市房屋拆迁合同

建设单位进行工程项目的建设,必须合法取得土地使用权,除了以划拨方式取得土地使用权以外,都必须通过签订国有土地使用权出让或转让合同来获得。

城市房屋拆迁合同的有效履行,是建设单位依法取得施工许可的先决条件。根据《建筑法》的有关规定,建设单位申请施工许可证时,应当具备的条件之一是拆迁进度符合施工要求。

3. 工程项目保险合同和担保合同

工程项目保险合同是为了化解工程风险,由业主或承包商与保险公司订立的保险合同。工程项目担保合同是为了保证工程项目合同当事人适当履约,由业主或承包商作为被担保人,与银行或担保公司签订的担保合同。

工程项目保险合同和工程项目担保合同是实施工程建设有效风险管理、提高合同当事人履约意识、保证工程质量和施工安全的需要。FIDIC 和我国《建设工程施工合同(示范文本)》等合同条件中都规定了工程保险和工程担保的内容。

## 三、工程合同关系

建设工程项目是一个极为复杂的社会生产过程,一个稍大一点的工程,其参加单位就有十几个、几十个,甚至成百上千个。它们之间形成各式各样的经济关系,而在工程中维系这种关系的纽带是合同,所以就有了各式各样的合同。工程项目建设过程的实质是一系列经济合同签订和履行的过程。工程项目中主要的合同关系如图 7-1 所示。

### (一)业主的主要合同关系

业主为了实现建设工程项目总目标,可以通过签订合同将建设项目寿命期内有关活动委托给相应的专业承包单位或专业机构,如工程勘察、工程设计、工程施工、设备和材料供应、工程咨询(可行性研究、技术咨询)与项目管理服务等机构。

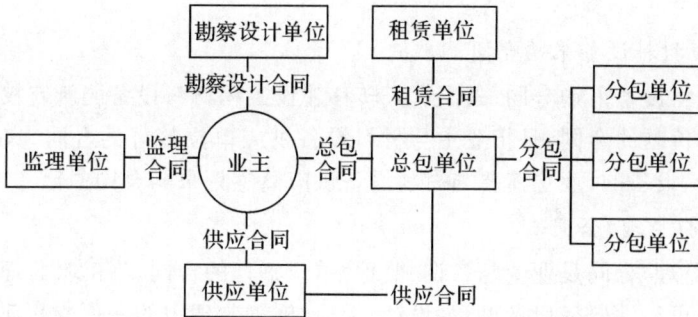

图 7-1　工程项目中主要的合同关系

这期间必然要形成各种合同关系,从业主的角度,其主要的合同可分为以下几类。

### 1. 工程承包合同

工程承包合同是任何一个建设工程项目所必须有的合同。业主采用的承发包模式不同,决定了不同类别的工程承包合同。业主通常签订的工程承包合同主要有 EPC 总承包合同和施工承包合同。

1)EPC 总承包合同

EPC 总承包合同是指业主将建设工程项目的设计、设备与材料采购、施工任务全部发包给一个承包商的合同。

2)施工承包合同

施工承包合同是指业主将建设工程项目的施工任务发包给一家或者多家承包商的合同。根据其所包括的工作范围不同,又可分为施工总承包合同和单项工程或者特殊专业工程承包合同。

(1)施工总承包合同

施工总承包合同是指业主将建设工程项目的施工任务全部发包给一家承包商的合同,包括土建工程施工和机电设备安装等。

(2)单项工程或者特殊专业工程承包合同

单项工程或者特殊专业工程承包合同是指业主将建设项目的各个单项(或者单位)工程(如土建工程施工与机电设备安装)及专业性较强的特殊工程(如桩基础工程、管道工程等)分别发包给不同的承包商的合同。

### 2. 工程勘察合同

工程勘察合同是指业主与工程勘察单位签订的合同。勘察单位负责工程项目的地质勘察工作。

### 3. 工程设计合同

工程设计合同是指业主与工程设计单位签订的合同。设计单位负责工程项目的设计工作。

### 4. 工程材料设备采购合同

工程材料设备采购合同,是出卖人转移建设工程材料设备的所有权于买受人,买受人支付价款的合同,是指业主与材料设备供应单位签订的合同。对于业主负责提供材料、设备的,业主需要与材料设备供应商签订采购合同。

### 5. 咨询(监理)合同

咨询(监理)合同是业主与咨询(监理)单位签订的合同。咨询(监理)单位负责工程项目的可行性研究以及勘察、设计、招标、施工监理中的一项或几项工作。

### 6. 贷款合同

贷款合同是指业主与金融机构签订的合同。后者向业主提供资金保证。

### 7. 其他合同

其他合同如业主与保险公司签订的工程保险合同等。

### (二) 承包商的主要合同关系

承包商作为工程承包合同的履行者,也可以通过签订合同将工程承包合同中所确定的工程设计、施工、设备材料采购等部分任务委托给其他相关单位来完成。

### 1. 工程分包合同

工程分包合同是指承包商为将工程承包合同中某些专业工程施工交由另一承包商(分包商)完成而与其签订的合同。分包商仅对承包商负责,与业主没有合同关系。

### 2. 设备、材料采购合同

承包商为获得工程所必需的设备、材料,需要与设备、材料供应商签订采购合同。

### 3. 运输合同

运输合同是指承包商为解决所采购设备、材料的运输问题而与运输单位签订的合同。

### 4. 加工合同

承包商将建筑材料、构配件、特殊构件的加工任务委托给加工单位时,需要与其签订加工合同。

### 5. 租赁合同

承包商在工程施工中所使用的机具、设备等从租赁单位获得时,需要与租赁单位签订租赁合同。

### 6. 劳务分包合同

劳务分包合同是指承包商与劳务供应商签订的合同。

**7. 保险合同**

承包商按照法律法规及工程承包合同要求对工程及操作者进行投保时,需要与工程保险公司签订保险合同。

**8. 其他情况**

在实际工程中还可能有如下几种情况:

(1)设计单位、各供应单位也可能存在各种形式的分包。承包商有时也承担工程(或部分工程)的设计(如设计—施工总承包),则他也必须委托设计单位,与其签订设计合同。

(2)如果工程付款条件苛刻,要求承包商带资承包,承包商就必须借(贷)款,需与金融单位订立借(贷)款合同。

(3)在许多大工程中,尤其是在业主要求总承包的工程中,承包商经常是几个企业的联营体,即联营承包。若干家承包商(最常见的是设备供应商、土建承包商、安装承包商、勘察设计单位)之间订立联营合同,联合投标,共同承接工程。

(4)在一些大工程中,分包商还可能将自己承包工程的一部分再分包出去。分包商也需要材料、设备和劳务供应,也可能租赁设备或委托加工,所以他又有自己复杂的合同关系。

## 四、工程合同体系

在一个工程中,相关的合同可能有几份、几十份、几百份,甚至几千份,所有合同都是为了完成业主的项目目标,且都必须围绕这个目标签订和实施。它们之间有十分复杂的内部联系,并形成了一个复杂的合同网络,这个网络由不同层次、不同种类的合同组成,它们共同构成工程合同体系。其中,施工承包合同是最有代表性、最普遍的合同,在工程项目的合同体系中处于主导地位,是整个项目合同管理的重点,无论是业主方、监理方或承包方都将它作为合同管理的主要对象。

工程合同体系是工程项目管理策划中的一个重要内容,对整个项目管理的运作有很大的影响,主要包括以下几点:

(1)它影响了项目任务的发包方式;

(2)它影响了项目所采用的管理模式;

(3)它在很大程度上决定了项目的组织机构形式。

# 第二节　工程合同管理的特点及主要内容

工程合同管理是指合同管理的主体对工程合同的管理,是对工程项目中相关的组织、策划、签订、履行、变更、索赔和争议解决的管理。本节主要介绍工程合同管理的特点及主要内容。

## 一、工程合同管理特点

工程合同管理不仅具有与其他行业合同管理相同的特点,还因其行业和项目的专业性具有自身的特点,主要有以下六个方面:

(1)合同管理周期长。相比于其他合同,工程合同周期较长,在合同履行过程中,会出现许多原先订立合同时未能预料的情况,为及时、妥善地解决可能出现的问题,必须长期跟踪、管理工程合同,并对任何合同的修改、补充等情况做好记录和管理。

(2)合同管理效益显著。在工程合同长期的履行过程中,有效的合同管理可以帮助企业发现、预见并设法解决可能出现的问题,避免纠纷的发生,从而避免不必要的涉讼公费。同时通过大量有理有据的书面合同和履约记录,企业可以提出增补工程款项等相关签证,通过有效的索赔,合法、正当地获取应得利益。可见合同管理能够产生效益,合同中蕴藏着潜在的、有时甚至是巨大的经济效益。

(3)合同变更频繁。工程合同工期长,合同价款高,合同不确定因素多,导致合同变更频繁,企业面临大量的签证、索赔和反索赔工作,因此企业的合同管理必须是动态、及时和全面的,合同的履约管理应根据变更及时调整。

(4)合同管理系统性强。业主、承包商等市场主体往往涉及众多合同,合同种类繁杂多样,合同管理必须处理好技术、经济、财务、法律等各方面关系,通过合理的、系统化的管理模式分门别类地管理合同。

(5)合同管理法律要求高。工程合同管理者不仅要熟悉普通企业所要了解的法律法规,还必须熟知工程建设专业法律法规。由于建设领域的法律、法规、标准、规范和合同文本众多,且在不断更新和增加,要求企业的合同管理人员必须在充分、及时地学习最新法律法规的前提下,结合企业的实际情况开展工作,才能行之有效。

(6)合同管理信息化要求高。工程合同管理涉及大量信息,需要及时收集、整理、处理和利用,必须建立合同管理信息系统,才能开展有效的合同管理。

## 二、工程合同管理主要内容

工程合同管理的生命期和项目的建设期有关,工程合同管理的主要内容有合同策划、合同审查和签订、合同履行和合同后评价等。工程合同管理工作流程如图7-2 所示。

### (一) 合同策划

**1. 合同策划概念**

合同策划是指在建设工程项目的开始阶段,分析解决对整个工程和合同的实

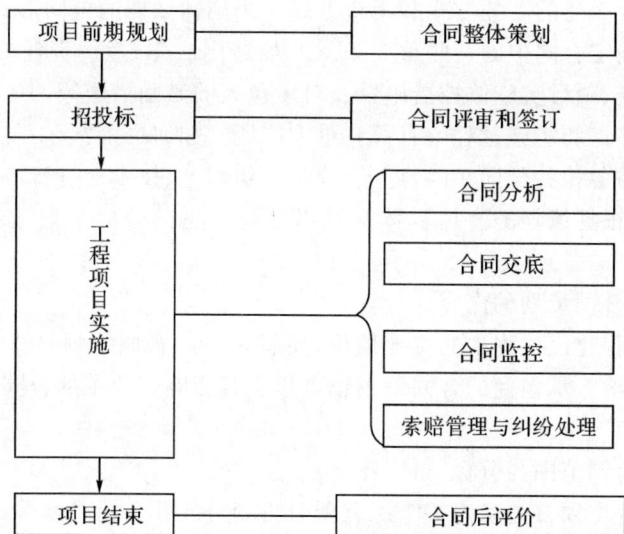

图 7-2　工程合同管理工作流程

施有重大影响的问题,并完成对工程相关合同的合理规划。它的目的是通过合同保证项目目标的实现。正确的合同策划能够保证各个合同圆满履行,促使各合同完善协调,最终顺利地实现工程项目的整体目标。

2. 合同策划依据

合同双方有不同的立场和角度,但他们有相同或相似的策划研究内容。以下是合同策划的主要依据:

1)业主方面:业主的资信、管理水平和能力,业主的目标和动力,业主对工程管理的介入深度期望值、对承包商的信任程度、对工程的质量和工期要求等。

2)承包商方面:承包商的能力、资信、企业规模、管理风格和水平、目标与动机、目前经营状况、过去同类工程经验、企业经营战略等。

3)工程方面:工程的类型、规模、特点、技术复杂程度,工程技术设计准确程度和计划程度,招标时间和工期的限制,项目的营利性,工程风险程度,工程资源(如资金等)供应及限制条件等。

4)环境方面:建筑市场竞争激烈程度,物价的稳定性,地质、气候、自然、现场条件的确定性等。

3. 合同策划内容

合同策划不仅仅是针对一个具体的合同,还要确定以下工程合同的一些重大问题:

(1)该项目可分解为几个独立的合同? 每个合同有多大的工程范围?

(2)采用什么样的委托方式和承包方式？采用什么样的合同形式及条件？

(3)如何确定合同中的一些重要条款？如适用法律、违约责任、风险分担付款方式、奖惩措施、项目实施监控措施以及对承包人的激励措施等。

(4)合同签订和实施过程中有哪些重大问题？如何决策？

(5)如何与各相关合同在内容上、时间上、组织上、技术上进行协调？

合同策划根据策划的主体具体又可以分为业主的合同策划和承包商的合同策划。

1)业主的合同策划的内容

业主在工程建设过程中的主导地位,使得业主的合同策划对整个工程项目产生了很大的影响。承包商的合同策划也直接受其影响。业主的合同策划必须确定以下几个问题：

(1)确定合同范围与分标

招标前,业主须首先确定整个工程项目将划分成几个标或是采用总包。

(2)选择招标方式

根据我国《招标投标法》的规定,招标采用公开招标和邀请招标的方式。这两种招标方式各有其特点和适用范围,一般要根据发包模式、合同类型、业主所拥有的招标时间(工程项目紧迫程度)、业主的项目管理能力和期望控制工程建设的程度等决定。

(3)选择合同类型

各种类型合同有其适用条件,合同双方有不同的权利和责任分配,承担不同的风险。工程实践中应根据具体情况选择合同类型。

(4)选用合同条款

合同条款和合同协议书是合同文件最重要的部分。业主应根据需要选择拟定合同条款,可以选用标准的合同条款,也可以根据需要对标准的文本作出修改、限定或补充。

(5)合同间的协调

在工程项目的建设过程中,业主要签订若干合同,如勘察合同、设计合同、施工合同、供应合同、贷款合同等。在这个合同体系中,相关的同级合同之间、主合同与分合同之间关系复杂,业主必须对此作出周密安排和协调,其中既有整体的合同策划,又有具体的合同管理问题。

2)承包商的合同策划的内容

在建筑工程市场中,业主的合同决策(如招标文件、合同条件)常常影响和决定承包商的合同策划。但承包商的合同策划又必须符合企业经营战略,达到营利的基本目的。因此,其合同策划应包括以下几方面的内容：

（1）投标方向的选择

影响投标方向的因素主要包括承包市场基本现状和竞争形势、工程及业主状况和承包商自身的情况等。这几方面是承包商制定报价策略和合同谈判策略的基础。选择的投标项目应符合承包商自身的经营战略要求，最大限度地发挥自身优势。

（2）合同风险的评价

承包商在合同策划时必须对工程的合同风险有一个总体的评价。合同风险评价主要包括风险的辨识和风险的评估两项工作。一般情况下，如果工程存在下列问题，则说明工程风险很大：

①工程规模大，工期较长，而业主采用固定总价合同形式。这种情况下，承包商需承担全部工程量和价格的风险。

②业主要求采用固定总价合同，但工程招标文件中的图纸不详细、不完备，工程量不确定，范围不清楚等。

③业主将投标期压缩得很短，承包商没有时间详细分析招标文件，而且招标文件为外文，采用承包商不熟悉的合同条件。

④工程环境不确定性大，如物价和汇率大幅度变动，水文地质条件不清楚，而业主要求采用固定总价合同。

大量的工程实践证明，如果存在上述问题，特别当一个工程中同时出现上述多种问题，则这个工程可能会彻底失败，甚至将整个承包企业拖垮。这些风险可能造成损失的大小，在签订合同时是难以想象的。遇到这类工程，承包商应有足够的思想准备和应对措施。

（3）合作方式的选择

从经济和自身能力考虑，大多数承包商都不会自己独立完成全部工程。因此，在主承包合同投标前，承包商必须就合作方式做出选择，决定是否及如何与其他承包商合作，以求充分发挥各自的技术、管理、财力的优势和共同承担风险。不同的合作方式其风险分担程度也不相同，主要有分包和联营承包两种方式。

①分包

分包在工程中使用较多，通常是因为下述几个原因：

（a）技术上的需要。承包商不可能也不必要具备工程所需各种专业的施工能力，它可以通过分包这种形式得到弥补。

（b）经济上的目的。对于某些分项工程，将其分包给有能力且报价低的分包商，可获得一定的经济效益。

（c）转嫁或减小风险。通过分包可将风险部分地转移给分包商。

（d）业主的要求。业主指定承包商将某些分项工程分包出去。一般有两种情况：一是业主对某些分项只信任某一承包商；二是某些国家规定，外国承包商必须分包一定量的工程给本国的承包商。

②联营承包

联营承包是指两家或两家以上的承包商联合投资,共同承接工程。承包商通过联营承包,可以承接工程规模大、技术复杂、风险大、难以独家承揽的工程,扩大经营范围;同时,在投标中可以发挥联营各方的技术、管理、经济和社会优势,使报价更具竞争力。联营各方可取长补短,增强完成合同的能力,业主较欢迎,易于中标。

联营有多种方式,最常见的是联合体方式。联合体方式指各自具有法人资格的施工企业结成合作伙伴联合承包一项工程。他们以联合体名义与业主签订合同,共同向业主承担责任。

(4)投标报价和合同谈判基本战略的确定

如何做好所属分包合同之间的协调? 如何确定分包合同的范围、委托方式、定价方式和主要合同款项? 选择什么报价和合同谈判策略? 这些是承包商策划的主要内容。

(5)合同执行战略的确定

合同执行战略是承包商执行合同的基本方针和履约管理的基础,这部分策划主要是中标后,合同管理部门的主要工作。

4. 合同策划过程

合同策划过程如下:

1)研究企业战略和项目战略,确定企业和项目对合同的要求。合同必须体现和服从企业和项目战略。

2)确定合同的总体原则和目标。

3)按照合同策划的依据,分层次、分对象对合同的一些重大问题进行研究,采用各种预测、决策方法,风险分析方法,技术经济分析方法,综合分析各种选择的利弊得失。

4)对合同的各个重大问题做出决策和安排,提出合同更改措施。

**(二) 合同审查和签订**

该阶段主要指招标、投标、评标、中标,直至合同谈判结束的一整段时间。

1. 合同审查

合同审查,是指在签订正式合同前对合同的审查,包括招标投标阶段对招标文件中的合同文本进行审查以及合同正式签订前对形成合同草稿的审查。合同审查的一般内容包括分析合同结构、检查合同内容的完整性、分析评价合同风险、检查合同内容的一致性等。

2. 合同订立

合同订立是合法当事人之间通过法定程序和形式签订合同的过程。当事人订立合同要采取要约、承诺方式,即合同订立包括要约和承诺两个阶段。

**(三) 合同履行**

合同履行,是指合同各方当事人按照合同的规定,全面履行各自的义务,实现各自的权利,使各方的目的得以实现的行为。该阶段主要指合同订立并生效后到合同实施直至合同终止的一整段时间。该阶段主要工作是建立完善的合同实施体系,进行有效的合同分析与交底、合同控制、合同索赔与纠纷处理,以保证合同实施过程中的一切日常事务有序进行,最终保证各方合同目标的实现。下面以承包商的合同履行为例,其主要工作包括以下几个方面。

**1. 合同分析与交底**

承包商应进行完善的合同分析与交底,分解合同任务,落实到个人,督促各方以积极合作的态度完成自己的合同责任,努力做好自我监督。同时,还应督促和协助业主和工程师完成他们的合同责任,以保证工程顺利进行。

**(1)合同分析**

合同分析,是指从执行的角度分析、补充、解释合同,将合同目标和合同规定落实到合同实施的具体问题上和具体事件上,用以指导具体工作,使合同能符合日常工程管理的需要。

合同履行阶段的合同分析不同于合同谈判阶段的合同审查与分析。合同谈判时的合同审查与分析主要是对尚未生效的合同草案的合法性、完备性和公正性进行审查,其目的是针对审查发现的问题,争取通过合同谈判改变合同草案中于己不利的条款,以维护己方的合法权益。而合同履行阶段的合同分析主要是对已经生效的合同进行分析,其目的主要是明确合同目标,并进行合同结构分解,将合同落实到合同实施的具体问题上和具体事件上,用以指导具体工作,保证合同得以顺利履行。

**(2)合同交底**

合同交底,是指合同管理人员在对合同的主要内容作出解释和说明的基础上,通常组织项目管理人员和各工程小组负责人学习合同条文和合同总体分析结果,使大家熟悉合同中的主要内容、各种规定、管理程序,了解承包商的合同责任和工程范围、各种行为的法律后果等,使大家都树立全局观念,避免执行中的违约行为,同时使大家的工作协调一致。

合同管理人员应在合同的总体分析和合同结构分解、合同工作分析的基础上,按施工管理程序,在工程开工前,逐级进行合同交底,使得每一个项目参与者都能够清楚地了解自身的合同责任,以及自己所涉及的应当由对方承担的合同责任,以保证在履行合同义务的过程中自己不违约,同时,如发现对方违约,及时向合同管理人员汇报,以便及时要求对方履行合同义务及进行索赔。

**2. 合同监控与变更**

在工程实施过程中,由于实际情况千变万化,合同实施与预定目标(计划和设计)会产生偏差,如果不采取措施,这种偏差会由小变大、日积月累。这就需要对合同实施情况进行跟踪监控,以便及时发现偏差,不断调整合同的实施,使之与总目标一致。业主与承包商应积极参与变更谈判,对合同变更进行事务性处理,落实变更措施,修改变更相关的资料,检查变更措施的落实情况等。

(1)合同监控

合同监控包括:对合同实施情况进行跟踪;收集合同实施的信息及各种工程资料,并做出相应的信息处理;将合同实施情况与合同分析资料进行对比分析,找出其中的偏差,并对合同履行情况做出诊断;向项目经理提出合同实施方面的意见、建议,甚至警告等。

(2)合同变更

《合同法》第七十七条规定,当事人协商一致,可以变更合同。法律、行政法规规定变更合同应当办理批准、登记等手续的,依照其规定。该条规定是指合同内容的变更,而不包括合同主体的变更。

**3. 合同转让与解除**

1)合同转让

合同转让是指合同当事人一方依法将其合同的权利和(或)义务全部或部分地转让给第三人。合同转让包括合同的权利转让、合同的义务转让、合同的权利和义务一并转让。

2)合同解除

合同解除是指合同生效成立后,在一定条件下通过当事人的单方或者双方协议终止合同效力的行为。合同解除有协议解除和单方解除两种基本形式。

(1)合同的协议解除

合同的协议解除是指当事人通过协议解除合同的形式。《合同法》第九十三条规定,经当事人协调一致,可以解除合同。当事人可以约定一方解除合同的条件。解除合同的条件成就时,解除权人可以解除合同。

(2)合同的单方解除

合同的单方解除也称为法定解除,是指在具备法定事由时合同一方当事人通过行使解除权就可以终止合同效力。

《合同法》第九十四条规定,有下列情形之一的,当事人可以解除合同:①因不可抗力致使不能实现合同目的;②在履行期限届满之前,当事人一方明确表示或者以自己的行为表明不履行主要债务;③当事人一方迟延履行主要债务,经催告后在合理期限内仍未履行;④当事人一方迟延履行债务或者有其他违约行为致使不能实现合同目的;⑤法律规定的其他情形。

《合同法》第九十七条规定,合同解除后,尚未履行的,终止履行;已经履行的,根据履行情况和合同性质,当事人可以请求恢复原状,或者采取补救措施,并有权要求赔偿损失。

《合同法》第九十八条规定,合同权利义务终止,不影响合同中结算和清理条款效力。也就是说合同解除后结算和清理条款的效力不受影响。合同中结算和清理条款属于在权利义务终止时进行善后处理的条款,不同于当事人在合同中享有的实体权利义务条款,合同的终止不但不影响其法律效力,而且还可以作为处理合同终止后善后事宜的依据。

4. 日常的索赔和反索赔

工程索赔通常是指在工程合同履行过程中,合同当事人一方因非自身责任或对方不履行或未能正确履行合同而受到经济损失或权利损害时,通过一定的合法程序向对方提出经济或时间补偿的要求。

索赔是一种正当的权利要求,它是业主、工程师和承包商之间一项正常的、大量发生而且普遍存在的合同管理业务,是一种以法律和合同为依据的、合情合理的行为。这里主要指承包商与业主之间的索赔和反索赔以及承包商与分包商及其他方面之间的索赔和反索赔。该阶段的工作主要包括:对于干扰事件引起的损失,向责任者提出索赔要求;收集索赔证据和理由;计算索赔值,起草并提出索赔报告;参加索赔谈判。许多工程实践证明,如承包商不会行使合同规定的权力,不会索赔,不敢索赔,超过索赔有效期或没有书面证据等,都会导致索赔无效,自身权利得不到保护。

5. 合同争议处理

如何及时预见和防止合同问题,处理合同争议和避免合同争执造成的损失,这也是合同管理的重点。

工程合同争议是指工程合同订立至完全履行前,合同当事人因对合同的条款理解产生歧义或因当事人违反合同的约定,不履行合同中应承担的义务等原因而产生的纠纷。

《合同法》第一百二十八条规定,当事人可以通过和解或者调解解决合同争议。当事人不愿和解、调解或者和解、调解不成的,可以根据仲裁协议向仲裁机构申请仲裁。涉外合同的当事人可以根据仲裁协议向中国仲裁机构或者其他仲裁机构申请仲裁。当事人没有订立仲裁协议或者仲裁协议无效的,可以向人民法院起诉。在我国,合同争议解决的方式主要有和解、调解、仲裁和诉讼四种。

(1)和解

和解是指在合同发生争议后,合同当事人在自愿互谅基础上,依照法律、法规的规定和合同的约定,自行协商解决合同争议。

（2）调解

调解是指在合同发生争议后，在第三人的参加与主持下，通过查明事实，分清是非，说服劝导，向争议的双方当事人提出解决方案，促使双方在互谅互让的基础上自愿达成协议从而解决争议的活动。

（3）仲裁

仲裁是指由合同双方当事人自愿达成仲裁协议、选定仲裁机构对合同争议依法作出有法律效力的裁决的解决合同争议的方法。在我国境内履行的工程合同，双方当事人申请仲裁的，适用1995年9月1日施行的《仲裁法》。

（4）诉讼

诉讼是指合同当事人按照民事诉讼程序向法院对一定的人提出权益主张并要求法院予以解决和保护的请求。

**（四）合同后评价**

合同后评价，是指工程项目结束后，对项目的合同策划、招投标工作、设计施工、合同履行、竣工结算等全过程进行系统评价的一种技术经济活动。它是工程建设管理的一项重要内容，也是合同管理的最后一个环节，它可使发承包双方达到总结经验、吸取教训、改进工作、不断提高项目决策和管理水平的目的。合同后评价工作流程如图7-3所示。

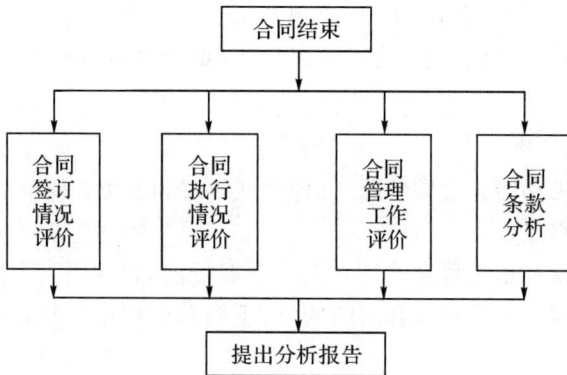

图 7-3  合同后评价工作流程

1. 合同签订情况评价

合同签订情况评价包括：

（1）预定的合同战略和策划是否正确，是否已经顺利实现；

（2）招标文件分析和合同风险分析的准确程度；

（3）该合同环境调查、实施方案、工程预算以及报价方面的问题及经验教训；

（4）合同谈判中的问题及经验教训，以及签订同类合同的注意点；

(5)各个相关合同之间的协调问题等。

**2.合同执行情况评价**

合同执行情况评价包括：

(1)本合同执行战略是否正确，是否符合实际，是否达到预想的结果；

(2)在本合同执行中出现了的特殊情况，已采用或应采取避免或减少损失的措施；

(3)合同风险控制的利弊得失；

(4)各个相关合同在执行中协调的问题等。

**3.合同管理工作评价**

这是对合同管理本身，如工作职能、程序、工作成果的评价，包括：

(1)合同管理工作对工程项目的总体贡献或影响；

(2)合同分析的准确程度；

(3)在投标报价和工程实施中，合同管理子系统与其他职能的协调问题，需要改进的地方；

(4)索赔处理和纠纷处理的经验教训等。

**4.合同条款分析**

合同条款分析包括：

(1)本合同的具体条款，特别是对本工程有重大影响的合同条款的表达和执行的利弊得失；

(2)本合同签订和执行过程中所遇到的特殊问题的分析结果，对具体的合同条款如何表达更为有利等。

# 第三节　工程合同管理类型

根据合同管理的主体，可将合同管理分为三类：一是业主的合同管理，二是承包商的合同管理，三是监理工程师的合同管理。

## 一、业主的合同管理

业主的主要职责包括提供给承包商必要的合同实施条件，派驻业主代表或者聘请监理单位及具备相应资质的人员等。业主对合同的管理内容主要包括施工合同的前期策划和合同履行期间的监督管理。

### （一）合同签订前的各项准备工作

合同签订前的准备工作包括：

（1）合同文件草案的准备、各项招标工作的准备、评标工作的开展、合同签订前的谈判和合同文稿的拟定。

（2）选择好监理工程师（或业主代表、CM 经理等）。

为使合同的各项规定更为完善，最好能及早让监理工程师参与合同的订立（包括谈判、签约等）过程，接受其合理化建议。

**（二）合同实施阶段的合同管理**

现场的施工准备一经开始，合同管理的工作重点就转移到施工现场，直到工程全部结束。

**（三）合同索赔和合同结算**

1. 合同索赔

由于承包商不履行或不完全履行约定的义务，或者其行为使业主受到损失时，业主可向承包商提出索赔。业主向承包商的索赔主要限于施工质量缺陷和拖延工期等违约行为。

2. 合同结算

合同结算，是指合同约定的缺陷责任期终止后，承包人已按合同规定完成全部剩余工作且质量合格的，发包人与承包人结清全部剩余款项的活动。

## 二、承包商的合同管理

承包商的总体目标是通过工程承包获得赢利。如何减少失误和双方的纠纷，减少延误和不可预见费用支出，都依赖于完善的合同管理。由此，承包商的工程合同管理体现出复杂性、细致性和困难性等特点，这要求承包商在合同生命期的每个阶段都必须有详细周全的计划和有效的控制。其主要管理内容包括以下几个方面：

（1）制定投标战略，做好市场调研，认真细心地分析研究招标文件，在投标中战胜竞争对手，赢得工程承建机会。

（2）对招标文件中不合理的规定提出建议，签订一个对自身更为有利的合同。

（3）给项目经理和项目管理职能人员、各工程小组、所属的分包商进行合同关系交底和合同解释，审查来往信件、会谈纪要等。

（4）进行合同控制，保证整个工程按合同、按计划、有步骤、有秩序地施工，防止工程中的失控现象，避免违约责任。

（5）及时预见和防止合同问题，处理合同纠纷和避免合同争执造成的损失。对因干扰事件造成的损失进行索赔，创造赢利。

（6）积极协作，赢得信誉，为将来新项目的合作和扩展业务奠定基础。

### 三、监理工程师的合同管理

监理单位受业主委托,负责进行工程的进度控制、质量控制、投资控制以及做好协调工作。它是业主和承包商合同之外的第三方,是独立的法人单位。工程施工合同中应规定监理工程师的具体职责,如果业主要对监理工程师的某些职权做出限制,应在合同专用条件中做出明确规定。

监理工程师与承包商对合同监督管理的方法和要求是不一样的。承包商是工程的具体实施者,需要制定详细的施工进度和施工方法,研究人力、机械的配合和调度,安排各个部门施工的先后次序以及按照合同要求进行质量管理,以保证高速优质地完成工程。监理工程师则不具体安排施工和研究如何保证质量的具体措施,而是宏观上控制施工进度,按承包商在开工时提交的施工进度计划以及月计划、周计划进行检查监督。对施工质量则是按照合同中的技术规范、图纸内的要求去进行检查。监理工程师可以向承包商提出建议,但并不对如何保证质量负责,监理工程师提出的建议是否采纳,由承包商自己决定,因为他要对工程质量和进度负责。对于成本问题,承包商要精心研究如何去降低成本,提高利润率。而监理工程师主要是按照合同规定,特别是工程量表的规定,严格为业主把住支付这一关,并且防止承包商不合理的索赔要求。

## 第四节　工程合同管理相关法律体系

建设工程项目的管理应严格按照法律和合同进行,涉及建设工程合同管理的法律主要有以下几个。

1.《民法通则》

它是调整平等主体的公民之间、法人之间、公民与法人之间的财产关系和人身关系的基本法律。合同关系也是一种财产(债)关系,因此《民法通则》对规范合同关系作了原则性的规定。

2.《合同法》

它是规范我国市场经济财产流转关系的基本法,建设工程合同的订立和履行也要遵守其基本规定。在建设工程合同的履行过程中,会涉及大量的其他合同,如买卖合同等,这些合同也要遵守《合同法》的规定。

3.《招标投标法》

它是规范建筑市场竞争的主要法律。招标投标是通过竞争择优确定承包人的主要方式,能够有效地实现建筑市场的公开、公平、公正的竞争。有些建设项目必须通过招标投标确定承包人。

4.《建筑法》

它是规范建筑活动的基本法律。建设工程合同的订立和履行也是一种建筑活动,合同的内容也必须遵守《建筑法》的规定。

5. 其他法律

其他建设工程合同的订立和履行中涉及的法律主要有《担保法》《保险法》《劳动法》《仲裁法》《民事诉讼法》等。

6. 合同文本

《建设工程施工合同(示范文本)》《建设工程监理合同(示范文本)》等多种涉及建设工程合同的示范文本,虽然不属于法律法规,但却是推荐使用的文件,可以对建设工程合同在订立和履行中有可能涉及的各种问题给出较为公正的解决方法,能够有效减少合同的争议。

应当说,随着我国《民法通则》《合同法》《招标投标法》《建筑法》等的颁布和实施,建设工程合同管理法律已基本健全。但是在实践中,这些法律的执行还存在着很大的问题,其中既有勘察、设计、施工单位转包、违法分包和不认真执行工程建设强制性标准、偷工减料、忽略工程质量的问题,也有监理单位不到位的问题,还有建设单位不认真履行合同,特别是拖欠工程款的问题。市场经济条件下,要求我们在建设工程合同管理时要严格依法进行。项目各参与方应按照各自的职责,恰当地行使各自的权利,履行各自的义务,发扬协作精神,处理好"伙伴关系",做好各项管理工作,使项目目标得到完整的体现,以实现良好的合同管理。

# 思考题

1. 工程合同按照工程建设阶段分类,可分为哪几种? 按照承包工程计价方式又可分为哪几种?

2. 简述工程项目保险合同和担保合同的区别。

3. 简述工程合同管理的概念及特点。

4. 采用工程分包的原因主要有哪些?

5. 联营承包有哪些特点和优势?

6. 合同履行阶段的合同分析和合同谈判阶段的合同审查与分析有何不同?

7. 简述合同交底的作用。

8. 监理工程师与承包商对合同监督管理的差异主要体现在哪些方面?

# 第八章 工程招标投标管理

## 第一节 概　述

工程招标投标管理是工程合同管理的重要组成部分,工程招投标阶段主要指招标、投标、评标、中标,直至合同谈判结束的一整段时间,该阶段工作主要包括业主的招标实务管理、承包商的投标实务管理。

### 一、工程招标与投标的概念

工程招标是指发包人(或称招标人,即依照《招标投标法》的规定提出招标项目、进行招标的法人或其他组织)在发包建设项目之前通过公共媒体告示或直接邀请潜在的投标人(即潜在的、可能响应招标、参加投标竞争的法人或其他组织),根据招标文件所设定的包括功能、质量、数量、期限及技术要求等主要内容的标的,提出实施方案及报价,经过开标、评标、决标等环节,从众投标人中择优选定承包人的一种经济活动。

工程投标是指具有合法资格和能力的投标人根据招标文件要求,提出实施方案和报价,在规定的期限内提交标书,并参加开标,中标后与招标人签订承包协议的经济活动。

工程项目招标投标是市场经济条件下进行工程建设发包与承接过程中所采用的一种交易方式,是建设市场中一对相互依存的经济活动。招标投标实质上是一种市场竞争行为。招标人通过招标活动在众投保人中选定报价合理、工期较短、信誉良好的承包商来完成工程建设任务。而投标人则通过有选择地投标,竞争承接资信可靠的业主的建设工程项目,以取得较高的利润。

### 二、工程招标的分类

工程招标,按标的内容可分为工程项目监理招标,工程项目管理招标,工程项目总承包招标,工程项目勘察设计招标,工程项目施工招标以及工程项目材料、设备招标。

### 1. 工程项目监理招标

工程项目监理招标,是指工程项目的业主为了加强对项目前期准备及项目实施阶段的监督管理,委托有经验、有能力的建设监理单位对工程项目进行监理而发布监理招标信息或发出投标邀请,由建设监理单位竞争承接此工程项目相应的监理任务的过程。

### 2. 工程项目管理招标

工程项目管理,是指从事工程项目管理的企业,受工程项目业主方委托,对工程建设全过程或分阶段进行专业化管理和服务活动。工程项目业主方可以通过招标等方式选择项目管理企业,并与选定的项目管理企业以书面形式签订委托项目管理合同。

### 3. 工程项目总承包招标

工程项目总承包招标,是指从项目建议书开始,包括可行性研究、勘察设计、材料设备采购、工程施工、生产准备、投料试车直至竣工投产、交付使用的建设全过程招标,常称之为"交钥匙"工程招标。

### 4. 工程项目勘察设计招标

工程项目勘察设计招标,是指招标人就拟建的工程项目的勘察设计任务发出招标信息或投标邀请,由投标人根据招标文件的要求,在规定的期限内向招标人提交包括勘察设计方案及报价等内容的投标书,经开标、评标及决标,从中择优选定勘察设计单位的活动。

### 5. 工程项目施工招标

工程项目施工招标,是指招标人就工程项目的施工任务发出招标信息或投标邀请,由投标人根据招标文件的要求,在规定的期限内提交包括施工方案、报价、工期、质量等内容的投标书,经开标、评标、决标等程序,从中择优选定施工承包人的活动。

### 6. 工程项目材料、设备招标

工程项目材料、设备招标,是招标人就材料、设备的采购发布信息或发出投标邀请,由投标人投标竞争采购合同的活动。

但适用招标采购的材料、设备一般都是用量大,价值高且对工程的造价、质量影响大的,并非所有的材料、设备均由招标采购而得。

我国与世界银行约定,凡单项采购合同额达到 100 万美元以上的世行项目,就应采取国际招标来确定中标人。

### 三、工程招标范围与规模标准

#### (一) 必须招标的工程项目

建设工程在法定必须招标的范围内,且达到必须招标的规模标准,则必须进行招标。

根据《招标投标法》和《工程建设项目招标范围和规模标准规定》,在中华人民共和国境内进行下列工程建设项目,包括项目的勘察、设计、施工、监理以及与工程建设有关的重要设备、材料等的采购,必须进行招标。

1. 关系社会公共利益、公众安全的大型基础设施项目的范围,包括:

(1)煤炭、石油、天然气、电力、新能源等能源项目;

(2)铁路、公路、管道、水运、航空以及其他交通运输业等交通运输项目;

(3)邮政、电信枢纽、通信、信息网络等邮电通讯项目;

(4)防洪、灌溉、排涝、引(供)水、滩涂治理、水土保持、水利枢纽等水利项目;

(5)道路、桥梁、地铁和轻轨交通、污水排放及处理、垃圾处理、地下管道、公共停车场等城市设施项目;

(6)生态环境保护项目;

(7)其他基础设施项目。

2. 关系社会公共利益、公众安全的公用事业项目的范围,包括:

(1)供水、供电、供气、供热等市政工程项目;

(2)科技、教育、文化等项目;

(3)体育、旅游等项目;

(4)卫生、社会福利等项目;

(5)商品住宅,包括经济适用住房;

(6)其他公用事业项目。

3. 使用国有资金投资项目的范围,包括:

(1)使用各级财政预算资金的项目;

(2)使用纳入财政管理的各种政府性专项建设基金的项目;

(3)使用国有企业事业单位自有资金,并且国有资产投资者实际拥有控制权的项目。

4. 国家融资项目的范围,包括:

(1)使用国家发行债券所筹资金的项目;

(2)使用国家对外借款或者担保所筹资金的项目;

(3)使用国家政策性贷款的项目;

(4)国家授权投资主体融资的项目;

(5)国家特许的融资项目。

5. 使用国际组织或者外国政府资金的项目的范围,包括:

(1)使用世界银行、亚洲开发银行等国际组织贷款资金的项目;

(2)使用外国政府及其机构贷款资金的项目;

(3)使用国际组织或者外国政府援助资金的项目。

《工程建设项目招标范围和规模标准规定》第七条规定,上述规定范围内的各类工程建设项目,包括项目的勘察、设计、施工、监理以及与工程建设有关的重要设备、材料等的采购,达到下列标准之一的,必须进行招标:

(1)施工单项合同估算价在 200 万元人民币以上的;

(2)重要设备、材料等货物的采购,单项合同估算价在 100 万元人民币以上的;

(3)勘察、设计、监理等服务的采购,单项合同估算价在 50 万元人民币以上的;

(4)单项合同估算价低于第(1)(2)(3)项规定的标准,但项目总投资额在 3000 万元人民币以上的。

**(二)可以不进行招标的工程项目**

根据《招标投标法》第六十六条、《招标投标法实施条例》第九条有关规定,有下列情形之一的,可以不进行招标:

(1)涉及国家安全、国家机密、抢险救灾或者属于利用扶贫资金实行以工代赈,需要使用农民工等特殊情况,不适宜进行招标的项目;

(2)需要采用不可替代的专利或者专有技术;

(3)采购人依法能够自行建设、生产或者提供;

(4)已通过招标方式选定的特许经营项目投资人依法能够自行建设、生产或者提供;

(5)需要向原中标人采购工程、货物或者服务,否则将影响施工或者功能配套要求;

(6)国家规定的其他特殊情形。

此外,对于依法必须招标的具体范围和规模标准以外的建设工程项目,可以不进行招标,采用直接发包的方式。

# 第二节　工程监理招投标管理

## 一、工程监理招标管理

### (一)招标方式

工程监理招标可分为公开招标和邀请招标两种方式。建设单位应根据法律法规、工程项目特点、工程监理单位的选择空间及工程实施的急迫程度等因素合理、合规选择招标方式,并按规定程序向招投标监督管理部门办理相关招投标手续,接受相应的监督管理。

### 1. 公开招标

公开招标是指建设单位以招标公告的方式邀请不特定工程监理单位参加投标,向其发售监理招标文件,按照招标文件规定的评标方法、标准,从符合投标资格要求的投标人中优选中标人,并与中标人签订建设工程监理合同的过程。

国有资金占控股或者主导地位等依法必须进行监理招标的项目,应当采用公开招标方式委托监理任务。公开招标属于非限制性竞争招标,其优点是能够充分体现招标信息公开性、招标程序规范性、投标竞争公平性,有助于打破垄断,实现公平竞争。公开招标可使建设单位有较大的选择范围,可在众多投标人中选择经验丰富、信誉良好、价格合理的工程监理单位,能够大大降低串标、围标、抬标和其他不正当交易的可能性。公开招标的缺点是,准备招标、资格预审和评标的工作量大,因此,招标时间长,招标费用较高。

### 2. 邀请招标

邀请招标是指建设单位以投标邀请书方式邀请特定工程监理单位参加投标,向其发售招标文件,按照招标文件规定的评标方法、标准,从符合投标资格要求的投标人中优选中标人,并与中标人签订建设工程监理合同的过程。

邀请招标属于有限竞争性招标,也称为选择性招标。采用邀请招标方式,建设单位不需要发布招标公告,也不进行资格预审(但可组织必要的资格审查),使招标程序得到简化。这样,既可节约招标费用,又可缩短招标时间。邀请招标虽然能够邀请到有经验和资信可靠的工程监理单位投标,但由于限制了竞争范围,选择投标人的范围和投标人竞争的空间有限,可能会失去技术和报价方面有竞争力的投标者,失去理想中标人,达不到预期竞争效果。

### (二) 招标文件

监理招标实际上是征询投标人实施监理工作的方案建议。因此招标文件应包括以下几个方面。

### 1. 投标须知

(1)工程项目综合说明,包括项目的主要建设内容、规模、工程等级、建设地点、总投资、现场条件、开竣工日期等;

(2)委托的监理范围和监理业务;

(3)投标文件的格式、编制、递交;

(4)投标保证金;

(5)无效投标文件的规定;

(6)招标文件的澄清与修改;

(7)投标起止时间,开标,评标,定标时间和地点;

(8)评标的原则。

2.合同条件

拟采用的监理合同条件。

3.业主提供的现场办公条件

主要包括交通、通讯、住宿、办公用房、实验条件等。

4.对监理单位的要求

主要包括对现场监理人员、检测手段、工程技术难点等方面的要求。

5.有关技术规定

主要包括本工程采用的技术规范、对施工工艺的特殊要求等。

6.必要的设计文件、图纸和有关资料

7.其他事项

**(三)评标内容**

工程监理单位不承担建筑产品生产任务,只是受建设单位委托提供技术和管理咨询服务。建设工程监理招标属于服务类招标,其标的是无形的"监理服务",因此,建设单位选择工程监理单位最重要的原则是"基于能力的选择",而不应将服务报价作为主要考虑因素,有时甚至不考虑建设工程监理服务报价,只考虑工程监理单位的服务能力。

工程监理评标办法中,通常会将下列要素作为评标内容:

(1)工程监理单位的基本素质。包括工程监理单位资质、技术及服务能力、社会信誉和企业诚信度,以及类似工程监理业绩和经验。

(2)工程监理人员配备。工程监理人员的素质与能力直接影响建设工程监理工作的优劣,进而影响整个工程监理目标的实现。项目监理机构监理人员的数量和素质,特别是总监理工程师的综合能力和业绩是建设工程监理评标需要考虑的重要内容。对工程监理人员配备的评价内容具体包括:项目监理机构的组织形式是否合理;总监理工程师人选是否符合招标文件规定的资格及能力要求;监理人员的数量、专业配置是否符合工程专业特点要求;工程监理整体力量投入是否能满足工程需要;工程监理人员年龄结构是否合理;现场监理人员进退场计划是否与工程进展相协调等。

(3)建设工程监理大纲。建设工程监理大纲是反映投标人技术、管理和服务综合水平的文件,反映了投标人对工程的分析和理解程度。评标时应重点评审建设工程监理大纲的全面性、针对性和科学性。建设工程监理大纲内容是否全面,工作目标是否明确,组织机构是否健全,工作计划是否可行,质量、造价、进度控制措施是否全面、得当,安全生产管理、合同管理、信息管理等方法是否科学,以及项目监理机构的制度建设规划是否到位,监督机制是否健全等。建设工程监理大纲中应对工程特点、监理重点与难点进行识别。在对招标工程进行透彻分析的基础上,结合自身工程经验,从工程质量、造价、进度控制及安全生产管理等方面确定监理工作的重点和难点,提出针对性措施和对策。除常规监理措施外,建设工程监理大纲中应对招标工程的关键工序及分部分项工程制定有针对性的监理措施;制定针对关键点、常见问题的预防措施;合理设置旁站清单和保障措施等。

(4)试验检测仪器设备及其应用能力。重点评审投标人在投标文件中所列的设备、仪器、工具等能否满足建设工程监理要求。对于建设单位在现场另建试验、检测等中心的工程项目,应重点考查投标人评价分析、检验测量数据的能力。

(5)建设工程监理费用报价。建设工程监理费用报价所对应的服务范围、服务内容、服务期限应与招标文件中的要求相一致。要重点评审监理费用报价水平和构成是否合理、完整,分析说明是否明确,监理服务费用的调整条件和办法是否符合招标文件要求等。

**(四)评标方法**

建设工程监理评标通常采用"综合评标法",即通过衡量投标文件是否最大限度地满足招标文件中规定的各项评价标准,对技术、企业资信、服务报价等因素进行综合评价从而确定中标人。

根据具体分析方式不同,综合评标法可分为定性综合评估法和定量综合评估法两种。

1. 定性综合评估法

定性综合评估法是对投标人的资质条件、人员配备、监理方案、投标价格等评审指标分项进行定性比较分析、全面评审,综合评议较优者作为中标人,也可采取举手表决或无记名投票方式决定中标人。

定性综合评估法的特点是不量化各项评审指标,简单易行,能在广泛深入地开展讨论分析的基础上集中各方面观点,有利于评标委员会成员之间的直接对话和深入交流,集中体现各方意见,能使综合实力强、方案先进的投标单位处于优势地位。缺点是评估标准弹性较大,衡量尺度不具体,透明度不高,受评标专家人为因素影响较大,可能会出现评标意见相差悬殊,使定标决策左右为难。

2. 定量综合评估法

定量综合评估法又称打分法、百分制计分评价法。通常是在招标文件中明确规定需量化的评价因素及其权重,评标委员会根据投标文件内容和评分标准逐项进行分析记分(见表8-1)、加权汇总,计算出各投标单位的综合评分,然后按照综合评分由高到低的顺序确定中标候选人或直接选定得分最高者为中标人。

定量综合评估法是目前我国各地广泛采用的评标方法,其特点是量化所有评标指标,由评标委员会专家分别打分,减少了评标过程中的相互干扰,增强了评标的科学性和公正性。需要注意的是,评标因素指标的设置和评分标准分值或权重的分配,应能充分评价工程监理单位的整体素质和综合实力,体现评标的科学、合理性。

表 8-1　某工程项目监理招标的评分内容及分值分配表

| 评审内容 | 分值 |
| --- | --- |
| 投标人资质等级及总体素质 | 10～15 |
| 总监理规划或监理大纲 | 10～20 |
| 监理机构 | |
| 监理工程师资格及业绩 | 10～20 |
| 专业配套 | 5～10 |
| 职称、年龄结构等 | 5～10 |
| 各专业监理工程师资格及业绩 | 10～15 |
| 监理取费 | 5～10 |
| 检测仪器、设备 | 5～10 |
| 监理单位业绩 | 10～20 |
| 企业奖惩及社会信誉 | 5～10 |
| 合计总分 | 100 |

## 二、工程监理投标管理

工程监理投标是一项复杂的系统性工作,工程监理单位的投标工作内容包括:投标决策、投标策划、投标文件编制、参加开标及答辩、投标后评估等内容。

### (一) 投标决策

投标决策,主要包括两方面内容:一是决定是否参与竞标;二是如果参加投标,应采取什么样的投标策略。投标决策的正确与否,关系到工程监理单位能否中标及中标后经济效益。

1. 投标决策原则

投标决策活动要从工程特点与工程监理企业自身需求之间选择最佳结合点。为实现最优赢利目标,可以参考如下基本原则进行投标决策:

(1)充分衡量自身人员和技术实力能否满足工程项目要求,且要根据工程监理单位自身实力、经验和外部资源等因素来确定是否参与竞标;

(2)充分考虑国家政策、建设单位信誉、招标条件、资金落实情况等,保证中标后工程项目能顺利实施;

(3)由于目前工程监理单位普遍存在注册监理工程师稀缺、监理人员数量不足的情况,因此在一般情况下,工程监理单位与其将有限人力资源分散到几个小工程投标中,不如集中优势力量参与一个较大建设工程监理投标;

（4）对于竞争激烈、风险特别大或把握不大的工程项目,应主动放弃投标。

2．投标决策定量分析方法

常用的投标决策定量分析方法有综合评价法和决策树法。

（1）综合评价法。综合评价法是指决策者决定是否参加某建设工程监理投标时,将影响其投标决策的主客观因素用某些具体指标表示出来,并定量地进行综合评价,以此作为投标决策依据。

（2）决策树法。工程监理单位有时会同时收到多个不同或类似建设工程监理投标邀请书,而工程监理单位的资源是有限的,若不分重点地将资源平均分布到各个投标工程,则每一个工程中标的概率都很低。为此,工程监理单位应针对每项工程特点进行分析,比选不同方案,以期选出最佳投标对象。这种多项目多方案的选择,通常可以应用决策树法进行定量分析。

3．投标策略

由于招标内容不同、投标人不同,所采取的投标策略也不相同,下面介绍几种常用的投标策略,投标人可根据实际情况进行选择。

（1）以信誉和口碑取胜

工程监理单位依靠其在行业和客户中长期形成的良好信誉和口碑,争取招标人的信任和支持,不参与价格竞争。这个策略适用于特大、代表性或有重大影响力的工程,这类工程的招标人注重工程监理单位的服务品质,对于价格因素不是很敏感。

（2）以缩短工期等承诺取胜

工程监理单位如对于某类工程的工期很有信心,可作出对于招标人有利的保证,靠此吸引招标人的注意。同时,工程监理单位需向招标人提出保证措施和惩罚性条款,确保承诺的可实施性。此策略适用于建设单位对工期等因素比较敏感的工程。

（3）以附加服务取胜

目前,随着建设工程复杂程度的加大,招标人对于前期配套、设计管理等外延的服务需求越来越强烈,但招标人限于工程概算的限制,没有额外的经费聘请能提供此类服务的项目管理单位,如工程监理单位具有工程咨询、工程设计、招标代理、造价咨询及其他相关的资质,可在投标过程中向招标人推介此项优势。此策略适用于工程项目前期建设较为复杂,招标人组织结构不完善,专业人才和经验不足的工程。

（4）适应长远发展的策略

其目的不在于当前招标工程上获利,而着眼于发展,争取将来的优势,如为了开辟新市场、参与某项有代表意义的工程等,宁可在当前招标工程中以微利甚至无利价格参与竞争。

**（二）投标策划**

工程监理投标策划是指从总体上规划建设工程监理投标活动的目标、组织、任务分工等，通过严格的管理过程，提高投标效率和效果。

(1)明确投标目标，决定资源投入。一旦决定投标，首先要明确投标目标，投标目标决定了企业层面对投标过程的资源支持力度。

(2)成立投标小组并确定任务分工。投标小组要由有类似建设工程监理投标经验的项目负责人全面负责收集信息，协调资源，做出决策，并组织参与资格审查、购买标书、编写质疑文件、进行质疑和现场踏勘、编制投标文件、封标、开标和答辩、标后总结等。同时，需要落实各参与人员的任务和职责，做到界面清晰，人尽其职。

**（三）投标文件编制**

工程监理投标文件反映了工程监理单位的综合实力和完成监理任务的能力，是招标人选择工程监理单位的主要依据之一。投标文件编制质量的高低，直接关系到中标可能性的大小，因此，如何编制好建设工程监理投标文件是工程监理单位投标的首要任务。

1. 投标文件编制原则

(1)响应招标文件，防止投标被否决。工程监理投标文件编制的前提是要按招标文件要求的条款和内容格式编制，必须在满足招标文件要求的基本条件下，尽可能精益求精，响应招标文件实质性条款，防止投标被否决。

(2)认真研究招标文件，深入领会招标文件意图。一本规范化的招标文件少则十余页，多则几十页，甚至上百页，只有全部熟悉并领会各项条款要求，事先发现不理解或前后矛盾、表述不清的条款，通过标前答疑会，解决所有发现的问题，防止因不熟悉招标文件导致"失之毫厘，差之千里"的后果发生。

(3)投标文件要内容详细、层次分明、重点突出。完整、规范的投标文件，应尽可能将投标人的想法、建议及自身实力叙述详细，做到内容深入而全面。为了尽可能让招标人或评标专家在很短的评标时间内了解投标文件内容及投标单位实力，就要在投标文件的编制上下功夫，做到层次分明、表达清楚、重点突出。投标文件体现的内容要针对招标文件评分办法的重点得分内容，如企业业绩、人员素质及监理大纲中建设工程目标控制要点等，有意识地说明和标设，并在目录上专门列出或在编辑包装中采用装饰手法等，力求起到加深印象的作用，这样做会起到事半功倍的效果。

2. 投标文件编制依据

(1)国家及地方有关建设工程监理投标的法律法规及政策。必须以国家及地方有关建设工程监理投标的法律法规及政策为准绳编制建设工程监理投标文件，否则，可能会造成投标文件的内容与法律法规及政策相抵触，导致投标被否决。

(2)建设工程监理招标文件。工程监理投标文件必须对招标文件作出实质性响应,而且其内容尽可能与建设单位的意图或建设单位的要求相符合。越是能够贴切满足建设单位需求的投标文件,则越会受到建设单位的青睐,其获取中标的概率也相对较高。

(3)企业现有的设备资源。编制建设工程监理投标文件时,必须考虑工程监理单位现有的设备资源。要根据不同监理标的具体情况进行统一调配,尽可能将工程监理单位现有可动用的设备资源编入建设工程监理投标文件,提高投标文件的竞争实力。

(4)企业现有的人力及技术资源。工程监理单位现有的人力及技术资源主要表现为有精通所招标工程的专业技术人员和具有丰富经验的总监理工程师、专业监理工程师、监理员;有工程项目管理、设计及施工专业特长,能帮助建设单位协调解决各类工程技术难题的能力;拥有同类建设工程监理经验;在各专业有一定技术能力的合作伙伴,必要时可联合向建设单位提供咨询服务。此外,应当将工程监理单位内部现有的人力及技术资源优化组合后编入监理投标文件中,以便在评标时获得较高的技术标得分。

(5)企业现有的管理资源。建设单位判断工程监理单位是否能胜任建设工程监理任务,在很大程度上要看工程监理单位在日常管理中有何特长,类似建设工程监理经验如何,针对本工程有何具体管理措施等。为此,工程监理单位应当将其现有的管理资源充分展现在投标文件中,以获得建设单位的注意,从而最终获取中标。

3. 监理大纲的编制

工程监理投标文件的核心是反映监理服务水平高低的监理大纲,尤其是针对工程具体情况制定的监理对策,以及向建设单位提出的原则性建议等。

监理大纲一般应包括以下主要内容:

(1)工程概述。根据建设单位提供和自己初步掌握的工程信息,对工程特征进行简要描述,主要包括:工程名称、工程内容及建设规模;工程结构或工艺特点;工程地点及自然条件概况;工程质量、造价和进度控制目标等。

(2)监理依据和监理工作内容。监理依据主要包括:法律法规及政策;工程建设标准(包括《建设工程监理规范》GB/T 150319—2013);工程勘察设计文件;建设工程监理合同及相关建设工程合同等。监理工作内容一般包括质量控制、造价控制、进度控制、合同管理、信息管理、组织协调、安全生产管理的监理工作等。

(3)建设工程监理实施方案。建设工程监理实施方案是监理评标的重点。根据监理招标文件的要求,针对建设单位委托监理工程特点,拟定监理工作指导思想、工作计划,主要管理措施、技术措施以及控制要点,拟采用的监理方法和手段,监理工作制度和流程,监理文件资料管理和工作表式,拟投入的资源等。建设单位一般会特别关注工程监理单位资源的投入:一方面是项目监理机构的设置和人员配备,包括监理人员(尤其是总监理工程师)素质、监理人员数量和专业配套情况;另一方面是监理设备配置,包括检测、办公、交通和通信等设备。

(4)建设工程监理难点、重点及合理化建议。建设工程监理难点、重点及合理化建议是整个投标文件的精髓。工程监理单位在熟悉招标文件和施工图的基础上,要按实际监理工作的开展和部署进行策划,既要全面涵盖"三控两管一协调"和安全生产管理职责的内容,又要有针对性地提出重点工作内容、分部分项工程控制措施和方法以及合理化建议,并说明采纳这些建议将会在工程质量、造价、进度等方面产生的效益。

### 4. 编制投标文件的注意事项

建设工程监理招标、评标注重对工程监理单位能力的选择。因此,工程监理单位在投标时应在体现监理能力方面下功夫,应着重解决下列问题:

(1)投标文件应对招标文件内容作出实质性响应;

(2)项目监理机构的设置应合理,要突出监理人员素质,尤其是总监理工程师人选,将是建设单位重点考察的对象;

(3)应有类似建设工程监理经验;

(4)监理大纲能充分体现工程监理单位的技术、管理能力;

(5)监理服务报价应符合国家收费规定和招标文件对报价的要求,以及建设工程监理成本—利润测算;

(6)投标文件既要响应招标文件要求,又要巧妙回避建设单位的苛刻要求,同时还要避免为提高竞争力而盲目扩大监理工作范围,否则会给合同履行留下隐患。

### (四) 参加开标及答辩

#### 1. 参加开标

参加开标是工程监理单位需要认真准备的投标活动,应按时参加开标,避免投标被否决。

#### 2. 答辩

工程监理单位要充分做好答辩前准备工作,强化工程监理人员答辩能力,提高答辩信心,积累相关经验,提升监理队伍的整体实力,包括仪表、自信心、表达力、知识储备等。平时要有计划地培训学习,逐步提高整体实战能力,并形成一整套可复制的模拟实战方案,这样才能实现专业技术与管理能力同步,做到精心准备与快速反应有机结合。答辩前,应拟定答辩的基本范围和纲领,细化到人和具体内容,组织演练,相互提问。另外,要了解对手,知己知彼、百战不殆,了解竞争对手的实力和拟定安排的总监理工程师及团队,完善自己的团队,发挥自身优势。在各组织成员配齐后,总监理工程师就可以担当答辩的组织者,以团队精神做好心理准备,有了内容心里就有了底,再调整每个人的情绪,以饱满的精神沉着应对。

**（五）投标后评估**

投标后评估是对投标全过程的分析和总结，对一个成熟的工程监理企业，无论建设工程监理投标成功与否，投标后评估不可缺少。投标后评估要全面评价投标决策是否正确，影响因素和环境条件是否分析全面，重难点和合理化建议是否有针对性，总监理工程师及项目监理机构成员人数、资历及组织机构设置是否合理，投标报价预测是否准确，参加开标和总监理工程师答辩准备是否充分，投标过程组织是否到位等。投标过程中任何导致成功与失败的细节都不能放过，这些细节是工程监理单位在以后投标过程中需要注意的问题。

# 第三节　工程施工招投标管理

施工招标的特点是发包的工作内容明确具体，各投标人编制的投标书在评标时易于进行横向对比。虽然投标人按招标文件的工程量表中指定的工作内容和工程量编标报价，但价格的高低并非是确定中标人的唯一条件，投标过程实际上是各投标人完成该项任务的技术力量、经济实力、管理水平等综合能力的竞争。为此，《招标投标法》和《工程建设项目施工招标投标办法》做了明确规定。

## 一、工程施工招标管理

### （一）施工招标应具备的条件

《工程建设项目施工招标投标办法》第八条规定，依法必须招标的工程建设项目，应当具备下列条件才能进行施工招标：

（1）招标人已经依法成立；

（2）初步设计及概算应当履行审批手续的，已经批准；

（3）有相应资金或资金来源已经落实；

（4）有招标所需的设计图纸及技术资料。

### （二）合同数量的划分

根据工程特点和现场条件划分合同包的工作范围时，主要应考虑以下因素的影响。

1. 施工内容的专业要求

将土建施工和设备安装分别招标。土建施工采用公开招标，设备安装工作由于专业技术要求高，可采用邀请招标选择有能力的中标人。

2. 施工现场条件

在划分合同包时，要充分考虑施工过程中几个独立承包人同时施工可能发生的交叉干扰，以利于监理对各合同的协调管理。基本原则是现场施工应当尽可能避免平面或不同高程作业的干扰。

**3. 对工程总投资的影响**

合同数量划分的多与少对工程总造价的影响不可一概而论,应当根据项目的具体特点进行客观分析。只发一个合同包时,便于投标人的施工,其人工、机械、临时设施均可以统一使用;在划分合同数量较多时,各投标书的报价中均要分别考虑动员准备费、施工机械闲置费、施工干扰的风险费等。但大型复杂项目的工程总承包,由于有能力参与竞争的投标人较少,且报价中往往计入分包管理费,会导致中标的合同价较高。

**4. 其他因素影响**

工程项目的施工是一个很复杂的系统工程,有很多的因素影响着合同包的划分,如筹措建设资金的计划到位时间、施工图完成的计划进度等条件。

**(三)组织招标机构**

招标活动可由招标人自行办理或者委托招标代理机构办理。若委托招标代理机构,则应根据《工程建设项目施工招标投标办法》第二十二条规定,招标代理机构可以在其资格等级范围内承担下列招标事宜:

(1)拟订招标方案,编制和出售招标文件、资格预审文件;

(2)审查投标人资格;

(3)编制标底;

(4)组织投标人踏勘现场;

(5)组织开标、评标,协助招标人定标;

(6)草拟合同;

(7)招标人委托的其他事项。

招标代理机构不得无权代理、越权代理,不得明知委托事项违法而进行代理。招标代理机构不得在所代理的招标项目中投标或者代理投标,也不得为所代理的招标项目的投标人提供咨询。未经招标人同意,不得转让招标代理业务。

**(四)编制招标文件和标底**

**1. 招标文件的编制**

因为招标文件中的很多文件将来要作为合同的有效组成部分,所以招标文件应当尽可能完整、详细。这不仅能使投标人对项目的招标有充分的了解,也有利于投标竞争。由于招标文件的内容繁多,必要时可以分卷、分章编写。

《工程建设项目施工招标投标办法》第二十四条规定,招标人根据施工招标项目的特点和需要编制招标文件。招标文件一般包括下列内容:

(1)招标公告或投标邀请书;

(2)投标人须知;

(3)合同主要条款;

(4)投标文件格式;

(5)采用工程量清单招标的,应当提供工程量清单;

(6)技术条款;

(7)设计图纸;

(8)评标标准和方法;

(9)投标辅助材料。

**2. 标底的编制**

标底主要由以下几个部分组成:

(1)标底的综合编制说明;

(2)标底价格审定书;

(3)标底价格计算书,带有价格的工程量清单,现场因素、各种施工措施费的测算明细以及采用固定价格的风险系数测算明细等;

(4)主要材料用量;

(5)标底附件。

招标项目编制标底的,应根据批准的初步设计、投资概算,依据有关计价办法,参照有关工程定额,结合市场供求状况,综合考虑投资、工期和质量等方面的因素合理确定,主要依据包括:

(1)招标文件;

(2)工程施工图纸及工程量清单(或工程量计算规则);

(3)施工现场地质、水文及地上情况的有关资料;

(4)施工方案或施工组织设计;

(5)建设行政主管部门制定的工程造价计价办法以及其他有关规定及其发布的现行消耗量定额;

(6)工程造价管理机构发布的市场价格信息。

标底应依据招标文件中工程量清单和有关要求,结合施工现场时间情况,合理的施工组织和施工方法、工期和质量要求,必要的技术措施,按照建设行政主管部门发布的现行消耗量定额和工程造价管理机构发布的市场价格信息进行编制。

工程量清单计价条件下的标底应采用综合单价计价。综合单价应由完成规定计量单位工程量清单项目所需的人工费、材料费、机械费、管理费、利润、规费、税金等费用组成,综合单价应考虑风险因素。

**3. 最高投标限价的编制**

住房和城乡建设部 2013 年 12 月发布的《建筑工程施工发包与承包计价管理办法》中规定,国有资金投资的建筑工程招标的,应当设有最高投标限价;非国有资金投资的建筑工程招标的,可以设有最高投标限价或者招标标底。最高投标限价应当依据工程量清单、工程计价有关规定和市场价格信息等编制。招标人设有最高投标限价的,应当在招标时公布最高投标限价的总价,以及各单位工程的分部分项工程费、措施项目费、其他项目费、规费和税金。

**(五) 投标人资格审查**

依法必须招标的工程项目,应按照九部委制定的《标准施工招标资格预审文件》,结合招标项目的技术管理特点和需求,编制招标资格预审文件。

1. 标准资格预审文件的组成

《标准施工招标资格预审文件》共包含封面格式和五章内容,相同序号标示的章、节、条、款、项、目,由招标人依据需要选择其一,形成一份完整的资格预审文件。文件各章规定的内容包括:

(1)资格预审公告

包括招标条件、项目概况与招标范围、申请人资格要求、资格预审方法、资格预审文件的获取、资格预审申请文件的递交、发布公告的媒介和联系方式等公告内容。

(2)申请人须知

包括申请人须知前附表和正文。申请人须知前附表招标人根据招标项目具体特点和实际需要编制,用于进一步明确正文中的未尽事宜。正文包括九部分内容:①总则,包含项目概况、资金来源和落实情况、招标范围、工作计划和质量要求、申请人资格要求、语言文字以及费用承担等内容;②资格预审文件,包括资格预审文件的组成、资格预审文件的澄清和修改等内容;③资格预审申请文件的编制,包括资格预审申请文件的组成、资格预审申请文件的编制要求以及资格预审申请文件的装订、签字;④资格预审申请文件的递交,包括资格预审申请文件的密封和标识以及资格预审申请文件的递交两部分;⑤资格预审申请文件的审查,包括审查委员会和资格审查两部分;⑥通知和确认;⑦申请人的资格改变;⑧纪律与监督;⑨需要补充的其他内容。

(3)资格审查方法

资格审查分为资格预审和资格后审两种。

资格预审是指招标人在投标前按照有关规定的程序和要求公布资格预审公告和资格预审文件,对获取资格预审文件并递交资格预审申请文件的申请人组织资格审查,确定合格投标人的方法。对于公开招标的项目,实行资格预审。

资格后审是指开标后由评标委员会对投标人资格进行审查的方法。采用资格后审方法的,按规定要求发布招标公告,并根据招标文件中规定的资格审查方法、因素和标准,在评标时审查确认满足投标资格条件的投标人。邀请招标的项目,实行资格后审。

资格预审和资格后审不同时使用,二者审查的时间是不同的,审查的内容是一致的。一般情况下,资格预审比较适合于具有单件性特点,且技术难度较大或投标文件编制费用较高,或潜在投标人数量较多的招标项目;资格后审适合于潜在投标人数量不多的通用性、标准化项目。通常情况下,资格预审多用于公开招标,资格后审多用于邀请招标。

(4)资格审查办法

资格审查办法分为合格制和有限数量制两种审查办法,招标人根据项目具体特点和实际需要选择适用。每种办法都包括简明说明、评审因素和标准的附表和正文。附表由招标人根据招标项目具体特点和实际需要编制和填写。正文包括四部分:①审查方法;②审查标准,包括初步审查标准、详细审查标准,以及评分标准(有限数量制);③审查程序,包括初步审查、详细审查、资格预审申请文件的澄清,以及评分(有限数量制);④审查结果。

(5)资格预审申请文件

资格预审申请文件的内容包括法定代表人身份证明或授权委托书、联合体协议书、申请人基本情况表、近年财务状况、近年完成的类似项目情况表、正在施工的和新承接的项目情况表、近年发生的诉讼及仲裁情况、其他资料等八个方面。

2. 资格预审公告

工程招标资格预审公告适用于公开招标,具有代替招标公告的功能,主要包括以下内容:

(1)招标条件

招标条件主要是简要介绍项目名称、审批机关、批文、业主、资金来源以及招标人情况。其中需要注意的是此处的信息必须与其他地方所公开的信息一致,如项目名称需要与预审文件封面一致,项目业主必须与相关核准文件载明的项目单位一致,招标人也应该与预审文件封面一致。

(2)项目概况与招标范围

项目概况简要介绍项目的建设地点、规模、计划工期等内容;招标范围主要针对本次招标的项目内容、标段划分及各标段的内容进行概括性的描述,使潜在投标人能够初步判断是否有兴趣参与投标竞争、是否有实力完成该项目。需要注意的是标段划分与工程实施技术紧密相连,不可分割的单位工程不得设立标段,也不得以不合理的标段设置或工期限制排斥潜在的投标人。

(3)对申请人的资格要求

招标人对申请人的资格要求应当限于招标人审查申请人是否具有独立订立合同的能力,是否具有相应的履约能力等,主要包括四个方面:申请人的资质、业绩、投标联合体要求和标段。其中需要注意的是,资质要求由招标人根据项目特点和实际需要,明确提出申请人应具有的最低资质。比如某项目为五层单体建筑,单跨跨度为 21m,建筑面积为 5000m$^2$,工程概算为 1000 万元,按照施工企业总承包资质标准,规定申请人具有总承包资质等级三级即可。另外,对于联合体的要求主要是明确联合体成员在资质、财务、业绩、信誉等方面应满足的最低要求。

(4)资格预审方法

资格预审方法分为合格制和有限数量制两种。投标人数过多,申请人的投标成本加大,不符合节约原则;而人数过少又不能形成充分竞争。因此,由招标人结合项目特点和市场情况选择使用合格制或有限数量制。如无特殊情况,鼓励招标人采用合格制。

(5)资格预审文件的获取

主要向有意参与资格预审的主体告知与获取文件有关的时间、地点和费用。需要注意的是招标人在填写发售时间时应满足不少于 5 个工作日的要求,预审文件售价应当合理,不得以营利为目的。

(6)资格预审文件的递交

告知提交预审申请文件的截止时间以及预期未提交的后果。需要招标人注意的是,在填写具体的申请截止时间时,应当根据有关法律规定和项目具体特点合理确定提交时间。

3.资格审查办法

1)合格制

(1)审查方法

凡符合资格预审文件规定的初步审查标准和详细审查标准的申请人均通过资格预审,取得投标人资格。

合格制比较公平公正,有利于招标人获得最优方案;但可能会出现人数多,增加招标成本。

(2)审查标准

①初步审查标准

初步审查的因素一般包括:申请人的名称;申请函的签字盖章;申请文件的格式;联合体申请人;资格预审申请文件的证明材料以及其他审查因素等。审查标准应当具体明了,具有可操作性。比如申请人名称应当与营业执照、资质证书以及安全生产许可证等一致;申请函应当由法定代表人或其委托代理人签字或加盖单位公章等。招标人应根据项目具体特点和实际需要,进一步删减、补充和细化。

②详细审查标准

详细审查因素主要包括申请人的营业执照、安全生产许可证、资质、财务、业绩、信誉、项目经理资格以及其他要求等方面的内容。审查标准主要是核对审查因素是否有效,或者是否与资格预审文件列明的对申请人的要求相一致。如申请人的资质等级、财务状况、类似项目业绩、信誉和项目经理资格应当与招标文件中的规定相一致。

（3）审查程序

①初步审查

审查委员会依据资格预审文件规定的初步审查标准,对资格预审申请文件进行初步审查。只要有一项因素不符合审查标准的,就不能通过资格预审。审查委员会可以要求申请人提交营业执照副本、资质证书副本、安全生产许可证以及有关诉讼、仲裁等法律文书的原件,以便核验。

②详细审查

审查委员会依据资格预审文件详细评审标准,对通过初步审查的资格预审申请文件进行详细审查。有一项因素不符合审查标准的,不能通过资格预审。

通过资格预审的申请人除应满足资格预审文件的初步审查标准和详细审查标准外,还不得存在下列任何一种情形:不按审查委员会要求提供澄清或说明;为项目前期准备提供设计或咨询服务(设计施工总承包除外);为招标人不具备独立法人资格的附属机构或为本项目提供招标代理;为本项目的监理人、代建人等情形;最近三年内有骗取中标或严重违约或重大工程质量问题;在资格预审过程中弄虚作假、行贿或有其他违法违规行为等。

③资格预审申请文件的澄清

在审查过程中,审查委员会可以用书面形式要求申请人对所提交的资格预审申请文件中不明确的内容进行必要的澄清或说明。申请人的澄清或说明应采用书面形式,并不得改变资格预审申请文件的实质性内容。申请人的澄清和说明内容属于资格预审申请文件的组成部分。招标人和审查委员会不接受申请人主动提出的澄清或说明。

（4）审查结果

①提交审查报告

审查委员会按照规定的程序对资格预审申请文件完成审查后,确定通过资格预审的申请人名单,并向招标人提交书面审查报告。书面报告主要包括:基本情况和数据表,资格审查委员会名单,澄清、说明、补正事项纪要,审查过程,未通过审查的情况说明,通过评审的申请人名单,以及其他需要说明的问题。

②重新进行资格预审或招标

通过资格预审详细审查的申请人数量不足 3 个的,招标人应分析具体原因,根据实际情况重新组织资格预审或不再组织资格预审而直接招标。

2）有限数量制

（1）审查方法

审查委员会依据资格预审文件中审查办法(有限数量制)规定的审查标准和程序,对通过初步审查和详细审查的资格预审申请文件进行量化打分,按得分由高到低的顺序确定通过资格预审的申请人。通过资格预审的申请人不超过资格预审须知说明的数量。

（2）审查标准

①初步和详细审查标准

有限数量制和合格制的选择，是招标人基于潜在投标人的多少以及是否需要对人数进行限制来进行的。因此在审查标准上，二者并无本质或重要区别，都是需要进行初步审查和详细审查。二者不同就在于有限数量制需要进行打分量化。

②评分标准

评分因素一般包括财务状况、申请人的类似项目业绩、信誉、认证体系、项目经理的业绩以及其他一些相关因素。审查委员会可以根据实际需要，设定每一项所占的分值及其区间。

（3）审查程序

①审查及预审文件澄清

有限数量制与合格制在审查程序以及预审文件澄清两方面基本是相同的，初步审查和详细审查的因素、标准以及澄清的要求均可参照本节关于合格制审查办法的有关内容，此处不再赘述。

②评分

通过详细审查的申请人不少于 3 个且没有超过规定数量的，均通过资格预审，不再进行评分。通过详细审查的申请人数量超过规定数量的，审查委员会依据招标文件中的评分标准进行评分，按得分由高到低的顺序进行排序。

（4）审查结果

①提交审查报告

审查委员会按照规定的程序对资格预审申请文件完成审查后，确定通过资格预审的申请人名单，并向招标人提交书面审查报告。

②重新进行资格预审或招标

通过详细审查申请人的数量不足 3 个的，招标人重新组织资格预审或不再组织资格预审而直接招标。

**（六）评标方法**

评标办法是招标人根据项目的特点和要求，参照一定的评标因素和标准，对投标文件进行评价和比较的方法。常用的评标方法分为经评审的最低投标价法（以下简称最低评标价法）和综合评估法两种。

1. 最低评标价法

最低评标价法一般适用于具有通用技术、性能标准或者招标人对其技术、性能标准没有特殊要求的招标项目。根据发改委 56 号令的规定，招标人编制施工招标文件时，应不加修改地引用《标准文件》规定的方法。评标办法前附表由招标人根据招标项目具体特点和实际需要编制，用于进一步明确未尽事宜，但务必与招标文件中其他章节相衔接,并不得与《标准文件》的内容相抵触,否则抵触内容无效。最低评标价法评审因素与评审标准表见表 8-2。

**表 8-2　最低评标价法评审因素与评审标准**

| | 评审因素 | 评审标准 |
|---|---|---|
| 形式评审标准 | 投标人名称 | 与营业执照、资质证书、安全生产许可证一致 |
| | 投标函签字盖章 | 有法定代表人或其委托代理人签字或加盖单位章 |
| | 投标文件格式 | 符合投标文件格式的要求 |
| | 联合体投标人 | 提交联合体协议书,并明确联合体牵头人 |
| | 报价唯一 | 只能有一个有效报价 |
| | …… | …… |
| 资格评审标准 | 营业执照 | 具备有效的营业执照 |
| | 安全生产许可证 | 具备有效的安全生产许可证 |
| | 资质等级 | 符合投标人须知规定 |
| | 财务状况 | 符合投标人须知规定 |
| | 类似项目业绩 | 符合投标人须知规定 |
| | 信誉 | 符合投标人须知规定 |
| | 项目经理 | 符合投标人须知规定 |
| | 其他要求 | 符合投标人须知规定 |
| | 联合体投标人 | 符合投标人须知规定(如有) |
| | …… | …… |
| 响应性评审标准 | 投标报价 | 符合投标人须知规定 |
| | 投标内容 | 符合投标人须知规定 |
| | 工期 | 符合投标人须知规定 |
| | 工程质量 | 符合投标人须知规定 |
| | 投标有效期 | 符合投标人须知规定 |
| | 投标保证金 | 符合投标人须知规定 |
| | 权利义务 | 符合"合同条款及格式"规定 |
| | 已标价工程量清单 | 符合"工程量清单"给出的范围及数量 |
| | 技术标准和要求 | 符合"技术标准和要求"规定 |
| | …… | …… |
| 施工组织设计评审标准 | 质量管理体系与措施 | …… |
| | 安全管理体系与措施 | …… |
| | 环境保护管理体系与措施 | …… |
| | 工程进度计划与措施 | …… |
| | 资源配备计划 | …… |
| | …… | …… |
| | **量化因素** | **量化标准** |
| 详细评审标准 | 单价遗漏 | …… |
| | 不平衡报价 | …… |
| | …… | …… |

1)评审比较的原则

最低评标价法是以投标报价为基数,考量其他因素形成评审价格,对投标文件进行评价的一种评标方法。

评标委员会对满足招标文件实质要求的投标文件,根据详细评审标准规定的量化因素及量化标准进行价格折算,按照经评审的投标价由低到高的顺序推荐中标候选人,或根据招标人授权直接确定中标人,但投标报价低于其成本的除外,并且中标人的投标应当能够满足招标文件的实质性要求。经评审的投标价相等时,投标报价低的优先,投标报价也相等的,由招标人自行确定。

2)评审标准

(1)初步评审标准

根据《标准施工招标文件》的规定,投标初步评审标准分为形式评审标准、资格评审标准、响应性评审标准、施工组织设计和项目管理机构评审标准四个方面。

①形式评审标准

形式评审的因素一般包括投标人的名称、投标函的签字盖章、投标文件的格式、联合体投标人、投标报价的唯一性、其他评审因素等。审查、评审标准应当具体明了,具有可操作性。比如申请人名称应当与营业执照、资质证书以及安全生产许可证等一致;申请函应当由法定代表人或其委托代理人签字或加盖单位公章等。对应于前附表中规定的评审因素和评审标准是列举性的,并没有包括所有评审因素和标准,招标人应根据项目具体特点和实际需要,进一步删减、补充和细化。

②资格评审标准

资格评审的因素一般包括营业执照、安全生产许可证、资质等级、财务状况、类似项目业绩、信誉、项目经理、其他要求、联合体投标人等。该部分内容分为以下两种情况:

(a)未进行资格预审的

评审标准须与投标人须知前附表中对投标人资质、财务、业绩、信誉、项目经理的要求以及其他要求一致,招标人要特别注意在投标人须知中补充和细化的要求,应在表 8-2 中体现出来。

(b)已进行资格预审的

评审标准须与资格预审文件资格审查办法详细审查标准保持一致。在递交资格预审申请文件后、投标截止时间前发生可能影响其资格条件或履约能力的新情况,应按照招标文件中投标人须知的规定提交更新或补充资料。

③响应性评审标准

响应性评审的因素一般包括投标内容、工期、工程质量、投标有效期、投标保证金、权利义务、已标价工程量清单、技术标准和要求等。

表 8-2 中所列评审因素已经考虑到了与招标文件中投标人须知等内容衔接。

招标人可以依据招标项目的特点补充一些响应性评审因素和标准,如:投标人有分包计划的,其分包工作类别及工作量须符合招标文件要求。招标人允许偏离的最大范围和最高项数,应在响应性评审标准中规定,作为判定投标是否有效的依据。

④施工组织设计和项目管理机构评审标准

施工组织设计和项目管理机构评审的因素一般包括施工方案与技术措施、质量管理体系与措施、安全管理体系与措施、环境保护管理体系与措施、工程进度计划与措施、资源配备计划、技术负责人、其他主要成员、施工设备、试验和检测仪器设备等。

针对不同项目特点,招标人可以对施工组织设计和项目管理机构的评审因素及其标准进行补充、修改和细化,如施工组织设计中可以增加对施工总平面图、施工总承包的管理协调能力等评审指标,项目管理机构中可以增加对项目经理的管理能力(如创优能力、创文明工地能力)以及其他一些评审指标等。

(2)详细评审标准

详细评审的因素一般包括单价遗漏、付款条件等。

详细评审标准对表8-2中规定的量化因素和量化标准是列举性的,并没有包括所有量化因素和标准,招标人应根据项目具体特点和实际需要,进一步删减、补充或细化。例如:增加算数性错误修正量化因素,即根据招标文件的规定对投标报价进行算数性错误修正。还可以增加投标报价的合理性量化因素,即根据本招标文件的规定对投标报价的合理性进行评审。除此之外,还可以增加合理化建议量化因素,即技术建议可能带来的实际经济效益,按预定的比例折算后,在投标价内减去该值。

3)评标程序

首先按照初步评审标准对投标文件进行初步评审,然后依据详细评审标准对通过初步审查的投标文件进行价格折算,确定其评审价格,再按照由低到高的顺序推荐1~3名中标候选人或根据招标人的授权直接确定中标人。

(1)初步评审

对于未进行资格预审的,评标委员会可以要求投标人提交规定的有关证明以便核验。评标委员会依据上述标准对投标文件进行初步评审,有一项不符合评审标准的,应否决其投标。

对于已进行资格预审的,评标委员会依据评标办法中表8-2规定的评审标准对投标文件进行初步评审。有一项不符合评审标准的,应否决其投标。当投标人资格预审申请文件的内容发生重大变化时,评标委员会依据评标办法中表8-2规定的标准对其更新资料进行评审。

投标报价有算术错误的,评标委员会按以下原则对投标报价进行修正,修正的价格经投标人书面确认后具有约束力。投标人不接受修正价格的,应当否决该投标人的投标。

①投标文件中的大写金额与小写金额不一致的,以大写金额为准;

②总价金额与依据单价计算出的结果不一致的,以单价金额为准修正总价,但单价金额小数点有明显错误的除外。

(2)详细评审

评标委员会依据本评标办法中详细评审标准规定的量化因素和标准进行价格折算,计算出评标价,并编制价格比较一览表。

评标委员会发现投标人的报价明显低于其他投标报价,或者在设有标底时明显低于标底,使得其投标报价可能低于其成本的,应当要求该投标人做出书面说明并提供相应的证明材料。投标人不能合理说明或者不能提供相应证明材料的,由评标委员会认定该投标人以低于成本报价竞标,否决其投标。

(3)投标文件的澄清和补正

在评标过程中,评标委员会可以书面形式要求投标人对所提交的投标文件中不明确的内容进行书面澄清或说明,或者对细微偏差进行补正。评标委员会不接受投标人主动提出的澄清、说明或补正。

澄清、说明和补正不得改变投标文件的实质性内容(算术性错误修正的除外),投标人的书面澄清、说明和补正属于投标文件的组成部分。

评标委员会对投标人提交的澄清、说明或补正有疑问的,可以要求投标人进一步澄清、说明或补正,直至满足评标委员会的要求。

(4)评标结果

除授权评标委员会直接确定中标人外,还可以按照经评审的价格由低到高的顺序推荐中标候选人,但最低价不能低于成本价。

评标委员会完成评标后,应当向招标人提交书面评标报告。

评标报告应当如实记载以下内容:基本情况和数据表;评标委员会成员名单;开标记录;符合要求的投标一览表;否决投标的情况说明;评标标准、评标方法或者评标因素一览表;经评审的价格一览表;经评审的投标人排序;推荐的中标候选人名单或根据招标人授权确定的中标人名单;签订合同前要处理的事宜;以及需要澄清、说明、补正的事项纪要。

2. 综合评估法

综合评估法是综合衡量价格、商务、技术等各项因素对招标文件的满足程度,按照统一的标准(分值或货币)量化后进行比较的方法。采用综合评估法,可以将这些因素折算为货币、分数或比例系数等,再做比较。

综合评估法一般适用于招标人对招标项目的技术、性能有专门要求的招标项目。与最低评标价法要求一样,招标人编制施工招标文件时,应按照标准施工招标文件的规定进行评标。综合评估法评审因素与评审标准见表8-3。

评标委员会对满足招标文件实质性要求的投标文件,按照评标办法中表 8-3 所列的分值构成与评分标准进行打分,并按得分由高到低顺序推荐中标候选人,或根据招标人授权直接确定中标人,但投标报价低于其成本的除外。综合评分相等时,以投标报价低的优先;投标报价也相等的,由招标人自行确定。

**表 8-3 综合评估法评审因素与评审标准**

| | 评审因素 | 评审标准 |
|---|---|---|
| 形式评审标准 | 投标人名称 | 与营业执照、资质证书、安全生产许可证一致 |
| | 投标函签字盖章 | 有法定代表人或其委托代理人签字或加盖单位章 |
| | 投标文件格式 | 符合投标文件格式的要求 |
| | 联合体投标人 | 提交联合体协议书,并明确联合体牵头人 |
| | 报价唯一 | 只能有一个有效报价 |
| | …… | …… |
| 资格评审标准 | 营业执照 | 具备有效的营业执照 |
| | 安全生产许可证 | 具备有效的安全生产许可证 |
| | 资质等级 | 符合投标人须知规定 |
| | 项目经理 | 符合投标人须知规定 |
| | 财务状况 | 符合投标人须知规定 |
| | 业绩要求 | 符合投标人须知规定 |
| | 其他要求 | 符合投标人须知规定 |
| | …… | …… |
| 响应性评审标准 | 投标报价 | 符合投标人须知规定 |
| | 投标内容 | 符合投标人须知规定 |
| | 工期 | 符合投标人须知规定 |
| | 工程质量 | 符合投标人须知规定 |
| | 投标有效期 | 符合投标人须知规定 |
| | 投标保证金 | 符合投标人须知规定 |
| | 权利义务 | 符合"合同条款及格式"规定 |
| | 已标价工程量清单 | 符合"工程量清单"给出的范围及数量 |
| | 技术标准和要求 | 符合"技术标准和要求"规定 |
| | …… | …… |
| 条款内容 | 编列内容 | |
| | 分值构成<br>(总分 100 分) | 施工组织设计:_____分<br>项目管理机构:_____分<br>投标报价:_____分<br>其他评分因素:_____分 |

257

续表

| | 评审因素 | 评审标准 |
|---|---|---|
| | 评标基准价计算方法 | |
| | 投标报价的偏差率计算公式 | 偏差率＝100％×(投标人报价－评标基准价)/评标基准价 |
| 施工组织设计评分标准 | 内容完整性和编制水平 | …… |
| | 施工方案与技术措施 | …… |
| | 质量管理体系与措施 | …… |
| | 安全管理体系与措施 | …… |
| | 环境保护管理体系与措施 | …… |
| | 工程进度计划与措施 | …… |
| | 资源配备计划 | …… |
| | …… | …… |
| 项目管理机构评分标准 | 项目经理任职资格与业绩 | …… |
| | 其他主要人员 | …… |
| | …… | …… |
| 投标报价评分标准 | 偏差率 | …… |
| | …… | …… |
| 其他因素评分标准 | …… | …… |

1)评审标准

(1)初步评审标准

综合评估法与最低评标价法初步评审标准的参考因素与评审标准等方面基本相同,只是综合评估法初步评审标准包含形式评审标准、资格评审标准和响应性评审标准三部分。因此有关因素与标准可以相互参照,此处不再赘述。二者之间的区别主要在于综合评估法需要在评审的基础上按照一定的标准进行分值或货币量化。

(2)分值构成与评分标准

①分值构成

评标委员会根据项目实际情况和需要,将施工组织设计、项目管理机构、投标报价及其他评分因素分配一定的权重或分值及区间。比如以 100 分为满分,可以考虑施工组织设计分值为 25 分,项目管理机构 10 分,投标报价 60 分,其他评分因素为 5 分。

②评标基准价计算

评标基准价的计算方法应在表 8-3 中明确。招标人可依据招标项目的特点、行业管理规定给出评标基准价的计算方法。需要注意的是,招标人需要在表 8-3 中明确有效报价的含义,以及不可竞争费用的处理。

③投标报价的偏差率计算

投标报价的偏差率计算公式：

$$偏差率＝100\%×（投标人报价－评标基准价）/评标基准价$$

④评分标准

招标人应当明确施工组织设计、项目管理机构、投标报价和其他因素的评分因素、评分标准，以及各评分因素的权重。如某项目招标文件对施工方案与技术措施规定的评分标准为：施工方案及施工方法先进可行，技术措施针对工程质量、工期和施工安全生产有充分保障（11～12分）；施工方案先进，方法可行，技术措施对工程质量、工期和施工安全生产有保障（8～10分）；施工方案及施工方法可行，技术措施针对工程质量、工期和施工安全生产基本有保障（6～7分）；施工方案及施工方法基本可行，技术措施针对工程质量、工期和施工安全生产基本有保障（1～5分）。

招标人还可以依据项目特点及行业、地方管理规定，增加一些标准招标文件中已经明确的施工组织设计、项目管理机构及投标报价外的其他评审因素及评分标准，作为补充内容。

2）评标程序

（1）初步评审

评标委员会依据规定的评审标准对投标文件进行初步评审。有一项不符合评审标准的，则该投标应当予以否决。

投标报价有算术错误的，评标委员会按以下原则对投标报价进行修正，修正的价格经投标人书面确认后具有约束力。投标人不接受修正价格的，应当否决该投标人的投标。修正错误的原则与最低评标价法相同。

①投标文件中的大写金额与小写金额不一致的，以大写金额为准；

②总价金额与依据单价计算出的结果不一致的，以单价金额为准修正总价，但单价金额小数点有明显错误的除外。

（2）详细评审

评标委员会按表8-3规定的量化因素和分值，分别对施工组织设计、项目管理机构、投标报价以及其他因素等四项进行打分，计算出综合评估得分。评分分值计算保留小数点后两位，小数点后第三位"四舍五入"。投标人得分为四项评分之和。

评标委员会发现投标人的报价明显低于其他投标报价，或者在设有标底时明显低于标底，使得其投标报价可能低于其成本的，应当要求该投标人做出书面说明并提供相应的证明材料。投标人不能合理说明或者不能提供相应证明材料的，由评标委员会认定该投标人以低于成本报价竞标，应否决其投标。

（3）投标文件的澄清和补正

该部分内容与经评审的最低投标价法一致，在此不再赘述。

(4)评标结果

该部分内容与经评审的最低投标价法一致,在此不再赘述。

## 二、工程施工投标管理

### （一）投标人应具备的条件

投标人是响应招标、参加投标竞争的法人或者其他组织。投标人应具备的条件包括两方面:(1)投标人应当具备承担招标项目的能力;(2)投标人应当符合招标文件规定的资格条件。

### （二）投标程序

投标一般遵循如下程序:

(1)投标报价前期的调查研究,搜集信息资料;

(2)对是否参加投标作出决策;

(3)研究招标文件并制订施工方案;

(4)工程成本估算;

(5)确定投标报价的策略;

(6)编制投标文件;

(7)投递投标文件;

(8)参加开标会议;

(9)投标文件澄清与陈述;

(10)若中标,签订工程合同。

### （三）投标文件

《工程建设项目施工招标投标办法》第三十六条规定,投标文件一般包括下列内容:(1)投标函;(2)投标报价;(3)施工组织设计;(4)商务和技术偏差表。

投标人应当按照招标文件的要求编制投标文件,投标文件应当包括下列内容:

(1)投标函及投标函附录;

(2)法定代表人身份证明或附有法定代表人身份证明的授权委托书;

(3)联合体协议书(如工程允许采用联合体投标);

(4)投标保证金;

(5)已标价工程量清单;

(6)施工组织设计;

(7)项目管理机构;

(8)拟分包项目情况表;

(9)资格审查资料;

(10)"投标人须知"前附表规定的其他材料。

**（四）有关施工投标的其他规定**

《工程建设项目施工招标投标办法》第二十九条规定，在原投标有效期结束前，出现特殊情况的，招标人可以书面形式要求所有投标人延长投标有效期。投标人同意延长的，不得要求或允许修改其投标文件的实质性内容，但应当相应延长其投标保证金的有效期；投标人拒绝延长的，其投标失效，但投标人有权收回其投标保证金。因延长投标有效期造成投标人损失的，招标人应当给予补偿，但因不可抗力需要延长投标有效期的除外。

《工程建设项目施工招标投标办法》第三十八条规定，依法必须进行施工招标的项目提交投标文件的投标人少于三个的，招标人在分析招标失败的原因并采取相应措施后，应当依法重新招标。重新招标后投标人仍少于三个的，属于必须审批、核准的工程建设项目，报经原审批、核准部门审批、核准后可以不再进行招标；其他工程建设项目，招标人可自行决定不再进行招标。

**（五）投标策略**

投标策略是指承包商在投标竞争中的系统工作部署，积极参与投标竞争的方式和手段。投标策略作为投标取胜的方式、手段和艺术，常用的有以下几种。

1. 不平衡报价法

一个工程项目总报价基本确定后，通过调整内部各个项目的报价，以期既不提高总报价、不影响中标，又能在结算时得到更理想的经济效益。

2. 多方案报价法

如果发现招标文件规定的工程范围不很明确、条款不清楚或很不公正，或技术规范要求过于苛刻时，则要在充分估计投标风险的基础上，先按原招标文件报一个价，然后再提出如某某条款作某些改动可降低多少报价，由此降低总价，吸引业主。

3. 增加建议方案法

如果招标文件规定可以增加建议方案，即可以修改原设计方案，提出投标者的方案，投标者应抓住机会，组织一批有经验的设计和施工工程师，对原招标文件的设计和施工方案仔细研究，提出更为合理的方案以吸引业主，促成自己的方案中标。

4. 无利润算标

缺乏竞争优势的承包商，在不得已的情况下只好在算标中，根本不考虑利益去夺标。

# 第四节　工程勘察设计招投标管理

## 一、工程勘察招投标管理

为规范工程建设项目勘察设计招标投标活动、提高经济效益、保证工程质量，2003 年 6 月国家发展和改革委员会等依据《招标投标法》发布了《工程建设项目勘察设计招标投标办法》，于 2003 年 8 月 1 日起施行。

### （一）委托工作内容

（1）自然条件观测；

（2）地形图测绘；

（3）资源探测；

（4）岩土工程勘察；

（5）地震安全性评价；

（6）工程水文地质勘察；

（7）环境评价和环境基底观测；

（8）模型试验和科研。

### （二）勘察招标的特点

勘察任务可以单独发包给具有相应资质的勘察单位实施，也可以将其包括在设计招标任务中。两者相比较，将勘察任务包括在设计招标的发包范围内由有相应能力的设计单位完成，或再去选择承担勘察任务的分包单位，对招标人较为有利。

### （三）评标内容

勘察投标书的评审主要包括勘察方案是否合理、勘查技术水平是否先进、各种所需勘察数据能否准确可靠、报价是否合理等方面。

## 二、工程设计招投标管理

工程设计招标的特点是投标人将招标人对项目的设想变为可实施方案的竞争。

### （一）招标发包的工作范围

一般工程项目的设计分为初步设计和施工图设计两个阶段进行，对技术复杂而又缺乏经验的项目，在必要时还要增加技术设计阶段。为了保证设计指导思想连续地贯彻于设计的各个阶段，一般多采用技术设计招标或施工图设计招标，不单独进行初步设计招标，由中标的设计单位承担初步设计任务。

招标人应依据工程项目的具体特点决定发包的工作范围,可以采用设计全过程总发包的一次性招标,也可以选择分单项或分专业的设计任务发包招标。另外,招标人可以依据工程建设项目的不同特点,实行勘察设计一次性总体招标。

**(二)招标程序**

设计招标与施工、材料、设备招标等不同,其特点表现为承包的任务是投标人通过自己的智力劳动将招标人对建设项目的设想变为可实施的蓝图,而后者则是招标人按设计的明确要求完成规定的生产劳动。因此,设计招标文件对投标人所提出的要求不是那么明确,客观上也不可能明确具体,招标人只是简单介绍工程项目的实施条件、预期达到的技术经济指标、投资限额、进度要求等。投标人按规定分别报出工程项目的构思方案、实施计划和报价。鉴于设计任务本身的特点,设计招标应采用设计方案竞选的方式招标。设计招标与其他招标在程序上的主要区别有以下几个方面:

(1)招标文件的内容不同

设计招标文件中仅提出设计依据、工程项目应达到的技术指标、项目限定的工作范围、项目所在地的基本资料、要求完成的时间等内容,而无具体的工作量。

(2)对投标书的编制要求不同

投标人的投标报价不是按规定的工程量清单填报单价后算出总价,而是首先提出设计构思和初步方案,并论述该方案的优点和实施计划,在此基础上进一步提出报价。

(3)开标形式不同

开标时不是由招标单位的主持人宣读投标书,并按报价高低排定标价次序,而是由各投标人自己说明投标方案的基本构思和意图,以及其他实质性内容,而且不按报价高低排定标价次序。

(4)评标原则不同

评标时不过分追求投标价格高低,评标委员更关注所提供方案的技术先进性、所达到的技术指标、方案的合理性以及对工程项目投资效应的影响等方面的因素,以此做出一个综合判断。

**(三)招标文件**

1. 招标文件的主要内容

设计招标文件是指导投标人正确编制投标文件的依据,招标人应当根据招标项目的特点和需要编制招标文件。设计招标文件应当包括以下几个方面:

(1)投标须知,包含所有对投标要求有关的事项;

(2)投标文件格式及主要合同条款;

(3)项目说明书,包括资金来源情况;

(4)设计范围,对设计进度、阶段和深度要求;

(5)设计依据的基础资料;

(6)设计费用支付方式,对未中标人是否给予补偿及补偿标准;

(7)投标报价要求;

(8)对投标人资格审查的标准;

(9)评标标准和方法;

(10)投标有效期;

(11)招标可能涉及的其他有关内容。

2.设计要求文件的主要内容

招标文件中对项目设计提出明确要求的"设计要求"和"设计大纲"是最重要的文件部分,文件大致包括以下内容:

(1)设计文件编制的依据;

(2)国家有关行政主管部门对规划方面的要求;

(3)技术经济指标要求;

(4)平面布局要求;

(5)结构形式方面的要求;

(6)结构设计方面的要求;

(7)设备设计方面的要求;

(8)特殊工程方面的要求;

(9)其他有关方面的要求,如环保、消防等。

编制设计要求文件应兼顾三个方面:严格性,完整性,灵活性。严格性,即文字表达应清楚不被误解;完整性,即任务要求全面不遗漏;灵活性,即要为投标人发挥设计创造性留有充分的自由度。

**(四) 对投标人的资格审查**

无论是公开招标时对申请投标人资格审查还是邀请招标时采用的资格后审,审查的基本内容是相同的。

1.资格审查

(1)各类证书。包括国家和地方建设主管部门颁发的工程勘察证书和工程设计证书。

(2)证书的级别。工程勘察证书和工程设计证书分为甲、乙、丙三级,并规定低资质的投标人不允许承接高等级工程的勘察、设计任务。

(3)允许承接的任务范围。由于工程项目的勘察和设计专业性强、要求高,因此还需要审查投标人的证书批准允许承揽工作的范围是否与招标项目的专业性质一致。

2.能力审查

通常审查人员的技术力量和所拥有的技术设备两方面。

3. 经验审查

侧重于考察已完成的设计项目与招标工程在规模、性质、形式上是否相适应。

**（五）评标内容**

工程设计投标的评比一般分为技术标和商务标两部分,评标委员会必须严格按照招标文件确定的评标标准和评标办法进行评审。评标委员会应当在符合城市规划、消防、节能、环保的前提下,按照招标文件的要求,对投标设计方案的经济、技术、功能和造型等进行比选、评价,确定符合招标文件要求的最优设计方案。通常,如果招标人不接受投标人技术标方案的投标书,即被淘汰,不再进行商务标的评审。虽然投标书的设计方案各异,需要评审的内容很多,但大致可以归纳为以下五个方面:

1. 设计方案的优劣

评审设计方案内容主要包括以下方面:(1)设计指导思想是否正确;(2)方案是否反映了国内外同类工程项目较先进的水平;(3)配置的合理性,场地利用系数是否合理;(4)工艺是否先进;(5)设计方案的适用性:主要建筑物、构筑物的结构是否合理,造型是否美观大方,并与周围环境协调;(6)"三废"治理方案是否有效;(7)其他有关问题。

2. 投入、产出经济效益比较

投入、产出经济效益比较的内容主要包括以下方面:(1)建筑标准是否合理;(2)投资估算是否超过限额;(3)先进的工艺流程可能带来的投资回报;(4)实现该方案可能需要的外汇估算。

3. 设计进度快慢

大型复杂的工程项目为了缩短建设周期,初步设计完成后就进行施工招标,在施工阶段陆续提供施工详图。在这种情况下,就应重点审查设计进度是否满足施工进度要求,以避免妨碍或延误施工的顺利进行。

4. 设计资历和社会信誉

不设置资格预审的邀请招标,在评标时还应当进行资格后审,作为评审比较条件之一。

5. 报价的合理性

在方案水平相当的投标人之间再进行设计报价的比较,不仅要评定总价,还应该审查各分项取费的合理性。

例如某工程设计的评分见表8-4。

表 8-4　某工程设计的评审要素与标准

| 序号 | 项目 | 标准分 | 评分标准 | 分值 |
|---|---|---|---|---|
| 1 | 强制性标准 | 10 | 完全符合招标文件要求及国家有关规范、标准、规定 | 9~10 |
| | | | 基本符合招标文件要求及国家有关规范、标准、规定 | 1~8 |
| | | | 不符合招标文件要求及国家有关规范、标准、规定 | 0 |
| 2 | 设计说明的编制 | 15 | 有深度、包含设计任务书要求的所有内容 | 9~15 |
| | | | 深度稍有欠缺，说明中缺少设计任务书要求的个别项目内容 | 2~8 |
| | | | 深度严重不足，说明中缺少设计任务书要求的大多数项目内容 | 0~1 |
| 3 | 平面布置 | 25 | 科学合理、符合规划部门所提各项要求指标 | 15~25 |
| | | | 欠科学、欠合理、符合规划部门所提各项要求指标 | 1~14 |
| | | | 不符合规划部门所提各项要求指标 | 0 |
| 4 | 环境及绿化方案 | 10 | 科学合理、符合规划部门所提各项要求指标 | 6~10 |
| | | | 欠科学、欠合理、符合规划部门所提各项要求指标 | 1~5 |
| | | | 不符合规划部门所提各项要求指标 | 0 |
| 5 | 交通组织 | 10 | 科学、合理、完善 | 7~10 |
| | | | 欠科学、欠合理、需完善 | 2~6 |
| | | | 不科学、不合理 | 0~1 |
| 6 | 结构设计 | 10 | 科学、合理，符合国家有关规范、标准、规定 | 6~10 |
| | | | 欠科学、欠合理，符合国家有关规范、标准、规定 | 1~5 |
| | | | 不符合国家有关规范、标准、规定 | 0 |
| 7 | 使用功能及布局 | 15 | 科学、合理、完善 | 9~15 |
| | | | 欠科学、欠合理、需完善 | 2~8 |
| | | | 不科学、不合理 | 0~1 |
| 8 | 其他方面（节能） | 5 | 符合国家节能标准 | 5 |
| | | | 不符合国家节能标准 | 0 |

**（六）评标方法**

鉴于工程项目设计招标的特点，工程建设项目设计招标评标方法通常采用综合评估法。一般由评标委员会对通过符合性初审的投标文件，按照招标文件中详细规定的投标技术文件、商务文件和经济文件的评价内容、因素和具体评分方法进行综合评估。

# 第五节　工程材料设备采购招投标管理

工程建设中的物资主要是指构成建设工程实体的材料和设备。建设工程造价的 60% 以上都是由材料、设备的价值构成的，建设工程的质量也在很大程度上受制于所使用的材料、设备的质量。因此，对材料设备采购进行招标有助于提高采购的质量、降低采购价格,对于提高建设工程质量、降低建设工程造价是有积极意义的。

## 一、工程材料设备采购招标管理

### (一)招标条件

为规范工程建设项目的货物招标投标活动,保护国家利益、社会公共利益和招标投标活动当事人的合法权益,保证工程质量,提高投资效益,根据《招标投标法》和《工程建设项目货物招标投标办法》的规定,依法必须招标的工程建设项目,应当具备下列条件才能进行货物招标:

(1)招标人已经依法成立;

(2)按照国家有关规定,应当履行项目审批、核准或者备案手续的,已经审批、核准或者备案;

(3)有相应资金或者资金来源已经落实;

(4)能够提出货物的使用与技术要求。

### (二)招标方式

工程材料设备采购招标采取公开招标或邀请招标两种形式。

国务院发展改革部门确定的国家重点建设项目和各省、自治区、直辖市人民政府确定的地方重点建设项目,其货物采购应当公开招标;有下列情形之一的,经批准可以进行邀请招标:

(1)货物技术复杂或有特殊要求,只有少量几家潜在投标人可供选择的;

(2)涉及国家安全、国家秘密或者抢险救灾,适宜招标但不宜公开招标的;

(3)拟公开招标的费用与拟公开招标的节资相比得不偿失的;

(4)法律、行政法规规定不宜公开招标的。

国家重点建设项目货物的邀请招标,应当经国务院发展改革部门批准;地方重点建设项目货物的邀请招标,应当经省、自治区、直辖市人民政府批准。

采用公开招标方式的,招标人应当发布招标公告。依法必须进行货物招标的招标公告,应当在国家指定的报刊或者信息网络上发布。

采用邀请招标方式的,招标人应当向三家以上具备货物供应能力、资信良好的特定法人或者其他组织发出投标邀请书。

### (三)招标文件

招标文件一般包括下列内容:

(1)投标邀请书;

(2)投标人须知;

(3)合同主要条款;

(4)投标文件格式;

(5)技术规格、参数及其他要求；

(6)评标标准和方法。

国家对招标货物的技术、标准、质量等有特殊要求的，招标人应当在招标文件中提出相应特殊要求，并将其作为实质性要求和条件。

### （四）划分合同标包应考虑的因素

招标货物需要划分标包的，招标人应合理划分标包，确定各标包的交货期，并在招标文件中如实载明。

划分合同标包，主要考虑的因素包括以下方面：

1. 有利于投标竞争

按照标的物预计金额的大小，恰当地分标和分包。如果一个包划分得过小，对有实力的供货商就缺少吸引力；如果一个包划分得过大，则中小供货商就无力问津。

2. 工程进度与供货时间的关系

分阶段招标的计划应当以到货时间满足施工进度计划为条件，要综合考虑制造周期、运输、仓储能力等因素，既不能延误施工的需要，也不要过早到货，以免支出过多保管费用、自然损失及占用建设资金。

3. 市场供应情况

应当合理预计市场价格的浮动影响，合理分阶段、分批次采购建筑材料和设备。

4. 资金计划

考虑建设资金的到位计划及周转计划，合理地进行分析采购招标。

### （五）评标方法

材料、设备供货评标的特点是不仅要看投标人报价的高低，还要考虑招标人在货物运抵现场过程中可能要支付的其他费用，以及设备在评审预定的寿命期内可能投入的运营、管理费用的多少。如果投标人的设备报价较低但运营费用很高时，仍不符合以最合理价格采购的原则。

材料设备采购评标一般采用最低评标价法或综合评分法，也可以将二者结合使用。技术简单或技术规格、性能、制作工艺要求统一的材料设备，一般采用经评审的最低投标价法（以下简称最低评标价法）进行评标。技术复杂或技术规格、性能、技术要求难以统一的，一般采用综合评分进行评标。

1. 最低评标价法

评标价法是指以货币价格作为评价指标的方法，依据标的物性质不同可以分为以下几类。

(1)最低投标价法。采购简单的商品、半成品、原材料，以及其他性能、质量相同或容易比较的货物时,仅以报价和运费作为比较要素,选择总价格最低者中标,但最低投标价不得低于成本。

(2)综合评标价法。以投标价为基础,将评审各要素按预定方法换算成相应价格,增加或减少到报价上形成评标价。采购机组、车辆等大型设备时,较多采用这种方法。

除投标报价之外,还需考虑的因素通常包括:运输费用;交货期;付款条件;零配件和售后服务;设备性能、生产能力。将以上各项评审价格加到报价上去后,累计金额即为该标书的评标价,选择综合评标价最低者中标。

(3)以设备寿命周期成本为基础的评标价法。采购生产线、成套设备、车辆等运行期内各种费用较高的货物,评标时可预先确定一个统一的设备评审寿命期(短于实际寿命期),然后再根据投标书的实际情况,在报价上加上该年限运行期限所发生的各项费用,再减去寿命期末设备的残值。计算各项费用和残值时,都应按招标文件规定的贴现率折算成净现值。

这种方法是在综合评标价法的基础上,进一步加上一定运行年限内的费用作为评审价格,选择评审价格最低者中标。这些以贴现值计算的费用包括以下三种:①估算寿命期内所需的燃料消耗费;②估算寿命期内所需备件及维修费;③估算寿命期残值。

2. 综合评分法

按预先确定的评分标准,分别对各投标书的报价和各种服务进行评审计分。

(1)评审计分的内容。主要内容包括:投标价格;运输费、保险费和其他费用的合理性;投标书中所报的交货期限;偏离招标文件规定的付款条件影响,备件价格和售后服务;设备的性能、质量、生产能力;技术服务和培训;其他有关内容。

(2)评审要素的分值分配。评审要素确定后,应依据采购标的物的性质、特点,以及各要素对总投资的影响程度划分权重和记分标准,既不能等同对待,也不应一概而论。表 8-5 是世界银行贷款项目通常采用的分配比例,供参考。

国内建设工程项目货物(设备或材料)采购招标所考虑的评审要素及分值分配,同世界银行贷款项目所考虑的亦是大同小异。

表 8-5　世界银行贷款项目评审要素分值

| 序号 | 评审要素 | 分值 |
| --- | --- | --- |
| 1 | 投标价 | 65～70 |
| 2 | 设备价格 | 0～10 |
| 3 | 技术性能,维修,运行费 | 0～10 |
| 4 | 售后服务 | 0～5 |
| 5 | 标准备件等 | 0～5 |

如北京某建设工程电梯采购及安装项目的招标，总计采购 44 部客用、货用电梯，采用综合评估法进行评审，资格审查方式为资格后审，评审要素及分值情况见表 8-6。

表 8-6　某建设工程电梯采购及安装项目评审要素的分值

| 序号 | 评审要素 | 分值 |
| --- | --- | --- |
| 1 | 投标报价 | 55 |
| 2 | 备品、备件价格 | 5 |
| 3 | 产品的技术规格及性能 | 20 |
| 4 | 现场组织管理机构及人员情况 | 3 |
| 5 | 工程质量保证计划 | 5 |
| 6 | 企业供货业绩及运营经验 | 5 |
| 7 | 售后维修服务情况 | 4 |
| 8 | 企业财务状况及银行信用 | 3 |

综合计分法的优点是简便易行，评标考虑要素较为全面，可以将难以用金额表示的某些要素量化然后加以比较。其缺点是：各评标委员独自给分，对评标人的水平和知识面要求高，否则主观随意性大。投标人提供的设备型号各异，难以合理确定不同技术性能的相关分值差异。

评标委员会完成评标后，应向招标人提出书面评标报告。评标报告由评标委员会全体成员签字。

## 二、工程材料设备采购投标管理

### (一) 投标人

《工程建设项目货物招标投标办法》第三十二条规定，投标人是响应招标、参加投标竞争的法人或者其他组织。法定代表人为同一个人的两个及两个以上法人，母公司、全资子公司及其控股公司，都不得在同一货物招标中同时投标。一个制造商对同一品牌同一型号的货物，仅能委托一个代理商参加投标。违反上述规定的，相关投标均无效。

同时，《工程建设项目货物招标投标办法》第三十八条规定，两个以上法人或者其他组织可以组成一个联合体，以一个投标人的身份共同投标。联合体各方签订共同投标协议后，不得再以自己名义单独投标，也不得组成或参加其他联合体在同一项目中投标；否则相关投标均无效。联合体中标的，应当指定牵头人或代表，授权其代表所有联合体成员与招标人签订合同，负责整个合同实施阶段的协调工作。但是，需要向招标人提交由所有联合体成员法定代表人签署的授权委托书。

《工程建设项目货物招标投标办法》第三十九条规定，招标人接受联合体投标并进行资格预审的，联合体应当在提交资格预审申请文件前组成。资格预审后联合体增减、更换成员的,其投标无效。

**(二) 投标文件**

1. 投标文件的内容

《工程建设项目货物招标投标办法》第三十三条规定,投标人应当按照招标文件的要求编制投标文件。投标文件应当对招标文件提出的实质性要求和条件作出响应。

投标文件一般包括下列内容:

(1)投标函;

(2)投标一览表;

(3)技术性能参数的详细描述;

(4)商务和技术偏差表;

(5)投标保证金;

(6)有关资格证明文件;

(7)招标文件要求的其他内容。

投标人根据招标文件载明的货物实际情况,拟在中标后将供货合同中的非主要部分进行分包的,应当在投标文件中载明。

2. 投标文件不被受理的情形

《工程建设项目货物招标投标办法》第四十一条规定,投标文件有下列情形之一的,招标人应当拒收:

(1)逾期送达;

(2)未按招标文件要求密封。

有下列情形之一的,评标委员会应当否决其投标:

(1)投标文件未经投标单位盖章和单位负责人签字;

(2)投标联合体没有提交共同投标协议;

(3)投标人不符合国家或者招标文件规定的资格条件;

(4)同一投标人提交两个以上不同的投标文件或者投标报价,但招标文件要求提交备选投标的除外;

(5)投标标价低于成本或者高于招标文件设定的最高投标限价;

(6)投标文件没有对招标文件的实质性要求和条件作出响应;

(7)投标人有串通投标、弄虚作假、行贿等违法行为。

依法必须招标的项目评标委员会否决所有投标的,或者评标委员会否决一部分投标后其他有效投标不足三个使得投标明显缺乏竞争,决定否决全部投标的,招标人在分析招标失败的原因并采取相应措施后,应当重新招标。

重新招标后投标人仍少于三个,按国家有关规定需要履行审批、核准手续的依法必须进行招标的项目,报项目审批、核准部门审批、核准后可以不再进行招标。

3. 投标文件的补充、修改等

《工程建设项目货物招标投标办法》第三十五条规定,投标人在招标文件要求提交投标文件的截止时间前,可以补充、修改、替代或者撤回已提交的投标文件,并书面通知招标人。补充、修改的内容为投标文件的组成部分。

《工程建设项目货物招标投标办法》第三十六条规定,在提交投标文件截止时间后,投标人不得撤销其投标文件,否则招标人可以不退还其投标保证金。第三十七条规定,招标人应妥善保管好已接收的投标文件、修改或撤回通知、备选投标方案等投标资料,并严格保密。

## 三、大型工程设备采购招投标管理

### (一)大型工程设备采购招标概述

大型工程设备一般为非标准产品,需要专门加工制作,不同厂家的设备各项技术指标有一定的差异,且技术复杂而市场需求量较小,一般没有现货,需要采购双方订立采购合同之后由投标人进行专门的加工制作。与一般的通用设备相比,大型工程设备采购招标具有标的物数量少、金额大、质量要求和技术复杂、技术标准高、对投标人资质和能力条件要求高等方面的特征。

目前,我国大型工程设备采购招标依据的法律、法规和规章主要有《招标投标法》《招标投标法实施条例》以及《工程建设项目货物招标投标管理办法》。由于大型工程设备招标投标主要涉及国际领域的采购招标,因此还有商务部2004年发布的《机电产品国际招标投标实施办法》和2008年发布的《机电产品采购国际竞争性招标文件》等规范性文件。本节主要通过介绍机电产品的国际招标投标的基本方法,包括资格要求、招标文件的内容、评审的要素和量化比较等,作为大型工程设备采购招标的参照。

### (二)大型工程设备采购招标方式和基本程序

1. 招标方式

工程建设机电产品国际招标投标一般应采用公开招标的方式进行;根据法律、行政法规的规定,不适宜公开招标的,可以采取邀请招标,采用邀请招标方式的项目应当向商务部备案。工程建设机电产品国际招标采购应当采用国际招标的方式进行;已经明确采购产品的原产地在国内的,可以采用国内招标的方式进行。

2. 招标机构及投标人资格

承办机电产品国际招标的招标机构应取得机电产品国际招标代理资格。机电产品国际招标的投标人国别必须是中国或与中国有正常贸易往来的国家或地区,且不得与本次招标货物的设计、咨询机构有任何关联,必须在法律上和财务上独立、合法运作并独立于招标人和招标机构。

3. 基本程序

商务部指定专门的招标网站为机电产品国际招标业务提供网络服务。机电产品国际招标应当在招标网上完成招标项目建档、招标文件备案、招标公告或者投标邀请书发布、评审专家抽取、评标结果公示、质疑处理等招标业务的相关程序。

**（三）招标范围**

1. 必须进行国际招标的机电产品范围

(1)国家规定进行国际招标采购的机电产品；

(2)基础设施项目公用事业项目中进行国际招标采购的机电产品；

(3)使用国有资金或国家融资资金进行国际招标采购的机电产品；

(4)使用国际组织或者外国政府贷款、援助资金(以下简称国外贷款)进行国际招标采购的机电产品；

(5)政府采购项下规定进行国际招标采购的机电产品；

(6)其他需要进行国际招标采购的机电产品。

2. 可以不进行国际招标的机电产品范围

(1)国(境)外赠送或无偿援助的机电产品；

(2)供生产配套用的零件及部件；

(3)旧机电产品；

(4)一次采购产品合同估算价格在 100 万元人民币以下的；

(5)外商投资企业投资总额内进口的机电产品；

(6)供生产企业及科研机构研究开发用的样品样机；

(7)国务院确定的特殊产品或者特定行业以及为应对国家重大突发事件需要的机电产品；

(8)产品生产商优惠供货时,优惠金额超过产品合同估算价格 50％的机电产品；

(9)供生产企业生产需要的专用模具；

(10)供产品维修用的零件及部件；

(11)根据法律、行政法规的规定,其他不适宜进行国际招标采购的机电产品。

**（四）招标文件**

1. 招标文件的编制

招标人应依据我国《招标投标法》和《机电产品国际招标投标实施办法》,根据所需机电产品的商务和技术要求自行编制招标文件或委托招标机构、咨询服务机构编制招标文件。

招标文件一般包括八章,分两册。其中第一册分别为投标人须知、合同通用条款、合同格式和投标文件格式;第二册为投标邀请、投标资料表、合同专用条款和货物需求一览表及技术规格。招标人对招标文件中的重要商务和技术条款(参数)要加注星号("＊"),并注明若不满足任何一条带星号("＊")的条款(参数)将导致其投标被否决。招标文件不得设立歧视性条款或不合理的要求排斥潜在的投标人。

投标人应认真阅读招标文件中所有的事项、格式、条款和技术规范等。投标人没有按照招标文件要求提交全部资料,或者投标人没有对招标文件在各方面都做出实质性响应是投标人的风险,并可能导致其投标被拒绝。

2. 招标文件的澄清

任何要求对招标文件进行澄清的潜在投标人,均应以书面形式通知招标机构和招标人。招标机构对投标截止期 5 日以前收到的对招标文件的澄清要求均以书面形式予以答复,同时将书面答复发给每个购买招标文件的潜在投标人,答复中不得透露问题的来源。

投标人认为招标文件存在歧视性条款或不合理要求,应在规定时间内一次性全部提出。

3. 招标文件的修改

在投标截止日期前,无论出于何种原因,招标机构和招标人可主动或在解答潜在投标人提出的澄清问题时对招标文件进行修改。招标文件的修改是招标文件的组成部分,将以书面形式通知所有购买招标文件的潜在投标人,并对潜在投标人具有约束力。潜在投标人在收到上述通知后,应立即以书面形式向招标机构和招标人确认。

为使投标人准备投标时有充分时间对招标文件的修改部分进行研究,招标机构和招标人可适当延长投标截止期。

**(五) 评标程序**

1. 初步评审

评标委员会将审查投标文件是否完整、总体编排是否有序、文件签署是否合格、投标人是否提交了投标保证金、有无计算上的错误等,审查每份投标文件是否实质上响应了招标文件的要求。

(1)可更正的错误

算术错误将按以下方法更正:若单价计算的结果与总价不一致,以单价为准修改总价;若用文字表示的数值与用数字表示的数值不一致,以文字表示的数值为准。如果投标人不接受对其错误的更正,其投标将被拒绝。

对于投标文件中不构成实质性偏差的不正规、不一致或不规则,评标委员会可以接受,但这种接受不能损害或影响任何投标人的相对排序。

(2)实质性响应

在详细评标之前,评标委员会要从商务和技术两个角度审查每份投标文件是否实质上响应了招标文件的要求。实质上没有响应招标文件要求的投标将被拒绝。投标人不得通过修正或撤销不合要求的偏离或保留从而使其投标成为实质性响应的投标。没有进行实质性响应的,将不再进行详细评审。

从商务角度,下列情况均视为没有实质性响应,其投标将被拒绝:

①投标人未提交投标保证金或金额不足、保函有效期不足、投标保证金形式或投标保函出证银行不符合招标文件要求的;

②投标文件未按照要求逐页签字的;

③投标人及其制造商与招标人、招标机构有利害关系的;

④投标人的投标书或资格证明文件未提供或不符合招标文件要求的;

⑤投标文件无法定代表人签字,或签字人无法定代表人有效授权书的;

⑥投标人业绩不满足招标文件要求的;

⑦投标有效期不足的;

⑧投标文件符合招标文件中规定否决投标的其他商务条款。

从技术角度,下列投标也将被拒绝:

①投标文件不满足招标文件技术规格中加注星号("＊")的主要参数要求或加注星号("＊")的主要参数无技术资料支持的;技术支持资料以制造商公开发布的印刷资料或检测机构出具的检测报告为准。若制造商公开发布的印刷资料与检测机构出具的检验报告不一致,以检测机构出具的检测报告为准。

②投标文件技术规格中一般参数超出允许偏离的最大范围或最高项数的。

③投标文件技术规格中的响应与事实不符或虚假投标的。

④投标人复制招标文件的技术规格相关部分内容作为其投标文件的一部分的。

⑤投标文件符合招标文件中规定否决投标的其他技术条款。

2. 详细评审

机电产品国际招标详细评审一般采用最低评标价法进行评标。因特殊原因需要使用综合评价法(即打分法)进行评标的招标项目,其招标文件必须详细规定各项商务要求和技术参数的评分方法和标准,并通过招标网向商务部备案。所有评分方法和标准应当作为招标文件不可分割的一部分,并对投标人公开。

**(六) 评标方法**

1. 最低评标价法

当采用最低评标价法评标时,需要对投标价格进行评审和调整,将各种不同货币、不同价格术语、不同供货范围和不同技术水平的投标调整为统一标准下的评标价格进行比较。

(1)量化因素

计算评标总价以货物到达招标人指定交货地点为依据。评标委员会在评标

时,除考虑投标人的报价之外,还要按照招标文件的规定考虑量化以下因素:

①在中国境内所发生的内陆运输费、保险费,及其将货物运至最终目的地的伴随服务费用;

②投标文件申报的交货期;

③与合同条款规定的付款条件的偏差;

④所投货物零部件、备品备件和伴随服务的费用;

⑤在中国境内得到投标设备的备件和售后服务的可能性;

⑥投标设备在使用周期内预计的运营费和维护费;

⑦投标设备的性能和生产率;

⑧备选方案及其他额外的评标因素和标准。

(2)量化方法

对选定的评标因素,可采用以下量化方法调整评标价格:

①运输费、保险费和其他费用。在中国境内所发生的内陆运输费、保险费及其他伴随服务的费用,按照有关机构发布的收费标准计算。

②根据投标文件申报的交货期调整。一般是提前交货不考虑降低评标价,但在可接受的推迟时间内其评标价在投标价的基础上增加某一百分比来考虑。

③根据付款条件的偏差来调整。投标人可提出替代的付款计划并说明采用该替代的付款计划投标价可以降低多少。评标委员会可以考虑中标的投标人的替代付款计划。

④零部件和备品备件的费用。运行周期内必需的备品备件的名称和数量清单附在技术规格中,按投标文件中所报的单价计算其总价,并计入投标价中。

⑤中国境内的备件供应和售后服务。招标人建立最起码的维修服务设施和零部件库房所需的费用,评标时应计入评标价。

⑥投标设备的预计运行和维护费用。由于所采购的货物的运行和维护费用是设备使用周期成本的一个主要部分,这些费用将根据投标资料表或技术规格中规定的标准进行评价。

⑦投标设备的性能和生产率。投标人应响应技术规格中的规定,说明所提供的货物保证达到的性能和效率。一般高于标准的,不考虑降低评标价;低于标准性能或效率的,每低一个百分点,投标价将增加一定的金额。

⑧备选方案及其他额外的评标因素和标准。一般情况下,只允许投标人有一个投标方案。如果允许有一个备选方案,备选方案的投标价格及评标价格均不得高于主方案。

(3)实例

某国外设备投标价格为250万美元(CIF价格),该设备进口关税为10%,免征消费税,进口增值税为17%,国内运费为9.6万元人民币,国内运输保险费率为货值的 2‰,不计其他杂费。评标中供货范围偏差调整为 3 万美元,商务偏差调整为 2％,技术偏差调整为 3％。开标当日中国人民银行公布的汇率中间价为 1 美元兑人民币 6.4 元。计算该设备的评标价。

解:评标价计算过程如下:

①计算投标价格调整额

供货范围偏差调整额为 3 万美元;

商务偏差调整额 $=250×2％=5$(万美元);

技术偏差调整额 $=250×3％=7.5$(万美元);

价格调整额 $=3+5+7.5=15.5$(万美元)。

②计算进口环节税

进口关税 $=$ CIF 价格×进口关税税率 $=250×10％=25$(万美元);

增值税 $=$(CIF 价格+进口关税+消费税)×增值税税率

$　　　=(250+25+0)×17％=46.75$(万美元)。

进口环节税 $=$ 进口关税+消费税+增值税 $=25+0+46.75=71.75$(万美元)。

③计算国内运保费

国内运输费 $=9.6÷6.4=1.5$(万美元);

国内运输保险费 $=$ 货值×2‰ $=(250+71.75)×2‰=0.6435$(万美元);

国内运保费 $=1.5+0.6435=2.1435$(万美元)。

④计算评标价格

评标价格 $=$ CIF 价格+投标价格调整额+进口环节税+国内运保费

$　　　=250+15.5+71.75+2.1435=339.3935$(万美元)。

**2. 综合评价法(打分法)**

采用综合评价法时,一般价格权重不得低于 30％,技术权重不得高于 60％;综合得分最高者为推荐中标人。评标结果公示应包含各投标人的否决投标理由或在商务、技术、价格、服务及其他等大类评价项目的得分。对于已进行资格预审的招标项目,综合评价法不得再将资格预审的相关标准和要求作为评价内容。

(1)价格打分

与最低评标价法一样,在进行价格打分之前,应首先对各项价格要素进行调整,调整后应使所有投标价格为一个统一的尺度。

(2)商务和技术因素打分

各项商务和技术因素都应采用客观评审的方法,应当明确规定各项评审因素评价分值的具体标准和计算方法。

投标人的投标文件不响应招标文件规定的重要商务和技术条款(参数),或重要技术条款(参数)未提供技术支持资料的,评标委员会不得要求其进行澄清或后补。

（3）投标排序

评标委员会成员对投标人的投标文件独立打分,计算各投标人的商务、技术、服务及其他评价内容的分项得分进行排序。

# 案例分析

## 案例 8-1

某污水处理厂项目采用经评审的最低投标价法进行评标。共有 3 个投标人投标,且 3 个投标人均通过了初步评审,评标委员会对开标确认的投标报价进行详细评审。评标办法规定,对提前竣工、污水处理成本偏差等因素进行价格折算。价格折算的办法如下:

该工程招标工期为 30 个月,承诺工期每提前 1 个月,给招标人带来的预期收益为 50 万元。污水处理成本比招标文件规定的标准高的,每高一个百分点投标报价增加 2%,每低一个百分点投标报价减少 1%。高于 10%该投标将被否决。

投标人 A:投标报价为 4850 万元,污水处理成本比规定标准高 2 个百分点,承诺的工期为 30 个月。

投标人 B:投标报价为 4900 万元,污水处理成本比规定标准高 1 个百分点,承诺的工期为 29 个月。

投标人 C:投标报价为 5000 万元,污水处理成本比规定标准低 2 个百分点,承诺的工期为 28 个月。

污水处理成本偏差因素的评标价格调整:

投标人 A:$4850 \times 2 \times 2\% = 194$(万元);

投标人 B:$4900 \times 1 \times 2\% = 98$(万元);

投标人 C:$5000 \times 2 \times (-1\%) = -100$(万元)。

提前竣工因素的评标价格调整:

投标人 A:$(30-30) \times 50 = 0$(万元);

投标人 B:$(29-30) \times 50 = -50$(万元);

投标人 C:$(28-30) \times 50 = -100$(万元)。

评标价格比较见表 8-7。

**表 8-7　评标价格比较**

| 项目 | 投标人 A | 投标人 B | 投标人 C |
|---|---|---|---|
| 投标报价/万元 | 4850 | 4900 | 5000 |
| 污水处理成本偏差因素价格调整/万元 | 194 | 98 | −100 |
| 提前竣工因素导致评标价格调整/万元 | 0 | −50 | −100 |
| 最终评标价/万元 | 5044 | 4948 | 4800 |
| 排序 | 3 | 2 | 1 |

投标人 C 是经评审的投标价最低的,评标委员会推荐其为中标候选人。

# 思考题

1. 根据《招标投标法》和《工程建设项目招标范围和规模标准规定》,必须进行招标的工程建设项目有哪几类?

2. 根据《招标投标法》和《招标投标法实施条例》的规定,可以不进行招标的情形有哪些?

3. 简述工程监理评标的主要内容。

4. 工程监理投标决策应遵循哪些基本原则?

5. 施工招标项目的招标文件包括哪些内容?

6. 简述划分采购合同标包应考虑的因素。

7. 简述设计招标与其他工程招标在程序上的主要区别。

# 第九章　工程监理合同管理

## 第一节　概　述

### 一、工程监理合同的概念

工程监理合同是指委托人(建设单位)与监理人(工程监理单位)就委托的建设工程监理与相关服务内容签订的明确双方义务和责任的协议。其中,委托人是指委托工程监理与相关服务的一方,及其合法的继承人或受让人;监理人是指提供监理与相关服务的一方,及其合法的继承人。

### 二、工程监理合同的特点

工程监理合同是一种委托合同,建设单位称委托方,监理单位称受托方,除具有委托合同的共同特点外,还具有以下特点:

(1)合同当事人双方应是具有民事权利能力和民事行为能力、具有法人资格的企事业单位及其他社会组织,个人在法律允许的范围内也可以成为合同当事人。接受委托的监理人必须是依法成立、具有工程监理资质的企业,其所承担的工程监理业务应与企业资质等级和业务范围相符合。

(2)工程监理合同委托的工作内容必须符合法律法规、有关工程建设标准、工程设计文件、施工合同及物资采购合同的要求。工程监理合同是以对建设工程项目目标实施控制并履行建设工程安全生产管理法定职责为主要内容的,因此,工程监理合同必须符合法律法规和有关工程建设标准,并与工程设计文件、施工合同及材料设备采购合同相协调。

(3)工程监理合同的标的是服务。工程建设实施阶段所签订的勘察设计合同、施工合同、物资采购合同、委托加工合同的标的物是产生新的信息成果或物质成果,而监理合同的履行不产生物质成果,而是由监理工程师凭借自己的知识、经验、技能受委托人委托为其所签订的施工合同、物资采购合同等的履行实施监督管理。

## 第二节　工程监理合同的订立

### 一、《建设工程监理合同(示范文本)》(GF-2012-0202)的结构

工程监理合同的订立,意味着委托关系的形成,委托人与监理人之间的关系将受到合同约束。为了规范工程监理合同,住房和城乡建设部和国家工商行政管理总局于 2012 年 3 月发布了《建设工程监理合同(示范文本)》(GF-2012-0202),该合同示范文本由"协议书""通用条件""专用条件"、附录 A 和附录 B 组成。

**(一)协议书**

协议书不仅明确了委托人和监理人,而且明确了双方约定的委托建设工程监理与相关服务的工程概况(工程名称、工程地点、工程规模、工程概算投资额或建筑安装工程费),总监理工程师(姓名、身份证号、注册号),签约酬金(监理酬金、相关服务酬金),服务期限(监理期限、相关服务期限),双方对履行合同的承诺及合同订立的时间、地点、份数等。

协议书还明确了工程监理合同的组成文件:

(1)协议书;

(2)中标通知书(适用于招标工程)或委托书(适用于非招标工程);

(3)投标文件(适用于招标工程)或监理与相关服务建议书(适用于非招标工程);

(4)专用条件;

(5)通用条件;

(6)附录,即:

附录 A　相关服务的范围和内容;

附录 B　委托人派遣的人员和提供的房屋、资料、设备。

工程监理合同签订后,双方依法签订的补充协议也是工程监理合同文件的组成部分。

协议书是一份标准的格式文件,经当事人双方在空格处填写具体规定的内容并签字盖章后,即发生法律效力。

**(二)通用条件**

通用条件涵盖了工程监理合同中所用的词语定义与解释,监理人的义务,委托人的义务,签约双方的违约责任,酬金支付,合同的生效、变更、暂停、解除与终止,争议解决及其他诸如外出考察费用、检测费用、咨询费用、奖励、守法诚信、保密、通知、著作权等方面的约定。通用条件适用于各类建设工程监理,各委托人、监理人

都应遵守通用条件中的规定。

**（三）专用条件**

由于通用条件适用于各行业、各专业建设工程监理，因此，其中的某些条款规定得比较笼统，需要在签订具体工程监理合同时，结合地域特点、专业特点和委托监理的工程特点，对通用条件中的某些条款进行补充、修改。

所谓"补充"，是指通用条件中的条款明确规定，在该条款确定的原则下，专用条件中的条款需进一步明确具体内容，使通用条件、专用条件中相同序号的条款共同组成一条内容完备的条款。如通用条件 2.2.1 规定，监理依据包括：

(1)适用的法律、行政法规及部门规章；

(2)与工程有关的标准；

(3)工程设计及有关文件；

(4)本合同及委托人与第三方签订的与实施工程有关的其他合同。

双方根据建设工程的行业和地域特点，在专用条件中具体约定监理依据。

于是，就具体建设工程监理而言，委托人与监理人就需要根据工程的行业和地域特点，在专用条件中相同序号(2.2.1)条款中明确具体的监理依据。

所谓"修改"，是指通用条件中规定的程序方面的内容，如果双方认为不合适，可以协议修改。如通用条件 3.4 中规定，委托人应授权一名熟悉工程情况的代表，负责与监理人联系。委托人应在双方签订本合同后 7 天内，将委托人代表的姓名和职责书面告知监理人。当委托人更换委托人代表时，应提前 7 天通知监理人。如果委托人或监理人认为 7 天的时间太短，经双方协商达成一致意见后，可在专用条件相同序号条款中写明具体的延长时间，如改为 14 天等。

**（四）附录**

附录包括两部分，即附录 A 和附录 B。

1. 附录 A

如果委托人委托监理人完成相关服务时，应在附录 A 中明确约定委托的工作内容和范围。委托人根据工程建设管理需要，可以自主委托全部内容，也可以委托某个阶段的工作或部分服务内容。如果委托人仅委托建设工程监理，则不需要填写附录 A。

2. 附录 B

委托人为监理人开展正常监理工作派遣的人员和无偿提供的房屋、资料、设备，应在附录 B 中明确约定派遣或提供的对象、数量和时间。

## 二、专用条件及附录需要约定的内容

为了确保工程监理合同的合法、有效，工程监理单位应与建设单位按法定程序订立合同，明确对工程的有关理解和意图，进一步确认合同责任，将双方达成的一致意见写入专用条件或附录中。在签订合同时,应做到文字简洁、清晰、严密,以保证意思表达准确。

**(一) 专用条件需要约定的内容**

通常情况下,工程监理合同专用条件需要约定的内容如下。

1. 定义与解释

1)合同语言文字

通用条件 1.2.1 款规定,本合同使用中文书写、解释和说明。如专用条件约定使用两种及以上语言文字时,应以中文为准。因此,如果工程监理合同使用中文以外语言文字的,需要在专用条件 1.2.1 款明确:合同文件除使用中文外,还可用约定的其他语言文字。

2)合同文件解释顺序

通用条件 1.2.2 款规定,组成本合同的下列文件彼此应能相互解释、互为说明。除专用条件另有约定外,本合同文件的解释顺序如下:①协议书;②中标通知书(适用于招标工程)或委托书(适用于非招标工程);③专用条件及附录 A、附录 B;④通用条件;⑤投标文件(适用于招标工程)或监理与相关服务建议书(适用于非招标工程)。

双方签订的补充协议与其他文件发生矛盾或歧义时,属于同一类内容的文件,应以最新签署的为准。

因此,在必要时,合同双方可在专用条件 1.2.2 款明确约定工程监理合同文件的解释顺序。

2. 监理人义务

1)监理的范围和工作内容

(1)监理范围。通用条件 2.1.1 款规定,监理范围在专用条件中约定。因此,需要在专用条件 2.1.1 款明确监理范围。

(2)监理工作内容。通用条件 2.1.2 款规定,除专用条件另有约定外,监理工作内容包括 22 项。因此,在必要时,合同双方可在专用条件 2.1.2 款明确约定监理工作还应包括的内容。

2)监理与相关服务依据

(1)监理依据。通用条件 2.2.1 款规定,双方根据工程的行业和地域特点,在专用条件中具体约定监理依据。因此,合同双方需要在专用条件 2.2.1 款明确约定建设工程监理的具体依据。

(2)相关服务依据。通用条件 2.2.2 款规定,相关服务依据在专用条件中约定。因此,合同双方需要在专用条件 2.2.2 款明确约定相关服务的具体依据。

3)项目监理机构和人员

通用条件 2.3.4 款规定,监理人应及时更换有下列情形之一的监理人员:①有严重过失行为的;②有违法行为不能履行职责的;③涉嫌犯罪的;④不能胜任岗位职责的;⑤严重违反职业道德的;⑥专用条件约定的其他情形。

因此,合同双方可在专用条件2.3.4款明确约定更换监理人员的其他情形。

4)履行职责

(1)对监理人的授权范围。通用条件2.4.3款规定,监理人应在专用条件约定的授权范围内,处理委托人与承包人所签订合同的变更事宜。如果变更超过授权范围,应以书面形式报委托人批准。因此,合同双方需要在专用条件2.4.3款明确约定对监理人的授权范围,以及工程延期、工程变更价款的批准权限。

(2)监理人要求承包人调换其人员的权限。通用条件2.4.4款规定,除专用条件另有约定外,监理人发现承包人的人员不能胜任本职工作的,有权要求承包人予以调换。因此,合同双方需要在专用条件2.4.4款明确约定监理人要求承包人调换其人员的权力限制条件。

5)提交报告

通用条件2.5条规定,监理人应按专用条件约定的种类、时间和份数向委托人提交监理与相关服务的报告。因此,合同双方需要在专用条件2.5条明确约定监理人应提交报告的种类(包括监理规划、监理月报及约定的专项报告)、时间和份数。

6)使用委托人的财产

通用条件2.7条规定,监理人无偿使用附录B中由委托人派遣的人员和提供的房屋、资料、设备。除专用条件另有约定外,委托人提供的房屋、设备属于委托人的财产,监理人应妥善使用和保管,在本合同终止时将这些房屋、设备的清单提交委托人,并按专用条件约定的时间和方式移交。因此,合同双方需要在专用条件2.7条明确约定附录B中由委托人无偿提供的房屋、设备的所有权,以及监理人应在工程监理合同终止后移交委托人无偿提供的房屋、设备的时间和方式。

3. 委托人义务

1)委托人代表

通用条件3.4条规定,委托人应授权一名熟悉工程情况的代表,负责与监理人联系。委托人应在双方签订本合同后7天内,将委托人代表的姓名和职责书面告知监理人。当委托人更换委托人代表时,应提前7天通知监理人。因此,合同双方需要在专用条件3.4明确约定委托人代表。

2)答复

通用条件3.6条规定,委托人应在专用条件约定的时间内,对监理人以书面形式提交并要求作出决定的事宜,给予书面答复。逾期未答复的,视为委托人认可。因此,合同双方需要在专用条件3.6条明确约定委托人对监理人以书面形式提交并要求作出决定的事宜的答复时限。

4．违约责任

1)监理人的违约责任

通用条件 4.1.1 款规定,因监理人违反本合同约定给委托人造成损失的,监理人应当赔偿委托人损失。赔偿金额的确定方法在专用条件中约定。监理人承担部分赔偿责任的,其承担赔偿金额由双方协商确定。因此,合同双方需要在专用条件4.1.1 款明确约定监理人赔偿金额的确定方法:

$$赔偿金＝直接经济损失×正常工作酬金$$
$$÷工程概算投资额(或建筑安装工程费)$$

2)委托人的违约责任

通用条件 4.2.3 款规定,委托人未能按期支付酬金超过 28 天,应按专用条件约定支付逾期付款利息。因此,合同双方需要在专用条件4.2.3 款明确约定委托人逾期付款利息的确定方法:

逾期付款利息＝当期应付款总额×银行同期贷款利率×拖延支付天数

5．支付

1)支付货币

通用条件 5.1 条规定,除专用条件另有约定外,酬金均以人民币支付。涉及外币支付的,所采用的货币种类、比例和汇率在专用条件中约定。因此,涉及外币支付的,合同双方需要在专用条件 5.1 条明确约定外币币种、外币所占比例以及汇率。

2)支付酬金

通用条件 5.3 条规定,支付的酬金包括正常工作酬金、附加工作酬金、合理化建议奖励金额及费用。由于附加工作酬金、合理化建议奖励金额及费用均需在合同履行过程中确定,因此,合同双方只能在专用条件 5.3 条明确约定正常工作酬金支付的时间、比例及金额。

6．合同生效、变更、暂停、解除与终止

1)生效

通用条件 6.1 条规定,除法律另有规定或者专用条件另有约定外,委托人和监理人的法定代表人或其授权代理人在协议书上签字并盖单位章后本合同生效。因此,在必要时,合同双方可在专用条件 6.1 条明确约定合同生效时间。

2)变更

(1)非监理人原因导致的变更。通用条件 6.2.2 款规定,除不可抗力外,因非监理人原因导致监理人履行合同期限延长、内容增加时,监理人应当将此情况与可能产生的影响及时通知委托人。增加的监理工作时间、工作内容应视为附加工作。附加工作酬金的确定方法在专用条件中约定。因此,合同双方应在专用条件

6.2.2款明确约定附加工作酬金的确定方法。其中,特别规定了除不可抗力外,因非监理人原因导致本合同期限延长时,附加工作酬金的确定方法:

附加工作酬金＝本合同期限延长时间(天)×正常工作酬金÷协议书约定的监理与相关服务期限(天)

(2)监理与相关服务工作停止后的善后工作以及恢复服务的准备工作。通用条件6.2.3款规定,合同生效后,如果实际情况发生变化使得监理人不能完成全部或部分工作时,监理人应立即通知委托人。除不可抗力外,其善后工作以及恢复服务的准备工作应为附加工作,附加工作酬金的确定方法在专用条件中约定。监理人用于恢复服务的准备时间不应超过28天。因此,合同双方应在专用条件6.2.3款明确约定附加工作酬金按下列方法确定:

附加工作酬金＝善后工作及恢复服务的准备工作时间(天)×正常工作酬金÷协议书约定的监理与相关服务期限(天)

(3)工程概算投资额或建筑安装工程费增加。通用条件6.2.5款规定,因非监理人原因造成工程概算投资额或建筑安装工程费增加时,正常工作酬金应作相应调整。调整方法在专用条件中约定。因此,合同双方应在专用条件6.2.5款明确约定正常工作酬金增加额的确定方法:

正常工作酬金增加额＝工程投资额或建筑安装工程费增加额×正常工作酬金÷工程概算投资额(或建筑安装工程费)

(4)监理人正常工作量的减少。通用条件6.2.6款规定,因工程规模、监理范围的变化导致监理人的正常工作量减少时,正常工作酬金应作相应调整。调整方法在专用条件中约定。因此,合同双方应在专用条件6.2.6款明确约定,按减少工作量的比例从协议书约定的正常工作酬金中扣减相同比例的酬金。

7. 争议解决

1)调解

通用条件7.2条规定,如果双方不能在14天内或双方商定的其他时间内解决本合同争议,可以将其提交给专用条件约定的或事后达成协议的调解人进行调解。因此,合同双方可在专用条件7.2条明确约定合同争议调解人。

2)仲裁或诉讼

通用条件7.3条规定,双方均有权不经调解直接向专用条件约定的仲裁机构申请仲裁或向有管辖权的人民法院提起诉讼。因此,合同双方应在专用条件7.3条明确约定合同争议的最终解决方式:仲裁及提请仲裁的机构或诉讼及提起诉讼的人民法院。

8. 其他

1)检测费用

通用条件8.2条规定,委托人要求监理人进行的材料和设备检测所发生的费用,由委托人支付,支付时间在专用条件中约定。因此,合同双方应在专用条件8.2条明确约定检测费用的支付时间。

2)咨询费用

通用条件8.3条规定,经委托人同意,根据工程需要由监理人组织的相关咨询论证会以及聘请相关专家等发生的费用由委托人支付,支付时间在专用条件中约定。因此,合同双方应在专用条件8.3条明确约定咨询费用的支付时间。

3)奖励

通用条件8.4条规定,监理人在服务过程中提出的合理化建议,使委托人获得经济效益的,双方在专用条件中约定奖励金额的确定方法。奖励金额在合理化建议被采纳后,与最近一期的正常工作酬金同期支付。因此,合同双方应在专用条件8.4条明确约定合理化建议奖励金额的确定方法:

奖励金额=工程投资节省额×奖励金额的比率

其中,奖励金额的比率由合同双方协商确定。

4)保密

通用条件8.6条规定,双方不得泄露对方申明的保密资料,亦不得泄露与实施工程有关的第三方所提供的保密资料,保密事项在专用条件中约定。因此,合同双方应在专用条件8.6条明确约定委托人、监理人及第三方申明的保密事项和期限。

5)著作权

通用条件8.8条规定,监理人可单独或与他人联合出版有关监理与相关服务的资料。除专用条件另有约定外,如果监理人在本合同履行期间及本合同终止后两年内出版涉及本工程的有关监理与相关服务的资料,应当征得委托人的同意。因此,合同双方可在专用条件8.8条明确约定监理人在合同履行期间及合同终止后两年内出版涉及工程有关监理与相关服务的资料的限制条件。

9. 补充条款

除上述约定外,合同双方的其他补充约定应以补充条款的形式体现在专用条件中。

**(二) 附录需要约定的内容**

1. 附录 A 需要约定的内容

通用条件2.1.3款规定,相关服务的范围和内容在附录 A 中约定。因此,合同双方可在附录 A 中明确约定工程勘察、设计、保修等阶段相关服务的范围和内容,以及其他服务(专业技术咨询、外部协调工作等)的范围和内容。同时,应注意与协议书中约定的相关服务期限相协调。

2. 附录 B 需要约定的内容

通用条件3.2条规定,委托人应按照附录 B 约定,无偿向监理人提供工程有关的资料。在本合同履行过程中,委托人应及时向监理人提供最新的与工程有关的资料。

通用条件 3.3.1 款规定,委托人应按照附录 B 约定,派遣相应的人员,提供房屋、设备,供监理人无偿使用。因此,合同双方应在附录 B 中明确约定委托人派遣的人员和提供的房屋、资料、设备。

# 第三节　工程监理合同的履行管理

## 一、监理人的义务

### (一) 监理的范围和工作内容

1. 监理范围

建设工程监理范围可能是整个建设工程,也可能是建设工程中一个或若干施工标段,还可能是一个或若干施工标段中的部分工程(如土建工程、机电设备安装工程、玻璃幕墙工程、桩基工程等)。合同双方需要在专用条件中明确建设工程监理的具体范围。

2. 监理工作内容

对于强制实施监理的建设工程,通用条件 2.1.2 款约定了 22 项属于监理人需要完成的基本工作,也是确保建设工程监理成效的重要基础。

监理人需要完成的基本工作如下:

(1)收到工程设计文件后编制监理规划,并在第一次工地会议 7 天前报委托人,根据有关规定和监理工作需要,编制监理实施细则。

(2)熟悉工程设计文件,并参加由委托人主持的图纸会审和设计交底会议。

(3)参加由委托人主持的第一次工地会议;主持监理例会并根据工程需要主持或参加专题会议。

(4)审查施工承包人提交的施工组织设计,重点审查其中的质量安全技术措施、专项施工方案与工程建设强制性标准的符合性。

(5)检查施工承包人工程质量、安全生产管理制度及组织机构和人员资格。

(6)检查施工承包人专职安全生产管理人员的配备情况。

(7)审查施工承包人提交的施工进度计划,核查施工承包人对施工进度计划的调整。

(8)检查施工承包人的试验室。

(9)审核施工分包人资质条件。

(10)查验施工承包人的施工测量放线成果。

(11)审查工程开工条件,对条件具备的签发开工令。

(12)审查施工承包人报送的工程材料、构配件、设备的质量证明资料,抽检进场的工程材料、构配件的质量。

(13)审核施工承包人提交的工程款支付申请,签发或出具工程款支付证书,并报委托人审核、批准。

(14)在巡视、旁站和检验过程中,发现工程质量、施工安全存在事故隐患的,要求施工承包人整改并报委托人。

(15)经委托人同意,签发工程暂停令和复工令。

(16)审查施工承包人提交的采用新材料、新工艺、新技术、新设备的论证材料及相关验收标准。

(17)验收隐蔽工程、分部分项工程。

(18)审查施工承包人提交的工程变更申请,协调处理施工进度调整、费用索赔、合同争议等事项。

(19)审查施工承包人提交的竣工验收申请,编写工程质量评估报告。

(20)参加工程竣工验收,签署竣工验收意见。

(21)审查施工承包人提交的竣工结算申请并报委托人。

(22)编制、整理建设工程监理归档文件并报委托人。

3.相关服务的范围和内容

委托人需要监理人提供相关服务(如勘察阶段、设计阶段、保修阶段服务及其他专业技术咨询、外部协调工作等)的,其范围和内容应在附录 A 中约定。

**(二)项目监理机构和人员**

1.项目监理机构

监理人应组建满足工作需要的项目监理机构,配备必要的检测设备。项目监理机构的主要人员应具有相应的资格条件。

项目监理机构应由总监理工程师、专业监理工程师和监理员组成,且专业配套、人员数量满足监理工作需要。总监理工程师必须由注册监理工程师担任,必要时可设总监理工程师代表。配备必要的检测设备,是保证建设工程监理效果的重要基础。

2.项目监理机构人员的更换

(1)在工程监理合同履行过程中,总监理工程师及重要岗位监理人员应保持相对稳定,以保证监理工作正常进行。

(2)监理人可根据工程进展和工作需要调整项目监理机构人员。需要更换总监理工程师时,应提前 7 天向委托人书面报告,经委托人同意后方可更换;监理人更换项目监理机构其他监理人员,应以不低于现有资格与能力为原则,并应将更换情况通知委托人。

（3）监理人应及时更换有下列情形之一的监理人员：

①有严重过失行为的；

②有违法行为不能履行职责的；

③涉嫌犯罪的；

④不能胜任岗位职责的；

⑤严重违反职业道德的；

⑥专用条件约定的其他情形。

（4）委托人可要求监理人更换不能胜任本职工作的项目监理机构人员。

**（三）履行职责**

监理人应遵循职业道德准则和行为规范，严格按照法律法规、工程建设有关标准及监理合同履行职责。

1. 委托人、施工承包人及有关各方意见和要求的处置

在建设工程监理与相关服务范围内，项目监理机构应及时处置委托人、施工承包人及有关各方的意见和要求。当委托人与施工承包人及其他合同当事人发生合同争议时，项目监理机构应充分发挥协调作用，与委托人、施工承包人及其他合同当事人协商解决。

2. 证明材料的提供

委托人与施工承包人及其他合同当事人发生合同争议的，首先应通过协商、调解等方式解决。如果协商、调解不成而通过仲裁或诉讼途径解决的，监理人应按仲裁机构或法院要求提供必要的证明材料。

3. 合同变更的处理

监理人应在专用条件约定的授权范围（工程延期的授权范围、合同价款变更的授权范围）内，处理委托人与承包人所签订合同的变更事宜。如果变更超过授权范围，应以书面形式报委托人批准。

在紧急情况下，为了保护财产和人身安全，项目监理机构可不经请示委托人而直接发布指令，但应在发出指令后的 24 小时内以书面形式报委托人。这样，项目监理机构就拥有一定的现场处置权。

4. 承包人人员的调换

施工承包人及其他合同当事人的人员不称职，会影响建设工程的顺利实施。为此，项目监理机构有权要求施工承包人及其他合同当事人调换其不能胜任本职工作的人员。

与此同时，为限制项目监理机构在此方面有过大的权力，委托人与监理人可在专用条件中约定项目监理机构指令施工承包人及其他合同当事人调换其人员的限制条件。

290

### (四) 其他义务

**1. 提交报告**

项目监理机构应按专用条件约定的种类、时间和份数向委托人提交监理与相关服务的报告,包括监理规划、监理月报,还可根据需要提交专项报告等。

**2. 文件资料**

在监理合同履行期内,项目监理机构应在现场保留工作所用的图纸、报告及记录监理工作的相关文件。工程竣工后,应当按照档案管理规定将监理有关文件归档。

建设工程监理工作中所用的图纸、报告是建设工程监理工作的重要依据。记录建设工程监理工作的相关文件是建设工程监理工作的重要证据,也是衡量建设工程监理效果的主要依据之一,发生工程质量、生产安全事故时,也是判别建设工程监理责任的重要依据。项目监理机构应设专人负责建设工程监理文件资料管理工作。

**3. 使用委托人的财产**

在建设工程监理与相关服务过程中,委托人派遣的人员以及提供给项目监理机构无偿使用的房屋、资料、设备应在附录 B 中予以明确。监理人应妥善使用和保管,并在合同终止时将这些房屋、设备按专用条件约定的时间和方式移交委托人。

## 二、委托人的义务

### (一) 告知

委托人应在其与施工承包人及其他合同当事人签订的合同中明确监理人、总监理工程师和授予项目监理机构的权限。

如果监理人、总监理工程师以及委托人授予项目监理机构的权限有变更,委托人也应以书面形式及时通知施工承包人及其他合同当事人。

### (二) 提供资料

委托人应按照附录 B 约定,无偿、及时向监理人提供工程有关资料。在建设工程监理合同履行过程中,委托人应及时向监理人提供最新的与工程有关的资料。

### (三) 提供工作条件

委托人应为监理人实施监理与相关服务提供必要的工作条件。

1. 派遣人员并提供房屋、设备。委托人应按照附录 B 约定,派遣相应的人员,如果所派遣的人员不能胜任所安排的工作,监理人可要求委托人调换。

委托人还应按照附录 B 约定,提供房屋、设备,供监理人无偿使用。如果在使用过程中所发生的水、电、煤、油及通信费用等需要监理人支付的,应在专用条件中约定。

2. 协调外部关系。委托人应负责协调工程建设中所有外部关系,为监理人履行合同提供必要的外部条件。这里的外部关系是指与工程有关的各级政府建设主管部门、建设工程安全质量监督机构,以及城市规划、卫生防疫、人防、技术监督、交警、乡镇街道等管理部门之间的关系,还有与工程有关的各管线单位等之间的关系。如果委托人将工程建设中所有或部分外部关系的协调工作委托监理人完成的,则应与监理人协商,并在专用条件中约定或签订补充协议,支付相关费用。

### (四)授权委托人代表

委托人应授权一名熟悉工程情况的代表,负责与监理人联系。委托人应在双方签订合同后 7 天内,将其代表的姓名和职责书面告知监理人。当委托人更换其代表时,也应提前 7 天通知监理人。

### (五)委托人意见或要求

在工程监理合同约定的监理与相关服务工作范围内,委托人对承包人的任何意见或要求应通知监理人,由监理人向承包人发出相应指令。

这样,有利于明确委托人与承包单位之间的合同责任,保证监理人独立、公平地实施监理工作与相关服务,避免出现不必要的合同纠纷。

### (六)答复

对于监理人以书面形式提交委托人并要求作出决定的事宜,委托人应在专用条件约定的时间内给予书面答复。逾期未答复的,视为委托人认可。

### (七)支付

委托人应按合同(包括补充协议)约定的额度、时间和方式向监理人支付酬金。

## 三、违约责任

### (一)监理人的违约责任

监理人未履行监理合同义务的,应承担相应的责任。

#### 1. 违反合同约定造成的损失赔偿

因监理人违反合同约定给委托人造成损失的,监理人应当赔偿委托人损失。赔偿金额的确定方法在专用条件中约定。监理人承担部分赔偿责任的,其承担赔偿金额由双方协商确定。

监理人的违约情况包括不履行合同义务的故意行为和未正确履行合同义务的过错行为。监理人不履行合同义务的情形包括:

(1)无正当理由单方解除合同;

(2)无正当理由不履行合同约定的义务。

监理人未正确履行合同义务的情形包括:

(1)未完成合同约定范围内的工作;

（2）未按规范程序进行监理；

（3）未按正确数据进行判断而向施工承包人及其他合同当事人发出错误指令；

（4）未能及时发出相关指令，导致工程实施进程发生重大延误或混乱；

（5）发出错误指令，导致工程受到损失等。

当合同协议书是根据《建设工程监理与相关服务收费管理规定》（发改价格〔2007〕670号）约定酬金的，则应按专用条件约定的百分比方法计算监理人应承担的赔偿金额：

赔偿金＝直接经济损失×正常工作酬金÷工程概算投资额（或建筑工程安装费）

2．索赔不成立时的费用补偿

监理人向委托人的索赔不成立时，监理人应赔偿委托人由此发生的费用。

### （二）委托人的违约责任

委托人未履行本合同义务的，应承担相应的责任。

1．违反合同约定造成的损失赔偿

委托人违反合同约定造成监理人损失的，委托人应予以赔偿。

2．索赔不成立时的费用补偿

委托人向监理人的索赔不成立时，应赔偿监理人由此引起的费用。这与监理人索赔不成立的规定对等。

3．逾期支付补偿

委托人未能按合同约定的时间支付相应酬金超过28天，应按专用条件约定支付逾期付款利息。逾期付款利息应按专用条件约定的方法计算（拖延支付天数应从应支付日算起）：

逾期付款利息＝当期应付款总额×银行同期贷款利率×拖延支付天数

### （三）除外责任

因非监理人的原因，且监理人无过错，发生工程质量事故、安全事故、工期延误等造成的损失，监理人不承担赔偿责任。这是由于监理人不承包工程的实施，因此，在监理人无错的前提下，由于第三方原因使建设工程遭受损失的，监理人不承担赔偿责任。

因不可抗力导致监理合同全部或部分不能履行时，双方各自承担其因此而造成的损失、损害。不可抗力是指合同双方当事人均不能预见、不能避免、不能克服的客观原因引起的事件，根据《合同法》第一百一十七条"因不可抗力不能履行合同的，根据不可抗力的影响，部分或者全部免除责任"的规定，按照公平、合理原则，合同双方当事人应各自承担其因不可抗力而造成的损失、损害。

因不可抗力导致监理人现场的物质损失和人员伤害，由监理人自行负责。如果委托人投保的"建筑工程一切险"或"安装工程一切险"的被保险人中包括监理人,则监理人的物质损害也可从保险公司获得相应的赔偿。

监理人应自行投保现场监理人员的意外伤害保险。

## 四、合同的生效、变更与终止

### (一) 工程监理合同生效

工程监理合同属于无生效条件的委托合同,因此,合同双方当事人依法订立后合同即生效,即:委托人和监理人的法定代表人或其授权代理人在协议书上签字并盖单位章后合同生效。除非法律另有规定或者专用条件另有约定。

### (二) 工程监理合同变更

在工程监理合同履行期间,由于主观或客观条件的变化,当事人任何一方均可提出变更合同的要求,经过双方协商达成一致后可以变更合同。如:委托人提出增加监理或相关服务工作的范围或内容;监理人提出委托工作范围内工程的改进或优化建议等。

1. 工程监理合同履行期限延长、工作内容增加

除不可抗力外,因非监理人原因导致监理人履行合同期限延长、内容增加时,监理人应将此情况与可能产生的影响及时通知委托人。增加的监理工作时间、工作内容应视为附加工作。附加工作酬金的确定方法在专用条件中约定。

附加工作分为延长监理或相关服务时间、增加服务工作内容两类。延长监理或相关服务时间的附加工作酬金,应按下式计算:

附加工作酬金=合同期限延长时间(天)×正常工作酬金÷协议书约定的监理与相关服务期限(天)

增加服务工作内容的附加工作酬金,由合同双方当事人根据实际增加的工作内容协商确定。

2. 工程监理合同暂停履行、终止后的善后服务工作及恢复服务的准备工作

监理合同生效后,如果实际情况发生变化使得监理人不能完成全部或部分工作时,监理人应立即通知委托人。其善后工作以及恢复服务的准备工作应为附加工作,附加工作酬金的确定方法在专用条件中约定。监理人用于恢复服务的准备时间不应超过 28 天。

工程监理合同生效后,出现致使监理人不能完成全部或部分工作的情况可能包括:

(1)因委托人原因致使监理人服务的工程被迫终止;

(2)因委托人原因致使被监理合同终止;

(3)因施工承包人或其他合同当事人原因致使被监理合同终止,实施工程需要更换施工承包人或其他合同当事人;

(4)不可抗力原因致使被监理合同暂停履行或终止等。

在上述情况下,附加工作酬金按下式计算:

附加工作酬金=善后工作及恢复服务的准备工作时间(天)×正常工作酬金÷协议书约定的监理与相关服务期限(天)

3. 相关法律法规、标准颁布或修订引起的变更

在监理合同履行期间,因法律法规、标准颁布或修订导致监理与相关服务的范围、时间发生变化时,应按合同变更对待,双方通过协商予以调整。增加的监理工作内容或延长的服务时间应视为附加工作。若致使委托范围内的工作相应减少或服务时间缩短,也应调整监理与相关服务的正常工作酬金。

4. 工程投资额或建筑安装工程费增加引起的变更

协议书中约定的监理与相关服务酬金是按照国家颁布的收费标准确定时,其计算基数是工程概算投资额或建筑安装工程费。因非监理人原因造成工程投资额或建筑安装工程费增加时,监理与相关服务酬金的计算基数便发生变化,因此,正常工作酬金应作相应调整。调整额按下式计算:

正常工作酬金增加额=工程投资额或建筑安装工程费增加额×正常工作酬金÷工程概算投资额(或建筑安装工程费)

如果是按照《建设工程监理与相关服务收费管理规定》(发改价格〔2007〕670号)约定的合同酬金,增加监理范围调整正常工作酬金时,若涉及专业调整系数、工程复杂程度调整系数变化,则应按实际委托的服务范围重新计算正常监理工作酬金额。

5. 因工程规模、监理范围的变化导致监理人的正常工作量的减少

在监理合同履行期间,工程规模或监理范围的变化导致正常工作减少时,监理与相关服务的投入成本也相应减少,因此,也应对协议书中约定的正常工作酬金作出调整。减少正常工作酬金的基本原则:按减少工作量的比例从协议书约定的正常工作酬金中扣减相同比例的酬金。如果是按照《建设工程监理与相关服务收费管理规定》(发改价格〔2007〕670号)约定的合同酬金,减少监理范围后调整正常工作酬金时,如果涉及专业调整系数、工程复杂程度调整系数变化,则应按实际委托的服务范围重新计算正常监理工作酬金额。

**(三) 工程监理合同暂停履行与解除**

除双方协商一致可以解除合同外,当一方无正当理由未履行合同约定的义务时,另一方可以根据合同约定暂停履行合同直至解除合同。

1. 解除合同或部分义务

在合同有效期内,由于双方无法预见和控制的原因导致合同全部或部分无法继续履行或继续履行已无意义,经双方协商一致,可以解除合同或监理人的部分义

务。在解除之前,监理人应按诚信原则作出合理安排,将解除合同导致的工程损失减至最小。

除不可抗力等原因依法可以免除责任外,因委托人原因致使正在实施的工程取消或暂停等,监理人有权获得因合同解除导致损失的补偿。补偿金额由双方协商确定。

解除合同的协议必须采取书面形式,协议未达成之前,监理合同仍然有效,双方当事人应继续履行合同约定的义务。

2. 暂停全部或部分工作

委托人因不可抗力影响、筹措建设资金遇到困难、与施工承包人解除合同、办理相关审批手续、征地拆迁遇到困难等导致工程施工全部或部分暂停时,应书面通知监理人暂停全部或部分工作。监理人应立即安排停止工作,并将开支减至最小。除不可抗力外,由此导致监理人遭受的损失应由委托人予以补偿。

暂停全部或部分监理或相关服务的时间超过 182 天,监理人可自主选择继续等待委托人恢复服务的通知,也可向委托人发出解除全部或部分义务的通知。若暂停服务仅涉及合同约定的部分工作内容,则视为委托人已将此部分约定的工作从委托任务中删除,监理人不需要再履行相应义务;如果暂停全部服务工作,按委托人违约对待,监理人可单方解除合同。监理人可发出解除合同的通知,合同自通知到达委托人时解除。委托人应将监理与相关服务的酬金支付至合同解除日。

委托人因违约行为给监理人造成损失的,应承担违约赔偿责任。

3. 监理人未履行合同义务

当监理人无正当理由未履行合同约定的义务时,委托人应通知监理人限期改正。委托人在发出通知后 7 天内没有收到监理人书面形式的合理解释,即监理人没有采取实质性改正违约行为的措施,则可进一步发出解除合同的通知,自通知到达监理人时合同解除。委托人应将监理与相关服务的酬金支付至限期改正通知到达监理人之日。

监理人因违约行为给委托人造成损失的,应承担违约赔偿责任。

4. 委托人延期支付

委托人按期支付酬金是其基本义务。监理人在专用条件约定的支付日的 28 天后未收到应支付的款项,可发出酬金催付通知。

委托人接到通知 14 天后仍未支付或未提出监理人可以接受的延期支付安排,监理人可向委托人发出暂停工作的通知并可自行暂停全部或部分工作。暂停工作后 14 天内监理人仍未获得委托人应付酬金或委托人的合理答复,监理人可向委托人发出解除合同的通知,自通知到达委托人时合同解除。

委托人应对支付酬金的违约行为承担违约赔偿责任。

**5. 不可抗力造成合同暂停或解除**

因不可抗力致使合同部分或全部不能履行时,一方应立即通知另一方,可暂停或解除合同。根据《合同法》,双方受到的损失、损害各负其责。

**6. 合同解除后的结算、清理、争议解决**

无论是协商解除合同,还是委托人或监理人单方解除合同,合同解除生效后,合同约定的有关结算、清理条款仍然有效。单方解除合同的解除通知到达对方时生效,任何一方对对方解除合同的行为有异议,仍可按照约定的合同争议条款采用调解、仲裁或诉讼的程序保护自己的合法权益。

**(四) 监理合同终止**

以下条件全部成就时,监理合同即告终止:

1. 监理人完成合同约定的全部工作;

2. 委托人与监理人结清并支付全部酬金。

工程竣工并移交并不满足监理合同终止的全部条件。上述条件全部成就时,监理合同有效期终止。

# 案例分析

**案例 9-1**

**一、背景**

某建设单位(以下简称 A 公司)与某监理单位(以下简称 B 公司)签订《建设工程监理合同》(GF-2012-0202),约定由 B 公司为 A 公司某项目提供监理服务,监理服务期为 24 个月。因 A 公司和施工单位的原因,导致工期延误。30 个月后,该工程竣工验收。B 公司起诉 A 公司,请求支付延期监理费,并要求延期监理费按下列方法确定:延期监理工作酬金=本合同期限延长时间(天)×正常工作酬金÷协议书约定的监理与相关服务期限(天)。

**二、问题**

B 公司的请求是否合理? 说明理由。

**三、分析**

B 公司的请求合理。A、B 公司的《建设工程监理合同》是按 2012 版示范文本签订的,根据该示范文本,除不可抗力外,增加的监理工作时间、工作内容应视为附加工作。因非监理人原因导致合同期限延长,监理人提供相应的延期服务时,应视为附加工作。附加工作酬金按下列方法确定:附加工作酬金=本合同期限延长时间(天)×正常工作酬金÷协议书约定的监理与相关服务期限(天)。

# 思考题

1. 简述工程监理合同的特点。

2. 简述《建设工程监理合同(示范文本)》(GF-2012-0202)规定的监理依据。

3. 简述监理合同文件的解释顺序。

4. 《建设工程监理合同(示范文本)》(GF-2012-0202)规定的监理合同终止需同时具备的条件有哪些?

5. 简述《建设工程监理合同(示范文本)》(GF-2012-0202)规定的委托人义务。

# 第十章　工程勘察设计合同管理

## 第一节　概　述

### 一、工程勘察设计合同概念

工程勘察合同是指根据建设工程的要求,查明、分析、评价建设场地的地质地理环境特征和岩土工程条件,编制工程勘察文件而订立的协议。

工程设计合同是指根据建设工程的要求,对工程所需的技术、经济、资源、环境等条件进行综合分析、论证,编制工程设计文件的协议。

为了保证工程项目的建设质量达到预期的投资目的,实施过程必须遵循项目建设的内在规律,即坚持先勘察、后设计、再施工的程序。

发包人通过招标方式与选择的中标人就委托的勘察、设计任务签订合同。订立合同委托勘察、设计任务,是发包人和承包人的自主市场行为,但必须遵守《合同法》《建筑法》《建设工程勘察设计管理条例》《建设工程勘察设计市场管理规定》等法律和法规的要求。为了保证勘察、设计合同的内容完备、责任明确、风险责任分担合理,建设部和国家工商行政管理局联合颁布了《建设工程勘察合同(示范文本)》和《建设工程设计合同示范文本》。

### 二、工程勘察设计合同示范文本

#### (一) 工程勘察合同示范文本

住房和城乡建设部、国家工商行政管理总局于 2016 年对《建设工程勘察合同(一)》(GF-2000-0203)及《建设工程勘察合同(二)》(GF-2000-0204)进行修订,制定了《建设工程勘察合同(示范文本)》(GF-2016-0203)。

该示范文本适用于岩土工程勘察、岩土工程设计、岩土工程物探/测试/检测/监测、水文地质勘察及工程测量等工程勘察活动,岩土工程设计也可使用《建设工程设计合同示范文本(专业建设工程)》(GF-2015-0210)。该示范文本的主要条款包括:

(1)工程概况;

(2)勘察范围和阶段、技术要求及工作量；

(3)合同工期；

(4)质量标准；

(5)合同价款；

(6)合同文件构成；

(7)承诺；

(8)词语定义；

(9)签订时间；

(10)签订地点；

(11)合同生效；

(12)合同份数。

**（二）工程设计合同示范文本**

1.《建设工程设计合同示范文本（房屋建筑工程）》(GF-2015-0209)

该示范文本适用于建设用地规划许可证范围内的建筑物构筑物设计、室外工程设计、民用建筑修建的地下工程设计及住宅小区、工厂厂前区、工厂生活区、小区规划设计及单体设计等，以及所包含的相关专业的设计内容（总平面布置、竖向设计、各类管网管线设计、景观设计、室内外环境设计及建筑装饰、道路、消防、智能、安保、通信、防雷、人防、供配电、照明、废水治理、空调设施、抗震加固等）等工程设计活动。主要条款包括：

(1)工程概况；

(2)工程设计范围、阶段与服务内容；

(3)工程设计周期；

(4)合同价格形式与签约合同价；

(5)发包人代表与设计人项目负责人；

(6)合同文件构成；

(7)承诺；

(8)词语含义；

(9)签订地点；

(10)补充协议；

(11)合同生效；

(12)合同份数。

2.《建设工程设计合同示范文本（专业建设工程）》(GF-2015-0210)

该示范文本适用于房屋建筑工程以外各行业建设工程项目的主体工程和配套工程（含厂/矿区内的自备电站、道路、专用铁路、通信、各种管网管线和配套的建筑物等全部配套工程）以及与主体工程、配套工程相关的工艺、土木、建筑、环境保护、水土保持、消防、安全、卫生、节能、防雷、抗震、照明工程等工程设计活动。主要条款与房屋建筑工程设计合同示范文本相同。

# 第二节　工程勘察设计合同的订立

## 一、工程勘察设计合同的发包方式

工程勘察设计发包依法实行招标发包或者直接发包。

工程勘察设计招标发包应当依照《招标投标法》的规定进行。

工程勘察设计直接发包是指建设单位不通过招标方式,将工程勘察设计业务直接发包给选定的工程勘察设计单位。直接发包仅适合特殊工程项目和特定情况下建设工程勘察设计业务的发包。下列工程的勘察、设计,经有关部门批准,可以直接发包:

(1)采用特定的专利或者专有技术的;

(2)建筑艺术造型有特殊要求的;

(3)国务院规定的其他工程的勘察、设计。

发包方可以将整个建设工程的勘察、设计发包给一个勘察设计单位,也可以分别发包给几个勘察设计单位。除工程主体部分的勘察设计外,经发包方书面同意,承包方可以将工程其他部分的勘察、设计再分包给其他具有相应资质等级的工程勘察设计单位。工程勘察设计单位不得将所承揽的工程勘察设计业务转包。

## 二、工程勘察合同的内容和合同当事人

### (一)工程勘察合同委托的工作内容

工程勘察的内容一般包括工程测量、水文地质勘察和工程地质勘察。目的在于查明工程项目建设地点的地形地貌、地层土壤岩型、地质构造、水文条件等自然地质条件资料,作出鉴定和综合评价,为建设项目的工程设计和施工提供科学的依据。就具体工程项目的需求而言,可以委托勘察人承担一项或多项工作,订立合同时应具体明确约定勘察工作范围和成果要求。

1. 工程测量

工程测量,包括平面控制测量、高程控制测量、地形测量、摄影测量、线路测量和绘制测量图等工作,其目的是为建设项目的选址(选线)、设计和施工提供有关地形地貌的依据。

2. 水文地质勘察

水文地质勘察,一般包括水文地质测绘、地球物理勘探、钻探、抽水试验、地下

301

水动态观测、水文地质参数计算、地下水资源评价和地下水资源保护方案设计等工作。其任务在于提供有关供水地下水源的详细资料。

3. 工程地质勘察

工程地质勘察,包括选址勘察、初步勘察、详细勘察以及施工勘察。选址勘察主要解决工程地址的确定问题;初步勘察主要是为了初步设计做好基础性工作,详细勘察和施工勘察则主要针对建设工程地基作出评价,并为地基处理和加固基础而进行深层次勘察。

**(二) 工程勘察合同当事人**

工程勘察合同当事人包括发包人和勘察人。

发包人通常可能是工程建设项目的建设单位或者工程总承包单位。

勘察工作是一项专业性很强的工作,是工程质量保障的基础。因此,国家对勘察合同的勘察人有严格的管理制度。

勘察人必须具备以下条件:

(1)依据我国法律规定,作为承包人的勘察单位必须具备法人资格,任何其他组织和个人均不能成为承包人。这不仅是因为建设工程项目具有投资大、周期长、质量要求高、技术要求强、事关国计民生等特点,还因为勘察设计是工程建设的重中之重,影响整个工程建设的成败,因此一般的非法人组织和自然人是无法承担的。

(2)工程勘察合同的承包方须持有工商行政管理部门核发的企业法人营业执照,并且必须在其核准的经营范围内从事建设活动。超越其经营范围订立的工程勘察合同为无效合同。因为工程勘察业务需要专门的技术和设备,只有取得相应资质的企业才能经营。

(3)工程勘察合同的承包方必须持有建设行政主管部门颁发的工程勘察资质证书、工程勘察收费资格证书,而且应当在其资质等级许可的范围内承揽工程勘察业务。

关于工程勘察设计企业资质管理制度,我国法律、行政法规以及大量的规章均作了十分具体的规定。工程勘察、设计企业应当按照其拥有的注册资本、专业技术、人员、技术装备和勘察设计业绩等条件申请资质,经审查合格,取得工程勘察、设计资质证书后,方可在资质等级许可的范围内从事工程勘察、设计活动。取得资质证书的工程勘察、设计企业可以从事相应的工程勘察、设计咨询和技术服务。

工程勘察资质分为工程勘察综合资质、工程勘察专业资质、工程勘察劳务资质。工程勘察综合资质只设甲级;工程勘察专业资质设甲级、乙级,根据工程性质和技术特点,部分专业可以设丙级;工程勘察劳务资质不分等级。取得工程勘察综合资质的企业,可以承接各专业(海洋工程勘察除外)、各等级工程勘察业务;取得工程勘察专业资质的企业,可以承接相应等级相应专业的工程勘察业务;取得工程勘察劳务资质的企业,可以承接岩土工程治理、工程钻探、凿井等工程勘察劳务业务。

**(三) 订立勘察合同时应约定的内容**

**1. 发包人应向勘察人提供的文件资料**

发包人应及时向勘察人提供下列文件资料,并对其准确性、可靠性负责,通常包括:

(1)工程勘察作业所需的批准及许可文件,包括立项批复、占用和挖掘道路许可等;

(2)开展工程勘察工作所需要的图纸及技术资料,包括总平面图、地形图、已有水准点和坐标控制点等;

(3)作业场地内地下埋藏物(包括地下管线、地下构筑物等)的资料、图纸,没有资料、图纸的地区,发包人应委托专业机构查清地下埋藏物;

(4)其他必要相关资料。

如果发包人不能提供上述资料的一项或多项,而需由勘察人收集的,应在订立合同时予以明确,发包人需向勘察人支付相应费用。

**2. 发包人应为勘察人提供现场的工作条件**

根据项目的具体情况,双方可以在合同内约定由发包人负责提供保证勘察工作顺利开展应提供的条件,可能包括:

(1)落实土地征用、青苗树木赔偿;

(2)拆除地上地下障碍物;

(3)处理施工扰民及影响施工正常进行的有关问题;

(4)平整施工现场;

(5)修好通行道路、接通电源水源、挖好排水沟渠以及水上作业用船等。

**3. 勘察工作的成果**

在明确委托勘察工作的基础上,约定勘察成果的内容、形式以及对成果的要求等。具体写明勘察人应向发包人交付的报告、成果、文件的名称,交付数量,交付时间和内容要求。

**4. 勘察费用的阶段支付**

订立合同时约定工程费用阶段支付的时间、占合同总金额的百分比和相应的款额。勘察合同通常按勘察工作完成的进度或委托勘察范围内的各项工作中某部分成果报告的提交进行分阶段支付,而不是按月支付。

**5. 合同约定的勘察工作开始和终止时间**

当事人双方应在订立的合同内,明确约定勘察工作开始的日期,以及交付勘察成果的时间。

6. 合同争议的最终解决方式

明确约定解决合同争议的最终方式是采用仲裁或诉讼。采用仲裁时,需注明仲裁委员会的名称。

## 三、工程设计合同的内容和合同当事人

### (一)工程设计的内容

工程设计,是指根据建设工程的要求,对工程所需的技术、经济、资源、环境等条件进行综合分析、论证,编制工程设计文件。设计是基本建设的重要环节,在建设项目的选址和设计任务书已确定的情况下,建设项目是否能保证技术上的先进性和经济上的合理性,设计将起决定作用。

按我国现行规定,一般建设项目按初步设计和施工图设计两个阶段进行,对于技术复杂而又缺乏经验的项目,可以增加技术设计阶段。对一些大型联合企业、矿区和水利枢纽,为解决总体部署和开发问题,还需进行总体规划设计或方案设计。

### (二)工程设计合同当事人

工程设计合同当事人包括发包人和设计人。

发包人通常也是工程建设项目的业主(建设单位)或者项目管理部门(如工程总承包单位)。

设计人须为具有相应设计资质的企业法人。工程设计资质分为工程设计综合资质、工程设计行业资质、工程设计专业资质和工程设计专项资质。工程设计综合资质只设甲级;工程设计行业资质、工程设计专业资质、工程设计专项资质设甲级、乙级。根据工程性质和技术特点,个别行业、专业、专项资质可以设丙级,建筑工程设计专业资质可以设丁级。

取得工程设计综合资质的企业,可以承接各行业、各等级的工程设计业务;取得工程设计行业资质的企业,可以承接相应行业相应等级的工程设计业务及本行业范围内同级别的相应专业、专项(设计施工一体化资质除外)工程设计业务;取得工程设计专业资质的企业,可以承接本专业相应等级的专业工程设计业务及同级别的相应专项工程设计业务(设计施工一体化资质除外);取得工程设计专项资质的企业,可以承接本专项相应等级的专项工程设计业务。

### (三)订立设计合同时应约定的内容

1. 委托设计项目的内容

订立设计合同时应明确委托设计项目的具体要求,包括分项工程、单位工程的名称,设计阶段和各部分的设计费。如:民用建筑工程中,各分项名称对应的建设规模(层数、建筑面积);设计人承担的设计任务是全过程设计(方案设计、初步设计、施工图设计),还是部分阶段的设计任务;相应分项名称的建筑工程总投资;相应的设计费用等。

2．发包人应向设计人提供的有关资料和文件

1)设计依据文件和资料

(1)经批准的项目可行性研究报告或项目建议书；

(2)城乡规划许可文件；

(3)工程勘察资料等。

发包人应向设计人提交的有关资料和文件需在合同内约定资料和文件的名称、份数、提交的时间和有关事宜等。

2）项目设计要求

(1)限额设计的要求。

(2)设计依据的标准。

(3)建筑物的设计合理使用年限要求。

(4)设计深度要求。发包人不得要求设计人违反国家有关标准进行设计。设计标准可以高于国家规范的强制性规定。方案设计文件,应当满足编制初步设计文件和控制概算的需要；初步设计文件,应当满足编制施工招标文件、主要设备材料订货和编制施工图设计文件的需要；施工图设计文件,应当满足材料设备采购、非标准设备制作和施工的需要,并注明建设工程合理使用年限。具体内容要根据项目的特点在合同内约定。

(5)设计人配合施工工作的要求,包括向发包人和施工承包人进行设计交底、处理有关设计问题、参加重要隐蔽工程部位验收和竣工验收等事项。

(6)法律、法规规定应满足的其他条件。

3．工作开始和终止时间

合同内应约定设计工作的开始和终止时间,作为设计期限。

4．设计费用的支付

合同双方不得违反国家有关最低收费标准的规定,任意压低勘察、设计费用。合同内除了写明双方约定的总设计费外,还需列明分阶段支付进度款的条件、占总设计费的百分比及金额。

5．发包人应为设计人提供现场的服务

可能包括施工现场的工作条件、生活条件及交通等方面的具体内容。

6．设计人应交付的设计资料和文件

明确分项列明设计人应向发包人交付的设计资料和文件,包括资料和文件的名称、份数、提交日期和其他有关事项的要求。

7．合同争议的最终解决方式

约定仲裁或诉讼为解决合同争议的最终方式。

# 第三节  工程勘察设计合同的履行管理

## 一、工程勘察合同履行管理

### （一）勘察合同双方的权利和义务

1. 发包人的权利和义务

1）发包人权利

（1）发包人有权依照合同约定对勘察人的勘察工作实施监督，并对勘察成果予以验收；

（2）发包人有权要求勘察人更换无法胜任工程勘察工作的人员；

（3）发包人拥有勘察人为其项目编制的所有文件资料的使用权，包括投标文件、成果资料和数据等。

2）发包人义务

（1）发包人应以书面形式向勘察人明确勘察任务及技术要求。

（2）发包人应提供开展工程勘察工作所需要的图纸及技术资料，包括总平面图、地形图、已有水准点和坐标控制点等，若上述资料由勘察人负责搜集时，发包人应承担相关费用。

（3）发包人应提供工程勘察作业所需的批准及许可文件，包括立项批复、占用和挖掘道路许可等。

（4）发包人应为勘察人提供具备条件的作业场地及进场通道（包括土地征用、障碍物清除、场地平整、提供水电接口和青苗赔偿等）并承担相关费用。

（5）发包人应为勘察人提供作业场地内地下埋藏物（包括地下管线、地下构筑物等）的资料、图纸，没有资料、图纸的地区，发包人应委托专业机构查清地下埋藏物。若因发包人未提供上述资料、图纸，或提供的资料、图纸不实，致使勘察人在工程勘察工作过程中发生人身伤害或造成经济损失时，由发包人承担赔偿责任。

（6）发包人应按照法律法规规定为勘察人安全生产提供条件并支付安全生产防护费用，发包人不得要求勘察人违反安全生产管理规定进行作业。

（7）若勘察现场需要看守，特别是在有毒、有害等危险现场作业时，发包人应派人负责安全保卫工作；按国家有关规定，对从事危险作业的现场人员进行保健防护，并承担费用。发包人对安全文明施工有特殊要求时，应在专用合同条款中另行约定。

（8）发包人应对勘察人满足质量标准的已完工作，按照合同约定及时支付相应的工程勘察合同价款及费用。

3）发包人代表

发包人应在专用合同条款中明确其负责工程勘察的发包人代表的姓名、职务、联系方式及授权范围等事项。发包人代表在发包人的授权范围内,负责处理合同履行过程中与发包人有关的具体事宜。

2. 勘察人的权利和义务

1）勘察人权利

（1）勘察人在工程勘察期间,根据项目条件和技术标准、法律法规等方面的变化,有权向发包人提出增减合同工作量或修改技术方案的建议。

（2）除建设工程主体部分的勘察外,根据合同约定或经发包人同意,勘察人可以将建设工程其他部分的勘察分包给其他具有相应资质等级的建设工程勘察单位。发包人对分包的特殊要求应在专用合同条款中另行约定。

（3）勘察人对其编制的所有文件资料,包括投标文件、成果资料、数据和专利技术等拥有知识产权。

2）勘察人义务

（1）勘察人应按勘察任务书和技术要求以及有关技术标准进行工程勘察工作;

（2）勘察人应建立质量保证体系,按本合同约定的时间提交质量合格的成果资料,并对其质量负责;

（3）勘察人在提交成果资料后,应为发包人继续提供后期服务;

（4）勘察人在工程勘察期间遇到地下文物时,应及时向发包人和文物主管部门报告并妥善保护;

（5）勘察人开展工程勘察活动时应遵守有关职业健康及安全生产方面的各项法律法规的规定,采取安全防护措施,确保人员、设备和设施的安全;

（6）勘察人在燃气管道、热力管道、动力设备、输水管道、输电线路、临街交通要道及地下通道（地下隧道）附近等风险性较大的地点,以及在易燃易爆地段及放射、有毒环境中进行工程勘察作业时,应编制安全防护方案并制订应急预案;

（7）勘察人应在勘察方案中列明环境保护的具体措施,并在合同履行期间采取合理措施保护作业现场环境。

3）勘察人代表

勘察人接受任务时,应在专用合同条款中明确其负责工程勘察的勘察人代表的姓名、职务、联系方式及授权范围等事项。勘察人代表在勘察人的授权范围内,负责处理合同履行过程中与勘察人有关的具体事宜。

**（二）勘察合同的工期**

勘察人应按照合同约定的日期或双方同意顺延的工期提交成果资料,具体可在专用合同条款中约定。勘察工作有效期限以发包人下达的开工通知书或合同规定的时间为准。出现下列情况时,可以相应延长合同工期:

(1)变更；

(2)工作量变化；

(3)不可抗力影响；

(4)非勘察人原因造成的停、窝工等。

**(三) 勘察费用的支付**

**1. 合同价款形式**

合同当事人可任选下列一种合同价款的形式,双方可在专用合同条款中约定。

(1)总价合同

双方在专用合同条款中约定合同价款包含的风险范围和风险费用的计算方法,在约定的风险范围内合同价款不再调整。风险范围以外的合同价款调整因素和方法,应在专用合同条款中约定。

(2)单价合同

合同价款根据工作量的变化而调整,合同单价在风险范围内一般不予调整,双方可在专用合同条款中约定合同单价调整因素和方法。

(3)其他合同价款形式

合同当事人可在专用合同条款中约定其他合同价格形式。

**2. 合同履行中的费用支付**

在合同履行中,应当按照下列要求支付勘察费用:

(1)实行定金或预付款的,双方应在专用合同条款中约定发包人向勘察人支付定金或预付款数额,支付时间应不迟于约定的开工日期前 7 天。

(2)勘察外业工作结束后,发包人向勘察人支付约定勘察费的某一百分比。对于勘察规模大、工期长的大型勘察工程,还可将这笔费用按实际完成的勘察进度分解,向勘察人分阶段支付工程进度款。

(3)除专用合同条款另有约定外,发包人应在勘察人提交成果资料后 28 天内,依据"合同价款与调整"和"变更合同价款确定"条款的约定进行最终合同价款确定,并予以全额支付。

**(四) 违约责任**

**1. 发包人的违约责任**

(1)合同生效后,发包人无故要求终止或解除合同,勘察人未开始勘察工作的,不退还发包人已付的定金或发包人按照专用合同条款约定向勘察人支付违约金;勘察人已开始勘察工作的,若完成计划工作量不足 50% 的,发包人应支付勘察人合同价款的 50%,完成计划工作量超过 50% 的,发包人应支付勘察人合同价款的 100%。

(2)发包人发生其他违约情形时,发包人应承担由此增加的费用和工期延误损失,并给予勘察人合理赔偿。双方可在专用合同条款内约定发包人赔偿勘察人损失的计算方法或者发包人应支付违约金的数额或计算方法。

2. 勘察人的违约责任

(1)合同生效后,勘察人因自身原因要求终止或解除合同,勘察人应双倍返还发包人已支付的定金或勘察人按照专用合同条款约定向发包人支付违约金。

(2)因勘察人原因造成工期延误的,应按专用合同条款约定向发包人支付违约金。

(3)因勘察人原因造成成果资料质量达不到合同约定的质量标准,勘察人应负责无偿给予补充完善使其达到质量合格。因勘察人原因导致工程质量安全事故或其他事故时,勘察人除负责采取补救措施外,应通过所投工程勘察责任保险向发包人承担赔偿责任或根据直接经济损失程度按专用合同条款约定向发包人支付赔偿金。

(4)勘察人发生其他违约情形时,勘察人应承担违约责任并赔偿因其违约给发包人造成的损失,双方可在专用合同条款内约定勘察人赔偿发包人损失的计算方法和赔偿金额。

## 二、工程设计合同履行管理

### (一) 发包人应向设计人提供文件资料

1. 按时提供设计依据文件和基础资料

发包人应当按照合同内约定时间,一次性或陆续向设计人提交设计的依据文件和相关资料以保证设计工作的顺利进行。如果发包人提交上述资料及文件超过规定期限15天以内,设计人规定的交付设计文件时间相应顺延;交付上述资料及文件超过规定期限15天以上时,设计人有权重新确定提交设计文件的时间。进行专业工程设计时,如果设计文件中需选用国家标准图、部标准图及地方标准图,应由发包人负责解决。一般来说,各个设计阶段需发包人提供的资料和文件有以下几种:

(1)方案设计阶段

①规划部门的规划要点、规划设计条件、选址意见书(有的地区,如北京,将其合并为规划意见书),确认建设项目的性质、规模、布局是否符合批准的修建性详细规划的要求,确定建设用地及代征城市公共用地范围和面积等;

②场地规划红线图,确定规划批准的建筑物占地范围;

③场地地形坐标图,确定建筑场地的地形坐标;

④设计任务书,提出设计条件、设计依据和设计总体要求。

(2)初步设计阶段

除方案设计阶段应提供的资料和文件外,尚需发包人提供以下资料:

①已批准的方案设计资料。

②场地工程勘察报告(初勘或详勘)。由勘察部门对场地地质、水文条件进行分析,提出试验报告,并对地基处理和基础选型提出建议。

③有关水、电、气、燃料等能源供应情况的资料。

④有关公用设施和交通运输条件的资料。

⑤有关使用要求或生产工艺等资料。

⑥如工程设计项目属于技术改造或者扩建项目时,发包人还应提供企业生产现状的资料、原设计资料和对现状的检测资料。

(3)施工图设计阶段

除初步设计阶段应提供的资料和文件外,尚需发包人提供以下资料:

①已批准的初步设计资料;

②场地工程勘察报告(详勘)。

同时,设计人应当根据发包人的设计进度要求,要求发包人明确其提供相关资料的时间,以避免因发包人提供资料不及时而造成设计延误。实践中,设计人容易忽视发包人提交资料和文件的时间,往往不填写提交日期,一旦发生纠纷,违约方可能会以此为借口逃避责任的承担。因此,双方当事人应对该条款引起足够重视。

2. 对资料的正确性负责

尽管提供的某些资料不是发包人自己完成的,如作为设计依据的勘察资料和数据等,但就设计合同的当事人而言,发包人仍需对所提供基础资料及文件的完整性、正确性及时限负责。

**(二) 设计合同双方一般义务**

1. 发包人的一般义务

1)提供必要的现场开展工作条件

由于设计人完成设计工作的主要地点不是施工现场,因此发包人有义务为设计人在现场工作期间提供必要的工作、生活等方便条件。发包人为设计人派驻现场的工作人员提供的方便条件可能涉及工作、生活、交通等方面的便利条件,以及必要的劳动保护装备。

2)外部协调工作

发包人应当负责工程设计的所有外部关系(包括但不限于当地政府主管部门等)的协调,为设计人履行合同提供必要的外部条件。

发包人应遵守法律,并办理法律规定由其办理的许可、核准或备案,包括但不限于建设用地规划许可证、建设工程规划许可证、建设工程方案设计批准、施工图设计审查等。

发包人负责本项目各阶段设计文件向规划设计管理部门的送审报批工作,并负责将报批结果书面通知设计人。因发包人原因未能及时办理完毕前述许可、核准或备案手续,导致设计工作量增加和(或)设计周期延长时,由发包人承担由此增加的设计费用和(或)延长的设计周期。

发包人和设计人必须共同保证施工图设计满足以下条件:

(1)建筑物(包括地基基础、主体结构体系)的设计稳定、安全、可靠;

(2)设计符合消防、节能、环保、抗震、卫生、人防等有关强制性标准、规范;

(3)设计的施工图达到规定的设计深度;

(4)不存在有可能损害公共利益的其他影响。

3)保护设计人的知识产权

发包人应保护设计人的投标书、设计方案、文件、资料图纸、数据、计算软件和专利技术。未经设计人同意,发包人对设计人交付的设计资料及文件不得擅自修改、复制或向第三人转让或用于本合同外的项目。如发生以上情况,发包人应负法律责任,设计人有权向发包人提出索赔。

4)遵循合理设计周期的规律

如果发包人从施工进度的需要或其他方面的考虑,要求设计人比合同规定的时间提前交付设计文件时,须征得设计人同意。设计的质量是工程发挥预期效益的基本保障,发包人不应严重背离合理设计周期的规律,强迫设计人不合理地缩短设计周期。若双方经过协商达成一致并签订提前交付设计文件的协议的,发包人应支付相应的赶工费。

5)其他相关工作

发包人委托设计配合引进项目的设计任务,从询价、对外谈判、国内外技术考察直至建成投产的各个阶段,应吸收承担有关设计任务的设计人参加。出国费用,除制装费外,其他费用由发包人支付。

发包人委托设计人承担合同约定委托范围之外的服务工作,需另行支付费用。

2. 设计人的一般义务

1)保证设计质量

保证工程设计质量是设计人的基本责任。设计人应依据批准的可行性研究报告、勘察资料,在满足国家规定的设计规范、规程、技术标准的基础上,按合同规定的标准完成各阶段的设计任务,并对提交的设计文件质量负责。

在投资限额内,鼓励设计人采用先进的设计思想和方案。但若设计文件中采用的新技术、新材料可能影响工程的质量或安全,而又没有国家标准时,应当由国家认可的检测机构进行试验、论证,并经国务院有关部门或省、自治区、直辖市有关部门组织的建设工程技术专家委员会审定后方可使用。

负责设计的建(构)筑物需注明设计的合理使用年限。设计文件中选用的材料、构配件、设备等,应当注明规格、型号、性能等技术指标,其质量要求必须符合国家规定的标准。

各设计阶段设计文件审查会提出的修改意见,设计人应负责修正和完善。设计人交付设计资料及文件后,需按规定参加有关的设计审查,并根据审查结论负责对不超出原定范围的内容作必要调整补充。

《建设工程质量管理条例》规定,设计单位未根据勘察成果文件进行工程设计,设计单位指定建筑材料、建筑构配件的生产厂、供应商,设计单位未按照工程建设强制性标准进行设计的,均属于违反法律和法规的行为,要追究设计单位的责任。

2)各设计阶段的工作任务

(1)初步设计

①总体设计(大型工程)。

②方案设计。主要包括建筑设计、工艺设计、进行方案比选等工作。

③编制初步设计文件。主要包括:完善选定的方案;分专业设计并汇总;编制说明与概算;参加初步设计审查会议;修正初步设计。

(2)技术设计

①提出技术设计计划。可能包括:工艺流程试验研究;特殊设备的研制;大型建(构)筑物关键部位的试验、研究。

②编制技术设计文件。

③参加初步审查,并作必要修正。

(3)施工图设计

①建筑设计;

②结构设计;

③设备设计;

④专业设计的协调;

⑤编制施工图设计文件。

3)对外商的设计资料进行审查

委托设计的工程中,如果有部分属于外商提供的设计,如大型设备采用外商供应的设备而需使用外商提供的制造图纸,设计人应负责对外商的设计资料进行审查,并负责该合同项目的设计联络工作。

4)配合施工的义务

(1)设计交底

设计人在建设工程施工前,需向施工承包人和施工监理人说明工程勘察、设计意图,解释工程勘察、设计文件,以保证施工工艺达到设计预期的水平要求。

设计人应当提供设计技术交底、解决施工中设计技术问题和竣工验收服务。如果发包人在专用合同条款约定的施工现场服务时限外仍要求设计人负责上述工作的,发包人应按所需工作量向设计人另行支付服务费用。

（2）解决施工中出现的设计问题

设计人有义务解决施工中出现的设计问题，如属于设计变更的范围，按照变更原因的责任确定费用负担责任。

发包人要求设计人派专人留驻施工现场进行配合与解决有关问题时，双方应另行签订补充协议或技术咨询服务合同。

（3）工程验收

为了保证建设工程的质量，设计人应按合同约定参加工程验收工作。这些约定的工作可能涉及重要部位的隐蔽工程验收、试车验收和竣工验收。

（4）保护发包人的知识产权

设计人应保护发包人的知识产权，不得向第三人泄露、转让发包人提交的产品图纸等技术经济资料。如发生以上情况并给发包人造成经济损失，发包人有权向设计人索赔。

**（三）设计费的支付**

1）定金和预付款的支付

定金的比例不应超过合同总价款的 20%。预付款的比例由发包人与设计人协商确定，一般不低于合同总价款的 20%。

定金或预付款的支付按照专用合同条款约定执行，但最迟应在开始设计通知载明的开始设计日期前专用合同条款约定的期限内支付。

发包人逾期支付定金或预付款超过专用合同条款约定的期限的，设计人有权向发包人发出要求支付定金或预付款的催告通知，发包人收到通知后 7 天内仍未支付的，设计人有权不开始设计工作或暂停设计工作。

2）合同价格

发包人和设计人应当在专用合同条款附件中明确约定合同价款各组成部分的具体数额，主要包括：

（1）工程设计基本服务费用；

（2）工程设计其他服务费用；

（3）在未签订合同前发包人已经同意或接受或已经使用的设计人为发包人所做的各项工作的相应费用等。

3）支付管理原则

（1）设计人按合同约定提交相应报告、成果或阶段的设计文件后，发包人及时支付约定的各阶段设计费。

（2）设计人提交最后一部分施工图的同时，发包人应结清全部设计费，不留尾款。

（3）实际设计费按初步设计概算核定，多退少补。实际设计费与估算设计费出现差额时，双方需另行签订补充协议。

(4)发包人委托设计人承担本合同内容之外的工作服务,另行支付费用。

4)按设计阶段支付费用的百分比

经发包人、设计人双方确认,如果发包人委托设计人负责全过程工程设计服务,各阶段的设计费比例为:

(1)方案设计阶段的设计费占本合同设计费总额的20%;

(2)初步设计阶段的设计费占本合同设计费总额的30%;

(3)施工图设计阶段的设计费占本合同设计费总额的40%;

(4)施工配合阶段占本合同设计费总额的10%。

如果发包人委托设计人负责部分工程设计服务,则每个阶段的设计费比例由双方另行协商确定。

**(四) 设计工作内容的变更**

设计合同的变更,通常指设计人承接工作范围和内容的改变。按照发生原因的不同,一般可分为以下几个方面。

(1)设计人的工作

设计人交付设计资料及文件后,按规定参加有关的设计审查,并根据审查结论负责对不超出原定范围的内容作必要调整补充。

(2)委托任务范围内的设计变更

为了维护设计文件的严肃性,经过批准的设计文件不应随意变更。发包人、施工承包人、监理人均不得修改建设工程勘察、设计文件。如果发包人根据工程的实际需要确需修改建设工程勘察、设计文件时,应当首先报经原审批机关批准,然后由原建设工程勘察、设计单位修改。经过修改的设计文件仍需按设计管理程序经有关部门审批后使用。

(3)委托其他设计单位完成的变更

在某些特殊情况下发包人需要委托其他设计单位完成设计变更工作,如:变更增加的设计内容专业性特点较强;超过了设计人资质条件允许承接的工作范围;或施工期间发生的设计变更,设计人由于资源能力所限,不能在要求的时间内完成等原因。在此情况下,发包人经原建设工程设计人书面同意后,也可以委托其他具有相应资质的建设工程勘察、设计单位修改。修改单位对修改的勘察、设计文件承担相应责任,设计人不再对修改的部分负责。

(4)发包人原因的重大设计变更

发包人变更委托设计项目、规模、条件或因提交的资料错误,或所提交资料作较大修改,造成设计人设计需返工时,双方除需另行协商签订补充协议(或另订合同)、重新明确有关条款外,发包人应按设计人所耗工作量向设计人增付设计费。

在未签合同前发包人已同意,设计人为发包人所做的各项设计工作,应按收费标准,支付相应设计费。

### （五）违约责任

1. 发包人的违约责任

（1）发包人延误支付

发包人未按专用合同条款约定的金额和期限向设计人支付设计费的，应按专用合同条款约定向设计人支付违约金。逾期超过 15 天时，设计人有权书面通知发包人中止设计工作。自中止设计工作之日起 15 天内发包人支付相应费用的，设计人应及时根据发包人要求恢复设计工作；自中止设计工作之日起超过 15 天后发包人支付相应费用的，设计人有权确定重新恢复设计工作的时间，且设计周期相应延长。

（2）审批工作的延误

发包人的上级或设计审批部门对设计文件不进行审批或本合同工程停建、缓建，发包人应在事件发生之日起 15 天内按本合同"合同解除"条款的约定向设计人结算并支付设计费。

（3）发包人原因要求解除合同

合同生效后，发包人因非设计人原因要求终止或解除合同，设计人未开始设计工作的，不退还发包人已付的定金或发包人按照专用合同条款的约定向设计人支付违约金；已开始设计工作的，发包人应按照设计人已完成的实际工作量计算设计费，完成工作量不足一半时，按该阶段设计费的一半支付设计费；超过一半时，按该阶段设计费的全部支付设计费。

（4）其他

发包人擅自将设计人的设计文件用于本工程以外的工程或交第三方使用时，应承担相应法律责任，并应赔偿设计人因此遭受的损失。

2. 设计人的违约责任

（1）设计错误

设计人对工程设计文件出现的遗漏或错误负责修改或补充。由于设计人原因产生的设计问题造成工程质量事故或其他事故时，设计人除负责采取补救措施外，应当通过所投建设工程设计责任保险向发包人承担赔偿责任或者根据直接经济损失程度按专用合同条款约定向发包人支付赔偿金。

由于设计人原因，工程设计文件超出发包人与设计人书面约定的主要技术指标控制值比例的，设计人应当按照专用合同条款的约定承担违约责任。

（2）设计人延误完成设计任务

由于设计人原因，未按专用合同条款约定的时间交付工程设计文件的，应按专用合同条款的约定向发包人支付违约金，前述违约金经双方确认后可在发包人应付设计费中扣减。

（3）设计人原因要求解除合同

合同生效后，设计人因自身原因要求终止或解除合同，设计人应按发包人已支付的定金金额双倍返还给发包人或设计人按照专用合同条款约定向发包人支付违约金。

（4）其他

设计人未经发包人同意擅自对工程设计进行分包的，发包人有权要求设计人解除未经发包人同意的设计分包合同，设计人应当按照专用合同条款的约定承担违约责任。

### 3. 不可抗力事件的影响

由于不可抗力因素致使合同无法履行时，双方应及时协商解决。

# 案例分析

## 案例 10-1

### 一、背景

某建设单位（以下简称 A 公司）与某勘察单位（以下简称 B 公司）签订了《建设工程勘察合同》（GF-2016-0203），因股东间产生矛盾，A 公司决定暂停相关项目的建设。

接到 A 公司解除合同的书面通知时，B 公司已完成了合同约定勘察工作的 10％。B 公司同意提前解除双方的合同，同时要求 A 公司支付合同总价款 50％的勘察费用。A 公司只愿意支付 B 公司合同总价款 10％的勘察费用。双方协商无果，遂成诉。

### 二、问题

如 B 公司诉请法院由 A 公司支付其合同总价款 50％的勘察费用，是否会得到法院的支持？

### 三、分析

A、B 公司的《建设工程勘察合同》是按 2016 版《建设工程勘察合同（示范文本）》签订的，故作为发包人的 A 公司无故解除合同后，应按如下规则支付 B 公司勘察费用：

（1）勘察人未开始勘察工作的，不退还发包人已付的定金或发包人按照专用合同条款约定向勘察人支付违约金；

（2）勘察人已开始勘察工作的，若完成计划工作量不足 50％的，发包人应支付勘察人合同价款的 50％；

（3）完成计划工作量超过 50％的，发包人应支付勘察人合同价款的 100%。

因此,B公司要求 A 公司支付合同总价款 50%的勘察费用能够得到法院的支持。

## 思考题

1. 简述工程勘察的工作内容。
2. 简述经有关部门批准,工程勘察设计可以直接发包的情形。
3. 简述勘察人须具备的条件。
4. 简述设计阶段的划分。
5. 简述各阶段的设计深度要求。
6. 简述设计人保证设计质量的一般义务。

# 第十一章　工程施工合同管理

## 第一节　概　述

### 一、工程施工合同的概念

工程施工合同是发包人(建设单位、业主或总包单位)与承包人(施工单位)之间为完成商定的建设工程项目,确定双方权利与义务的协议。建设工程施工合同也称为建筑安装承包合同,建筑是指对工程进行营造的行为,安装主要是指与工程有关的线路、管道、设备等设施的装配。依照施工合同,承包人应完成一定的建筑、安装工程任务,发包人应提供必要的施工条件并支付工程价款。

工程施工合同是建设工程的主要合同,是工程建设质量控制、进度控制、投资控制的主要依据。

### 二、工程施工合同的特点

#### (一) 合同标的物的特殊性

施工合同的标的物是特定建筑产品,不同于其他一般商品。

首先,建筑产品的固定性和施工生产的流动性是区别于其他商品的根本特点。建筑产品是不动产,其基础部分与大地相连,不能移动,这就决定了每个施工合同相互之间具有不可替代性,而且施工队伍、施工机械必须围绕建筑产品不断移动。

其次,由于建筑产品各有其特定的功能要求,其实物形态千差万别,种类庞杂,其外观、结构、使用目的、使用人都各不相同,这就要求每一个建筑产品都需单独设计和施工,即使是可重复利用的标准设计或图纸,也应采取必要的修改设计后才能施工,造成建筑产品的单体性和生产的单件性。

再次,建筑产品体积庞大,消耗的人力、物力、财力多,一次性投资额大。

所有这些特点,必然在施工合同中表现出来,使得施工合同在明确标的物时,需要将建筑产品的幢数、面积、层数或高度、结构特征、内外装饰标准和设备安装要求等一一规定清楚。

### （二）合同内容的多样性和复杂性

施工合同实施过程中涉及的主体有多种，且其履行期限长、标的额大。涉及的法律关系，除承包人与发包人的合同关系外，还有与劳务人员的劳动关系、与保险公司的保险关系、与材料设备供应商的买卖关系、与运输企业的运输关系，同时还涉及监理单位、分包单位、保证单位等。施工合同除了应当具备合同的一般内容外，还应对安全施工、专利技术使用、地下障碍和文物发现、工程分包、不可抗力、工程设计变更、材料设备供应、运输和验收等内容作出规定。

所有这些，都决定了施工合同的内容具有多样性和复杂性的特点，要求合同条款必须具体明确和完整。

我国《建设工程施工合同（示范文本）》（GF-2013-0201）通用条款共计 20 条、117 款；国际 FIDIC《土木工程施工合同条件》（第 4 版）通用条件有 28 节，共 72 条、206 款。

### （三）合同履行期限的长期性

由于建设工程结构复杂、体积大、材料类型多、工作量大，工程生产周期一般较长。因为工程建设的施工应当在合同签订后才开始，且需加上合同签订后到正式开工前的施工准备时间和工程全部竣工验收后、办理竣工结算及保修期间。在工程的施工过程中，还可能因为不可抗力、工程变更、材料供应不及时、一方违约等原因而导致工期延误，因而施工合同的履行期限具有长期性，变更较频繁，合同争议和纠纷也比较多。

### （四）合同监督的严格性

由于施工合同的履行对国家经济发展、公民的工作与生活都有重大的影响，因此，国家对施工合同的监督是十分严格的。具体表现在以下几个方面：

#### 1. 合同主体监督的严格性

建设工程施工合同主体一般是法人。发包人一般是经过批准进行工程项目建设的法人，必须有政府相关部门批准的建设项目，落实投资计划，并且应当具备相应的协调能力；承包人则必须具备法人资格，而且应当具备相应的从事施工的资质。无营业执照或无承包资质的单位不能作为建设工程施工合同的主体，资质等级低的单位不能越级承包建设工程。

#### 2. 合同订立监督的严格性

订立建设工程施工合同必须以国家批准的投资计划为前提，即使是国家投资以外的、以其他方式筹资的投资也要受到当年的贷款规模和批准限额的限制，纳入当年投资规模的平衡，并经过严格的审批程序。建设工程施工合同的订立，还必须符合国家关于建设程序的规定。考虑到建设工程的重要性和复杂性，在施工过程中经常会发生影响合同履行的各种纠纷，因此，合同法要求建设工程施工合同应当采用书面形式。

### 3. 合同履行监督的严格性

在施工合同的履行过程中,除了合同当事人应当对合同进行严格的管理外,合同的主管机关(工商行政管理部门)、建设主管部门、合同双方的上级主管部门、金融机构、解决合同争议的仲裁机构或人民法院,还有税务部门、审计部门及合同公证机关或鉴证机关等机构和部门,都要对施工合同的履行进行严格的监督。

## 三、工程施工合同标准文本

### (一) 施工合同标准文本概述

国家发展和改革委员会、财政部、建设部、铁道部、交通部、信息产业部、水利部、民用航空总局、广播电影电视总局联合颁发的适用于大型复杂工程项目的《中华人民共和国标准施工招标文件》(2007 年版)中包括施工合同标准文本(以下简称"标准施工合同")。在 2012 年又颁发了适用于工期在 12 个月之内的《中华人民共和国简明标准施工招标文件》,其中包括"合同条款及格式"(以下简称"简明施工合同")。

按照《〈标准施工招标资格预审文件〉和〈标准施工招标文件〉试行规定》(发改委第 56 号令)要求,各行业编制的标准施工合同应不加修改地引用"通用合同条款",即标准施工合同和简明施工合同的通用条款广泛适用于各类建设工程。各行业编制的标准施工招标文件中的"专用合同条款"可结合施工项目的具体特点,对标准的"通用合同条款"进行补充、细化。除"通用合同条款"明确"专用合同条款"可作出不同约定外,补充和细化的内容不得与"通用合同条款"的规定相抵触,否则抵触内容无效。

### (二) 标准施工合同的组成

标准施工合同提供了通用条款、专用条款和签订合同时采用的合同附件格式。

### 1. 通用条款

标准施工合同的通用条款包括 24 条,标题分别为:一般约定;发包人义务;监理人;承包人;材料和工程设备;施工设备和临时设施;交通运输;测量放线;施工安全、治安保卫和环境保护;进度计划;开工和竣工;暂停施工;工程质量;试验和检验;变更;价格调整;计量与支付;竣工验收;缺陷责任与保修责任;保险;不可抗力;违约;索赔;争议的解决。共计 131 款。

### 2. 专用条款

由于通用条款的内容涵盖各类工程项目施工共性的合同责任和履行管理程序,各行业可以结合工程项目施工的行业特点编制标准施工合同文本,在专用条款内体现,具体招标工程在编制合同时,应针对项目的特点、招标人的要求,在专用条款内针对通用条款涉及的内容进行补充、细化。

工程实践应用时,通用条款中适用于招标项目的条或款不必在专用条款内重复,需要补充细化的内容应与通用条款的条或款的序号一致,使得通用条款与专用条款中相同序号的条款内容共同构成对履行合同某一方面的完备约定。

为了便于行业主管部门或招标人编制招标文件和拟定合同,标准施工合同文本根据通用条款的规定,在专用条款中针对 22 条 50 款做出了应用的参考说明。

3. 合同附件格式

标准施工合同中给出的合同附件格式,是订立合同时采用的规范化文件,包括合同协议书、履约保函和预付款保函三个文件。

1)合同协议书

合同协议书是合同组成文件中唯一需要发包人和承包人同时签字盖章的法律文书,因此标准施工合同中规定了应用格式。除了明确规定对当事人双方有约束力的合同组成文件外,具体招标工程项目订立合同时需要明确填写的内容仅包括发包人和承包人的名称、施工的工程或标段、签约合同价、合同工期、质量标准和项目经理的人选。

2)履约保函

标准施工合同要求履约担保采用保函的形式,给出的履约保函标准格式主要表现为以下两个方面的特点:

(1)担保期限。担保期限自发包人和承包人签订合同之日起,至签发工程移交证书日止。没有采用国际招标工程或使用世界银行贷款建设工程的担保期限至缺陷责任期满止的规定,即担保人对承包人保修期内履行合同义务的行为不承担担保责任。

(2)担保方式。采用无条件担保方式,即持有履约保函的发包人认为承包人有严重违约情况时,即可凭保函向担保人要求予以赔偿,不需承包人确认。无条件担保有利于因承包人严重违约而引起合同争议时项目的顺利进行。标准履约担保格式中,担保人承诺"在本担保有效期内,因承包人违反合同约定的义务给你方造成经济损失时,我方在收到你方以书面形式提出的在担保金额内的赔偿要求后,在 7 天内无条件支付"。

3)预付款保函

标准施工合同规定的预付款担保采用银行保函形式,主要特点为:

(1)担保方式。担保方式也是采用无条件担保形式。

(2)担保期限。担保期限自预付款支付给承包人起生效,至发包人签发的进度付款证书说明已完全扣清预付款止。

(3)担保金额。担保金额尽管在预付款担保书内填写的数额与合同约定的预付款数额一致,但与履约担保不同,当发包人在工程进度款支付中已扣除部分预付款后,担保金额相应递减。保函格式中明确说明,"本保函的担保金额,在任何时候不应超过预付款金额减去发包人按合同约定在向承包人签发的进度付款证书中扣除的金额",即保持担保金额与剩余预付款的金额相等原则。

### (三) 简明施工合同

由于简明施工合同适用于工期在 12 个月内的中小工程施工,是对标准施工合同简化的文本,通常由发包人负责材料和设备的供应,承包人仅承担施工义务,因此合同条款较少。

简明施工合同通用条款包括 17 条,标题分别为:一般约定;发包人义务;监理人;承包人;施工控制网;工期;工程质量;试验和检验;变更;计量与支付;竣工验收;缺陷责任与保修责任;保险;不可抗力;违约;索赔;争议的解决。共 69 款。各条款中与标准施工合同对应条款规定的管理程序和合同责任相同。

## 四、工程施工合同管理有关各方的职责

### (一) 施工合同当事人

施工合同当事人是发包人和承包人,双方按照所签订合同约定的义务,履行相应的责任。双方是平等的民事主体,双方签订施工合同,必须具备相应资质条件和履行施工合同的能力。

在《建设工程施工合同(示范文本)》的"通用条款"中规定,发包人是指在协议书中约定、具有工程发包主体资格和支付工程价款能力的当事人以及取得该当事人资格的合法继承人。承包人是指在协议书中约定、被发包人接受的具有工程施工承包主体资格的当事人以及取得该当事人资格的合法继承人。

从以上两个定义可以看出,施工合同签订后,不允许当事人任何一方转让合同。这是因为承包人是发包人通过严格的招标程序选中的中标者;发包人则是在投标前承包人出于对其信誉和支付能力的信任才参与竞标取得合同的。因此,按照诚实信用原则,订立合同后,任何一方都不能将合同转让给第三者。

### (二) 监理人

标准施工合同通用条款中对监理人的定义是,"受发包人委托对合同履行实施管理的法人或其他组织",即属于受发包人聘请的管理人,与承包人没有任何利益关系。由于监理人不是施工合同的当事人,在施工合同的履行管理中不是"独立的第三方",属于发包人一方的人员,但又不同于发包人的雇员,即不是一切行为均遵照发包人的指示,而是在授权范围内独立工作,以保障工程按期、按质、按量完成发包人的最大利益为管理目标,依据合同条款的约定,公平合理地处理合同履行过程中的有关管理事项。

按照标准施工合同通用条款对监理人的相关规定,监理人的合同管理地位和职责主要表现在以下几个方面:

1. 受发包人委托对施工合同的履行进行管理

(1)在发包人授权范围内,负责发出指示、检查施工质量、控制进度等现场管理工作;

(2)在发包人授权范围内独立处理合同履行过程中的有关事项,行使通用条款规定的,以及具体施工合同专用条款中说明的权力;

(3)承包人收到监理人发出的任何指示,视为已得到发包人的批准,应遵照执行;

(4)在合同规定的权限范围内,独立处理或决定有关事项,如单价的合理调整、变更估价、索赔等。

2. 居于施工合同履行管理的核心地位

(1)监理人应按照合同条款的约定,公平合理地处理合同履行过程中涉及的有关事项。

(2)除合同另有约定外,承包人只从总监理工程师或被授权的监理人员处取得指示。为了使工程施工顺利开展,避免指令冲突及尽量减少合同争议,发包人对施工工程的任何想法都通过监理人的协调指令来实现;承包人的各种问题也首先提交监理人,尽量减少发包人和承包人分别站在各自立场解释合同导致争议。

(3)"商定或确定"条款规定,总监理工程师在协调处理合同履行过程中的有关事项时,应首先与合同当事人协商,尽量达成一致。不能达成一致时,总监理工程师应认真研究审慎"确定"后通知当事人双方并附详细依据。由于监理人不是合同当事人,因此对有关问题的处理不用"决定",而用"确定"一词,即表示总监理工程师提出的方案或发出的指示并非最终不可改变,任何一方有不同意见均可按照争议的条款解决,同时体现了监理人独立工作的性质。

3. 监理人的指示

监理人给承包人发出的指示,承包人应遵照执行。如果监理人的指示错误或失误给承包人造成损失,则由发包人负责赔偿。通用条款明确规定:

(1)监理人未能按合同约定发出指示、指示延误或指示错误而导致承包人施工成本增加和(或)工期延误,由发包人承担赔偿责任。

(2)监理人无权免除或变更合同约定的发包人和承包人权利、义务和责任。由于监理人不是合同当事人,因此合同约定应由承包人承担的义务和责任,不因监理人对承包人提交文件的审查或批准,对工程、材料和设备的检查和检验,以及为实施监理做出的指示等职务行为而减轻或解除。

本教材探讨的工程施工合同管理主要从监理人的角度出发。

# 第二节 工程施工合同的订立

施工合同的专用条款和通用条款,尽管在招标投标阶段已作为招标文件的组成部分,但在合同订立过程中有些问题还需要明确或细化,以保证合同的权利和义务界定清晰。

## 一、合同文件

### (一) 合同文件的组成

"合同"是指构成对发包人和承包人履行约定义务过程中,有约束力的全部文件体系的总称。标准施工合同的通用条款中规定,合同的组成文件包括:

(1)合同协议书;

(2)中标通知书;

(3)投标函及投标函附录;

(4)专用合同条款;

(5)通用合同条款;

(6)技术标准和要求;

(7)图纸;

(8)已标价的工程量清单;

(9)其他合同文件。经合同当事人双方确认构成合同的其他文件。

### (二) 合同文件的优先解释次序

组成合同的各文件中出现含义或内容的矛盾时,如果专用条款没有另行约定,以上合同文件序号为优先解释的顺序。

标准施工合同条款中未明确由谁来解释文件之间的歧义,但可以结合监理工程师职责中的规定,总监理工程师应与发包人和承包人进行协商,尽量达成一致。不能达成一致时,总监理工程师应认真研究后审慎确定。

### (三) 几个文件的含义

#### 1. 中标通知书

中标通知书是招标人接受中标人的书面承诺文件,具体写明承包的施工的标段、中标价、工期、工程质量标准和中标人的项目经理名称。中标价应是在评标过程中对报价的计算或书写错误进行修正后,作为该投标人评标的基准价格。项目经理是中标人的投标文件中说明并已在评标时作为量化评审要素的人选,要求履行合同时必须到位。

2. 投标函及投标函附录

标准施工合同文件组成中的投标函,不同于《建设工程施工合同(示范文本)》(GF-2013-0201)规定的投标书及其附件,仅是投标人置于投标文件首页的保证中标后与发包人签订合同、按照要求提供履约担保、按期完成施工任务的承诺文件。

投标函附录是投标函内承诺部分主要内容的细化,包括项目经理的人选、工期、缺陷责任期、分包的工程部位、公式法调价的基数和系数等的具体说明。因此承包人的承诺文件作为合同组成部分,并非指整个投标文件。也就是说投标文件中的部分内容在订立合同后允许进行修改或调整,如施工前应编制更为详尽的施工组织设计、进度计划等。

3. 其他合同文件

其他合同文件包括的范围较宽,是主要针对具体施工项目的行业特点、工程的实际情况、合同管理需要而明确的文件。签订合同协议书时,需要在专用条款中对其他合同文件的具体组成予以明确。

## 二、订立合同时需要明确的内容

针对具体施工项目或标段的合同需要明确约定的内容较多,有些招标时已在招标文件的专用条款中做出了规定,另有一些还需要在签订合同时具体细化相应内容。

### (一)施工现场范围和施工临时占地

发包人应明确说明施工现场永久工程的占地范围并提供征地图纸,以及属于发包人施工前期配合义务的有关事项,如从现场外部接至现场的施工用水、用电、用气的位置等,以便承包人进行合理的施工组织。

项目施工如果需要临时用地(招标文件中已说明或承包人投标书内提出要求),也需明确占地范围和临时用地移交承包人的时间。

### (二)发包人提供图纸的期限和数量

标准施工合同适用于发包人提供设计图纸,承包人负责施工的建设项目。由于初步设计完成后即可进行招标,因此订立合同时必须明确约定发包人陆续提供施工图纸的期限和数量。如果承包人有专利技术且有相应的设计资质,可能约定由承包人完成部分施工图设计。此时也应明确承包人的设计范围,提交设计文件的期限、数量,以及监理人签发图纸修改的期限等。

### (三)发包人提供的材料和工程设备

对于包工部分包料的施工承包方式,往往设备和主要建筑材料由发包人负责提供,需明确约定发包人提供的材料和设备分批交货的种类、规格、数量、交货期限和地点等,以便明确合同责任。

### （四）异常恶劣的气候条件范围

施工过程中遇到不利于施工的气候条件直接影响施工效率，甚至被迫停工。气候条件对施工的影响是合同管理中一个比较复杂的问题，"异常恶劣的气候条件"属于发包人的责任，"不利气候条件"对施工的影响则属于承包人应承担的风险，因此应当根据项目所在地的气候特点，在专用条款中明确界定不利于施工的气候和异常恶劣的气候条件之间的界限。如多少毫米以上的降水，多少级以上的大风，多少温度以上的超高温或超低温天气等，以明确合同双方对气候变化影响施工的风险责任。

### （五）物价浮动的合同价格调整

#### 1. 基准日期

通用条款规定的基准日期指投标截止日前第 28 天。规定基准日期的作用是划分该日后由于政策法规的变化或市场物价浮动对合同价格影响的责任。承包人投标阶段在基准日后不再进行此方面的调研，进入编制投标文件阶段，因此通用条款在两个方面做出了规定：

（1）承包人以基准日期前的市场价格编制工程报价，长期合同中调价公式中的可调因素价格指数来源于基准日的价格；

（2）基准日期后，因法律法规、规范标准等的变化，导致承包人在合同履行中所需要的工程成本发生约定以外的增减时，相应调整合同价款。

#### 2. 调价条款

合同履行期间市场价格浮动对施工成本造成的影响是否允许调整合同价格，要视合同工期的长短来决定。

（1）简明施工合同的规定

适用于工期在 12 个月以内的简明施工合同的通用条款没有调价条款，承包人在投标报价中合理考虑市场价格变化对施工成本的影响，合同履行期间不考虑市场价格变化调整合同价款。

（2）标准施工合同的规定

工期 12 个月以上的施工合同，由于承包人在投标阶段不可能合理预测一年以后的市场价格变化，因此应设有调价条款，由发包人和承包人共同分担市场价格变化的风险。标准施工合同通用条款规定用公式法调价，但调整价格的方法仅适用于工程量清单中按单价支付部分的工程款，总价支付部分不考虑物价浮动对合同价格的调整。

#### 3. 公式法调价

（1）调价公式

施工过程中每次支付工程进度款时，用下列公式综合计算本期内因市场价格浮动应增加或减少的价格调整值。

$$\Delta P = P_0 \left[ A + \left( B_1 \times \frac{F_{t1}}{F_{01}} + B_2 \times \frac{F_{t2}}{F_{02}} + B_3 \times \frac{F_{t3}}{F_{03}} + \cdots + B_n \times \frac{F_{tn}}{F_{0n}} \right) - 1 \right]$$

式中，$\Delta P$ 是需调整的价格差额；$P_0$ 是付款证书中承包人应得到的已完成工程量的金额，不包括价格调整、质量保证金的扣留、预付款的支付和扣回，变更及其他金额已按现行价格计价的，也不计在内；$A$ 是定值权重（即不调部分的权重）；$B_1$、$B_2$、$B_3$、$\cdots$、$B_n$ 是各可调因子的变值权重（即可调部分的权重），指各可调因子在投标函投标总报价中所占的比例；$F_{t1}$、$F_{t2}$、$F_{t3}$、$\cdots$、$F_{tn}$ 是各可调因子的现行价格指数，指约定的付款证书相关周期最后一天的前 42 天的各可调因子的价格指数；$F_{01}$、$F_{02}$、$F_{03}$、$\cdots$、$F_{0n}$ 是各可调因子的基本价格指数，指基准日期的各可调因子的价格指数。

（2）调价公式的基数

价格调整公式中的各可调因子、定值和变值权重，以及基本价格指数及其来源在投标函附录价格指数和权重表中约定，以基准日的价格为准，因此应在合同调价条款中予以明确。

价格指数应首先采用工程项目所在地有关行政管理部门提供的价格指数，缺乏上述价格指数时，也可采用有关部门提供的价格代替。用公式法计算价格的调整，既可以用支付工程进度款时的市场平均价格指数或价格计算调整值，而不必考虑承包人具体购买材料的价格高低，又可以避免采用票据法调整价格时，每次中期支付工程进度款前去核实承包人购买材料的发票或单证后，再计算调整价格的烦琐程序。通用条款给出的基准价格指数如表 11-1 所示。

表 11-1　价格指数（或价格）与权重

| 名称 | | 基本价格指数（或基本价格） | | 权重 | | | 价格指数来源（或价格来源） |
|---|---|---|---|---|---|---|---|
| | | 代号 | 指数值 | 代号 | 允许范围 | 投标单位建议值 | |
| 定值部分 | | | | $A$ | | | |
| 变值部分 | 人工费 | $F_{01}$ | | $B_1$ | 至 | | |
| | 水泥 | $F_{02}$ | | $B_2$ | 至 | | |
| | 钢筋 | $F_{03}$ | | $B_3$ | 至 | | |
| | ... | ... | | ... | | | |
| | | | | | | | |
| 合计 | | | | | | 1.0 | |

### 三、明确保险责任

#### （一）工程保险和第三者责任保险

1. 办理保险的责任

（1）承包人办理保险

标准施工合同和简明施工合同的通用条款中考虑到承包人是工程施工的最直接责任人，因此均规定由承包人负责投保"建筑工程一切险""安装工程一切险"和"第三者责任保险"，并承担办理保险的费用。具体的投保内容、保险金额、保险费率、保险期限等有关内容在专用条款中约定。

承包人应在专用合同条款约定的期限内向发包人提交各项保险生效的证据和保险单副本，保险单必须与专用合同条款约定的条件一致。承包人需要变动保险合同条款时，应事先征得发包人同意，并通知监理人。保险人做出保险责任变动的，承包人应在收到保险人通知后立即通知发包人和监理人。承包人应与保险人保持联系，使保险人能够随时了解工程实施中的变动，并确保按保险合同条款要求持续保险。

（2）发包人办理保险

如果一个建设工程项目采用平行发包的方式分别交由多个承包人施工，由几家承包人分别投保的话，有可能产生重复投保或漏保，此时由发包人投保为宜。双方可在专用条款中约定，由发包人办理工程保险和第三者责任保险。

无论是由承包人还是发包人办理工程险和第三者责任保险，均必须以发包人和承包人的共同名义投保，以保障双方出现保险范围内的损失时，均可从保险公司获得赔偿。

2. 保险金不足的补偿

如果投保工程一切险的保险金额少于工程实际价值，工程受到保险事件的损害时，不能从保险公司获得实际损失的全额赔偿，则损失赔偿的不足部分按合同相应条款的约定，由该事件的风险责任方负责补偿。某些大型工程项目经常因工程投资额巨大，为了减少保险费的支出，采用不足额投保方式，即以建安工程费的60%～70%作为投保的保险金额，因此受到保险范围内的损害后，保险公司按实际损失的相应百分比予以赔偿。

标准施工合同要求在专用条款具体约定保险金不足以赔偿损失时，承包人和发包人应承担的责任。如永久工程损失的差额由发包人补偿，临时工程、施工设备等损失由承包人负责。

3. 未按约定投保的补偿

（1）如果负有投保义务的一方当事人未按合同约定办理保险，或未能使保险持续有效,另一方当事人可代为办理,所需费用由对方当事人承担。

(2)当负有投保义务的一方当事人未按合同约定办理某项保险,导致受益人未能得到保险人的赔偿,原应从该项保险得到的保险赔偿应由负有投保义务的一方当事人支付。

### (二)人员工伤事故保险和人身意外伤害保险

发包人和承包人应按照相关法律规定为履行合同的本方人员缴纳工伤保险费,并分别为自己现场项目管理机构的所有人员投保人身意外伤害保险。

### (三)其他保险

1. 承包人的施工设备保险

承包人应以自己的名义投保施工设备保险,作为工程一切险的附加保险,因为此项保险内容发包人没有投保。

2. 进场材料和工程设备保险

由当事人双方具体约定,在专用条款内写明。通常情况下,应是谁采购的材料和工程设备,由谁办理相应的保险。

## 第三节 施工准备阶段的合同管理

### 一、发包人的义务

为了保障承包人按约定的时间顺利开工,发包人应按合同约定的责任完成满足开工的准备工作。

### (一)提供施工场地

1. 施工现场

发包人应及时完成施工场地的征用、移民、拆迁工作,按专用合同条款约定的时间和范围向承包人提供施工场地。施工场地包括永久工程用地和施工的临时占地,施工场地的移交可以一次完成,也可以分次移交,以不影响单位工程的开工为原则。

2. 地下管线和地下设施的相关资料

发包人应按专用条款约定及时向承包人提供施工场地范围内地下管线和地下设施等有关资料。地下管线包括供水、排水、供电、供气、供热、通信、广播电视等的埋设位置,以及地下水文、地质等资料。发包人应保证资料的真实、准确、完整,但不对承包人据此判断、推论错误导致编制施工方案的后果承担责任。

3. 现场外的道路通行权

发包人应根据合同工程的施工需要,负责办理取得出入施工场地的专用和临时道路的通行权,以及取得为工程建设所需修建场外设施的权利,并承担有关费用。

### (二) 组织设计交底

发包人应根据合同进度计划,组织设计单位向承包人和监理人对提供的施工图纸和设计文件进行交底,以便承包人制订施工方案和编制施工组织设计。

### (三) 约定开工时间

考虑到不同行业和项目的差异,标准施工合同的通用条款中没有将开工时间作为合同条款,具体工程项目可根据实际情况在合同协议书或专用条款中约定。

## 二、承包人的义务

### (一) 现场查勘

承包人在投标阶段仅依据招标文件中提供的资料和较概略的图纸编制了供评标的施工组织设计或施工方案。签订合同协议书后,承包人应对施工场地和周围环境进行查勘,核对发包人提供的有关资料,并进一步收集相关的地质、水文、气象条件、交通条件、风俗习惯以及其他为完成合同工作有关的当地资料,以便编制施工组织设计和专项施工方案。在全部合同施工过程中,应视为承包人已充分估计了应承担的责任和风险,不得再以不了解现场情况为理由而推脱合同责任。

对现场查勘中发现的实际情况与发包人所提供资料有重大差异之处,应及时通知监理人,由其做出相应的指示或说明,以便明确合同责任。

### (二) 编制施工实施计划

#### 1. 施工组织设计

承包人应按合同约定的工作内容和施工进度要求,编制施工组织设计和施工进度计划,并对所有施工作业和施工方法的完备性、安全性、可靠性负责。按照《建设工程安全生产管理条例》规定,在施工组织设计中应针对深基坑工程、地下暗挖工程、高大模板工程、高空作业工程、深水作业工程、大爆破工程的施工编制专项施工方案。对于前 3 项危险性较大的分部分项工程的专项施工,还需经 5 人以上专家论证方案的安全性和可靠性。

施工组织设计完成后,按专用条款的约定,将施工进度计划和施工方案说明报送监理人审批。

#### 2. 质量管理体系

承包人应在施工场地设置专门的质量检查机构,配备专职质量检查人员,建立完善的质量检查制度。在合同约定的期限内,提交工程质量保证措施文件,包括质量检查机构的组织和岗位责任、质检人员的组成、质量检查程序和实施细则等,报送监理人审批。

3．环境保护措施计划

承包人在施工过程中,应遵守有关环境保护的法律和法规,履行合同约定的环境保护义务,按合同约定的环保工作内容,编制施工环保措施计划,报送监理人审批。

**（三）施工现场内的交通道路和临时工程**

承包人应负责修建、维修、养护和管理施工所需的临时道路,以及为开始施工所需的临时工程和必要的设施,满足开工的要求。

**（四）施工控制网**

承包人依据监理人提供的测量基准点、基准线和水准点及其书面资料,根据国家测绘基准、测绘系统和工程测量技术规范以及合同中对工程精度的要求,测量设施工控制网,并将施工控制网点的资料报送监理人审批。承包人在施工过程中负责管理施工控制网点,对丢失或损坏的施工控制网点应及时修复,并在工程竣工后将施工控制网点移交发包人。

**（五）提出开工申请**

承包人的施工前期准备工作满足开工条件后,向监理人提交工程开工报审表。开工报审表应详细说明按合同进度计划正常施工所需的施工道路、临时设施、材料设备、施工人员等施工组织措施的落实情况以及工程的进度安排。

## 三、监理人的职责

**（一）审查承包人的实施方案**

1．审查的内容

监理人对承包人报送的施工组织设计、质量管理体系、环境保护措施进行认真的审查、批准或要求承包人对不满足合同要求的部分进行修改。

2．审查进度计划

监理人对承包人的施工组织设计中的进度计划审查,不仅要看施工阶段的时间安排是否满足合同要求,更应评审拟采用的施工组织、技术措施能否保证计划的实现。监理人审查后,应在专用条款约定的期限内,批复或提出修改意见,否则该进度计划视为已得到批准。经监理人批准的施工进度计划称为"合同进度计划"。

监理人为了便于工程进度管理,可以要求承包人在合同进度计划的基础上编制并提交分阶段和分项的进度计划,特别是合同进度计划关键线路上的单位工程或分部工程的详细施工计划。

3．合同进度计划

合同进度计划是控制合同工程进度的依据,对承包人、发包人和监理人均有约束力,不仅要求承包人按计划施工,还要求发包人的材料供应、图纸发放等不应造成施工延误,以及监理人应按照计划进行协调管理。合同进度计划的另一重要作用是,施工进度受到非承包人责任原因的干扰后,可以作为判定是否应给承包人顺延合同工期的主要依据。

### (二)开工通知

#### 1. 发出开工通知的条件

当发包人的开工前期工作已完成且临近约定的开工日期时,应委托监理人按专用条款约定的时间向承包人发出开工通知。如果约定的开工已届至但发包人应完成的开工配合义务尚未完成(如现场移交延误),由于监理人不能按时发出开工通知,则要顺延合同工期并赔偿承包人的相应损失。

如果发包人开工前的配合工作已完成且约定的开工日期已届至,但承包人的开工准备还不满足开工条件,监理人仍应按时发出开工的指示,合同工期不予顺延。

#### 2. 发出开工通知的时间

监理人征得发包人同意后,应在开工日期 7 天前向承包人发出开工通知,合同工期自开工通知中载明的开工日起计算。

## 第四节　施工阶段的合同管理

### 一、合同履行涉及的几个时间期限

#### (一)合同工期

合同工期指承包人在投标函内承诺完成合同工程的时间期限,以及按照合同条款通过变更和索赔程序应给予顺延工期的时间之和。合同工期的作用是用于判定承包人是否按期竣工。

#### (二)施工期

承包人施工期从监理人发出的开工通知中写明的开工日起算,至工程接收证书中写明的实际竣工日止。以此期限与合同工期比较,判定是提前竣工还是延误竣工。延误竣工承包人承担拖期赔偿责任,提前竣工是否应获得奖励需视专用条款中是否有约定。

#### (三)缺陷责任期

缺陷责任期从工程接收证书中写明的竣工日开始起算,期限视具体工程的性质和使用条件的不同在专用条款内约定(一般为 1 年)。对于合同内约定有分部移交的单位工程,按提前验收的该单位工程接收证书中确定的竣工日为准,起算时间相应提前。

由于承包人拥有施工技术、设备和施工经验,缺陷责任期内工程运行期间出现的工程缺陷,承包人应负责修复,直到检验合格为止。修复费用以缺陷原因的责任划分,经查验属于发包人原因造成的缺陷,承包人修复后可获得查验、修复的费用及合理利润。如果承包人不能在合理时间内修复缺陷,发包人可以自行修复或委托其他人修复,修复费用由缺陷原因的责任方承担。

承包人责任原因产生的较大缺陷或损坏,致使工程不能按原定目标使用,经修复后需要再行检验或试验时,发包人有权要求延长该部分工程或设备的缺陷责任期。影响工程正常运行的有缺陷工程或部位,在修复检验合格日前已经过的时间归于无效,重新计算缺陷责任期,但包括延长时间在内的缺陷责任期最长时间不得超过 2 年。

**(四) 保修期**

保修期自实际竣工日起算,发包人和承包人按照有关法律、法规的规定,在专用条款内约定工程质量保修范围、期限和责任。对于提前验收的单位工程起算时间相应提前。承包人对保修期内出现的不属于其责任原因的工程缺陷,不承担修复义务。

## 二、施工进度管理

### (一) 合同进度计划的动态管理

为了保证实际施工过程中承包人能够按计划施工,监理人通过协调保障承包人的施工不受到外部或其他承包人的干扰,对已确定的施工计划要进行动态管理。标准施工合同的通用条款规定,不论何种原因造成工程的实际进度与合同进度计划不符,包括实际进度超前或滞后于计划进度,均应修订合同进度计划,以使进度计划具有实际的管理和控制作用。

承包人可以主动向监理人提交修订合同进度计划的申请报告,并附有关措施和相关资料,报监理人审批;监理人也可以向承包人发出修订合同进度计划的指示,承包人应按该指示修订合同进度计划后报监理人审批。

监理人应在专用合同条款约定的期限内予以批复。如果修订的合同进度计划对竣工时间有较大影响或需要补偿额超过监理人独立确定的范围时,在批复前应取得发包人同意。

### (二) 可以顺延合同工期的情况

1. 发包人原因延长合同工期

通用条款中明确规定,由于发包人原因导致的延误,承包人有权获得工期顺延和(或)费用加利润补偿的情况包括:

(1)增加合同工作内容;

(2)改变合同中任何一项工作的质量要求或其他特性;

(3)发包人迟延提供材料、工程设备或变更交货地点；

(4)因发包人原因导致的暂停施工；

(5)提供图纸延误；

(6)未按合同约定及时支付预付款、进度款；

(7)发包人造成工期延误的其他原因。

2. 异常恶劣的气候条件

按照通用条款的规定，出现专用合同条款约定的异常恶劣气候条件导致工期延误，承包人有权要求发包人延长工期。监理人处理气候条件对施工进度造成不利影响的事件时，应注意两条基本原则：

(1)正确区分气候条件对施工进度影响的责任

判明因气候条件对施工进度产生影响的持续期间内，属于异常恶劣气候条件有多少天。如土方填筑工程的施工中，因连续降雨导致停工15天，其中6天的降雨强度超过专用条款约定的标准构成延长合同工期的条件，而其余9天的停工或施工效率降低的损失，属于承包人应承担的不利气候条件风险。

(2)异常恶劣气候条件的停工是否影响总工期

异常恶劣气候条件导致的停工是进度计划中的关键工作，则承包人有权获得合同工期的顺延。如果被迫暂停施工的工作不在关键线路上且总时差多于停工天数，仍然不必顺延合同工期，但对施工成本的增加可以获得补偿。

**（三）承包人原因的延误**

未能按合同进度计划完成工作时，承包人应采取措施加快进度，并承担加快进度所增加的费用。由于承包人原因造成工期延误，承包人应支付逾期竣工违约金。

订立合同时，应在专用条款内约定逾期竣工违约金的计算方法和逾期违约金的最高限额。专用条款说明中建议，违约金计算方法约定的日拖期赔偿额，可采用每天为多少钱或每天为签约合同价的千分之几；最高赔偿限额为签约合同价的3%。

**（四）暂停施工**

1. 暂停施工的责任

施工过程中发生被迫暂停施工的原因，可能源于发包人的责任，也可能属于承包人的责任。通用条款规定，承包人责任引起的暂停施工，增加的费用和工期由承包人承担；发包人暂停施工的责任，承包人有权要求发包人延长工期和（或）增加费用，并支付合理利润。

1)承包人责任的暂停施工

(1)承包人违约引起的暂停施工；

(2)由于承包人原因为工程合理施工和安全保障所必需的暂停施工；

(3)承包人擅自暂停施工；

(4)承包人其他原因引起的暂停施工;

(5)专用合同条款约定由承包人承担的其他暂停施工。

2)发包人责任的暂停施工

发包人承担合同履行的风险较大,造成暂停施工的原因可能来自未能履行合同的行为责任,也可能源于自身无法控制但应承担风险的责任。大体可以分为以下几类原因致使施工暂停:

(1)发包人未履行合同规定的义务。此类原因较为复杂,包括自身未能尽到管理责任,如发包人采购的材料未能按时到货致使停工待料等;也可能源于第三者责任原因,如施工过程中出现设计缺陷导致停工等待变更的图纸等。

(2)不可抗力。不可抗力的停工损失属于发包人应承担的风险,如施工期间发生地震、泥石流等自然灾害导致暂停施工。

(3)协调管理原因。同时在现场的两个承包人发生施工干扰,监理人从整体协调考虑,指示某一承包人暂停施工。

(4)行政管理部门的指令。某些特殊情况下可能执行政府行政管理部门的指示,暂停一段时间的施工。如奥运会和世博会期间,为了环境保护的需要,某些在建工程按照政府文件要求暂停施工。

2. 暂停施工程序

(1)停工

监理人根据施工现场的实际情况,认为必要时可向承包人发出暂停施工的指示,承包人应按监理人指示暂停施工。

不论由于何种原因引起的暂停施工,监理人应与发包人和承包人协商,采取有效措施积极消除暂停施工的影响。暂停施工期间由承包人负责妥善保护工程并提供安全保障。

(2)复工

当工程具备复工条件时,监理人应立即向承包人发出复工通知,承包人收到复工通知后,应在指示的期限内复工。承包人无故拖延和拒绝复工,由此增加的费用和工期延误由承包人承担。

因发包人原因无法按时复工时,承包人有权要求延长工期和(或)增加费用,以及合理利润。

3. 紧急情况下的暂停施工

由于发包人的原因发生暂停施工的紧急情况,且监理人未及时下达暂停施工指示,承包人可先暂停施工并及时向监理人提出暂停施工的书面请求。监理人应在接到书面请求后的 24 小时内予以答复,逾期未答复视为同意承包人的暂停施工请求。

### (五) 发包人要求提前竣工

如果发包人根据实际情况向承包人提出提前竣工要求,由于涉及合同约定的变更,应与承包人通过协商达成提前竣工协议作为合同文件的组成部分。协议的内容应包括:承包人修订进度计划及为保证工程质量和安全采取的赶工措施;发包人应提供的条件;所需追加的合同价款;提前竣工给发包人带来效益应给承包人的奖励等。专用条款使用说明中建议,奖励金额可为发包人实际效益的20%。

## 三、施工质量管理

### (一) 质量责任

因承包人原因造成工程质量达不到合同约定验收标准,监理人有权要求承包人返工直至符合合同要求为止,由此造成的费用增加和(或)工期延误由承包人承担。

因发包人原因造成工程质量达不到合同约定验收标准,发包人应承担由于承包人返工造成的费用增加和(或)工期延误,并支付承包人合理利润。

### (二) 承包人的管理

#### 1. 项目部的人员管理

(1)质量检查制度

承包人应在施工场地设置专门的质量检查机构,配备专职质量检查人员,建立完善的质量检查制度。

(2)规范施工作业的操作程序

承包人应加强对施工人员的质量教育和技术培训,定期考核施工人员的劳动技能,严格执行规范和操作规程。

(3)撤换不称职的人员

当监理人要求撤换不能胜任本职工作、行为不端或玩忽职守的承包人项目经理和其他人员时,承包人应予以撤换。

#### 2. 质量检查

(1)材料和设备的检验

承包人应对使用的材料和设备进行进场检验和使用前的检验,不允许使用不合格的材料和有缺陷的设备。

承包人应按合同约定进行材料、工程设备和工程的试验和检验,并为监理人对材料、工程设备和工程的质量检查提供必要的试验资料和原始记录。按合同约定由监理人与承包人共同进行试验和检验的,承包人负责提供必要的试验资料和原始记录。

(2)施工部位的检查

承包人应对施工工艺进行全过程的质量检查和检验,认真执行自检、互检和工序交叉检验制度,尤其要做好工程隐蔽前的质量检查。

承包人自检确认的工程隐蔽部位具备覆盖条件后,通知监理人在约定的期限内检查,承包人的通知应附有自检记录和必要的检查资料。经监理人检查确认质量符合隐蔽要求,并在检查记录上签字后,承包人才能进行覆盖。监理人检查确认质量不合格的,承包人应在监理人指示的时间内修整或返工后,由监理人重新检查。

承包人未通知监理人到场检查,私自将工程隐蔽部位覆盖,监理人有权指示承包人钻孔探测或揭开检查,由此增加的费用和(或)工期延误由承包人承担。

(3)现场工艺试验

承包人应按合同约定或监理人指示进行现场工艺试验。对大型的现场工艺试验,监理人认为必要时,应由承包人根据监理人提出的工艺试验要求,编制工艺试验措施计划,报送监理人审批。

**(三) 监理人的质量检验和试验**

1. 与承包人的共同检验和试验

监理人应与承包人共同进行材料、设备的试验和工程隐蔽前的检验。收到承包人共同检验的通知后,监理人既未发出变更检验时间的通知,又未按时参加,承包人为了不延误施工可以单独进行检验和试验,将记录送交监理人后可继续施工。此次检验或试验视为监理人在场情况下进行,监理人应签字确认。

2. 监理人指示的检验和试验

(1)材料、设备和工程的重新检验和试验

监理人对承包人的试验和检验结果有疑问,或为查清承包人试验和检验成果的可靠性要求承包人重新试验和检验时,由监理人与承包人共同进行。重新试验和检验的结果证明该项材料、工程设备或工程的质量不符合合同要求,由此增加的费用和(或)工期延误由承包人承担;重新试验和检验结果证明符合合同要求,由发包人承担由此增加的费用和(或)工期延误,并支付承包人合理利润。

(2)隐蔽工程的重新检验

监理人对已覆盖的隐蔽工程部位质量有疑问时,可要求承包人对已覆盖的部位进行钻孔探测或揭开重新检验,承包人应遵照执行,并在检验后重新覆盖恢复原状。经检验证明工程质量符合合同要求,由发包人承担由此增加的费用和(或)工期延误,并支付承包人合理利润;经检验证明工程质量不符合合同要求,由此增加的费用和(或)工期延误由承包人承担。

**(四) 对发包人提供的材料和工程设备管理**

承包人应根据合同进度计划的安排,向监理人报送要求发包人交货的日期计划。发包人应按照监理人与合同双方当事人商定的交货日期,向承包人提交材料和工程设备,并在到货7天前通知承包人。承包人会同监理人在约定的时间内,在交货地点共同进行验收。发包人提供的材料和工程设备验收后,由承包人负责接收、保管和施工现场内的二次搬运所发生的费用。

发包人要求承包人提前接货的物资,承包人不得拒绝,但发包人应承担承包人由此增加的保管费用。发包人提供的材料和工程设备的规格、数量或质量不符合合同要求,或由于发包人原因发生交货日期延误及交货地点变更等情况时,发包人应承担由此增加的费用和(或)工期延误,并向承包人支付合理利润。

**(五)对承包人施工设备的控制**

承包人使用的施工设备不能满足合同进度计划或质量要求时,监理人有权要求承包人增加或更换施工设备,增加的费用和工期延误由承包人承担。

承包人的施工设备和临时设施应专用于合同工程,未经监理人同意,不得将施工设备和临时设施中的任何部分运出施工场地或挪作他用。对目前闲置的施工设备或后期不再使用的施工设备,经监理人根据合同进度计划审核同意后,承包人方可将其撤离施工现场。

## 四、工程款支付管理

### (一)通用条款中涉及支付管理的几个概念

标准施工合同的通用条款对涉及支付管理的几个有关价格的用词作出了明确的规定。

1. 合同价格

(1)签约合同价

签约合同价指签订合同时合同协议书中写明的,包括暂列金额、暂估价的合同总金额,即中标价。

(2)合同价格

合同价格指承包人按合同约定完成了包括缺陷责任期内的全部承包工作后,发包人应付给承包人的金额。合同价格即承包人完成施工、竣工、保修全部义务后的工程结算总价,包括履行合同过程中按合同约定进行的变更、价款调整、通过索赔应予补偿的金额。

二者的区别表现为,签约合同价是写在协议书和中标通知书内的固定数额,作为结算价款的基数;而合同价格是承包人最终完成全部施工和保修义务后应得的全部合同价款,包括施工过程中按照合同相关条款的约定,在签约合同价基础上应给承包人补偿或扣减的费用之和。因此只有在最终结算时,合同价格的具体金额才可以确定。

2. 签订合同时签约合同价内尚不确定的款项

(1)暂估价

暂估价指发包人在工程量清单中给出的,用于支付必然发生但暂时不能确定价格的材料、设备以及专业工程的金额。该笔款项属于签约合同价的组成部分，合同履行阶段一定发生，但招标阶段由于局部设计深度不够、质量标准尚未最终确定、投标时市场价格差异较大等原因，要求承包人按暂估价格报价部分，合同履行阶段再最终确定该部分的合同价格金额。

暂估价内的工程材料、设备或专业工程施工，属于依法必须招标的项目，施工过程中由发包人和承包人以招标的方式选择供应商或分包人，按招标的中标价确定。未达到必须招标的规模或标准时，材料和设备由承包人负责提供，经监理人确认相应的金额；专业工程施工的价格由监理人进行估价确定。与工程量清单中所列暂估价的金额差以及相应的税金等其他费用列入合同价格。

（2）暂列金额

暂列金额指已标价工程量清单中所列的一笔款项，用于在签订协议书时尚未确定或不可预见变更的施工及其所需材料、工程设备、服务等的金额，包括以计日工方式支付的款项。

上述两笔款项均属于包括在签约合同价内的金额，二者的区别表现为：暂估价是在招标投标阶段暂时不能合理确定价格，但合同履行阶段必然发生，发包人一定予以支付的款项；暂列金额则指招标投标阶段已经确定价格，监理人在合同履行阶段根据工程实际情况指示承包人完成相关工作后给予支付的款项。签约合同价内约定的暂列金额可能全部使用或部分使用，因此承包人不一定能够全部获得支付。

3. 费用和利润

通用条款内对费用的定义为，履行合同所发生的或将要发生的不计利润的所有合理开支，包括管理费和应分摊的其他费用。

合同条款中费用涉及两个方面：一是施工阶段处理变更或索赔时，确定应给承包人补偿的款额；二是按照合同责任应由承包人承担的开支。通用条款中很多涉及应给予承包人补偿的事件，分别明确调整价款的内容为"增加的费用"，或"增加的费用及合理利润"。导致承包人增加开支的事件如果属于发包人也无法合理预见和克服的情况，应补偿费用但不计利润；若属于发包人应予控制而未做好的情况，如因图纸资料错误导致的施工放线返工，则应补偿费用和合理利润。

利润可以通过工程量清单单价分析表中相关子项标明的利润或拆分报价单费用组成确定，也可以在专用条款内具体约定利润占费用的百分比。

4. 质量保证金

质量保证金（保留金）是将承包人的部分应得款扣留在发包人手中，用于因施工原因修复缺陷工程的开支项目。发包人和承包人需在专用条款内约定两个值：一是每次支付工程进度款时应扣质量保证金的比例（例如 10%）；二是质量保证金总额，可以采用某一金额或签约合同价的某一百分比（通常为 5%）。

质量保证金从第一次支付工程进度款时开始起扣，从承包人本期应获得的工程进度付款中,扣除预付款的支付、扣回以及因物价浮动对合同价格的调整三项金额后的款额为基数,按专用条款约定的比例扣留本期的质量保证金。累计扣留达到约定的总额为止。

质量保证金用于约束承包人在施工阶段、竣工阶段和缺陷责任期内,均必须按照合同要求对施工的质量和数量承担约定的责任。如果对施工期内承包人修复工程缺陷的费用从工程进度款内扣除,可能影响承包人后期施工的资金周转,因此规定质量保证金从第一次支付工程进度款时起扣。

监理人在缺陷责任期满颁发缺陷责任终止证书后,承包人向发包人申请到期应返还承包人质量保证金的金额,发包人应在14天内会同承包人按照合同约定的内容核实承包人是否完成缺陷修复责任。如无异议,发包人应当在核实后将剩余质量保证金返还承包人。如果约定的缺陷责任期满时,承包人还没有完成全部缺陷修复或部分单位工程延长的缺陷责任期尚未到期,发包人有权扣留与未履行缺陷责任剩余工作所需金额相应的质量保证金。

**(二) 外部原因引起的合同价格调整**

1. 物价浮动的变化

施工工期12个月以上的工程,应考虑市场价格浮动对合同价格的影响,由发包人和承包人分担市场价格变化的风险。通用条款规定用公式法调价,但仅适用于工程量清单中单价支付部分。在调价公式的应用中,有以下几个基本原则:

(1)在每次支付工程进度款计算调整差额时,如果得不到现行价格指数,可暂用上一次价格指数计算,并在以后的付款中再按实际价格指数进行调整。

(2)由于变更导致合同中调价公式约定的权重变得不合理时,由监理人与承包人和发包人协商后进行调整。

(3)因非承包人原因导致工期顺延,原定竣工日后的支付过程中,调价公式继续有效。

(4)因承包人原因未在约定的工期内竣工,后续支付时应采用原约定竣工日与实际支付日的两个价格指数中较低的一个作为支付计算的价格指数。

(5)人工、机械使用费按照国家或省、自治区、直辖市建设行政管理部门、行业建设管理部门或其授权的工程造价管理机构发布的人工成本信息、机械台班单价或机械使用费系数进行调整;需要调整价格的材料,以监理人复核后确认的材料单价及数量,作为调整工程合同价格差额的依据。

2. 法律法规的变化

基准日后,因法律、法规变化导致承包人的施工费用发生增减变化时,监理人根据法律及国家或省、自治区、直辖市有关部门的规定,采用商定或确定的方式对合同价款进行调整。

### (三) 工程量计量

已完成合格工程量计量的数据,是工程进度款支付的依据。工程量清单或报价单内承包工作的内容,既包括单价支付的项目,也可能有总价支付部分,如设备安装工程的施工。单价支付与总价支付的项目在计量和付款中有较大区别。单价子目已完成工程量按月计量;总价子目的计量周期按批准承包人的支付分解报告确定。

1. 单价子目的计量

对已完成的工程进行计量后,承包人向监理人提交进度付款申请单、已完成工程量报表和有关计量资料。监理人应在收到承包人提交的工程量报表后的 7 天内进行复核,监理人未在约定时间内复核,承包人提交的工程量报表中的工程量视为承包人实际完成的工程量,据此计算工程价款。

监理人对数量有异议或监理人认为有必要时,可要求承包人进行共同复核和抽样复测。承包人应协助监理人进行复核,并按监理人要求提供补充计量资料。承包人未按监理人要求参加复核,监理人单方复核或修正的工程量作为承包人实际完成的工程量。

2. 总价子目的计量

总价子目的计量和支付应以总价为基础,不考虑市场价格浮动的调整。承包人实际完成的工程量,是进行工程目标管理和控制进度支付的依据。

承包人在合同约定的每个计量周期内,对已完成的工程进行计量,并向监理人提交进度付款申请单、专用条款约定的合同总价支付分解表所表示的阶段性或分项计量的支持性资料,以及所达到工程形象进度或分阶段完成的工程量和有关计量资料。监理人对承包人提交的资料进行复核,有异议时可要求承包人进行共同复核和抽样复测。除变更外,总价子目表中标明的工程量是用于结算的工程量,通常不进行现场计量,只进行图纸计量。

### (四) 工程进度款的支付

1. 进度付款申请单

承包人应在每个付款周期末,按监理人批准的格式和专用条款约定的份数,向监理人提交进度付款申请单,并附相应的支持性证明文件。通用条款中要求进度付款申请单的内容包括:

(1)截至本次付款周期末已实施工程的价款;

(2)变更金额;

(3)索赔金额;

(4)本次应支付的预付款和扣减的返还预付款;

(5)本次扣减的质量保证金;

(6)根据合同应增加和扣减的其他金额。

2．进度款支付证书

监理人在收到承包人进度付款申请单以及相应的支持性证明文件后的14天内完成核查,提出发包人到期应支付给承包人的金额以及相应的支持性材料。经发包人审查同意后,由监理人向承包人出具经发包人签认的进度付款证书。

监理人有权扣发承包人未能按照合同要求履行任何工作或义务的相应金额,如扣除质量不合格部分的工程款等。

通用条款规定,监理人出具的进度付款证书,不应视为监理人已同意、批准或接受了承包人完成的该部分工作,在对以往历次已签发的进度付款证书进行汇总和复核中发现错、漏或重复的,监理人有权予以修正,承包人也有权提出修正申请。经双方复核同意的修正,应在本次进度付款中支付或扣除。

3．进度款的支付

发包人应在监理人收到进度付款申请单后的28天内,将进度应付款支付给承包人。发包人不按期支付,按专用合同条款的约定支付逾期付款违约金。

## 五、施工安全管理

### (一) 发包人的施工安全责任

发包人应按合同约定履行安全管理职责,授权监理人按合同约定的安全工作内容监督、检查承包人安全工作的实施,组织承包人和有关单位进行安全检查。发包人应对其现场机构全部人员的工伤事故承担责任,但由于承包人原因造成发包人人员工伤的,应由承包人承担责任。

发包人应负责赔偿工程或工程的任何部分对土地的占用所造成的第三者财产损失,以及由于发包人原因在施工场地及其毗邻地带造成的第三者人身伤亡和财产损失。

### (二) 承包人的施工安全责任

承包人应按合同约定的安全工作内容,编制施工安全措施计划报送监理人审批,按监理人的指示制订应对灾害的紧急预案,报送监理人审批。承包人还应按预案做好安全检查,配置必要的救助物资和器材,切实保护好有关人员的人身和财产安全。

施工过程中负责施工作业安全管理,特别应加强易燃易爆材料、火工器材、有毒与腐蚀性材料和其他危险品的管理,加强爆破作业和地下工程施工等危险作业的管理。严格按照国家安全标准制定施工安全操作规程,配备必要的安全生产和劳动保护设施,加强对承包人人员的安全教育,并发放安全工作手册和劳动保护用具。合同约定的安全作业环境及安全施工措施所需费用已包括在相关工作的合同价格中;因采取合同未约定的安全作业环境及安全施工措施增加的费用,由监理人按商定或确定方式予以补偿。

承包人对其履行合同所雇佣的全部人员,包括分包人人员的工伤事故承担责任,但由于发包人原因造成承包人人员的工伤事故,应由发包人承担责任。由于承包人原因在施工场地内及其毗邻地带造成的第三者人员伤亡和财产损失,由承包人负责赔偿。

**(三)安全事故处理程序**

**1. 通知**

施工过程中发生安全事故时,承包人应立即通知监理人,监理人应立即通知发包人。

**2. 及时采取减损措施**

工程事故发生后,发包人和承包人应立即组织人员和设备进行紧急抢救和抢修,减少人员伤亡和财产损失,防止事故扩大,并保护事故现场。需要移动现场物品时,应做出标记和书面记录,妥善保管有关证据。

**3. 报告**

工程事故发生后,发包人和承包人应按国家有关规定,及时如实地向有关部门报告事故发生的情况,以及正在采取的紧急措施。

## 六、变更管理

施工过程中出现的变更包括监理人指示的变更和承包人申请的变更两类。监理人可按通用条款约定的变更程序向承包人做出变更指示,承包人应遵照执行。没有监理人的变更指示,承包人不得擅自变更。

**(一)变更的范围和内容**

标准施工合同通用条款规定的变更范围包括:

(1)取消合同中任何一项工作,但被取消的工作不能转由发包人或其他人实施;

(2)改变合同中任何一项工作的质量或其他特性;

(3)改变合同工程的基线、标高、位置或尺寸;

(4)改变合同中任何一项工作的施工时间或改变已批准的施工工艺或顺序;

(5)为完成工程需要追加的额外工作。

**(二)监理人指示变更**

监理人根据工程施工的实际需要或发包人要求实施的变更,可以进一步划分为直接指示的变更和通过与承包人协商后确定的变更两种情况。

**1. 直接指示的变更**

直接指示的变更属于必须实施的变更,如按照发包人的要求提高质量标准、设计错误需要进行的设计修改、协调施工中的交叉干扰等情况。此时不需征求承包人意见,监理人经过发包人同意后发出变更指示要求承包人完成变更工作。

2. 与承包人协商后确定的变更

此类情况属于可能发生的变更,与承包人协商后再确定是否实施变更,如增加承包范围外的某项新增工作或改变合同文件中的要求等。

(1)监理人首先向承包人发出变更意向书,说明变更的具体内容、完成变更的时间要求等,并附必要的图纸和相关资料。

(2)承包人收到监理人的变更意向书后,如果同意实施变更,则向监理人提出书面变更建议。建议书的内容包括提交包括拟实施变更工作的计划、措施、竣工时间等内容的实施方案以及费用和(或)工期要求。若承包人收到监理人的变更意向书后认为难以实施此项变更,也应立即通知监理人,说明原因并附详细依据。如不具备实施变更项目的施工资质、无相应的施工机具等原因或其他理由。

(3)监理人审查承包人的建议书。承包人根据变更意向书要求提交的变更实施方案可行并经发包人同意后,监理人发出变更指示。如果承包人不同意变更,监理人与承包人和发包人协商后确定撤销、改变或不改变变更意向书。

**（三）承包人申请变更**

承包人提出的变更可能涉及建议变更和要求变更两类。

1. 承包人建议的变更

承包人对发包人提供的图纸、技术要求以及其他方面,提出了可能降低合同价格、缩短工期或者提高工程经济效益的合理化建议,均应以书面形式提交监理人。合理化建议书的内容应包括建议工作的详细说明、进度计划和效益以及与其他工作的协调等,并附必要的设计文件。

监理人与发包人协商是否采纳承包人提出的建议。建议被采纳并构成变更的,监理人向承包人发出变更指示。

承包人提出的合理化建议使发包人获得了降低工程造价、缩短工期、提高工程运行效益等实际利益,应按专用合同条款中的约定给予奖励。

2. 承包人要求的变更

承包人收到监理人按合同约定发出的图纸和文件,经检查认为其中存在属于变更范围的情形,如提高了工程质量标准、增加工作内容、工程的位置或尺寸发生变化等,可向监理人提出书面变更建议。变更建议应阐明要求变更的依据,并附必要的图纸和说明。

监理人收到承包人的书面建议后,应与发包人共同研究,确认存在变更的,应在收到承包人书面建议后的 14 天内做出变更指示。经研究后不同意作为变更的,由监理人书面答复承包人。

**（四）变更估价**

1. 变更估价的程序

承包人应在收到变更指示或变更意向书后的 14 天内，向监理人提交变更报价书，详细开列变更工作的价格组成及其依据，并附必要的施工方法说明和有关图纸。变更工作如果影响工期，承包人应提出调整工期的具体细节。

监理人收到承包人变更报价书后的 14 天内，根据合同约定的估价原则，商定或确定变更价格。

2. 变更估价的原则

（1）已标价工程量清单中有适用于变更工作的子目，采用该子目的单价计算变更费用；

（2）已标价工程量清单中无适用于变更工作的子目，但有类似子目，可在合理范围内参照类似子目的单价，由监理人商定或确定变更工作的单价；

（3）已标价工程量清单中无适用或类似子目的单价，可按照成本加利润的原则，由监理人商定或确定变更工作的单价。

**（五）不利物质条件的影响**

不利物质条件属于发包人应承担的风险，指承包人在施工场地遇到的不可预见的自然物质条件、非自然的物质障碍和污染物，包括地下和水文条件，但不包括气候条件。

承包人遇到不利物质条件时，应采取适应不利物质条件的合理措施继续施工，并通知监理人。监理人应当及时发出指示，构成变更的，按变更对待。监理人没有发出指示，承包人因采取合理措施而增加的费用和工期延误，由发包人承担。

# 七、不可抗力

**（一）不可抗力事件**

不可抗力是指承包人和发包人在订立合同时不可预见，在工程施工过程中不可避免发生并不能克服的自然灾害和社会性突发事件，如地震、海啸、瘟疫、水灾、骚乱、暴动、战争和专用合同条款约定的其他情形。

**（二）不可抗力发生后的管理**

1. 通知并采取措施

合同一方当事人遇到不可抗力事件，使其履行合同义务受到阻碍时，应立即通知合同另一方当事人和监理人，书面说明不可抗力和受阻碍的详细情况，并提供必要的证明。不可抗力发生后，发包人和承包人均应采取措施尽量避免和减少损失的扩大，任何一方没有采取有效措施导致损失扩大的，应对扩大的损失承担责任。

如果不可抗力的影响持续时间较长，合同一方当事人应及时向合同另一方当事人和监理人提交中间报告,说明不可抗力和履行合同受阻的情况,并于不可抗力事件结束后28天内提交最终报告及有关资料。

2. 不可抗力造成的损失

通用条款规定,不可抗力造成的损失由发包人和承包人分别承担:

(1)永久工程,包括已运至施工场地的材料和工程设备的损害,以及因工程损害造成的第三者人员伤亡和财产损失由发包人承担。

(2)承包人设备的损坏由承包人承担。

(3)发包人和承包人各自承担其人员伤亡和其他财产损失及其相关费用。

(4)停工损失由承包人承担,但停工期间应监理人要求照管工程和清理、修复工程的金额由发包人承担。

(5)不能按期竣工的,应合理延长工期,承包人不需支付逾期竣工违约金。发包人要求赶工的,承包人应采取赶工措施,赶工费用由发包人承担。

### (三) 因不可抗力解除合同

合同一方当事人因不可抗力导致不可能继续履行合同义务时,应当及时通知对方解除合同。合同解除后,承包人应撤离施工场地。

合同解除后,已经订货的材料、设备由订货方负责退货或解除订货合同,不能退还的货款和因退货、解除订货合同发生的费用,由发包人承担,因未及时退货造成的损失由责任方承担。合同解除后的付款,监理人与当事人双方协商后确定。

## 八、索赔管理

### (一) 承包人的索赔

1. 承包人提出索赔要求

承包人根据合同认为有权得到追加付款和(或)延长工期时,应按规定程序向发包人提出索赔。

承包人应在引起索赔事件发生后的28天内,向监理人递交索赔意向通知书,并说明发生索赔事件的事由。承包人未在前述28天内发出索赔意向通知书,丧失要求追加付款和(或)延长工期的权利。

承包人应在发出索赔意向通知书后28天内,向监理人递交正式的索赔通知书,详细说明索赔理由以及要求追加的付款金额和(或)延长的工期,并附必要的记录和证明材料。

对于具有持续影响的索赔事件,承包人应按合理时间间隔陆续递交延续的索赔通知,说明连续影响的实际情况和记录,列出累计的追加付款金额和(或)工期延长天数。在索赔事件影响结束后的28天内,承包人应向监理人递交最终索赔通知书,说明最终要求索赔的追加付款金额和延长的工期,并附必要的记录和证明材料。

### 2．监理人处理索赔

监理人收到承包人提交的索赔通知书后,应及时审查索赔通知书的内容、查验承包人的记录和证明材料,必要时监理人可要求承包人提交全部原始记录副本。

监理人首先应争取通过与发包人和承包人协商达成索赔处理的一致意见,如果分歧较大,再单独确定追加的付款和(或)延长的工期。监理人应在收到索赔通知书或有关索赔的进一步证明材料后的 42 天内,将索赔处理结果答复承包人。

承包人接受索赔处理结果,发包人应在做出索赔处理结果答复后 28 天内完成赔付。承包人不接受索赔处理结果的,按合同争议解决。

### 3．承包人提出索赔的期限

竣工阶段发包人接受了承包人提交并经监理人签认的竣工付款证书后,承包人不能再对施工阶段、竣工阶段的事项提出索赔要求。

缺陷责任期满承包人提交的最终结清申请单中,只限于提出工程接收证书颁发后发生的索赔。提出索赔的期限至发包人接受最终结清证书时止,即合同终止后承包人就失去索赔的权利。

### 4．应给承包人补偿的条款

标准施工合同中涉及应给承包人补偿的条款,在标准施工合同通用条款中均已列明。

#### (二) 发包人的索赔

### 1．发包人提出索赔

发包人的索赔包括承包人应承担责任的赔偿扣款和缺陷责任期的延长。发生索赔事件后,监理人应及时书面通知承包人,详细说明发包人有权得到的索赔金额和(或)延长缺陷责任期的细节和依据。发包人提出索赔的期限与对承包人的要求相同,即颁发工程接收证书后,不能再对施工期间的事件索赔;最终结清证书生效后,不能再就缺陷责任期内的事件索赔,因此延长缺陷责任期的通知应在缺陷责任期届满前提出。

### 2．监理人处理索赔

监理人也应首先通过与当事人双方协商争取达成一致,分歧较大时在协商基础上确定索赔的金额和缺陷责任期延长的时间。承包人应付给发包人的赔偿款从应支付给承包人的合同价款或质量保证金内扣除,也可以由承包人以其他方式支付。

## 九、违约责任

通用条款对发包人和承包人违约的情况及处理分别作了明确的规定。

**（一）承包人的违约**

1. **违约情况**

（1）私自将合同的全部或部分权利转让给其他人，将合同的全部或部分义务转移给其他人；

（2）未经监理人批准，私自将已按合同约定进入施工场地的施工设备、临时设施或材料撤离施工场地；

（3）使用不合格材料或工程设备，工程质量达不到标准要求，又拒绝清除不合格工程；

（4）未能按合同进度计划及时完成合同约定的工作，已造成或预期造成工期延误；

（5）缺陷责任期内未对工程接收证书所列缺陷清单的内容或缺陷责任期内发生的缺陷进行修复，又拒绝按监理人指示再进行修补；

（6）承包人无法继续履行或明确表示不履行或实质上已停止履行合同；

（7）承包人不按合同约定履行义务的其他情况。

2. **承包人违约的处理**

发生承包人不履行或无力履行合同义务的情况时，发包人可通知承包人立即解除合同。

对于承包人违反合同规定的情况，监理人应向承包人发出整改通知，要求其在指定的期限内改正。承包人应承担其违约所引起的费用增加和（或）工期延误。监理人发出整改通知 28 天后，承包人仍不纠正违约行为，发包人可向承包人发出解除合同通知。

3. **因承包人违约解除合同**

1）发包人进驻施工现场

合同解除后，发包人可派员进驻施工场地，另行组织人员或委托其他承包人施工。发包人因继续完成该工程的需要，有权扣留使用承包人在现场的材料、设备和临时设施。这种扣留不是没收，只是为了后续工程能够尽快顺利开始。发包人的扣留行为不免除承包人应承担的违约责任，也不影响发包人根据合同约定享有的索赔权利。

2）合同解除后的结算

（1）监理人与当事人双方协商承包人实际完成工作的价值，以及承包人已提供的材料、施工设备、工程设备和临时工程等的价值。达不成一致，由监理人单独确定。

（2）合同解除后，发包人应暂停对承包人的一切付款，查清各项付款和已扣款金额，包括承包人应支付的违约金。

（3）发包人应按合同的约定向承包人索赔由于解除合同给发包人造成的损失。

（4）合同双方确认上述往来款项后，发包人出具最终结清付款证书，结清全部合同款项。

（5）发包人和承包人未能就解除合同后的结清达成一致，按合同约定解决争议的方法处理。

3）承包人已签订其他合同的转让

因承包人违约解除合同，发包人有权要求承包人将其为实施合同而签订的材料和设备的订货合同或任何服务协议转让给发包人，并在解除合同后的 4 天内，依法办理转让手续。

**（二）发包人的违约**

1. 违约情况

（1）发包人未能按合同约定支付预付款或合同价款，或拖延、拒绝批准付款申请和支付凭证，导致付款延误；

（2）发包人原因造成停工的持续时间超过 56 天以上；

（3）监理人无正当理由没有在约定期限内发出复工指示，导致承包人无法复工；

（4）发包人无法继续履行或明确表示不履行或实质上已停止履行合同；

（5）发包人不履行合同约定的其他义务。

2. 发包人违约的处理

（1）承包人有权暂停施工

除了发包人不履行合同义务或无力履行合同义务的情况外，承包人向发包人发出通知，要求发包人采取有效措施纠正违约行为。发包人收到承包人通知后的 28 天内仍不履行合同义务，承包人有权暂停施工，并通知监理人，发包人应承担由此增加的费用和（或）工期延误，并支付承包人合理利润。

承包人暂停施工 28 天后，发包人仍不纠正违约行为，承包人可向发包人发出解除合同通知。但承包人的这一行为不免除发包人承担的违约责任，也不影响承包人根据合同约定享有的索赔权利。

（2）违约解除合同

属于发包人不履行或无力履行义务的情况，承包人可书面通知发包人解除合同。

3. 因发包人违约解除合同

1）解除合同后的结算

发包人应在解除合同后 28 天内向承包人支付下列金额：

（1）合同解除日以前所完成工作的价款。

(2)承包人为该工程施工订购并已付款的材料、工程设备和其他物品的金额。发包人付款后,该材料、工程设备和其他物品归发包人所有。

(3)承包人为完成工程所发生的,而发包人未支付的金额。

(4)承包人撤离施工场地以及遣散承包人人员的赔偿金额。

(5)由于解除合同应赔偿的承包人损失。

(6)按合同约定在合同解除日前应支付给承包人的其他金额。

发包人应按本项约定支付上述金额并退还质量保证金和履约担保,但有权要求承包人支付应偿还给发包人的各项金额。

2)承包人撤离施工现场

因发包人违约而解除合同后,承包人尽快完成施工现场的清理工作,妥善做好已竣工工程和已购材料、设备的保护和移交工作,按发包人要求将承包人设备和人员撤出施工场地。

# 第五节　竣工和缺陷责任期阶段的合同管理

## 一、竣工验收管理

### (一) 单位工程验收

#### 1. 单位工程验收的情况

合同工程全部完工前进行单位工程验收和移交,可能涉及以下三种情况:一是专用条款内约定了某些单位工程分部移交;二是发包人在全部工程竣工前希望使用已经竣工的单位工程,提出单位工程提前移交的要求,以便获得部分工程的运行收益;三是承包人从后续施工管理的角度出发而提出单位工程提前验收的建议,并经发包人同意。

#### 2. 单位工程验收后的管理

验收合格后,由监理人向承包人出具经发包人签认的单位工程验收证书。单位工程的验收成果和结论作为全部工程竣工验收申请报告的附件。移交后的单位工程由发包人负责照管。

除了合同约定的单位工程分部移交的情况外,如果发包人在全部工程竣工前,使用已接收的单位工程运行影响了承包人的后续施工,发包人应承担由此增加的费用和(或)工期延误,并支付承包人合理利润。

### (二) 施工期运行

施工期运行是指合同工程尚未全部竣工,其中某项或某几项单位工程已竣工或工程设备安装完毕,需要投入施工期的运行时,须经检验合格能确保安全后,才能在施工期投入运行。

除了专用条款约定由发包人负责试运行的情况外,承包人应负责提供试运行所需的人员、器材和必要的条件,并承担全部试运行费用。施工期运行中发现工程或工程设备损坏或存在缺陷时,由承包人进行修复,并按照缺陷原因由责任方承担相应的费用。

**(三) 合同工程的竣工验收**

1. 承包人提交竣工验收申请报告

当工程具备以下条件时,承包人可向监理人报送竣工验收申请报告:

(1)除监理人同意列入缺陷责任期内完成的尾工(甩项)工程和缺陷修补工作外,承包人的施工已完成合同范围内的全部单位工程以及有关工作,包括合同要求的试验、试运行以及检验和验收,并符合合同要求;

(2)已按合同约定的内容和份数备齐了符合要求的竣工资料;

(3)已按监理人的要求编制了在缺陷责任期内完成的尾工(甩项)工程和缺陷修补工作清单以及相应施工计划;

(4)监理人要求在竣工验收前应完成的其他工作;

(5)监理人要求提交的竣工验收资料清单。

2. 监理人审查竣工验收申请报告

监理人审查竣工验收申请报告的各项内容,认为工程尚不具备竣工验收条件时,应在收到竣工验收申请报告后的 28 天内通知承包人,指出在颁发接收证书前承包人还需进行的工作内容。承包人完成监理人通知的全部工作内容后,应再次提交竣工验收申请报告,直至监理人同意为止。

监理人审查后认为已具备竣工验收条件,应在收到竣工验收申请报告后的 28 天内提请发包人进行工程验收。

3. 竣工验收

(1)竣工验收合格,监理人应在收到竣工验收申请报告后的 56 天内,向承包人出具经发包人签认的工程接收证书。以承包人提交竣工验收申请报告的日期为实际竣工日期,并在工程接收证书中写明。实际竣工日用以计算施工期限,与合同工期对照判定承包人是提前竣工还是延误竣工。

(2)竣工验收基本合格但提出了需要整修和完善要求时,监理人应指示承包人限期修好,并缓发工程接收证书。经监理人复查整修和完善工作达到了要求,再签发工程接收证书,竣工日仍为承包人提交竣工验收申请报告的日期。

(3)竣工验收不合格,监理人应按照验收意见发出指示,要求承包人对不合格工程认真返工重做或进行补救处理,并承担由此产生的费用。承包人在完成不合格工程的返工重做或补救工作后,应重新提交竣工验收申请报告。重新验收如果合格,则工程接收证书中注明的实际竣工日,应为承包人重新提交竣工验收报告的日期。

4. 延误进行竣工验收

发包人在收到承包人竣工验收申请报告56天后未进行验收,视为验收合格。实际竣工日期以提交竣工验收申请报告的日期为准,但发包人由于不可抗力不能进行验收的情况除外。

**(四) 竣工结算**

1. 承包人提交竣工付款申请单

工程进度款的分期支付是阶段性的临时支付,因此在工程接收证书颁发后,承包人应按专用合同条款约定的份数和期限向监理人提交竣工付款申请单,并提供相关证明材料。付款申请单应说明竣工结算的合同总价、发包人已支付承包人的工程价款、应扣留的质量保证金、应支付的竣工付款金额。

2. 监理人审查

竣工结算的合同价格,应为通过单价乘以实际完成工程量的单价子目款、采用固定价格的各子项目包干价、依据合同条款进行调整(变更、索赔、物价浮动调整等)构成的最终合同结算价。

监理人对竣工付款申请单如果有异议,有权要求承包人进行修正和提供补充资料。监理人和承包人协商后,由承包人向监理人提交修正后的竣工付款申请单。

3. 签发竣工付款证书

监理人在收到承包人提交的竣工付款申请单后的14天内完成核查,将核定的合同价格和结算尾款金额提交发包人审核并抄送承包人。发包人应在收到后14天内审核完毕,由监理人向承包人出具经发包人签认的竣工付款证书。

监理人未在约定时间内核查,又未提出具体意见的,视为承包人提交的竣工付款申请单已经监理人核查同意。

发包人未在约定时间内审核又未提出具体意见,监理人提出发包人到期应支付给承包人的结算尾款视为已经发包人同意。

4. 支付

发包人应在监理人出具竣工付款证书后的14天内,将应支付款支付给承包人。发包人不按期支付,还应加付逾期付款的违约金。如果承包人对发包人签认的竣工付款证书有异议,发包人可出具竣工付款申请单中承包人已同意部分的临时付款证书,存在争议的部分,按合同约定的争议条款处理。

**(五) 竣工清场**

1. 承包人的清场义务

工程接收证书颁发后,承包人应对施工场地进行清理,直至监理人检验合格为止。

（1）施工场地内残留的垃圾已全部清除出场；

（2）临时工程已拆除，场地已按合同要求进行清理、平整或复原；

（3）按合同约定应撤离的承包人设备和剩余的材料，包括废弃的施工设备和材料，已按计划撤离施工场地；

（4）工程建筑物周边及其附近道路、河道的施工堆积物，已按监理人指示全部清理；

（5）监理人指示的其他场地清理工作已全部完成。

2. 承包人未按规定完成的责任

承包人未按监理人的要求恢复临时占地，或者场地清理未达到合同约定，发包人有权委托其他人恢复或清理，所发生的金额从拟支付给承包人的款项中扣除。

## 二、缺陷责任期管理

### （一）缺陷责任

缺陷责任期自实际竣工日期起计算。在全部工程竣工验收前，已经发包人提前验收的单位工程，其缺陷责任期的起算日期相应提前。

工程移交发包人运行后，缺陷责任期内出现的工程质量缺陷可能是承包人的施工质量原因，也可能属于非承包人应负责的原因导致，应由监理人与发包人和承包人共同查明原因，分清责任。对于工程主要部位承包人责任的缺陷工程修复后，缺陷责任期相应延长。

任何一项缺陷或损坏修复后，经检查证明其影响了工程或工程设备的使用性能，承包人应重新进行合同约定的试验和试运行，试验和试运行的全部费用应由责任方承担。

### （二）监理人颁发缺陷责任终止证书

缺陷责任期满，包括延长的期限终止后 14 天内，由监理人向承包人出具经发包人签认的缺陷责任期终止证书，并退还剩余的质量保证金。颁发缺陷责任期终止证书，意味承包人已按合同约定完成了施工、竣工和缺陷修复责任的义务。

### （三）最终结清

缺陷责任期终止证书签发后，发包人与承包人进行合同付款的最终结清。结清的内容涉及质量保证金的返还、缺陷责任期内修复非承包人缺陷责任的工作、缺陷责任期内涉及的索赔等。

1. 承包人提交最终结清申请单

承包人按专用合同条款约定的份数和期限向监理人提交最终结清申请单，并提供缺陷责任期内的索赔、质量保证金应返还的余额等的相关证明材料。如果质量保证金不足以抵减发包人损失时，承包人还应承担不足部分的赔偿责任。

发包人对最终结清申请单内容有异议时，有权要求承包人进行修正和提供补充资料。承包人再向监理人提交修正后的最终结清申请单。

2. 签发最终结清证书

监理人收到承包人提交的最终结清申请单后的 14 天内，提出发包人应支付给承包人的价款送发包人审核并抄送承包人。发包人应在收到后 14 天内审核完毕，由监理人向承包人出具经发包人签认的最终结清证书。

监理人未在约定时间内核查，又未提出具体意见，视为承包人提交的最终结清申请已经监理人核查同意。发包人未在约定时间内审核又未提出具体意见，监理人提出应支付给承包人的价款视为已经发包人同意。

3. 最终支付

发包人应在监理人出具最终结清证书后的 14 天内，将应支付款支付给承包人。发包人不按期支付，还需将逾期付款违约金支付给承包人。承包人对最终结清证书有异议，按合同争议处理。

4. 结清单生效

承包人收到发包人最终支付款后结清单生效。结清单生效即表明合同终止，承包人不再拥有索赔的权利。如果发包人未按时支付结清款，承包人仍可就此事项进行索赔。

# 第六节　施工分包合同管理

## 一、施工分包合同概述

工程项目建设过程中，承包人会将承包范围内的部分工作采用分包形式交由其他企业完成，如设计分包、施工分包、材料设备供应的供货分包等。分包工程的施工，既是承包范围内必须完成的工作，又是分包合同约定的工作内容，涉及两个同时实施的合同，履行的管理更为复杂。

### （一）施工的专业分包与劳务分包

1. 施工分包合同示范文本

承包人与发包人订立承包合同后，基于某些专业性强的工程施工自己的施工能力受到限制进行施工专业分包，或考虑减少本项目投入的人力资源以节省施工成本而进行施工劳务分包。建设部和国家工商行政管理局联合颁布了《建设工程施工专业分包合同（示范文本）》（GF-2004-0213）和《建设工程施工劳务分包合同（示范文本）》（GF-2003-0214）。

施工专业分包合同由协议书、通用条款和专用条款三部分组成。由于施工劳务分包合同相对简单，仅为一个标准化的合同文件，对具体工程的分包约定采用填空的方式明确即可。

2. 施工专业分包与劳务分包的主要区别

施工专业分包由分包人独立承担分包工程的实施风险，用自己的技术、设备、人力资源完成承包的工作；施工劳务分包的分包人主要提供劳动力资源，使用常用（或简单）的自有施工机具完成承包人委托的简单施工任务。主要差异表现为以下几个方面条款的规定：

1）分包人的收入

施工专业分包规定为分包合同价格，即分包人独立完成约定的施工任务后，有权获得的包括施工成本、管理成本、利润等全部收入；而施工劳务分包规定为劳务报酬，即配合承包人完成全部施工任务后应获得的劳务酬金。劳务报酬的约定可以采用以下三种方式之一：

（1）固定劳务报酬（含管理费）；

（2）不同工种劳务的计时单价（含管理费），按确认的工时计算；

（3）约定不同工作成果的计件单价（含管理费），按确认的工程量计算。

通常情况下，不管约定为何种形式的劳务报酬，均为固定价格，施工过程中不再调整。

2）保险责任

施工专业分包合同规定，分包人必须为从事危险作业的职工办理意外伤害保险，并为施工场地内自有人员生命财产和施工机械设备办理保险，支付保险费用；而劳务施工分包合同则规定，劳务分包人不需单独办理保险，其保险应获得的权益包括在发包人或承包人投保的工程险和第三者责任险中，分包人也不需支付保险费用。

3）施工组织

施工专业分包合同规定，分包人应编制专业工程的施工组织设计和进度计划，报承包人批准后执行。承包人负责整个施工场地的管理工作，协调分包人与施工现场承包人的人员和其他分包人施工的交叉配合，确保分包人按照经批准的施工组织设计进行施工。施工劳务分包合同规定，分包人不需编制单独的施工组织设计，而是根据承包人制订的施工组织设计和总进度计划的要求施工。劳务分包人在每月底提交下月施工计划和劳动力安排计划，经承包人批准后严格实施。

4）分包人对施工质量承担责任的期限

施工专业分包工程通过竣工验收后，分包人对分包工程仍需承担质量缺陷的修复责任，缺陷责任期和保修期的期限按照施工总承包合同的约定执行。

劳务分包合同规定，全部工程竣工验收合格后，劳务分包人对其施工的工程质量不再承担责任，承包人承担缺陷责任期和保修期内的修复缺陷责任。

由于施工劳务分包的分包人不独立承担风险，施工纳入承包人的组织管理之中，合同履行管理相对简单，因此以下仅针对施工专业分包加以讨论。

**（二）分包工程施工的管理职责**

1. 发包人对施工专业分包的管理

发包人不是分包合同的当事人，对分包合同权利义务如何约定也不参与意见，与分包人没有任何合同关系。但作为工程项目的投资方和施工合同的当事人，他对分包合同的管理主要表现为对分包工程的批准。接受承包人投标书内说明的某工程部分准备分包，即同意此部分工程由分包人完成。如果承包人在施工过程中欲将某部分的施工任务分包，仍需经过发包人的同意。

2. 监理人对施工专业分包的管理

监理人接受发包人委托，仅对发包人与第三者订立合同的履行负责监督、协调和管理，因此对分包人在现场的施工不承担协调管理义务。然而分包工程仍属于施工总承包合同的一部分，仍需履行监督义务，包括：对分包人的资质进行审查；对分包人用的材料、施工工艺、工程质量进行监督；确认完成的工程量等。

3. 承包人对施工专业分包的管理

承包人作为两个合同的当事人，不仅对发包人承担整个合同工程按预期目标实现的义务，而且对分包工程的实施负有全面管理责任。承包人派驻施工现场的项目经理对分包人的施工进行监督、管理和协调，承担如同主合同履行过程中监理人的职责，包括审查分包工程进度计划、分包人的质量保证体系及对分包人的施工工艺和工程质量进行监督等。

## 二、施工分包合同的订立

按照《建设工程施工专业分包合同》专用条款的规定，订立分包合同时需要明确的内容主要包括：

**（一）分包工程的范围和时间要求**

通过招标选择的分包人，工作内容、范围和工期要求已在招投标过程中确定，若是直接选择的分包人则需明确写明以上内容。对于分包工程拖期违约应承担赔偿责任的计算方式和最高限额，也应在专用条款中约定。

**（二）分包工程施工应满足施工总承包合同的要求**

为了能让分包人合理预见分包工程施工中应承担的风险，以及保证分包工程的施工能够满足总承包合同的要求，承包人应让分包人充分了解总承包合同中除了合同价格以外的各项规定，使分包人履行并承担与分包工程有关的承包人的所有义务与责任。当分包人提出要求时，承包人应向分包人提供一份总承包合同（有关承包工程的价格内容除外）的副本或复印件。

无论是承包人通过招标选择的分包人，还是直接选定分包人签订的合同均属于当事人之间的市场行为，因此分包合同的承包价款不是简单地从总承包合同中切割。施工专业分包合同中明确规定，分包合同价款与总承包合同相应部分价款无任何连带关系，因此总承包合同中涉及分包工程的价款无须让分包人了解。

### （三）承包人为分包工程施工提供的协助条件

#### 1. 提供施工图纸

分包工程的图纸来源于发包人委托的设计单位，可以一次性发放或分阶段发放，因此承包人应依据主合同的约定，在分包合同专用条款内列明向分包人提供图纸日期和套数，以及分包人参加发包人组织图纸会审的时间。

专业工程施工经常涉及使用新工艺、新设备、新材料、新技术，可能出现分包工程的图纸不能完全满足施工需要的情况。如果承包人按照总承包合同的要求，委托分包人在其设计资质等级和业务允许的范围内，在原工程图纸的基础上进行施工图深化设计时，设计的范围及发生的费用，应在专用条款中约定。

#### 2. 施工现场的移交

在专用条款内约定，承包人向分包人提供施工场地应具备的条件、施工场地的范围和提供时间。

#### 3. 提供分包人使用的临时设施和施工机械

为了节省施工总成本，允许分包人使用承包人为本工程实施而建立的临时设施和某些施工机械设备，如混凝土拌和站、提升装置或重型机械等。分包人使用这些临时设施和工程机械，有些是免费使用，有些是需要付费使用，因此在专用条款内需约定承包人为分包工程的实施提供的机械设备和设施，以及费用的承担。

## 三、施工分包合同履行管理

### （一）承包人协调管理的指令

承包人负责整个施工场地的管理工作，协调分包人与同一施工场地的其他分包人及自己施工可能产生的交叉干扰，确保分包人按照批准的施工组织设计进行施工。

#### 1. 承包人的指令

由于承包人与分包人同时在施工现场进行施工，因此承包人的协调管理工作主要通过发布一系列指示来实现。承包人随时可以向分包人发出分包工程范围内的有关工作指令。

#### 2. 发包人或监理人的指令

发包人或监理人就分包工程施工的有关指令和决定应发送给承包人。承包人接到监理人就分包工程发布的指示后,将其要求列入自己的管理工作范围,并及时以书面确认的形式转发给分包人令他遵照执行。

为了准确地区分合同责任,分包合同通用条款内明确规定,分包人应执行经承包人确认和转发的发包人和监理人就分包范围内有关工作的所有指令,但不得直接接受发包人和监理人的指令。当分包人接到监理人的指示后不能立即执行,需得到承包人同意才可实施。合同内作出此项规定的目的:一是分包工程现场施工的协调管理由承包人负责,如果同一时间分包人分别接到监理人和承包人发出的两个有冲突的施工指令,则会造成现场管理的混乱;二是监理人的指令可能需要承包人对总包工程的施工与分包工程的施工进行协调后才能有序进行;三是分包人只与承包人存在合同关系,执行未经承包人确认的指令而导致施工成本增加和工期延误情况时,无权向承包人提出补偿要求。

### (二) 计量与支付

#### 1. 工程量计量

无论监理人参与或不参与分包工程的工程量计量,承包人均需在每一计量周期通知分包人共同对分包工程量进行计量。分包人收到通知后不参加计量,承包人的计量结果有效,作为分包工程价款支付的依据;承包人不按约定时间通知分包人,致使分包人未能参加计量,计量结果无效,分包人提交的工程量报告中开列的工程量应作为分包人获得工程进度款的依据。

#### 2. 分包合同工程进度款的支付

承包人依据计量确认的分包工程量,乘以总承包合同相应的单价计算的金额,纳入支付申请书内。获得发包人支付的工程进度款后,再按分包合同约定单价计算的款额支付给分包人。

### (三) 变更管理

分包工程的变更可能来源于监理人通知并经承包人确认的指令,也可能是承包人根据施工现场实际情况自主发出的指令。变更的范围和确定变更价款的原则与总承包合同规定相同。

分包人应在工程变更确定后 11 天内向承包人提出变更分包工程价款的报告,经承包人确认后调整合同价款;若分包人在双方确定变更后 11 天内未向承包人提出变更分包工程价款的报告,视为该项变更不涉及合同价款的调整。

### (四) 分包工程的竣工管理

#### 1. 竣工验收

(1)发包人组织验收

分包工程具备竣工验收条件后,分包人向承包人提供完整的竣工资料及竣工验收报告。双方约定由分包人提供竣工图的,应在专用条款内约定提交日期和份数。

承包人应在收到分包人提供的竣工验收报告之日起3日内通知发包人进行验收，分包人应配合承包人进行验收。发包人未能按照总承包合同及时组织验收时，承包人应按照总承包合同规定的发包人验收的期限及程序自行组织验收，并视为分包工程竣工验收通过。

(2)承包人验收

根据总承包合同无需由发包人验收的部分，承包人应按照总承包合同约定的程序自行验收。

(3)分包工程竣工日期的确定

分包工程竣工日期为分包人提供竣工验收报告之日。需要修复的，为提供修复后竣工报告之日。

2. 分包工程的移交

(1)分包工程的竣工结算

分包工程竣工验收报告经承包人认可后14天内，分包人向承包人递交分包工程竣工结算报告及完整的结算资料。承包人收到分包人递交的分包工程竣工结算报告及结算资料后28天内进行核实，给予确认或者提出明确的修改意见。承包人确认竣工结算报告后7天内向分包人支付分包工程竣工结算价款。

(2)分包工程的移交

分包人收到竣工结算价款之日起7天内，将竣工工程交付承包人。总体工程竣工验收后，再由承包人移交给发包人。

**(五)索赔管理**

分包合同履行过程中，当分包人认为自己的合法权益受到损害，不论事件是发包人或监理人的责任，还是承包人应承担的义务，他都只能向承包人提出索赔要求，并保存影响事件发生后的现场同期记录。

1. 应由发包人承担责任的索赔事件

分包人遇到不利外部条件等根据总承包合同可以索赔的情况，可按照总承包合同约定的索赔程序通过承包人提出索赔要求。承包人分析事件的起因和影响，并依据两个合同判明责任后，在收到分包人索赔报告后21天内给予分包人明确的答复，或要求进一步补充索赔理由和证据。如果认为分包人的索赔要求合理，应及时按照主合同规定的索赔程序，以承包人的名义就该事件向监理人递交索赔报告。

承包人依据总包合同向监理人递交任何索赔意向通知和索赔报告要求分包人协助时，分包人应提供书面形式的相应资料，以便承包人能遵守总承包合同有关索赔的约定。如果分包人未予积极配合，使得承包人涉及分包工程的索赔未获成功，则承包人可在应支付给分包人的工程款中，扣除本应获得的索赔款项中适当比例的部分，即承包人受到的损失向分包人索赔。

**2. 应由承包人承担责任的事件**

索赔往往是由承包人的违约行为或分包人执行承包人指令导致。分包人按规定程序提出索赔后,承包人与分包人依据分包合同的约定通过协商解决。

## 四、监理人对专业施工分包合同履行的管理

鉴于分包工程的施工涉及两个合同,监理人只需依据总承包合同的约定进行监督和管理。

### (一)对分包工程施工的确认

监理人在复核分包工程已取得发包人同意的基础上,负责对分包人承担相应工程施工要求的资质、经验和能力进行审查,确认是否批准承包人选择的分包人。为了整体工程的施工协调,指示分包人进场开始分包工程施工的时间。

### (二)施工工艺和质量

由于专业工程施工往往对施工技术有专门的要求,监理人审查承包人的施工组织设计时,应特别关注分包人拟采用的施工工艺和保障措施是否切实可行。涉及危险性较大工程部位的施工方法更应进行严格审查,以保证专业工程的施工达到合同规定的质量要求。

监理人在对分包工程进行旁站、巡视过程中,发现分包人忽视质量的行为和存在安全隐患的情况,应及时书面通知承包人,要求其监督分包人纠正。

总承包合同规定为分部移交的专业工程施工完毕,监理人应会同承包人和分包人进行工程预验收,并参加发包人组织的工程验收。

### (三)进度管理

虽然由承包人负责分包工程施工的协调管理,对分包工程施工进度进行监督,但如果分包工程的施工影响到发包人订立的其他合同的履行时,监理人需对承包人发出相关指令进行相应的协调。如分包工程施工与合同进度计划偏离较大而干扰了同时在现场的其他承包人的施工或分包工程施工进度过慢影响到后续设备安装工程按计划实施等情况。

### (四)支付管理

监理人按照总承包合同的规定对分包工程计量时,应要求承包人通知分包人进行共同计量。审查承包人的工程进度款时,要核对分包工程的合格工程量与计量结果是否一致。

对于分包人按照监理人的指示在分包工程使用计日工时,也应依据总承包合同对计日工的规定,每天检查设备、人员的投入和产出情况。

### (五)变更管理

监理人对分包工程的变更指示应发给承包人,由其协调和监督分包人执行。

分包工程施工的变更完成后,按照总承包合同的规定对变更进行估价。

（六）索赔管理

监理人不应受理分包人直接提交的索赔报告,分包人的索赔应通过承包人的索赔来完成。

监理人审查承包人提交的分包工程索赔报告时,按照总承包合同的约定区分合同责任。有些情况下,分包人受到的损失既有发包人应承担的风险或责任,又有承包人协调管理不利的影响,监理人应合理区分责任的比例,以便确定工期顺延的天数和补偿金额。对于分包人因非自身原因受到损失时,可能对承包人的施工也产生了不利影响的情况,监理人同样应在合理判定责任归属的基础上,按照实际情况作出索赔处理决定。

# 案例分析

## 案例 11-1

### 一、背景

某建设单位(以下简称 A 公司)与某施工单位(以下简称 B 公司)签订了《建设工程施工合同》(GF-2013-0201)。施工过程中,A 公司要求 B 公司在原有楼层的基础上增加夹层,并提供了设计变更后的施工图纸。因该图纸未经规划部门及原审图机构审批,B 公司决定暂停施工。

停工期间,A 公司将变更图纸按相关程序进行报批并获得了批准,2 个月后 B 公司复工。但该工程实际竣工时间比合同约定的计划竣工时间晚了 100 天。B 公司要求 A 公司支付新增工程的工程费用,补偿停窝工损失,并要求顺延工期。

### 二、问题

1. B 公司的要求是否合理?

2. B 公司在向 A 公司索赔时,应遵守怎样的程序?

### 三、分析

1. 因 A 公司原因导致 B 公司停工、新增工作量,B 公司有权向 A 公司索赔相应费用和工期。

2. A、B 公司的《建设工程施工合同》是按 2013 版示范文本签订的,故 B 公司的索赔应遵守如下程序:

(1)B 公司应在知道或应当知道索赔事件发生后 28 天内,向监理人递交索赔意向通知书,并说明发生索赔事件的事由;若 B 公司未在前述

28 天内发出索赔意向通知书的,则丧失要求追加付款和(或)延长工期的权利。

(2)B 公司应在发出索赔意向通知书后 28 天内,向监理人正式递交索赔报告;索赔报告应详细说明索赔理由以及要求追加的付款金额和(或)延长的工期,并附必要的记录和证明材料。

(3)索赔事件具有持续影响的,B 公司应按合理时间间隔继续递交延续索赔通知,说明持续影响的实际情况和记录,列出累计的追加付款金额和(或)工期延长天数。

(4)在索赔事件影响结束后 28 天内,B 公司应向监理人递交最终索赔报告,说明最终要求索赔的追加付款金额和(或)延长的工期,并附必要的记录和证明材料。

# 思考题

1. 简述工程施工合同的特点。
2. 根据标准施工合同的规定,施工合同的组成文件有哪些?
3. 简述施工准备阶段发包人的义务。
4. 简述施工准备阶段承包人的义务。
5. 施工过程中发生哪些情况可以给承包人顺延合同工期?
6. 缺陷责任期和保修期有何区别?
7. 暂估价和暂列金额有何区别?
8. 简述标准施工合同中通用条款对进度付款申请单的内容要求。
9. 简述标准施工合同中通用条款对变更范围的规定。
10. 简述标准施工合同中通用条款对变更的估价原则。
11. 简述标准施工合同中通用条款对不可抗力造成的损失承担责任的规定。

# 第十二章　工程总承包合同管理

## 第一节　概　述

### 一、工程总承包的概念和特点

#### (一) 工程总承包的概念

按照《建设项目工程总承包管理规范》(GB/T 50358—2005)的规定,工程总承包是指工程总承包企业受业主委托,按照合同约定对工程建设项目的设计、采购、施工、试运行等实行全过程或若干阶段的承包。

工程项目总承包是国际上较为流行的一种项目建设管理模式。在项目实施阶段,发包人将更多精力用于项目的筹资、建设过程重大问题的决策等方面,由承包人承担实施过程的主要风险。

按照建设部《关于培养发展工程总承包和工程项目管理企业的指导意见》(建市〔2003〕30号),工程总承包主要有如下方式:

1. 设计—采购—施工(EPC)/交钥匙总承包

设计—采购—施工总承包是指工程总承包企业按照合同约定,承担工程项目的设计、采购、施工、试运行服务等工作,并对承包工程的质量、安全、工期、造价全面负责。

交钥匙总承包是设计—采购—施工总承包业务和责任的延伸,最终是向业主提交一个满足使用功能、具备使用条件的工程项目。

2. 设计—施工总承包(D-B)

设计—施工总承包是指工程总承包企业按照合同约定,承担工程项目设计和施工,并对承包工程的质量、安全、工期、造价全面负责。

根据工程项目的不同规模、类型和业主要求,工程总承包还可采用设计—采购总承包(E-P)、采购—施工总承包(P-C)等方式。

#### (二) 工程总承包的优缺点

1. 总承包方式的优点

与发包人将工程项目建设的全部任务采用平行发包或陆续发包的方式相比,

工程总承包方式对发包人而言,在实施项目的管理中有较为突出的优点。

(1)单一的合同责任

发包人与承包人签订总承包合同后,合同责任明确,对设计、招标、实施过程的管理均仅需进行宏观控制,简化了管理的工作内容。

(2)固定工期、固定费用

国际工程总承包合同通常采用固定工期、固定费用的承包方式,项目建设的预期目标容易实现。我国的标准设计施工总承包合同,分别给出可以补偿或不补偿两种可供发包人选择的合同模式。

(3)可以缩短建设周期

由于承包人对项目实施的全过程进行一体化管理,不必等工程设计全部完成后再开始施工,单位工程的施工图设计完成并通过评审后即可开始该单位工程的施工。设计与施工在时间上可以进行合理的搭接,以缩短项目实施的总时间。

(4)减少设计变更

承包范围包括设计、招标、施工、试运行的全部工作内容,设计在满足招标人要求的前提下,可以充分体现施工的专利技术、专有技术在施工中的应用,达到设计与施工的紧密衔接。

(5)减少承包人的索赔

在常规的施工承包合同的履行过程中,发包人承担了较多自己主观无法控制的不确定因素发生的风险,承包人的索赔将在很大程度上分散双方管理过程中的精力,而总承包合同发包人仅承担签订合同阶段承包人无法合理预见的重大风险,单一的合同责任减少了大量的索赔处理工作,使投资和工期得到保障。

2. 总承包方式的缺点

总承包方式对发包人而言也有一些不利的因素。

(1)设计不一定是最优方案

由于在招标文件中发包人仅对项目的建设提出具体要求,实际方案由承包人提出,受实施者利益的影响,对工程实施成本的考虑往往会影响到设计方案的优化,承包人只考虑使工程选用的质量标准满足发包人的要求,而不会采用更高的质量标准。

(2)减弱实施阶段发包人对承包人的监督和检查力度

虽然在设计和施工过程中,发包人也聘请监理人(或发包人代表),但由于设计方案和质量标准均出自承包人,监理人对项目实施的监督力度比发包人委托设计再由承包人施工的管理模式低,对设计的细节和施工过程的控制能力也有所降低。

## 二、工程总承包合同的概念和特点

### (一) 工程总承包合同的概念

工程总承包合同是指发包人与承包人之间为完成特定的工程总承包任务,明确相互权利义务关系而订立的合同。

工程总承包合同的发包人一般是项目业主(建设单位);承包人是持有国家认可的相应资质证书的工程总承包企业。按照住房城乡建设部《关于进一步推进工程总承包发展的若干意见》(建市〔2016〕93 号)的规定,工程总承包企业应当具有与工程规模相适应的工程设计资质或者施工资质,相应的财务、风险承担能力,同时具有相应的组织机构、项目管理体系、项目管理专业人员和工程业绩。具有工程勘察、设计或施工总承包资质的企业可以在其资质等级许可的范围内开展工程总承包业务。工程勘察、设计、施工企业也可以组成联合体,对工程项目进行联合总承包。工程总承包企业可依法将所承包工程中的部分工作发包给具有相应资质的分包企业,工程总承包单位按照总承包合同的约定对建设单位负责,分包单位按照分包合同的约定对总承包单位负责;总承包单位和分包单位就分包工程对建设单位承担连带责任。

### (二) 工程总承包合同的特点

工程总承包的内容、性质和特点,决定了工程总承包合同除了具备建设工程合同的一般特征外,还有其自身的特点。

1. 设计施工一体化

工程项目总承包商不仅负责工程设计与施工,还需负责材料和设备的供应工作。因此,如果工程出现质量缺陷,总承包商将承担全部责任,不会导致设计、施工等多方之间相互推卸责任的情况;同时,设计与施工的深度交叉,有利于缩短建设周期,降低工程造价。

2. 投标报价复杂

工程总承包合同价格不仅仅包括工程设计和施工费用,根据双方合同约定情况,还可能包括设备购置费、总承包管理费、专利转让费、研究试验费、不可预见风险费用和财务费用等。签订总承包合同时,由于尚缺乏详细计算投标报价的依据,不能分项详细计算各个费用项目,通常只能依据项目环境调查情况,参照类似已完工程资料和其他历史成本数据完成项目成本估算。

3. 合同关系单一

在工程总承包合同中,业主将规定范围内的工程项目实施任务委托给总承包商负责,总承包商一般具有很强的技术和管理的综合能力,业主的组织和协调任务量少,只需面对单一的承包商,合同关系简单,工程责任目标明确。

### 4. 合同风险主要由承包商承担

由于业主将工程完全委托给承包商,并常常采用固定总价合同,将项目风险的绝大部分转移给承包商,承包商除了承担施工过程中的风险外,还需承担设计及采购等更多的风险。特别是在只有发包人要求或只完成了概念设计的情况下,就要签订总价合同,和传统模式下的合同相比,承包商的风险要大得多,需要承包商具有较高的管理水平和丰富的工程经验。

### 5. 合同中常常包括价值工程等条款

在工程总承包合同中,承包商负责设计和施工,打通了设计和施工的界面障碍,在设计阶段便可以考虑设计的可施工性问题,对降低成本、提高利润有重要影响。承包商常常还可根据自身丰富的工程经验,对发包人要求和设计文件提出合理化建议,从而降低工程投资,改善项目质量或缩短项目工期。因此,在工程总承包合同中常常包括"价值工程"或"承包商合理化建议"与"奖励"等条款。

### 6. 合同中一般会有关于知识产权及其相关权益的约定

由于工程总承包模式常常被运用于石油化工、建材、冶金、水利、电厂、节能建筑等项目,设计成果文件中常常包含多项专利或著作权,所以总承包合同中一般会有关于知识产权及其相关权益的约定。承包商的专利使用费一般包含在投标报价中。

## 三、工程总承包合同管理的法律基础

工程总承包合同管理的法律基础主要是国家或地方颁发的法律法规,如《合同法》《建筑法》《招标投标法》、国家发展改革委员会等部门编制的《标准设计施工总承包招标文件》(2012 年版)、《建设工程勘察设计资质管理规定》(建设部第 160 号令)、《建筑业企业资质管理规定》(住房城乡建设部令第 22 号)、建设部发《关于培养发展工程总承包和工程项目管理企业的指导意见》(建市〔2003〕30 号)、建设部发《建设工程项目管理试行办法》(建市〔2004〕200 号)、《建设项目工程总承包管理规范》(GB/T 50358—2005)以及住建部发《关于进一步推进工程总承包发展的若干意见》(建市〔2016〕93 号)等。

其中,2016 年 7 月住建部发《关于进一步推进工程总承包发展的若干意见》(建市〔2016〕93 号)针对工程总承包模式、工程总承包企业和项目经理基本条件、转包及违法分包界限、工程总承包企业义务和责任、工程总承包项目办理监管手续条件等关键环节明确了政策,提出了 20 条意见和措施。

## 四、工程总承包合同文本

### (一)工程总承包合同示范文本

为指导建设项目工程总承包合同当事人的签约行为,维护合同当事人的合法权益,依据《合同法》《建筑法》《招标投标法》以及相关法律、法规,住房和城乡建设部、国家工商行政管理总局制定了《建设项目工程总承包合同示范文本(试行)》(GF-2011-0216)(以下简称《示范文本》),自2011年11月1日起试行。

1.《示范文本》的适用范围

《示范文本》适用于建设项目工程总承包承发包方式。"工程总承包"是指承包人受发包人委托,按照合同约定对工程建设项目的设计、采购、施工(含竣工试验)、试运行等实施阶段,实行全过程或若干阶段的工程承包。为此,在《示范文本》的条款设置中,将"技术与设计、工程物资、施工、竣工试验、工程接收、竣工后试验"等工程建设实施阶段相关工作内容皆分别作为一条独立条款,发包人可根据发包建设项目实施阶段的具体内容和要求,确定对相关建设实施阶段和工作内容的取舍。

2.《示范文本》的组成

《示范文本》由合同协议书、通用条款和专用条款三部分组成。

1)合同协议书

根据《合同法》的规定,合同协议书是双方当事人对合同基本权利、义务的集中表述,主要包括:建设项目的功能、规模、标准和工期的要求,合同价格及支付方式等内容。合同协议书的其他内容,一般包括合同当事人要求提供的主要技术条件的附件及合同协议书生效的条件等。

2)通用条款

通用条款是合同双方当事人根据《建筑法》《合同法》以及有关行政法规的规定,就工程建设的实施阶段及其相关事项,双方的权利、义务作出的原则性约定。通用条款共20条,其中包括:

(1)核心条款。这部分条款是确保建设项目功能、规模、标准和工期等要求得以实现的实施阶段的条款,共8条,包括一般规定、进度计划、延误和暂停、技术与设计、工程物资、施工、竣工试验、工程接收和竣工后试验。

(2)保障条款。这部分条款是保障核心条款顺利实施的条款,共4条,包括质量保修责任、变更和合同价格调整、合同总价和付款、保险。

(3)合同执行阶段的干系人条款。这部分条款是根据建设项目实施阶段的具体情况,依法约定了发包人、承包人的权利和义务,共3条,包括发包人、承包人和工程竣工验收。合同双方当事人在实施阶段已对工程设备材料、施工、竣工试验、竣工资料等进行了检查、检验、检测、试验及确认,并经接收后进行竣工后试验考核确认了设计质量;而工程竣工验收是发包人针对其上级主管部门或投资部门的验收,故将工程竣工验收列入干系人条款。

(4)违约、索赔和争议条款。这部分条款是约定若合同当事人发生违约行为,或合同履行过程中出现工程物资、施工、竣工试验等质量问题及出现工期延误、索赔等争议,如何通过友好协商、调解、仲裁或诉讼程序解决争议的条款。

(5)不可抗力条款。约定了不可抗力发生时的双方当事人的义务和不可抗力的后果。

(6)合同解除条款。分别对由发包人解除合同、由承包人解除合同的情形作出了约定。

(7)合同生效与合同终止条款。对合同生效的日期、合同的份数以及合同义务完成后合同终止等内容作出了约定。

(8)补充条款。合同双方当事人针对通用条款细化、完善、补充、修改或另行约定的,可将具体约定写在专用条款内。

3)专用条款

专用条款是合同双方当事人根据不同建设项目合同执行过程中可能出现的具体情况,通过谈判、协商对相应通用条款的原则性约定细化、完善、补充、修改或另行约定的条款。

在建筑工程中,设计—施工总承包模式(D-B 模式)采用较多,下文将主要针对该模式合同的订立和履行管理等进行介绍。

### (二) 标准设计施工总承包合同

九部委在《标准施工招标文件》的基础上,又颁发了《标准设计施工总承包招标文件》(2012 年版),其中包括"合同条款及格式"(以下简称"设计施工总承包合同")。该文件自 2012 年 5 月 1 日起实施,在政府投资项目中试行,其他项目也可参照使用。对于招标文件和合同通用条款的使用要求与标准施工合同的要求相同。

设计施工总承包合同的文件组成与标准施工合同相同,也是由协议书、通用条款和专用条款组成,与标准施工合同内容相同的条款在用词上也完全一致。

设计施工总承包合同的通用条款包括 24 条,各条的标题分别为:一般约定;发包人义务;监理人;承包人;设计;材料和工程设备;施工设备和临时设施;交通运输;测量放线;安全、治安保卫和环境保护;开始工作和竣工;暂停施工;工程质量;试验和检验;变更;价格调整;合同价格与支付;竣工试验和竣工验收;缺陷责任与保修责任;保险;不可抗力;违约;索赔;争议的解决。共计 304 款。

由于设计施工总承包合同与标准施工合同的条款结构基本一致,施工阶段的很多条款在用词、用语方面与标准施工合同完全相同,因此本章仅针对总承包合同的特点,对有区别的规定予以说明。

## 五、设计施工总承包合同管理有关各方的职责

### (一) 发包人

发包人是总承包合同的一方当事人,在工程项目的实施过程中,负责投资支付和项目建设有关重大事项的决定等。

### （二）承包人

承包人是总承包合同的另一方当事人，按合同的约定承担完成工程项目的设计、招标、采购、施工、试运行和缺陷责任期的质量缺陷修复责任。

#### 1. 对联合体承包人的规定

总承包合同的承包人可以是独立承包人，也可以是联合体。对于联合体承包人，在合同履行过程中，发包人和监理人仅与联合体牵头人或联合体授权的代表联系，由其负责组织和协调联合体各成员全面履行合同。由于联合体的组成和内部分工是评标中很重要的评审内容，联合体协议经发包人确认后已作为合同附件，因此通用条款规定，履行合同过程中，未经发包人同意，承包人不得擅自改变联合体的组成和修改联合体协议。

#### 2. 对分包人的规定

在项目实施过程中，可能需要分包人承担部分工作，如设计分包人、施工分包人、供货分包人等。尽管委托分包人的招标工作由承包人完成，发包人也不是分包合同的当事人，但为了保证发包人预期建设目标的实现，通用条款中对工程分包作了如下规定：

（1）承包人不得将其承包的全部工程转包给第三人，也不得将其承包的全部工程肢解后以分包的名义分别转包给第三人。

（2）承包人不得将设计和施工的主体、关键性工作分包给第三人。除专用合同条款另有约定外，未经发包人同意，承包人也不得将非主体、非关键性工作分包给第三人。

（3）分包人的资格能力应与其分包工作的标准和规模相适应，其资质能力的证明材料应经监理人审查。

（4）发包人同意承包人分包工作的，承包人应向发包人和监理人提交分包合同副本。

### （三）监理人

监理人的地位和作用与标准施工合同相同，但对承包人的干预较少。总监理工程师可以授权其他监理人员负责执行其指派的一项或多项监理工作。总监理工程师应将被授权监理人员的姓名及其授权范围通知承包人。被授权的监理人员在授权范围内发出的指示视为已得到总监理工程师的同意，与总监理工程师发出的指示具有同等效力。

承包人对总监理工程师授权的监理人员发出的指示有疑问时，可在该指示发出的 48 小时内向总监理工程师提出书面异议，总监理工程师应在 48 小时内对该指示予以确认、更改或撤销。

# 第二节　设计施工总承包合同的订立

尽管合同的通用条款和专用条款在招标投标阶段已作为招标文件的组成部分,但在合同订立过程中,有些问题还需要明确或细化,以保证合同的权利和义务界定清晰。

## 一、合同文件

### （一）合同文件的组成

在标准总承包合同的通用条款中规定,履行合同过程中,构成对发包人和承包人有约束力合同的组成文件包括:

(1)合同协议书;

(2)合同专用条款;

(3)中标通知书;

(4)招投标文件及其附件;

(5)合同通用条款;

(6)合同附件;

(7)标准、规范及有关技术文件;

(8)设计文件、资料和图纸;

(9)双方约定构成合同组成部分的其他文件。

组成合同的各文件中出现含义或内容的矛盾时,如果专用条款没有另行约定,以上合同文件序号即为优先解释的顺序。

### （二）几个文件的含义

中标通知书、投标函及附录、其他合同文件的含义与标准施工合同的规定相同。

1. 发包人要求

发包人要求是承包人进行工程设计和施工的基础文件,应尽可能清晰准确。设计施工总承包合同规定,发包人要求文件应说明 11 个方面的内容:

1)功能要求。包括:工程的目的;工程规模;性能保证指标(性能保证表)和产能保证指标。

2)工程范围

(1)概述。

(2)包括的工作:永久工程的设计、采购、施工范围;临时工程的设计与施工范围;竣工验收工作范围;技术服务工作范围;培训工作范围和保修工作范围。

（3）工作界区。

（4）发包人提供的现场条件：施工用电、用水和施工排水。

（5）发包人提供的技术文件：发包人的需求任务书和已完成的设计文件。

3）工艺安排或要求（如有）。

4）时间要求。包括：开始工作时间；设计完成时间；进度计划；竣工时间；缺陷责任期和其他时间要求。

5）技术要求

（1）设计阶段和设计任务；

（2）设计标准和规范；

（3）技术标准和要求；

（4）质量标准；

（5）设计、施工和设备监造、试验（如有）；

（6）样品；

（7）发包人提供的其他条件，如发包人或其委托的第三人提供的设计、工艺包、用于试验检验的工器具等，以及据此对承包人提出的予以配套的要求等。

6）竣工试验

（1）第一阶段，如对单车试验等的要求，包括试验前准备；

（2）第二阶段，如对联动试车、投料试车等的要求，包括人员、设备、材料、燃料、电力、消耗品、工具等必要条件；

（3）第三阶段，如对性能测试及其他竣工试验的要求，包括产能指标、产品质量标准、运营指标、环保指标等。

7）竣工验收。

8）竣工后试验（如有）。

9）文件要求。包括设计文件，及其相关审批、核准、备案要求；沟通计划；风险管理计划；竣工文件和工程的其他记录；操作及维修手册和其他承包人文件。

10）工程项目管理规定。包括质量、进度、支付、HSE（健康、安全与环境管理体系）、沟通、变更等。

11）其他要求。包括：对承包人的主要人员资格要求；相关审批、核准和备案手续的办理；对项目业主人员的操作培训；分包；设备供应商；缺陷责任期的服务要求等。

虽然中标方案发包人已接受，但发包人可能对其中的一些技术细节或实施计划提出进一步修改意见，因此在合同谈判阶段需要通过协商对其进行修改或补充，以便成为最终的发包人要求文件。

2．承包人建议书

承包人建议书是对"发包人要求"的响应文件，包括图纸、工程详细说明、设备方案、分包方案、对发包人要求错误的说明等内容。合同谈判阶段，随着发包人要求的调整，承包人建议书也应对一些技术细节进一步予以明确或补充修改，作为合同文件的组成部分。

3. 价格清单

设计施工总承包合同的价格清单，指构成合同文件组成部分的由承包人按规定的格式和要求填写并标明价格的清单。其与施工招标由发包人依据设计图纸的概算量提出工程量清单，经承包人填写单价后计算价格的方式不同。由于由承包人提出设计的初步方案和实施计划，因此价格清单是指承包人完成所提投标方案计算的设计、施工、竣工、试运行、缺陷责任期各阶段的计划费用，清单价格费用的总和为签约合同价。

## 二、订立合同时需要明确的内容

### （一）承包人文件

通用条款对"承包人文件"的定义是：由承包人根据合同应提交的所有图纸、手册、模型、计算书、软件和其他文件。承包人文件中最主要的是设计文件，需在专用条款约定承包人向监理人陆续提供文件的内容、数量和时间。

专用条款内还需约定监理人对承包人提交文件应批准的合理期限。项目实施过程中，监理人未在约定期限内提出否定的意见，视为已获批准，承包人可以继续进行后续工作。不论是监理人批准或视为已批准的承包人文件，按照设计施工总承包合同对承包人义务的规定，均不影响监理人在以后拒绝该项工作的权力。

### （二）施工现场范围和施工临时占地

发包人负责永久工程的征地，需要在专用条款中明确工程用地的范围、移交施工现场的时间，以便承包人进行工程设计和设计完成后尽快开始施工。明确从外部接入现场的施工用水、用电、用气等，以及如果发包人同意承包人施工需要临时用地应负责完成的工作内容。

通用条款对道路通行权和场外设施做出了两种可选用的约定形式，一种是发包人负责办理取得出入施工场地的专用和临时道路的通行权，以及取得为工程建设所需修建场外设施的权利，并承担有关费用。另一种是承包人负责办理并承担费用，因此需在专用条款内明确。

### （三）发包人提供的文件

专用条款内应明确约定由发包人提供的文件的内容、数量和期限。发包人提供的文件，包括项目前期工作相关文件、环境保护、气象水文、地质条件资料等。工程实践中，勘察工作也可以包括在设计施工总承包范围内，则环境保护的具体要求和气象资料由承包人收集，地形、水文、地质资料由承包人探明。因此专用条款内需要明确约定发包人提供文件的范围和内容。

**（四）发包人要求中的错误**

承包人应认真阅读、复核发包人要求，发现错误的，应及时书面通知发包人。发包人对错误的修改，按变更对待。

对于发包人要求中错误导致承包人受到损失的后果责任，通用条款给出了两种供选择的条款。

**1. 无条件补偿条款**

承包人复核时未发现发包人要求的错误，实施过程中因该错误导致承包人增加了费用和（或）工期延误，发包人应承担由此增加的费用和（或）工期延误，并向承包人支付合理利润。

**2. 有条件补偿条款**

1）复核时发现错误

承包人复核时将发现的错误通知发包人后，发包人坚持不做修改的，对确实存在错误造成的损失，应补偿承包人增加的费用和（或）顺延合同工期。

2）复核时未发现错误

承包人复核时未发现发包人要求中存在错误的，承包人自行承担由此导致增加的费用和（或）工期延误。

无论承包人复核时发现与否，由于以下资料的错误，承包人增加费用和（或）延误工期，均由发包人承担，并向承包人支付合理利润：

（1）发包人要求中引用的原始数据和资料；

（2）对工程或其任何部分的功能要求；

（3）对工程的工艺安排或要求；

（4）试验和检验标准；

（5）除合同另有约定外，承包人无法核实的数据和资料。

由于两个条款的责任不同，应明确本合同采用哪一条款。

如果发包人要求违反法律规定，承包人发现后应书面通知发包人，并要求其改正。发包人收到通知后不予改正或不作答复，承包人有权拒绝履行合同义务，直至解除合同。发包人应承担由此引起的承包人全部损失。

**（五）材料和工程设备**

发包人是否负责提供工程材料和设备，在通用条款中也给出两种不同供选择的条款：一种是由承包人包工包料承包，发包人不提供工程材料和设备；另一种是发包人负责提供主材料和工程设备的包工部分包料承包方式。对于后一种情况，应在专用条款内写明材料和工程设备的名称、规格、数量、价格、交货方式、交货地点等。

**（六）发包人提供的施工设备和临时工程**

发包人是否负责提供施工设备和临时工程，在通用条款中也给出两种不同的供选择条款：一种是发包人不提供施工设备或临时设施；另一种是发包人提供部分施工设备或临时设施。对于后一种情况通常出现在设计施工承包范围仅是单位工程，还有其他承包人在现场共同施工，可以由其他承包人按监理人的指示给设计施工合同的承包人使用，如道路和临时设施，水、电、气的供应等。因此在专用条款中应明确约定提供的内容，免费使用或是收费使用的取费标准。

### （七）区段工程

区段工程，是指专用合同条款中指明特定范围的能单独接收并使用的永久工程。如果发包人希望在整体工程竣工前提前发挥部分区段工程的效益，应在专用条款内约定分部移交区段的名称、区段工程应达到的要求等。

### （八）暂列金额

暂列金额，是指招标文件中给定的用于在签订协议书时尚未确定或不可预见变更的设计、施工及其所需材料、工程设备、服务等的金额，包括以计日工方式支付的金额。通用条款内分别列出两种可选用的条款，一种计日工费和暂估价均已包括在合同价格内，实施过程中不再另行考虑；另一种是实际发生的费用另行补偿的方式。订立合同时应明确本合同采用哪个条款的规定。

### （九）不可预见物质条件

不可预见物质条件涉及的范围与标准施工合同相同，但通用条款中对风险责任承担的规定有两个供选择的条款：一是由承包人承担；二是由发包人承担。双方应当明确本合同选用哪一条款的规定。

对于后一种条款的规定是：承包人遇到不可预见物质条件时，应采取适应不利物质条件的合理措施继续设计和（或）施工，并及时通知监理人，通知应载明不利物质条件的内容以及承包人认为不可预见的理由。监理人收到通知后应当及时发出指示。指示构成变更的，按变更条款执行。监理人没有发出指示，承包人因采取合理措施而增加的费用和（或）工期延误，由发包人承担。

### （十）竣工后试验

竣工后试验，是指工程竣工移交在缺陷责任期内投入运行期间，对工程的各项功能的技术指标是否达到合同规定要求而进行的试验。由于发包人已接受工程并进入运行期，因此试验所必需的电力、设备、燃料、仪器、劳力、材料等由发包人提供。竣工后试验由谁来进行，通用条款给出两种可供选择的条款，订立合同时应予以明确采用哪个条款。

#### 1. 发包人负责竣工后试验

发包人应派遣具有适当资质和经验的工作人员在承包人的技术指导下，按照操作和维修手册进行竣工后试验。

#### 2. 承包人负责竣工后试验

承包人应提供竣工后试验所需要的所有其他设备、仪器，派遣有资格和经验的工作人员,在发包人在场的情况下进行竣工后试验。

## 三、履约担保

承包人应保证其履约担保在发包人颁发工程接收证书前一直有效。如果合同约定需要进行竣工后试验,承包人应保证其履约担保在竣工后试验通过前一直有效。

如工程延期,承包人有义务继续提供履约担保。由于发包人原因导致延期的,继续提供履约担保所需的费用由发包人承担;由于承包人原因导致延期的,继续提供履约担保所需费用由承包人承担。

## 四、保险责任

### (一) 承包人办理保险

1. 投保的险种

(1)设计和工程保险

承包人按照专用合同条款的约定向双方同意的保险人投保建设工程设计责任险、建筑工程一切或安装工程一切险等保险。具体的投保险种、保险范围、保险金额、保险费率、保险期限等有关内容应当在专用合同条款中明确约定。

(2)第三者责任保险

承包人按照专用条款约定投保第三者责任险的担保期限,应保证颁发缺陷责任期终止证书前一直有效。

(3)工伤保险

承包人应为其履行合同所雇佣的全部人员投保工伤保险和人身意外伤害保险,并要求分包人也投保此项保险。

(4)其他保险

承包人应为其施工设备、进场的材料和工程设备等办理保险。

2. 对各项保险的一般要求

(1)保险凭证

承包人应在专用合同条款约定的期限内向发包人提交各项保险生效的证据和保险单副本,保险单必须与专用合同条款约定的条件保持一致。

(2)保险合同条款的变动

承包人需要变动保险合同条款时,应事先征得发包人同意,并通知监理人。保险人作出变动的,承包人应在收到保险人通知后立即通知发包人和监理人。

3. 未按约定投保的补救

(1)由于负有投保义务的一方当事人未按合同约定办理保险,或未能使保险持续有效的,另一方当事人可代为办理,所需费用由对方当事人承担。

(2)由于负有投保义务的一方当事人未按合同约定办理某项保险,导致受益人未能得到保险人的赔偿,原应从该项保险得到的保险金应由负有投保义务的一方当事人支付。

### (二)发包人办理保险

发包人应在整个施工期间为其现场机构雇用的全部人员,投保人身意外伤害险,缴纳保险费,并要求其监理人也进行此项保险。

## 第三节 设计施工总承包合同履行管理

### 一、承包人现场查勘

发包人应向承包人提供施工场地及毗邻区域内的供水、排水、供电、供气、供热、通信、广播电视等地下管线资料,气象和水文观测资料,相邻建筑物和构筑物、地下工程的有关资料,以及其他与建设工程有关的原始资料,并承担原始资料错误造成的全部责任,但承包人应对其阅读上述有关资料后所作出的解释和推断负责。承包人应对施工场地和周围环境进行查勘,并收集除发包人提供外为完成合同工作有关的当地资料。在全部合同工作中,视为承包人已充分估计了应承担的责任和风险。

### 二、承包人提交实施项目的计划

承包人应按合同约定的内容和期限,编制详细的进度计划,包括设计、承包人提交文件、采购、制造、检验、运达现场、施工、安装、试验的各个阶段的预期时间以及设计和施工组织方案说明等报送监理人。监理人应在专用条款约定的期限内批复或提出修改意见,批准的计划作为"合同进度计划"。监理人未在约定的时限内批准或提出修改意见,该进度计划视为已得到批准。

### 三、开始工作

符合专用合同条款约定的开始工作条件的,监理人应提前7天向承包人发出开始工作通知。监理人在发出开始工作通知前应获得发包人同意。工期自开始工作通知中载明的开始工作日期起计算。

除专用合同条款另有约定外,因发包人原因造成监理人未能在合同签订之日起90天内发出开始工作通知的,承包人有权提出价格调整要求,或者解除合同。发包人应当承担由此增加的费用和(或)工期延误,并向承包人支付合理利润。

## 四、设计管理

### (一) 承包人的设计义务

1. 设计满足标准规范的要求

承包人应按照法律规定,以及国家、行业和地方规范和标准完成设计工作,并符合发包人要求。

承包人完成设计工作所应遵守的法律规定,以及国家、行业和地方规范和标准,均应采用基准日适用的版本。基准日之后,规范或标准的版本发生重大变化,或者有新的法律,以及国家、行业和地方规范和标准实施时,承包人应向发包人或监理人提出遵守新规定的建议。发包人或监理人应在收到建议后 7 天内发出是否遵守新规定的指示。发包人或监理人指示遵守新规定后,按照变更对待,采用商定或确定的方式调整合同价格。

2. 设计应符合合同要求

承包人的设计应遵守发包人要求和承包人建议书的约定,保证设计质量。如果发包人要求中的质量标准高于现行规范规定的标准,应以合同约定为准。

3. 设计进度管理

承包人应按照发包人要求,在合同进度计划中专门列出设计进度计划,报发包人批准后执行。设计的实际进度滞后计划进度时,发包人或监理人有权要求承包人提交修正的进度计划、增加投入资源并加快设计进度。

设计过程中因发包人原因影响了设计进度,如改变发包人要求文件中的内容或提供的原始基础资料有错误,应按变更对待。

### (二) 设计审查

1. 发包人审查

承包人的设计文件提交监理人后,发包人应组织设计审查,按照发包人要求文件中约定的范围和内容审查是否满足合同要求。为了不影响后续工作,自监理人收到承包人的设计文件之日起,对承包人的设计文件审查期限不超过 21 天。承包人的设计与合同约定有偏离时,应在提交设计文件的通知中予以说明。

如果承包人需要修改已提交的设计文件,应立即通知监理人。向监理人提交修改后的设计文件后,审查期重新起算。

发包人审查后认为设计文件不符合合同约定,监理人应以书面形式通知承包人,说明不符合要求的具体内容。承包人应根据监理人的书面说明,对承包人文件进行修改后重新报送发包人审查,审查期限重新起算。

合同约定的审查期限届满,发包人没有作出审查结论也没有提出异议,视为承包人的设计文件已获发包人同意。对于设计文件不需要政府有关部门审查或批准的工程,承包人应当严格按照经发包人审查同意的设计文件进行后续的设计和实施工程。

2．有关部门的设计审查

设计文件需政府有关部门审查或批准的工程,发包人应在审查同意承包人的设计文件后 7 天内,向政府有关部门报送设计文件,承包人予以协助。政府有关部门提出的审查意见,不需要修改"发包人要求"文件,只需完善设计,承包人按审查意见修改设计文件;如果审查提出的意见需要修改"发包人要求"文件,如某些要求与法律法规相抵触,发包人应重新提出"发包人要求"文件,承包人根据新提出的发包人要求修改设计文件。后一种情况增加的工作量和拖延的时间按变更对待。

提交审查的设计文件经政府有关部门审查批准后,承包人进行后续的设计和实施工程。

## 五、进度管理

### (一) 修订进度计划

不论何种原因造成工程的实际进度与合同进度计划不符时,承包人可以在专用条款约定的期限内向监理人提交修订合同进度计划的申请报告,并附有关措施和相关资料,报监理人批准。

监理人也可以直接向承包人发出修订合同进度计划的指示,承包人应按该指示修订合同进度计划,报监理人批准。监理人审查并获得发包人同意后,应在专用条款约定的期限内批复。

### (二) 顺延合同工期的情况

通用条款规定,在履行合同过程中因非承包人原因导致合同进度计划工作延误,应给承包人延长工期和(或)增加费用,并支付合理利润。

1．发包人责任原因

(1)变更;

(2)未能按照合同要求的期限对承包人文件进行审查;

(3)因发包人原因导致的暂停施工;

(4)未按合同约定及时支付预付款、进度款;

(5)发包人提供的基准资料错误;

(6)发包人采购的材料、工程设备延误到货或变更交货地点;

(7)发包人未及时按照"发包人要求"履行相关义务;

(8)发包人造成工期延误的其他原因。

2．政府管理部门的原因

按照法律法规的规定,合同约定范围内的工作需国家有关部门审批时,发包人、承包人应按照合同约定的职责分工完成行政审批的报送。因国家有关部门审批迟延造成费用增加和(或)工期延误,由发包人承担。

设计施工总承包合同中有关进度管理的暂停施工、发包人要求提前竣工的条款,与标准施工合同的规定相同。施工阶段的质量管理也与标准施工合同的规定相同。

## 六、工程款支付管理

### (一) 合同价格

设计施工总承包合同通用条款规定,除非专用条款约定合同工程采用固定总价承包的情况外,应以实际完成的工作量作为支付的依据。

1. 合同价格的组成

(1)合同价格包括签约合同价以及按照合同约定进行的调整。

(2)合同价格包括承包人依据法律规定或合同约定应支付的规费和税金。

(3)价格清单列出的任何数量仅为估算的工作量,不视为要求承包人实施工程的实际或准确工作量。在价格清单中列出的任何工作量和价格数据应仅用于变更和支付的参考资料,而不能用于其他目的。

2. 施工阶段工程款的支付

合同约定工程的某部分按照实际完成的工程量进行支付时,应按照专用条款的约定进行计量和估价,并据此调整合同价格。

### (二) 预付款

设计施工总承包合同对预付款的规定与标准施工合同相同。

### (三) 工程进度付款

1. 付款时间

除专用条款另有约定外,工程进度付款按月支付。

2. 支付分解表

1)承包人编制进度付款支付分解表

承包人应当在收到经监理人批复的合同进度计划后 7 天内,将支付分解报告以及形成支付分解报告的支持性资料报监理人审批。承包人应根据价格清单的价格构成、费用性质、计划发生时间和相应工作量等因素,对拟支付的款项进行分解并编制支付分解表。分类和分解原则是:

(1)勘察设计费。按照提供提交勘察设计阶段性成果文件的时间、对应的工作量进行分解。

(2)材料和工程设备费。分别按订立采购合同、进场验收合格、安装就位、工程竣工等阶段和专用条款约定的比例进行分解。

(3)技术服务培训费。按照价格清单中的单价,结合合同进度计划对应的工作量进行分解。

(4)其他工程价款。按照价格清单中的价格,结合合同进度计划拟完成的工程量或者比例进行分解。

以上的分解计算并汇总后,形成月度支付的分解报告。

2)监理人审批

监理人当在收到承包人报送的支付分解报告后 7 天内给予批复或提出修改意见,经监理人批准的支付分解报告为有合同约束力的支付分解表。合同履行过程中,合同进度计划进行修订后,承包人也应对支付分解表作出相应的调整,并报监理人批复。

3. 承包人提交进度付款申请单

设计施工总承包合同通用条款规定,承包人进度付款申请单应包括下列内容:

(1)当期应支付进度款的金额总额,以及截至当期期末累计应支付金额总额和已支付的进度付款金额总额;

(2)当期根据支付分解表应支付金额,以及截至当期期末累计应支付金额;

(3)当期根据专用条款约定,计量的已实施工程应支付金额,以及截至当期期末累计应支付金额;

(4)当期变更应增加和扣减的金额,以及截至当期期末累计变更金额;

(5)当期索赔应增加和扣减的金额,以及截至当期期末累计索赔金额;

(6)当期应支付的预付款和扣减的返还预付款金额,以及截至当期期末累计返还预付款金额;

(7)当期应扣减的质量保证金金额,以及截至当期期末累计扣减的质量保证金金额;

(8)当期应增加和扣减的其他金额,以及截至当期期末累计增加和扣减的金额。

4. 监理人审查

监理人在收到承包人进度付款申请单以及相应的支持性证明文件后的 14 天内完成审查,提出发包人到期应支付给承包人的金额以及相应的支持性材料,经发包人审批同意,由监理人向承包人出具经发包人签认的进度付款证书。

监理人有权核减承包人未能按照合同要求履行任何工作或义务的相应金额。

5. 发包人支付

发包人最迟应在监理人收到进度付款申请单后的 28 天内,将进度应付款支付给承包人。发包人未能在约定时间内完成审批或不予答复,视为发包人同意进度付款申请。发包人不按期支付,按专用条款的约定支付逾期付款违约金。

6. 工程进度付款的修正

在对以往历次已签发的进度付款证书进行汇总和复核中发现错、漏或重复情况时,监理人有权予以修正,承包人也有权提出修正申请。经监理人、承包人复核同意的修正,应在本次进度付款中支付或扣除。

**(四) 质量保证金**

设计施工总承包合同通用条款对质量保证金的约定与标准施工合同的规定相同。

## 七、变更管理

合同履行过程中的变更,可能涉及监理人指示的变更、监理人发给承包人文件中的内容构成变更和发包人接受承包人提出的合理化建议三种情况。

**(一) 监理人指示的变更**

1. 发出变更意向书

合同履行过程中,经发包人同意,监理人可向承包人做出有关"发包人要求"改变的变更意向书,说明变更的具体内容和发包人对变更的时间要求,并附必要的相关资料,以及要求承包人提交实施方案。变更应在相应内容实施前提出,否则发包人应承担承包人损失。

2. 承包人同意变更

承包人按照变更意向书的要求,提交包括拟实施变更工作的设计、计划、措施和竣工时间等内容的实施方案。发包人同意承包人的变更实施方案后,由监理人发出变更指示。

3. 承包人不同意变更

承包人收到监理人的变更意向书后认为难以实施此项变更时,应立即通知监理人,说明原因并附详细依据。监理人与承包人和发包人协商后,确定撤销、改变或不改变原变更意向书。

**(二) 监理人发出文件的内容构成变更**

承包人收到监理人按合同约定发给的文件,认为其中存在对"发包人要求"构成变更情形时,可向监理人提出书面变更建议。建议应阐明要求变更的依据,以及实施该变更工作对合同价款和工期的影响,并附必要的图纸和说明。

监理人收到承包人书面建议与发包人共同研究后,确认存在变更时,应在收到承包人书面建议后的 14 天内做出变更指示;不同意作为变更的,应书面答复承包人。

**(三) 承包人提出的合理化建议**

履行合同过程中,承包人可以书面形式向监理人提交改变"发包人要求"文件中有关内容的合理化建议书。合理化建议书的内容应包括建议工作的详细说明、进度计划和效益以及与其他工作的协调等,并附必要的设计文件。

监理人应与发包人协商是否采纳承包人的建议。建议被采纳并构成变更,由监理人向承包人发出变更指示。

如果接受承包人提出的合理化建议,降低了合同价格、缩短了工期或者提高了工程的经济效益,发包人可依据专用条款中约定给予奖励。

## 八、索赔管理

### (一)索赔程序

设计施工总承包合同通用条款中,对发包人和承包人索赔的程序规定与标准施工合同相同。

### (二)涉及承包人索赔的条款

设计施工总承包合同通用条款中,可以给承包人补偿的条款详见第十四章表 14-1。

## 九、违约责任

### (一)承包人违约

设计施工总承包合同通用条款对于承包人违约,除了标准施工合同规定的七种情况外,还增加了承包人的设计、承包人文件、实施和竣工的工程不符合法律以及合同约定,由于承包人原因未能通过竣工试验或竣工后试验两种情况。违约处理与标准施工合同规定相同。

### (二)发包人违约

设计施工总承包合同通用条款中,对发包人违约的规定与标准施工合同相同。

## 十、竣工验收管理

### (一)竣工试验

1. 承包人申请竣工试验

承包人应提前 21 天将申请竣工试验的通知送达监理人,并按照专用条款约定的份数,向监理人提交竣工记录、暂行操作和维修手册。监理人应在 14 天内,确定竣工试验的具体时间。

(1)竣工记录。反映工程实施结果的竣工记录,应如实记载竣工工程的确切位置、尺寸和已实施工作的详细说明。

(2)暂行操作和维修手册。该手册应足够详细,以便发包人能够对生产设备进行操作、维修、拆卸、重新安装、调整及修理。待竣工试验完成后,承包人再完善、补充相关内容,完成正式的操作和维修手册。

2. 竣工试验程序

通用条款规定的竣工试验程序按三阶段进行：

第一阶段，承包人进行适当的检查和功能性试验，保证每一项工程设备都满足合同要求，并能安全地进入下一阶段试验；

第二阶段，承包人进行试验，保证工程或区段工程满足合同要求，在所有可利用的操作条件下安全运行；

第三阶段，当工程能安全运行时，承包人应通知监理人，可以进行其他竣工试验，包括各种性能测试，以证明工程符合发包人要求中列明的性能保证指标。

某项竣工试验未能通过时，承包人应按照监理人的指示限期改正，并承担合同约定的相应责任。竣工试验通过后，承包人应按合同约定进行工程及工程设备试运行。试运行所需人员、设备、材料、燃料、电力、消耗品、工具等必要的条件以及试运行费用等按专用条款约定执行。

**（二）承包人申请竣工验收**

1. 工程竣工应满足的条件

(1)除监理人同意列入缺陷责任期内完成的尾工(甩项)工程和缺陷修补工作外，合同范围内的全部区段工程以及有关工作，包括合同要求的试验和竣工试验均已完成，并符合合同要求；

(2)已按合同约定的内容和份数备齐了符合要求的竣工文件；

(3)已按监理人的要求编制了在缺陷责任期内完成的尾工(甩项)工程和缺陷修补工作清单以及相应施工计划；

(4)监理人要求在竣工验收前应完成的其他工作；

(5)监理人要求提交的竣工验收资料清单。

2. 竣工验收申请报告

承包人完成上述工作并提交了竣工文件、竣工图、最终操作和维修手册后，即可向监理人报送竣工验收申请报告。

**（三）监理人审查竣工申请**

设计施工总承包合同通用条款对监理人审查竣工验收申请报告的规定与标准施工合同相同。

**（四）竣工验收的有关规定**

设计施工总承包合同通用条款对竣工验收和区段工程验收的规定与标准施工合同相同。经验收合格工程，监理人经发包人同意后向承包人签发工程接收证书。证书中注明的实际竣工日期，以提交竣工验收申请报告的日期为准。

**（五）竣工结算**

设计施工总承包合同通用条款对竣工结算的规定与标准施工合同相同。

## 十一、缺陷责任期管理

缺陷责任期自实际竣工日期起计算。在全部工程竣工验收前,已经发包人提前验收的区段工程或进入施工期运行的工程,其缺陷责任期的起算日期相应提前到相应工程竣工日。

### (一) 缺陷责任

1. 承包人应在缺陷责任期内对已交付使用的工程承担缺陷责任。

2. 缺陷责任期内,发包人对已接收使用的工程负责日常维护工作。发包人在使用过程中,发现已接收的工程存在新的缺陷或已修复的缺陷部位或部件又遭损坏的,承包人应负责修复,直至检验合格为止。

3. 监理人和承包人应共同查清缺陷和(或)损坏的原因。经查明属承包人原因造成的,应由承包人承担修复和查验的费用。经查验属发包人原因造成的,发包人应承担修复和查验的费用,并支付承包人合理利润。

4. 承包人不能在合理时间内修复缺陷的,发包人可自行修复或委托其他人修复,所需费用和利润的承担,按第 3 项约定执行。

### (二) 缺陷责任期的延长

由于承包人原因造成某项缺陷或损坏使某项工程或工程设备不能按原定目标使用而需要再次检查、检验和修复的,发包人有权要求承包人相应延长缺陷责任期,但缺陷责任期最长不超过 2 年。

### (三) 进一步试验和试运行

任何一项缺陷或损坏修复后,经检查证明其影响了工程或工程设备的使用性能,承包人应重新进行合同约定的试验和试运行,试验和试运行的全部费用应由责任方承担。

### (四) 竣工后试验

对于大型工程为了检验承包人的设计、设备选型和运行情况等的技术指标是否满足合同的约定,通常在缺陷责任期内工程稳定运行一段时间后,在专用条款约定的时间内进行竣工后试验。竣工后试验按专用条款的约定由发包人或承包人进行。

1. 发包人进行竣工后试验

由于工程已投入正式运行,发包人应将竣工后试验的日期提前 21 天通知承包人。如果承包人未能在该日期出席竣工后试验,发包人可自行进行试验,承包人应对检验数据予以认可。

因承包人原因造成某项竣工后试验未能通过,承包人应按照合同约定进行赔偿,或者承包人提出修复建议,在发包人指示的合理期限内改正,并承担合同约定的相应责任。

**2. 承包人进行竣工后试验**

发包人应提前 21 天将竣工后试验的日期通知承包人。承包人应在发包人在场的情况下,进行竣工后试验。因承包人原因造成某项竣工后试验未能通过,承包人应按照合同的约定进行赔偿,或者承包人提出修复建议,在发包人指示的合理期限内改正,并承担合同约定的相应责任。

**(五) 缺陷责任期终止**

承包人完满完成缺陷责任期的义务后,其缺陷责任终止证书的签发、结清单和最终结清的管理规定,与标准施工合同通用条款相同。

# 案例分析

## 案例 12-1

### 一、背景

某热电公司(以下简称 A 公司)作为发包人与某设计院(以下简称 B公司)签订热电项目 EPC 总承包合同,由 B 公司负责该项目的设计、采购和施工。经 A 公司同意,B 公司与某分包单位(以下简称 C 公司)签订了分包合同,约定由 C 公司负责汽轮机的制造和安装。在扣盖前检验时,A公司发现无论是汽轮机的设计、制造还是安装,均存在质量瑕疵和缺陷。

### 二、问题

汽轮机存在的质量瑕疵和缺陷,应由哪家单位承担责任?

### 三、分析

《建设项目工程总承包合同示范文本(试行)》(GF-2011-0216)通用条款 3.8.6 规定:"承包人对分包人的行为向发包人负责,承包人和分包人就分包工作向发包人承担连带责任。"

本案中,作为工程总承包企业的 B 公司应对工程总承包项目的质量全面负责,工程分包不能免除工程总承包企业的合同义务和法律责任。B 公司应按照合同约定对 A 公司负责;C 公司则应按照分包合同的约定对 B 公司负责。B 公司和 C 公司应就分包工程对 A 公司承担连带责任。

# 思考题

1. 简述工程总承包的概念。

2. 简述设计-施工总承包合同管理中发包人、承包人和监理人的职责。

3. 简述总承包方式的优缺点。

4. 工程总承包合同与一般工程建设合同相比有哪些特点？

5. 什么是"竣工后试验"？一般由谁来组织进行？

6. 简述"竣工试验"的程序。

# 第十三章 工程材料设备采购合同管理

## 第一节 概 述

### 一、工程材料设备采购合同的概念

工程材料设备采购合同,是出卖人转移工程材料设备所有权于买受人,买受人支付价款的合同。

工程材料设备采购合同属于买卖合同,具有买卖合同的一般特点:

(1)出卖人与买受人订立买卖合同,是以转移财产所有权为目的的。

(2)买卖合同是有偿合同。买卖合同的买受人取得财产所有权,必须支付相应的价款,不能无偿取得财产所有权。

(3)买卖合同是双务合同。合同双方互负一定义务,出卖人应当保质、保量、按期交付合同订购的材料、设备,买受人应当按合同约定的条件接收货物并及时支付货款。

(4)买卖合同是诺成合同。除法律有特别规定外,当事人之间意思表示一致,买卖合同即可成立,并不以实物的交付为合同成立的条件。

(5)买卖合同是不要式合同。除法律有特别规定外,买卖合同的成立和生效并不需要具备特别的形式或履行审批手续。

### 二、工程材料设备采购合同的特点

工程材料设备采购合同与工程项目的建设密切相关,除买卖合同的一般特点外,还具有以下特点。

#### 1. 工程材料设备采购合同应依据施工合同订立

工程施工合同确立了关于材料设备采购的协商条款,无论是发包人供应材料设备,还是承包人供应材料设备,都应依据施工合同进行采购。根据施工合同的工程量来确定所需材料设备的数量,以及根据施工合同的类别来确定材料设备的质量要求。因此,工程施工合同一般是订立材料设备采购合同的前提。

2. 工程材料设备采购合同以转移财物和支付价款为基本内容

工程材料设备采购合同内容繁多、条款复杂,涉及材料设备的数量和质量条款、包装条款、运输方式、结算方式等。但最为根本的是双方应尽的义务,即卖方按质、按量、按时地将所有权转归买方;买方按时、按量地支付货款,这两项主要义务构成了土木工程材料设备采购合同最主要的内容。

3. 工程材料设备采购合同的标的物品种繁多,供货条件复杂

工程材料设备采购合同的标的物是建筑材料和设备,它包括钢材、木材、水泥和其他辅助材料以及机电成套设备等。这些建筑物资的特点在于品种、质量、数量和价格差异较大,根据土木工程的需要,有的数量庞大,有的要求技术条件较高,因此,在合同中必须对各种材料设备逐一明细,以确保工程施工的需要。

4. 工程材料设备采购合同应实际履行

由于材料设备采购合同是根据施工合同订立的,材料设备采购合同的履行直接影响施工合同的履行,因此,工程材料设备采购合同一经订立,卖方义务一般不能解除,不允许卖方以支付违约金和赔偿金的方式代替合同的履行,除非合同的延迟履行对买方成为不必要。

5. 工程材料设备采购合同采用书面形式

由于工程材料设备采购合同中的标的物用量大,质量要求复杂,且根据工程进度计划分期分批均衡履行,同时还涉及售后维修服务工作,合同履行周期长,因此,工程材料设备采购合同应当采用书面形式。

## 三、工程材料设备采购合同的分类

按照标的物不同,工程材料设备采购合同可以分为材料采购合同和设备采购合同。

材料采购合同采购的是建筑材料,是指用于建筑和土木工程领域的各种材料的总称,如钢、木材、玻璃、水泥、涂料等,也包括用于建筑设备的材料,如电线、水管等。

设备采购合同采购的设备,既可能是安装于工程中的设备,如安装在电力工程中的发电机、发动机等,也包括在施工过程中使用的设备,如塔吊等。

另外,还有大型设备采购合同,它与一般的工程设备采购合同主要有以下区别:

(1)工程设备采购合同的标的是物的转移,而大型设备采购合同的标的是完成约定的工作,并表现为一定的劳动成果。大型设备采购合同的定作物表面上与设备采购合同的标的物没有区别,但它却是供货方按照采购方提出的特殊要求加工制造的,或虽有定型生产的设计和图纸,但不是大批量生产的产品,还可能是采购

方根据工程项目特点,对定型设计的设备图纸提出更改某些技术参数或结构要求后,厂家再进行制造。

(2)工程设备采购合同的标的物可能是在合同成立时已经存在的,也可能是签订合同时还未生产,而后按采购方要求数量生产的。而大型设备采购合同的标的物,必须是合同成立后,供货方依据采购方的要求制造的特定产品,它在合同签约前一般不存在。

(3)工程设备采购合同的采购方只能在合同约定期限到来时要求供货方履行合同,一般无权过问供货方是如何组织生产的。而大型设备采购合同的供货方必须按照采购方交付的任务和要求去完成工作,在不影响供货方正常制造的情况下,采购方还要对加工制造过程中的质量和期限等进行检查和监督,一般情况下都派有驻厂代表或聘请监理工程师(也称设备监造)负责对生产过程进行监督控制。

(4)工程设备采购合同中订购的货物不一定是供货方自己生产的,供货方可以通过各种渠道去组织货源,完成供货任务。而大型设备采购合同则要求供货方必须用自己的劳动、设备、技能独立地完成定作物的加工制造。

(5)工程设备采购合同供货方按质、按量、按期将订购货物交付采购方后即完成了合同义务;而大型设备采购合同中有时还可能包括要求供货方承担设备安装服务,或在其他承包人进行设备安装时负责协助、指导等合同约定,以及对生产技术人员的培训服务等内容。

# 第二节 材料采购合同的履行管理

## 一、材料采购合同的主要内容

按照《合同法》的分类,材料采购合同属于买卖合同,合同条款一般包括以下几方面内容:

(1)产品名称、商标、型号、生产厂家、订购数量、合同金额、供货时间及每次供应数量;

(2)质量要求的技术标准,供货方对质量负责的条件和期限;交(提)货地点、方式;运输方式及到站、港和费用的负担责任;

(3)合理损耗及计算方法;

(4)包装标准、包装物的供应与回收;

(5)验收标准、方法及提出异议的期限;

(6)随机备品、配件工具数量及供应办法;

(7)结算方式及期限;

（8）如需提供担保，另立合同担保书作为合同附件；

（9）违约责任；

（10）解决合同争议的方法；

（11）其他约定事项。

## 二、订购产品的交付

### （一）产品的交付方式

订购物资或产品的供应方式，可以分为采购方到合同约定地点自提货物和供货方负责将货物送达指定地点两大类，而供货方送货又可细分为将货物负责送抵现场或委托运输部门代运两种形式。为了明确货物的运输责任，应在相应条款内写明所采用的交（提）货方式、交（接）货物的地点、接货单位（或接货人）的名称。

产品交付的法律意义是，一般情况下，交付导致采购材料的所有权发生转移。如果材料在订立合同之前已为买受人占有的，合同生效的时间为交付时间。与所有权转移相对应，标的物毁损、灭失的风险，在标的物交付之前由出卖人承担，交付之后由买受人承担，但法律另有规定或者当事人另有约定的除外。

### （二）交货期限

货物的交（提）货期限，是指货物交接的具体时间要求。它不仅关系到合同是否按期履行，还可能会出现货物意外灭失或损坏时的责任承担问题。《合同法》第一百四十三条规定，因买受人的原因致使标的物不能按照约定的期限交付的，买受人应当自违反约定之日起承担标的物毁损、灭失的风险。

合同内应对交（提）货期限写明月份或更具体的时间（如旬、日）。如果合同内规定分批交货时，还需注明各批次交货的时间，以便明确责任。

#### 1. 合同交货期限的确定

材料采购合同当事人可以约定明确的交货期限，也可以约定交货的一段期间。《合同法》第一百三十八条规定，出卖人应当按照约定的期限交付标的物。约定交付期间的，出卖人可以在该交付期间内的任何时间交付。

当事人没有约定标的物的交付期限或者约定不明确的，可以协议补充；不能达成补充协议的，按照合同有关条款或者交易习惯确定。按照合同有关条款或者交易习惯仍不能确定的，债务人可以随时履行，债权人也可以随时要求履行，但应当给对方必要的准备时间。

#### 2. 合同履行中交货期限的确定

合同履行过程中，判定是否按期交货或提货，依照约定的交（提）货方式不同，可能有以下几种情况：

（1）供货方送货到现场的交货日期，以采购方接收货物时在货单上签收的日期为准。

（2）供货方负责代运货物，以发货时承运部门签发货单上的戳记日期为准。合同内约定采用代运方式时，供货方必须根据合同规定的交货期、数量、到站、接货人等，按期编制运输作业计划，办理托运、装车（船）、查验等发货手续，并将货运单、合格证等交寄对方，以便采购方在指定车站或码头接货。如果因单证不齐导致采购方无法接货，由此造成的站场存储费和运输罚款等额外支出费用，应由供货方承担。

（3）采购方自提产品，以供货方通知提货的日期为准。但供货方的提货通知中，应给对方合理预留必要的途中时间。采购方如果不能按时提货，应承担逾期提货的违约责任。当供货方早于合同约定日期发出提货通知时，采购方可根据施工的实际需要和仓储保管能力，决定是否按通知的时间提前提货。他有权拒绝提前提货，也可以按通知时间提货后仍按合同规定的交货时间付款。

实际交（提）货日期早于或迟于合同规定的期限，都应视为提前或逾期交（提）货，由有关方承担相应责任。

### （三）交货地点的确定

《合同法》第一百四十一条规定，出卖人应当按照约定的地点交付标的物。当事人没有约定交付地点或者约定不明确，可以协议补充；不能达成补充协议的，按照合同有关条款或者交易习惯确定。按照合同有关条款或者交易习惯仍不能确定的，适用下列规定：

（1）标的物需要运输的，出卖人应当将标的物交付给第一承运人以运交给买受人；

（2）标的物不需要运输，出卖人和买受人订立合同时知道标的物在某一地点的，出卖人应当在该地点交付标的物；不知道标的物在某一地点的，应当在出卖人订立合同时的营业地交付标的物。

标的物需要运输的，是指标的物由出卖人负责办理托运，承运人是独立于买卖合同当事人之外的运输业者的情形。

出卖人根据合同约定将标的物运送至买受人指定地点并交付给承运人后，标的物毁损、灭失的风险由买受人负担，但当事人另有约定的除外。出卖人按照约定将标的物置于交付地点，买受人违反约定没有收取的，标的物毁损、灭失的风险自违反约定之日起由买受人承担。

## 三、交货检验

### （一）验收依据

按照合同的约定，供货方交付产品时，可以作为双方验收依据的资料包括：

（1）双方签订的采购合同；

（2）供货方提供的发货单、计量单、装箱单及其他有关凭证；

(3)合同内约定的质量标准,应写明执行的标准代号、标准名称;

(4)产品合格证、检验单;

(5)图纸、样品或其他技术证明文件;

(6)双方当事人共同封存的样品。

**(二) 交货数量检验**

**1. 供货方代运货物的到货检验**

由供货方代运的货物,采购方在站场提货地点应与运输部门共同验货,以便发现灭失、短少、损坏等情况时,能及时分清责任。采购方接收后,运输部门不再负责。属于交运前出现的问题,由供货方负责;运输过程中发生的问题,由运输部门负责。

**2. 现场交货的到货检验**

1)数量验收的方法

(1)衡量法。根据各种物资不同的计量单位进行检尺、检斤,以衡量其长度、面积、体积、重量是否与合同约定一致。如胶管衡量其长度,钢板衡量其面积,木材衡量其体积,钢筋衡量其重量等。

(2)理论换算法。如管材等各种定尺、倍尺的金属材料,量测其直径和壁厚后,再按理论公式换算验收。换算的依据为国家规定标准或合同约定的换算标准。

(2)查点法。采购定量包装的计件物资,只要查点到货数量即可。包装内的产品数量或重量应与包装物的标明一致,否则应由厂家或封装单位负责。

2)交货数量的允许增减范围

合同履行过程中,经常会发生发货数量与实际验收数量不符,或实际交货数量与合同约定的交货数量不符的情况,其原因可能是供货方的责任,也可能是运输部门的责任,或由于运输过程中的合理损耗。前两种情况要追究有关方的责任。第三种情况则应控制在合理的范围之内。有关行政主管部门对通用的物资和材料规定了货物交接过程中允许的合理磅差和尾差界线。如果合同约定供应的货物无规定可循,也应在条款内约定合理的差额界线,以免交接验收时发生合同交货数量的争议。交付货物的数量在合理的尾差和磅差内,不按多交或少交对待,双方互不退补;超过界线范围时,按合同约定的方法计算多交或少交部分的数量。

合同内对磅差和尾差规定出合理的界线范围,既可以划清责任,又可以为供货方合理组织发运提供灵活的变通条件。如果超过合理范围,则按实际交货数量算,不足部分由供货方补齐或退回不足部分的货款;采购方同意接受的多交付部分,进一步支付溢出数量货物的货款。但在计算多交或少交数量时,应按订购数量与实际交货数量比较,均不再考虑合理磅差和尾差因素。

### (三) 交货质量检验

1. 质量责任

不论采用何种交接方式,采购方均应在合同规定由供货方对质量负责的条件和期限内,对交付产品进行验收和试验。某些必须安装运转后才能发现内在质量缺陷的设备,应于合同内规定缺陷责任期或保修期。在此期限内,凡检测不合格的物资或设备,均由供货方负责。如果采购方在规定时间内未提出质量异议,或因其使用、保管、保养不善而造成质量下降的,供货方不再负责。当事人没有约定检验期间的,采购方应当在发现或者应当发现标的物的质量不符合约定的合理期间内通知供货方。采购方在合理期间内未通知或者自标的物收到之日起两年内未通知出卖人的,视为标的物的质量符合约定,但对标的物有质量保证期的,适用质量保证期,不适用该两年的规定。

2. 质量要求和技术标准

产品质量应满足规定用途的特性指标,因此合同内必须约定产品应达到的质量标准。约定质量标准的一般原则是:

(1)按颁布的国家标准执行;

(2)无国家标准而有部颁标准的产品,按部颁标准执行;

(3)没有国家标准和部颁标准作为依据时,可按企业标准执行;

(4)没有上述标准,或虽有上述某一标准但采购方有特殊要求时,按双方在合同中商定的技术条件、样品或补充的技术要求执行。

3. 验收方法

合同内应具体写明检验的内容和手段,以及检测应达到的质量标准。对于抽样检查的产品,还应约定抽检的比例和取样的方法,以及双方共同认可的检测单位。

质量验收的方法可以采用:

(1)经验鉴别法。通过目测、手触或以常用的检测工具量测后,判定质量是否符合要求。

(2)物理试验。根据对产品性能检验的目的,可以进行拉伸试验、压缩试验、冲击试验、金相试验及硬度试验等。

(3)化学分析。抽出一部分样品进行定性分析或定量分析的化学试验,以确定其内在质量。

4. 对产品提出异议的时间和办法

合同内应具体写明采购方对不合格产品提出异议的时间和拒付货款的条件。采购方提出的书面异议中,应说明检验情况,出具检验证明和对不符合规定的产品提出具体处理意见。凡因采购方使用、保管、保养不善原因导致的质量下降,供货方不承担责任。在接到采购方的书面异议通知后,供货方应在合同商定的时间内负责处理,否则即视为默认采购方提出的异议和处理意见。

## 四、合同的变更或解除

合同履行过程中,如需变更合同内容或解除合同,都必须依据《合同法》的有关规定执行。一方当事人要求变更或解除合同时,在未达成新的协议以前,原合同仍然有效。要求变更或解除合同的一方应及时将自己的意图通知对方,对方也应在接到书面通知后的合理期限内或合同约定的时间内予以答复,逾期不答复的视为默认。

材料采购合同变更的内容可能涉及订购数量的增减、包装物标准的改变、交货时间和地点的变更等方面。采购方对合同内约定的订购数量不得少要或不要,否则要承担中途退货的责任。只有当供货方不能按期交付货物,或交付的货物存在严重质量问题而影响工程使用时,采购方认为继续履行合同已成为不必要,才可以拒收货物,甚至解除合同关系。如果采购方要求变更到货地点或接货人,应在合同规定的交货期限前的合理期限内通知供货方,以便供货方修改发运计划和组织运输工具。迟于上述规定期限,双方应当立即协商处理。如果已不可能变更或变更后会发生额外费用支出,其后果均应由采购方负责。

## 五、支付结算管理

### (一) 货款结算

#### 1. 支付货款的条件

合同内需明确是验单付款还是验货后付款,然后再约定结算方式和结算时间。

验单付款,是指委托供货方代运的货物,供货方把货物交付承运部门并将运输单证寄给采购方,采购方在收到单证后在合同约定的期限内即应支付的结算方式。尤其对分批交货的物资,应明确注明每批交付后应在多少天内支付货款。

#### 2. 结算支付的方式

结算方式可以是现金结算、转账结算或异地托收承付。现金结算只适用于成交货物数量少,且金额小的购销合同;转账结算适用于同城市或同地区内的结算;托收承付适用于合同双方不在同一城市的结算。

### (二) 拒付货款

采购方拒付货款,应当按照中国人民银行《支付结算办法》的拒付规定办理。采用托收承付结算时,如果采购方的拒付手续超过承付期,银行不予受理。采购方对拒付货款的产品必须负责接收,并妥为保管不准动用,如果发现动用,由银行代供货方扣收货款,并按逾期付款对待。

采购方有权部分或全部拒付货款的情况大致包括:

(1)交付货物的数量少于合同约定,拒付少交部分的货款;

(2)拒付质量不符合合同要求部分货物的货款;

(3)供货方交付的货物多于合同规定的数量且采购方不同意接收部分的货物,在承付期内可以拒付。

## 六、违约责任

### (一)违约责任的规定

双方可以通过协商,在合同中约定违约金或者该违约金的计算方法。合同中也可以约定定金,如果合同约定的定金不足以弥补一方违约造成的损失,对方可以请求赔偿超过定金部分的损失,但定金和损失赔偿的数额总和不应高于因违约造成的损失。

### (二)供货方的违约责任

1. 未能按合同约定交付货物

这类违约行为可能包括不能供货和不能按期供货两种情况,由于这两种错误行为给对方造成的损失不同,因此承担违约责任的形式也不完全一样。

1)不能供货

如果是因供货方应承担责任的原因导致不能全部或部分交货,应按合同约定的违约金比例乘以不能交货部分货款计算违约金。若违约金不足以偿付采购方所受到的实际损失时,可以修改违约金的计算方法,使实际受到的损害能够得到合理的补偿。如果施工采购方为了避免停工待料,不得不以较高价格紧急采购不能供应部分的货物而受到的价差损失时,供货方应承担相应的责任。

2)不能按期供货

供货方不能按期交货的行为,又可以进一步区分为逾期交货和提前交货两种情况。

(1)逾期交货

不论合同内规定由供货方将货物送达指定地点交接,还是采购方去自提,均要按合同约定依据逾期交货部分货款总价计算违约金。约定由采购方自提货物而不能按期交付时,若发生采购方的其他额外损失,这笔实际开支的费用也应由供货方承担。如采购方已按期派车到指定地点接收货物,而供货方又不能交付时,则派车损失应由供货方支付费用。发生逾期交货事件后,供货方还应在发货前与采购方就发货的有关事宜进行协商。采购方仍需要时,可继续发货照数补齐,并承担逾期付货责任;如果采购方认为已不再需要,有权在接到发货协商通知后的15天内,通知供货方办理解除合同手续。但逾期不予答复视为同意供货方继续发货。

(2)提前交货

属于约定由采购方自提货物的合同,采购方接到对方发出的提前提货通知后,可以根据自己的实际情况拒绝提前提货;对于供货方提前发运或交付的货物,买受人仍可按合同规定的时间付款,而且对多交货部分,以及品种、型号、规格、质量等不符合合同规定的产品,在代为保管期内实际支出的保管、保养等费用由供货方承担。代为保管期内,不是因采购方保管不善原因而导致的损失,仍由供货方负责。

3)交货数量与合同不符

供货方多交标的物的,买受人可以接收或者拒绝接收多交的部分。买受人接收多交部分的,按照合同的价格支付价款;买受人拒绝接收多交部分的,应当及时通知出卖人。

**2.产品的质量缺陷**

交付货物的品种、型号、规格、质量不符合合同规定,如果采购方同意使用,应当按质论价;当采购方不同意使用时,由供货方负责包换或包修。不能修理或调换的产品,按供货方不能交货对待。

**3.供货方的运输责任**

主要涉及包装责任和发运责任两个方面。

(1)合理的包装是安全运输的保障,供货方应按合同约定的标准对产品进行包装。凡因包装不符合规定而造成货物运输过程中的损坏或灭失,均由供货方负责赔偿。

(2)供货方如果将货物错发到货地点或接货人时,除应负责运交合同规定的到货地点或接货人外,还应承担对方因此多支付的一切实际费用和逾期交货的违约金。供货方应按合同约定的路线和运输工具发运货物,如果未经对方同意私自变更运输工具或路线,要承担由此增加的费用。

**(三)采购方的违约责任**

**1.不按合同约定接受货物**

合同签订以后或履行过程中,采购方要求中途退货,应向供货方支付按退货部分货款总额计算的违约金。对于实行供货方送货或代运的物资,采购方违反合同规定拒绝接货,要承担由此造成的货物损失和运输部门的罚款。约定为自提的产品,采购方不能按期提货,除需支付按逾期提货部分货款总值计算延期付款的违约金之外,还应承担逾期提货时间内供货方实际发生的代为保管、保养费用。逾期提货,可能是未按合同约定的日期提货;也可能是已同意供货方逾期交付货物,而接到提货通知后未在合同规定的时限内去提货两种情况。

**2.逾期付款**

采购方逾期付款,如果合同约定了逾期付款违约金或者该违约金的计算方法,应当按照合同约定执行。如果合同没有约定逾期付款违约金或者该违约金的计算方法,供货方以采购方违约为由主张赔偿逾期付款损失的,应当按照中国人民银行同期同类人民币贷款基准利率为基础,参照逾期罚息利率标准计算。

3. 货物交接地点错误的责任

货物交接地点错误的责任不论是由于采购方在合同内错填到货地点或接货人,还是未在合同约定的时限内及时将变更的到货地点或接货人通知对方,导致供货方送货或代运过程中不能顺利交接货物,所产生的后果均由采购方承担。责任范围包括,自行运到所需地点或承担供货方及运输部门按采购方要求改变交货地点的一切额外支出。

# 第三节　设备采购合同的履行管理

中华人民共和国商务部机电和科技产业司 2008 年编制发布了《机电产品采购国际竞争性招标文件》,对机电产品采购合同作了规定。2014 年 4 月 1 日起,《机电产品国际招标投标实施办法(试行)》(商务部令〔2014〕1 号)正式施行。本节主要以此为依据介绍设备采购合同的履行管理。

## 一、设备采购合同的主要内容

《机电产品国际招标投标实施办法(试行)》中关于合同的内容包括:第一册中的合同通用条款和合同格式;第二册中的合同专用条款。合同通用条款包括以下主要内容:(1)定义;(2)适用性;(3)原产地;(4)标准;(5)合同文件和资料的使用;(6)知识产权;(7)履约保证金;(8)检验和测试;(9)包装;(10)装运标记;(11)装运条件;(12)装运通知;(13)交货和单据;(14)保险;(15)运输;(16)伴随服务;(17)备件;(18)保证;(19)索赔;(20)付款;(21)价格;(22)变更指令;(23)合同的修改;(24)转让;(25)分包;(26)卖方履约延误;(27)误期赔偿费;(28)违约终止合同;(29)不可抗力;(30)因破产而终止合同;(31)因买方的便利而终止合同;(32)争端的解决;(33)合同语言;(34)适用法律;(35)通知;(36)税和关税;(37)合同生效及其他。

## 二、设备采购合同的交付

### (一) 检验和测试

1. 买方或其代表应有权检验和(或)测试货物,以确认货物是否符合合同规格的要求,并且不承担额外的费用。合同条款和技术规格将说明买方要求进行的检验和测试,以及在何处进行这些检验和测试。买方将及时以书面形式把进行检验和(或)买方测试代表的身份通知卖方。

2. 检验和测试可以在卖方或其分包人的驻地、交货地点和(或)货物的最终目的地进行。如果在卖方或其分包人的驻地进行,检测人员应能得到全部合理的设施和协助,买方不应为此承担费用。

3. 如果任何被检验或测试的货物不能满足规格的要求,买方可以拒绝接受该货物,卖方应更换被拒绝的货物,或者免费进行必要的修改以满足规格的要求。

4. 买方在货物到达目的港和(或)现场后对货物进行检验、测试及必要时拒绝接受货物的权利将不会因为货物在从来源国/地区启运前通过了买方或其代表的检验、测试和认可而受到限制或放弃。

5. 在交货前,卖方应让制造商对货物的质量、规格、性能、数量和重量等进行详细而全面的检验,并出具一份证明货物符合合同规定的检验证书。检验证书是付款时提交给议付行的文件的一个组成部分,但不能作为有关质量、规格、性能、数量或重量的最终检验。制造商检验的结果和细节应附在质量检验证书后面。

6. 货物抵达目的港和(或)现场后,买方应向中华人民共和国国家出入境检验检疫局(以下称为"检验检疫局")申请对货物的质量、规格、数量等进行检验,并出具交货后检验证书。如果检验检疫局发现质量、规格、数量等有与合同规定不一致的地方,买方有权在货物到达现场后 90 日内向卖方提出索赔。

7. 如果在合同条款规定的保证期内,根据检验检疫局或其他机构的检验结果,发现货物的质量或规格与合同要求不符,或货物被证实有缺陷,包括潜在的缺陷或使用不适合的材料,买方应及时向卖方提出索赔。

8. 合同条款第 8 条"检验和测试"不能免除卖方在本合同项下的保证义务或其他义务。

### (二) 包装

卖方应提供货物运至合同规定的最终目的地所需要的包装,以防止货物在转运中损坏或变质。这类包装应采取防潮、防晒、防锈、防腐蚀、防震动及防止其他损坏的必要保护措施,从而保护货物能够经受多次搬运、装卸及远洋和内陆的长途运输。卖方应承担由于其包装或其防护措施不妥而引起货物锈蚀、损坏和丢失的任何损失责任或费用。对于木质包装材料,应按照中华人民共和国国家质量监督检验检疫总局的规定,进行除害处理并加施 IPPC 专用标识的声明或未使用木质包装的声明。

### (三) 装运标记

卖方应在每一包装箱相邻的四面用不可擦除的油漆和明显的英语字样做出以下标记:(1)收货人;(2)合同号;(3)发货标记(唛头);(4)收货人编号;(5)目的港;(6)货物名称、品目号和箱号;(7)毛重/净重(用"kg"表示);(8)尺寸(长×宽×高用"cm"表示)。

如果单件包装箱的重量在 2 吨及以上,卖方应在包装箱两侧用英语和国际贸易通用的运输标记标注"重心"和"起吊点",以便装卸和搬运。根据货物的特点和运输的不同要求,卖方应在包装箱上清楚地标注"小心轻放""此端朝上,请勿倒置" "保持干燥"等字样和其他国际贸易中使用的适当标记。

**(四) 交货和单据**

1. 卖方应按照"货物需求一览表"规定的条件交货。

2. EXW、FOB、FCA、CIF、CIP 及其他用于说明各方责任的贸易术语应按照巴黎国际商会现行最新版本的《国际贸易术语解释通则》(INCOTERMS)来解释。

3. 卖方应在货物装完启运后以传真形式将全部装运细节,包括合同号、货物说明、数量、运输工具名称、提单号码及日期、装货口岸、启运日期、卸货口岸、预计到港日期等通知买方和保险公司。为合同支付的需要,卖方还应根据本合同条款第 20 条的规定,向买方寄交或通过卖方银行转交该条款规定的相关"支付单据"。

## 三、伴随服务

伴随服务,指根据本合同规定卖方承担与供货有关的辅助服务,如运输、保险、安装、调试、提供技术援助、培训和合同中规定卖方应承担的其他义务。应对合同提供的货物,按合同规定的方式,用一种可以自由兑换的货币对其在制造、购置、运输、存放及交货过程中的丢失或损坏进行全面保险。

1. 卖方可能被要求提供下列服务中的任一或所有服务,包括合同专用条款与技术规格中规定的附加服务(如果有的话):

(1)实施或监督所供货物的现场组装和(或)试运行;

(2)提供货物组装和(或)维修所需的工具;

(3)为所供货物的每一适当的单台设备提供详细的操作和维护手册;

(4)在双方商定的一定期限内对所供货物实施运行或监督或维护或修理,但前提条件是该服务并不能免除卖方在合同保证期内所承担的义务;

(5)在卖方厂家和(或)在项目现场就所供货物的组装、试运行、运行、维护和(或)修理对买方人员进行培训。

2. 如果卖方提供的伴随服务的费用未含在货物的合同价内,双方应事先就其达成协议,但其费用不应超过卖方向其他人提供类似服务所收取的现行单价。

3. 卖方应提供合同专用条款/技术规格中规定的所有服务,为履行要求的伴随服务的报价或双方商定的费用应包括在合同价中。

## 四、违约责任

### 1. 误期赔偿费

除合同条款规定的不可抗力外,如果卖方没有按照合同规定的时间交货和提供服务,买方应在不影响合同项下的其他补救措施的情况下,从合同价中扣除误期赔偿费。每延误一周的赔偿费按迟交货物交货价或未提供服务的服务费用的

0.5％计收,直至交货或提供服务为止。误期赔偿费的最高限额为合同价格的5％。一旦达到误期赔偿费的最高限额,买方可考虑根据合同的规定终止合同。

2. 违约终止合同

在买方对卖方违约而采取的任何补救措施不受影响的情况下,买方可向卖方发出书面违约通知书,提出终止部分或全部合同:

(1)如果卖方未能在合同规定的期限内或买方根据合同的约定同意延长的期限内提供部分或全部货物;

(2)如果卖方未能履行合同规定的其他任何义务;

(3)如果买方认为卖方在本合同的竞争和实施过程中有腐败和欺诈行为。

这里的"腐败行为"是指提供、给予、接受或索取任何有价值的物品来影响买方在采购过程或合同实施过程中的行为;"欺诈行为"是指为了影响采购过程或合同实施过程而谎报或隐瞒事实,损害买方利益的行为。

# 第四节　大型设备采购合同的履行管理

## 一、大型设备采购合同的主要内容

一个较为完备的大型设备采购合同,通常由合同条款和附件组成。合同条款一般包括约首、正文(主要内容)、约尾三部分。约首即合同的开头部分,包括项目名称、合同号、签约日期、签约地点、双方当事人名称或者姓名及住所等条款。约尾即合同的结尾部分,包括双方的名称、签字盖章及签字时间、地点等。

### (一) 合同条款的主要内容

当事人双方在合同内根据具体订购设备的特点和要求,约定以下几方面的内容:合同文件、合同中的词语定义;合同标的;供货范围和数量;合同价格;付款;交货和运输;包装与标记;技术服务;质量监督与检验;安装、调试、验收;保证与索赔;保险;税费;分包与外购;合同的变更、修改、中止和终止;不可抗力;合同争议的解决;其他。

### (二) 主要附件

为了对合同中某项约定条款涉及内容较多部分作出更为详细的说明,还需要编制一些附件作为合同的一个组成部分。附件通常可能包括:技术规范;供货范围;技术资料的内容和交付安排;交货进度;监造、检验和性能验收试验;价格表;技术服务的内容;分包加外购计划;大部件说明表等。

## 二、设备制造期内双方的责任

### (一) 设备监造

1. 监造的概念

设备监造也称设备监造监理,是指在设备制造过程中,采购方委托有资质的监造单位派出驻厂代表,对供货方提供合同设备的关键部位进行质量监督。但质量监造不解除供货方对合同设备质量应负的责任。

2. 监造方式

监造实行现场见证和文件见证两种方式。现场见证的形式包括:

(1)以巡视的方式监督生产制造过程,检查使用的原材料、元件质量是否合格,制造操作工艺是否符合技术规范的要求等;

(2)接到供货方通知后,参加合同规定的中间检查试验和出厂前的检查试验;

(3)在认为必要时,监造代表有权要求进行合同没有规定的检验。

文件见证指对所进行的检查或检验认为质量达到合同规定的标准后,在检查或试验记录上签署认可意见,以及就制造过程中有关问题发给供货方的相关文件。

3. 供货方的义务

(1)在合同约定的时间内向采购方提交订购设备的设计、制造和检验的标准,包括与设备监造有关的标准、图纸、资料、工艺要求。

(2)合同设备开始投料制造时,向监造代表提供整套设备的生产计划。

(3)每个月末均应提供月报表,说明本月包括工艺过程和检验记录在内的实际生产进度,以及下个月的生产、检验计划。中间检验报告需说明检验的时间、地点、过程、试验记录,以及与计划不一致的原因分析和改进措施。

(4)监造代表在监造中如果发现设备和材料存在质量问题或不符合本规定的标准或包装要求而提出意见并暂不予以签字时,供货方需采取相应改进措施,以保证交货质量。无论监造代表是否要求或是否知道,供货方均有义务主动及时地向其提供合同设备制造过程中出现的较大的质量缺陷和问题,不得隐藏,而且在监造单位不知道的情况下供货方不得擅自处理。

(5)监造代表发现重大问题要求停工检验时,供货方应当遵照执行。

(6)为监造代表提供工作、生活必要的方便条件。

(7)不论监造代表是否参与监造与出厂检验,或者监造代表参加了监造与检验并签署了监造与检验报告,均不能被视为免除供货方对设备质量应负的责任。

4. 采购方的义务

(1)制造现场的监造检验和见证尽量结合供货方工厂实际生产过程进行,不应影响正常的生产进度(不包括发现重大问题时的停工检验)。

（2）监造代表应按时参加合同规定的检查和试验。若监造代表不能按供货方通知时间及时到场,供货方工厂的试验工作可以正常进行,试验结果有效。但是监造代表有权事后了解、查阅、复制检查试验报告和结果(转为文件见证)。若供货方未及时通知监造代表而单独检验,采购方将不承认检验结果,供货方应在监造代表在场的情况下进行该项试验。

### (二) 工厂内的检验

#### 1. 监造内容的约定

当事人双方需在合同内约定设备监造的内容,以便监造代表进行检查和试验。具体内容应包括:监造的部套(以订购范围确定);每套的监造内容;监造方式(可以是现场见证、文件见证或停工待检之一);检验的数量等。

#### 2. 检查和试验的范围

（1）原材料和元器件的进厂检验;

（2）部件的加工检验和实验;

（3）出厂前预组装检验;

（4）包装检验。

供货方供应的所有合同设备、部件(包括分包与外购部分),在生产过程中都需进行严格的检验和试验,出厂前还需进行部套或整机总装试验。所有检验、试验和总装(原配)必须有正式的记录文件。只有以上所有工作完成后才能出厂发运。这些正式记录文件和合格证明提交给采购方,作为技术资料的一部分存档。此外,供货方还应在随机文件中提供合格证和质量证明文件。

## 三、现场交货

### (一) 货物交接

#### 1. 供货方的义务

（1）发运前应在合同约定的时间内向采购方发出通知,以便对方做好接货准备工作。

（2）向承运部门办理申请发运设备所需的运输工具计划,负责合同设备从供货方到现场交货地点的运输。

（3）每批合同设备交货日期以到货车站(码头)的到货通知单时间戳记为准,以此来判定是否延误交货。

（4）在每批货物备妥及装运车辆(船)发出 24 小时内,应以电报或传真将该批货物的如下内容通知采购方:合同号;机组号;货物备妥发运日期;货物名称及编号和价格;货物总毛重;货物总体积;总包装件数;交运车站(码头)的名称、车号(船号)和运单号;重量超过 20 吨或尺寸超过 9 米×3 米×3 米的每件特大型货物的名称、重量、体积和件数，以及对每件该类设备(部件)还必须标明重心和吊点位置，并附有草图。

2. 采购方的义务

(1)应在接到发运通知后做好现场接货的接货工作；

(2)按时到运输部门提货；

(3)如果由于采购方原因要求供货方推迟设备发货，应及时通知对方，并承担推迟期间的仓储费和必要的保养费。

**(二) 到货检验**

1. 检验程序

(1)货物到达目的地后，采购方向供货方发出到货检验通知，邀请对方派代表共同进行检验。

(2)货物清点。双方代表共同根据运单和装箱单对货物的包装、外观和件数进行清点。如果发现任何不符之处，经过双方代表确认属于供货方责任后，由供货方处理解决。

(3)开箱检验。货物运到现场后，采购方应尽快与供货方共同进行开箱检验，如果采购方未通知供货方而自行开箱或每一批设备到达现场后在合同规定的时间内不开箱，产生的后果由采购方承担。双方共同检验货物的数量、规格和质量，检验结果和记录对双方有效，并作为采购方向供货方提出索赔的证据。

2. 损害、缺陷、短少的责任

(1)现场检验时，如发现设备由于供货方原因(包括运输)有任何损坏、缺陷、短少或不符合合同中规定的质量标准和规范，应做好记录，并由双方代表签字，各执一份，作为采购方向供货方提出修理更换或索赔的依据。如果供货方要求采购方修理损坏的设备，所有修理设备的费用由供货方承担。

(2)由于采购方原因，发现损坏或短缺，供货方在接到采购方通知后，应尽快提供或替换相应的部件，但费用由采购方自负。

(3)供货方如对采购方提出修理、更换、索赔的要求有异议，应在接到采购方书面通知后在合同约定的时间内提出，否则上述要求即告成立。如有异议，供货方应在接到通知后派代表赴现场同采购方代表共同复验。

(4)双方代表在共同检验中对检验记录不能取得一致意见时，可由双方委托的权威第三方检验机构进行裁定检验。检验结果对双方都有约束力，检验费用由责任方承担。

(5)供货方在接到采购方提出的索赔后，应按合同约定的时间尽快修理、更换或补发短缺部分，由此产生的制造、修理和运费及保险费均应由责任方负担。

## 四、设备安装验收

### (一) 供货方的现场服务

按照合同约定不同,设备安装工作可以由供货方负责,也可以在供货方提供必要的技术服务条件下由采购方承担。如果由采购方负责设备安装,供货方应提供的现场服务内容包括以下几项:

1. 派出必要的现场服务人员

供货方现场服务人员的职责包括指导安装和调试,处理设备的质量问题,参加试车和验收试验等。

2. 技术交底

安装和调试前,供货方的技术服务人员应向安装施工人员进行技术交底,讲解和示范将要进行工作的程序和方法。对合同约定的重要工序,供货方的技术服务人员要对施工情况进行确认和签证,否则采购方不能进行下一道工序。经过确认和签证的工序,如果因技术服务人员指导错误而发生问题,由供货方负责。

3. 安装、调试的重要工序

(1)整个安装、调试过程应在供货方现场技术服务人员指导下进行。重要工序须经供货方现场技术服务人员签字确认。安装、调试过程中,若采购方未按供货方的技术资料规定和现场技术服务人员指导、未经供货方现场技术服务人员签字确认而出现问题,采购方自行负责(设备质量问题除外);若采购方按供货方技术资料规定和现场技术服务人员的指导、供货方现场技术服务人员签字确认而出现问题,供货方承担责任。

(2)设备安装完毕后的调试工作由供货方的技术人员负责,或采购方的人员在其指导下进行。供货方应尽快解决调试中出现的设备问题,其所需时间应不超过合同约定的时间,否则将视为延误工期。

### (二) 设备验收

1. 启动试车

安装调试完毕后,双方共同参加启动试车的检验工作。试车分成无负荷空运和带负荷试运行两个步骤进行,且每一阶段均应按技术规范要求的程序维持一定的持续时间,以检验设备的质量。试验合格后,双方在验收文件上签字,正式移交采购方进行生产运行。若检验不合格,属于设备质量原因,由供货方负责修理、更换并承担全部费用;如果是由于工程施工质量问题,由采购方负责拆除后纠正缺陷。不论何种原因试车不合格,经过修理或更换设备后应再次进行试车试验,直到满足合同规定的试车质量要求为止。

2. 性能验收

性能验收又称性能指标达标考核。启动试车只是检验设备安装完毕后是否能够顺利安全进行,但各项具体的技术性能指标是否达到供货方在合同内承诺的保证值还无法判定,因此合同中均要约定设备移交试生产稳定运行多少个月后进行性能测试。由于合同规定的性能验收时间采购方已正式投产运行,这项验收试验由采购方负责,供货方参加。

试验大纲由采购方准备,与供货方讨论后确定。试验现场和所需的人力、物力由采购方提供。供货方应提供试验所需的测点、一次性元件和装设的试验仪表,以及做好技术配合和人员配合工作。

性能验收试验完毕,每套合同设备都达到合同规定的各项性能保证值指标后,采购方与供货方共同会签合同设备初步验收证书。如果合同设备经过性能验收试验表明未能达到合同约定的一项或多项保证指标,可以根据缺陷或技术指标试验值与供货方在合同内的承诺值偏差程度,按下列原则区别对待:

(1)在不影响合同设备安全、可靠运行的条件下,如有个别微小缺陷,供货方在双方商定的时间内免费修理,采购方则可同意签署初步验收证书。

(2)如果第一次性能验收试验达不到合同规定的一项或多项性能保证值,则双方应共同分析原因,澄清责任,由责任一方采取措施,并在第一次验收试验结束后合同约定的时间内进行第二次性能验收试验。如能顺利通过,则签署初步验收证书。

(3)在第二次性能验收试验后,如仍有一项或多项指标未能达到合同规定的性能保证值,按责任的原因分别对待。属于采购方原因,合同设备应被认为初步验收通过,共同签署初步验收证书。此后供货方仍有义务与采购方一起采取措施,使合同设备性能达到保证值。属于供货方原因,则应按照合同约定的违约金计算方法赔偿采购方的损失。

(4)在合同设备稳定运行规定的时间内,如果由于采购方原因造成性能验收试验的延误超过约定的期限,采购方也应签署设备初步验收证书,视为初步验收合格。

初步验收证书只是证明供货方所提供合同设备性能和参数截至出具初步验收证明时可以按合同要求予以接受,但不能视为供货方对合同设备中存在的可能引起合同设备损坏的潜在缺陷所应负责任解除的证据。所谓潜在缺陷指设备的隐患在正常情况下不能在制造过程中被发现,供货方应承担纠正缺陷责任。供货方的质量缺陷责任期时间应保证到合同规定的保证期终止后或到第一次大修时。当发现这类潜在缺陷时,供货方应按照合同的规定进行修理或调换。

3. 最终验收

(1)合同内应约定具体的设备保证期。保证期从签发初步验收证书之日起开始计算。

(2)在保证期内的任何时候,如果由于供货方责任而需要进行的检查、试验、再试验、修理或调换,当供货方提出请求时,采购方应做好安排,进行配合以便进行上述工作。供货方应负担修理或调换的费用,并按实际修理或更换使设备停运所延误的时间将保证期限作相应延长。

(3)如果供货方委托采购方施工人员进行加工、修理、更换设备,或由于供货方设计图纸错误以及因供货方技术服务人员的指导错误造成返工,供货方应承担因此所发生合理费用的责任。向采购方支付的费用可按发生时的费率水平用如下公式计算:

$$P = ah + M + Cm$$

式中:$P$——总费用(元);

    $a$——人工费[元/(小时·人)];

    $h$——人员工时[(小时·人)];

    $M$——材料费(元);

    $C$——机械台班数(台·班);

    $m$——每台机械设备的台班费[元/(台·班)]。

(4)合同保证期满后,采购方在合同规定时间内应向供货方出具合同设备最终验收证书。条件是此前供货方已完成采购方保证期满前提出的各项合理索赔要求,设备的运行质量符合合同的约定。供货方对采购方人员的非正常维修和误操作,以及正常磨损造成的损失不承担责任。

(5)每套合同设备最后一批交货达到现场之日起,如果因采购方原因在合同约定的时间内未能进行试运行和性能验收试验,期满后即视为通过最终验收。此后采购方应与供货方共同会签合同设备的最终验收证书。

## 五、合同价格与支付

### (一)合同价格

大型设备采购合同通常采用固定总价合同,在合同交货期内为不变价格。合同价内包括合同设备(含备品备件、专用工具)、技术资料、技术服务等费用,还包括合同设备的税费、运杂费、保险费等与合同有关的其他费用。

### (二)付款

支付的条件、支付的时间和费用内容应在合同内具体约定。目前大型设备采购合同较多采用如下程序:

#### 1. 支付条件

合同生效后,供货方提交金额为合同设备价格约定的某比率不可撤销履约保函,作为采购方支付合同款的先决条件。

#### 2. 支付程序

订购的合同设备价款一般分3次支付:

(1)设备制造前供货方提交履约保函和金额为合同设备价格10%的商业发票后,采购方支付合同设备价格的10%作为预付款。

(2)供货方按交货顺序在规定的时间内将每批设备(部组件)运到交货地点,并将该批设备的商业发票、清单、质量检验合格证明、货运提单提供给采购方,采购方支付该批设备价格的80%。

(3)剩余合同设备价格的10%作为设备保证金,待每套设备保证期满没有问题,采购方签发设备最终验收证书后支付。

合同约定的技术服务费一般分2次支付:

(1)第一批设备交货后,采购方支付给供货方该套合同设备技术服务费的30%。

(2)每套合同设备通过该套机组性能验收试验,初步验收证书签署后,采购方支付该套合同设备技术服务费的70%。

运杂费在设备交货时由供货方分批向采购方结算,结算总额为合同规定的运杂费。

3. 采购方的支付责任

付款时间以采购方银行承付日期为实际支付日期,若此日期晚于合同约定的付款日期,即从约定的日期开始按合同约定计算迟付款违约金。

## 六、违约责任

为了保证合同双方的合法权益,虽然在前述条款中已说明责任的划分,如修理、置换、补足短少部件等规定,但双方还应在合同内约定承担违约责任的条件、违约金的计算办法和违约金的最高赔偿限额等。违约金通常包括以下几个方面内容。

### (一) 供货方的违约责任

1. 延误责任的违约金

(1)设备延误到货的违约金。

(2)未能按合同规定时间交付严重影响施工的关键技术资料的违约金。

(3)因技术服务的延误、疏忽或错误导致工程延误的违约金。

2. 质量责任的违约金

这是指经过二次性能试验后,一项或多项性能指标仍达不到保证指标时,各项具体性能指标的违约金。

3. 不能供货的违约金

合同履行过程中如果因供货方原因不能交货,按不能交货部分设备价格约定某一比率计算的违约金。

4. 由于供货方中途解除合同,采购方可采取合理的补救措施,并要求供货方赔偿损失

**（二）采购方的违约责任**

1. 延期付款违约金的计算办法。

2. 延期付款利息的计算办法。

3. 如果因采购方原因中途要求退货,按退货部分设备价格约定某一比率计算的违约金。

双方在违约责任条款内还应分别列明任何一方严重违约时,对方可以单方面终止合同的条件、终止程序和后果责任等。

## 七、监理工程师对大型设备采购合同的管理

由于土木工程大型设备采购合同的履行也对工程施工的质量和进度有影响,在施工过程中,监理工程师也要加强对大型设备采购合同的管理。主要包括以下几方面工作:

（1）对大型设备采购合同及时编号、统一管理。

（2）参与大型设备采购合同的订立。监理工程师可参与大型设备采购合同的招标工作,参加招标文件的编写,提出对设备的技术要求及交货期限的要求。

（3）监督大型设备采购合同的履行。在设备制造期间,监理工程师有权根据合同提供的全部工程设备的材料和工艺进行检查、研究和检验,同时检查其制造进度。根据合同规定或取得供货方的同意,监理工程师可将工程设备的检查和检验授权给一个独立的检验单位。

监理工程师认为检查、研究或检验的结果是设备有缺陷或不符合合同规定时,可拒收此类工程设备,并就此立即通知供货方。任何工程设备必须得到监理工程师的书面许可后方可运至现场。

# 思考题

1. 简述工程材料设备采购合同的特点。

2. 简述大型设备采购的到货检验程序。

3. 监理工程师对大型设备采购合同的管理主要包括哪些工作?

4. 设备建造有哪几种方式,各方式有何不同?

5. 论述大型设备采购合同与一般的工程设备采购合同的主要区别。

# 第十四章　工程变更与索赔管理

工程变更一般指在工程施工过程中,根据合同约定对施工的程序,工程的内容、数量、质量要求及标准等做出变更。

在市场经济条件下,工程索赔是一种正常现象,它在国际土木工程市场上是合同当事人保护自身正当权益、弥补工程损失、提高经济效益的重要和有效的手段。许多国际工程项目,承包人通过成功的索赔能使工程收入的增加达到工程造价的10%～20%,有些工程的索赔额甚至超过了合同额本身。

"中标靠低标,盈利靠索赔"是许多国际承包人的经验总结。索赔管理以其本身花费较小、经济效果明显而受到承包人的高度重视。但在我国,由于工程索赔处于起步阶段,对工程索赔的认识尚不够全面、正确,在工程施工中,还存在发包人(业主)忌讳索赔,承包人索赔意识不强,监理工程师不懂得如何处理索赔的现象。国际工程承包的实践经验告诉我们,一个不敢、不会索赔的承包人最终必然是要亏损的。因此,应当加强对索赔理论和方法的研究,认真对待和搞好工程索赔。

## 第一节　工程变更管理

### 一、工程变更的原因

工程变更一般有以下几方面原因:

(1)业主的变更指令,如业主对工程提出新的要求、修改项目计划、削减预算等;

(2)由于设计人员、工程师、承包商事先没有很好地理解业主的意图或设计的错误,导致图纸修改;

(3)工程环境的变化,预定的工程条件不准确,要求实施方案或实施计划变更;

(4)由于产生新技术和知识,有必要改变原设计、原实施方案或实施计划,或由于业主指令及业主责任的原因造成承包商施工方案的改变;

(5)政府部门对工程新的要求,如国家计划变化、环境保护要求、城市规划变动等;

(6)由于合同实施出现问题,必须调整合同目标或修改合同条款。

## 二、工程变更的范围

标准施工合同通用条款规定的变更范围包括：

(1)取消合同中任何一项工作，但被取消的工作不能转由发包人或其他人实施；

(2)改变合同中任何一项工作的质量或其他特性；

(3)改变合同工程的基线、标高、位置或尺寸；

(4)改变合同中任何一项工作的施工时间或改变已批准的施工工艺或顺序；

(5)为完成工程需要追加的额外工作。

根据 FIDIC 施工合同条件，工程变更的范围包括以下几个方面：

(1)改变合同中所包括的任何工作的数量；

(2)改变任何工作的质量和性质；

(3)改变工程任何部分的标高、基线、位置和尺寸；

(4)删减任何工作，但要交他人实施的工作除外；

(5)任何永久工程需要的任何附加工作、工程设备、材料或服务；

(6)改动工程的施工顺序或时间安排。

## 三、工程变更的程序

根据统计，工程变更是索赔的主要起因。由于工程变更对工程施工过程影响很大，会造成工期的拖延和费用的增加，容易引起双方的争执，所以要十分重视工程变更管理问题。

一般工程施工承包合同中都有关于工程变更的具体规定。工程变更一般按照如下程序：

1. 工程变更的提出

根据工程实施的实际情况，业主方、设计方、施工方等单位都可以根据需要提出工程变更。

2. 工程变更的批准

由施工方提出的工程变更，应该交于工程师审查并批准；由设计方提出的工程变更应该与业主方协商或经业主审查并批准；由业主方提出的工程变更，涉及设计修改的应该与设计方协商，并通过工程师发出。工程师发出工程变更的权力，一般会在施工合同中明确约定，通常在发出变更通知前应征得业主批准。

3. 工程变更指令的发出及执行

为了避免耽误工程，工程师和承包人就变更价格和工期补偿达成一致意见之前有必要先行发布变更指示，先执行工程变更工作，然后再就变更价格和工期补偿进行协商和确定。

　　工程变更指示的发出有两种形式：书面形式和口头形式。一般情况下要求用书面形式发布变更指示，如果由于情况紧急而来不及发出书面指示，承包人应该根据合同规定要求工程师书面认可。

　　根据工程惯例，除非工程师明显超越合同权限，承包人应该无条件地执行工程变更的指示。即使工程变更价款没有确定，或者承包人对工程师答应给予付款的金额不满意，承包人也必须一边进行变更工作，一边根据合同寻求解决办法。

## 四、工程变更的估价

### 1. 工程变更的估价程序

　　承包人应在收到变更指示或变更意向书后的 14 天内，向工程师提交变更报价书，详细开列变更工作的价格组成及其依据，并附必要的施工方法说明和有关图纸。变更工作如果影响工期，承包人应提出调整工期的具体细节。

　　工程师收到承包人变更报价书后的 14 天内，根据合同约定的估价原则，商定或确定变更价格。

### 2. 工程变更的估价原则

　　(1)已标价工程量清单中有适用于变更工作的子目，采用该子目的单价计算变更费用；

　　(2)已标价工程量清单中无适用于变更工作的子目，但有类似子目，可在合理范围内参照类似子目的单价，由监理人商定或确定变更工作的单价；

　　(3)已标价工程量清单中无适用或类似子目的单价，由承包人提出适当的变更价格，经工程师确认后执行(或可按照成本加利润的原则，由工程师商定或确定变更工作的单价)。

## 五、工程变更的责任分析

　　根据工程变更的具体情况可以分析确定工程变更的责任。

　　(1)由于业主要求、政府部门要求、环境变化、不可抗力、原设计错误等导致的设计变更，应该由业主承担责任；

　　(2)由于承包人的施工过程、施工方案出现错误或存在缺陷而导致的设计变更，应该由承包人承担责任。

# 第二节　工程索赔管理

## 一、工程索赔概述

### (一) 索赔的概念和特点

1. 索赔的概念

工程索赔是指在工程合同履行过程中,合同当事人一方因非自身责任或对方不履行或未能正确履行合同而受到经济损失或权利损害时,通过一定的合法程序向对方提出经济或时间补偿要求的行为。

索赔(Claim)一词具有较为广泛的含义,一般可以概括为以下三个方面:

(1) 一方违约使另一方蒙受损失,受损方向对方提出索赔损失的要求;

(2) 发生应由发包人承担责任的特殊风险或遇到不利自然条件等情况,使承包人蒙受较大损失而向发包人提出补偿损失的要求;

(3) 承包人本应当获得的正当利益,由于没能及时得到监理人的确认和发包人应给予的支付,而以正式函件向发包人索赔。

2. 索赔的特点

索赔的特点主要有:

(1) 索赔是双向的,承包人可以向发包人索赔,发包人也可以向承包人索赔。

(2) 索赔是一种正当的权利主张,要求给予工期、费用补偿。索赔同守约、合作并不矛盾、对立,是业主方、监理工程师和承包方之间的一项正常的、大量发生而且普遍存在的合同管理业务,是一种以法律和合同为依据、合情合理的行为。

(3) 索赔具有补偿性,没有惩罚性,只有实际发生了经济损失或工期损害,一方才能向对方索赔。也就是说,索赔的前提是实际已经发生了额外的费用支出或工期损失。而违约具有惩罚性,不仅限于补偿实际损失,还会要求双倍或更高的赔偿。

(4) 索赔要求己方没有过错,是因非自身原因导致的损失。

(5) 索赔要求有明确依据,必须依据法律法规、合同文件及工程建设惯例等。

(6) 索赔要求有切实有效的证据,并按一定程序提出。

(7) 索赔是一种未经对方确认的单方行为,双方还未达成协议。索赔要求最终还需要双方通过协商谈判、调解甚至仲裁、诉讼获得解决。而工程签证是双方协商一致的结果。

3. 索赔与违约责任的区别

索赔与违约责任的区别主要有以下几点:

（1）索赔事件的发生，不一定在合同文件中有约定；而违约责任必然是合同所约定的。

（2）索赔事件的发生，既可以是一定行为造成的（包括作为和不作为），也可以是不可抗力事件所引起的；而追究违约责任，必须要有合同不能履行或不能完全履行的违约事实的存在，发生不可抗力可以免除追究当事人的违约责任。

（3）索赔事件的发生，可以是合同当事人一方引起的，也可以是任何第三人行为引起的；而违约则是由当事人一方或双方的过错造成的。

（4）索赔具有补偿性，一定要有造成损失的结果才能提出索赔；而违约不一定要造成损失结果，因为违约（如违约金）具有惩罚性。

（5）索赔的损失结果与被索赔人的行为不一定存在法律上的因果关系，如因业主（发包人）指定分包人原因造成承包人损失的，承包人可以向业主索赔等；而违约行为与违约事实之间存在因果关系。

**（二）索赔的起因和成立条件**

1. 索赔的起因

引起工程索赔的原因很多也很复杂，主要有以下几个方面：

（1）当事人违约

当事人违约常常表现为没有按照合同约定履行自己的义务。

发包人违约主要表现为没有为承包人提供合同约定的施工条件、未按照合同约定的期限和数额付款等。监理人未能按照合同约定完成工作，如未能及时发出图纸、指令等也被视为发包人违约。

承包人违约的情况则主要是没有按照合同约定的质量、期限完成施工，或者由于不当行为给发包人造成其他损害。

（2）不可抗力或不利的物质条件

不可抗力又可分为自然事件和社会事件。自然事件主要是指工程施工过程中发生的不可避免且不能克服的自然灾害，包括地震、海啸、瘟疫、水灾等；社会事件则包括国家政策、法律、法令的变更，战争，罢工等。

不利的物质条件通常是指承包人在施工现场遇到的不可预见的自然物质条件、非自然的物质障碍和污染物，包括地下和水文条件。

（3）合同缺陷

合同缺陷表现为合同文件规定不严谨甚至矛盾，合同中存在遗漏或错误。在这种情况下，工程师应当给予解释，如果这种解释将导致成本增加或工期延长，发包人应当给予补偿。

（4）合同变更

合同变更表现为设计变更、施工方法变更、追加或者取消某些工作、合同规定的其他变更等。

(5)监理人指令

监理人指令有时也会产生索赔,如监理人指令承包人加速施工、进行某项工作、更换某些材料、采取某些措施等,并且这种指令不是由于承包人原因造成的。

(6)其他第三方原因

其他第三方原因常常表现为与工程有关的第三方问题而引起的对本工程的不利影响。

2. 索赔的成立条件

监理工程师判定承包人索赔成立时,必须同时具备下列三个条件:

(1)与合同对照,事件已造成了承包人工程项目成本的额外支出,或直接工期损失;

(2)造成费用增加或工期损失的原因,按合同约定不属于承包人的行为责任或风险责任;

(3)承包人按合同规定的程序和时间提交索赔意向通知和索赔报告。

以上三个条件必须同时具备,缺一不可。

**(三) 索赔的分类**

由于索赔贯穿于工程项目全过程,可能发生的范围比较广泛,其分类随标准、方法的不同而不同,主要有以下几种分类方法:

1. 按索赔有关当事人分类

(1)承包人与发包人之间的索赔。这类索赔大多是有关工程量计算、变更、工期、质量和价格方面的争议,也有中断或终止合同等其他违约行为的索赔。

(2)总包人与分包人之间的索赔。其内容与第(1)项大致相似,但大多数是分包人向总承包人索要付款和赔偿及总承包人向分包人罚款或扣留支付款等。

以上两种涉及工程项目建设过程中施工条件或施工技术、施工范围等变化引起的索赔,一般发生频率高、索赔费用大,有时也称为施工索赔。

(3)发包人或承包人与供货人、运输人间的索赔。其内容多是商贸方面的争议,如货品质量不符合技术要求、数量短缺、交货拖延、运输损坏等。

(4)发包人或承包人与保险人间的索赔。此类索赔多是被保险人受到灾害事故或其他损害或损失,按保险单向其投保的保险人索赔。

以上两种在工程项目实施过程中的材料设备采购、运输、保管、工程保险等活动引起的索赔事项,又称商务索赔。

2. 按索赔依据分类

(1)合同内索赔。合同内索赔是指索赔要求在工程项目的合同文件中有明确的文字依据,并可根据合同规定明确划分责任。这种以书面形式明确表示出合同内容的条款,称为"明示条款"。

（2）合同外索赔。合同外索赔，也称超越合同规定的索赔，是指索赔要求在工程项目的合同文件中没有专门的依据，但可从该合同文件的某些条款引申含义或有关法律法规中找到依据，推论出该索赔权。这种索赔要求同样有法律效力，有权得到相应的补偿。这种合同中没有载明，但依据法律和惯例可视为合同中已经写明的条款，称为"默示条款"。

（3）道义索赔。道义索赔，也称优惠索赔，是指索赔要求在合同内、合同外均找不到依据，但承包人认为自己有要求补偿的道义基础，而对其遭受的损失提出具有优惠性质的补偿要求。处理道义索赔的主动权在发包人手中，一般在发生以下情况时，发包人可能会同意并接受这种索赔：

①若另找其他承包人，费用会更大；

②为了树立自己的形象；

③出于对承包人的同情和信任；

④谋求与承包人的互相理解和更长久的合作。

3. **按索赔目的分类**

（1）工期索赔，即由于非承包人自身原因造成拖期的，承包人要求发包人延长工期，推迟原定的竣工日期，避免违约误期罚款等。

（2）费用索赔，即要求发包人补偿费用损失，调整合同价格，弥补经济损失。

4. **按索赔事件的性质分类**

（1）工程延期索赔。因发包人未按合同要求提供施工条件（如未及时交付设计图纸、施工现场、道路等），或发包人指令工程暂停或不可抗力事件等造成工期延长的，承包人可向发包人提出索赔；若因承包人责任导致工期延长的，发包人可向承包人索赔；若因非分包人责任导致工期延长的，分包人可向承包人索赔。

（2）工程变更索赔。因发包人或工程师指令增加或减少工程量或增加附加工程、修改设计、变更工程顺序等造成工期延长和费用增加的，承包人可向发包人提出索赔，分包人也可对此向承包人索赔。

（3）工程终止索赔。因发包人或承包人违约或不可抗力事件等造成工程非正常终止的，承包人和分包人蒙受损失而提出索赔；若因承包人或分包人责任导致工程非正常终止，或者合同无法继续履行的，发包人可对此提出索赔。

（4）工程加速索赔。因发包人或工程师指令承包人加快施工速度、缩短工期，造成承包人人力、财力、物力的额外开支，承包人可提出索赔；若承包人指令分包人加快进度，分包人也可向承包人提出索赔。

（5）意外风险和不可预见因素索赔。在工程实施过程中，因人力不可抗拒的自然灾害、特殊风险以及一个有经验的承包人通常不能合理预见的不利施工条件或外界障碍，如未遇见的地下水、地质断层、溶洞、地下障碍物等，承包人蒙受损失而提出索赔，通常由发包人承担。

(6)其他索赔。如因货币贬值、汇率变化、物价、工资上涨、政策法令变化等引起的索赔。

这种分类能明确指出每一项索赔的根源所在,使发包人和工程师便于审核分析。

5.按索赔处理方式分类

(1)单项索赔就是采取一事一索赔的方式,即在每一件索赔事项发生后,报送索赔通知书,编报索赔报告,要求单项解决支付,不与其他的索赔事项混在一起。单项索赔是针对某一干扰事件提出的,在影响原合同正常运行的干扰事件发生时或发生后,由合同管理人员立即处理,并在合同规定的索赔有效期内向发包人或工程师提交索赔要求和报告。单项索赔通常原因单一、责任单一,分析起来相对容易,由于涉及的金额一般较小,双方容易达成协议,处理起来也比较简单。因此,合同双方应尽可能地用这种方式来处理索赔。

(2)综合索赔又称一揽子索赔,即对整个工程(或某项工程)中所发生的数起索赔事项,综合在一起进行索赔。一般在工程竣工前和工程移交前,承包人将工程实施过程中因各种原因未能及时解决的单项索赔集中起来进行综合考虑,提出一份综合索赔报告,由合同双方在工程交付前后进行最终谈判,以一揽子方案解决索赔问题。在合同实施过程中,有些单项索赔问题比较复杂,不能立即解决,为了不影响工程进度,经双方协商同意后留待以后解决。有的是发包人或工程师对索赔采用拖延办法,迟迟不作答复,使索赔谈判旷日持久。还有的是承包人因自身原因未能及时采用单项索赔方式等。这些情况都有可能出现一揽子索赔。由于在一揽子索赔中许多干扰事件交织在一起,影响因素比较复杂而且相互交叉,责任分析和索赔值计算都很困难,索赔涉及的金额往往又很大,双方都不愿或不容易作出让步,使索赔的谈判和处理都很困难。因此,综合索赔的成功率比单项索赔要低得多。

**(四)索赔的作用**

工程索赔的作用主要表现在以下几个方面:

(1)索赔是合同和法律赋予正确履行合同者免受意外损失的权利,是当事人保护自己、避免损失、增加利润、提高效益的一种重要手段。

(2)索赔是落实和调整合同双方经济责、权、利关系的手段,也是合同双方风险分担的又一次合理再分配。离开了索赔,合同责任就不能全面体现,合同双方的责、权、利关系就难以平衡。

(3)索赔是合同实施的保证。索赔是合同法律效力的具体体现,对合同双方形成约束条件。

(4)索赔对提高企业和工程项目管理水平起着重要的促进作用。承包人提不出或提不好索赔,与其自身管理松散混乱、计划实施不严、成本控制不力等有直接关系,因而索赔有助于促进双方加强内部管理、严格履行合同、维护市场正常秩序。

（5）索赔有助于政府转变职能。合同双方当事人依据合同和实际情况，实事求是地协商工程造价和工期，可以使政府从烦琐的调整概算和协调双方关系等微观管理工作中解脱出来。

（6）索赔有助于承发包双方更快地熟悉国际惯例，熟练掌握提出索赔和处理索赔的方法与技巧，有助于对外开放和对外工程承包的开展。

但是，也应当强调指出，承包人单靠索赔的手段来获取利润并非正途。一些承包人采取有意压低标价的方法来获取工程，又试图靠索赔的方式来得到利润，以弥补自己的损失。从某种意义上讲，这种经营方式有很大的风险，因为能否得到这种索赔机会是难以确定的，其结果也不可靠，采用这种策略的企业很难维持长久。因此，承包人运用索赔手段来维护自身利益，以求增加企业效益和谋求自身发展，应基于对索赔概念的正确理解和全面认识，既不必畏惧索赔，也不可利用索赔投机钻营。

## 二、工程索赔管理概述

### （一）索赔管理的特点

要健康地开展索赔工作，必须全面认识索赔，完整理解索赔，端正索赔动机，规范索赔行为，合理地处理索赔事件。因此，发包人、工程师和承包人必须全面认识和理解索赔工作的特点。

1. 索赔工作贯穿工程项目始终

合同当事人要做好索赔工作，必须从签订合同开始，直至合同履行完成。在履行合同的全过程中，要认真采取预防保护措施，建立健全索赔业务的各项管理制度。

在工程项目的招标、投标和合同签订阶段，承包人应仔细研究工程所在国的法律、法规及合同条件，特别是关于合同范围、义务、付款、工程变更、违约及罚款、特殊风险、索赔时限和争议解决等条款，必须在合同中明确规定当事人各方的权利和义务，以便为将来可能的索赔提供合法的依据和基础。

在合同执行阶段，合同当事人应密切注视对方的合同履行情况，不断地寻求索赔机会；同时其自身应严格履行合同义务，防止被对方索赔。

一些缺乏工程承包经验的承包人，由于对索赔工作的重要性认识不够，往往在工程开始时并不重视索赔，等到发现不能获得应得的偿付时才匆忙研究合同中的索赔条款，汇集所需要的数据和论证材料，但已经陷入被动局面。有的经过旷日持久的争执、交涉乃至诉诸法律程序，也难以索回应得的补偿或损失，影响了自身的经济效益。

2. 索赔是工程技术和法律相融的综合学问和艺术

索赔问题涉及的层面相当广泛，既要求索赔人员具备丰富的工程技术知识与实际施工经验，使得索赔问题的提出具有科学性和合理性，符合工程实际情况；又要求索赔人员通晓法律与合同知识，使得提出的索赔具有法律依据和事实证据；并且还要求在索赔文件的准备、编制和谈判等方面具有一定的艺术性，使索赔的最终解决表现出一定程度的伸缩性和灵活性。这就对索赔人员的素质提出了很高的要求，他们的个人品格和才能对索赔能否获得成功的影响很大。索赔人员应当是头脑冷静、思维敏捷、处事公正、性格刚毅且有耐心，并具有以上多种才能的综合人才。

3. 影响索赔成功的相关因素

索赔能否获得成功，除了上述各方面的条件以外，还与企业的项目管理基础工作密切相关，主要有以下四个方面：

(1) 合同管理

合同管理与索赔工作密不可分，有的学者认为索赔就是合同管理的一部分。从索赔角度看，合同管理可分为合同分析和合同日常管理两部分。合同分析的主要目的是为索赔提供法律依据。合同日常管理则是收集、整理施工中发生事件的一切记录，包括图纸、订货单、会谈纪要、来往信件、变更指令、气象图表、工程照片等，并加以科学归档和管理，形成一个能清晰描述和反映整个工程全过程的数据库，其目的是为索赔及时提供全面、正确、合法有效的各种证据。

(2) 进度管理

工程进度管理不仅可以指导整个施工的进程和次序，而且可以通过计划工期与实际进度的比较、研究和分析，找出影响工期的各种因素，分清各方责任，及时地向对方提出延长工期的要求及相关费用的索赔，并为工期索赔值的计算提供依据和各种基础数据。

(3) 成本管理

成本管理的主要内容有编制成本计划、控制和审核成本支出、进行计划成本与实际成本的动态分析比较等，它可以为费用索赔提供各种费用的计算数据和其他信息。

(4) 信息管理

索赔文件的提出、准备和编制需要大量工程施工中的各种信息，要在索赔时限内高质量地准备好这些信息，离开了当事人平时的信息管理是不行的。应该采用计算机进行系统的信息管理。

**（二）索赔事件**

索赔事件，又称干扰事件，是指那些使实际情况与合同规定不符合，最终引起工期和费用变化的各类事件。

1. 承包人可以提出的索赔事件

(1) 发包人违反合同给承包人造成时间、费用的损失，包括发包人未按合同约定完成基本工作、未按合同规定时间支付预付款及工程款、不正当地终止工程等；

（2）发包人提出提前完成项目或缩短工期而造成承包人的费用增加；

（3）由于发包人承担的风险发生而造成承包人的费用增加；

（4）因工程变更（含设计变更、发包人提出的工程变更、监理工程师提出的工程变更，以及承包人提出并经监理工程师批准的变更）造成的时间、费用损失；

（5）由于监理工程师对合同文件的歧义解释、技术资料不确切，或由于不可抗力导致施工条件的改变，造成承包人时间、费用的增加；

（6）因合同缺陷（如合同文件规定不严谨甚至前后矛盾、合同规定过于笼统、合同中有遗漏或错误等）导致承包人时间、费用的增加；

（7）对于合同规定以外的项目进行检验，且检验合格，或非承包人的原因导致项目缺陷的修复所发生的损失或费用；

（8）非承包人的原因导致工程暂时停工，如受到其他承包人的干扰等；

（9）由于不利的自然条件及客观障碍（如地质条件变化、发现地下文物或古迹等），导致承包人时间、费用的增加。

（10）物价上涨，国家政策及法律法规变化，货币及汇率变化及其他。

2. 发包人可以提出的索赔事件

（1）施工责任。包括承包人的施工质量不符合施工技术规程的要求，或者保修期未满以前未完成应该负责修补的工程等。

（2）工期延误。由于承包人的原因使竣工日期延后，影响到发包人对该工程的使用，给发包人带来经济损失时，发包人有权向承包人进行索赔，要求承包人支付延期竣工违约金。

（3）承包人超额利润。如果工程量增加很多（超过有效合同价的15%），使承包人的预期收入增大而固定成本并不增加，或者由于法规变化导致承包人在工程实施中降低了成本而产生超额利润，合同价应由双方讨论调整，发包人有权收回部分超额利润。

（4）指定分包商的付款。承包人未能提供已向指定分包商付款的合理证明时，发包人可以直接按照工程师的证明书，将承包人未付给指定分包商的所有款项（扣除保留金）付给该分包商，并从应付给承包人的款项中扣回。

（5）承包人不履行的保险费用。承包人未按合同条款指定的项目投保，并保证保险有效，发包人可以投保并保证保险有效，发包人支付的保险费可在应付给承包人的款项中扣回。

（6）发包人合理终止合同或承包人不正当地放弃工程，发包人有权从承包人手中收回由新的承包人完成工程所需的工程款与原合同未付部分的差额。

（7）其他。由于工伤事故给发包方人员和第三方人员造成的人身或财产损失的索赔，以及承包人运送建筑材料及施工机械设备时损坏了公路、桥梁或隧洞，交通管理部门提出的索赔等。

419

### （三）索赔的依据与证据

**1．索赔依据**

索赔的依据主要包括三个方面：

（1）合同文件。合同文件是索赔最主要的依据，按照我国现行《建设工程施工合同(示范文本)》(GF-2013-0201)的规定，组成合同文件的内容包括：①合同协议书；②中标通知书；③投标函及其附录；④专用合同条款及其附件；⑤通用合同条款；⑥技术标准和要求；⑦图纸；⑧已标价工程量清单或预算书；⑨其他合同文件。合同履行中，双方签署的洽商、变更等书面协议或文件也应视为合同文件的组成部分。

（2）法律、法规。包括建设工程合同文件适用国家的法律和行政法规，以及双方在专用条款内约定适用国家标准、规范的名称。

（3）工程建设惯例。针对具体的索赔要求(工期或费用)，索赔的具体依据也不相同，例如，有关工期的索赔就要依据有关的进度计划、变更指令等。

**2．索赔证据**

1)索赔证据的含义

索赔证据是当事人用来支持其索赔成立或和索赔有关的证明文件和资料。索赔证据作为索赔文件的组成部分，在很大程度上关系到索赔的成功与否。

在工程项目的实施过程中，会产生大量的工程信息和资料，这些信息和资料是开展索赔的重要依据。因此，在施工过程中应该自始至终做好资料积累工作，建立完善的资料记录和科学管理制度，认真系统地积累和管理合同、质量、进度以及财务收支等方面的资料。

2)索赔证据的基本要求

（1）真实性。索赔证据必须是在实施合同过程中确实存在和实际发生的，是施工过程中产生的真实资料，能经得住推敲。

（2）及时性。索赔证据的取得及提出应当及时。这种及时性反映了承包人的态度和管理水平。

（3）全面性。所提供的证据应能说明事件的全部内容。索赔报告中涉及的索赔理由、事件过程、影响、索赔值等都应有相应证据，不能零乱和支离破碎。

（4）关联性。索赔的证据应当与索赔事件有必然联系，并能够互相说明，符合逻辑，不能互相矛盾。

（5）有效性。索赔证据必须具有法律证明效力。一般要求证据必须是书面文件，有关记录、协议、纪要必须是双方签署的。工程中重大事件、特殊情况的记录、统计必须由工程师签字认可。

3)常见的索赔证据

（1）各种合同文件，包括工程合同及附件、中标通知书、投标书、标准和技术规范、图纸、工程量清单、工程报价单或预算书、有关技术资料和要求等。具体的如发包人提供的水文地质、地下管网资料,施工所需的证件、批件,临时用地占地证明手续,坐标控制点资料等。

(2)经工程师批准的承包人施工进度计划、施工方案、施工组织设计和具体的现场实施情况记录。各种施工报表有:①驻地工程师填制的工程施工记录表,这种记录能提供关于气候、施工人数、设备使用和部分工程局部竣工等情况;②施工进度表;③施工人员计划表和人工日报表;④施工用材料和设备报表。

(3)施工日志及工长工作日志、备忘录等。施工中发生的影响工期或工程资金的所有重大事情均应写入备忘录存档,备忘录应按年、月、日顺序编号,以便查阅。

(4)工程有关施工部位的照片及录像等。保存完整的工程照片和录像能有效地显示工程进度。因而除了标书上规定需要定期拍摄的工程照片和录像外,承包人自己应经常注意拍摄工程照片和录像,注明日期,作为自己查阅的资料。

(5)工程各项往来信件、电话记录、指令、信函、通知、答复等。有关工程的来往信件内容常常包括某一时期工程进展情况的总结以及与工程有关的当事人,尤其是这些信件的签发日期对计算工程延误时间具有很大参考价值。因而来往信件应妥善保存,直到合同全部履行完毕,所有索赔均获解决时为止。

(6)工程各项会议纪要、协议及其他各种签约和定期与业主雇员的谈话资料等。业主雇员对合同和工程实际情况掌握第一手资料,与他们交谈的目的是摸清施工中可能发生的意外情况,会碰到什么难处理的问题,以便做到事前心中有数,一旦发生进度延误,承包人即可提出延误原因,说明延误原因是业主造成的,为索赔埋下伏笔。在施工合同的履行过程中,业主、工程师和承包人定期或不定期的会谈所作出的决定或决议,是施工合同的补充,应作为施工合同的组成部分,但会谈纪要只有经过各方签署后方可作为索赔的依据。业主与承包人、承包人与分包人之间定期或临时召开的现场会议讨论工程情况的会议记录,能被用来追溯项目的执行情况,查阅业主签发工程内容变动通知的背景和签发通知的日期,也能查阅在施工中最早发现某一重大情况的确切时间。另外,这些记录也能反映承包人对有关情况采取的行动。

(7)发包人或工程师发布的各种书面指令书和确认书,以及承包人要求、请求、通知书。

(8)气象报告和资料。如有关天气的温度、风力、雨雪的资料等。

(9)投标前业主提供的参考资料和现场资料。

(10)施工现场记录。包括工程各项有关设计交底记录、变更图纸、变更施工指令等,工程图纸、图纸变更、交底记录的送达份数及日期记录,工程材料和机械设备的采购、订货、运输、进场、验收、使用等方面的凭据及材料供应清单、合格证书,工程送电、送水和道路开通、封闭的日期及数量记录,工程停电、停水和干扰事件影响的日期及恢复施工的日期等。

(11)工程各项经业主或工程师签认的签证。如承包人要求预付通知,工程量核实确认单。

(12)工程结算资料和有关财务报告。如工程预付款、进度款拨付的数额及日期记录,工程结算书、保修单等。

(13)各种检查验收报告和技术鉴定报告。由工程师签字的工程检查和验收报告反映出某一单项工程在某一特定阶段竣工的程度,并记录了该单项工程竣工的时间和验收的日期,应该妥为保管。如:质量验收单、隐蔽工程验收单、验收记录;竣工验收资料、竣工图。

(14)各类财务凭证。需要收集和保存的工程基本会计资料,包括工卡、人工分配表、注销薪水文票、工人福利协议、经会计师核算的薪水报告单、购料订单收讫发票、收款票据、设备使用单据、注销账应付支票、账目图表、总分类账、财务信件、经会计师核证的财务决算表、工程预算、工程成本报告书、工程内容变更单等。工人或雇请人员的薪水单据应按日期编存归档,薪水单上费用的增减能揭示工程内容增减的情况和开始的时间。承包人应注意保管和分析工程项目的会计核算资料,以便及时发现索赔机会,准确地计算索赔的款额,争取合理的资金回收。

(15)其他,包括分包合同、官方的物价指数、汇率变化表以及国家、省、市有关影响工程造价、工期的文件、规定等。

**(四) 索赔文件**

索赔文件,又称索赔报告,它是合同一方向对方提出索赔的书面文件。它全面反映了一方当事人对一个或若干个索赔事件的所有要求和主张,对方当事人也是通过对索赔文件的审核、分析和评价来做认可、要求修改、反驳甚至拒绝的回答。索赔文件也是双方进行索赔谈判或调解、仲裁、诉讼的依据。因此,索赔文件的表达与内容对索赔的解决有重大影响,索赔方必须认真编写索赔文件。

在合同履行过程中,一旦出现索赔事件,承包人应该按照索赔文件的构成内容,及时地向业主提交索赔文件。索赔文件的内容一般包括四个方面:

(1)总述部分。总述部分的阐述要求简明扼要,说明问题,一般包括序言、索赔事项概述、承包人为该索赔事项付出的努力和附加开支、具体索赔要求等。

(2)论证部分。论证部分主要是说明自己具有索赔权利,这是索赔能否成立的关键。该部分的内容主要来自该工程的合同文件,并参照有关法律规定。

(3)索赔费用和(或)工期计算部分。索赔计算的目的,是以具体的计算方法和计算过程,说明自己应得的经济补偿的款项或延长的工期。论证部分定性,计算部分定量。

(4)证据部分。索赔证据包括该索赔事件所涉及的一切证据材料,以及对这些证据的说明。要注意引用的每个证据的效力或可信程度,对重要的证据资料最好附以文字说明,或附以确认件。证据是索赔报告的重要组成部分,没有翔实可靠的证据,索赔是不可能成功的。

单项索赔文件的一般格式如下:

(1)题目。索赔报告的标题应该能够简要准确地概括索赔的中心内容。

(2)事件。详细描述事件过程,主要包括事件发生的工程部位、发生的时间、原因和经过、影响的范围以及承包人当时采取的防止事件扩大的措施、事件持续时间、承包人已经向业主或工程师报告的次数及日期、最终结束影响的时间、事件处置过程中有关主要人员办理的有关事项等,也包括双方信件交往、会谈,并指出对方如何违约以及证据的编号等。

(3)理由。指索赔的依据,主要是法律依据和合同条款的规定。合理引用法律和合同的有关规定,建立事实与损失之间的因果关系,说明索赔的合理合法性。

(4)结论。指出事件造成的损失或损害及其大小,主要包括要求补偿的金额及工期,这部分只需列举各项明细数字及汇总数据即可。

(5)详细计算书(包括损失估价和延期计算两部分)。为了证实索赔金额和工期的真实性,必须指明计算依据及计算资料的合理性,包括损失费用、工期延长的计算基础、计算方法、计算公式及详细的计算过程和计算结果。

(6)附件。包括索赔报告中所列举的事实、理由、影响等各种编过号的证明文件和证据、图表。

对于一揽子索赔,其格式比较灵活,它实质上是将许多未解决的单项索赔加以分类和综合整理。一揽子索赔文件往往需要很大的篇幅甚至几百页材料来描述其细节。一揽子索赔文件的主要组成部分如下:

(1)索赔致函和要点;

(2)总情况介绍(叙述施工过程、对方失误等);

(3)索赔总表(将索赔总数细分、编号,每一条目写明索赔内容的名称和索赔额);

(4)上述事件详述;

(5)上述事件结论;

(6)合同细节和事实情况;

(7)分包人索赔;

(8)工期延长的计算和损失费用的估算;

(9)各种证据材料等。

**(五)索赔程序**

索赔程序是指从索赔事件产生到最终处理全过程所包括的工作内容和工作步骤。工程施工中承包人向发包人索赔、发包人向承包人索赔以及分包人向承包人索赔的情况都有可能发生,以下说明承包人向发包人索赔的一般程序。

### 1. 索赔意向通知

索赔意向的提出是索赔程序中的第一步,其关键是要抓住索赔机会,及时提出索赔意向,即在合同规定时间内将索赔意向用书面形式及时通知发包人或者工程师,向对方表明索赔愿望、要求或者声明保留索赔权利。

FIDIC 合同条件和我国《建设工程施工合同(示范文本)》都规定,承包人应在索赔事件发生后的 28 天内,将其索赔意向以正式函件通知工程师。

索赔意向通知要简明扼要地说明索赔事由发生的时间、地点,简单事件情况描述和发展动态,索赔依据和理由,索赔事件的不利影响等。

### 2. 准备索赔资料

从提出索赔意向到提交索赔文件,是属于承包人索赔的内部处理阶段和索赔资料准备阶段。此阶段的主要工作有:

(1)跟踪和调查干扰事件,掌握事件产生的详细经过和前因后果;

(2)分析干扰事件产生的原因,划清各方责任,确定由谁承担,并分析这些干扰事件是否违反了合同规定,是否在合同规定的赔偿或补偿范围内,即确定索赔根据;

(3)损失或损害调查分析与计算,确定工期索赔和费用索赔值;

(4)收集证据,获得充分而有效的各种证据;

(5)起草索赔文件。

### 3. 提交索赔文件

承包人必须在合同规定的索赔时限内向对方提交正式的书面索赔文件。FIDIC 合同条件和我国《建设工程施工合同(示范文本)》都规定,承包人必须在发出索赔意向通知后的 28 天内或经工程师同意的其他合理时间内,向工程师提交一份详细的索赔文件和有关资料。如果干扰事件对工程的影响持续时间长,承包人则应按工程师要求的合理间隔(一般为 28 天),提交中间索赔报告,并在干扰事件影响结束后的 28 天内提交一份最终索赔报告,否则将失去就该事件请求补偿的索赔权利。

### 4. 工程师审核索赔文件

在发包人与承包人之间的索赔事件发生、处理和解决过程中,工程师是个核心人物。对于承包人向发包人的索赔请求,索赔文件首先应该交由工程师审核。工程师根据发包人的委托或授权,对承包人索赔的审核工作主要分为判定索赔事件是否成立和核查承包人的索赔计算是否正确、合理两个方面,并可在业主授权的范围内作出自己独立的判断:初步确定补偿额度,或者要求补充证据,或者要求修改索赔报告等。对索赔的初步处理意见要提交发包人。

我国《建设工程施工合同(示范文本)》规定,监理人应在收到索赔报告后 14 天内完成审查并报送发包人。监理人对索赔报告存在异议的,有权要求承包人提交全部原始记录副本。

**5. 发包人审查索赔处理**

对于工程师的初步处理意见,发包人需要进行审查和批准,然后工程师才可以签发有关证书。

当索赔数额超过工程师权限范围时,由发包人直接审查索赔报告,并与承包人谈判解决,工程师应参加发包人与承包人之间的谈判。工程师也可以作为索赔争议的调解人。对于数额较大的索赔,一般需要发包人、承包人和工程师三方反复协商才能作出最终处理决定。

《建设工程施工合同(示范文本)》规定,发包人应在监理人收到索赔报告或有关索赔的进一步证明材料后的 28 天内,由监理人向承包人出具经发包人签认的索赔处理结果。发包人逾期答复的,则视为认可承包人的索赔要求。

**6. 索赔的协商和最终处理**

对于工程师的初步处理意见,发包人和承包人可能都不接受或者其中一方不接受,三方可就索赔的解决进行协商,达成一致,其中可能包括复杂的谈判过程,经过多次协商才能达成。

如果承包人同意接受最终的处理决定,索赔事件的处理即告结束,索赔款项在当期进度款中进行支付。如果经过努力仍无法就索赔事宜达成一致,则发包人和承包人可根据合同约定选择采用仲裁或诉讼方式解决。

**(六) 索赔的技巧与艺术**

索赔工作既有科学严谨的一面,又有艺术灵活的一面。对于一个确定的索赔事件往往没有预定的、确定的处理结果,它受制于双方签订的合同文件、各自的工程管理水平和索赔能力以及处理问题的公正性、合理性等因素。因此,索赔成功不仅需要令人信服的法律依据、充足的理由和正确的计算方法,索赔的策略、技巧和艺术也相当重要。如何看待和对待索赔,实际上是一个经营战略问题,是承包人对利益、关系、信誉等方面的综合权衡。承包人应防止两种极端倾向:

(1)只讲关系、义气和情意,忽视应有的合理索赔,致使企业遭受不应有的经济损失;

(2)不顾关系,过分注重索赔,斤斤计较,缺乏长远和战略目光,以致影响合同关系、企业信誉和长远利益。

此外,合同双方在开展索赔工作时,还要注意以下索赔技巧和艺术:

(1)索赔是一项十分重要和复杂的工作,涉及面广,合同当事人应设专人负责索赔工作,指定专人收集、保管一切可能涉及索赔论证的资料,并加以系统分析研究,做到处理索赔时以事实和数据为依据。对于重大的索赔,双方应聘请专家(懂法律和合同,有丰富的施工管理经验,懂会计学,了解施工中的各个环节,善于从图纸、技术规范、合同条款及来往信件中找出矛盾和有依据的索赔理由)指导,组成强有力的谈判小组。

(2)正确把握提出索赔的时机。过早提出索赔,往往容易遭到对方反驳或在其他方面可能施加的挑剔、报复等;过迟提出,则容易留给对方借口,使索赔要求遭到拒绝。因此,索赔方必须在索赔时效范围内适时提出,若因害怕影响双方合作关系,而有意将索赔要求拖到工程结束时才正式提出,可能会事与愿违,适得其反。

(3)及时、合理地处理索赔。索赔发生后,必须依据合同的准则及时处理索赔。如果承包人的合理索赔要求长时间得不到解决,单项工程的索赔积累下来,有时可能影响整个工程的进度。此外,拖到后期进行综合索赔,往往还会牵涉到利息、预期利润补偿、工程结算以及责任的划分、质量的处理等,将大大增加处理索赔的难度。因此,尽量将单项索赔在执行过程中加以解决,不仅对承包人有益,同时也体现了双方处理问题的水平,既维护了业主的利益,又照顾了承包人的实际情况。

(4)加强索赔的前瞻性,有效避免过多索赔事件的发生。由于工程项目的复杂多变、现场条件及气候环境的变化、标书及施工说明中的错误等因素不可避免,所以索赔是不可避免的。在工程的实施过程中,工程师应及时将预料到的可能发生的问题告知承包人,避免由于工程返工所造成的工程成本上升,以减轻承包人的压力,减少其想方设法通过索赔途径弥补工程成本上升所造成的利润损失的情况。另外,工程师也应对可能引起的索赔有所预测,及时采取补救措施,避免过多索赔事件的发生。

(5)注意索赔程序和索赔文件的要求。承包人应该以正式书面方式向工程师提出索赔意向和索赔文件,索赔文件要求根据充分、条理清楚、数据准确、符合实际。

(6)索赔谈判中应注意方式方法。合同一方向对方提出索赔要求,进行索赔谈判时,应措辞婉转、说理透彻,要以理服人,而不是得理不让人,尽量避免使用抗议式提法,在一般情况下少用或不用如"你方违反合同""使我方受到严重损害"等类似的说法,最好采用"请求责任方作公平合理的调整""请在×××合同条款下加以考虑"等,既正确表达自己的索赔要求,又不伤和气,以达到良好的索赔效果。如果一方对另一方多次合理的索赔要求均拒不合作或置之不理,并严重影响工程正常进行的,索赔方可以采取较为严厉的措辞和切实可行的手段,以实现自己的索赔目标。

(7)索赔处理时可作适当必要的让步。在索赔谈判和处理时应根据情况作出必要的让步,扔"芝麻"抱"西瓜"。可以放弃金额小的小项索赔,坚持大项索赔,这样容易使对方也作出让步,达到索赔的最终目的。

(8)发挥公关能力。除了进行书信往来和谈判桌上的交涉外,有时还要发挥索赔人员的公关能力,采用合法的手段和方式,营造适合索赔争议解决的良好环境和氛围,促使索赔问题早日圆满解决。

索赔既是一门科学,也是一门艺术,它融自然科学、社会科学于一体,涉及工程技术、工程管理、法律、财会、贸易、公共关系等在内的众多学科知识,因此索赔人员在实践过程中,应注重对这些知识的有机结合和综合应用,不断学习体会,不断总结经验教训,以更好地开展索赔工作。

### (七) 各方对索赔的管理

1. 业主方对索赔的管理

1)业主方索赔管理中存在的问题

(1)对索赔的认识不足。业主方往往认为索赔是承包方的权利,对业主方来说只能被动地接受。有的认为索赔是一种惩罚,发生索赔就要负法律责任,从而会采取一些违背常规的手段;也有的对承包方的索赔要求持无所谓的态度。

(2)缺乏索赔意识。业主方因缺乏索赔意识而未建立必要的索赔制度,是普遍存在的问题。其往往对一些与合同有关的事件漠然置之,对一些重要的证据不收集、不记录、不签字、不归档,也不配备专门人员处理索赔事务,发现可以反索赔的机会,也不主动实施。而一旦对方提出索赔要求,就会惊慌失措,仓促应付,被对方牵着鼻子走。

(3)缺乏索赔经验。我国建筑企业索赔管理工作开展得比较晚,索赔研究也相对滞后,目前仅仅停留在借鉴国外理论和经验的层面上,没有形成一套成熟的符合我国国情的索赔管理理论体系。

2)强化业主方索赔管理的措施

业主方在进行索赔管理时,要加强防范意识,坚持预防为主;努力做好事前、事中、事后控制,认真排查索赔事件的诱因,防止和减少索赔事件的发生。具体应做到:

(1)严把设计质量关,尽量减少设计变更

①对可能引起设计变更的环节,如设计方案(包括类型和尺寸),工程的质量标准,工程的数量、施工顺序和时间安排等一定要认真审查。

②认真核查提供给承包方的原始资料。这也是引起承包方索赔的主要环节,应该尽量避免出现如下错误:(a)施工图与现场地质、环境等方面的差异过大;(b)设计的图纸对规范要求、施工说明等表达不明确,对设备、材料的名称、规格型号表达不清楚;(c)存在遗漏、计算错误等缺陷等。

(2)认真编制招标文件

招标文件95%左右的内容均将成为合同内容,因此编好招标文件非常重要。在工程招标和合同谈判阶段,可邀请监理工程师参与决策。各招标文件的内容要一致,尽量避免和减少相互之间的矛盾;文件用语要推敲,要严谨;要注意资料可靠,能详细、客观地反映实际情况;要注意公正地处理合同双方的利益,合理分担风险;对于价值高、工程量大的项目可要求承包商投标时提交"单价分析表",以备处理索赔时使用。

(3)加强项目实施阶段管理。应做好以下工作:

①在日常工作中,业主方应保持实际工程记录,建立工程项目文档管理系统,委派专人负责工程资料和其他经济活动的收集整理工作。

②进行合同监督和跟踪。首先保证自己不违约,并动态地跟踪和监督对方的履约情况,发现不符合或有争议的问题应及时处理。

③尽早处理索赔事务,争取索赔中的有利地位。

④明确监理的授权范围,避免其工作越权越位,发出不适当的指令,引起索赔。

(4)充分发挥监理作用。

业主方一方面要依靠监理工程师,另一方面也应对监理工程师提出如下明确要求:

①树立风险意识,对可能出现的薄弱环节加强防范;

②提高职业责任感,做好监理日记和现场发生的各种情况的记录;

③出现索赔事件后,能积极应对,根据合同提出公正合理的建议。

(5)严格监控承包商的履约行为,合理进行反索赔。

在项目实施中,承包商不履行、不当履行或不完全履行合同义务,或是由于承包商的行为使业主方受到了损失,业主方为维护自身利益,应该进行反索赔。一般来讲,反索赔主要涉及工程质量、拖延工期、经济担保、保证金以及其他事项。

(6)建立反索赔机制,配备专门人员。

在一项建设工程中,对业主方来说,反索赔管理的主要内容之一是防止对方索赔和反击对方的索赔要求。业主方的索赔管理应该贯穿建设项目的全过程。组织可以是临设的,但配备的人员素质要高,既要懂工程管理,又要熟悉法律程序,还必须有敬业精神和良好的职业道德。这样才能保证索赔管理工作落得实,有成效。

业主方索赔管理是一项复杂而系统的工程,主要原则是预防为主,合理进行反索赔;中心环节是相关证据的收集和整理。业主方只有做好以上工作,才能有效地减少承包商的索赔,同时也可以在自己的权益受到损害时,积极提出反索赔。

**2. 承包商对索赔的管理**

1)承包商的索赔意识

在市场经济环境中,承包商要提高工程经济效益必须重视索赔问题,有索赔意识。索赔意识主要体现在如下三方面:

(1)法律意识。索赔是法律赋予承包商的正当权利,是保护自己正当权益的手段。强化索赔意识,实质上是强化了承包商的法律意识。这不仅可以加强承包商的自我保护意识,提高自我保护能力,还可以提高承包商履约的自觉性,自觉地防止自己侵害他人利益。合同双方有一个好的合作气氛,有利于合同总目标的实现。

(2)市场经济意识。在市场经济环境中,承包企业以追求经济效益为目标,索赔是在合同规定的范围内,合理合法地追求经济效益的手段。通过索赔可提高合同价格,增加收益;不讲索赔,放弃索赔机会,是不讲经济效益的表现。

(3)工程管理意识。索赔工作涉及工程项目管理的各个方面。要取得索赔的成功,必须提高整个工程项目的管理水平,进一步健全和完善管理机制。在工程管理中,必须有专人负责索赔管理工作,将索赔管理贯穿于工程项目全过程、工程实施的各个环节和各个阶段。所以,搞好索赔能带动施工企业管理和工程项目管理整体水平的提高。

承包商有索赔意识,才能重视索赔,敢于索赔,善于索赔。

2)承包商的索赔管理措施

(1)建立精干而稳定的索赔管理小组;

(2)组织全体管理人员学习合同文件,使每一个人都建立索赔意识;

(3)加强文档管理,注意保存索赔资料和证据;

(4)抓住索赔机遇,及时申请索赔;

(5)写好索赔报告,重视索赔额计算和证据;

(6)注意索赔谈判的策略和技巧。

3. 工程师对索赔的管理

在实际工程中,监理工程师对工程索赔的管理尤为重要,本节监理工程师对索赔的管理将对此进行详细介绍。

## 三、工程索赔计算

### (一) 工期索赔的计算

1. 工期索赔中应当注意的问题

在工期索赔中应当特别注意以下问题:

(1)划清施工进度拖延的责任。

因承包人的原因造成工程施工进度滞后的,属于不可原谅的延期;只有承包人不应承担任何责任的延误,才是可原谅的延期。有时工程延期的原因中可能包含有双方责任,此时监理人应进行详细分析,分清责任比例,只有可原谅延期部分才能批准顺延合同工期。

可原谅延期,又可细分为可原谅并给予补偿费用的延期和可原谅但不给予补偿费用的延期,后者是指非承包人责任的影响并未导致施工成本的额外支出,大多属于发包人应承担风险责任事件的影响,如异常恶劣的气候条件影响的停工等。

(2)被延误的工作应是处于施工进度计划关键线路上的施工内容。

只有位于关键线路上的工作内容的滞后,才会影响到竣工日期。但有时也应注意,既要看被延误的工作是否在批准进度计划的关键线路上,还要详细分析这一延误对后续工作的可能影响。因为若对非关键线路工作的影响时间较长，超过了该工作可用于自由支配的时间，也会导致进度计划中非关键线路转化为关键线路，其滞后将影响总工期的拖延。此时，应充分考虑该工作的自由时间，给予相应的工期顺延，并要求承包人修改施工进度计划。

2. 工期索赔的计算

工期索赔的计算方法主要有网络图分析法和比例计算法两种。

1）网络图分析法

网络图分析法是利用进度计划的网络图分析其关键线路。如果延误的工作为关键工作，则总延误的时间为批准顺延的工期；如果延误的工作为非关键工作，当该工作由于延误超过时差限制而成为关键工作时，可以批准延误时间与时差的差值为顺延的工期；若该工作延误后仍为非关键工作，则不存在工期索赔问题。

2）比例计算法

比例计算法主要应用于工程量有增加时工期索赔的计算，公式为

$$工程索赔值 = \frac{额外增加的工程量的价格}{原合同总价} \times 原合同总工期$$

**案例 14-1**

某工程原合同规定分两阶段进行施工，土建工程 20 个月，安装工程 16 个月。假定以一定量的劳动力需要量为相对单位，则合同规定的土建工程量可折算为 400 个相对单位，安装工程量可折算为 120 个相对单位。合同规定，在工程量增减 10% 的范围内，作为承包商的工期风险，不能要求工期补偿。在工程施工过程中，土建和安装的工程量都有较大幅度的增加。实际土建工程量增加到 500 个相对单位，实际安装工程量增加到 200 个相对单位。

求承包商可以提出的工期索赔额。

【解】承包商提出的工期索赔为：

不索赔的土建工程量的上限为 $400 \times 1.1 = 440$ 个相对单位；

不索赔的安装工程量的上限为 $120 \times 1.1 = 132$ 个相对单位。

由于工程量增加而造成的工期延长，则

土建工程工期延长 $20 \times \left( \frac{500}{440} - 1 \right) = 2.73$ 个月；

安装工程工期延长 $16 \times \left( \frac{200}{132} - 1 \right) = 8.24$ 个月；

总工期索赔为 $2.73 + 8.24 = 10.97$ 个月。

**（二）费用索赔的计算**

1. 可索赔的费用

可索赔的费用一般包括以下几方面的内容：

（1）人工费

人工费主要包括生产工人的工资、津贴、加班费、奖金等。对于索赔费用中的人工费部分来说，主要是指：完成合同之外的额外工作所花费的人工费用；由于非承包人责任的工效降低所增加的人工费用；超过法定工作时间的加班费用；法定的人工费增长以及非承包人责任造成的工程延误导致的人员窝工费；相应增加的人身保险和各种社会保险支出等。

在以下几种情况下，承包人可以提出人工费的索赔：

①因业主增加额外工程，或因业主或工程师原因造成工程延误，导致承包人人工单价的上涨和工作时间的延长；

②工程所在国法律、法规、政策等变化而导致承包人人工费用方面的额外增加，如提高当地雇佣工人的工资标准、福利待遇或增加保险费用等；

③若由于业主或工程师原因造成的延误或对工程的不合理干扰打乱了承包人的施工计划，致使承包人劳动生产率降低，导致人工工时增加的损失，承包人有权向业主提出生产率降低损失的索赔。

（2）材料费

可索赔的材料费主要包括：

①由于索赔事项导致材料实际用量超过计划用量而增加的材料费；

②由于客观原因导致的材料价格大幅度上涨；

③由于非承包人责任工程延误导致的材料价格上涨；

④由于非承包人原因致使材料运杂费、采购与保管费用的上涨；

⑤由于非承包人原因致使额外低值易耗品使用等。

在以下两种情况下，承包人可提出材料费的索赔：

①由于业主或工程师要求追加额外工作、变更工作性质、改变施工方法等，造成承包人的材料耗用量增加，包括使用数量的增加和材料品种或种类的改变；

②在工程变更或业主延误时，可能会造成承包人材料库存时间延长、材料采购滞后或采用代用材料等，从而引起材料单位成本的增加。

（3）机械设备使用费

可索赔的机械设备使用费主要包括：

①由于完成额外工作增加的机械设备使用费；

②非承包人责任致使的工效降低而增加的机械设备闲置、折旧和修理费分摊、租赁费用；

③由于业主或工程师原因造成的机械设备停工的窝工费；

④非承包人原因增加的设备保险费、运费及进口关税等。

（4）现场管理费

现场管理费是某单个合同发生的用于现场管理的总费用，一般包括现场管理人员的费用、办公费、通讯费、差旅费、固定资产使用费、工具用具使用费、保险费、工程排污费、供热供水及照明费等。它一般占工程总成本的 5%～10%。索赔费用中的现场管理费是指承包人完成额外工程、索赔事件工作以及工期延长、延误期间的工地管理费。

（5）总部管理费

总部管理费是承包人企业总部发生的为整个企业的经营运作提供支持和服务所发生的管理费用，一般包括总部管理人员费用、企业经营活动费用、差旅交通费、办公费、通讯费、固定资产折旧费、修理费、职工教育培训费用、保险费、税金等，它一般占企业总营业额的 3%～10%。索赔费用中的总部管理费主要指的是工程延误期间所增加的管理费。

（6）利息

利息又称融资成本或资金成本，是企业取得和使用资金所付出的代价。利息的索赔通常发生于下列情况：

①业主拖延支付预付款、工程进度款或索赔款等，给承包人造成较严重的经济损失，承包人因而提出拖欠付款的利息索赔；

②由于工程变更和工期延误增加投资的利息；

③施工过程中业主错误扣款的利息。

（7）分包商费用

索赔费用中的分包费用是指分包商的索赔款项，一般也包括人工费、材料费、施工机械设备使用费等。因业主或工程师原因造成分包商的额外损失，分包商首先应向承包人提出索赔要求和索赔报告，然后以承包人的名义向业主提出分包工程增加费及相应管理费索赔。

（8）利润

对于不同性质的索赔。取得利润索赔的成功率是不同的。在以下几种情况下，承包人一般可以提出利润索赔：

①因设计变更等引起的工程量增加；

②施工条件变化导致的索赔；

③施工范围变更导致的索赔；

④合同延期导致机会利润损失；

⑤由于业主的原因终止或放弃合同带来预期利润损失等。

（9）其他

包括相应保函费、保险费、银行手续费及其他额外费用的增加等。

在不同的索赔事件中可以索赔的费用是不同的。根据《标准施工招标文件》中通用合同条款的内容，可以合理补偿承包人的条款如表 14-1 所示。

表 14-1 《标准施工招标文件》中合同条款规定的可以合理补偿承包人索赔的条款

| 序号 | 条款号 | 主要内容 | 可补偿内容 | | |
| --- | --- | --- | --- | --- | --- |
| | | | 工期 | 费用 | 利润 |
| 1 | 1.10.1 | 施工过程发现文物、古迹以及其他遗迹、化石、钱币或物品 | √ | √ | |
| 2 | 4.11.2 | 承包人遇到不利物质条件 | √ | √ | |
| 3 | 5.2.4 | 发包人要求向承包人提前交付材料和工程设备 | | √ | |
| 4 | 5.2.6 | 发包人提供的材料和工程设备不符合合同要求 | √ | √ | √ |
| 5 | 8.3 | 发包人提供基准资料错误导致承包人的返工或造成工程损失 | √ | √ | √ |
| 6 | 11.3 | 发包人的原因造成工期延误 | √ | √ | √ |
| 7 | 11.4 | 异常恶劣的气候条件 | √ | | |
| 8 | 11.6 | 发包人要求承包人提前竣工 | | √ | |
| 9 | 12.2 | 发包人原因引起的暂停施工 | √ | √ | √ |
| 10 | 12.4.2 | 发包人原因造成暂停施工后无法按时复工 | √ | √ | √ |
| 11 | 13.1.3 | 发包人原因造成工程质量达不到合同约定验收标准 | √ | √ | √ |
| 12 | 13.5.3 | 监理人对隐蔽工程重新检查，经检验证明工程质量符合合同要求 | √ | √ | √ |
| 13 | 16.2 | 法律变化引起的价格调整 | √ | √ | |
| 14 | 18.4.2 | 发包人在全部工程竣工前，使用已接收的单位工程导致承包人费用增加 | √ | √ | √ |
| 15 | 18.6.2 | 发包人的原因导致试运行失败 | √ | √ | √ |
| 16 | 19.2 | 发包人原因导致的工程缺陷和损失 | | √ | √ |
| 17 | 21.3.1 | 不可抗力 | √ | | |

2. 费用索赔的计算

费用索赔的计算方法有实际费用法、修正总费用法等。

（1）实际费用法

实际费用法是按照各索赔事件所引起损失的费用项目分别分析、计算索赔值，然后将各费用项目的索赔值汇总，即可得到总索赔费用值。这种方法以承包商为某项索赔工作所支付的实际开支为依据，但仅限于由于索赔事项引起的、超过原计划的费用，故也称额外成本法。在这种计算方法中，需要注意的是不要遗漏费用项目。

（2）修正总费用法

修正总费用法是对总费用法的改进，即在总费用计算的原则上，去掉一些不确定的可能因素，对总费用法进行相应的修改和调整，使其更加合理。

**案例 14-2**

某施工合同约定,施工现场主导施工机械一台,由施工企业租得,台班单价为 400 元,租赁费为 120 元/台班,人工工资为 50 元/工日,窝工补贴为 20 元/工日,以人工费为基数的综合费率为 35%,在施工过程中,发生了如下事件:①出现异常恶劣天气导致工程停工 3 天,人员窝工 40 个工日;②因恶劣天气导致场外道路中断,抢修道路用工 10 个工日;③场外大面积停电,停工 3 天,人员窝工 20 个工日。

求施工企业可向业主索赔的费用。

【解】各事件处理结果如下:

①异常恶劣天气导致的停工通常不能进行费用索赔;

②抢修道路用工的索赔额 $10 \times 50 \times (1+35\%) = 675$(元);

③停电导致的索赔额 $3 \times 120 + 20 \times 20 = 760$(元);

总索赔费用 $675 + 760 = 1435$(元)。

3. FIDIC 合同条件中的有关索赔条款

FIDIC 合同条件下部分可以合理补偿承包商的条款如表 14-2 所示。

表 14-2　FIDIC 合同条件下部分可以合理补偿承包商的条款

| 序号 | 条款号 | 主要内容 | 可补偿内容 | | |
|---|---|---|---|---|---|
| | | | 工期 | 费用 | 利润 |
| 1 | 1.9 | 延误发放图纸 | √ | √ | √ |
| 2 | 2.1 | 延误移交施工现场 | √ | √ | √ |
| 3 | 4.7 | 承包商依据工程师提供的错误数据导致放线错误 | √ | √ | √ |
| 4 | 4.12 | 不可预见的外界条件 | √ | √ | |
| 5 | 4.24 | 施工中遇到文物和古迹 | √ | √ | |
| 6 | 7.4 | 非承包商原因检验导致施工的延误 | √ | √ | √ |
| 7 | 8.4(a) | 变更导致竣工时间的延长 | √ | | |
| 8 | 8.4(c) | 异常不利的气候条件 | √ | | |
| 9 | 8.4(d) | 由于传染病或其他政府行为导致工期的延误 | √ | | |
| 10 | 8.4(e) | 业主或其他承包商的干扰 | √ | | |
| 11 | 8.5 | 公共当局引起的延误 | √ | | |
| 12 | 10.2 | 业主提前占用工程 | | √ | √ |
| 13 | 10.3 | 对竣工检验的干扰 | √ | √ | |
| 14 | 13.7 | 后续法规引起的调整 | √ | √ | |
| 15 | 18.1 | 业主办理的保险未能从保险公司获得补偿部分 | | √ | |
| 16 | 19.4 | 不可抗力事件造成的损害 | √ | √ | |

### 四、监理工程师对索赔的管理

#### (一) 工程师对索赔的影响

在处理和解决发包人与承包人之间索赔事件的过程中,工程师是核心焦点。在整个合同的形成和实施过程中,工程师对工程索赔有如下影响:

1. 工程师引起的索赔由发包人承担

工程师受发包人委托进行工程项目管理,工程师在工作中如果出现失误或行使施工合同赋予的权力时给承包人造成损失的,应当由发包人承担合同规定的相应赔偿责任。承包人索赔有相当一部分是由工程师引起的。

2. 工程师有处理索赔问题的权力

(1)承包人提出索赔意向通知后,工程师有权检查承包人的现场同期记录。

(2)对承包人的索赔报告进行审查分析,反驳承包人不合理的索赔要求或索赔要求中不合理的部分。可指令承包人作出进一步解释或进一步补充资料,提出审查意见或审查报告。

(3)在工程师与承包人共同协商确定给承包人的工期和费用的补偿量达不成一致时,工程师有权力单方面作出处理决定。

(4)对合理的索赔要求,工程师有权将它纳入工程进度付款中,出具付款证书,发包人应在合同规定的期限内支付。

3. 工程师是索赔争议的调解人

如果发包人和承包人就索赔的解决达不成一致,有一方或双方均不满意工程师的决定且双方都不让步,产生索赔争执,双方都可以将争执再次提交工程师,请求作出调解,工程师应在合同规定的期限内作出调解决定。

4. 工程师在仲裁和诉讼过程中作为见证人

如果合同一方或双方对工程师的调解解决不满意,则可以按合同规定提交仲裁,也可以按法律程序提出诉讼。在仲裁或诉讼过程中,工程师作为工程全过程的参与者和管理者,可以作为见证人提供证据和做答辩。

在一个工程中,索赔的频率、索赔要求和索赔的解决结果等与工程师的工作能力、经验、工作的完备性、立场的公正性等有直接的关系,所以,在工程项目施工过程中,工程师必须有"风险意识",重视索赔问题。

#### (二) 工程师索赔管理的任务

索赔管理是工程师进行工程项目管理的重要任务之一。其基本目标是,尽量减少索赔事件的发生,公平合理地解决索赔问题。具体来说,其索赔管理的任务包括以下内容:

1. 预测和分析导致索赔的原因和可能性

在施工合同的形成和实施过程中,大量具体的技术、组织和管理工作都由工程师为发包人承担,如果在这些工作中出现疏漏,给承包人施工造成干扰,索赔就会发生。承包人的合同管理人员也会注意并发现这些疏漏,寻找索赔机会。所以工程师在工作中应当能预测到自己行为的后果,避免或及时堵塞这些漏洞。在起草文件、下达指令、作出决定、答复请示时都应当注意其完备性和严密性。在颁发图纸、作出计划和实施方案时都应考虑其正确性和周密性。

2. 通过有效的合同管理减少索赔事件的发生

为了给发包人和承包人提供良好的服务,工程师应以积极主动的态度管理好工程。在施工过程中,工程师作为双方的桥梁和纽带应做好协调和缓冲工作,为双方建立一个良好的合作气氛。在工程实践中,合同实施得越顺利,双方合作得越好,索赔事件就越少,也越易于解决。

工程师必须对合同实施进行有效的控制,这是他的主要工作。通过对合同的监督和跟踪,不仅可以及早发现干扰事件,也可以及早采取措施降低干扰事件的影响,减少双方损失,还可以及早了解情况,为合理地解决索赔提供条件。

3. 公正地处理和解决索赔

索赔的合理解决是指承包人得到按合同规定的合理补偿而又不使发包人投资失控,合同双方都心悦诚服,对解决结果满意,今后继续保持良好的合作关系。合理解决发包人和承包人之间的索赔纠纷,不仅符合工程师的工作目标,使承包人按合同得到支付,也符合工程总目标,使工程更好更顺利地完成。

**(三) 工程师索赔管理的原则**

要使索赔得到公平合理的解决,工程师在工作中必须遵守以下原则:

1. 公平原则

工程师是施工合同管理的核心,必须秉公做事。由于施工合同双方的利益和立场存在不一致,时常会出现各种矛盾或冲突,这时,工程师就起着缓冲、协调的作用。因此,工程师要没有偏见地解释和履行合同,独立地作出自己的判断,行使自己的权力。工程师公平性的基本点体现在以下几个方面:

(1)工程师必须从工程的整体效益、工程总目标的角度出发,作出判断或采取行动,使合同风险分配、干扰事件责任分担、索赔的处理和解决不损害工程整体效益和不违背工程总目标。在这个基本点上,双方常常是一致的。

(2)按照合同约定办事。双方签订的合同是施工过程中的最高行为准则。作为工程师,必须按照合同办事,在索赔的处理过程中,应始终把准确理解、正确执行合同放在首位。

(3)从事实出发,实事求是。按照合同的实际实施过程、干扰事件的真实情况、承包人的实际损失及所提供的证据作出判断。

2. 及时履行职责原则

在工程施工过程中,工程师必须及时地(有的合同规定具体的时间或"在合理

的时间内")行使权力,作出决定,下达通知、指令,表示认可等。这样做的重要作用有以下几个:

(1)可以减少承包人的索赔概率。如果工程师不能迅速及时地发现或解决问题,造成承包人的损失,则必须给承包人工期或费用的补偿。

(2)防止干扰事件影响的扩大。若不及时处理问题会造成承包人停工处理指令,如果承包人继续施工,会造成更大范围的影响和损失。

(3)在收到承包人的索赔意向通知后,工程师应迅速作出反应、认真研究,密切注意干扰事件的发展。这样做的好处是,一方面可以及时采取措施来降低损失;另一方面可以掌握干扰事件发生和发展的过程,掌握第一手资料,为分析、评价承包人的索赔做准备。所以工程师也应鼓励并要求承包人及时向他通报情况并及时提出索赔要求。

(4)如果工程师不能及时地解决索赔问题会加深双方的不理解、不一致和矛盾。索赔问题如果不能及时解决,将会导致承包人资金周转困难,积极性受到影响,施工进度放慢,导致承包人对工程师和承包人缺乏信任感;而发包人又会抱怨承包人拖延工期,不积极履约。

(5)工程师如果不及时处理索赔问题,会造成日后索赔解决的困难。单个索赔集中起来,索赔额积累,这样不仅给分析、评价带来困难,而且会带来新的问题,使问题和处理过程复杂化。

3. 尽可能通过协商达成一致原则

工程师在处理和解决索赔问题时,应与发包人和承包人及时沟通,保持经常性的联系。在作出决定,特别是作出调整价格、决定工期和费用补偿决定前,应当充分地与合同双方协商,争取达成一致,取得共识。这是避免索赔争议的最有效的办法。工程师必须认识到,如果他的协调不成功,使索赔争议升级,则对合同双方都是损失,将会严重影响工程项目的整体效益。

4. 诚实信用原则

在工程管理过程中,工程师有很大的权力,对工程的整体效益起着关键作用。发包人出于信任,将工程管理的任务交给工程师。承包人也希望他能公正行事。由于工程师的经济责任较小,且缺少对他们的制约机制,工程师的工作很大程度上依靠他自身的工作积极性、责任心,他的诚实和信用靠他的职业道德来维持。

**(四) 工程师对索赔的审查**

1. 审查索赔证据

工程师对索赔报告审查时,首先要判断承包人的索赔要求是否有理、有据。所谓有理,是指承包人索赔要求与合同条款或有关法规一致,受到的损失应属于非承包人责任原因所造成的。所谓有据,是指承包人提供的证据证明索赔要求成立。

2. 审查工期顺延要求

1）对索赔报告中要求顺延的工期，在审核中应当注意以下情况：

（1）划清施工进度拖延的责任。因承包人的原因造成施工进度滞后属于不可原谅的延期，只有当延误的任何责任都不应由承包人承担时，才是可原谅的延期。有时工期延期的原因中可能包含有双方的责任，此时工程师应进行详细分析、分清责任比例，只有承包人可原谅的延期部分才能批准顺延合同工期。可原谅延期，又可分为可原谅并给予补偿费用的延期和可原谅但不给补偿费用的延期。后者是指非承包人责任的影响并未导致施工成本的额外支出，大多属于发包人应承担风险责任事件的影响，如异常恶劣的气候条件造成的停工等。

（2）被延误的工作应是处于施工进度计划关键路线上的施工内容。只有当位于关键路线上的工作内容滞后，才会影响到竣工日期。但有时也要具体问题具体分析，既要看被延误的工作是否在批准进度计划的关键路线上，又要详细分析非关键路线上的延误对后续工作可能的影响。因为若对非关键路线工作的影响时间较长，超过了承包人对该工作可用于自由支配的时间，也会导致进度计划中非关键路线转化为关键路线，其滞后将会导致总工期的拖延。此时，应充分考虑该工作的自由时间，给予相应的工期顺延并要求承包人修改施工进度计划。

（3）无权要求承包人缩短合同工期。工程师有审核、批准承包人顺延工期的权力，但他无权要求承包人缩短合同工期，即工程师有权指示承包人删减掉某些合同内规定的工作内容，但不能要求他相应缩短合同工期。如果要求提前竣工，这项工作就属于合同的变更了。

2）审查工期索赔计算

工期索赔的计算主要有网络图分析和比例计算法两种。在本节第三目"工程索赔计算"中已有详细介绍（见 429 页）。

3. 审查费用索赔要求

承包人对费用索赔的原因可能与工期索赔的原因相同，即属于可原谅并应予以费用补偿的索赔，也可能是与工期索赔无关的理由。工程师在审核索赔的过程中，除了划清合同责任以外，还应注意索赔计算的取费合理性和计算的正确性。

（五）工程师对索赔的反驳

所谓索赔反驳就是指承包商提出不合理索赔或索赔的不合理部分，对其进行反驳，而绝不是偏袒业主、设法不给予或少给予承包商补偿。索赔反驳是在尊重工程事实的情况下，站在科学的、合理的计价角度上确定工程造价，保证双方利益。

工程师对索赔报告的审查应该有理有据，审查过程应全面参阅合同文件中所有有关条款及有关法规文件，客观地、实事求是地肯定或否定索赔要求，不能草率，否则有可能导致合同争端升级。在处理施工索赔的实践中，工程师可从以下几方面进行索赔反驳：

1．审查论证索赔证据是否合理

(1)索赔理由是否与合同条款、有关法规文件相抵触,论述索赔理由是否有理有据、具有说服力,索赔依据是否充分合理。

(2)索赔事项发生是承包商责任、业主自身责任,还是双方责任或是第三方责任,应划分责任范围,各负其责。同时,索赔事项发生时承包商是否采取有效措施,制止事态扩大,以防造成更大损失。

(3)承包商是否按照法定期限提供索赔报告、索赔依据、索赔费用。

2．审查论证费用索赔要求、计价办法是否合理

(1)索赔费用计算内容一般包括人工费、材料费、机械使用费、保函手续费、贷款利息费、保险费、利润、管理费。工程师应严格审查其款项,公正合理地审查其索赔报告申请,剔出不合理费项,确定合理费项。

(2)确定索赔合理的计价方式。索赔计价方法通常有实际费用法、总费用法、修正费用法。人们必须采用合理的计价方法才能避免计价重复,如工程量表中的单价是综合单价,已包含许多费项,若计价方式不合理很容易使一些费项重复。

(3)停工损失费计取。停工不应以计日工费用计算,通常应采取人工单价乘以折算系数计算,停工机械补偿应按机械折旧费或设备租赁费计,但不包含运转操作费用。

(4)正确区分停工损失费和作业方法降效费。凡是改做其他工作都不能计停工损失费,但可以计适当的补偿降效损失。然而由于承包商引起工期滞后而加速赶工期的也不应计增效费用。

3．审查论证工期顺延要求是否合理

(1)划清工期拖延的责任,分清是承包商还是发包商或是第三方责任,是否给予工期补偿和费用补偿。

(2)确定工期补偿是否为在施工网络中的关键线路上的施工内容。否则,对非关键线路上工期影响考虑自由时差情况,然后再考虑相应工期调整情况。

(3)承包商是否有明示和暗示放弃施工工期索赔的要求。

工程师要尽可能参与施工全过程,预料索赔有可能发生的情况,及时要求承包商采取有效预防措施,降低不必要的损失,尽可能避免返工,减免材料浪费、施工成本加大,从而减轻承包商心理压力,减少承包商因成本上升而造成的利润损失。

总之,索赔反驳应做到公正合理,正确反映工程造价,更好地维护双方利益、维护国家和人民的利益。

**(六) 工程师对索赔的预防和减少**

在实践中,索赔虽然不可能完全避免,但是通过努力,可以减少索赔的发生。

1．正确理解合同规定

合同规定了双方当事人的权利和义务。因此,正确理解合同的各项条款规定

是双方公平、公正、顺利履行合同的前提条件。但由于施工合同比较复杂,"理解合同规定"必然会有一定的困难。双方各自站在自己的利益角度,对合同条款的理解往往会有不一致的地方,必然或多或少地存在一些分歧。这种分歧经常是产生索赔的重要原因之一。所以,发包人、工程师和承包人都应该认真研究合同的各项条款规定,以便尽可能在诚信的基础上,正确、一致地理解合同的规定,减少索赔的发生。

2. 做好日常监理工作,随时与承包人保持协调

工程师做好日常监理工作是减少索赔的重要手段。工程师应该善于预见、发现和解决施工中遇到的问题,能够及时发现并纠正对工程产生额外成本或其他不良影响的事件,以避免发生与此有关的索赔。

现场检查作为工程师监理工作的第一个环节,应该发挥其应有的作用。对于工程质量、完工工作量等,工程师应当尽可能在日常工作中与承包人随时保持协调,每天或每周对当天或本周的情况进行会签,取得一致意见,而不要等到需要付款时再一次处理,这样可以避免不必要的分歧。

3. 尽量为承包人提供力所能及的帮助

虽然从合同上讲,工程师没有义务向承包人提供帮助。但当承包人在施工过程中遇到困难时,工程师应从共同努力建设好工程这一点出发,尽可能地给承包人提供一些帮助。这样,双方可以少遭损失,从而避免或减少索赔。当承包人遇到某些似是而非、模棱两可的索赔机会时,就可能基于友好考虑而主动放弃。

4. 建立和维护工程师处理合同事务的威信

作为工程师,其自身必须要有公正的立场、良好的合作精神和处理问题的能力,这是建立和维护工程师威信的基础。发包人应当积极支持工程师独立、公平地处理合同事务,不过多干涉;承包人也应该充分尊重工程师的工作,接受工程师的协调和监督,与工程师保持良好的工作关系。如果承包人认为工程师明显偏袒发包人或处理问题能力较差,就会提出更多的索赔而不考虑是否有足够的依据,以求"以量取胜"或"蒙混过关"。如果工程师处理合同事务立场公正,有丰富的经验知识和较高的威信,就会促使承包人在提出索赔前认真做好准备工作,只提出那些有充足依据的索赔,"以质取胜",从而减少提出索赔的次数。因此,发包人、工程师和承包人应该从一开始就努力建立和维持相互关系的良性循环,这对合同顺利实施、双方的共同利益是非常重要的。

## 五、反索赔

### (一) 反索赔的概念

反索赔就是反驳、反击或者防止对方提出的索赔,不让对方索赔成功或者全部成功。一般认为,索赔是双向的,发包人和承包人都可以向对方提出索赔要求,任何一方也都可以对对方提出的索赔要求进行反驳和反击,这种反击和反驳就是反索赔。

在工程实践过程中,当合同一方向对方提出索赔要求,合同另一方对对方的索赔要求和索赔文件可能会有三种选择:

(1)全部认可对方的索赔,包括索赔之数额;

(2)全部否定对方的索赔;

(3)部分否定对方的索赔。

针对一方的索赔要求,反索赔的一方应以事实为依据,以合同为准绳,反驳和拒绝对方的不合理要求或索赔要求中的不合理部分。

### (二) 反索赔的工作内容

反索赔的工作内容可以包括两个方面:一是防止对方提出索赔;二是反击或反驳对方的索赔要求。

要成功地防止对方提出索赔,应采取积极防御的策略。首先是自己严格履行合同规定的各项义务,防止自己违约,并通过加强合同管理,使对方找不到索赔的理由和根据,使自己处于不能被索赔的地位。其次,如果在工程实施过程中发生了干扰事件,则应立即着手研究和分析合同依据,搜集证据,为提出索赔和反索赔做好两手准备。

如果对方提出了索赔要求或索赔报告,则自己一方应采取各种措施来反击或反驳对方的索赔要求。常用的措施有:

(1)抓对方的失误,直接向对方提出索赔,以对抗或平衡对方的索赔要求,以求在最终解决索赔时互相让步或者互不支付;

(2)针对对方的索赔报告,进行仔细、认真的研究和分析,找出理由和证据,证明对方索赔要求或索赔报告不符合实际情况和合同规定,没有合同依据或事实证据,索赔值计算不合理或不准确等问题,反击对方的不合理索赔要求,推卸或减轻自己的责任,使自己不受或少受损失。

### (三) 反索赔的要点

对对方索赔报告的反击或反驳,一般可以从以下几个方面进行:

(1)索赔要求或报告的时限性。审查对方是否在干扰事件发生后的索赔时限内及时提出索赔要求或报告。

(2)索赔事件的真实性。

(3)干扰事件的原因、责任分析。如果干扰事件确实存在,则要通过对事件的调查分析,确定原因和责任。如果事件责任属于索赔者自己,则索赔不能成立,如果合同双方都有责任,则应按各自的责任大小分担损失。

(4)索赔理由分析。分析对方的索赔要求是否与合同条款或有关法规一致,所受损失是否属于非对方负责的原因造成的。

(5)索赔证据分析。分析对方所提供的证据是否真实、有效、合法,是否能证明索赔要求成立。证据不足、不全、不当、没有法律证明效力或没有证据,索赔不能成立。

(6)索赔值审核。如果经过上述的各种分析、评价,仍不能从根本上否定对方的索赔要求,则必须对索赔报告中的索赔值进行认真细致地审核,审核的重点是索赔值的计算方法是否合情合理,各种取费是否合理适度,有无重复计算,计算结果是否准确等。

# 案例分析

## 案例 14-3

### 一、背景

某建设单位(以下简称 A 公司)与某施工单位(以下简称 B 公司)签订了某商品房项目土建工程施工合同(以下简称合同一)。之后,A 公司又与某电力工程公司(以下简称 C 公司)签订了该商品房外电源及配电室工程施工合同(以下简称合同二)。合同一签订后,B 公司进场施工,由于 B 公司人员配备不足、工作效率低下,工期大幅延误,以致 C 公司按照合同约定时间进场后无法施工,造成 C 公司停工 3 个月、经济损失 40 万元。B 公司土建工程通过竣工验收时,工期延误 150 天。

### 二、问题

C 公司能否向 B 公司进行索赔?

### 三、分析

C 公司与 B 公司之间不存在合同法律关系,根据合同相对性,C 公司无权向 B 公司索赔。鉴于 C 公司与 A 公司签订了合同二,因此 A 公司负有为 C 公司提供合格场地等义务,但 A 公司未提供符合施工条件的场地,导致 C 公司产生损失,故 C 公司有权向 A 公司索赔。

**案例 14-4**

### 一、背景

非洲苏丹民主共和国石油管道工程,是一个巨型 EPC 总价合同项目。管道起点在苏丹南部热带雨林区穆格莱德盆地油田,朝北延伸,经过森林、沼泽区,穿越撒哈拉沙漠,沿河床从水下横穿尼罗河,跨越红海山丘区,直至运油海轮的抛锚海湾苏丹港,全长 1506 公里,是一项施工条件极其恶劣的工程。

苏丹首都喀土穆位于石油管道的中点,其南为 A 段,其北为 B 段,A、B 段原设计长度为 1540 公里,由于在施工中选线合理,最终管线长度为 1506 公里。油管内径 28 英寸(相当于 700 毫米),设计输油能力为每日 250000 桶,计划年输原油 750 万吨以上。工程内容包括设计、采购供货、施工、安装、试运转及技术培训等。通过国际性投标竞争,中国石油管道建设公司中标取胜,承包合同价 3.09 亿美元。

中油管道建设公司为完成此项工程付出了巨大的努力,取得了业主的赞扬。勘测人员利用全球卫星定位仪等先进仪器和测量技术,在两个月内完成了选线、测量和改线工作。设计人员在限定时间内绘制出各类图纸,编写好技术规格书,提出大量的计算文件。采购人员在极短时间内完成了所需的设备材料采购和调运任务,保证了管道的焊接施工。1998年 5 月 1 日打火开焊管道,1999 年 4 月 30 日机械完工,质量达到国际先进水平,在一年内完成如此浩大的工程,在世界油管建设史上是罕见的。

本工程在实施过程中,发生了一系列索赔事件,具体情况如下:

根据合同规定,管道全部应埋入地表 1.5 米以下,以期安全。按照投标文件报价书,在 B 管段共有 70 公里地段须进行岩石开挖埋设。但在施工过程中,实际上岩石开挖段总长度达 685.9 公里,是投标文件中所述长度的 9.8 倍。由于岩石开挖段的大量增加,使施工成本大量超支,给承包商造成严重的经济亏损。

此外,在施工过程中遇到了特殊的不可抗力条件等多起非承包商所能控制的事件,影响到工程成本及工期。1998 年 8 月 29 日遭遇特大暴雨,冲毁桥梁和管道。在沿油管线路的数个油泵站施工中,由于站址变更,也影响了施工进度,等等。因此,承包商也提出了工期索赔的要求。

根据上述原因,承包商提出费用索赔总款额 4100 万美元,以及要求工期延长 98 天。

### 二、问题

分析承包商提出索赔的理由和依据。

### 三、分析

1. 索赔的难度

苏丹石油管道工程项目,由马来西亚的一家设计咨询公司担任技术咨询和施工监理,参照英国合同审定联合会制定的总价合同标准格式编制 EPC 合同文件。

在合同条件中,对现场条件和施工条件的缺乏了解和忽视无知,或者对现实条件的发展没有预见,均不能解除承包商履行合同要求的义务,也不能因此而作为提出任何的额外补偿或延长工期的依据。

在本工程项目的合同条件第 2.13.4 条中写道:"业主在合同文件中提出的供承包商参考的任何及全部信息及数据,均不能视作报告或保证,仅作为提供信息的目的。应明确地了解,业主并不负责承包商对这些信息或数据的任何减少、解释或结论。"

根据上述诸条款,咨询工程师(施工监理)多次拒绝了承包商提出的索赔要求,他的理由是:

(1)总价合同已包含了承包商可能遇到的风险,总价内已包括了承包商可能遇到的额外开支。

(2)承包商对施工现场未作详细的调查了解,引起的工程成本增加或工期延误,不能作为索赔的理由,等等。

2. 承包商的索赔论证

针对咨询工程师对所有索赔要求的断然拒绝,中油管道建设公司进行了大量的索赔准备工作,并在施工索赔专家的指导下,从合同和法律的角度对其索赔要求的合理合法性进行了论证,使咨询工程师无法辩驳,不得不考虑承包商的索赔要求。

这项索赔论证工作采取了逐步深入、据理力争的方法。首先,在工程项目合同文件的基础上,引证允许经济补偿或工期延长的条款,使自己的索赔要求符合合同规定,成为合法的"合同索赔"。

第二,引证国际工程承包合同管理工作中的"国际惯例"做法,论述自己的索赔要求符合国际惯例,并有类似的"先例"。

第三,引证工程项目业主所在国的法律法规,证明自己的索赔要求符合业主所在国的法律规定,是有法可依、不容反驳的。

因为按照《普通法》的原则,以及 FIDIC 合同条件的规定,工程项目的合同文件应按工程所在国的法律来解释(适用),应该服从工程所在国的法律,与其违背的合同条款视为无效;合同文件中没有涉及但有国家法律规定的事项仍可成立。

在具体的论证报告及附属文件中,主要罗列四个方面,简述如下:

(1)不可预见的施工条件

承包商在购取招标文件后直至报出投标书的 2 个多月中,虽然对 1500 余公里的管道沿线进行了力所能及的大量踏勘和坑探等调查工作,但不可能采用钻探的方法查明所有的岩石段。在招标文件中,业主对石油管道沿线地域没有提供地质资料和图纸,仅在招标书中说明"大约有 10 公里的管线上有岩石……"承包商在投标报价时,在现场考察的基础上,在 B 管段按 70 公里的岩石开挖埋设工作计价,这已经是业主在招标文件中申明的"约 10 公里"的 7 倍。

但是,由于不可预见的原因,实际遇到的岩石开挖段是 685.9 公里,是投标报价书中计价 70 公里的 9.8 倍。承包商在短暂的投标前的现场勘察中,不可能准确地判定地表以下的岩石状况,他虽然把沿线岩石开挖段的长度由业主提供的 10 公里增大为投标报价书中的 70 公里,却仍然较实际的岩石开挖段少很多,这是完全可以理解的,是属于不可预见的施工条件。况且,在这 685.9 公里岩石段的开挖和埋管施工记录中,都有咨询工程师派出的工地代表的签字认定,是确凿可信的证据。

著名国际工程专家 R. F. Cushman 等人在其著作《不同的现场条件》(《Differing Site Conditions》)一书中说,对于不可预见的现场条件,不是承包商的责任;"采用详细的地表调查方法所不能揭露出来的现场条件,不能归咎于承包商不了解现场情况"。

在本工程项目的合同条件第 2.39 条"不可抗力"中规定:"不可抗力,……如战争、动乱、流行病、滑坡、地震、雷电、火灾、洪水……,都是不可预见的事件,不是合同中要求暂时停工一方所能控制的事态"。因此,这些不可预见的施工条件所引起的工期延长或施工费用增加,都不是承包商的责任,他应该得到补偿。

(2)额外工作

输油管沿线岩石开挖段的实际长度增至投标报价书中所计价的岩石开挖段长度 9.8 倍之多,充分说明了新增加的岩石段开挖埋管工作属于"额外工作",即超出合同要求的应由承包商完成的工作。

为了完成这些额外工作,承包商投入了计划外的设备、材料和劳动力,克服了施工中的困难,因而有权得到业主方面的相应补偿,这是符合工程项目合同文件规定的。

在本工程项目合同条件第 2.22.4 条中,有这样的规定:"由于工程变更增加了工程成本的工作,均属于额外工作。额外工作应按合同文件中的单价或双方议定的一个总价予以支付。"

(3)国际惯例和先例

按照国际工程承包商施工的惯例,不能说凡是总价合同就不能索赔。总价合同同单价合同一样,是存在工程变更和价格调整的,因此也是允许索赔的。

在总价合同的标准格式《JCT(1980)标准合同条件》中明确指出,对于承包商不能控制的不可抗力事件,即不可预见的施工条件,承包商有权得到相应的工期延长和合理的经济补偿:

总价合同"不排除承包商取得经济补偿或工期延长"的权利。

为了进一步证明总价合同也可以索赔的事实,索赔专家在论证报告中引用了两个总价合同的索赔先例,其中一例恰巧是坚决拒绝索赔的咨询工程师(施工监理)的祖国马来西亚的实例。这是一项由中国水利电力对外公司总承包设计和施工的水坝工程,系总价合同,由于不可预见的施工现场条件,中水电公司不仅取得了经济补偿,又取得了工期延长。在这样的事实面前,咨询工程师无言以对。

(4)工程所在国的法律

在工程项目合同条件第2.52条"管辖法"中写明:"此合同受工程所在国法律的管辖和解释。"

在处理索赔问题过程中,由于咨询工程师和业主集团的反对,承包商的索赔人员除引用工程项目合同条件中的有关规定以外,不得不寻求苏丹国法律的保护和支持。通过当地的代理律师,承包商从苏丹法律中找到了强有力的索赔理由。

苏丹民法第117条第(1)(2)款这样写道:"如果由于一般不可预见的情况出现,使合同任务的事实变得繁重并会威胁承包商亏损时⋯⋯当增加的工作量超过原定量的2/3时,法院可以考虑此情况⋯⋯将合同义务修改至合理的程度。任何合同条款如果与此矛盾,则取消作废。"

这条法律规定:当工程量变化超过原计划工程量的2/3时,就要修改合同义务,否则此合同将被作废。而在石油管道的岩石段开挖埋管长度方面,实际工程量是计划工程量的9.8倍,比工程量增加2/3要大得多。因此,承包商的索赔要求是合法的,是不可否定的。

通过以上四个方面的论证,中油管道建设公司的索赔要求成立了,并取得了满意的成果。苏丹石油管道工程的经济效益也令人鼓舞,据统计资料,从1999年9月管道工程建成投产输油,到2000年8月底的一年时间,已输送原油6500万桶,其中销售到国外5771万桶,不但节约外汇3亿多美元,而且获取外汇4亿多美元。

## 思考题

1. 简述工程变更的主要原因。
2. 简述标准施工合同通用条款规定的工程变更范围。
3. 简述工程变更的程序。
4. 简述工程变更的估价原则。
5. 索赔的起因主要有哪些？
6. 简述索赔与违约责任的区别。
7. 监理工程师判定承包人索赔成立时,必须同时具备哪些条件?
8. 简述合同内索赔与合同外索赔的区别。
9. 何为"道义索赔"? 发包人接受"道义索赔"的情形有哪些?
10. 简述工程索赔的作用。
11. 简述工程师对工程索赔的影响。
12. 简述反索赔的概念及其工作内容。

# 第十五章　FIDIC 合同管理

## 第一节　国际工程合同条件概述

### 一、FIDIC 合同文本

1. FIDIC 组织

FIDIC 是国际咨询工程师联合会（Fédération Internationale Des Ingénieurs Conseils）法文首字母的缩写，简称"菲迪克"。FIDIC 是最具权威的国际咨询工程师组织，在总结以往国际工程施工管理的成功经验和失败教训的基础上，发布了大量项目管理的有关文件和标准化合同文本，推动了全球高质量工程咨询服务业的发展。

2. FIDIC 发布的标准合同文本

目前得到广泛应用的 FIDIC 标准合同文本有：

(1)《施工合同条件》(1999 年版)，适用于各类大型或较复杂的工程项目，承包商按照雇主提供的设计进行施工或施工总承包的合同。

(2)《生产设备和设计—施工合同条件》(1999 年版)，适用于由承包商按照雇主要求进行设计、生产设备制造和安装的电力、机械、房屋建筑等工程的合同。

(3)《设计采购施工(EPC)/交钥匙工程合同条件》(1999 年版)，适用于承包商以交钥匙方式进行设计、采购和施工，完成一个配备完善的工程，雇主"转动钥匙"时即可运行的总承包项目建设合同。

(4)《简明合同格式》(1999 年版)，适用于投资金额相对较小、工期短、不需进行专业分包，相对简单或重复性的工程项目施工合同。

(5)《土木工程施工分包合同条件》(1994 年版)，适用于承包商与专业工程施工分包商订立的施工合同。

(6)《客户/咨询工程师(单位)服务协议书》(1998 年版)，适用于雇主委托工程咨询单位进行项目的前期投资研究、可行性研究、工程设计、招标评标、合同管理和投产准备等的咨询服务合同。

3. FIDIC《施工合同条件》

《施工合同条件》是 FIDIC 编制其他合同文本的基础，《生产设备和设计—施工合同条件》和《设计采购施工（EPC）/交钥匙工程合同条件》不仅文本格式与《施工合同条件》相同，而且内容要求相同的条款完全照搬施工合同中的相应条款。《简明合同格式》是《施工合同条件》的简化版，对雇主与承包商履行合同过程中的权利、义务规定相同。

《施工合同条件》不仅在国际承包工程中得到广泛应用，而且各国编制的标准施工合同范本也大量参考了该文本的合同格式和条款约定，包括我国九部委颁发的《标准施工招标文件》中的施工合同。

由国际复兴开发银行、亚洲开发银行、非洲开发银行、黑海贸易与开发银行、加勒比开发银行、欧洲复兴开发银行、泛美开发银行、伊斯兰开发银行、北欧发展基金与 FIDIC 共同对《施工合同条件》通用条件的部分条款进行了细化和调整，形成"06 多边银行版"。由于 FIDIC 编制的合同文本力求在雇主与承包商之间体现风险合理分担的原则，而国际投资金融机构的贷款对象是雇主，调整的条款更偏重于雇主对施工过程的控制。

## 二、美国 AIA 合同文本

### （一）AIA 合同文本简介

美国建筑师学会（AIA）编制了众多系列标准合同文本，适用于不同的项目管理类型和管理模式，包括传统模式、CM 模式、设计—建造模式和集成化管理模式。

A 系列：雇主与施工承包商、CM 承包商、供应商之间的合同，以及总承包商与分包商之间合同的文本；

B 系列：雇主与建筑师之间合同的文本；

C 系列：建筑师与专业咨询机构之间合同的文本；

D 系列：建筑师行业的有关文件；

E 系列：合同和办公管理中使用的文件。

每一系列均包括很多相关的文件，供使用者选择，《施工合同通用条件》（A201）是施工期间所涉及各类合同文件的基础。

### （二）CM 合同

1. CM 合同类型

CM 合同属于管理承包合同，有别于施工总承包商承包后对分包合同的管理。与雇主签订合同的 CM 承包商，属于承担施工的承包商公司，而非建筑师或专业咨询机构。依据雇主委托项目实施阶段管理的范围和管理责任不同，分为代理型 CM 合同和风险性 CM 合同两类。代理型 CM 合同，CM 承包商只为雇主对设计和施工阶段的有关问题提供咨询服务，不承担项目的实施风险。风险型 CM 合同,要求在设计阶段为雇主提供咨询服务但不参与合同履行的管理,施工阶段相当于总承包商,与分包商、供货商签订分包合同,承担各分包合同的协调管理职责,在保证工程不超过设定的最大费用的前提下完成工程施工任务。

### 2. 风险型 CM 的工作

风险型 CM 承包商应非常熟悉施工工艺和方法,了解施工成本的组成,有很高的施工管理和组织协调能力,其工作内容包括施工前阶段的咨询服务和施工阶段的组织、管理工作。

工程设计阶段 CM 承包商就介入,为设计者提供建议。建议的内容可能包括:预先考虑的施工影响因素(供设计师参考,尽可能使设计具有可施工性);运用价值工程提出改进设计的建议,以节省工程总投资等。

部分设计完成后,CM 承包商即可选择分包商施工,而不一定要等工程的设计全部完成后才开始施工,以缩短项目的建设周期(采用快速路径法)。CM 承包商对雇主委托范围的工作,可以自己承担部分施工任务,也可以全部由分包商实施。自己施工部分属于施工承包,不在 CM 工作范围。CM 工作则是负责对自己选择的施工分包商和供货商,以及雇主签订合同交由 CM 负责管理的承包商(视雇主委托合同的约定)和指定分包商的实施过程进行组织、协调、管理,保证承包管理的工程部分能够按合同要求顺利完成。

### 3. 风险型 CM 的合同计价方式

风险型 CM 合同采用成本加酬金的计价方式,成本部分由雇主承担,CM 承包商获取约定的酬金。CM 承包商签订的每一个分包合同均对雇主公开,雇主按分包合同约定的价格支付,CM 承包商不赚取总包、分包合同的差价,这是与总承包后再分包的主要差异之一。CM 承包商的酬金约定通常可采用以下三种方式中的一种:按分包合同价的百分比取费;按分包合同实际发生工程费用的百分比取费;固定酬金。

### 4. 保证工程最大费用

随着设计的进展和深化,CM 承包商要陆续编制工程各部分的工程预算。施工图设计完成后,CM 承包商按照最终的工程预算提出保证工程的最大费用值(GMP)。CM 承包商与雇主协商达成一致后,按 GMP 的限制进行计划和组织施工,对施工阶段的工作承担经济责任。当工程实际总费用超过 GMP 时,超过部分由 CM 承包商承担,即管理性承包的含义。但并不意味着 CM 是按 GMP 费用为合同承包总价,工程节约的费用归雇主,CM 承包商可以按合同约定的一定百分比获得相应奖励。

约定保证工程最大费用(GMP)后,实施过程中发生 CM 承包商确定 GMP 时不一致使得工程费用增加的情况发生后,可以与雇主协商调整 GMP。可能的情况包括：发生设计变更或补充图纸；雇主要求变更材料、设备的标准、系统、种类、数量和质量；雇主签约交由 CM 承包商管理的施工承包商或雇主指定分包商与 CM 承包商签约的合同价大于 GMP 中的相应金额等。

### （三）AIA 与 FIDIC 的比较

AIA 合同文件被认为是美国建筑业拟定和管理合同的基石，它在建筑师的地位和作用、工程所有权问题上倾向于亲业主，而在支付条件方面则对承包商比较有利，风险负担也是公平的。大体看，对合约各方公正公平。FIDIC 合同是亲承包商的，它维护承包商的利益更多些。

AIA 合同文件主要用于私营的房屋建筑工程，适用于总价合同。FIDIC 较适用于以单价合同为主的土木工程，不太适用于一般的房建工程，特别是结构复杂、分项工程繁多的大型工程。

在业主所承担的义务上，FIDIC 合同条件规定承包商要开具相当于工程款 10％ 的履约保函，没有规定业主的支付能力；AIA 对业主支付能力却有着较明确的规定。FIDIC 规定，承包商对业主或业主代表提供的项目地质勘察资料的解释负责，这等于把因现场环境或地质条件不确定带来的风险转嫁给承包商了；而 AIA 却规定承包商可以充分依赖业主所提供的这类资料的准确性。

关于建筑师的角色，AIA 中建筑师起着类似 FIDIC 中"工程师"的作用，尽管 AIA 规定建筑师在作出解释和决定时，对业主和承包商要公平对待，但建筑师的"业主代表"身份和"代表业主行事"的职能，实际上更强调建筑师业主的一面，这与 FIDIC 中强调工程师"独立性"和"第三方性"的特点不同。

与 FIDIC 比，AIA 在索赔时间要求上呈现出"两快一慢"的特点：建筑师作决定的时间远短于红皮书（即 FIDIC 施工合同条件）；建筑师作出索赔决定后，留给索赔双方考虑是同意还是提出仲裁的时间远短于 FIDIC 红皮书，登记仲裁后调解期的时间略长于 FIDIC 红皮书的调解期。这体现出 AIA 务实的风格。

关于保险。AIA 合同将保险分成了三个部分：①承包商责任保险；②业主责任保险；③财产保险。与 FIDIC 红皮书相比，AIA 合同条件中业主明显地要承担更多的办理保险、支付保费方面的义务，除了业主责任保险外，业主还要为财产保险投保。AIA 合同规定，业主应按照合同总价以及其他人提供材料或安装设备的费用投保并持有财产保险。该保险中包括了业主以及承包商、分包商的权益。

关于索赔。AIA 合同在索赔问题上的一个鲜明特点是：详细列明在发生不同索赔事件的情况下，分别按照什么样的时限、程序和办法进行索赔。FIDIC 红皮书给出的则是通用要求。

### 三、英国 ICE 合同文本

#### （一）ICE 合同特点

1. ICE 简介

ICE 是英国土木工程师学会（The Institution of Civil Engineers）的英文缩写。该组织创立于 1818 年，它是根据英国法律具有注册资格的有关教育、学术研究和资质评定的团体，现已成为世界公认的资质评定组织及专业代表机构。ICE 在 1945 年出版了《土木工程合同文件》（ICE Condition of Contract），在欧洲具有权威的学术地位。FIDIC"红皮书"的最早版本就源于 ICE 合同条件。ICE 合同属于普通法（Common Law）体系，即判例法（Case Law）。判例法属于由案例汇成的不成文法，英、美及英联邦国家现行的都是判例法，因此这些国家对生效的典型判例非常重视。

ICE 的标准合同条件具有很长的历史，它的《土木工程施工合同条件》在 1991 年已经出版到第 6 版。ICE 标准合同格式采用单价合同，即承包商在招标文件中的工程量清单（Bill of Quantities）中填入综合单价，以实际的工程量而非工程量清单中的工程量进行结算。此标准合同格式主要适用于施工总承包的传统采购模式。

随着工程界和法律界对传统采购模式以及标准合同格式批评的增加，ICE 决定指定新的标准合同格式。1991 年发行 NEC 试用版，1993 年发行 NEC 1，1995 年发行 NEC2，2005 年发行的 NEC3 合同家族达 23 种，至 2010 年完整的 NEC3 合同家族文件数量增至 30 个（包括指导说明和流程图），具有系列化、系统化与集成化的特点。第二版中"新工程合同"成了一系列标准合同格式的总称，用于主承包合同的合同标准条件被称为"工程和施工合同"（Engineering and Construction Contract，ECC）。制定 NEC 的目的是增进合同各方的合作，建立团队精神，明确合同各方的风险分担，减少工程建设中的不确定性，减少索赔以及仲裁、诉讼的可能性。ECC 一个显著的特点是它的选项表，选项表里列出了六种合同形式，使 ECC 能够适用于不同合同形式的工程。

2. ICE 合同条件的特点

(1)ICE 合同条件没有独立的第二部分（即专用条件），而是将第 71 条作为其专用条款，在第 71 条中专门列举工程项目的特殊要求及相关数据。

(2)ICE 合同条件对土木工程合同中经常遇到的问题，在条款中都有较全面和严格的规定，如第 69 条、第 70 条就专门对税收问题作了严密的规定。

(3)有关工程师的职责和权限的规定，ICE 合同条件明确指出，工程师在向承包商发布是否属于不利的自然条件、延长工期、加速施工、工程变更指令以及竣工证书等指示之前，必须事先得到业主的批准。

（4）ICE 合同条件主要在英国及英联邦国家中使用，一些历史上与英国关系密切的国家，也有使用 ICE 合同条件的。

（5）FIDIC 合同 1999 年版明显与 ICE 合同框架相异。FIDIC 合同是亲承包商的(Pro-Contractor)，它维护承包商的利益更多些。ICE 合同是亲业主的(Pro-Employer)，它侧重于维护业主的利益。作为承包商，要善于维护自己的利益，对业主争取使用 FIDIC 文件，而对分包商却要尽量采用 ICE 合同或 ICE 的分包合同，并不主动推荐 FIDIC 版本的分包合同。

**（二）ICE 合同条件**

ICE 由英国土木工程师学会、咨询工程师协会、土木工程承包商联合会共同设立合同条件常设联合委员会制定，适用于英国本土的土木工程施工。现有版本为 1991 年第 6 版的 1993 年 8 月校订本，全文包括合同条件 1991 年第 6 版原文，1993 年 8 月发行的勘误表、合同条件索引、招(投)标书格式及附件、协议书格式和保证书格式。合同条件共 23 章、71 条，目录如下（二级条款从略）：

（1）定义与解释。包括工程师和工程师代表的定义、工程师的义务和权利。

（2）转让与分包。包括合同转让和分包的规定。

（3）合同文件。包括文件相互解释，文件的供给，后续图纸、技术说明和指示。

（4）一般义务。包括承包商的一般责任、合同协议、履约担保、信息资料的提供与解释、不利的外界条件和人为障碍、工程应使工程师满意、制订计划、承包商的监督、承包商雇员的免职、放线、钻孔与勘探挖掘、安全保卫、照管工程、工程等的保险、人身与财产的损害、第三方保险、人员的事故或受伤、保险证明和保险期限、发送通知和支付费用、1950 公共设施街道工程法、专利权、对交通和毗邻财产的干扰、避免损坏公路等、为其他承包商提供设施、化石等、竣工时的现场清理、劳务人员和承包商设备报告。

（5）操作工艺和材料。包括材料和工艺质量及检测、进入现场、工程覆盖前的检查、不合格工程与材料的排除、暂时停工。

（6）开工时间与延误。包括工程开始日期、现场占用与出入、竣工时间、延长竣工时间、夜间和星期日工作、施工进度。

（7）误期损害赔偿。包括整个工程实际竣工的误期损害赔偿。

（8）实际竣工证书。包括实际竣工通知。

（9）未完工程与缺陷责任。包括工程未完、承包商进行调查。

（10）变更、增加与省略。包括指令变更、指令变更的估价。

（11）材料和承包商设备的所有权。包括承包商设备的归属、不在现场的货物和材料的归属。

（12）计量。包括工程量、测量与估价、计量方法。

（13）暂定与原始成本金额和指定分包合同。包括暂定金额的使用、指定分包商及对指定分包商的反对。

(14)证书与付款。包括月报表、缺陷改正证书。

(15)补救措施和权力。包括紧急修理、承包商雇用的终止。

(16)挫折。包括发生挫折时的付款。

(17)战争条款。包括战争爆发时工程继续 28 天。

(18)争议的解决。包括争议的解决方法和程序。

(19)用于苏格兰。用于苏格兰的条款。

(20)通知。包括给承包商的通知。

(21)税务。包括劳务(税)的变动、增值税。

(22)专用条件。专业条件没有具体的条文,仅说明任何专业条件都应合并于相应的合同条件之中,并予以编号,构成合同条件的一部分。

(23)招(投)标书及附件、协议书、保证书等格式有简单的说明,以指导正确使用。

### (三) ICE 与 FIDIC 合同条件的比较

ICE 土木工程施工合同条件自 1945 年出台进行了 6 次修改,最新版本为 1991 年 1 月的第六版,其内容基本上与 FIDIC 合同条件相同,所不同的主要有以下方面(或 ICE 合同条件的事先规定):

(1)关于工程师。合同中规定的工程师应是英国皇家注册工程师,否则该工程师应授予某皇家注册工程师代替其承担合同规定的全部责任。

(2)关于转让。雇主和承包商均可将合同或合同的某一部分或权益转让出去,但这部分转让必须得到另一方的书面同意。

(3)关于进度计划。在授权后 21 天内,承包商应编制一份进度计划并提交工程师批准,如果工程师不批准,则承包商应在 21 天内提交经修订后的进度计划。如果在 21 天内,工程师未表态,则可认为工程师已经接受了所提交的进度计划。

(4)关于噪声干扰及污染。如果在工程实施过程中产生了不必要的噪声、干扰和其他污染,承包商应承担由此产生的一切责任,包括一切有关的索赔和各种费用。但是,如果工程施工过程中不可避免地要产生噪声、干扰和其他污染,业主应承担由此产生的一切责任,包括一切有关的索赔和各种费用。

(5)关于保险。工程保险是合同条件中规定的承包商的重要义务之一。承包商应以承包商和业主的联合名义,以全部重置成本加 10% 的附加金额对工程、材料和工程设备进行保险,以弥补各种损失所产生的费用。

(6)关于暂时停工。在停工维持了三个月后承包商可要求复工。如不能复工可视为将工程删减或认为业主违约。

(7)关于业主未能支付。如果工程师未能及时对月支付、最终支付或保留金的支付出具证明或业主未能及时支付,业主应当按照月复利向承包商支付每日的利息。

（8）关于争端的解决。一般情况下，如果承包商和业主之间发生争端，包括与工程师的决定、建议、指令、命令、证明和评估的争端，则首先提交工程师来调解。双方在收到调解人建议一个公历月内如果没有提出仲裁要求，则认为采纳了调解人的建议。

（9）关于安全管理中的职责。ICE 合同条件规定(1991 年第 6 版，1993 年修正版)："承包商应为一切现场操作和施工方法的足够稳定性和安全性负责"(第 8 条)、"承包商在工程实施全过程中，应全面关心留在现场上的任何人员的安全，并保持现场(在承包商控制范围内)和工程(尚未竣工或尚未为雇主占用)处于秩序良好状态，以避免对上述人员造成危险"[第 19(1)款]，还要求提供各种防护装置和安全标志。ICE 合同条件中规定，"如果业主使用自己的工人在现场工作，则业主应全面关心现场所有人员的安全……，如业主在现场雇用其他承包商，则应要求他们同样关心安全，避免危险"[第 19(2)款]。

## 四、英国 NEC 合同文本

### (一) NEC 合同文本简介

英国土木工程师学会(ICE)于 1995 年出版的第二版"新工程合同"(New Engineering Contract，简称 NEC)，是对传统合同的一次挑战，它具有明显的指导思想，即力图促使合同参与方按照现代项目管理的原理和实践，管理好其自身的工作，并鼓励良好的工程管理，以实现项目质量、成本、工期等目标。这一指导思想在 NEC 系列合同中的工程施工合同(Engineering and Construction Contract，简称 ECC)核心条款第一条第一款作了明确规定，在工作中互相信任、互相合作，裁决人应按本合同的规定独立工作。而且，这一指导思想贯穿于所有合同条件中，特别反映在如"早期预警"机制、"裁决人"制度、"提前竣工奖金""补偿事件"等合同条件中，充分反映了 NEC"新"的指导思想。

NEC 首先引入合同双方"合作伙伴(Partnering)"的思路来管理工程项目，以减少或避免争端。合同双方虽有不同的商业目标，但可以通过共同预测及防范风险来实现项目目标，同时实现各自的商业目标。NEC 强调合同双方的合作，强调各自的管理工作，鼓励开展良好的管理实践以减少或避免争端，使合同参与各方均受益。业主从项目达到预期目标而受益；承包商可从施工中节省成本并充分地在工程实践中运用他们的施工技术而获利；项目经理和监理工程师可以从更有效的管理和更充分地在工程中运用他们的管理技能而获益。由于争端事件减少，项目目标就能顺利实现，最终业主受益。

英国土木工程师学会编制的标准合同文件(NEC)，不仅在英国和英联邦国家得到广泛应用，而且对国际上众多的标准化文件的起草起到参考和借鉴作用，在全球的影响力很大。NEC 的合同系列包括工程施工合同、专业服务合同、工程设计与施工简要合同、评判人合同、定期合同和框架合同。工程施工合同(ECC)的管理理念和合同原则是 NEC 系列其他合同编制的基础,以下就工程施工合同文本作一简单介绍。

**(二)工程施工合同文本的履行管理模式**

工程施工合同文本的履行管理模式是在当事人双方信誉良好、履行合同诚信的基础上,施工过程中发生的有关事项由雇主聘任的项目经理与承包商通过协商确定的二元管理模式。合同争议首先提交给当事人共同选定的"评判人",独立、公正地作出处理决定。虽然合同涉及的相关方中也有工程师,但他的职责仅限于工程实施的质量管理,不参与合同履行的全面管理,比我国监理工程师的职责简单。

**(三)工程施工合同文本的结构**

工程施工合同文本具有条款用词简洁、使用灵活的特点,为了广泛适用于各类土木工程施工管理,标准文本的结构采用在核心条款的基础上,使用者根据实施工程的承包特点,采用积木块组合形式,选择本工程适用的主要选项条款和次要选项条款,形成具体的工程施工合同。

1. 核心条款

核心条款是施工合同的基础和框架,规定的工程程序和责任适用于施工承包、设计施工总承包和交钥匙工程承包的各类施工合同。工程施工合同第二版中的核心条款设有 9 条:总则;承包商的主要责任;工期;测试和缺陷;付款;补偿事件;所有权;风险和保险;争端和合同终止。共有 155 款。

2. 主要选项条款

由于核心条款是对施工合同主要共性条款的规定,因此还要根据具体工程的合同策略,在主要选项条款的六个不同合同计价模式中确定一个适用模式,将其纳入到合同条款之中(只能选择一项)。主要选项条款是对核心条款的补充和细化,每一主要选项条款均有许多针对核心条款的补充规定,只要将对应序号的补充条款纳入核心条款即可。主要选项条款包括:

选项 A:带有分项工程表的标价合同;

选项 B:带有工程量清单的标价合同;

选项 C:带有分项工程表的目标合同;

选项 D:带有工程量清单的目标合同;

选项 E:成本补偿合同;

选项 F:管理合同。

标价合同适用于签订合同时价格已经确定的合同,选项 A 适用于固定价格承包,B 适用于采用综合单价计量承包;目标合同(选项 C、选项 B)适用于拟建工程范围的订立合同时还没有完全界定或预测风险较大的情况,承包商的投标价作为合同的目标成本,当工程费用超支或节省时,雇主与承包商按合同约定的方式分摊;成本补偿合同(选项E)适用于工程范围的界定尚不明确,甚至以目标合同为基础也不够充分,而且又要求尽早动工的情况,工程成本部分实报实销,按合同约定的工程成本一定百分比作为承包商的收入;管理合同(选项F)适用于施工管理承包,管理承包商与雇主签订管理承包合同,他不直接承担施工任务,以管理费用和估算的分包合同总价报价。管理承包商与若干施工分包商订立分包合同,确定的分包合同履行费用由雇主支付。若承包商直接参与施工,将部分承包任务分包,则不属于管理合同。

3. 次要选项条款

工程施工合同文本中提供了18项可供选择的次要选项条款,包括:通货膨胀引起的价格调整;法律的变化;多种货币;母公司担保;区段竣工;提前竣工奖金;误期损害赔偿费;"伙伴关系"协议;履约保证;支付承包商预付款;承包商对其设计所承担的责任只限于运用合理的技术和精心设计;保留金;功能欠佳赔偿费;有限责任;关键业绩指标;1996年房屋补助金、建设和重建法案(适用于英国本土实施的工程);1999年合同法案(适用于英国本土实施的工程);其他合同条件。

雇主在制定具体工程的施工合同时,根据工程项目的具体情况和自身要求选择本工程合同适用的选项条款。对于采用的选项,需要对应作出进一步明确的内容约定。

对于具体工程项目建设使用的施工合同,核心条款加上选定的主要选项条款和次要选项条款,就构成了一个内容约定完备的合同文件。

(四) 合作伙伴管理理念

核心条款明确规定,雇主、承包商、项目经理和工程师应在工作中相互信任、相互合作和风险合理分担。工程施工合同规定合同履行过程中的合作伙伴管理,改变了传统的雇主与承包商以合同价格为核心,中标靠报价、盈利靠索赔的合同对立关系,建立以工程按质、按量、按期完成并实现项目的预期功能,作为参与项目建设有关各方的伙伴关系协议,要求雇主与参建各方在相互信任、资源共享的基础上,通过签订合作伙伴协议,组建工作团队,在兼顾各方利益的条件下,明确团队的共同目标和各自责任,建立完善的协调和沟通机制,实现风险合理分担的项目团队管理实施模式。

1. 伙伴关系协议

鉴于参与工程项目的有关方较多,影响施工正常进行的影响因素来源于各个方面,因此建立伙伴关系的有关各方不仅指施工合同的双方当事人和参与实施管理的有关各方,还可能包括合同定义的"其他方"。其他方指不直接参与本合同的人员和机构,包括雇主、项目经理、工程师、裁决人、承包商以及承包商的雇员、分包商或供应商以外的人员或机构。

伙伴关系协议明确各方工作应达到的关键考核指标,以及完成考核指标后应获得的奖励。雇主负责支付咨询顾问费用,承包商负责支付专业分包商的费用。如果因伙伴关系中某一方的过失造成了损失,各方也应通过双边合同的约定来解决。对于违约方的最终惩罚是将来不再给他达成伙伴关系的机会,即表明其诚信和能力存在污点,对以后项目的承接或参与均会产生影响。

由参与团队的主要有关方组成的核心项目组负责协调伙伴关系成员之间的关系,监控现场内外的工程实施。团队成员有义务向雇主或其他成员提示施工过程中的错误、遗漏或不一致之处,尽早防患于未然。

### 2. 早期警告

工程施工合同文本提出的早期警告条款,是对双方在诚信、合作基础上实现项目预期目标的很好措施,建立了风险预警机制。当项目经理或承包人任一方发现有可能影响合同价款、推迟竣工或削弱工程的使用功能的情况时,应立即向对方发出早期警告,而非事件发生后进行索赔。这些事件可能涉及:发现意外地质条件;主要材料或设备的供货可能延误;因公用设施工程或其他承包商工程可能造成的延误;恶劣气候条件的影响;分包商未履约以及设计问题等情况。

项目经理和承包商都可以提出召开早期警告会议,并在对方同意后邀请其他方出席,可能包括分包商、供应商、公用事业部门、地方行政机关代表或雇主。与会各方在合作的前提下,提出并研究建议措施以避免或减小早期警告通知的问题影响,寻求对受影响的所有各方均有利的解决办法,决定各方应采取的行动。项目经理应在早期警告会议上对所研究的建议和作出的决定记录在案,今后发给承包商。

在核心条款"补偿事件"标题下规定,项目经理发出的指令或变更导致合同价款的补偿时,如果项目经理认为承包商未就此事件发出过一个有经验的承包商应发出的早期警告,可适当减少承包商应得的补偿。

## 五、英国 JCT 合同文本

### (一) JCT 合同简介

JCT 合同条件是英国共同合同评议委员会(Joint Contracts Tribunal)出版的房屋建筑合同体系的标准文件,是英国最权威的合同条件之一,在欧洲被广泛采用,也是香港地区标准合同文件的原型。

Joint Contracts Tribunal 是英国建设工程行业的一些知名组织的联合,目前其成员包括英国工程顾问联合、大不列颠地产联盟、建设联合会、当地政府协会、国际承包商委员会、英国皇家建筑学院、苏格兰房屋建筑合同委员会等。

英国的共同合同评议委员会(JCT)是一个关于审议合同的组织,它于 1963 年在 ICE Condition of Contract 基础上制定了建筑工程合同的标准格式,1977 年进行修订,JCT的"建筑工程合同条件"(即JCT80)用于业主与承包商之间的施工总承包合同,主要适用于传统的施工总承包。JCT80属于总价合同,这是和ICE传统条件不同的地方。JCT还分别在1981年制定了适用于D-B模式的JCT81,在1987年制定了适用于MC模式的JCT87。目前在香港地区采用较多的主要是JCT1998年版本。

**(二) JCT主要合同文本及适用条件**

1. JCT98(Joint Contracts Tribunal Standard Form of Building Contract 1998 Edition)

JCT98是JCT的标准合同,在JCT98的基础上发展形成了JCT合同系列。JCT98主要用于传统采购模式,也可以用于CM采购模式,共有六种不同版本,分别为私营项目和政府项目的带工程量清单、带工程量清单项目表和不带工程量清单形式。JCT98还有一些修订和补充条款,包括私营项目和政府项目的通货膨胀补充,计算规则,带工程量清单、带工程量清单项目表的分段竣工,不带工程量清单的分段竣工,带工程量清单的承包商完成部分设计工作补充条款,以及不带工程量清单的承包商完成部分设计工作的补充条款。另外,还有和JCT98配套使用的分包合同条款。JCT98的适用条件如下:

(1)传统的房屋建筑工程,发包前的准备工作完善;

(2)项目复杂程度由低到高都可用,尤其适用于项目比较复杂、有较复杂的设备安装或专业工作的情况;

(3)设计与项目管理之间的配合紧密程度高,业主主导项目管理的全过程,对业主项目管理人员的经验要求高;

(4)大型项目,总金额高,工期较长,至少1年以上;

(5)从设计到施工的执行速度较慢;

(6)对变更的控制能力强,成本确定性较高;

(7)索赔条件清晰;

(8)违约和质量缺陷的风险主要由承包商承担,但工期延误风险由业主和承包商共同承担。

2. MW98(Agreement for Minor Work)

MW98包括一份简单的协议书和关于税收的补充条款,主要用于小型的简单工程。合同条件仅给出了双方责任和义务的简要概括,它可以用于一些小型的直接分包工程,但通常合同金额较低,以不超过50万元为宜(英国标准是按照1992年物价水平,总价低于70000英镑)。它的主要优点就是简单,但这对于大型项目来说就是最大的缺点。MW98的适用条件如下:

(1)工程规模较小,工期较短,采用固定总价包干形式;

(2)设计与项目管理之间的配合紧密程度高,建筑师和项目经理常常是同一个

人,业主参与项目管理的程度低;

(3)总价包干的范围包括图纸、技术规范、施工组织等,没有详细工程量;

(4)合同总金额较小;

(5)对变更的控制能力不强,成本的确定性不高;

(6)项目简单,不需要控制专业分包的选择,如果有专业分包,则可以以暂定金额的形式或在招标文件中指定分包商,但最好是直接总包或平行发包;

(7)从设计到施工的执行速度中等或较快;

(8)索赔条件不清晰;

(9)违约、工期延误和质量缺陷的风险主要由承包商承担。

3. IFC98

IFC98 是一种介于 JCT98 和 MW98 之间的合同条件形式。IFC98 比 JCT98 要短但仍然比较复杂,它主要用于一些没有复杂安装工程的项目,适用于传统采购模式或 CM 采购模式。IFC98 同样也分为私营项目和政府项目的带工程量清单或不带工程量清单的形式。虽然它没有指定分包选项,但也是一种不同的作法可以实现类似的结果,它主要通过在招标文件中列出分包商的名称或列出暂定金额来控制。IFC98 的适用条件如下:

(1)传统的房屋建筑工程,发包前的准备工作完善;

(2)项目复杂程度中等或较低,施工工艺简单,没有复杂的专业分包工程;

(3)设计与项目管理之间的配合紧密程度高,建筑师和项目经理常常是同一个人,业主参与项目管理的程度低,项目由建筑师主导;

(4)项目工期较长,分期开发;

(5)从设计到施工的执行速度中等;

(6)对变更的控制能力强,成本确定性较高;

(7)索赔条件的清晰程度一般;

(8)违约、工期延误和质量缺陷的风险主要由承包商承担。

4. CD98(JCT Standard form Contract with Contractor's Design 1998 Edition)

CD98 主要用于承包商承担房屋的设计和施工的情况,设计和施工的责任全部由承包商承担。与 JCT98 不同的是,CD98 中业主没有委派建筑师和测量师。CD98 的适用条件如下:

(1)传统的房屋建筑工程,发包前的准备工作不完善;

(2)业主熟悉施工项目管理,参与项目管理的程度较高;

(3)业主对项目的工期、成本、功能、质量等目标的重要度明确;

(4)设计与项目管理之间的配合紧密程度低,业主不聘请建筑师,设计和施工全部由承包商承担,建筑师不参与项目管理;

（5）项目的工期长，采用边设计边施工，从设计到施工的执行速度快；

（6）对变更的控制能力弱，成本确定性很高；

（7）索赔条件的清晰程度高；

（8）违约风险全部由承包商承担，但工期和质量风险由业主和承包商共同承担。

5. CDPS98（Contractor's Designed Portion Supplement）

CDPS98 主要用于承包商承担房屋的部分设计和全部施工的情况，设计和施工的责任仍然全部由承包商承担。CDPS98 中业主聘请建筑师完成方案设计，承包商根据业主的要求继续深化设计，再完成施工。CDPS98 的适用条件如下：

（1）传统的房屋建筑工程，发包前的准备工作不完善；

（2）业主熟悉施工项目管理，参与项目管理的程度较高；

（3）业主对项目的工期、成本、功能、质量等目标的重要度明确清晰；

（4）设计与项目管理之间的配合紧密程度低，业主仅聘请建筑师做方案设计，深化设计和全部施工由承包商承担，建筑师基本上不参与项目管理；

（5）项目的工期较长，采用边设计边施工，从设计到施工的执行速度快；

（6）对变更的控制能力弱，成本确定性很高；

（7）索赔条件的清晰程度高；

（8）违约风险全部由承包商承担，但工期和质量风险由业主和承包商共同承担。

6. JCT Construction Management Contract

JCT Construction Management Contract 主要用于 CM 采购模式，业主必须是项目管理的专家，所有承包商由业主直接发包确定，所有的顾问服务也同样由业主直接发包。JCT Construction Management Contract 没有固定的标准格式，可以根据业主的要求而变化，最大限度地满足了灵活性要求，其适用条件如下：

（1）业主精通工程项目管理，同时对一些或所有的专业顾问及承包商比较熟悉，全程参与项目管理；

（2）项目的主要风险是工期和成本，业主是私营企业，对房屋建筑的经济性要求较高；

（3）项目的设计和管理之间配合紧密程度低，设计协调工作少；

（4）对变更的控制能力比较弱，但调整设计的灵活度高；

（5）违约、质量风险和 JCT98 一样，大部分由承包商承担，但工期、成本的风险由业主和承包商共同承担。

7. JCT Building Contract for a Home Owner/Occupier

仅适用于家庭或个体业主的房屋建筑工程。

### (三) JCT98 合同主要条款

1. 双方的基本权利和义务

1)承包商的义务

(1)执行和完成各项工作,以及工作完成的质量和标准(包括客观要求如图纸、技术规范并取得验收合格证书,主观要求如令建筑师满意);

(2)业主授权建筑师发出的一切工程指令,承包商应完全遵守并执行;

(3)承包商若发现工程规范与图纸及说明不一致,或合同文件之间出现不一致,有义务向建筑师提出,虽然造成上述不一致的责任在于业主或建筑师;

(4)承包商必须遵守法定要求,如按当地政府规定交纳税费,遵守当地政府的环保法规、劳动法规等;

(5)承包商采用的物料、工艺和货物应符合合同规定的种类和标准,以及取得当地政府的使用许可,若使用专利权须支付专利费用;

(6)承包商有义务采用合理的技术执行相关工作;

(7)竣工后的缺陷保修。

2)建筑师/业主的义务

(1)向承包商交付工程现场,提供放线资料;

(2)提供合同文本、图纸和工程规范;

(3)按照合同条件规定,向承包商发出相关指令或文件,如完工证书、中期付款证书等。

3)承包商完成工作的时间要求

(1)进占工程现场时间和竣工的时间;

(2)延长竣工期限的条件,如不可抗力、异常恶劣天气等;

(3)拖期违约赔偿;

(4)工程正常进度受到建筑师或业主干扰引起的损失;

(5)分段竣工。

4)业主须支付的金额

(1)合同条件第 13 条承包金额的规定(如:无论如何不得以任何方法调整或变更,包括物价波动、汇率变动等因素);

(2)合同条件第 12 条工程量清单内说明或数量的任何错误或项目遗漏的处理(如:任何错误无论是否属于承包商计算金额时的算术错误,应视作被对方接受);

(3)合同条件第 12 条工程量清单对暂定数量、暂定项目的规定(如:工程量清单中所列的暂定数量只是为工程所估计的工程量,不能作为承包商按本合同履行其义务的实际工程量。暂定数量将按图纸重新计量,承包单价则不会因实际数量的多少作出修订或调整,而承包金额将按承包单价和实际数量重新计算);

(4)变更、暂定金额和指定金额的规定;

（5）施工措施项目费用的规定。

2．变更条件及范围

1）变更的权利

（1）建筑师发出变更工程指令的权利；

（2）建筑师有责任就暂定金额、暂定项目的工作发出指令，取消或执行。

2）费用结果

（1）发出变更的费用估价程序及方法；

（2）合同终止情况下的相关规定。

3．执行情况的监督和控制

1）给承包商的指令

如：当工程质量明显与合同条件不符时，建筑师可向承包商发出停工指令，但建筑师必须在发出停工指令后三个工作日内予以确认。

2）各种管理规定

如：合约图纸和工程量清单的保管，证书的签发等。

3）执行情况的监督

（1）承包商应向建筑师提供施工进度计划，以便建筑师根据进度发出早期延误警告；

（2）物料和货物的报送和审批；

（3）建筑师进入工程现场，以及为合同作预备工作的车间或其他地方的权利；

（4）委派工程监理。

4）控制谁执行工作和谁被委派执行工作

（1）转让和分包；

（2）建筑师有权拒绝不合格的承包商或其代表进入工地；

（3）拒绝承包商分包和转让；

（4）指定分包；

（5）指定供应商。

4．付款的估价和承兑期

1）进度付款期限

（1）中期付款证书中应注明付给承包商的金额，根据合同规定在一个月内完成的工程量及价值计算得出；

（2）承兑期限为从发出付款证书之日起 14 天；

（3）付款证书发出后不迟于 5 天，业主应向承包商发出书面说明，描述付款金额的计算；

（4）一切关于扣款的书面说明须在付款证书期限届满前 5 天发给承包商；

(5)除非另有扣款说明,业主应按照付款证书的金额支付给承包商。

2)中期付款证书金额

(1)完成的工程量及价值,含变更工程量和暂定金额项目;

(2)为配合完成合同工程运抵现场的物料或货物;

(3)上述金额总数扣除5％的保留金就是付款金额。

3)倒数第二次付款期限

(1)合同工程全部实际完工后14天内;

(2)承兑期限为从发出付款证书之日起14天;

(3)付款证书发出后不迟于5天,业主应向承包商发出书面说明,描述付款金额的计算;

(4)一切关于扣款的书面说明须在付款证书期限届满前5天发给承包商;

(5)除非另有扣款说明,业主应按照付款证书的金额支付给承包商。

4)倒数第二次付款金额

(1)根据合同支付给承包商的金额应为实际完工工程量及价值,含变更工程量和暂定金额项目;

(2)上述金额总数,扣除已支付的进度款和2.5％的保留金就是付款金额。

5)最终付款

(1)承包商在工程实际完工后3个月内提交合理的最终结算报告书;

(2)如果缺陷完工证书已发出,建筑师在收到最终结算报告书28天内发出最终付款证书。

5. 工程风险与措施

1)如果造成承包商工期延误的原因是由于完成建筑师的指令,且这些指令的发出并非由于承包商的违约,承包商将被允许延长工期;

2)未完工损失:如果承包商没有按工期完工(包括延期时间),业主可以向承包商收取规定的工期违约赔偿金或直接在根据合同支付给承包商的工程款中扣除。

# 第二节 FIDIC《施工合同条件》部分条款

九部委颁发的标准施工合同文本大量借鉴了 FIDIC《施工合同条件》的条款编制原则,但鉴于我国法律的规定和建筑市场的特点,有些条款部分采用,有些条款没有采用。以下就此类的部分条款与标准施工合同的差异作简单介绍。

## 一、工程师

### 1. 工程师的地位

工程师属于雇主人员,但不同于雇主雇佣的一般人员,在施工合同履行期间独立工作,处理施工过程中的有关问题时应保持公平(Fair)的态度,而非 FIDIC 上一版本《土木工程施工合同条件》要求的公正(Impartially)处理原则。

### 2. 工程师的权力

工程师可以行使施工合同中规定的或必然隐含的权力,雇主只是授予工程师独立作出决定的权限。通用条款明确规定,除非得到承包商同意,雇主承诺不对工程师的权力作进一步的限制。

### 3. 助手的指示

助手相当于我国项目监理机构中的专业监理工程师,工程师可以向助手指派任务和付托部分权力。助手在授权范围内向承包人发出的指示,具有与工程师指示同样的效力。当承包商对助手的指示有异议时,不需再请助手澄清,可直接提交工程师请其对该指示予以确认、取消或改变。

### 4. 口头指示

工程师或助手通常采用书面形式向承包商作出指示,但在某些特殊情况下,可以在施工现场发出口头指示,承包商也应遵照执行,并在事后及时补发书面指示。如果工程师未能及时补发书面指示,又在收到承包人要求工程师确认的对口头指示的书面记录函件后 2 个工作日内,未作出确认或拒绝答复,则承包商的书面函件应视为对口头指示的书面确认。

## 二、不可预见的物质条件

"不可预见的物质条件"是针对签订合同时雇主和承包商都无法合理预见的不利于施工的外界条件影响,使承包商施工成本增加或工期延误,应对承包商的损失进行相应补偿的条款。我国九部委发布的标准施工合同中,取用了该条款应给补偿的部分。FIDIC《施工合同条件》进一步规定,工程师在确定最终费用补偿额时,还应当审查承包商在过去类似部分的施工过程中,是否遇到过比招标文件给出的更为有利的施工条件而节约施工成本的情况,若有,则应在给予承包人的补偿中扣除该部分施工节约的成本作为此事件的最终补偿额。

该条款的完整内容,体现了工程师公平处理合同履行过程中有关事项的原则。不可预见的物质条件给承包商造成的损失应给予补偿,承包商以往类似情况节约的成本也应作适当的抵消。应用此条款扣减施工节约成本有四个关键点需要注意:

(1)承包商未依据此条款提出索赔,工程师不得主动扣减以往承包人在有利条件下施工节约的成本;

(2)扣减以往节约成本部分是与本次索赔在施工性质、施工组织和方法上相类似的部分,不类似的施工部分节约的成本不涉及扣除;

(3)有利部分只涉及以往,以后可能节约的部分不能作为扣除的内容;

(4)以往类似部分施工节约成本的扣除金额,最多不能大于本次索赔对承包商损失应补偿的金额。

## 三、指定分包商

为了防止发包人错误理解指定分包商而干扰建筑市场的正常秩序,我国的标准施工合同中没有选用此条款。在国际各标准施工合同内均有"指定分包商"的条款,说明使用指定分包商有必然的合理性。

指定分包商是指由雇主或工程师选定与承包商签订合同的分包商,完成招标文件中规定承包商承包范围以外工程施工或工作的分包人。指定分包商的施工任务通常是承包商无力完成的特殊专业工程施工,需要使用专门技术、特殊设备和专业施工经验的某项专业性强的工程。该方式是由于施工过程中承包商与分包商的交叉干扰多,工程师无法合理协调才采用的施工组织方式。

指定分包商条款的合理性,以不得损害承包商的合法利益为前提。具体表现为:

(1)招标文件中已说明了指定分包商的工作内容;

(2)承包商有合法理由时,可以拒绝与雇主选定的具体分包单位签订指定分包合同;

(3)给指定分包商支付的工程款,从承包商投标报价中未摊入应回收的间接费、税金、风险费的暂定金额内支出;

(4)承包商对指定分包商的施工协调收取相应的管理费;

(5)承包商对指定分包商的违约不承担责任。

## 四、竣工试验

### 1. 未能通过竣工试验

我国标准施工合同针对竣工试验结果只作出"通过"或"拒收"两种规定,FID-IC《施工合同条件》增加了雇主可以折价接收工程的情况。如果竣工试验表明虽然承包商完成的部分工程未达到合同约定的质量标准,但该部分工程位于非主体或非关键工程部位,对工程运行的功能影响不大,在雇主同意接收的前提下,工程师可以颁发工程接收证书。

雇主从工程缺陷不会严重影响项目的运行使用,为了提前或按时发挥工程效益的角度考虑,可能同意接收存在缺陷的部分工程。由于该部分工程合同的价格是在质量达到要求的前提下确定的,因此同意接收有缺陷的部分工程时应当扣减相应的金额。雇主与承包商协商后确定减少的金额,应当足以弥补工程缺陷给雇主带来的价值损失。

2. 对竣工试验的干扰

承包商提交竣工验收申请报告后,由于雇主应负责的外界条件不具备而不能正常进行竣工试验达到 14 天以上的,为了合理确定承包商的竣工时间,并使该部分工程移交雇主后及时发挥效益,规定工程师应颁发接收证书。在缺陷责任期内竣工试验条件具备时,进行该部分工程的竣工试验。由于竣工后的补检试验是承包人投标时无法合理预见的情况,因此补检试验比正常竣工试验多出的费用应补偿给承包商。

## 五、工程量变化后的单价调整

FIDIC《施工合同条件》规定六类情况属于变更的范畴,在我国标准施工合同"变更"条款下规定了五种属于变更的情况,相差的一项为"合同中包括的任何工作内容数量的改变"。我国标准施工合同将此情况纳入计量与支付的条款内,但未规定实际完成工程量与工程量清单中预计工程量增减变化较大时,可以调整合同价格。

FIDIC《施工合同条件》对工程量增减变化较大需要调整合同约定单价的原则是,必须同时满足以下四个条件:

(1)该部分工程在合同内约定属于按单价计量支付的部分;

(2)该部分工作的工程量超过工程量清单中估计工程量的 10%;

(3)计量的工作数量与工程量清单中该项单价的乘积,超过中标合同金额(我国标准合同中的"签约合同价")的 0.01%;

(4)数量的变化导致该项工作施工的单位成本变化超过 1%。

## 六、预付款的扣还

FIDIC《施工合同条件》对工程预付款回扣的起扣点和扣款金额给出明确的量化规定。

1. 预付款的起扣点

当已支付的工程进度款累计金额,扣除后续支付的预付款和已扣留的保留金(我国标准施工合同中的"质量保证金")两项款额后,达到中标合同价减去暂列金额后的 10%时,开始从后续的工程进度款支付中回扣工程预付款。

2. 每次工程进度款支付时扣还的预付款额度

在预付款起扣点后的工程进度款支付时,按本期承包商应得的金额中减去后续支付的预付款和应扣保留金后款额的 25%,作为本期应扣还的预付款。

### 七、保留金的返还

我国标准施工合同中规定质量保证金在缺陷责任期满后返还给承包人。FIDIC《施工合同条件》规定保留金在工程师颁发工程接收证书和颁发履约证书后分两次返还。

颁发工程接收证书后,将保留金的 50% 返还承包商。若为其颁发的是按合同约定的分部移交工程接收证书,则返还按分部工程价值比例计算保留金的 40%。

颁发履约证书后将全部保留金返还承包商。由于分部移交工程的缺陷责任期的到期时间早于整个工程的缺陷责任期的到期时间,对分部移交工程的二次返还,也为该部分剩余保留金的 40%。

### 八、不可抗力事件后果的责任

FIDIC《施工合同条件》和我国标准施工合同对不可抗力事件后果的责任规定不同。我国标准施工合同依据《合同法》的规定,以不可抗力发生的时点来划分不可抗力的后果责任,即以施工现场人员和财产的归属,发包人和承包人各自承担本方的损失,延误的工期相应顺延。FIDIC《施工合同条件》是以承包商投标时能否合理预见来划分风险责任的归属,即由于承包商的中标合同价内未包括不可抗力损害的风险费用,因此对不可抗力的损害后果不承担责任。由于雇主与承包商在订立合同时均不可能预见此类自然灾害和社会性突发事件的发生,且在工程施工过程中既不能避免其发生也不能克服,因此雇主承担风险责任,延误的工期相应顺延,承包商受到损害的费用由雇主给予支付。

# 第三节 FIDIC《施工合同条件》下的合同管理

## 一、施工阶段的合同管理

### (一) 施工进度管理

1. 施工计划

(1)承包商编制施工进度计划。承包商应在合同约定的日期或接到中标函后的 42 天内(合同未作约定的情况下)开工,工程师则应至少提前 7 天通知承包商开工日期。承包商收到开工通知后的 28 天内,按工程师要求的格式和详细程度提交施工进度计划,说明为完成施工任务而打算采用的施工方法、施工组织方案、进度计划安排,以及按合同约定预计应支付给承包商费用的季度资金估算表。

合同履行过程中,一个准确的施工计划对合同涉及的有关各方都有重要的作用,不仅要求承包商按计划施工,而且工程师也应按计划做好保证施工顺利进行的协调管理工作,同时也是判定业主是否延误移交施工现场,迟发图纸以及其他应提供的材料、设备,成为影响施工应担负责任的依据。

(2)进度计划的内容。一般应包括:

①实施工程的进度计划。视承包工程的任务范围不同,可能还涉及设计进度(如果包括部分工程的施工图设计的话);材料采购计划;永久工程设备的制造、运到现场、施工、安装、调试和检验各个阶段的预期时间(永久工程设备包括在承包范围内的话)。

②每个指定分包商施工各阶段的安排。

③合同中规定的重要检查、检验的次序和时间。

④保证计划实施的说明文件:承包商在各施工阶段准备采用的方法和主要阶段的总体描述;各主要阶段承包商准备投入的人员和设备数量的计划等。

(3)进度计划的确认

承包商有权按照他认为最合理的方法进行施工组织,工程师不应干预。工程师对承包商提交的施工计划的审查主要涉及以下几个方面:①计划实施工程的总工期和重要阶段的里程碑工期是否与合同的约定一致;②承包商各阶段准备投入的机械和人力资源计划能否保证计划的实现;③承包商拟采用的施工方案与同时实施的其他合同是否有冲突或干扰等。

如果出现上述情况,工程师可以要求承包商修改计划方案。由于编制计划和按计划施工是承包商的基本任务之一,因此,承包商将计划提交的 21 天内,工程师未提出需修改计划的通知,即认为该计划已被工程师认可。

2. 工程师对施工进度的监督

(1)月进度报告

为了方便工程师对合同的履行进行有效的监督和管理,协调各合同之间的配合,承包商每个月都应向工程师提交进度报告,说明前一阶段的进度情况和施工中存在的问题,以及下一阶段的实施计划和准备采取的相应措施。报告的内容包括:

①设计(如有时)、承包商的文件、采购、制造、货物运达现场、施工、安装和调试的每一阶段,以及指定分包商实施工程的这些阶段进展情况的图表与详细说明;

②表明制造(如有时)和现场进展状况的照片;

③与每项主要永久设备和材料制造有关的制造商名称、制造地点、进度百分比,以及开始制造、承包商的检查、检验、运输和到达现场的实际或预期日期;

④说明承包商在现场的施工人员和各类施工设备数量;

⑤若干份质量保证文件、材料的检验结果及证书;

⑥安全统计,包括涉及环境和公共关系方面的任何危险事件与活动的详情;

⑦实际进度与计划进度的对比,包括可能影响按照合同完工的任何事件和情况的详情,以及为消除延误而正在(或准备)采取的措施等。

(2)施工进度计划的修订

当工程师发现实际进度与计划进度严重偏离时,无论实际进度是超前还是滞后于计划进度,为了使计划进度有实际指导意义,随时有权指示承包商编制改进的施工进度计划,并再次提交工程师认可后执行,新进度计划将代替原来的计划。也允许在合同内明确规定,每隔一段时间(一般为三个月)承包商都要对施工计划进行一次修改,并经过工程师认可。按照合同条件的规定,工程师在管理中应注意两点:一是不论因何方应承担责任的原因导致实际进度与计划进度不符,承包商都无权对修改进度计划的工作要求额外支付;二是工程师对修改后进度计划的批准,并不意味着承包商可以摆脱合同规定应承担的责任。例如,承包商因自身管理失误,使得实际进度严重滞后于计划进度,按他实际施工能力修改后的进度计划,竣工日期将迟于合同规定的日期。工程师考虑此计划已包括了承包商所有可挖掘的潜力,只能按此执行而批准后,承包商仍要承担合同规定的延期违约赔偿责任。

3. 顺延合同工期

通用条件的条款中规定可以给承包商合理延长合同工期的条件通常包括以下几种情况:

(1)延误发放图纸;

(2)延误移交施工现场;

(3)承包商依据工程师提供的错误数据导致放线错误;

(4)不可预见的外界条件;

(5)施工中遇到文物和古迹而对施工进度的干扰;

(6)非承包商原因检验导致施工的延误;

(7)发生变更或合同中实际工程量与计划工程量出现实质性变化;

(8)施工中遇到有经验的承包商不能合理预见的异常不利气候条件影响;

(9)由于传染病或政府行为导致工期的延误;

(10)施工中受到业主或其他承包商的干扰;

(11)施工涉及有关公共部门原因引起的延误;

(12)业主提前占用工程导致对后续施工的延误;

(13)非承包商原因使竣工检验不能按计划正常进行;

(14)后续法规调整引起的延误;

(15)发生不可抗力事件的影响。

### （二）施工质量管理

**1. 承包商的质量体系**

通用条件规定,承包商应按照合同的要求建立一套质量管理体系,以保证施工。该体系应提交工程师审核,工程师有权审查质量体系的任何方面,包括月进度报告中包含的质量文件,对不完善之处可以提出改进要求。由于保证工程的质量是承包商的基本义务,当其遵守工程师认可的质量体系施工,并不能解除依据合同应承担的任何职责、义务和责任。

**2. 现场资料**

承包商的投标书表明他在投标阶段对招标文件中提供的图纸、资料和数据进行过认真审查和核对,并通过现场考察和质疑,已取得了对工程可能产生影响的有关风险、意外事故及其他情况的全部必要资料。承包商对施工中涉及的以下相关事宜的资料应有充分的了解:

（1）现场的现状和性质,包括资料提供的地表以下条件;

（2）水文和气候条件;

（3）为实施和完成工程及修复工程缺陷约定的工作范围和性质;

（4）工程所在地的法律、法规和雇佣劳务的习惯做法;

（5）承包商要求的通行道路、食宿、设施、人员、电力、交通、供水及其他服务。业主同样有义务向承包商提供基准日后得到的所有相关资料和数据。

不论是招标阶段提供的资料还是后续提供的资料,业主应对资料和数据的真实性和正确性负责,但对承包商依据资料的理解、解释或推论导致的错误不承担责任。

**3. 质量的检查和检验**

保证工程的质量,工程师除了按合同规定进行正常的检验外,还可以在认为必要时依据变更程序,指示承包商变更规定检验的位置或细节、进行附加检验或试验等。由于额外检查和试验是基准日前承包商无法合理预见的情况,涉及的费用和工期变化,视检验结果是否合格划分责任归属。

**4. 对承包商设备的管理**

工程质量的好坏和施工进度的快慢,很大程度上取决于投入施工的机械设备、临时工程在数量和型号上的满足程度,而且承包商在投标书中报送的设备计划是业主决标时考虑的主要因素之一。因此通用条款规定了以下几点:

（1）承包商自有的施工设备。承包商自有的施工机械设备、临时工程和材料,一经运抵施工现场后,就被视为专门为本合同工程施工之用。除了运送承包商人员和物资的运输车辆以外,其他施工机具和设备虽然承包商拥有所有权和使用权,但未经过工程师的批准,不能将其中的任何一部分运出施工现场。作出上述规定的目的是保证本工程的施工,但并非绝对不允许在施工期内承包商将自有设备运出工地。某些使用台班数较少的施工机械在现场闲置期间,如果承包商的其他合同工程需要使用时,可以向工程师申请暂时运出。当工程师依据施工计划考虑该部分机械暂时不用而同意运出时,应同时指示何时必须运回以保证本工程的施工之用,要求承包商遵照执行。对于后期施工不再使用的设备,竣工前经过工程师批准后,承包商可以提前撤出工地。

(2)承包商租赁的施工设备。承包商从其他人处租赁施工设备时,应在租赁协议中规定,在协议有效期内发生承包商违约解除合同时,设备所有人应以相同的条件将该施工设备转租给发包人或发包人邀请承包本合同的其他承包商。

(3)要求承包工程增加或更换施工设备。若工程师发现承包商使用的施工设备影响了工程进度和施工质量时,有权要求承包商增加或更换施工设备,由此增加的费用和工期延误责任由承包商承担。

5. 环境保护

承包商的施工应遵守环境保护的有关法律和法规的规定,采取一切合理措施保护现场内外的环境,限制因施工作业引起的污染、噪声或其他对公众人身和财产造成的损害和妨碍。施工产生的散发物、地面排水和排污不能超过环保规定的数值。

**(三) 工程变更管理**

工程变更,是指施工过程中出现了与签订合同时的预计条件不一致的情况,而需要改变原定施工承包范围内的某些工作内容。工程变更不属于合同变更,前者对合同条件内约定的业主和承包商的权利义务没有实质性改动,只是对施工方法、内容作局部性改动,属于正常的合同管理,按照合同的约定由工程师发布变更指令即可;而后者则属于对原合同需进行实质性改动,应由业主和承包商通过协商达成一致后,以补充协议的方式变更。土建工程受自然条件等外界因素的影响较大,工程情况比较复杂,且在招标阶段依据初步设计图纸招标,因此在施工合同履行过程中不可避免会发生变更。

1. 工程变更的范围

由于工程变更属于合同履行过程中的正常管理工作,工程师可以根据施工进展的实际情况,在认为必要时就以下几个方面发布变更指令:

(1)对合同中任何工作工程量的改变。由于招标文件中的工程量清单中所列的工程量是依据初步设计概算的量值,是为承包商编制投标书时合理进行施工组织设计及报价之用,因此在实施过程中会出现实际工程量与计划值不符的情况。为了便于合同管理,当事人双方应在专用条款内约定工程量变化较大可以调整单价的百分比(视工程具体情况,可在 15%～25%范围内确定)。

（2）任何工作质量或其他特性的变更。

（3）工程任何部分标高、位置和尺寸的改变。第（2）和第（3）项属于重大的设计变更。

（4）删减任何合同约定的工作内容。省略的工作应是不再需要的工程，不允许用变更指令的方式将承包范围内的工作变更给其他承包商实施。

（5）进行永久工程所必需的任何附加工作、永久设备、材料供应或其他服务，包括任何联合竣工检验、钻孔和其他检验及勘察工作。这种变更指令应是增加与合同工作范围性质一致的新增工作内容，而且不应以变更指令的形式要求承包商使用超过他目前正在使用或计划使用的施工设备范围去完成新增工程。除非承包商同意此项工作按变更对待，一般应将新增工程按一个单独的合同来对待。

（6）改变原定的施工顺序或时间安排。此类属于合同工期的变更，既可能是基于增加的工程量、增加工作内容等情况，也可能源于工程师为了协调几个承包商施工的干扰而发布的变更指示。

2. 变更程序

颁发工程接收证书前的任何时间，工程师可以通过发布变更指示或以要求承包商递交建议书的任何一种方式提出变更。

（1）指示变更。工程师在业主授权范围内，根据施工现场的实际情况，在确属需要时有权发布变更指示。指示的内容应包括详细的变更内容、变更工程量、变更项目的施工技术要求和有关部门文件图纸，以及变更处理的原则。

（2）要求承包商递交建议书后再确定的变更。其程序为：

①工程师将计划变更事项通知承包商，并要求他递交实施变更的建议书。

②承包商应尽快予以答复。一种情况可能是通知工程师由于受到某些非自身原因的限制而无法执行此项变更，如无法得到变更所需的物资等，工程师应根据实际情况和工程的需要，再次发出取消、确认或修改变更指示的通知。另一种情况是承包商依据工程师的指示递交实施此项变更的说明，内容包括：

（a）将要实施的工作的说明书以及该项工作实施的进度计划；

（b）承包商依据合同规定对进度计划和竣工时间作出任何必要修改的建议，提出工期顺延要求；

（c）承包商对变更估价的建议，提出变更费用要求。

（3）工程师作出是否变更的决定，尽快通知承包商说明批准与否或提出意见。

（4）承包商在等待答复期间，不应延误任何工作。

（5）工程师发出每一项实施变更的指示，应要求承包商记录支出的费用。

（6）承包商提出的变更建议书，只是作为工程师决定是否实施变更的参考，除了工程师作出指示或批准以总价方式支付的情况外，每一项变更应依据计量工程量进行估价和支付。

3. 变更估价

(1)变更估价的原则。承包商按照工程师的变更指示实施变更工作后,往往会涉及对变更工程的估价问题。变更工程的价格或费率,往往是双方协商时的焦点。计算变更工程应采用的费率或价格可分为三种情况:①变更工作在工程量表中有同种工作内容的单价,应以该费率计算变更工程费用。实施变更工作未导致工程施工组织和施工方法发生实质性变动,不应调整该项目的单价。②工程量表中虽然列有同类工作的单价或价格,但对具体变更工作而言已不适用,则应在原单价和价格的基础上制定合理的新单价或新价格。③变更工作的内容在工程量表中没有同类工作的费率和价格,应按照与合同单价水平相一致的原则,确定新的费率或价格。任何一方不能以工程量表中没有此项价格为借口,将变更工作的单价定得过高或过低。

(2)可以调整合同工作单价的原则。具备以下条件时,允许对某一项工作规定的费率或价格加以调整:①此项工作实际测量的工程量比工程量表或其他报表中规定的工程量的变动大于 10%;②工程量的变更与对该项工作规定的具体费率的乘积超过了接受的合同款额的 0.01%;③由此工程量的变更直接造成的该项工作每单位工程量费用的变动超过 1%。

(3)删减原定工作后对承包商的补偿。工程师发布删减工作的变更指示后,承包商不再实施部分工作,合同价格中包括的直接费部分没有受到损害,但摊销在该部分的间接费、税金和利润则实际不能合理回收。因此,承包商可以就其损失向工程师发出通知,并提供具体的证明资料,工程师与合同双方协商后确定一笔补偿金额计入合同价内。

4. 承包商申请的变更

承包商根据工程施工的具体情况,可以向工程师提出对合同内任何一个项目或工作的详细变更请求报告。未经工程师批准,承包商不得擅自变更,若工程师同意,则按工程师发布的变更指示的程序执行。

(1)承包商提出变更建议。承包商可以随时向工程师提交一份书面建议。承包商认为如果采纳其建议将可能:①加速完工;②降低业主实施、维护或运行工程的费用;③对业主而言,能提高竣工工程的效率或价值;④为业主带来其他利益。

(2)承包商应自费编制此类建议书。

(3)如果由工程师批准的承包商建议包括一项对部分永久工程的设计的变更,通用条件的条款规定,如果双方没有其他协议,承包商应设计该部分工程。如果他不具备设计资质,也可以委托有资质单位进行分包。变更的设计工作应按合同中承包商负责设计的规定执行,包括:①承包商应按照合同中说明的程序向工程师提交该部分工程的承包商的文件;②承包商的文件必须符合规范和图纸的要求;③承包商应对该部分工程负责,并且该部分工程完工后,应适合于合同中规定的工程的预期目的;④在开始竣工检验之前,承包商应按照规范规定向工程师提交竣工文件以及操作和维修手册。

(4)接受变更建议的估价。

如果此改变造成该部分工程的合同价值减少,工程师应与承包商商定或决定一笔费用,并将之计入合同价格,这笔费用应是以下金额差额的 50%:

(a)合同价的减少:由此改变造成的合同价值的减少,不包括依据后续法规变化作出的调整和因物价浮动调价所作的调整;

(b)变更对使用功能的影响:考虑到质量、预计寿命和运行效率的降低,对业主而言是已变更工作价值上的减少(如有时)。

如果降低工程功能的价值 b 大于减少合同价格 a 对业主的好处,则没有该笔奖励费用。

### (四) 工程进度款的支付管理

1. 预付款

预付款又称动员预付款,是业主为了帮助承包商解决施工前期开展工作时的资金短缺,从未来的工程款中提前支付的一笔款项。合同工程是否有预付款,以及预付款的金额多少、支付(分期支付的次数及时间)和扣还方式等均要在专用条款内规定。通用条件内针对预付款金额不少于合同价 22% 的情况规定了管理程序。

(1)动员预付款的支付。预付款的数额由承包商在投标书内确认。承包商需首先将银行出具的履约保函和预付款保函交给业主并通知工程师,工程师在 21 天内签发"预付款支付证书",业主按合同约定的数额和外币比例支付预付款。预付款保函金额始终保持与预付款等额,即随着承包商对预付款的偿还逐渐递减保函金额。

(2)动员预付款的扣还。预付款在分期支付工程进度款的支付中,按百分比扣减的方式偿还。

①起扣。自承包商获得工程进度款累计总额达到合同总价(减去暂列金额)10%那个月起扣。

②每次支付时的扣减额度。本月证书中承包商应获得的合同款额(不包括预付款及保留金的扣减)中扣除 25% 作为预付款的偿还,直至还清全部预付款,即

$$每次扣还金额＝(本次支付证书中承包商应获得的款额$$
$$－本次应扣的保留金)×25\%$$

2. 用于永久工程的设备和材料款预付

由于合同条件是针对包工包料承包的单价合同编制的,因此规定由承包商自筹资金采购工程材料和设备,只有当材料和设备用于永久工程后,才能将这部分费用计入工程进度款内结算支付。通用条件的条款规定,为了帮助承包商解决订购大宗主要材料和设备所占用资金的周转,订购物资经工程师确认合格后,按发票价

值的 80% 作为材料预付的款额,包括在当月应支付的工程进度款内。双方也可以在专用条款内修正这个百分比,目前施工合同的约定通常在 60%~90% 范围内。

(1)承包商申请支付材料预付款。专用条款中规定的工程材料的采购满足以下条件后,承包商向工程师提交预付材料款的支付清单:①材料的质量和存储条件符合技术条款的要求;②材料已到达工地,并经承包商和工程师共同验点入库;③承包商按要求提交了订货单、收据价格证明文件(包括运至现场的费用)。

(2)工程师核查提交的证明材料。预付款金额为经工程师审核后实际材料价乘以合同约定的百分比,包括在月进度付款签证中。

(3)预付材料款的扣还。材料不宜大宗采购后在工地储存时间过久,避免变质或锈蚀,应尽快用于工程。通用条款规定,当已预付款项的材料或设备用于永久工程,构成永久工程合同价格的一部分后,在计量工程量的承包商应得款内扣除预付的款项,扣除金额与预付金额的计算方法相同。专用条款内也可以约定其他扣除方式,如每次预付的材料款在付款后的约定月内(最多不超过 6 个月),每个月平均扣回。

### 3. 业主的资金安排

为了保证承包商按时获得工程款的支付,通用条件内规定,如果合同内没有约定支付表,当承包商提出要求时,业主应提供资金安排计划。

(1)承包商根据施工计划向业主提供不具约束力的各阶段资金需求计划:①接到工程开工通知的 28 天内,承包商应向工程师提交每一个总价承包项目的价格分解建议表;②第一份资金需求估价单应在开工日期后 42 天内提交;③根据施工的实施进展,承包商应按季度提交修正的估价单,直到工程的接收证书已经颁发为止。

(2)业主应按照承包商的实施计划作好资金安排。通用条件规定:①接到承包商的请求后,应在 28 天内提供合理的证据,表明他已作出了资金安排,并将一直坚持实施这种安排。此安排能够使业主按照合同规定支付合同价格(按照当时的估算值)的款额。②如果业主欲对其资金安排作出任何实质性变更,应向承包商发出通知并提供详细资料。

(3)业主未能按照资金安排计划和支付的规定执行,承包商可提前 21 天以上通知业主,将要暂停工作或降低工作速度。

### 4. 保留金

保留金是按合同约定从承包商应得的工程进度款中相应扣减的一笔金额保留在业主手中,作为约束承包商严格履行合同义务的措施之一。当承包商有一般违约行为使业主受到损失时,可从该项金额内直接扣除损害赔偿费。例如,承包商未能在工程师规定的时间内修复缺陷工程部位,业主雇用其他人完成后,这笔费用可从保留金内扣除。

(1)保留金的约定,承包商在投标书附录中按招标文件提供的信息和要求确认了每次扣留保留金的百分比和保留金限额。每次月进度款支付时扣留的百分比一般为 5%～10%,累计扣留的最高限额为合同价的 2.5%～5%。

(2)每次中期支付时扣除的保留金。从首次支付工程进度款开始,用该月承包商完成合格工程应得款加上因后续法规政策变化的调整和市场价格浮动变化的调价款为基数,乘以合同约定保留金的百分比作为本次支付时应扣留的保留金。逐月累计扣到合同约定的保留金最高限额为止。

(3)保留金的返还。扣留承包商的保留金分两次返还。

①颁发工程接收证书后的返还。

(a)颁发了整个工程的接收证书时,将保留金的前一半支付给承包商。

(b)如果颁发的接收证书只是限于一个区段或工程的一部分,则:

$$返还金额=保留金总额×(移交工程区段或部分的合同价值)$$
$$最终合同价值的估计值)×40\%$$

②保修期满颁发履约证书后将剩余保留金返还。

(a)整个合同的缺陷通知期满,返还剩余的保留金。

(b)如果颁发的履约证书只是限于一个区段,则这个区段的缺陷通知期满后,并不全部返还该部分剩余的保留金:

$$返还金额=保留金总额×(移交工程区段或部分的合同价值)/$$
$$最(终合同价值的估计值)×40\%$$

合同内以履约保函和保留金两种手段作为约束承包商忠实履行合同义务的措施,当承包商严重违约而使合同不能继续顺利履行时,业主可以凭履约保函向银行获取损害赔偿;而因承包商的一般违约行为令业主蒙受损失时,通常利用保留金补偿损失。履约保函和保留金的约束期均是承包商负有施工义务的责任期限(包括施工期和保修期)。

(4)保留金保函代换保留金。当保留金已累计扣留到保留金限额的 60% 时,为了使承包商有较充裕的流动资金用于工程施工,可以允许承包商提交保留金保函代换保留金。业主返还保留金限额的 50%,剩余部分待颁发履约证书之后再返还。保函金额在颁发接收证书后不递减。

5. 物价浮动对合同价格的调整

对于施工期较长的合同,为了合理分担市场价格浮动变化对施工成本影响的风险,在合同内要约定调价的方法。通用条款内规定为公式法调价。

(1)调价公式

$$P_n=a+b×(L_n/L_o)+c×(M_n/M_o)+d×(E_n/E_o)+\cdots$$

其中:

$P_n$——第 $n$ 期内所完成工作以相应货币所估算的合同价值所采用的调整倍数,此期间通常是 1 个月。除非投标函附录中另有规定。

$a$——数据调整表中规定的一个系数,代表合同支付中不调整的部分。

$b$、$c$、$d$——数据调整表中规定的系数,代表与实施工程有关的每项费用因素的估算比例,如劳务、设备和材料。

$L_n$、$E_n$、$M_n$——第 $n$ 期间时使用的现行费用指数或参照价格,以该期间(具体的支付证书的相关期限)最后一日之前第 49 天当天对于相关表中的费用因素适用的费用指数或参照价格确定。

$L_o$、$E_o$、$M_o$——基本费用参数或参照价格。

如果承包商未能在竣工时间内完成工程,则应利用表 15-1 约定的指数或价格,对价格作出调整,取其中对业主有利者。

(2)可调整的内容和基价。承包商在投标书内填写,并在签订合同前谈判中确定。

专用条款内可调价项目和系数的约定如表 15-1 所示。

表 15-1　专用条款内可调价项目和系数的约定表

| 系数指数范围 | 来源国家:指数对应货币 | 指数来源:名称/定义 | 在说明日期的价格 | |
|---|---|---|---|---|
| | | | 价格 | 日期 |
| $A=0.10$ 固定费 | | | | |
| $B=$ | | | | |
| $C=$ | | | | |
| …… | | | | |

(3)延期竣工。分为:

①非承包商应负责原因的延误。工程竣工前每一次支付时,调价公式继续有效。

②承包商应负责原因的延误。在后续支付时,分别计算应竣工日和实际支付日的调价款,经过对比后按照对业主有利的原则执行。

6. 基准日后法规变化引起的价格调整

在投标截止日期前的第 28 天以后,国家的法律、行政法规或有关部门的规章,以及工程所在地的省、自治区、直辖市的地方法规或规章发生变更,导致施工所需的工程费用发生增减变化,工程师与当事人双方协商后可以调整合同金额。如果导致变化的费用包括在调价公式中,则不再予以考虑。较多的情况发生于工程建设承包商需缴纳的税费变化,这是当事人双方在签订合同时不可能合理预见的情况,因此可以调整相应的费用。

7. 工程进度款的支付程序

(1)工程量计算。工程量清单中所列的工程量仅是对工程的估算量,不能作为承包商完成合同规定施工义务的结算依据。每次支付工程月进度款前,均需通过测量来核实实际完成的工程量,以计量值作为支付依据。

采用单价合同的施工工作内容应以计量的数量作为支付进度款的依据,而总价合同或单价包干混合式合同中按总价承包的部分可以按图纸工程量作为支付依据,仅列变更部分予以计量。

(2)承包商提供报表。每个月的月末,承包商应按工程师规定的格式提交一式6份本月支付报表。内容包括提出本月已完成合格工程的应付款要求和对应扣款的确认,一般包括以下几个方面:

①本月完成的工程量清单中工程项目及其他项目的应付金额(包括变更);

②法规变化引起的调整应增加和减扣的任何款额;

③作为保留金扣减的任何款额;

④预付款的支付(分期支付的预付款)和扣还应增加和减扣的任何款额;

⑤承包商采购用于永久工程的设备和材料应预付和扣减款额;

⑥根据合同或其他规定(包括索赔、争端裁决和仲裁),应付的任何其他应增加和减扣的任何款额;

⑦对所有以前的支付证书中证明的款额的扣除或减少(对已付款支付证书的修正)。

(3)工程师签证。工程师接到报表后,对承包商完成的工程形象、项目、质量、数量以及各项价款计算进行核查。若有疑问时,可要求承包商共同复核工程量。在收到承包商的支付报表后28天内,按核查结果以及总价承包分解表中核实的实际完成情况签发支付证书。工程师可以不签发证书或扣减承包商报表中部分金额的情况包括:

①合同内约定有工程师签证的最小金额时,本月应签发的金额小于签证的最小金额,工程师不出具月进度款的支付证书。本月应付款接转下月,超过最小签证金额后一并支付。

②承包商提供的货物或施工的工程不符合合同要求,可扣发修整或重置相应的费用,直至修整或重置工作完成后再支付。

③承包商未能按合同规定进行工作或履行义务,并且工程师已经通知了承包商,则可以扣留该工作或义务的价值,直至工作或义务履行为止。

工程进度款支付证书属于临时支付证书,工程师和承包商均有权对以前签发过的证书中发现的错、漏或重复提出更改或修正,经双方复核同意后,将增加或扣减的金额纳入本次签证中。

(4)业主支付。承包商的报表经过工程师认可并签发工程进度款的支付证书后,业主应在接到证书后及时给承包商付款。业主的付款时间不应超过工程师收到承包商的月进度付款申请单后的56天。如果逾期支付将承担延期付款的违约责任,延期付款的利息按银行贷款利率加 3% 计算。

## 二、竣工验收阶段的合同管理

### (一) 竣工检验和移交工程

1. 竣工检验

承包商完成工程并准备好竣工报告所需报送的资料后,应提前 21 天将某一确定的日期通知工程师,说明此日后已准备好进行竣工检验。工程师应指示在该日期后 14 天内的某日进行,此项规定同样适用于按合同规定分部移交的工程。

2. 颁发工程接收证书

工程通过竣工检验达到了合同规定的"基本竣工"要求后,承包商在他认为可以完成移交工作前 14 天内以书面形式向工程师申请颁发接收证书,基本竣工是指工程已通过竣工检验,能够按照预定目的交给业主占用或使用,而非完成了合同规定的包括扫尾、清理施工现场及不影响工程使用的某些次要部位缺陷修复工作后的最终竣工,剩余工程允许承包商在缺陷通知期内继续完成。这样规定有助于准确判定承包商是否按合同规定的工期完成了施工义务,也有利于业主尽早使用或占用工程,及时发挥工程效益。

工程师接到承包商申请后的 28 天内,如果认为已满足竣工条件,即可颁发工程接收证书;若不满意,则应书面通知承包商,指出还需完成哪些工作后才达到基本竣工条件。工程接收证书中包括确认工程达到竣工的具体日期。工程接收证书颁发后,不仅表明承包商对该部分工程的施工义务已经完成,而且对工程照管的责任也转移给业主。

如果合同约定工程不同区段有不同的竣工日期,每完成一个区段均应按上述程序颁发部分工程的接收证书。

3. 特殊情况下的证书颁发程序

(1)业主提前占用工程

工程师应及时颁发工程接收证书,并确认业主占用日为竣工日。提前占用或使用表明该部分工程已达到竣工要求,对工程照管责任也相应转移给业主,但承包商对该部分工程的施工质量缺陷仍负有责任。工程师颁发接收证书后,应尽快给承包商采取必要措施完成竣工检验的机会。

(2)因非承包商原因导致不能进行规定的竣工检验

有时也会出现施工已达到竣工条件,但由于不应由承包商负责的主观或客观原因不能进行竣工检验。如果等条件具备进行竣工试验后再颁发接收证书,既会因推迟竣工时间而影响到对承包商是否按期竣工的合理判定,也会产生在这段时间内对该部分工程的使用和照管责任不明。针对此种情况,工程师应以本该进行竣工检验日签发工程接收证书,将这部分工程移交给业主照管和使用。工程虽已接收,仍应在缺陷通知期内进行补充检验。当竣工检验条件具备后,承包商应在接到工程师指示进行竣工试验通知的14天内完成检验工作。由于非承包商原因,导致缺陷通知期内进行的补检,属于承包商在投标阶段不能合理预见到的情况,该项检查试验比正常检验多支出的费用应由业主承担。

**(二)未能通过竣工检验**

1. 重新检验

如果工程或某区段未能通过竣工检验,承包商对缺陷进行修复和改正,在相同情况下重复进行此类未通过的试验和对任何相关工作的竣工检验。

2. 重复检验仍未能通过

当整个工程或某区段未能通过按重新检验条款规定所进行的重复竣工检验时,工程师应有权选择以下任何一种处理方法:

(1)指示再进行一次重复的竣工检验。

(2)如果由于该工程缺陷,致使业主基本上无法享用该工程或区段所带来的全部利益,拒收整个工程或区段(视情况而定),在此种情况下,业主有权获得承包商的赔偿,包括:①业主为整个工程或该部分工程(视情况而定)所支付的全部费用以及融资费用;②拆除工程、清理现场和将永久设备和材料退还给承包商所支付的费用。

(3)颁发一份接收证书(如果业主同意的话),折价接收该部分工程。合同价格应按照可以适当弥补由于此类失误而给业主造成的减少的价值数额予以扣减。

**(三)竣工结算**

1. 承包商报送竣工报表

颁发工程接收证书后的84天内,承包商应按工程师规定的格式报送竣工报表。报表内容应包括:

(1)到工程接收证书中指明的竣工日止,根据合同完成全部工作的最终价值。

(2)承包商认为应该支付给他的其他款项,如要求的索赔款、应退还的部分保留金等。

(3)承包商认为根据合同应支付给他的估算总额。所谓"估算总额"是这笔金额还未经过工程师审核同意。估算总额应在竣工结算报表中单独列出,以便工程师签发支付证书。

2. 竣工结算与支付

工程师接到竣工报表后,应对照竣工图进行工程量详细核算,对其他支付要求进行审查,然后再依据检查结果签署竣工结算的支付证书。此项签证工作,工程师也应在收到竣工报表后28天内完成。业主依据工程师的签证予以支付。

### 三、缺陷通知期阶段的合同管理

#### (一)工程缺陷责任

1. 承包商在缺陷通知期内应承担的义务

工程师在缺陷通知期内可就以下事项向承包商发布指示：

(1)将不符合合同规定的永久设备或材料从现场移走并替换；

(2)将不符合合同规定的工程拆除并重建；

(3)实施任何因保护工程安全而需进行的紧急工作，不论事件起因于事故、不可预见事件还是其他事件。

2. 承包商的补救义务

承包商应在工程师指示的合理时间内完成上述工作。若承包商未能遵守指示，业主有权雇用其他人实施并予以付款。如果属于承包商应承担的责任原因，业主有权按照业主索赔的程序向承包商追偿。

#### (二)履约证书

履约证书是承包商已按合同规定完成全部施工义务的证明，因此该证书颁发后工程师就无权指示承包商进行任何施工工作，承包商即可办理最终结算手续。缺陷通知期内工程圆满地通过运行考验，工程师应在期满后的 28 天内，向业主签发解除承包商承担工程缺陷责任的证书，并将副本送给承包商。但此时仅意味着承包商与合同有关的实际义务已经完成，而合同尚未终止，剩余的双方合同义务只限于财务和管理方面的内容。业主应在证书颁发后的 14 天内，退还承包商的履约保证书。

缺陷通知期满时，如果工程师认为还存在影响工程运行或使用的较大缺陷，可以延长缺陷通知期，推迟颁发证书，但缺陷通知期的延长不应超过竣工日后的 2 年。

#### (三)最终结算

最终结算是指颁发履约证书后，对承包商完成全部工作价值的详细计算，以及根据合同条件对应付给承包商的其他费用进行核实，确定合同的最终价格。

颁发履约证书后的 56 天内，承包商应向工程师提交最终报表草案，以及工程师要求提交的有关资料。最终报表草案要详细说明根据合同完成的全部工程价值和承包商依据合同认为还应支付给他的任何进一步款项，如剩余的保留金及缺陷通知期内发生的索赔费用等。

工程师审核后与承包商协商，对最终报表草案进行适当的补充或修改后形成最终报表。承包商将最终报表送交给工程师的同时，还需向业主提交一份"结清单"，进一步证实最终报表中的支付总额，作为同意与业主终止合同关系的书面文件。工程师在接到最终报表和结清单附件后的 28 天内签发最终支付证书，业主应在收到证书后的56天内支付。只有当业主按照最终支付证书的金额予以支付并退还履约保函后,结清单才生效,承包商的索赔权也即行终止。

# 第四节　FIDIC《交钥匙工程合同条件》下的合同管理

## 一、概述

### (一) 合同的主要特点

1. 承包的工作范围

业主招标时发包的工作范围为建设"一揽子"发包,合同约定的承包工作内容包括设计、设备采购、施工、物资供应、安装、调试、保修等。如果业主将部分的设计、设备采购委托给其他承包商,则属于指定分包商的性质,仍由承包商负责协调管理。

2. 业主对项目建设的意图

作为招标文件组成部分的合同条件中,在"业主要求"条款内需明确说明项目的设计要求、功能要求等,如工程的目标、范围、设计标准、其他应达到的标准等具体内容以及风险责任的划分,承包商以这些要求作为编制方案进行投标的依据。招标阶段允许业主与承包商就技术问题和商务条件进行讨论,所有达成协议的事项作为合同的组成部分。

3. 承包方式

合同采用固定最终价格和固定竣工日期的承包方式。由于业主只是提出项目的建设意图和要求,由承包商负责设计、施工和保修并负责建设期内的设备采购和材料供应,业主对承包商的工作只进行有限的控制,而不进行干预,承包商按他选择的方案和措施进行工作,只要最终结果满足业主规定的功能标准即可。

### (二) 参与合同管理的有关各方

1. 合同当事人

交钥匙合同的当事人是业主和承包商,而不指任何一方的受让人(即不允许转让合同)。合同中的权利义务设定为当事人之间的关系。

2. 参与合同管理的有关方

合同中没有对工程师的专门定义,合同管理工作由业主代表和承包商代表负责,涉及合同履行管理的有关方还涉及承包商选择的分包商和业主选择的指定分包商。

(1)业主代表。业主任命的代表负责合同的履行管理,他可以行使除了因承包商严重违约而决定终止合同以外合同规定的全部权利。业主代表可以是本企业的员工,也可以雇佣工程师作为业主代表。如果业主任命一位独立的工程师作为代表,鉴于工程师在工作中需要遵循职业道德的要求,则应在专用条款内予以说明,让承包商在投标阶段知晓。

(2)承包商代表。承包商任命并经业主同意而授权负责合同履行管理的负责人。其职责为与业主代表共同建立合同正常履行中的管理关系,以及对承包商和分包商的设计、施工提供一切必要的监督。

(3)分包商。由于承包范围的工作内容较多,性质又有很大差异,因此分包商承担的工作内容可能包括设计、施工、设备制造、材料供应、机组调试等。通用条件内对分包作了以下两方面的规定:一是承包商不得将整个工程分包出去;二是业主接受的在专用条款中约定的分包工作,承包商应在 28 天以前将选择的分包商的有关资质、经验等详细资料以及分包商开始工作的时间通知业主,经业主认可后才可以开始分包工作。

**(三) 合同文件**

1. 合同文件的组成

构成对业主与承包商有约束力的总承包合同文件包括:

(1)合同协议书;

(2)合同专用条件;

(3)合同通用条件;

(4)业主的要求;

(5)投标书和构成合同组成部分的其他文件。

如果各文件之间出现矛盾或歧义时,以上的排列即为解释的优先次序,双方应尽可能通过协商达成一致。如果达不成一致,业主应对有关情况给予应有的考虑后,作出公平的决定。

2. 业主的要求文件

标题为"业主要求"文件相当于《施工合同条件》中"规范"的作用,仅作为承包商投标报价的基础,也是合同管理的依据,通常可以包括以下方面的详细规定:

(1)工程在功能方面的特定要求;

(2)发包的工作范围和质量标准;

(3)有关的信息:可能涉及业主已(或将要)取得的规划、建筑许可,现场的使用权和进入方法;现场可能同时工作的其他承包商;放线的基准资料和数据;现场可能提供的电、水、气和其他服务;业主可以提供的施工设备和免费提供的材料;业主应提供的保证设计和施工的数据和资料等;

(4)对承包商的要求:如按照法律、法规的规定承包商履行合同期间应许可、批准、纳税;环保要求;要求送审的承包商文件;为业主人员的操作培训;编制操作和维修手册的要求等；

（5）质量检验要求：如对检验样品的规定；在现场以外试验检测机构进行的检测试验；竣工试验和竣工后试验的要求等。

### （四）风险责任

**1. 承包商风险**

此类合同的实施属于由承包商承担主要风险的固定价格合同。承包商应被认为在投标阶段已获得了对工程可能产生影响的有关风险、意外事件和其他情况的全部必要资料。通过签订合同，承包商接受承担在实施工程过程中应当预见到的所有困难和费用的全部责任。因此，合同价格对任何他未预见到的困难和费用不应考虑调整。

**2. 业主风险**

业主主要承担因外部社会和人为事件导致的损害，且保险公司不承保的事件，包括：

（1）战争、敌对行动、入侵、外敌行动；

（2）工程所在国内的叛乱、恐怖活动、革命、暴动、军事政变或篡夺政权、内战；

（3）承包商人员和分包商以外人员在工程所在国内发生的骚动、罢工或停工；

（4）工程所在国内的不属于承包商使用的军火、爆炸物资、电离辐射或放射性污染引起的损害；

（5）由于飞行物或装置所产生的压力波造成的损害。

**3. 不可抗力及保险**

（1）不可抗力。合同中定义的"不可抗力"，除了业主风险外，还包括自然灾害造成的损害。

（2）保险。合同可以约定任何一方为工程、生产设备、材料和承包商文件办理保险，保险金额不低于包括拆除运走废弃物的费用以及专业费用和利润，保险期限应保持颁发履约证书前持续有效。

（3）不可抗力的后果。属于业主风险事件，应给予承包商工期顺延和费用补偿。而对于自然灾害的损害，只给予承包商工期顺延，费用损失通过保险索赔获得。

## 二、工程质量管理

交钥匙合同的承包工作是从工程设计开始，到完成保修责任的全部义务，因此工作内容不像单独施工合同那样明确、具体。业主仅提出功能、设计准则等基本要求，承包商完成设计后，才能确定工程实施细节，进而编制施工计划并予以完成。

### （一）质量保证体系

承包商应按合同要求编制质量保证体系。在每一设计和施工阶段开始前，均应将所有工作程序的执行文件提交业主代表,遵照合同约定的细节要求对质量保证措施加以说明,业主代表有权审查和检查其中的任何方面,对不满意之处可令其改正。

**(二) 设计质量控制**

1. 设计依据资料正确性的责任

(1)业主的义务。业主应提供相应的资料作为承包商设计的依据,这些资料包括在"业主要求"文件中写明的或合同履行阶段陆续提供的。业主应对以下几方面所提供数据和资料的正确性负责:合同中规定业主负责的和不可变部分的数据和资料;对工程或其任何部分的预期目的说明;竣工工程的试验和性能标准;除合同另有说明外,承包商不能核实的部分、数据和资料。

(2)承包商的义务。业主提供的资料中有很多是供承包商参考的数据和资料,如现场的气候条件等。由于承包商要负责工程的设计,应对从业主或其他方面获得的任何资料尽心竭力认真核实。业主除了上述应负责的情况外,不对所提供资料中的任何错误、不准确或遗漏负责。承包商使用来自业主或其他方面错误资料进行的设计和施工,不解除承包商的义务。

2. 承包商应保证设计质量

(1)承包商应充分理解"业主要求"中提出的项目建设意图,依据业主提供及自行勘测现场的基本资料和数据,按照设计规范要求完成设计工作。

(2)业主代表对设计文件的批准,不解除承包商的合同责任。

(3)承包商应保障业主不因其侵犯专利权行为而受到损害。

3. 业主代表对设计的监督

(1)对设计人员的监督。未在合同专用条件中注明的承包商设计人员或设计分包者,承担工程任何部分的设计任务前,必须征得业主代表的同意。

(2)保证设计贯彻业主的建设意图。尽管设计人员或设计分包者不直接与业主发生合同关系,但承包商应保障他们在所有合理时间内能随时参与同业主代表的讨论。

(3)对设计质量的控制。为了缩短工程的建设周期,交钥匙合同并不严格要求完成整个工程的初步设计和施工图设计后再开始施工。允许某一部分工程的施工文件编制完成,经过业主代表批准后即可开始实施。业主代表对设计的质量控制主要表现在以下几个方面:

①批准设计文件。承包商应遵守规范的标准编制足够详细的施工文件,内容中除设计文件外,还应包括对供应商和施工人员实施工程提供的指导,以及对竣工后工程运行情况的描述。当施工文件的每一部分编制完毕提交审查时,业主代表应在合同约定的"审核期"内(不超过 21 天)完成批准手续。

②监督施工文件的执行。任何施工文件获得批准前或审核期届满前(二者较迟者),均不得开始工程部分的施工。施工应严格按施工文件进行。如果承包商要求对已批准文件加以修改,应及时通知业主代表,随后按审核程序再次获得批准后才可执行。

③对竣工资料的审查。竣工检验前,承包商应提交竣工图纸,工程至竣工的全部记录资料、操作和维修手册,请业主代表审查。

**(三) 施工质量控制**

施工和竣工阶段的质量控制条款与《施工合同条件》的规定基本相同,但增加了竣工检验的内容。

1. 竣工试验

包括生产设备在内的竣工试验应按如下程序进行:

(1)启动前试验。包括适当的检验和性能试验(干的或冷的性能试验),以证明每项生产设备都能承受下一阶段的试验。

(2)启动试验。应包括规定的运行试验,以证明工程或分项工程能根据规定在所有可应用的操作条件下安全运行。

(3)试运行。工程或分项工程在稳定运行时,还需进行各种性能试验,证明运行可靠,符合合同要求。

2. 竣工后试验

工业项目包括大型生产设备,往往需要进行竣工后的试验。如果合同中规定了竣工后的试验,当工程达到稳定运行条件并运行一段合理时间时,还要进行各种性能试验,证明质量符合"业主要求"中规定的标准和承包商的"保证表"中规定的性能指标。大型工业项目在工程或区段竣工满负荷运行一段时间后,还要检验工程或设备的各项技术指标、参数是否达到"业主要求"中规定和承包商提供的"保证表"中承诺的可接受的"最低性能标准"。

(1)业主原因延迟检验。业主在设备运行期间无故拖延约定的竣工后检验致使承包商产生附加费用,应连同利润计入合同价格内。

(2)竣工后检验不合格。分为:

①未能通过竣工后检验时,承包商首先向业主提交调整和修复的建议,只有业主同意并在他认为合适的时间,才可以中断工程运行,进行这类调整或修复工作,并在相同条件下重复检验工作。

②竣工后检验未能达到规定可接受的"最低性能标准",按专用条件内约定的违约金计算办法,由承包商承担该部分工程的损害赔偿费。

### 三、支付管理

#### (一) 合同计价类型

交钥匙合同通常采用不可调价的总价合同,除了合同履行过程中因法律、法规调整而对工程成本影响的情况以外,税费的变化、市场物价的浮动等都不应影响合同价格。如果具体工程的实施期限很长,也允许双方在专用条件内约定物价增长的调整方法,代换通用条件中的规定。

#### (二) 预付款

如果业主支付承包商用于动员和设计的预付款,在专用条款内应明确约定以下内容:

(1)预付款的数额。

(2)分期付款的次数和时间安排计划。若未约定此计划,则应一次支付全部预付款。

如果工程要求承包商提供多项生产设备,制造期内业主需要分阶段付款的话,由于设备尚未运达现场使业主获得所有权,因此这种支付也是一种预付的性质。除了在专用条件内约定与制造阶段衔接的付款计划外,还可以要求承包商为此类支付预先提交与预付款保函格式相同的担保。

(3)预付款分期扣还的比例。如果专用条件内未约定其他的扣还方式,则应采用每次中期付款时,将本次应支付承包商的款额乘以约定的比例计算本次应扣还金额,颁发工程接收证书前全部扣清。分期扣还比例可按下式计算:

$$分期扣还比例 = 预付款总额 / (合同价格 - 暂列金额) \times 100\%$$

#### (三) 工程进度款的支付

1. 支付程序

合同内可以约定按月支付或分阶段支付任何一种方式,因此合同内包括分期支付的付款计划表。在合同约定的日期,承包商直接向业主提交期中付款申请的支付报表,业主除了审查付款内容外,还要参照付款计划表检查实际进度是否符合约定。当发现实际进度落后于计划时,可与承包商协商后按照滞后的程度确定修改此次分期付款额,并要求承包商修改付款计划表。

2. 申请工程进度款支付证书的主要内容

(1)截止到月末已实施的工程和已提出的承包商文件的估算合同价值(包括变更);

(2)由于法律改变和市场价格浮动对成本的影响(如果合同有约定)应增减的任何款项;

(3)应扣留的保留金数额;

(4)按照预付款的约定,应进一步支付和扣减的数额;

(5)按照业主索赔、承包商索赔、争端仲裁等条款确定的应补偿或扣减的款项；

(6)包括在以前已支付报表中可能存在的减少额。

3. 竣工结算和最终付款

这两个阶段的支付程序和内容与《施工合同条件》基本相同。

## 四、进度控制

### (一) 进度计划

1. 计划安排

承包商在开工后28天内提交的进度计划内容包括：

(1)计划实施工程的顺序，包括工程各主要阶段的预期时间安排；

(2)合同规定承包商负责编制的有关技术文件审核时间和期限；

(3)合同规定各项检验和试验的顺序和时间安排；

(4)上述计划的说明报告，内容包括工程各阶段实施中拟采用方法的描述和各阶段准备投入的人员及设备的计划。

业主代表在接到计划的21天内未提出异议，视为认可承包商的计划。

2. 进度报告

每个月末承包商均需提交进度报告，内容包括：

(1)设计、承包商文件、采购、制造、货物运到现场、施工、安装、试验、投产准备和运行等每一阶段进展情况的图表和详细说明；

(2)反映制造情况和现场进展情况的照片；

(3)工程设备的制造情况，包括制造商名称、制造地点、进度百分比，以及开始制造、承包的检验、制造期间的主要试验、发货和运抵现场的实际或预计时间安排；

(4)本月承包商投入实施合同工程的人员和设备记录；

(5)工程材料的质量保证文件、试验结果和合格证的副本；

(6)本月按照变更和索赔程序双方发出的通知清单；

(7)安全情况；

(8)实际进度与计划进度的对比，包括可能影响竣工时间的事件详情，以及消除延误影响准备采取的措施。

3. 修改进度计划

当实际进度与计划进度有较大偏离时（不论是超前或滞后），承包商均应修改进度计划提交业主认可。

### (二) 合同工期的延长

虽然EPC合同属于固定工期的承包方式，但不应由承包商承担责任原因导致进度延误的情况仍应延长竣工时间。这些情况大致包括：

(1)不可抗力造成的延误；

(2)业主指示暂时停工造成的延误；

(3)变更导致承包商施工期限的延长；

(4)业主应承担责任的事件对施工进度的干扰；

(5)因项目所在单位行政当局原因造成的延误等。

## 五、变更

### （一）变更原因

由于 EPC 合同的承包商范围较大，因此涉及变更的范围比《施工合同条件》小。

#### 1. 业主的变更

业主的变更要求通常源于改变预期功能、提高部分工程的标准和法律、法规政策调整。

#### 2. 承包商提出的变更建议

实施过程中承包商提出对原实施计划的变更建议，经业主同意后也可以变更，此类的执行要求与《施工合同条件》相同。

### （二）变更条款的有关规定

通用条件中对变更明确作出了以下方面的规定：

(1)不允许业主以变更的方式删减部分工作，交给其他承包商完成，由指定承包商完成的工作从性质来看，不属于此范畴。

(2)不仅要求承包商变更工作开始前必须编制和提交变更计划书，而且要求承包商在实施过程中做好变更工作的各项费用记录。

(3)业主接到承包商提出的延长工期要求，应对以前所作出过的确认进行审查。确定延长竣工时间的基本原则是：合同工期可以增加，但不得减少总的延长时间。此规定的含义是，如果删减部分原定的工作，对约定的总工期或以前已批准延长的总工期不得减少。

# 案例分析

**案例 15-1**

### 一、背景

某大型企业在一工业开发区内建厂房和办公楼，采用 FIDIC《施工合同条件》的合同，工程师对承包人施工设备控制方面采取了以下措施：

(1)承包人自有的施工机械、设备、物资的运输车辆在运抵施工现场

490

后就被视为专门为本合同工程施工专用。工程师规定未经其批准,任何人不能将其中的任何一部分运出施工现场。

(2)工程师发现承包人使用的施工设备在数量和功能上影响了工程进度和施工质量,要求承包人增加和更换施工设备,由此增加的费用让承包人自己承担,延误的工期可以给予顺延。

## 二、问题

分析工程师的以上做法有哪些不妥之处?

## 三、分析

第(1)条中工程师做法的不妥之处是:将运输车辆视为专门为本合同工程施工专用。承包人自有的施工机械、设备、临时工程和材料,一经运抵施工现场后就被视为专门为本合同工程施工之用,但运送承包人人员和物资的运输车辆除外。其他施工机械和设备虽然承包人拥有所有权和使用权,但未经过工程师的批准是不能将其中的任何一部分运出施工现场的,但并非绝对不允许在施工期内承包人将自有设备运出工地。某些使用台班数较少的施工机械在现场闲置期间,如果承包人的其他合同工程需要使用时,可以向工程师申请暂时运出。当工程师依据施工计划考虑该部分机械暂时不用而同意运出时,应当同时指示承包人在本工程需用时必须及时运回,以保证本工程的施工之用,承包人必须遵照执行。对于后期施工不再使用的设备,竣工前经过工程师批准后,承包人可以提前将该设备撤出工地。

第(2)条中工程师做法的不妥之处是:延误的工期可以给予顺延。FIDIC《施工合同条件》中关于对承包商设备的控制规定,若工程师发现承包商使用的施工设备影响了工程进度或施工质量时,有权要求承包商增加或更换施工设备,由此增加的费用和工期延误责任由承包商承担。

# 思考题

1. FIDIC 发布的标准合同文本(1999 版)主要有哪几种? 分别阐述其适用范围。

2. 简述 FIDIC《施工合同条件》与 FIDIC 其他合同文本的关系。

3. FIDIC《施工合同条件》中,雇主可在何种情况下折价接收工程?

4. FIDIC《施工合同条件》和我国标准施工合同对不可抗力事件后果的责任规定有何区别?

5. 何谓"指定分包商"?

6. 关于"保留金的返还"，我国标准施工合同和 FIDIC《施工合同条件》有何不同？

7. 美国 AIA 合同包括哪五大系列标准合同文本？

8. 论述 AIA 与 FIDIC 的区别。

9. NEC 合同不同于 ICE 合同，它的"新"主要体现在哪里？

10. 简述 FIDIC《施工合同条件》中进度计划的内容。

11. 简述 FIDIC《施工合同条件》中工程师对承包商提交的施工计划的审查内容。

12. FIDIC《施工合同条件》中规定可以给承包商合理延长合同工期的情形有哪些？

13. 简述 FIDIC《施工合同条件》中工程师对承包商设备的管理。

14. 简述 FIDIC《施工合同条件》中规定的工程变更的范围。

15. 要求承包商递交建议书后再确定的变更，其变更程序在 FIDIC《施工合同条件》中是如何规定的？

16. 简述 FIDIC《施工合同条件》中规定的工程变更估价的原则。

17. 简述 FIDIC《施工合同条件》中规定的可以调整合同工作单价的原则。

18. 何为动员预付款？动员预付款如何扣还？

19. 简述 FIDIC《施工合同条件》中规定的工程进度款的支付程序。

20. 简述 FIDIC《施工合同条件》中工程师应如何颁发工程接收证书。

21. 工程接收证书和履约证书有何区别？

22. FIDIC《交钥匙工程合同条件》中业主的要求文件通常有哪些？

23. FIDIC《交钥匙工程合同条件》中风险责任是如何划分的？

24. 简述 FIDIC《交钥匙工程合同条件》中业主代表对设计质量的监督。

# 参考文献

[1] 建设工程监理合同(示范文本)GF-2012-0202

[2] 建设工程勘察合同(示范文本)GF-2016-0203

[3] 建设工程设计合同示范文本(房屋建筑工程)GF-2015-0209

[4] 建设工程设计合同示范文本(专业建设工程)GF-2015-0210

[5] 建设工程施工合同(示范文本)GF-2013-0201

[6] 建设项目工程总承包合同示范文本(试行)GF-2011-0216

[7] 陈燕,石义海.建设工程法规[M].武汉:武汉大学出版社,2013.

[8] 丁晓欣,宿辉.建设工程合同管理[M].北京:清华大学出版社,2015.

[9] 高成民.建设工程合同管理[M].西安:西安交通大学出版社,2013.

[10] 高显义.工程合同管理教程[M].上海:同济大学出版社,2009.

[11] 顾永才,杨雪梅.建设法规.[M].2版.北京:科学出版社,2015.

[12] 国际咨询工程师联合会.菲迪克(FIDIC)合同指南(中英文对照本)[M].北京:机械工业出版社,2009.

[13] 胡文发.工程合同管理[M].北京:化学工业出版社,2008.

[14] 黄松有.最高人民法院建设工程施工合同司法解释的理解与适用[M].北京:人民法院出版社,2004.

[15] 纪婕.建筑工程法律法规[M].北京:清华大学出版社,2012.

[16] 金国辉.建设法规概论与案例[M].北京:清华大学出版社,2015.

[17] 李海霞,罗少卿.工程建设法规[M].南京:中南大学出版社,2014.

[18] 李辉.建设工程法规.[M].2版.上海:同济大学出版社,2013.

[19] 李建伟.民法60讲.[M].8版.北京:人民法院出版社,2010.

[20] 李启明.土木工程合同管理.[M].3版.南京:东南大学出版社,2015.

[21] 李永福.建设工程法规[M].北京:中国建筑工业出版社,2011.

[22] 林孟洁,刘孟良,刘怀伟.建设工程招投标与合同管理[M].南京:中南大学出版社,2013.

[23] 刘庭江.建设工程合同管理[M].北京:北京大学出版社,2013.

[24] 刘文生,夏露.工程合同法律制度与工程合同管理[M].北京:清华大学出版社,2011.

[25] 刘晓勤.建设工程招投标与合同管理.[M].2版.上海:同济大学出版

社,2014.

[26] 马楠.建设工程法规实务[M].北京:清华大学出版社,2012.

[27] 邵晓双,李东.工程项目招投标与合同管理[M].武汉:武汉大学出版社,2014.

[28] 王照雯,张建隽.建设法规与案例分析[M].北京:机械工业出版社,2001.

[29] 吴芳,胡季英.工程项目采购管理[M].北京:中国建筑工业出版社,2008.

[30] 肖铭,潘安平.建设法规.[M].2版.北京:北京大学出版社,2012.

[31] 徐田柏,付红.工程招投标与合同管理[M].大连:大连理工大学出版社,2010.

[32] 俞洪良,毛义华.工程项目管理[M].杭州:浙江大学出版社,2014.

[33] 钟秀勇,厚大.钟秀勇讲民法[M].北京:中国政法大学出版社,2014.

[34] 中国交通建设监理协会.交通建设工程安全监理.[M].2版.北京:人民交通出版社,2010.

[35] 中国建设监理协会.2014全国监理工程师培训考试用书建设工程监理概论[M].中国建筑工业出版社,2014.

[36] 中国建设监理协会.2014全国监理工程师培训考试用书建设工程合同管理[M].北京:中国建筑工业出版社,2014.

[37] 全国人大常委会法制工作委员会.《中华人民共和国建筑法》释义[M].北京:中国建筑工业出版社,1997.

[38] 全国一级建造师执业资格考试用书编写委员会.2016年版全国一级建造师执业资格考试用书建设工程法规及相关知识[M].北京:中国建筑工业出版社,2016.

[39] 全国造价工程师执业资格考试培训教材编审委员会.建设工程计价(2013年版2014年修订)[M].北京:中国计划出版社,2013.